日新文库

# 说服之道

## 亚里士多德《修辞术》的哲学研究

何博超 _ 著

商务印书馆
The Commercial Press

## 图书在版编目(CIP)数据

说服之道:亚里士多德《修辞术》的哲学研究/何博超著.—北京:商务印书馆,2023
(日新文库)
ISBN 978-7-100-22188-7

Ⅰ.①说… Ⅱ.①何… Ⅲ.①亚里士多德(Aristotle前384—前322)—修辞学—著作研究 Ⅳ.① B502.233
② H05

中国国家版本馆 CIP 数据核字(2023)第 051258 号

本书为国家社科基金青年项目
"亚里士多德《修辞术》的哲学研究"的结项成果
(批准号:15CZX032)

日新文库

## 说服之道
### ——亚里士多德《修辞术》的哲学研究
何博超 著

商 务 印 书 馆 出 版
(北京王府井大街36号 邮政编码100710)
商 务 印 书 馆 发 行
北京艺辉伊航图文有限公司印刷
ISBN 978-7-100-22188-7

2023 年 5 月第 1 版　　　　开本 880×1240 1/32
2023 年 5 月北京第 1 次印刷　　印张 17¼ 插页 2
定价:108.00 元

日新文库

# 学术委员会

日新文库

# 出 版 说 明

近年来，我馆一直筹划出版一套青年学者的学术研究丛书。其中的考虑，大致有三。一是当今世界正处于"百年未有之大变局"，当代中国正处于民族复兴之关键期，新时代面临新挑战，新需求催生新学术。青年学者最是得风气先、引领潮流的生力军。二是当下中国学界，一大批经过海内外严格学术训练、具备国际视野的学界新锐，积学有年，进取有心，正是潜龙跃渊、雏凤清声之时。三是花甲重开的商务，以引领学术为己任，以海纳新知求变革，初心不改，百岁新步。我馆先贤有言："日新无已，望如朝曙。"因命名为"日新文库"。

"日新文库"，首重创新。当代中国集合了全世界规模最大的青年学术群体，拥有最具成长性的学术生态环境。新设丛书，就要让这里成为新课题的讨论会，新材料的集散地，新方法的试验场，新思想的争鸣园；让各学科、各领域的青年才俊崭露头角，竞相涌现。

"日新文库"，最重专精。学术研究，自有规范与渊源，端赖脚踏实地，实事求是。薄发源于厚积，新见始自深思。我们邀请各学科、各领域的硕学方家组成专业学术委员会，评审论证，擘画裁夺，择取精良，宁缺毋滥。

"日新文库"，尤重开放。研究领域，鼓励"跨界"；研究课题，乐见"破圈"。后学新锐，不问门第出身，唯才是举；学术成果，不图面面俱到，唯新是求。

我们热烈欢迎海内外青年学者踊跃投稿，学界友朋诚意绍介。经学术委员会论证，每年推出新著若干种。假以时日，必将集水为流，蔚为大观，嘉惠学林。

是所望焉！

商务印书馆编辑部

2022 年 6 月

# 目　　录

# 文献缩写

| An. | Analytica | 《分析篇》 |
|---|---|---|
| An. po. | Analytica Posteriora | 《后分析篇》 |
| An. pr. | Analytica Priora | 《前分析篇》 |
| Cael. | De Caelo | 《论天空》 |
| Cat. | Categoriae | 《范畴篇》 |
| De an. | De Anima | 《论灵魂》 |
| De ins. | De Insomniis | 《论梦》 |
| De div. | De Divinatione per Somnum | 《论梦的预言》 |
| De gen. an. | De Generatione Animalium | 《论动物的繁殖》 |
| De gen. cor. | De Generatione et Corruptione | 《论生灭》 |
| De mem. | De Memoria et Reminiscentia | 《论记忆与回忆》 |
| De mot. an. | De Motu Animalium | 《论动物的运动》 |
| De part. an. | De Partibus Animalium | 《论动物的组成》 |
| De sen. | De Sensu et Sensibilibus | 《论感觉和可感物》 |
| De som. | De Sommo et Vigilia | 《论睡与醒》 |
| EE | Ethica Eudemica | 《优台谟伦理学》 |
| EN | Ethica Nicomachea | 《尼各马可伦理学》 |
| Hist. an. | Historia Animalium | 《动物志》 |

| Int. | De Interpretatione | 《解释篇》 |
|---|---|---|
| Meta. | Metaphysica | 《形而上学》 |
| Meteor. | Meteorologia | 《天象论》 |
| MM | Magna Moralia | 《大伦理学》 |
| Phys. | Physica | 《物理学》 |
| Poet. | De Arte Poetica | 《诗学》 |
| Pol. | Politica | 《政治学》 |
| Rhet. | Ars Rhetorica | 《修辞术》 |
| Soph. el. | Sophistici Elenchi | 《辩谬篇》 |
| Top. | Topica | 《论位篇》 |
| CGL | Diggle, J. et al, *The Cambridge Greek Lexicon, Volume I-II* | 《剑桥希英辞典》 |
| BDAG | Montanari, F., *The Brill Dictionary of Ancient Greek.* | 《博睿古希腊语辞典》 |
| HWR | Ueding, G. (Hrsg.), *Historisches Wörterbuch der Rhetorik* | 《修辞学历史辞典》 |
| LSJ | Liddell, H. G. & Scott, R. et al, *A Greek-English Lexicon* | 《希英大辞典》 |
| OCD | Hornblower S., Spawforth, A., Eidinow, E., *The Oxford Classical Dictionary* (The Fourth Edition) | 《牛津古典学大辞典》 |

\* 亚里士多德著作（或伪托作品）的缩写一般见于具体引用或频繁指涉，其后会标明卷（罗马数字），章（阿拉伯数字），节（阿拉伯数字），或贝克尔码［国际通行的贝克尔（Bekker）所编《亚里士多德全集》页码］。

\*\*《修辞术》抄本缩写见第一章第三节。

# 导　论

　　若他要跟众神一起生活，那就当哲学家，要是跟人，就当修辞家。

　　(Εἰ μὲν θεοῖς μέλλει συμβιοῦν, φιλόσοφον, εἰ δὲ ἀνθρώποις, ῥήτορα.)

——安提斯蒂尼（Ἀντισθένης）

　　在《政治学》1253a9-10，亚里士多德主张，"人是唯一具有逻各斯（语言和推理理性）的动物"（λόγον δὲ μόνον ἄνθρωπος ἔχει τῶν ζῴων），与仅仅表达快乐和痛苦的动物的一般"声音"相比，"逻各斯则表明利害，以至于［表明］正当和不正当"（ὁ δὲ λόγος ἐπὶ τῷ δηλοῦν ἐστι τὸ συμφέρον καὶ τὸ βλαβερόν, ὥστε καὶ τὸ δίκαιον καὶ τὸ ἄδικον, 1253a14-15）。在这里，亚里士多德实际上关注到了"语言"在政治和道德中的用途与意义。《修辞术》一书就是对这方面的集中探寻。

　　从执教于柏拉图学院开始，亚里士多德就格外看重修辞术这门既受老师轻视但又被他有所规划的技艺。他试图重构一门哲学性的修辞术，将之纳入自己的哲学体系。修辞术后来也成为了漫步学派内部的重要科目。但是,在亚里士多德卷帙浩繁的著作中,《修辞术》又是一部很容易被人忽视,从而不得不处于边缘地位的著作。原因或许在于,它的题目,无论是西文(rhetoric、Rhetorik 或 rhétorique),还是中译,似乎都表明了该书仅仅是一种关涉文学或语言学的作品。当联想到现代修辞学时,人们甚至更会以为它只是研究辞格或辞藻之类的主题。然而,当展读它的三卷文本时,人们又会惊讶地发现,除了第三卷之外,前两卷大部分内容与今日的修辞学科好像毫无关联。我们能发现政治、法律、逻辑、伦理、情感等等繁杂的"题外话"。正因此,罗念生先生在翻译该书时,就按照现代的修辞学标准,全译了第三卷,而节译了第一和第二卷,去除了很多他认为没有意义的文字。

如果我们换一种译法,按照其研究对象称之为《演说术》或《雄辩术》,那么人们更有可能认为,这是一本应用性的手册,无非是今日口才学之类的普通读物。可是,当重新梳理《修辞术》的接受史,我们就能看到,种种哲学大家对该书及其开启的问题格外关注,乃至加以迻译、阐释和解说,修辞术的历史似乎成了主流哲学之下、时隐时现的另一脉"哲学史"。这样的学者可以开列一条长长的名单:特奥弗拉斯托斯、西塞罗、昆体良、阿尔法拉比、阿维森纳、阿威罗伊、伊本·图穆路斯、赫卜烈思、乔治·特拉比松、托马斯·阿奎那、埃基迪尤斯、布里丹、罗吉尔·培根、梅兰希顿、弗兰西斯·培根、霍布斯、斯宾诺莎、维柯、亚当·斯密、孔狄亚克、费希特、尼采、狄尔泰、海德格尔、列奥·施特劳斯、布鲁门伯格、昆廷·斯金纳、肯尼思·伯克、佩雷尔曼、罗兰·巴特、利科、皮埃尔·阿多、德·曼等等。根据他们的研究,完全可以说,《修辞术》是需要深入考掘的哲学宝藏。无怪乎海德格尔会认为拥有《修辞术》一书，胜过拥有某种语言哲学。更何况，它的价值不仅仅体现在语言方面。当然，在西方哲学史上，修辞术的发展并非一帆风顺，它也受到过鄙视和攻击，从18世纪开始一度衰落，直到19—20世纪才迎来复兴。

本专著就是为了凸显《修辞术》的哲学价值，试图系统地对它进行较为深入的研究。在第一章，我们处理与《修辞术》有关的文献问题以及概述全书的结构和哲学体系。从第一节可以看到，《修辞术》的写作时间最长达到了四十余年，亚里士多德颇费心血。而其主体部分恰恰是前两卷，第三卷是独立的《论措辞》，后来的编者将它们合并为一册。因此，与今日修辞学几乎无关的内容反而是亚里士多德最为看重的。在这一章的第二节，我们用表格概述了《修辞术》的篇章结构，将与之有关的政治学、伦理学、逻辑学、灵魂论（心理学）、美学、诗学等问题的分布呈现出来。第三节是对《修辞术》接受史的总结。我们能够看到上面提及的一些哲学名家如何对该书进行了阐释；我们也列出了《修辞术》的各个现代语种的重要译本。附录部分，我们简要陈述与古希腊修辞术相关的政治背景。

从第二章到第七章，本书会展开哲学性研究。在第二章，本书涉及了修辞术的"再定义"问题，着重关注《修辞术》第一卷的前两章如何对这门专属智者的技艺重新加以构建。这一章还会涉及柏拉图的《高尔吉亚》《斐德若》、高尔吉亚的《海伦颂》和伊索克拉底的《互换辞》，这几个文本给出不同的对语言、说服和修辞术的理解，也开启了在西方哲学史中持续不断的修辞术与哲学之争：两者都试图通过普遍的 λόγος 来含纳对手，一方是语言逻辑（辩证术和逻辑学），一方是演说修辞（修辞术）。在智者那里，修辞术仅仅是说服和奴役他人的工具，它没有科学的系统性，完全价值中立，但是，高尔吉亚和伊索克拉底又看到了修辞术的政治意义和教育功能。而苏格拉底和柏拉图反感修辞术，质疑它的正当性，却又提出了真修辞术和灵魂修辞术。《修辞术》就是要在哲学家与智者之间寻找一个平衡点，使这门技艺既遵循前者的计划从而具备哲学性，又能比后者拥有更强的合法性与说服力。由此，他建立了一种奇特的"元－修辞术"（meta-rhetoric）。该章前两节试图以 ἀντίστροφος 和 δύναμις 这两个概念为中心，考察亚里士多德对这门技艺的定义过程。第三节则陈述这个定义之后所阐明的《修辞术》的主旨。通过这一章，我们要揭示，亚里士多德的修辞术是一门实践性的技艺或能力，它也具有知识和实践智慧的特点；它能培养一种在流变的世界中、在正确的时机下、针对未来、说服他人进行集体行动的决策力（政治）；它还能充分解释过去的事情，从而确立真正的正义（法律）。既然亚里士多德认为精确的知识或哲学还不足以在政治和法律机构中令人信服，修辞术就必定会得到他的重视。

在论述了修辞术的新定义之后，第三章以《修辞术》的说服法（πίστις）概念为研究核心，探讨 πίστις 的基本含义，廓清这个概念背后的理论体系。这一体系将三种说服法"情感"（πάθος）、"品性"（ἦθος）和"论理"（λόγος）与普遍逻辑形式"修辞演绎"和"例证"统一在一起。亚里士多德试图建构一种综合性的说服方法，它兼有逻辑性、知识性和心理性，并且立足于对"事实与逻辑"的论证，在这个基础上，情感等智者擅长的非理性的手法也能加以使用，以促进"说服"的产生。这一概念也揭示了《论灵魂》中的相信与信念的产生原理。三种说服法沿用至今，成为了当今政治学和法学中分析演说手段的重要基础。

从第四章开始，本书按照逻辑学、灵魂论、伦理学和美学四种学科，选择相关的概念和问题来考察《修辞术》的哲学问题。这不是要割裂这部完整的作品，而是凸显《修辞术》的多重面相，这些方面也是后世的接受者在重构修辞术时所着眼的取向。

第四章以《修辞术》的重要概念 τόπος 为中心，着眼于逻辑学。在亚里士多德的修辞术和逻辑学中，τόπος 概念起着关键的作用。《修辞术》与《论位篇》这两部作品以之为"元素"，分别建构了修辞术和辩证术的理论体系。但是，亚里士多德仅仅在前者里对之做出了定义和详细的描绘，而在后一部著作中对其全无界定。因此《修辞术》是研究 τόπος 的关键文本。该章阐明了这一术语的基本含义，重新确立"论位"这一译法，取代常用的汉译"论题"，并且探讨了《修辞术》对其的使用和界定，论述了它在《修辞术》和《论位篇》里发挥的逻辑学和哲学功能。传统修辞术中用来汇集材料和便于记忆的 τόπος，在《修辞术》的改造下，成为了建构论证、发现命题、兼有形式性和内容性的指引，它为亚里士多德以"现象学"的方式考察"意见"提供了帮助。

第五章则来到了灵魂论问题，以 πάθος 概念和情感理论为焦点。这一概念常见于亚里士多德的伦理学和灵魂论中，表示情感以及灵魂的其他性状。但他只是在《修辞术》中对情感一般和特殊情感进行了详细的讨论。《修辞术》第二卷第二章到第十一章是西方哲学史上首次对情感进行心理学（从后来的角度看）研究的奠基之作，它为后来的阿奎那、弗兰西斯·培根、霍布斯、海德格尔等学者对情绪和情感的分析提供了思想资源。该章的第一节和第二节讨论了 πάθος 一词的基本词义，同时考察了它在表示情感或感受时的所指。第三节概述亚里士多德的情感理论，以及学界的有关争议。第四节则研究《尼各马可伦理学》《优台谟伦理学》《论灵魂》《诗学》《政治学》等作品中对情感的定义、应用和研究规划。第五节会针对《修辞术》中的情感问题进行详细梳理和分析，揭示情感的本质及其认知功能。《修辞术》考察这样的属人的情感：它们虽然来自自然本能而且是无理性的，但会随着理性的作用，却又很容易立足于不充分的感性认知。第六节以《修辞术》第二卷第七章涉及的情感 χάρις 为中心，辨析了这一情感的真正含义及其心理方面的特质：χάρις 在《修辞术》中表示"感激"，而不是通常理解的"慈善"或"善意"。

第六章的研究点是《修辞术》的德性观。在《修辞术》中，亚里士多德多次谈及了与伦理有关的问题，这些问题一般集中于德性这一概念，包含了善、利益、幸福、高贵的问题。《修辞术》在不同地方提出了性质各异的德性：从绝对德性、功利性德性、演说者的德性，再到语言措辞和风格的"德性"（完美性），其中也涉及了有助于自然德性的情感性"适度"，以及最佳政体的"适中"。种种复杂的德性观念，既体现了亚里士多德写作《修辞术》时受到柏拉图影响的适度观，也为他后来建构自己的伦理学提供了准备条件。

第七章会以《修辞术》的一个美学问题（从后来的角度看）作为结束。在《修辞术》中，亚里士多德首次提出了"置于眼前"（τὸ πρὸ ὀμμάτων ποιεῖν）这一修辞手法并将之描述为"生动"（ἐνεργεία）理论。由此，他提出了动态隐喻的模式。这一模式强调了可视化效果，亚里士多德将它作为"好隐喻"的本质。该章首先简述"置于眼前"的历史；其次澄清"置于眼前"的"生动"的基本含义；之后会讨论"置于眼前"对应的内在能力"想象"如何有可能成为一种初步的主动的审美感受力，同时联系《诗学》中的论述来考察"想象诗学"的确立；最后插入并对照与之相关的高尔吉亚《海伦颂》以及伊索克拉底演说中对视觉的讨论，以此来证明"置于眼前"理论的发展和创新。

在结尾的余论，我们会约略提及中国现代修辞学的建立，从而表明《修辞术》的重要意义。除了利用自身的传统资源外，中国修辞学还需要借鉴亚里士多德的演说理论乃至西方的古典修辞学，才能摆脱狭隘的学科建设，而这样的狭隘模式恰恰又是受到了西方近代轻视修辞术的思潮的影响。这个问题也许会是以后研究的主题。

限于本书的篇幅和《修辞术》的复杂性，还有很多哲学问题只能留待以后讨论。《修辞术》全书三卷凡六十章，在亚里士多德的作品中，属于颇有难度的论著，它体现了亚里士多德作为百科全书式的学者所具有的哲学眼光和功力。本书只能尽力对其哲学内容和价值做一研判。但需要指出，本书只讨论"哲学式修辞术"与"修辞术的哲学"（见第一章第二节），仅立足于对《修辞术》自身的解释而不做过多引申。《修辞术》在哲学上的启示并不限于本书论述的思路。比如，完全可以将语言彻底修辞化（高尔吉亚和尼采），以转义和隐喻为中心（利科和布鲁门伯格），最终通向解构哲学（德·曼）；或将《修辞术》作为语言哲学，进而扩展到存在论层面（海德格尔）；由于修辞术是特殊的辩证法，因此它能成为实践性的逻辑学（阿拉伯哲学家）；它还可以发挥政治功能，或借助其情感理论（培根和霍布斯），或用来引导民众（施特劳斯）；它也能有助于经典诠释（狄尔泰和伽达默尔）；或成为以论证为基础的沟通与认同哲学（佩雷尔曼和伯克）。种种做法都超出了《修辞术》的范围，尽管可以从这一著作中寻找到相关的线索。

由于《修辞术》用词简省，术语纷纭，关联的学科和文本极为繁杂，而且颇多"看似"矛盾之处，故而，在细读原作之外，该书的所有研究者还必须借助三部经典评注，它们分别来自 19 世纪的寇普和桑兹（英文）、20 世纪的格里马尔蒂（评注前两卷，英文）以及 21 世纪的拉普（德文）。前两位学者都是古典学名家，他们的研究侧重《修辞术》与古代文本的互文关系，以及概念和术语的源流。后两位学者则从哲学角度进行探究，格里马尔蒂的评注重新确立了《修辞术》的哲学意义，他专注于核心概念在亚里士多德哲学中的联系与功能，特别强调了《修辞术》对语言哲学的贡献。而慕尼黑大学哲学教授拉普的研究体现了当代《修辞术》阐释的最高水平。其一千多页的评注，五百余页的翻译和一般性解说为后来学者提供了巨大的帮助，但其宏富、详尽、细密、无所不及的论述，也令人望而却步。本书尽可能利用和吸收他们的成果，试图提出一些新的问题和解决思路。

由于《修辞术》有着漫长的解释传统，我们也会利用一些古代的阐释作品。除了古希腊文和拉丁文文献，本书还有意采用了古代东方学者的研究。古亚美尼亚语方面，有一处引用了无敌大卫的观点。闪语方面，简要而初步利用了阿拉伯文的阿尔法拉比《修辞术篇》、阿威罗伊《〈修辞术〉中注》和图穆路斯《逻辑学概要·修辞术篇》，以及古叙利亚文的赫卜烈思《智慧的乳脂·修辞术篇》的意见。在一些问题上，后四位学者的研究提供了有力的支持与参照（如修辞术的定义、逻辑和情感问题等）。在闪语世界对亚里士多德的接受史中，《修辞术》是影响甚巨的作品之一，甚至被纳入了广义《工具论》或"大逻辑学"；其重要学者对《修辞术》的研究逐渐受到了当代西方学界的重视。另外，有几处小地方，我尝试使用了西欧和美国学界有所忽视的俄语方面的翻译成果。

关于《修辞术》以及这门技艺的中译，由于其古希腊文 ῥητορική 省略了 τέχνη，故而译为"术"，没有译为"学"，就如日译为"弁論術"。但是，在亚里士多德这里，除了应用之外，它还具有理论方面，也是一种"学"或知识能力。后来的思想家在继承《修辞术》时对这两方面都有不同的侧重。

为了论述清楚，本书制作了大量的图表，这有助于读者更直观地把握概念的分布、含义、联系，以及相关的思想体系。

本书希望能够初步揭示《修辞术》的若干哲学问题，以便为学界了解这部大著提供帮助。限于它的广度和深度，本书凡有舛错，敬请指正，以便后来修订。

# 第一章

# 《修辞术》概述：文献与哲学阐释史问题

本章分四个部分，首先论述《修辞术》一书的写作和成书时间，这一问题对于理解《修辞术》的体系有着重要的意义。第二节概述《修辞术》的篇章结构、哲学框架和所涉及的各学科问题，从中可以看到亚里士多德修辞术具有的深刻的哲学意义。第三节梳理与《修辞术》有关的文献和版本问题，以及《修辞术》在哲学史上的流传、接受与阐释情况。附录勾勒古希腊修辞术的政治背景：希腊民主制（尤其是雅典民主制）的议会和庭审制度如何为这门演讲术提供了条件。

## 第一节 《修辞术》的写作时间

分析《修辞术》的写作时间是为了更精确地理解这部作品的内在结构。《修辞术》是一部教学讲稿，它不是一部在某一特定时段写就的作品：为了补充新的例子和方法，改进修辞术的体系，亚里士多德持续不断地对其加以修补，甚至并未"完成"。① 而且，他之后的古代编者还做了连接和补缀。因此，其写作时间相当复杂，难以最终确定，只能通过文本或写作风格来推测大致的范围。本节约略总结目前学界的一些权威看法。②

一

首先，按照亚里士多德的生平，这部著作大致的写作时间跨越了下面三个时期：③

（1）公元前 367—公元前 347 年：柏拉图学院时期，亚里士多德教授修辞术课程。

（2）公元前 347—公元前 335 年：亚里士多德游历各地时期。

（3）公元前 335—公元前 323 年：重返雅典时期。

有一些时间明确的所引事件发生于 40—30 年代，证明《修辞术》经过了重返雅典时期的修补：④

| 文本位置 | 事件和人物 | 日期 |
|---|---|---|
| III.10.1411a6 以下 | （1）奥林提亚战争 | 公元前 349 年 |

① Düring（1966:120）指出，目前的《修辞术》也并非最终定稿，只能说它是作者认可的暂定稿，正因为它有讲课性质，而且是一本实用"手册"，因此相较亚里士多德其他著作，它可以进行相对频繁的改动。总之，亚里士多德是边授课边写作，再授课再增补。Rapp（2002:I,179）注释 47 引库尔曼（Kullmann）的观点，他对比了《尼各马可伦理学》和《修辞术》，后者不具有前者的"疑难性表述"（die aporetische Formulierungen，ἀπορητικός），没有"问题"，只是为了"可能性的应用"。而且《修辞术》中很多引用只有开头部分，详细的内容是当时通过口头来补全。这些都表明了《修辞术》的松散和灵活性。

② 本节关于《修辞术》写作时间的观点主要参考 Düring（1966）和 Rapp（2002）的论述，这两位学者最为系统和细致地总结了这方面的问题。

③ Rapp（2002:I,178），Düring（1966:50-52），他们把第二阶段截止年代定为公元前 334 年。按 Chroust（1973a:73）的说法，亚里士多德出生于公元前 384 年夏，去世时间为公元前 322 年 10 月 14 日德谟斯蒂尼自尽前不久。

④ 列表录自 Rapp（2002:I,178）。

续表

| 文本位置 | 事件和人物 | 日期 |
|---|---|---|
| III.10.1410b2，1411a30；III.11.1411b2，1411b29，1412a15，1412b5；III.17.1418b27 | （2）伊索克拉底《腓力辞》 | 公元前 346 年 |
| II.3.1380b8-10 | （3）斐洛克拉底和平 | 公元前 346 年 |
| II.22.1397b31 以下 | （4）第三次神圣战争 | 公元前 356—公元前 346 年 |
| II.20.1393b2 以下 | （5）阿尔塔薛西斯三世遣使团去希腊 | 公元前 343 年 |
| II.8.1386a14 | （6）狄俄佩特斯之死 | 公元前 341 年后 |
| II.23.1397b31 以下 | （7）腓力使团在忒拜谈判 | 公元前 339 年 |
| II.24.1401b32-34 | （8）喀罗尼亚（Χαιρώνεια）战争 | 公元前 338 年后 |
| II.23.1399b12 以下 | （9）共同和平 | 公元前 336 年 |

可以认为，亚里士多德是在学院时开始写作《修辞术》，离开后或许并未停笔，[①]重返雅典不久又继续增补和修改。需要强调，就在这期间，公元前 355—公元前 322 年是雅典民主制的又一个阶段。[②] 在这种制度的影响下，阿提卡修辞术处于高峰，这是一个杰出雄辩家和演说作品层出不穷、演说文本逐渐实体化、演讲套路渐趋发展、修辞手册不断被编纂的时代。所以，《修辞术》受

---

① Düring（1966:51）并不认为《修辞术》有内容写于游历时期。Rapp（2002:I,181）指出，Rhet.III.10.1413b1 和 III.17.1418a29-30 提到"阿提卡演说家"（卡塞尔（Kassel）勘本列为旁人所补）和"雅典演说家"，故也许，Rhet.III 写作时，亚里士多德不在雅典，而在莱斯博斯或马其顿王宫。但他并不接受这一推理。

② Hansen（1987:4），他区别了公元前 5 世纪和公元前 4 世纪的雅典民主。目前保存的演说文本多出自公元前 355—公元前 322 年的演说家之手。355 年，德谟斯蒂尼的演说事业开始；而 322 年，德谟斯蒂尼自尽，寡头制取代民主制，修辞术的黄金时期结束。

到了这一背景的持续影响，它的写作才会持续如此之长的时间。当然，修辞术也等待着有人在哲学层面对其进行全面总结和理论化研究，而《修辞术》就是这样的最高成果。

进一步，基于上述的时间分布，再结合其他证据，杜灵主张，《修辞术》第一卷至第三卷可以分为若干写于不同时期的部分，为清楚起见，我们先给出他的结论，再描述一些具体的理由：[①]

| A：Rhet.I，II.1-22 和 25 | 独立核心部分 | 《修辞术》的原初部分，即拉尔修《名哲言行录》5.24 书目中的 τέχνης ῥητορικῆς α′ β′（《修辞术，第一和第二》）。[②] | 公元前 4 世纪 50 年代上半叶，写于柏拉图学院时期，后不断修改。 |
|---|---|---|---|
| B：Rhet.II.23-24 | 独立部分 | 亚里士多德将之补入 A。有可能是亚历山大里亚图书馆书目编号 86 的作品 ἐνθυμημάτων διαιρέσεις α′（《修辞演绎之划分，第一》），也见赫斯基奥斯的书目编号 78。[③] 这是一部专论修辞演绎的著作。 | A 的 20 年后，公元前 335—公元前 334 年以后所作。 |
| C：Rhet.II.26. 1403a17-1403a33 | 补充部分 | 亚里士多德对 A 和 B 的补充。 | 与 B 时间相近。 |
| D：Rhet.II.26. 1403a34-1403b2 | 连接部分 | 后来编者为了连接 Rhet.I-II 和 Rhet.III。 | 公元前 60 年。 |
| E：Rhet.III.1. 1403b13-15 | 补充部分 | 亚里士多德的补充。 | 与 B 时间相近。 |

① Düring（1966:49-52,118-119），他没有列表，我们做了总结。

② Rapp（2002:I,188-189）。

③ 米利都的赫斯基奥斯（Ἡσύχιος ὁ Μιλήσιος，公元 6 世纪），编有名人传记，收入亚里士多德的作品目录。

续表

| | | | |
|---|---|---|---|
| F：Rhet.III<br>（除 E 之外） | 独立<br>部分 | 后来编者将其与 A、B 两部分合并。[①] 可能是亚历山大里亚图书馆书目编号 87 的作品，拉尔修[②]和德米特里欧斯[③]都指明题目为 περὶ λέξεως（《论措辞》）。赫斯基奥斯的书目编号 79，题目为 περὶ λέξεως καθαρᾶς（《论纯正措辞》）。 | A 之后，公元前约 355 年到柏拉图去世，写于学园时期。但个别篇章写于公元前 334 年之后。 |

杜灵的这一结论基本上是合理的，可以作为我们理解《修辞术》写作时间的框架，下面再列出他的一些理由和分析。

| | |
|---|---|
| A | 这部分的时间和独立性有三个证据。（1）Rhet.II 的事件大多在公元前 355 年之前，未早于 360 年，这明显区别于 B。（Rhet.I 没有引及史实，但它与 Rhet.II 是连续的，后者可以作为代表。）（2）Rhet.1392a1-4 明确规划了《修辞术》的最后论述内容是例证和修辞演绎。（3）Rhet.I-II 只字没有"规划"Rhet.III，仅仅间接而且略微提及了有关内容（Rhet.1395b18-19 提及演说的部分；Rhet.1368a1，1368a8，1395a26 提及措辞）。[④] |

---

① 编者的理由也许是，Rhet.III.1.1403b6-15 在规划第三卷内容前，又总结了前两卷，那么似乎亚里士多德有意要合并这三卷。另一个理由可能是，第三卷的措辞和布局在后来成为了修辞术的核心，必须要将之放入《修辞术》中。Düring（1966:118,121），Kennedy（2007:308），D 和 F 的编者是罗德岛的安德洛尼科斯（Ἀνδρόνικος ὁ Ῥόδιος，盛年公元前 60 世纪），可能还有文法家泰拉尼翁（Τυραννίων）。

② 《名哲言行录》5.24 书目列有 Περὶ λέξεως α'β'，但 Rhet.III 只是一卷，也许拉尔修把措辞和布局分为两卷。

③ Fortenbaugh（2005:6），此人也写过专著《论体式》（Περὶ ἑρμηνείας），对应 Rhet.III 的主题，他曾被错误认为是漫步学派的德米特里欧斯（Δημήτριος Φαληρεύς）。

④ Rapp（2002:I,172），Düring（1966:118,120-121），后者认为上述的事件（6）是公元前 335 年之后连同 Rhet.II.23-24 一起补充的。若按他的理解，则 40 年代的事件均为重返雅典后增添的，包括他未提及的事件（3）。

| | |
|---|---|
| B | 在事件列表中，最后三个例子的时间相近，同时也属于 Rhet.II.23-24；故这两章有可能区别于其他部分。此外，Rhet.II.22.1397a2 使用的 παρασημαινόμενοι 一词（见 Top.105b16 和 Soph. el.177b6），也表明这两章是后补。 |
| C | 与 Rhet.II.23-24 同时完成，起到总结作用。这种后补在亚里士多德著作中常见。① |
| D | 这部分的原文为，ἐπεὶ δὲ τρία ἔστιν ἃ δεῖ πραγματευθῆναι περὶ τὸν λόγον, ὑπὲρ μὲν παραδειγμάτων καὶ γνωμῶν καὶ ἐνθυμημάτων καὶ ὅλως τῶν περὶ τὴν διάνοιαν, ὅθεν τε εὐπορήσομεν καὶ ὡς αὐτὰ λύσομεν, εἰρήσθω ἡμῖν τοσαῦτα, λοιπὸν δὲ διελθεῖν περὶ λέξεως καὶ τάξεως. 该段第一个分句（Rhet.1403a34-35）几乎完全来自 Rhet.III.1.1403b6-7，但这两处的 τρία 其实所指不同，这里指"例证、精言和修辞演绎"，那里指"说服法、措辞和布局"。而第二个分句的 ὅλως τῶν περὶ τὴν διάνοιαν（Rhet.1403a36），来自 Poet.1456a34 的 τὰ μὲν οὖν περὶ τὴν διάνοιαν ἐν τοῖς περὶ ῥητορικῆς κείσθω。最后一个分句来自 Rhet.1392a1-4 和 Rhet.III.1 开篇。介词 ὑπὲρ 的使用方式也不是亚里士多德的习惯。 |
| E | 由于 Rhet.II.23-24 是后补，因此这两行也是补入的，时间相同。② |
| F | 这一卷的事件发生于公元前 4 世纪 60 年代至公元前 346 年，基本上都在学园时期，除了上面涉及的事件（2），与之相应的文段必定写于这之后，如重返雅典时期。③ |

关于核心部分的时间，还有几点可以作为证明：

（1）《修辞术》前两卷在构思和风格上接近亚里士多德早期

---

① B 和 C 的理由见 Düring（1966:118,122,143）。他认为，B 不可能先于重返雅典时期写成。另外他提醒注意，Rhet.II.23 少有地用过去时指伊索克拉底；他似乎暗示这表明伊氏已去世。但有的学者认为这两章介绍的修辞演绎应是亚里士多德早期的理论，见 Solmsen（1929:59）和 Rapp（2002:I,181）。

② D 和 E 的理由见 Düring（1966:118,121）。

③ Düring（1966:121-122）总结了所有事件人物。Rapp（2002:I,181）指出，Burkert 根据 Rhet.III 提及的两个雅典戏剧演员证明亚里士多德当时就在此地，该卷写于学院时期。

著作《论位篇》。《修辞术》第一卷的修辞术原则就是借自《论位篇》的辩证术："修辞演绎与例证"类比于"推论（三段论）与归纳"。"论位"（τόπος）作为《修辞术》的重要概念，也来自《论位篇》，而且《修辞术》进一步给出定义，但《论位篇》还没有。在《修辞术》第一卷，亚里士多德多次提到《论位篇》。[①]

（2）在《修辞术》第一卷，亚里士多德涉及了伊索克拉底（公元前436—公元前338年）及其学派的重要修辞术方法。而伊氏学派和柏拉图学园的对峙大约在公元前355—公元前350年达到高峰（亚里士多德时在学园）。而《修辞术》作为亚里士多德的教材，既然与伊氏的修辞术教学针锋相对，则它极有可能是在这个时期内被创作。[②]

（3）关于德谟斯蒂尼（公元前384—公元前322年）的问题。此人是演说名家，但《修辞术》很少谈及，只有三处：Rhet. II.23.1397b7，II.24.1401b33，III.4.1407a5，均不在原初的核心部分。[③] 杜灵的解释是，这并不像通常认为的那样，是由于亚里士多德与德氏立场对立（关于马其顿问题），[④] 也不是因为亚氏当

---

① Rapp（2002:I,182），Düring（1966:120）。但还有一个独特之处，Rhet.I.7 和 Top.III.1-3 完全相近，前者大量的论位相似于后者；这两者或有可能彼此参照，或有可能来自其他相同的作品，不过看起来，《论位篇》的部分相对较晚。Rapp（2002:I,183）指出，Rhet.I.11，亚里士多德采用了柏拉图对快乐的定义，将之定为运动；而 Top.IV.1.121a35 以下，却呼应了《尼各马可伦理学》的成熟定义，快乐不是运动。后一种看法晚出，因此《论位篇》这部分内容在后。

② 这一段见 Rapp（2002:I,183）。但 Nietzsche（1995:524）认为《修辞术》写于伊索克拉底去世之后。

③ Düring（1966:118），他认为这三处里，第一和第三都不是指演说家德谟斯蒂尼。第二处还是反对他。

④ Rapp（2002:I,184）给出另一个理由，亚里士多德与伊索克拉底也是竞争对立关系，《修辞术》却大量引用后者。

时不在雅典；而是在于，德氏当时并非著名演说家，其第一次上庭演说是公元前 354 年，直到公元前 347 年，才成为反马其顿的倡议者。既然亚氏不会引用一个未成名的演说家，则可证明，前两卷大部分内容写于 355 年之前。①

（4）在公元前 362 年，色诺芬的儿子格吕洛斯在战争中去世，亚里士多德写了一部后来散佚的、有可能是对话形式的修辞术著作《论修辞术，或格吕洛斯》(*Περὶ ῥητορικῆς ἢ Γρῦλος α'*)。② 余下几年里，亚里士多德还写了几部论修辞术和诗学的作品。而 Rhet. 的核心部分有可能就创作于这段时间的末期，而其文风以及理论方法均不像青年人所写，而是成熟的中年人所作。③

二

借助所引用的史实与人物，《修辞术》的创作时间可以大致确定，除此之外，学者们也通过亚里士多德著作间的互指来分析其写作年代，这个方法不是非常可靠，只能作为一种参考。④ 除了用来确定时间，通过文本指涉，我们还可以更清楚地把握《修辞术》与其他学科的联系以及作者思想的发展。《修辞术》曾提

---

① Düring（1966:121）。

② 第欧根尼·拉尔修《名哲言行录》2.55，昆体良《演说家教育》2.17.14。

③ Düring（1966:120）和 Nietzsche（1995:524）。后者认为亚里士多德的这部早期修辞术著作是反对伊索克拉底的。亚里士多德早期写过不少对话，这之后写的科学著作都会联系这些早期的作品，比如《论诗人》对应了《诗学》，故尼采认为这部早期作品对应《修辞术》第三卷。

④ 如 Rapp（2002:I,185）所言，分析互涉是为了确定时间，而分析中也会使用一些年代，这就难免成为循环论证；而过分相信互涉必然会误入歧途，蒂尔歇尔（Thielscher）就纯粹以此来确定年代，故错误认为，《修辞术》完全是亚里士多德最晚的著作之一，后于《工具论》《诗学》《政治学》《尼各马可伦理学》和《论灵魂》。

及《论位篇》《辩谬篇》《政治学》《诗学》和《分析篇》，下面逐
一概述。①

（1）《论位篇》：《修辞术》与之写于同一阶段而且密切相关，
亚里士多德按照辩证术类比出修辞术的逻辑体系：

（a）《修辞术》一般用 ἐν τοῖς τοπικοῖς 或 ἐκ τῶν τοπικῶν
（相关论位的内容）指涉，Rhet.1355a28，1356b12，1358a29，
1396b4，1398a28，1399a6，1402a35，1403a32 和 1419a24。

（b）Rhet.1356b19，提到 ἐν τοῖς μεθοδικοῖς（相关方法或
研究的内容），拉尔修书目中也有该书，凡八卷，恰好是《论位
篇》的卷数（不算《辩谬篇》）。

（c）Rhet.1396b26 和 Rhet.1401a2，用 ἐν τοῖς διαλεκτικοῖς
（相关辩证的内容）。

值得注意的是，提及《论位篇》之处要么来自 Rhet.I.1-2，
要么来自 Rhet.II.22，但在 Rhet.I.4-15 和 Rhet.II.2-17，指涉《论
位篇》的内容并没有提及其名。因此有可能这部分使用了《论位
篇》之前的内容或《论位篇》的初稿，也可能没有指涉关系。②

（2）《辩谬篇》：这部著作涉及驳论，晚于《论位篇》的核心
部分。

（a）Rhet.II.24.1402a3，提到 ἐν τοῖς ἐριστικοῖς，这指诡辩
术，它是《辩谬篇》的主题，因此指向这部著作。Rhet.II.24-25，
处理驳论和"看似修辞演绎"，均联系《辩谬篇》。

---

① 下面的分析参考 Rapp（2002:I,185-191）和 Düring（1966:119-120,122-123）；
　文本指涉处借助 Kassel（1976）的索引。这里只讨论明确提及篇名的作品，不
　涉及仅仅存在内容联系的著作。

② Rapp（2002:I,186）。

（b）Rhet.1355a30，提到 ἐν τοῖς συλλογισμοῖς（在推论 ［三段论］中），这必定包括驳论，因此联系《辩谬篇》。

（3）《政治学》：有可能指向这部著作的地方为 Rhet.1366a21-22，那里说在 ἐν τοῖς πολιτικοῖς 已经具体讨论过 Rhet.I.8 的政制方面的内容。有学者以此表明《修辞术》在《政治学》之后完成。但 Pol.III 的政制分类不同于 Rhet.I.8，显然是两个标准。[①] 故此处尚不能表明绝对指向《政治学》。所指的可能是其他相同主题的作品或现存《政治学》的初稿。[②]

（4）《诗学》：《修辞术》有六次指向《诗学》，大部分都在第三卷，这样看来，该卷有可能晚于《诗学》：[③]

（a）有两处为 ἐν τοῖς περί ποιητικῆς，都涉及笑：Rhet. I.11.1372a1-2 和 Rhet.III.18.1419b5-6。这两处对应的《诗学》的内容在一般认为散佚的《诗学》第二卷。有可能《修辞术》第三卷的某些内容晚于或同时于《诗学》第二卷。

（b）余下四处涉及"措辞"（λέξις），这对应 Poet.20-22：Rhet.III.1.1404a38-39，III.2.1404b5-8，1404b26-28，1405a3-6。

另外，《修辞术》第三卷的"置于眼前"（πρὸ ὀμμάτων ποιεῖν）理论，也相通于《诗学》的摹仿说，都是为了使形象生动鲜活，让观众或听众仿佛能直观到它。[④]

---

① Rapp（2002:I,187），Pol.IV-VI 也使用了不同的政制模式，但这并未出现于 Rhet.I.8。

② Rapp（2002:I,185）；Düring（1966:119）认为，ἐν τοῖς πολιτικοῖς 和 πολιτική（Rhet.1359b17）有可能均指伦理学方面的作品。

③ 下面的分析见 Rapp（2002:I,187-188）。

④ Düring（1966:122），比如 Rhet.III.1404a21 的 ὀνόματα μιμήματα，所指向的并非《解释篇》，而是《诗学》的摹仿理论。Rhet.1410b11 的 ὁμοιώματα 和 σημαίνει τι，也可能来自《诗学》。

除去《修辞术》指向《诗学》的地方，在《诗学》中也有提及《修辞术》的内容，即 Poet.19.1456a33-40：περὶ μὲν οὖν τῶν ἄλλων εἰδῶν εἴρηται, λοιπὸν δὲ περὶ λέξεως καὶ διανοίας εἰπεῖν. τὰ μὲν οὖν περὶ τὴν διάνοιαν ἐν τοῖς περὶ ῥητορικῆς κείσθω· τοῦτο γὰρ ἴδιον μᾶλλον ἐκείνης τῆς μεθόδου. ἔστι δὲ κατὰ τὴν διάνοιαν ταῦτα, ὅσα ὑπὸ τοῦ λόγου δεῖ παρασκευασθῆναι. μέρη δὲ τούτων τό τε ἀποδεικνύναι καὶ τὸ λύειν καὶ τὸ πάθη παρασκευάζειν ( οἷον ἔλεον ἢ φόβον ἢ ὀργὴν καὶ ὅσα τοιαῦτα ) καὶ ἔτι μέγεθος καὶ μικρότητας.

这段用 ἐν τοῖς περὶ ῥητορικῆς（在相关修辞术的内容中）指涉《修辞术》，其中有三点重要之处：第一，将修辞术划分为"构思和措辞"两个相对部分。第二，"构思"专属于"修辞术方法"。第三，思想即让内容"被话语来设置"，这分为几个部分："证明和辩驳"；"设置情感"；"重大和微小"（指《修辞术》的"夸饰和削弱"）。第一点区分了 Rhet.I-II 的核心"构思"和 Rhet.III 的措辞；后两点指向 Rhet.I-II，这不同于《修辞术》指向《诗学》的部分。

鉴于 Rhet.I-II 与 Rhet.III 彼此独立，故能得出的结论为：Rhet.I-II 早于《诗学》中涉及《修辞术》的部分（但并非早于整部《诗学》），也早于 Rhet.III。[1]

（5）《分析篇》：在涉及逻辑问题时，《修辞术》有五个地方明确提及了《分析篇》的书名，四处是 ἐκ τῶν ἀναλυτικῶν，一处是 ἐν τοῖς ἀναλυτικοῖς。因此，《分析篇》的写作先于《修

---

① Rapp（2002:I,188）。

辞术》。

（a）Rhet.I.2.1356b9，指出所有证明必定要么是推论，要么是归纳。

（b）Rhet.I.2.1357a30，断定必然命题（或大多数情况下成立的命题）出自必然前提（或大多数情况下成立的前提）。

（c）Rhet.I.2.1357b25，Rhet.II.25.1403a5 和 1403a12，涉及"标志（σημεῖον）—论证"问题。

拉普主张，既然有些地方表明《分析篇》完成于公元前 347 年之后，那么，由于很多证据表明《修辞术》的主体部分写于早期，所以，上述的指涉关系有可能是亚里士多德或编者后来补入的，否则《修辞术》就成了晚期作品。对于（a），有关内容虽然出现在《前分析篇》，但也见于《论位篇》，未必要联系前者。关于（b），尽管主题见于 An.po.I.30.87b22-25，但那里的表述是颠倒过来的；而《修辞术》的处理更简单，没有关涉混合模态问题。关于（c），相关思想未必要来自推论理论，可以是前推论时期的。①

与之相似，从一种亚里士多德逻辑学的"发展观"来看，《修辞术》包含了亚里士多德早期的"二元方法"：τόποι（论位）和 εἰδή（特殊论位和前提），它们先于而且独立于《前分析篇》，都延续了柏拉图的思想。两种方法分别联系了辩证术（《论位篇》）

---

① Rapp（2002:I,189-191）。在（a）（b）以及（c）的最后一处，Kassel（1976）均加了"（）"。Düring（1966:49-50,59）认定《分析篇》（连同整个《工具论》）全部完成于学院时期的公元前 4 世纪 50 年代中叶。Ross（1957a:22-23）推测时间不可能早于公元前 353 年，他最后估计是公元前 350—公元前 344 年。拉普的看法可能源自于 An.po.85a24 提及了一个人物，亚里士多德是公元前 347—公元前 344 年与之相识的。这样的例子当然也有可能是后补的。

与证明（《后分析篇》），后两者也先于并且不依赖于"一般推论"理论（《前分析篇》）。而当《前分析篇》及其严格的逻辑学出现之后，完全带有亚里士多德风格而脱离其老师的"标志—论证"理论，才被引入《修辞术》中。[①] 这样，上述的指涉应该都是补入的。

当然，如果认为《分析篇》写于早期而且先于《修辞术》（《前分析篇》也先于《后分析篇》），那么，亚里士多德的逻辑学发展脉络为：辩证术、驳论、一般推论、证明、修辞术。上述指涉可以不是后补。他是在整个逻辑体系全部建立之后才处理修辞术。Rhet.I.2 集中指涉《分析篇》的三处恰好表明了亚里士多德一上来就要按照之前完成的《分析篇》来建构修辞逻辑。按照这样的理解，可以把上述这些作品的时间及其影响《修辞术》的可能方面排列如下：[②]

| | |
|---|---|
| （1）公元前 367—公元前 347 年：柏拉图学园时期 | |
| （a）公元前 4 世纪 50 年代上半叶 | 《论位篇》第二至第七卷，第八卷，第一卷：辩证术和论位<br>《辩谬篇》：驳论<br>《分析篇》：推论和证明<br>《诗学》第一卷和第二卷：笑、措辞、置于眼前<br>《修辞术》第一卷和第二卷（没有第二卷第二十三章和第二十四章） |
| （b）公元前约 355 年至柏拉图去世 | 修订《修辞术》第一卷和第二卷；《修辞术》第三卷 |

---

① Solmsen（1929:22,25-27,34-37,46,53,56-57,225-226），但 Düring（1966:57）和 Ross（1957a:9-22）都反对《后分析篇》先于《前分析篇》的观点。

② 表格总结自 Düring（1966:49-52），他把《辩谬篇》定为《论位篇》第九卷。

| | |
|---|---|
| （2）公元前347—公元前335年：游历各地时期 | 《政治学》第一卷，第七卷和第八卷 |
| （3）公元前335—公元前323年：重返雅典时期 | 《修辞术》第二卷第二十三章和第二十四章；修订《修辞术》全三卷<br>《政治学》第二卷，第五卷和第六卷，第三卷和第四卷：政体划分 |

三

如前述，《修辞术》的成书是一个复杂和漫长的过程。首先，历时上，它以"层叠"的方式不断累积着内容，亚里士多德伴随讲课进行增补与合并，同时又不断修改和删减，每次新添入的材料积累在以前的内容上，而且后来的编者也进行了段落的移置和文字篇章的编辑，这些都在文本中有所反映。在每个阶段的共时层面上，它又和同期的独立著作具有交互关系，其他学科的发展会影响《修辞术》，作者需要随之不断引入它们的理论。

其次，从另一组两重性看，一方面，在理论上，《修辞术》具有科学和哲学的特征（见本章第二节）；另一方面，在实用上，它毕竟还是手册，亚里士多德需要提供经验性材料（如公共生活的事例，经典演说家的演说范例），将实践方法或模式教授给学生，因此《修辞术》又在很多地方不具有理论科学（甚至严格意义上的科学）的特征。经验性部分更明显地体现出"层叠性"，而理论性部分保持了相对的自足，但其他学科理论的变动又会影响这部分的稳定。

总之，由于《修辞术》成书过程造成的层叠和"理论—经验"的双重特征，这部著作充满了很多矛盾和未完成的内容，试图为《修辞术》重构一个完美的体系是不可能的。[①]

比如，《修辞术》的矛盾体现在三个根本问题上，它们关涉了修辞术本身的理性和非理性的对立。第一，说服法（πίστις）问题（见本书第三章）。亚里士多德在 Rhet.I.1 批评了之前修辞家只是关注如何通过情感来影响听众，没有关注修辞术说服法的核心"修辞演绎"（ἐνθύμημα）。显然，情感手段不是修辞术的本质部分，因为它与逻辑论证无关。但很快，在 Rhet.I.2，他又把 πάθος 算入三种说服法之一，而且在第二卷用了很大的篇幅讨论它。

第二，论位（τόπος）问题（见本书第四章）。亚里士多德将这一元素作为修辞逻辑的核心，他明确规定了 κοινοί τόποι 就是修辞演绎和例证。而与之相对，εἰδή（特殊论位）是否包含了 ἦθος 和 πάθος，则是关键问题。如果仅仅把 λόγος 作为修辞演绎这个逻辑形式待处理的材料，那么情感和品性就是多余的了。但是亚里士多德又恰恰规定了后两者也是论位的来源。

第三，措辞问题。无论亚里士多德是不是打算合并 Rhet.I-II 和 Rhet.III，抑或后来编者认为必须合并，但矛盾是，Rhet.III 并不处理说服，而是研究"如何说"，甚至还涉及了如何取悦听众（如本书第七章研究的那种手法）。这些非理性、非逻辑的手段并不符合 Rhet.I.1 对说服法尤其是论证的重视。

拉普举出了若干情况证明现存《修辞术》没有进行最终的整理，它不是定稿。这些例子也是《修辞术》中比较重要的争论

---

[①] Grimaldi（1980）（1988）（1998）已经尽最大可能做到了这一点，但依然留有不少问题。

点，选述如下：<sup>①</sup>

（1）亚里士多德在不同地方论述修辞演绎，它均有不同数量的前提，从两种，三种到四种。<sup>②</sup>

（2）亚里士多德用 κοινόν 既指修辞演绎和例证这样的"普遍论位"，又指 3 种"普遍条件"（可能与不可能，已发生和将发生之事，程度大小）。《修辞术》没有用专门的术语区别这两种普遍因素。

（3）个别演说的特殊论位有时被称为 εἰδή，有时被称为 προτάσεις（诸前提、命题），ἰδία，或 τόποι。亚里士多德使用了不同的说法来指称同一事物，并未有所统一。<sup>③</sup>这种做法也造成了 εἰδή 是不是严格意义的"论位"的问题。

（4）议政演说和诉讼演说在 Rhet.I.1.10 和 III.12.5 有相反的处理结果。前者认为议政演说比诉讼演说更佳，更精确，但后者又认为诉讼演说更精确。亚里士多德没有处理这个矛盾，他有可能使用了不同的标准。<sup>④</sup>

（5）有些地方（如 Rhet.I.5-14，II.2-17），亚里士多德是从概念来阐发论点，没有提及历史上的演说和实例。但在另一些地方，如 Rhet.II.23-24，他仅仅汇集了例子，甚至在 Rhet.III.3，III.9.1409b32-1410a19，他只引用了一个来源，显然还未充分完成。

对于这一点，除了像拉普一样解释成未定稿之外，我们还可

---

① Rapp（2002:I,192-193）。
② 见 Rapp（2002:II,795）对 Rhet.II.25.1402b13 的评注。
③ 见 Rapp（2002:II,208-212）对 1358a2-35 的评注。
④ 见 Rapp（2002:II,935-939）对 1414a7-18 的评注。

以认为，这归因于《修辞术》的理论和实用的两重性，故而它是无法解决的。前一种情况是因为，《修辞术》涉及了伦理学（善、快乐、德性和品性）、政治学（政制和法律等）、逻辑学（推论和例证）和心理学（情感）等亚里士多德关注的学科或领域，只要他想以哲学的方式处理《修辞术》涉及的各种问题以及说服本身的机制，那么，他必须要借助自己的或当时柏拉图学园现成的理论框架。后一种情况则更明显地体现了手册的特征，体现了智者修辞术的经验性特点。总体上，修辞术的理论和实用的二重性是无法克服的，亚里士多德只能两者兼取，没有办法将之最终统合到一起，更何况由于修辞现象源源不断（在依然持续的雅典民主制下），对实例的收集必定是未完成的。

（6）在 Rhet.III.13-19，亚里士多德使用了外来的例子，他按自己的理解对这些例子进行了改动，但在一些地方并没有加以批判和调整。[①]

（7）《修辞术》会使用第二人称单数（如，Rhet.1396a7，1368a19，1415b35，1417a2，1417a34f.，1417a36，1418a10，1418a12，1418a39，1420b1），而没有做出理论分析。这当然是讲课稿的特征。

（8）Rhet.II.18，这一章总结了之前的内容，但问题较多，对 κοινόν 的描述存在上面提到的矛盾。[②] 由此，Rhet.II.19-26 处理的"普遍论位"并没有得到统一的表述。

也许，若假亚里士多德以时日，人们或许可以看到一部他亲手编订的完备的《修辞术》。但是，如果修辞现象和修辞术随着

---

① 见 Rapp（2002:II,997）对 1419b24-28 的评注。
② 见 Rapp（2002:II,713-716）对 1391b8-23 的评注。

世界的流变永恒存在，那么，《修辞术》恐怕是永远无法完成的作品：后来漫长复杂的修辞术历史和《修辞术》的研究史就是在继续对这部经典进行持久的写作。

## 第二节  《修辞术》的篇章安排及其哲学体系

《修辞术》一书体大思精，旁涉哲学的多个学科，初看起来，迥异于今日的修辞学，颇为复杂。本节试图用两组区分来简要概述其篇章安排、哲学体系和哲学问题的分布，以为后面的研究奠定基础。

首先，我们要区分第一组概念："哲学式修辞术"与"修辞术的哲学"。前者涉及"方法论"和修辞术自身的定位和本性问题，即，亚里士多德以什么样的"哲学"方式审视修辞术？他将之确立为一门什么样的哲学性科学？在这方面，他关注的对象是"说服"这一活动及其结果：一般而言，人如何能说服他人接受某个信念？如果是在政治、法律等公共演说和特定场合中，那么，面对多数人，这样的说服应该如何进行？在进行时，演说者需要什么样的准备条件？说服的方法有哪些类别和组成？应该如何进行划分？什么样的方法应该作为核心？等等。这些问题属于具有哲学眼光的人，在亚里士多德之前，只有柏拉图以苏格拉底的口吻表达过，智者、修辞家和政治家都没有系统地总结这一种他们最为擅长的技艺。由此，修辞术转型为哲学的"分支"，至少在亚里士多德的哲学体系中就是如此，它具有理论知识的特点，也属于实践哲学和制作技艺。我们还可以从后来人的角度说，它还是一种语言哲学——亚里士多德其实已经显露出了这种倾向。

"修辞术哲学"则是另一个问题角度。它指的是，亚里士多德在以哲学方式建构修辞术时，修辞术所涉及的"哲学问题"。这一角度联系了前一点。由于修辞术理论具有了哲学方法，因此，作为跨学科的语言技艺，当修辞术涉及其他学科时，这些学科又会显现出哲学性而形成自身的问题。这些问题牵连了修辞术的本性，容易与之混淆，但又密不可分。此外，哲学修辞术自身的"哲学问题"也会独立出来，它从属于另一个更高的学科。我们试用下表略作总结。

| 哲学式修辞术 | 修辞术的哲学性和作为哲学的修辞术 | 方法论和科学定义的问题：能力和技艺理论；对语言说服的考察 |
| --- | --- | --- |
| | 修辞术自身的哲学问题 | 形式逻辑问题：推论—归纳理论 |
| 修辞术的哲学 | 议政修辞术 | 政治学和伦理学：政制学说 |
| | 诉讼修辞术 | 法学和心理学：快乐和欲望理论 |
| | 展现修辞术 | 伦理学：德性观 |
| | 情感说服法 | 心理学（灵魂论）：情感机制理论 |
| | 品性说服法 | 伦理学和生理学：品性学说 |
| | 措辞与布局 | 美学、诗学和文学（散文理论）：隐喻和置于眼前理论 |

由此能看出，修辞术的哲学问题包含了形式与内容两个部分。形式是指，修辞术是形式逻辑的分支，尽管它的出现早于亚里士多德的逻辑学，它源自于哲学家的辩证术或辩证法。但是，修辞术不是纯粹演绎的形式逻辑，因为它要针对外部的事实以及表达事实的知识和意见来说服他人，这就是内容方面。如果脱离外部事实，演说者很难或无法说服他人。那么，为了说服，演说者需要掌握事实领域，这些领域一方面是由古希腊政治文化决

定的（见下一节），另一方面是由人的自然本性（情感、品性与德性等问题）和语言本质（措辞、隐喻等问题）决定的。这些学科都是特殊的知识，而修辞术则是一般知识。只有后者，没有前者，说服就不会成功；只有前者，没有后者，修辞术这门技艺就不会具有自身的本性，而只是外部知识的堆集。在这一点上，修辞术的形式问题是哲学式修辞术能够存在的关键。

当亚里士多德用理性去分析和建构"哲学式修辞术"时，这也决定了他会以哲学方式来处理修辞术自身及其关涉的其他学科。这些学科一方面体现了亚里士多德当时的思想，另一方面也为他后来建立相应学科提供了启发和准备（如本书第七章的德性问题），甚至有些内容反而实现了他在其他学科中没有完成的任务（如本书第五章的至关重要的情感问题）。种种方面都体现了《修辞术》一书的价值。

这种哲学性具有某种道德指向。虽然亚里士多德以哲学方法建构了修辞术，但这门技艺依然是价值中立的，因为它的目的是一般而普全的说服，取决于人的使用。不过，它自身的科学性限制了滥用的可能，同时逻辑和知识主控了它的活动，引导了非理性的手段，亚里士多德也相信这两者具有最大的说服力。作为一种"知识型"修辞术，既然实事求是、摆事实和讲道理成为了它的原则，那么，它就会有一个正确的方向，具有某种隐含的"规范性"。这种正确性也合乎亚里士多德对《修辞术》中其他学科的正确处理。在这一点上，这种价值中立的技艺，迥异于同样道德中性的、以结果为中心的、功利的智者修辞术。

除了"哲学式修辞术"和"修辞术的哲学"这一组概念之外，另一组概念就是"大修辞术"和"小修辞术"。大修辞术是一种广义的修辞学，相关宏大的政治、法律与道德问题等，它不同于今日的隶属于文学或语言学的修辞学，它是 Rhet.I-II 的处理对象。在当今的法学、政治学、新闻传播学等学科中，还能看到大修辞术的存在。而小修辞术对应了 Rhet.III，如前所述，这一卷本来是独立的，仅仅处理语言形式、风格和布局，涉及了散文理论，它被后来的一些修辞家着重继承，逐渐形成了今日的仅仅研究辞格和修饰效果这样微小问题的"修辞学"，它独立于而且不再相交于其他非语言性的学科。有的学者从现代修辞学的角度仅仅把 Rhet.III 作为全书的核心，这是可以理解的。[①] 当然，今日的修辞学甚至比小修辞术还要狭窄，有些问题已经转移到了文学和美学领域。似乎，对于当今研究修辞学的学者来说，重返亚里士多德的大修辞术是一条恢复修辞学生命力的可取之道，但这需要重新为之注入哲学的"灵魂"。

　　下表按照《修辞术》的章节安排，将哲学问题的分布呈现出来。其中"修辞学"表示今日的修辞学科，区别于亚里士多德的修辞术。

| 大修辞术<br>Rhet.I–II<br>思想<br>(διανοία) | | 修辞术概论 | |
| --- | --- | --- | --- |
| | 逻辑学 | I.1 | 引论：对前人修辞术的批评；对修辞术的维护。 |
| | | I.2 | 修辞术的定义和说服法。 |
| | | I.3 | 修辞术的三种类型：议政演说、诉讼演说和展现演说。 |

---

① 见下一章提及罗念生先生的处理，他选译了 Rhet.I-II，全译了与今日修辞学相关的 Rhet.III。这样的修辞学即"狭义修辞学"，见利科（2004:1-2）引热内的看法。

| | | | |
|---|---|---|---|
| 大修辞术<br>Rhet.Ⅰ–Ⅱ<br>思想<br>（διανοία） | **论理说服法及其特殊论位：政治学、伦理学、法学等** | | |
| | 政治学 | I.4 | 议政演说的五个议题：财政、战争与和平、国土防御；物资进出、立法。 |
| | 伦理学<br>（政治学） | I.5 | 议政演说的议题：幸福。 |
| | | I.6 | 议政演说的议题：利益与善。 |
| | | I.7 | 议政演说的议题：利益与善的更大和更小。 |
| | 政治学 | I.8 | 议政演说的议题：政治体制。 |
| | 伦理学 | I.9 | 展现演说的议题：德性、高贵与赞扬。 |
| | 法学、伦理学、<br>心理学<br>（灵魂论） | I.10 | 诉讼演说的议题：罪行的七种动因。 |
| | | I.11 | 诉讼演说的议题：快乐。 |
| | **修辞术概论** | | |
| | 法学 | I.12 | 诉讼演说的议题：犯罪者和受害人。 |
| | | I.13 | 诉讼演说的议题：法和罪行。 |
| | | I.14 | 诉讼演说的议题：罪行的程度。 |
| | | I.15 | 技艺外的说服法，专用于诉讼演说：法、证人、契约、刑讯、誓言。 |
| | **情感说服法及其论位：心理学（灵魂论）** | | |
| | II.1 | | 情感说服法与品性说服法概论。 |
| | II.2 | | 论愤怒。 |
| | II.3 | | 论温和。 |
| | II.4 | | 论友爱、恨意和敌意。 |
| | II.5 | | 论恐惧和信心。 |
| | II.6 | | 论羞耻和无耻。 |
| | II.7 | | 论感激和不感激。 |
| | II.8 | | 论怜悯。 |
| | II.9 | | 论愤慨、嫉妒、幸灾乐祸、不怜悯（暂名）和不嫉妒（暂名）。 |
| | II.10 | | 论嫉妒和幸灾乐祸。 |

续表

| | | | |
|---|---|---|---|
| | II.11 | | 论好胜。 |
| | **品性说服法及其论位：伦理学和生理学** | | |
| | II.12 | | 论青年人的品性。 |
| | II.13 | | 论老年人的品性。 |
| | II.14 | | 论盛年人的品性。 |
| | II.15 | | 论运气决定的品性：出身高贵。 |
| | II.16 | | 论运气决定的品性：财富。 |
| | II.17 | | 论运气决定的品性：权力。 |
| | **普遍论位：逻辑学和文学** | | |
| 大修辞术<br>Rhet.Ⅰ–Ⅱ<br>思想<br>（διανοία） | 逻辑学 | II.18 | 普遍论位概论。 |
| | | II.19 | 三种普遍论位：可能与不可能，已发生和将发生之事，程度大小。 |
| | **修辞术概论** | | |
| | 论理说服法的普遍论位：逻辑学 | II.20 | 论例证。 |
| | 逻辑学和文学 | II.21 | 论精言。 |
| | 论理说服法的普遍论位：逻辑学 | II.22 | 修辞演绎导论。 |
| | | II.23 | 修辞演绎的 28 种论位。 |
| | 诡辩逻辑 | II.24 | 虚假修辞演绎。 |
| | 驳论逻辑 | II.25 | 反驳式修辞演绎。 |
| | 逻辑学 | II.26 | 对修辞演绎的总结。 |
| 小修辞术<br>Rhet.Ⅲ<br>措辞<br>（λέξις） | 修辞学和诗学 | III.1 | 措辞和口头表演的概论。 |
| | | III.2 | 论措辞的完美。 |
| | | III.3 | 论措辞的冷僻。 |
| | | III.4 | 论措辞的明喻。 |
| | 修辞学和语言学 | III.5 | 论纯正希腊语。 |

| 小修辞术<br>Rhet.Ⅲ<br>措辞<br>（λέξις） | 修辞学 | Ⅲ.6 | 论措辞的厚重。 |
|---|---|---|---|
| | | Ⅲ.7 | 论措辞的得当。 |
| | | Ⅲ.8 | 论措辞的节律。 |
| | | Ⅲ.9 | 论措辞的连绵和凝合。 |
| | | Ⅲ.10 | 论措辞的精巧和受好评。 |
| | 修辞学、诗学<br>和美学 | Ⅲ.11 | 论措辞的精巧和受好评：隐喻。 |
| | 修辞学 | Ⅲ.12 | 论特殊措辞；三种演说的措辞；书写<br>与口头措辞。 |
| 小修辞术<br>Rhet.Ⅲ<br>布局<br>（τάξις） | 修辞学 | Ⅲ.13 | 布局的概论。 |
| | | Ⅲ.14 | 布局的绪论。 |
| | | Ⅲ.15 | 绪论的辩驳和谤议。 |
| | | Ⅲ.16 | 布局的叙述。 |
| | 修辞学、逻辑<br>学、伦理学 | Ⅲ.17 | 布局的证实。 |
| | 修辞学 | Ⅲ.18 | 证实的质询。 |
| | | Ⅲ.19 | 布局的结语。 |

除了上表之外，有必要再列出墨菲绘制的一幅相当有价值的亚里士多德的语言交流图表。该图表进一步展现了修辞术的逻辑形式及其说服法体系。在表中，他首先区分了公理性陈述与非公理性陈述。非公理性陈述的"有所考虑的情况"这部分可以重构为如下表格。[①]

---

① Murphy（2002:226），此处为简化版，原图更复杂一些。

| | 通过观察回答 | | |
|---|---|---|---|
| 有所考虑的情况询问如下问题：（1）谓词的存在（2）存在理由（3）事物的存在（4）事物的本性（An.po.Ⅱ.1） | 通过证据回答 | 关于观察 | |
| | | 关于结论（来自论证） | |
| | 通过论证回答 | 证明性论证（Demonstration） | 演绎或推论 |
| | | | 归纳或枚举 |
| | | 非证明性论证 | 演绎 | 有可能前提的推论 |
| | | | | 修辞演绎（看似合理的结构） |
| | | | 归纳 | 确定性标志 |
| | | | | 例证—不确定性标志 |
| | | | 心理证据 | 品性说服法（ἦθος） |
| | | | | 情感说服法（πάθος） |

表格中的"证明"是严格意义上的。"非证明性论证"中，"演绎"包括了辩证术的推论和修辞术的"演绎"；"归纳"包含了辩证术的归纳与修辞术的例证。这两种逻辑都以"论位"概念为元素（见后面第五章）。修辞术的逻辑论证与两种"心理证据"构成了《修辞术》的三种"说服法"（见后面第四章）。

## 第三节 《修辞术》的版本流传和哲学性研究史

本节会概述《修辞术》的文献问题及其传承接受史。在前一方面，我们会引用学界已有的一些结论加以介绍，内容涉及《修辞术》成书的素材，在古代的传播，抄本和勘本的情况。在后一个问题中，我们要列举一些对《修辞术》的重要的翻译、评注和研究著作，尤其是那些具有哲学性的作品，以此来凸显《修辞术》的哲学影响和意义。

亚里士多德写作《修辞术》之前，搜集了大量材料，包括之前和同时期修辞家和演说家（尤其如竞争者伊索克拉底）的修辞手册，经过整理筛选后，编成资料集《汇编》（συναγωγή），即第欧根尼·拉尔修《名哲言行录》5.24.10-11 所列书目中的《手册汇编》第一、第二（τεχνῶν συναγωγή α' β'）。[1] 这部汇编应是在柏拉图学园时期完成，也为教课之用。前面曾提过《论修辞术，或格吕洛斯》，也是《修辞术》的预备作品，其中尚未承认情感说服法属于技艺。[2] 还有《论措辞》，后来成为《修辞术》的组成。另外还有一部 Θεοδέκτεια，也是《修辞术》的材料。在赫斯基奥斯的书目（74）和第欧根尼的书目（82）中都有《特奥德科底手册汇编》（τέχνης τῆς Θεοδέκτου συναγωγή），很可能就是这本书。[3] 至于一向归于亚里士多德名下的《亚历山大修辞术》，其作者可能是兰普萨克斯的阿那克西美尼（Ἀναξιμένης ὁ Λαμψακηνός，公元前380—公元前320年）。[4] 该书与《修辞术》有对应之处，但总体上，是智者式和实用性的。

经过长期的材料积累和教学实践，亚里士多德着手创作《修辞术》，完成其主体，并不断修改增补，其具体过程，前面

---

① Rapp（2002:I,228-232）对这部作品的分析。

② 见前述以及 Rapp（2002:I,232-235）的分析；也见 Solmsen（1929:197-200, 227-228），Chroust（1973b）第三章。

③ Rhet.1410b2 提到过这部作品，词尾的 α 为中性复数，指特奥德科底的东西、文本或思想。学者们或认为它是亚氏搜集的特氏修辞手册，或认为它是亚氏本人的早期著作，提献给特氏，Diels 持这个观点，Solmsen 有所反驳。均见 Rapp（2002:I,225-228）。

④ HWR（VII,1441,1445），权威勘本为 Fuhrmann（1966）。

已经论述。这部著作据古代的说法，属于关键的"内传著作"（ἀκροαματικά 或 ἐσωτερικά）。公元前 323 年，亚里士多德离开雅典时将之留在吕孔学园。次年去世后，其弟子特奥弗拉斯托斯（Θεόφραστος）接任，继承亚氏的著作，其中必定有《修辞术》一书，因为特氏自己有很多受其影响的修辞术作品。[①] 特氏去世后（公元前 285 年），在继任者尼琉斯（Νηλεύς）时期，亚氏的秘传作品落入他人之手，出于某些原因被藏匿，漫步学派就不再掌握这些著作（或其中大部分），因而修辞术方面的看法出现变化，如公元前 2 世纪中叶漫步学派掌门克里托劳斯（Κριτόλαος）就对其持贬低态度。[②] 但这一世纪，也有修辞家德米特里欧斯（Δημήτριος ὁ Φαληρεύς）读过（或间接了解）《修辞术》而著有《论体式》。[③]

公元前 100 年，亚里士多德的著作被所有者卖给阿珀礼孔（Ἀπελλικῶν）。此人去世后，公元前 83 年，罗马将军苏拉（Sulla）将之带到罗马。如前述，文法家泰拉尼翁和罗德岛的安德洛尼科斯先后编排了这些作品。这一时期，斐洛德墨斯（Φιλόδημος ὁ Γαδαρεύς，公元前 110—公元前 40 年）写有《论修辞术》，受到了特奥弗拉斯托斯的影响，也就间接涉及了《修辞术》。之后，哈利卡尔那索斯的狄俄尼修斯（Διονύσιος Ἁλικαρνασσεύς，盛年公元前 30—公元前 10 年）阅读和引用

---

① Fortenbaugh（2005）第 III 章列举了古文献记录的特氏的哲学修辞术作品（但全部散佚）。第 II 章讨论了种种受特氏影响的古代作家及其著作，这也是探寻《修辞术》思想的重要线索，尽管不能确定哪些作家是否或在什么程度上读过《修辞术》。

② 这一段一些信息见 Kennedy（2007:307），学派仍保留了《论修辞术，或格吕洛斯》。

③ Fortenbaugh（2005:6）。

过《修辞术》。①

西塞罗当然受到了《修辞术》的影响，但他对《修辞术》的直接阅读程度并没有那么高。比如他对 τόπος 体系的安排就不同于亚里士多德，而是来自其后学的修辞术传统。② 西塞罗也倾向于将修辞术与辩证术作为两种"哲学"方法，并且创造性地对它们加以综合，从而调和两者的目的冲突。这一思想实际上受到了斯多亚派"逻辑学"（λογική）的影响。③ 公元 1 世纪遵从西塞罗的昆体良也只在一定程度上吸收了《修辞术》的思想。④ 公元 200 年左右，亚里士多德的哲学著作受到重新编辑和研究，但《修辞术》并未成为主流，当时主要是赫墨根尼（Ἑρμογένης ὁ Ταρσεύς）的修辞理论为主。不过《修辞术》对一些修辞家还是产生了影响，如《政治演说术》（Τέχνη τοῦ πολιτικοῦ λόγου）的佚名作者（Anonymous Seguerianus）、阿普希尼斯（Αψίνης ὁ Γαδαρεύς）和哲学家朗吉努斯（Κάσσιος Λογγῖνος）。公元 100 年还有托名朗基努斯的《论崇高》，其中有些修辞理论联系了《修辞术》。⑤

在新柏拉图主义者那里，他们未对《修辞术》做过评注。但影响较大的做法是，他们将《修辞术》归入《工具论》，接在

---

① 巴黎抄本之前（见下），在现存古文献中，只在他这里有 6 处引用过《修辞术》，保留了原文。详见 Kassel（1971:92-94）和 Rapp（2002:I,277）。

② Anderson（2000:118），西塞罗排除了特殊 τόπος，划分了内在 loci（普遍 τόπος）和外在 loci（技艺外的 τόπος）。

③ Woolf（2023:16-18,34），但西塞罗并不喜欢斯多亚派的文风。他也主张哲学需要通过修辞激起情感。

④ 两人受《修辞术》的影响程度见 Fortenbaugh（2019:43-45），Copeland（2021:171）。

⑤ 这一段一些信息也见 Kennedy（2007:307-309），Fortenbaugh（2005:8-13,14,17,19,178,286-289），Rapp（2002:I,277）。

《论位篇》之后而亚于辩证术，在《诗学》之前而高于诗学。这一做法被阿拉伯学者继承。[1]

《修辞术》古代传播的脉络大致如上，这些都是"巴黎抄本"出现前的历史。

## 一、抄本

现存最早的《修辞术》古希腊文抄本是巴黎抄本（Parisinus 1741）。关于各种核心抄本及其编号，卡塞尔和拉普有过细致总结，此处列表如下，其中也包括了几个重要的古代译本：[2]

| A | *Parisinus* 1741，巴黎抄本，藏于巴黎国家图书馆；年代为公元 10 世纪中叶至下半叶。 |
|---|---|
| A[2] | 同 A，但少了一些后加的根据古注（Scholia）和 β 本而来的校改。 |
| A[rec] | 同 A，但多了一些 14 世纪根据 Δ 本和古注而来的校改。 |
| F | *Cantabrigiensis* 1298，剑桥抄本，藏于剑桥大学图书馆；年代为公元 12—13 世纪。 |
| F[2] | 同 F，但有了一些根据 ε 而来的校改。 |
| H | *Marcianus* 214，圣马可抄本，藏于威尼斯圣马可图书馆（Bibliotheca Marciana）；年代为公元 13—14 世纪。 |
| Co | *Laurentianus Conv. Soppr.* 47，洛伦佐抄本，藏于佛罗伦萨洛伦佐图书馆（Bibliotheca Laurenziana）；年代为公元 15 世纪初（1425 年以前）；这个抄本为"窗抄本"，因为有残缺，来源于一个有损的上一级抄本 ε。 |

---

[1] Kennedy（2007:309）；见无敌大卫的总结性看法，Topchyan（2010:34-35）；Fortenbaugh（2005:36），如希利亚诺斯（Συριανός）评注过赫墨根尼的学说。

[2] 除了 Syr 的信息，下表基本上来自 Rapp（2002:I,278-279）概述的 Kassel 的研究结论。此处所列的版本在谱系中均处于主干位置，见 Kassel（1971）和 Kassel（1976）。编号中，拉丁字母表示现存抄本；希腊字母指推测的散佚抄本。也见 Brandes（1989），这是目前最为详尽地介绍《修辞术》版本历史的专著。

| La | *Laurentianus* 60.10，洛伦佐抄本；年代为公元 15 世纪末到 16 世纪初；与 Co 和 Tu 一样，属于"窗抄本"。 |
|---|---|
| Tu | *Tubingensis* Mb 15，图宾根抄本，藏于图宾根大学图书馆；抄本由两个来自不同年代的部分组成：（1）Rhet.1380a15 之前为公元 15 世纪上半叶；（2）之后为公元 14 世纪末；与 Co 和 La 一样，属于"窗抄本"。 |
| Vet | *Vetus translatio latina*，拉丁文古译本，或 *Translatio Anonyma sive Vetus*，佚名译本或古译本；年代为 13 世纪上半叶；参考的希腊文抄本为 Γ。 |
| Ant | *Antiqua translatio latina*，拉丁文古译本；其参考的希腊文抄本也许同于 Vet。 |
| Guil | *Translatio Guillelmi de Moerbeka*，莫贝克的威廉的拉丁文译本；年代不晚于 1269 年；它也许是 Ant 的改写本；其参考的希腊文抄本为 Δ。① |
| Ar | 阿拉伯语译本；年代为公元 930 年以前，译自古叙利亚文文本；该本由赫尔曼努斯（Hermannus Alemannus，Herman the German，13 世纪中叶学者）译为拉丁文。② |
| （Syr） | 散佚的叙利亚语译本。Ar 的边注与赫卜烈思的作品证明了该本的存在，Ar 的原本很可能就是它。③ |

总体上，较为古老的抄本为 A、F、H、Co、La 和 Tu，这些

---

① Schneider（1978）最为完善地校勘了 Vet 和 Guil，并有文献研究。两者中，Guil 本的价值更大。Schneider 还反驳了 Vet 作者是巴多罗买乌斯（Bartholomaeus of Messana）的看法；阿奎那《关于恶的论题》（*Quaestione disputata de malo*，1269-1270）和《神学大全》II.1（1271）中开始引用 Guil，因此该本时间不会晚于这两部作品。关于该译本的情况，见 Rapp（2002:I,289-290），Schneider（1978:VI-LV,XXVIII）。

② 该阿拉伯文译本首先由巴达维（Abd al-Raḥmān Badawī）编订出版，即 *Arisṭūṭālīs: al-Khiṭāba al-Tarǧama al-'Arabīyah al-Qadīma*，开罗，1959 年。关于该译本情况见 Kassel（1976:88-92）；新的研究见 Vagelpohl（2008:39-61）；新的编订本见 Lyons（1982）。Woerther（2018a:41）指出，阿尔法拉比使用的就是该译本，但它错误不少。Daiber（2012:94）指出，赫尔曼努斯还翻译了阿尔法拉比和阿威罗伊的修辞学作品。

③ 见 Vagelpohl（2008:59-61）的分析。

之外尚有一些晚出的本子，与上述抄本有着关联：[1]

| C | *Parisinus* 1818，年代为公元 15 世纪。 |
| D | *Parisinus* 2038，年代为公元 15 世纪。 |
| E | *Parisinus* 2116，年代为公元 16 世纪。 |
| N | *Marcianus* 215，年代为公元 15 世纪。 |
| Q | *Marcianus* 200，年代为公元 15 世纪。 |
| Y | *Vaticanus* 1340，年代为公元 13—14 世纪。 |
| Z | *Vaticanus Palatinus* 23，年代为公元 13 世纪。 |
| Cant.191 | *Cantabrigiensis* 191，年代为 1441 年。 |

---

[1] Rapp（2002:I,279-280），那里附有谱系图（如下）；完整图表见 Kassel（1976）的 Stemma Codicum。

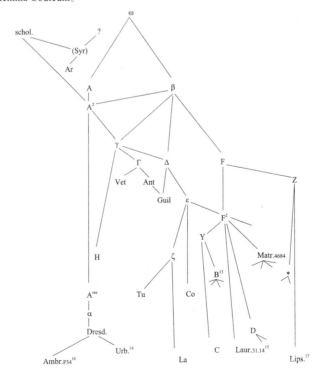

续表

| | |
|---|---|
| Dresd. | *Dresdensis* Da 4，年代为公元 15 世纪。 |
| Laur.60.18 | *Laurentianus* 60.18，年代为 1427 年。 |
| Matr.4684 | *Matritensis* 4684，年代为 14 世纪。 |
| Mon.176 | *Monacensis* 176，年代为 1501 年。 |
| Par.2041 | *Parisinus* 2041，年代为公元 15 世纪。 |
| Vind. | *Vindobonensis philo.gr.*29，年代为公元 15 世纪。 |
| Yal. | *Yalensis* 361，年代为公元 14 世纪。 |

此外还有几个更为晚出的本子，均位于谱系的末端：

| | |
|---|---|
| Ambr. | *Ambrosianus* 361，年代为 1497 年。 |
| B | *Parisinus* 1869，年代为公元 14 世纪中叶。 |
| Laur.31.14 | *Laurentianus* 31.14，年代为公元 15 世纪下半叶。 |
| Lips. | *Lipsiensis* 24，年代为公元 15 世纪末到 16 世纪初。 |
| Urb. | *Vaticanus Urbinas* 47，年代为公元 15 世纪。 |

除了抄本外，还有几种相关的古注：[①]

| | |
|---|---|
| anon | anonymi in artem rhetoricam commentarius，对 Rhet. 的匿名评注。 |
| Steph | Stephani in artem rhetoricam commentarius，司提反对 Rhet. 的评注，仅存部分。 |
| frc | fragmentum commentarii in artem rhetoricam，Rhet. 评注残篇。 |
| frp | fragmentum paraphrases in artem rhetoricam，Rhet. 释义残篇。 |

---

① Rapp（2002:I,279）；均收入 CAG（*Commentaria in Aristotelem Graeca*）XXI.2.1-334，见 Rabe（1896）。Rambourg（2018:14-40）分析了 anon 的情况，试图证明这部评注的作者应是米迦勒（Michael of Ephesos，12 世纪）。Vogiatzi（2019:12-22）反对这一看法，认为 anon 在语言风格上迥异于米迦勒的评注。他还考证另一个作者司提反，生于公元 1096 年，担任过特拉布宗的宗主教。关于两个评注的写作时间，他断定，Steph 是公元 1122 年后不久；anon 为 1118 年（最迟不晚于 1122 年）左右。

所有本子中，A、F、Co、La、Tu（后三者为窗抄本）之间没有相关联的抄本，缺乏文献方面的联系。三个窗抄本在文本的相同处都有缺损。[①] 它们都指向了一个共同来源 ε，其中 Tu 和 La 来于 ζ。而 ε 来于散佚的本子 Δ。威廉参照了 Δ 和 Ant 进行了翻译。

而 Ant 和 Vet 参考了同一个希腊文抄本 Γ。它又和 H 有一个共同的来源 γ。而对于 γ，它有两个方向：（1）从《修辞术》开篇到 Rhet.I.9，以及 Rhet.II.8 到 Rhet.III 末，与 A 和 A² 一脉；（2）余下的部分来于 β。而 A²、F 和 Δ 均来于 β，这也是 Guil 的最终来源。[②] β 和 A 构成了抄本谱系中最高的两个端点。它们源自最终的端点 ω。当然 A 和 F 也可能有一个共同的来源，但这个来源不可能是 A 和 Δ 的。[③]

## 二、刊本

《修辞术》的第一部刊本是拉丁文译本，1475 年在巴黎刊行。译者为文艺复兴时期著名学者乔治·特拉比松（George of Trebizond，1395—1472/1473），翻译时间为 1443 年中期至 1446 年中期。乔治首先将《修辞术》划分章节。[④]

古希腊文的亚里士多德作品集于 1495—1498 年出版，这是有史以来第一部亚里士多德著作的刊本，即"阿尔杜斯本"。编者为阿尔杜斯·曼努提乌斯（Aldus Manutius，Aldo Manuzio，

---

[①] Kassel（1971:64-69）。

[②] Guil 本中不符合其主要来源 Δ 的部分，自然来于 ε 和 F，这两者归于 β。

[③] Rapp（2002:I,281）。

[④] 乔治祖上来自拜占庭特拉比松帝国，故以此为称。关于乔治的生平及其在修辞术方面的翻译和研究，见 Monfasani（1976:55,57,230,234），尤其是第 XI 章；Kennedy（1999:231-236）。

1449—1515），但《修辞术》未在其中。[①] 直到 1508 年，阿尔杜斯才将之与《诗学》和《亚历山大修辞术》一同刊布。这是《修辞术》第一次以刊本的方式出版，但是错误繁多，所参考的抄本（前述的 D 和 Vat.1580）也不够权威。[②]

1529 年开始，一系列的刊本开始出现。1531 年有"巴塞尔本"，由伊拉斯谟和格利奈乌斯（Simon Grynaeus）出版。1536 年有"特林卡维利本"（Trincaveliana），[③] 它对阿尔杜斯版进行了修订。这个本子进一步参考了 B。[④]

维托里（Piero Vettori, Petrus Victorius）利用了众多抄本进行勘定和研究，其中包括了权威的 A。1548 年，他首先出版了《修辞术》的评注本（1579 年增订）。1559 年，他在巴黎出版了经典的刊本。受其影响的还有马约拉乔（Maioraggio, Maioragius）和里克伯尼（Riccoboni, Riccobonus），前者的译本在 16 世纪后期颇为流行；穆雷图斯（Muretus）的拉丁文译本对于一些研究者也颇有助益，比如施拉德（C. Shrader, 1648）和布尔（J. T. Buhle, 1793）。[⑤]

## 三、校勘本

19 世纪以来，由于收集的《修辞术》抄本更为完备，加之

---

① Brandes（1989:45）指出，有三个原因造成了希腊文《修辞术》（甚至包括所有希腊文著作）没有在 15 世纪刊行：（1）大多数人通拉丁文而非希腊文，因此市场小，出版商发行少；（2）希腊文《修辞术》不易获得；（3）会刊印希腊文字体的印刷工匠少。因此，有可能阿尔杜斯没有得到合适的《修辞术》希腊文抄本。

② 这一段见 Rapp（2002:I,281-282）、Kennedy（2007:310）、Green（2018:211）和 Nietzsche（1995:526）。

③ 出版者即 Victor Trincavelus，意大利语名字为 Vittore Trincavelli。

④ Rapp（2002:I,282）。

⑤ Rapp（2002:I,283）。这一段意大利学者依从意语译法。

出版印刷技术不断发展，所以对文本进行全面勘定和研究的作品接连出版，如下表所示：①

| 时间 | 校勘者 | 情况 |
|---|---|---|
| 1820 | 盖斯福特（Thomas Gaisford） | 他掌握了 A、B、C、D、E 五个抄本以及 Guil；同时又讨论和选录了维托里至布尔以来的研究成果。 |
| 1831 | 贝克尔（Immanuel Bekker） | 收入柏林科学院出版的贝克尔主编的《亚里士多德全集》。他在 A（他命名为 Aᶜ）的基础上还使用了 Q、Y 和 Z，后两者离 F 更近。但他没有参考拉丁文译本和古注，关于抄本的论述也有错误。1843 和 1859 年，该本又出新版；1873 年以八开本的形式出了第三版。贝克尔对章节的划分也为后来版本所继承。② |
| 1853—1856 | 施本戈尔（Leonard von Spengel） | "小版"，收入其编订的《希腊修辞家》（*Rhetores Graeci*，三卷本，莱比锡）。 |
| 1867 | | "大版"，包括希腊文本，威廉的译文，详尽的校勘和评注，还有对应的古代修辞文献和样例。他第一次充分利用了 A，但过于以之为中心而轻视其他抄本。瓦伦（Johannes Vahlen）对《修辞术》的文本研究有保留地继承了施本戈尔的成果。③ |
| 1885 | 罗墨（Adolf Roemer） | 该本成为了后来一些学者所依据的基础，尽管不乏错误。他也以 A 为主并比照其他抄本，但对不同版本的差异有所描述，而且利用了古注。不过，他并未对各个抄本的相关性做出自己的梳理。他推测《修辞术》在古代有两个版本，一个短，一个长，现存的版本经过了编者的合并。该本收入图布纳丛书（Bibliotheca Teubneriana），1898 年再版。④ |

---

① 表格及其中的描述和评价，均总结自 Rapp（2002:I,284-288,290）。文献题目见后或见本书参考文献。

② 桑兹（Sandys）以第三版为底本，用来配合寇普（Cope）的评注。Parsons（1836）这一注本以贝克尔版的希腊文为准，书前有布尔的拉丁文序言。

③ 即 *Zur Kritik Aristotelischer Schriften, Poetik und Rhetorik*，维也纳，1861 年。

④ 洛布（Loeb）丛书本以罗墨和贝克尔的本子为准。

续表

| 时间 | 校勘者 | 情况 |
|---|---|---|
| 1932 | 杜福尔<br>（Médéric<br>Dufour） | 该本以罗墨版为基础，收入法国布德（Budé）学会《亚里士多德全集》，1938 年再版，1973 年第三版由瓦尔太尔（André Wartelle）做了补充，2002—2003 年又有再版。 |
| 1953 | 特瓦尔<br>（Antonio Tovar） | 以罗墨本为准，并参照杜福尔本。 |
| 1959 | 罗斯<br>（David Ross） | 该本没有像罗斯校勘其他亚里士多德著作一样体现出较高水平，因为罗斯年事已高，而且身患眼疾。其中有很多没有解决的问题，还有一些草率的处理和并不可靠的猜测。他高估了威廉译本的价值；而对于抄本的源流，罗斯也没有充分梳理。① |
| 1976 | 卡塞尔 | 卡塞尔在 1971 年首先出版了研究《修辞术》抄本的力作。以此为基础，他推出了学界至今公认的最佳勘本。他完全厘清各个抄本间的关系，并绘制了至为周详的谱系图。他校勘的文本尤为精确合理。他掌握了 50 部抄本，而且率先给予 F 以重视，将之放到谱系中较高的位置。他还利用图宾根和佛罗伦萨所藏的 Co、La 和 Tu 三个"窗抄本"。他重构了一个 ω 作为最终的祖本。他的文本校勘分上下两个部分，第一部分是古文献中与《修辞术》有联系和对应的内容；第二部分是各抄本以及批评本的异文。在文本中，他还使用"[[ ]]"标出了来自或可能来自亚里士多德的增补文字。 |

还需要提及的是，施耐德（B. Schneider）对 Vet 和 Guil 的整理也在一定程度上推进了《修辞术》的校勘工作。在一些细部，他提出了自己的见解。如，在其谱系图中，Ant 被他确定为 g，Guil 由它改写而来（recensio）；Δ 被定为 Γ^G，从而与 Γ 建立

① 珀尔修斯数据库使用的是罗斯本。

关联；而 Γ 为相同的 Γᵛ 和 Γᵍ，分别是 Vet 和 g 参照的希腊文本。①

### 四、译本

如前述，《修辞术》的最早译本均为拉丁文译本。Ar 的译者赫尔曼努斯收集了若干阿拉伯文译本，并且借助了阿威罗伊和阿维森纳的注解。这个本子在中世纪流传不广，埃基迪尤斯（Aegidius Romanus，Giles of Rome）和托马斯·阿奎那《反异教大全》曾使用过他的译文。Vet 和 Guil 来自希腊文。Vet 最早出，它采用了逐字翻译法，把希腊文进行了转写，比如，προαιρέσει 为 proheresi，ἐνθύμημα 为 entimema 等，这些转写不是严格按照了字母的对应关系，而且这种处理有点简单。Vet 流传不广，因为后出的 Guil 更为精到，影响甚巨。Guil 是在托马斯·阿奎那的鼓励下完成，后者本人也使用这个译本。这个本子后来被埃基迪尤斯所用，更受古代学者重视。②

文艺复兴时期，有前述的乔治译本，还有巴尔巴罗（Ermolao Barbaro，Hermolaus Barbarus，1479），西格尼奥（Carlo Sigonio，Carolus Sigonius，1557），里克伯尼（1579），③ 马约拉乔（1591），古尔斯顿（Theodore Goulston，1619）④ 等拉丁文译本。⑤

近现代《修辞术》的译本语种繁多，关于其版本、作者和评

---

① Schneider（1978:XLII,LIII）。
② 这一段见 Rapp（2002:I,289-290）。
③ 这个译本也收入贝克尔主编的普鲁士科学院全集本第三卷（柏林，1831 年）。
④ 该译本深刻影响了英格兰学界对《修辞术》的接受，评价和概述见 Raylor（2018:141-147）。
⑤ Conley（1994:266）。

价，列表如下：<sup>①</sup>

| | | |
|---|---|---|
| **英语** | 托马斯·霍布斯（1637） | Hobbes（1906）。《修辞术》的第一个英文译本，匿名出版，该译本以概述的意译方式完成。 |
| | 威尔登（1886） | Welldon（1886）。该本配有详尽的内容分析和一定数量的注释，利用了古译本，但看起来是从他开始，英语世界对 χάρις 的理解出现偏差。 |
| | 杰布（1909） | Jebb（1909）。译本由桑兹编订，尽管杰布是著名古典学学者，但他也采用了 χάρις 概念的错误理解，译文中也存在一些可以避免的错误。 |
| | 罗伯茨（1924） | Roberts（1924，1984）。该译本收入牛津全集，但译文意译过多，并不贴合原文。 |
| | 弗利兹（1926，2020） | Freese（1926）。该本为洛布丛书版，较为流行，总体翻译质量一般，使用的是 Ross 勘本，研究并不深入，但最新的修订版 Freese（2020），由斯特莱克根据 Kassel 勘本修订，质量明显改进，修正了 χάρις 概念的错误，也利用了拉普的评注。 |
| | 库珀（1932） | Cooper（1932）。该译本为解释性翻译，着眼于应用性。 |
| | 劳森－唐克雷德（1991） | Lawson-Tancred（1991）。较为流行的译本，作者任教于伦敦大学。 |
| | 肯尼迪（1991） | Kennedy（1991, 2007）。当今极为通行的译本，再版仍然有一些文字和翻译错误，尤其是 χάρις 概念的理解。该书还附有相关的演说文本和《修辞术》的文献史，颇有价值。 |
| | 萨克斯（2008） | Sachs（2008）。译者翻译了不少亚里士多德的作品，其译本和柏拉图的《高尔吉亚》合为一本出版，注释不多，译文存在一些问题。 |
| | 里夫（2018） | Reeve（2018）。在笔者个人看来，这是英语世界的最佳译本，尤其是它对 χάρις 的正确翻译在英译本中少有，见本书第五章第六节。 |

---

① 有些译本，笔者尚未搜集到，只能了解一些有关内容，故直接录入出版信息。

续表

| 英语 | 巴特莱特（2019） | Bartlett（2019）。英译本中最晚出的，也是世界范围内的最新译本，但没有参考拉普的德文评注，在 χάρις 概念的翻译上依然蹈袭旧误。 |
|---|---|---|
| 德语 | 奈贝尔（1838） | *Aristoteles Rhetorik*, Stuttgart: Balz'sche Buchhandlung, 花体字版。译者奈贝尔（Heinrich Knebel，1801—1859）并非专业古典学家，执教于高中，编写和翻译过语法方面的书籍。 |
| | 西威克（1980） | Sieveke（1980, 1993）。拉普译本之前比较好的德文译本，注释详尽，译文较通顺，但有些不应有的混乱，比如 Beweismittel 有时用来译 πίστις，有时用来译 τεκμήριον，其译文有时会采用古罗马修辞术的词汇，比如直接使用 refutatio、demonstratio 或 genus demonstrativum 等。① |
| | 克拉平格（1999） | Krapinger（1999）。便携小开本，有注释。但与西威克本一样，他对 χάρις 的翻译都是错误的。② |
| | 拉普（2002） | Rapp（2002）。译者现任教于慕尼黑大学，国际顶尖级的亚里士多德研究者，该本为柏林学术出版社全集版，为集大成之作，是目前为止世界范围内最好的译本和注释本，总计 1500 余页，第一卷为译文，兼论文献问题和一般性解释，并附有参考书目；第二册为详尽的评注，其中包含专题性阐释。 |
| 法语 | 伯纳福（1856） | Bonafous（1856）。伯纳福（Norbert Bonafous，1809—1882）曾为艾克斯大学文学系（faculté des lettres d'Aix）古代文学教授。 |
| | 圣-伊莱（1870） | Saint-Hilaire（1870）。译者是法国哲学家和宗教学家，精研亚里士多德的作品。 |
| | 儒艾尔（1882） | Ruelle（1882）。儒艾尔（Charles-Émile Ruelle，1833—1912）是法国古典语文学家和音乐学家。 |
| | 杜福尔和瓦尔太尔（1932） | Dufour & Wartelle（2003）。法语中最好的译本，希法对照本，有一定数量的注释，译文比较精准，但 χάρις 的翻译是错误的。 |

① 评价见 Rapp（2002:I,291-292）。
② 评价见 Rapp（2002:I,293-294）。

续表

| | | |
|---|---|---|
| **西班牙语** | 格拉内罗<br>（1951） | E. I. Granero, *El arte de la retórica*, Mendoza: Universidad Nacional de Cuyo, Facultad de Filosofía y Letras, Instituto de Lenguas y Literaturas Clásicas, 1951. 译者为阿根廷学者。 |
| | 特瓦尔<br>（1953） | A. Tovar, *Aristoteles, Retorica. Edición del texto con aparato crítico, traducción, prólogo y notas*, Madrid: Instituto de Estudios Políticos, 1953. 希西对照本，序言概述了版本以及亚里士多德对哲学与修辞术之争的看法，校勘以罗墨本为圭臬，注释过于简略。[1] |
| | 特莱霍<br>（2002） | A. R. Trejo, *Retórica*, Ciudad de México: Universidad Nacional Autónoma de México, 2002. 译者为墨西哥学者，此书为希西双语对照版。 |
| **意大利语** | 普莱贝<br>（1961） | A. Plebe, *Retorica*, Bari: Editori Laterza, 1961. 该译本参照了杜福尔和罗墨校勘本。[2] 普莱贝（Armando Plebe, 1927-2017），意大利哲学家和政治家，也学习过古典语言，曾在巴勒莫大学任教。他颇为关注修辞术问题，著有《古修辞术简史》（*Breve storia della retorica antica*, 1961）和《修辞术手册》（*Manuale di retorica*, 1988，合著）。 |
| | 多拉蒂<br>（1996） | M. Dorati, *Retorica*, Milan: Arnoldo Mondadori Editore, 1996. 译者专研希腊文学和语言学，著述颇丰，现任教于乌尔比诺大学（Università degli Studi di Urbino）。 |
| | 扎纳塔<br>（2004） | Zanatta（2004）。译者现任教于卡拉布里亚大学（Università della Calabria），研究语言学和教育学，有多部亚里士多德作品译本。该译本注释丰富，并配有一百多页的导论，侧重语言逻辑方面。 |
| | 加斯塔尔迪<br>（2014）[3] | Silvia Gastaldi, *Aristotele, Retorica*, Roma: Carocci Editore, 2014. 意语中最新译本，译者现任教于帕维亚大学（Università degli Studi di Pavia）哲学系，有论文专研《修辞术》的情感问题。 |

---

[1] Rapp（2002:I,286），以及泰特（J. Tate）写的短评：*The Classical Review*, Volume 5, Issue 2, June 1955, p.198。

[2] Rapp（2002:I,286）。

[3] 见库尔尼斯（Michele Curnis）的书评：*ΠΗΓΗ/FONS* I（1），2016, pp.164-169。

续表

| 荷兰语 | 胡伊斯（2004） | M. Huys, *Aristoteles: Retorica*, J. M. Van Ophuijsen ed., Groningen: Historische Uitgeverij, 2004. 胡伊斯（1961—2010）为比利时天主教鲁汶大学教授，在希腊文学和纸草学方面颇有建树，英年早逝。[①] |
|---|---|---|
| 挪威语 | 艾德（2006） | Tormod Eide, *Aristoteles: Retorikk*, Oslo: Vidarforlaget, 2006. 艾德（Tormod Eide, 1934—），挪威古典语文学家，现任教于奥斯陆大学。他曾编纂过《修辞学词典》（*Retorisk leksikon*, 1990）。我们后面会引用他对 τόπος 与几何学关系的研究。 |
| 俄语 | 博列提卡（节译, 1757） | Г. А. Полетика, *Описание человеческих нравов, из Аристотелевой риторики, Ежемесячные сочинения, к пользе и увеселению служащие*. Ноябрь, 1757, С. 431-445. 博列提卡（Григорий Андреевич Полéтика, 1725—1784），俄罗斯文学家，词典编纂家和翻译家。他的译文仅为 Rhet.II.12-17, 题为《亚里士多德〈修辞术〉中对人类品性的描述》，1757 年 11 月发表于《实用与娱乐月刊》。在此刊之前的 6 月号上，他还翻译了《政治学》第二卷，这部分涉及了政体问题。这两个译文片段都是满足当时社会对政治和道德的知识需求。 |
| | 普拉东诺娃（1892, 1893, 1894） | Н. Н. Платонова, *Аристотель. Риторика*, Санкт-Петербург, 1892. 俄语世界的第一部全译本。这位女译者（1861—1928）推动了现代俄罗斯对《修辞术》的了解。她本人的毕业论文为《亚里士多德的〈伦理学〉和〈修辞术〉中的伦理观》（*Этические взгляды Аристотеля в его Этике и Риторике*），这促使她翻译了《修辞术》。[②] |

---

① 该本未出前，拉普曾经使用过，见 Rapp（2002:I,14,290,389）。

② 上面两个译本见 Егорова（2019:187,190,192,199-200），该文综述了 18—20 世纪亚里士多德作品在俄语世界的翻译。

| | | |
|---|---|---|
| **俄语** | 齐边科<br>（2000） | Цыбенко（2000）。齐边科（О. П. Цыбенко，1957—），生于乌克兰利沃夫的历史学家。该版依据罗斯校勘本，后多次再版并有修订。虽然使用的底本并非最佳，但齐边科的翻译可以淘汰普拉东诺娃的译本。值得一提的是，在当代译本中，他较早地正确翻译了 χάρις 概念，尽管并未受到德语和英语学界的关注。该本还附有马洛夫（В. Н. Маров，1940—2020）对《修辞术》的导论，观点立足于俄罗斯较为重视的语言学问题。① |
| **汉语** | 罗念生<br>（节译，1991） | 罗念生（2006）。罗念生（1904—1990）先生以洛布丛书版为底本，其译本有开创之功，不过，他只选译了前两卷，仅全译第三卷，其理由是亚里士多德"在第一、二两卷讨论修辞术的题材与说服的方法，大部分是老生常谈，对我们研究修辞学用处不大"。② 这当然是受到了现代狭义修辞观的影响，可以理解；但所谓"老生常谈"的理由相当牵强，这导致他的节译有些随意，以《修辞术》第一卷第一章为例，比较关键的第七节到第九节三节全部未译，第十四节删去大部，仅剩两句，前后并不衔接。他对《修辞术》的哲学体系及其有关问题认识不足，注释仅限于一般知识。一些概念的翻译也有问题，如修辞术的两个定义中分别出现的 ἔργον 和 δύναμις，他全部译为"功能"。③ |
| | 颜一<br>（1997） | 亚里士多德（1994），人大社全集版，底本为洛布版和罗斯的牛津版。颜一（1964—2004）先生为汉语世界提供了第一个、也是唯一的全译本，功不可没，其译笔通顺，很多概念的译法值得参考，但很可惜，他英年早逝。需要指出，罗、颜两位前辈对 τόπος 和 χάρις 的翻译都不正确。 |

---

① 马洛夫为乌拉尔联邦大学新闻学教授，语文学博士出身，关注传播学和语言学方面的修辞，也著有《给教师的修辞学》（*Риторика — учителю*）和《修辞学漫步》（*Риторические прогулки*）。

② 见其译后记，罗念生（2006:234）。

③ 罗念生（2006:20,23）。

| 日语 | 山本光雄<br>（1968） | 山本光雄、斎藤忍随、岩田靖夫 訳,『アリストテレス全集 16 弁論術　アレクサンドロスに贈る弁論術』,東京都：岩波書店, 1968。此译本收入岩波书店旧版《亚里士多德全集》，底本采用罗斯校勘本。山本光雄（1905—1981），日本老一代古典哲学学者，曾任教于东京都立大学，翻译过柏拉图和亚里士多德的多部作品。 |
|---|---|---|
| | 戸塚七郎<br>（1992） | 戸塚七郎（1925—），日本哲学家，曾任教于东京都立大学，翻译过多部亚里士多德作品。 |
| | 堀尾耕一<br>（2017）① | 堀尾耕一、野津悌、朴一功 訳,『弁論術』『アレクサンドロス宛の弁論術』『詩学』,『アリストテレス全集 新版』,東京都：岩波書店, 2017。此译本收入岩波书店新版《亚里士多德全集》（未出齐），② 堀尾耕一（1971—）曾就读于东京大学，参与创办东京古典学堂。 |

## 五、评注

现存《修辞术》的评注，最早来自古代闪语世界和拜占庭帝国，之后是中世纪欧洲，注解的高潮则出现于文艺复兴时期。学者们对《修辞术》的关注点依循了亚里士多德开辟的若干领域：逻辑学；伦理学和政治学；灵魂论（心理学）；诗学。修辞术在

---

① 日译本的汉字译词对中译颇有助益，日本修辞学的建立对于考察该学科在中国的形成也有重要的比照意义。西方修辞学 16 世纪传入日本，1870 年，西周（1829—1897）首先将 rhetoric 译为文辞学，兼指口头与书写修辞，但后来用它专指文辞，以雄弁指言辞和演说（oratory）；受日本影响的现代中国修辞学也遵循了这一区分。现在，日语一般译为"弁論術"，"弁論"即"辩论"，更突出论理性；也会译为"修辞学""雄弁術"和"説得術"（说服术）。关于日本现代修辞学的建立和发展见 Tomasi（2004）。

② 该集由日本古典学家内山胜利（1942—），哲学家神崎繁（1952—2016）和中畑正志（1957—）主编。《亚历山大修辞术》的译者野津悌为哲学出身的修辞学学者，他对《修辞术》的阐释，我们后面会有引述。

逻辑学、生产技艺、实践智慧三个身份间摆动。

在闪语世界，《修辞术》受到格外重视。最著名的代表有：

| 研究者 | 作品 |
| --- | --- |
| 阿尔法拉比（Abū Naṣr Muḥammad ibn Muḥammad Fārābī, 872—950） | (1)《修辞术篇》(كتاب خطاب)：阿拉伯文，《修辞术》的短注。<br>(2)《亚里士多德修辞术指导，出自阿尔法拉比的解释》(*Didascalia In Rethoricam Aristotelis Ex Glosa Alpharabii*)：拉丁文，赫尔曼努斯翻译，抄本发现于 19 世纪中叶（藏于巴黎，编号 BnF Lat. 16097），据学界认为，它是散佚的阿拉伯文《〈修辞术〉大注》的序论。[①]<br>(3)《亚里士多德〈修辞术〉概释》(*Declaratio compendiosa super libris rhetoricorum Aristotelis*)：拉丁文，赫尔曼努斯翻译，首版于 1481 年，典型的"概观式评注"。[②] |
| 阿维森纳（Ibn Sīnā, 980—1037） | (1)《治疗论·逻辑学卷·修辞术》：阿拉伯文，对修辞术的短篇阐释，权威刊印本为开罗版（1954）。<br>(2)《逻辑学概要》(المنطق الموجز)，阿拉伯文，结论部分涉及修辞术。[③] |

---

[①] 两部作品见 Langhade & Grignaschi（1971），收录前者的阿拉伯文文本，配有法译文，以及后者的拉丁文，配有校勘。见纳吉尔（F. M. Najjar）的书评（*Journal of Near Eastern Studies*, Vol.32, No.4, Oct., 1973）；Woerther（2018a）研究了后者的文本、方法、价值，以及亚历山大里亚学派的影响和在伊本·里德万（Ibn Riḍwān）那里的引用情况；Ezzaher（2008）对前一部做了英译和论述。阿尔法拉比使用的是 Ar。

[②] Rescher（1963:16-17）；Green（2018:214-215）有讨论。这部作品的修改版题为，*Declaratio compendiosa per viam divisionis super libris rhetoricorum Aristotelis*，威尼斯，1484 年，1515 年。

[③] 两部作品见 Gutas（2014:422,435）；Würsch（1991）对第一部的研究和节译最为精到；关于阿维森纳对亚里士多德修辞术的阐释，见 Celli（2018）。

续表

| 研究者 | 作品 |
|---|---|
| 阿威罗伊（Abū l-Walīd Muḥammad Ibn ʾAḥmad Ibn Rušd, 1126—1198） | （1）《〈修辞术〉短注》：阿拉伯文，对《修辞术》的概述。（2）《〈修辞术〉中注》：阿拉伯文，对《修辞术》的系统阐释。①（3）《逻辑学作品摘要》（*Epithoma Auerroys omnium librorum logice*）：拉丁文，亚伯拉罕·德·巴尔梅斯（Abramo de Balmes）翻译，首版于1522年，其中含有对《修辞术》的摘要，侧重逻辑学，是"概观式评注"。② |
| 伊本·图穆路斯（Ibn Ṭumlūs, Alhagiag Bin Thalmus, 1164—1223），阿威罗伊的直系弟子 | 《修辞术篇》：阿拉伯文，收入《逻辑学概要》（المختصر في المنطق），承继和发展了阿威罗伊的观点。③ |
| 巴尔·赫卜烈思（Gregory Bar Hebraeus, 1226—1286） | 《修辞术篇》（ܟܬܒܐ ܕ‌ܪܗ‌ܛܪ）：古叙利亚文，收入《智慧的乳脂》（ܚܘܬ ܚܟܡܬܐ），吸收并扩展了阿维森纳《治疗论》的观点。④ |

　　闪语世界对《修辞术》的重视和发展体现在如下几个方面。第一，修辞术（与诗学）以更强的程度被纳入逻辑学从而得到提

---

① "短注"的英译见 Butterworth（1977:57-78）。Aouad（2002）出色地研究了"中注"，收录阿拉伯文，配有法译文、校勘和详尽的注释。Ezzaher（2015）对上述三位哲人的评注做了汇总性翻译。

② Green（2018:216-218）。

③ 最新的研究和文本整理见 Ahmed（2019），但未配有现代语译文；原抄本无题，书名为艾哈迈德所起。《修辞术篇》的法译本见，M. Aouad, *Le Livre de la Rhétorique du philosophe et du médecin Ibn Ṭumlūs, Introduction générale, édition critique du texte arabe, traduction française et tables*, Paris: Vrin, 2006。

④ 文本的校勘、翻译和研究，见 Watt（2005）（2018）；叙利亚方面对《修辞术》的接受和翻译见 Watt（1994）和 Vagelpohl（2008:51-61），后者全面概述了《修辞术》在东方的传播。《智慧的乳脂》属于大全型作品，是对亚里士多德主要著作的全方位阐释和发挥。笔者目前在系统研究和翻译上述一些作品，此处仅简要概述。

升。这样的做法是受到新柏拉图主义的影响，由此也扩大了《工具论》。以晚出而具有总结性的图穆路斯《逻辑学概要》为例，其逻辑学的顺序如下：《导论》（对应波斐利《导论》）、《范畴篇》、《解释篇》、《推论篇》（对应亚里士多德的《前分析篇》）、《分析篇》《证明篇》（对应亚里士多德的《后分析篇》）、《智者论题篇》（对应亚里士多德的《辩谬篇》）、《辩证术篇》（对应亚里士多德的《论位篇》）、《修辞术篇》、《诗学篇》。<sup>①</sup> 如阿尔法拉比《修辞术篇》就把修辞术严格定义为推论的技艺，从逻辑学角度加以深入处理。当然，在阿威罗伊和赫卜烈思那里，修辞术还是需要动情的手段，但这门技艺的核心完全是逻辑。第二，修辞术具有知识论维度。与亚里士多德一致，阿拉伯的评注者普遍认为这门技艺的目标是"说服"或"确证"（اقناع，来自قنع，IV 式的动名词），但他们却界定了亚里士多德并未定义的"说服"本身。他们确立了一种"知识论"的说服体系，突出了修辞术的"认知性"。<sup>②</sup> 这一点当然与他们重视修辞术的逻辑性密切相关。第三，修辞演绎理论和概念的扩展。阿维森纳和阿威罗伊都划分出了更丰富的前提种类。<sup>③</sup> 第四，修辞术是政治学的组成而且地位得到提升。修辞术既在阿尔法拉比那里被认为可以维护统治者与被统治者的关系，<sup>④</sup> 而且在阿威罗伊看来，修辞术必须由柏拉图式的哲学家（哲

---

① Ahmed（2019:10-11）；这样的"大逻辑学"，见 Rescher（1963:21）、Black（1990:247）、Topchyan（2010:34）、Woerther（2018a:50-56）和 Gutas（2014:433）。

② Black（1990:103-104）。这部作品也是综合研究中世纪阿拉伯世界对《修辞术》接受和阐发的力作。

③ Würsch（1991:65-71），Rapp（2002:I,296）。

④ Woerther（2018a:61），阿尔法拉比对《修辞术》的品性说服法和法律问题的重视体现了修辞术的政治价值。

人王）和逻辑学大师来掌握。[①] 这就继续推进了《修辞术》对修辞术的提升，从而回到了《高尔吉亚》和《斐德若》那里的"真修辞术"。第五，修辞术应用范围的扩大。图穆路斯采取了去政治化的方式，主张修辞术还能用于其他技艺和科学，如医学、形而上学、法学等。第六，修辞术纳入伊斯兰法学和神学。图穆路斯与阿威罗伊都试图将修辞术放进阿拉伯的思想传统。[②] 当然，闪语学者并没有完全否认情感的说服功能，试图像《修辞术》一样将之纳入技艺系统。[③]

相比于闪语世界对《修辞术》的推崇，在拜占庭帝国，尽管公元 12 世纪前，对《修辞术》的阐释已经显露，但是，当时的学者对《修辞术》的兴趣不大，亚里士多德的抄本集和修辞纲要里都没有收录《修辞术》，按一种解释，如赫墨根尼这样的修辞家影响更强，而《修辞术》的学说不太易懂。[④]

12 世纪开始，对《修辞术》的系统评注才终于出现，即前述的 anon 和 Steph，是现存最早的希腊文评注本。两部作品注重《修辞术》与《工具论》的联系，尤其是《前分析篇》和《辩谬篇》。它们也都关注了《修辞术》与《诗学》的联系和隐喻问题，但都没有直接引用后者，有可能作者未能掌握《诗学》的文本。但是，与 Steph 专注逻辑学不同，anon 也阐发了非逻辑的问题：对《修辞术》的伦理学方面的研究类似于简述《尼各马可伦理学》；对情感的解释则是在考察 EN VII 的自制问题。anon 更留

---

① Rapp（2002:I,296）引 Butterworth 的看法。
② 这两点均见 Ahmed（2019:21）。
③ Copeland（2021:178-180）。
④ Rapp（2002:I,294-295）。

意将《修辞术》与亚里士多德其他作品或学科联系起来。Steph 的作者具有新柏拉图主义的背景，因为他区别了论证的质料与形式；也划分出各种理智；总结了三段论图式；将《修辞术》纳入广义《工具论》。anon 作者更强调修辞传统和范例材料，他显然具有修辞家的背景。①

在欧洲中世纪，《修辞术》以拉丁语译本的形式被使用，但人们对其并不重视，而是多采取西塞罗的理论。直到中世纪后期，学院里才开始教授《修辞术》，牛津大学于 1431 年第一个开设了含有该书内容的课程。②当时普遍认为，辩证术和修辞术都研究可能性，但前者的目的是真理，而后者的目的是说服。由于说服处理公共和个人的善，因而从属于道德哲学。③

正是在这样的背景下，这一时期对《修辞术》的阐释，呈现了伦理学化的趋势，相反于闪语学者重视逻辑性的处理。④埃基迪尤斯（约 1243—1316）对《修辞术》的评注最有影响。他的评注创作于 1272—1273 年，就在 Guil 完成后不久。他反对新柏拉图主义、阿拉伯学者将修辞术纳入逻辑学的做法，致力于将

---

① Vogiatzi（2019:9-12），这是对 anon 和 Steph 的最新的全面研究。
② Rapp（2002:I,298），引墨菲（Murphy）的看法；也见 Raylor（2018:140-141），Marmo（2016:218-219）。
③ Green（1986:18-19）指出，公元 1300 年前，牛津大学也许就有了对《修辞术》的研究和教授，偶尔会成为课程的主题，尽管这方面的证据有些微弱。而 13 世纪巴黎大学则以西塞罗和波埃修的修辞术作品为基础。
④ Rapp（2002:I,298）。其评注为，*Commentaria in Rhetoricam Aristotelis*，威尼斯，1515 年，1968 年新版。这种趋势首见于比如罗吉尔·培根（公元 1214—1294 年），他主张道德的、政治的、实践智慧的推理都是修辞术的推理，这不同于科学的逻辑。见 Strauss（2014:285,306）和 Marmo（2016:219）。培根对修辞术的讨论见其《道德哲学》，E. Massa (ed.), *Rogeri Baconis Moralis Philosophia*, Zürich: Thesaurus Mundi, 1953。

之变为实践科学（但又区别于西塞罗）。[1]埃基迪尤斯把修辞术并列于五种话语技艺之中：文法、诗学、修辞术、辩证术和证明（demonstratio）。文法和诗学处于较低层次。其余三种，证明是rationes demonstrativae，辩证术是rationes probabiles，修辞术是rationes persuasivae。只有证明可以产生知识（scientia），其他两种分别产生意见（opinio）和信念（fides和credulitas）。显然，修辞术低于辩证术，两者的差异被他概括为以下六点：（1）修辞术相关道德对象，辩证术相关思辨方面的事情。（2）修辞术指向情感；它针对感性灵魂的欲求部分，离不开身体（decaratum est igitur quid sit passio quia est motus appetitus sensitivi），辩证术仅仅相关理智。（3）修辞术的受众单纯又愚蠢，辩证术的则是有才智和文化的。（4）修辞术只使用修辞演绎和例证，而辩证术使用推论和归纳。前者的论证形式存在缺陷。修辞演绎和推论是类比的关系，但并不相同。（5）修辞术和个别事情相关，辩证术则相关普遍之事。（6）两种技艺都使用论位（loci），但方式不同，因为处理的内容不同，一个是意见，一个是信念。总体上，两者的确定程度、手段、所影响的灵魂部分有着明显差异。由此，在道德哲学上，修辞术用于政治幸福（来自EN I）；辩证术用于沉思幸福（来自EN X）。[2]

较之埃基迪尤斯，著名哲学家约翰内斯·布里丹（Johannes

---

[1] Marmo（2016:217,220,222），从阿奎那对逻辑学的划分开始，修辞术就处于了较低的位置，尽管依然属于其中。

[2] Rapp（2002:I,299-300）和Marmo（2016:224-226）。在其另一部作品《论修辞术、伦理学和政治学之差异》（*De differentia rhetoricae, ethicae et politicae*，不晚于1282/1279年）中，埃氏对修辞术更加消极，回到了《高尔吉亚》里苏格拉底的立场：修辞术无法产生相关领域的知识。

Buridanus，Jean Buridan，1301—1358）对《修辞术》的评注体现了更加积极的态度。① 全书分两个部分评注了前两卷，以提问的方式进行探讨，逐条分析，也有反驳。在 I.1，他提出了"修辞术是科学吗？"（utrum rhetorica sit scientia）这一重要问题。他明确表示修辞术是"技艺"（ars），也是实践智慧（prudentia），同时也是能力，就像亚里士多德说的 rhetorica est potentia considerandi unumquodque contingens persuasibile；最后，它本来就是"科学"（scientia）。"修辞术是通过本有的事实和本有的原则对修辞之论证的认知"（rhetorica est cognitio rhetoricarum argumentationum per earum causas proprias et principia propria）。对此，他从五个方面做出分析，（1）区分修辞术的"用"（utens）和"教"（docens），"用"方面，它不是科学，是实践智慧。（2）修辞术不是本真的科学，不通过"证明"（demonstrationes），而是通过"论证"（argumentatio），当然它比意见（opinio）要更确定和真实。（3）"教"的方面，修辞术也不是本真的科学，科学是思辨的，处理一般事务，而修辞术相关特殊的"能动者"（agibilia）。（4）而修辞术是可以借助必然的证明来得出结论的，因此可以成为科学。（5）但修辞术不总是成真的，在少量事情上，结论具有确定性。布里丹看到了修辞术的价值，他依然坚持了亚里士多德对它的信心，因为在具体变化的政治和伦理事务上，证明与辩证术都难以发挥作用。

---

① 见 Ebbesen, Marmo, Preben-Hansen 编订的文本。关于布里丹对《修辞术》的评注，也见 Fredborg（2018）的论述。布里丹使用的译本为 Guil。

在文艺复兴时期，《修辞术》受到格外重视，评注层出不穷。[①]
如格林的介绍，评注有两大类，一类是讨论细节，一类是"概
观"。后者试图用简单的形式从整体上综述《修辞术》全书，将
之"简化为一些关键概念"；其评注者的意图有两种，第一，着
眼于亚里士多德本人，或集中于《修辞术》本身，或将《修辞
术》联系其别的作品；第二，将亚里士多德放在其他古典或当时
作家的语境中，关注"修辞传统的持久用途"。这些评注有：道
德格言式（关注《修辞术》的伦理学内容，甚至用格言总括与伦
理学无关的章节）；逻辑式（从逻辑学角度来概述）；图解式；问
答式；意译式；边注式（如在亚里士多德伦理学作品的书边标注
《修辞术》的文本概要）、例示式（以演说为例）、精华重构式（选
择最重要的部分来总括全书）。[②] 无论是哪种评注，《修辞术》都
受到了广泛的认可和钻研。原因之一就是，它体现了人的特性，
而且据认为在人文教育中具有更大的价值。

以意大利为例，为了评估和确立《修辞术》的地位，学者
们对柏拉图和亚里士多德的修辞术高低问题展开争论，[③] 他们也

---

① 据格林的收集和统计，这段时期配合勘本和译本的评注有 15 种，独立评注 25
种，分布地区北至芬兰和波兰，南至意大利和西班牙；在具体论述中，他也包
含了一些阿拉伯作家的拉丁文译本。除了下面正文介绍的评注家，还有维托里、
马约拉乔、里克伯尼、本尼（Paolo Beni）、特奥菲鲁斯（Theophilus）、安杰利
（R. C. Angeli）、克莱默（D. Cramer）、英格尔斯莱特（Johan Ingolstetter）、霍布
斯、拉谢尔（S. Rachel）、施拉德（C. Schrader）、布罗卡尔多（J. Brocardo）、尼
弗斯（Agustinus Niphus）、皮克罗米尼（A. Piccolomini），A. 波图斯（A. Portus）、
F. 波图斯（F. Portus）和斯图尔米尤斯（J. Sturmius），均见 Green（2018）和
Rapp（2002:Ⅰ,304,387-388）。

② Green（2018:211-224）。

③ Rapp（2002:Ⅰ,302-303）和 Kennedy（1999:233-234），乔治在阐释《修辞术》时曾
与枢机主教贝萨里翁（Basilius Bessarion, 1403—1472）进行过争论。前者写
有《亚里士多德和柏拉图哲学之比较》（*Comparationes phylosophorum*（转下页）

致力于让《修辞术》摆脱罗马修辞术的传统，回到说服问题本身；[①] 为了凸显《修辞术》的关键性，他们依然着眼于其中的实践意义，而非理论和逻辑功能，但他们不是带着消极的态度，将之仅限于伦理，而是主张：修辞术是"人之科学"的源头。如乔治·特拉比松在其《修辞术》译本前言说："所有人类风俗方面的事情，能通过不同的时期和条件来审慎地探明，以不同的方式来解释，精妙细致地描述，以至于看起来无所遗漏。因为人中的至高哲人被认为不仅能察验自然中的秘密，还能由此察验人类的隐秘心智和隐藏的运动。"[②] 这一段将修辞术提升为一种研究人本身的科学的地位，其依据就是《修辞术》中大量的对人的情感和品性的描绘。这种对《修辞术》心理学的看重是文艺复兴时期学者的普遍特征。达尼埃莱·巴尔巴罗（Daniele Barbaro，1514—1570）是典型之一。他在分析《修辞术》时，使用了灵魂的三分：自然的、欲求的和理智的。灵魂的外在感觉能力属于自然部分，内在感觉和灵魂的冲动属于欲求部分。演说者并非要传达知识而影响理智，而是触动听众灵魂的欲求部分，使之表现出自然的情感，从而满足这种欲求。他又联系了西塞罗规定的修辞术三任务

---

（接上页）*Aristotelis et Platonis*，威尼斯，1523 年），批评了柏拉图《高尔吉亚》对修辞术的轻视，为《修辞术》做了辩护。贝萨里翁在其《论对柏拉图的不实指控》（*In calumniatorem Platonis*，希腊文 1459 年，拉丁文 1469 年）里回应乔治，证明《斐德若》是《修辞术》的前提：διαίρεσις（分析）和σύνοψις（统观）这些柏拉图的方法才是《修辞术》的核心。

① 　Raylor（2018:137-138）。

② 　Rapp（2002:I,301），乔治的拉丁文为，omnia de moribus hominum per diversas aetates atque fortunas prudenter invenisse, distincte explicasse, ornate conscripsisse, ut nihil ab eo praetermissum esse videatur. Nec secreta naturae solum, ut summus omnium philosophus, sed abditas quoque hominum mentes, motusque reconditos non iniuria percepisse putetur.

docere（教导）、movere（感动）和 delectare（取悦），认为《修辞术》的三卷依次对应了这三者。[1] 这种态度延续了中世纪对修辞术非理性特征的看法，但用意不是轻视，而是肯定修辞术中显露的以情感和欲望为中心的人性。[2]

在这一时期的西欧，英格兰学者雷诺兹（John Rainold，1549—1607）最为突出。1572—1578 年间，他在牛津大学基督圣体学院开设了一系列享有盛名的《修辞术》评注性讲座，开启了英国对这一著作的研究史。讲稿为拉丁语，分正文、后续课程笔记以及他直接使用的古希腊语《修辞术》文本（1562 年巴黎刊本，未分章，收有维托里的评注）。讲座正文分 28 章，长短不一；配有导论和结语；最后还列出《修辞术》的"论位"表。在所用的希腊文本上，他写有大量边注，其中包含解释和译文；前两卷最为详尽，这体现了他的理论视野。第二卷结尾的笔记则是后面的辩证术课程文稿。雷诺兹的评注方法是人文主义式的，以专论、问询和自由讨论为形式，课程主题多样，广涉亚里士多德其他作品、古典著作，以及其他文艺复兴学者的解释（如乔治、布罗卡尔多、维托里等）。他还按自己的理解将《修辞术》第一卷分为三十章。他批评了《修辞术》的至善学说，并以讨论的方式做了展开；但他认可《修辞术》的情感理论。[3]

---

① Rapp（2002:I,303）引 Green 的介绍。这种看法是有道理的，docere 对应构思（διάνοια），movere 对应情感说服法；Rhet.III.1402b12，1410a19，1410b12，1414a7 都谈及了措辞应该给人快乐。

② Kristeller（1979:239-240）指出，文艺复兴时期，Rhet.II 论情感部分总是列入亚里士多德伦理学和政治学作品中，这也体现了该时期对《修辞术》的关注点。

③ Green（1986:9-13,40-41,44-45,47,50-54），讲稿藏于牛津大学博德利图书馆，另有一版藏于女王学院。早在 1572 年 8 月 13 日，雷诺兹就进行了相关亚里士多德 Θεοδέκτεια 的讲座。

　　同时代东欧地区也有对《修辞术》的评注，如重视希腊修辞学和哲学的波兰，代表作为两部方式相近的拉丁文作品：帕普罗茨基（Bartholomaeus Paprocki，1587—1650）的《亚里士多德〈修辞术〉三卷摘要》（*Epitome Aristotelis trium librorum de arte rhetorica*）和阿布雷克（Andrzej Stanislaw Abrek，1656 年去世）的《亚里士多德〈修辞术〉注释》（*Scholia in libros rhetoricorum Aristotelis*）。前一部作者为耶稣会士，在波兰教授修辞术。该书注解到情感部分，没有提及《修辞术》第二卷后面的内容和《修辞术》第三卷。全书采取了问题式方法；他尤为利用里克伯尼的评注，也引及古罗马作家和修辞家的看法。像文艺复兴的阐释者一样，他也从《修辞术》引申出赫墨根尼的 στάσις 理论。在评注情感、为之辩护时，他援用了奥古斯丁的观点。他还用 amor 替代友爱，补充基督教的希望（spes）。注解时，他还提及了很多当时波兰的实例。后一部的作者也是修辞教师。他全注了三卷《修辞术》而且更密切地遵循里克伯尼的解释。他会给出希腊文和对应的拉丁字进行注解。他明确主张修辞术一部分相关辩证术，两者关系是 affinis（翻译开篇的 ἀντίστροφος）；一部分属于政治科学。与帕普罗基不同，他论及的情感中没有希望。他认为《修辞术》第三卷的措辞（elocutio）和布局也属于构思（inventio 和 excogita），其对这一卷的讨论颇多自我发挥。全书总体上更像是自用，而非教材。[1]

　　近代以后，《修辞术》的评注迎来了三个高峰：19、20、21世纪各有一部重要的评注本，它们各有所长，是阅读和研究《修

---

[1]　Conley（1994:267-281），前者藏于克拉科夫亚捷隆大学图书馆（Biblioteka Jagielloriska）；后者藏于华沙波兰国家图书馆。

辞术》的必读书。19 世纪为寇普（E. M. Cope）的三卷评注本，由桑兹（J. E. Sandys）修订、补充和编辑。该本每页先列古希腊文，下附注释、校勘，又有贴近原义、清楚易懂的意译。寇普旁征博引，立足于古典文献来阐释词义；他充分利用了维托里的评注；初步梳理出亚里士多德修辞术的体系。他还写有《修辞术》的研究专著。[①] 但其突出缺点在于，低估了修辞术及其情感研究的科学地位。

20 世纪，格里马尔蒂对《修辞术》前两卷进行了释义。该本只有评注，每章首都有内容概要，先引原文，再是校勘和翻译，他基本上译出了全书的主要内容；接着是词义阐释和句意疏通；他更重视从《修辞术》整个体系入手串联文本，而且强调《修辞术》在修辞学和语言哲学上的价值，其义理阐发胜过寇普，尽管也存在误释（见本书第三章第二节和第五章第六节）。但他对亚里士多德哲学的掌握并不充分（如快乐理论和情感理论）。[②]

21 世纪，拉普的评注是集大成的、几近完美的典范之作。他掌握的文献更新更全面，胜过前两个注本。全书两卷，第一卷为译文、文献研究、主要问题概述和参考文献；后两卷为评注。他更强调文本的细读和梳理，力求不做过度诠释；凡是矛盾之处，都处理得简练直接，不做过分的猜测。他的评注展现了深厚的古典哲学知识和明确的哲学问题意识，同时也采用了古典语文学的研究方法和成果。如果非要"吹毛求疵"的话，那么，他有一些地方过于谨慎（如置于眼前理论），也有个别误译或遗漏关联文本之处，另外，他没有充分引用闪语传统对《修辞术》的评注；

---

① Cope（1867）；对其修辞术研究的评论见 Yunis（2018）。

② Grimaldi（1980）（1988）；Grimaldi（1998）是他对《修辞术》哲学思想的通论。

尽管约略介绍了阿拉伯的解释，但在评注卷里仅两次提及阿威罗伊（忽视了图穆路斯和赫卜烈思）。对于正确翻译 χάϱις 的俄语译本也没有关注。

### 六、近现代时期的哲学研究

为了展现《修辞术》的哲学价值，本小节专门选出一些近现代时期的哲学名家对《修辞术》的研究，他们或是发挥和重构亚里士多德的修辞术体系，或是以翻译、评注、解说来表达自己的哲学观点。在思想取向上，他们或从政治实践和道德情感出发，或从逻辑论证入手，或着眼于语言、转义和风格，或注重将修辞术普泛化，进而提升到本体论的层面。

近代以来的著名研究者首推弗兰西斯·培根。在《学术的进展》（英文版，1605）中，受《修辞术》的影响，他重新确立了修辞术在诸学科中的合法地位，尤其是一反西塞罗将哲学和修辞术分离的做法，这是他的重要贡献。他指出，修辞术是一门依靠想象和印象的"理性技艺"或科学，控制它的是区别于道德能力（联系情感）的理性能力。[①] 由此，他明确规定，它的职责是"为了更好地驱动意志而将理性用于想象"（to apply reason to imagination for the better moving of the will），其目的是"让想象充当第二理性，而非压制它"。修辞术与逻辑学相提并论，都是"最重要的科学"，是"技艺中的技艺"。但是，培根设想的逻辑学是严格的，它与修辞术区别开来：一个负责判断，一个负责修饰，"逻辑学处理精确的、在真理中的理性"，"修辞术处理的

---

① Bacon（2011:367,383,394,409）；Raylor（2018:143-144）介绍了培根对《修辞术》的重视；也见 Rothkamm（2009:145-152）。

理性，是当其被置于俗见和俗行之中"。逻辑学依靠论证和证明，朝向所有人的一致，而修辞术的论证和说服则要随着听众而有别。除了作为类比于逻辑的第二理性技艺之外，修辞术与道德和情感也保持着关联。培根认可《修辞术》的情感研究，希望让这一研究发挥积极的政治作用。由此，他称赞亚里士多德将修辞术放入"逻辑学"和"道德或国家知识"之间，同时分有这两者。[①]这其实是在表述他自己的科学体系。能看出，培根的三分预示了康德的三大批判领域，只不过在知识和道德间起调节作用的是修辞术：它的想象力也在审美愉悦和实践判断上发挥了功能。

　　培根之后，对《修辞术》研究更加深入，但思想更为复杂的是托马斯·霍布斯。1631—1634 年，为了教授《修辞术》，他先用拉丁文做了"摘要"（Digest），对全书进行意译式概述，之后译为英文，1637 年匿名出版，题为《修辞术之概要》（*A Briefe of the Art of Rhetoric*）。[②]这部翻译杂糅了霍布斯自己的观点，章节划分也和通行本不同：第一卷 16 章（通行本 15 章），第二卷 28 章（通行本 26 章），第三卷 18 章（通行本 19 章）。该书虽然

---

① Bacon（2011:326,409-411,437-438）。

② 霍布斯去世后，该书 1681 年具名出版，题为 *The Art of Rhetoric*。关于霍布斯对《修辞术》的研究及其修辞思想，见 Rapp（2002:I,304-305），Green（2018:219-220），Rothkamm（2009:164-179）。Raylor（2018）有较为详尽的研究，附录还考证了该书的著作权问题。对霍布斯的修辞与哲学的研究，也见斯金纳（2005），他指出，霍布斯早期的一个思想起源就是人文主义及其修辞术教育观。但是之后，他接受了科学，转而用逻辑演绎来批判和取代修辞术。在《论公民》里，霍布斯排斥修辞术，试图建构政治科学。这之后，在《利维坦》时期，他又转回修辞术，因为他对纯粹理性的说服失去信心，反而认为，修辞术或雄辩术有助于他人的信服。《利维坦》本身就利用了大量的修辞手法，这个标题就是典型的"隐喻"。他还强调了说服者自身的品性和气质，以及《修辞术》中谈论过的"笑"的作用。总体上，《论公民》是为精英而写，而《利维坦》则面向难以理解演绎的大众。

是再创作，但在很多问题上，眼光独到，比如 χάϱις 的翻译和理解问题。霍布斯不看重逻辑问题，比如修辞术与辩证术的关系，修辞术的证明理论等；[①] 而是从实用和功利的角度来理解它，比如，他认为，"那些可以从中得出修辞演绎的修辞原则，是人们相关有利和不利、正义和不义，高贵和不高贵之事的共同意见"[②]。他认为这样的意见区别于逻辑学的真理；他主张修辞术的目标是"获胜"，这表露出了负面的态度。

与培根一样，《修辞术》也深刻启发了他对情感的研究。具体例子如，亚里士多德的"恐惧使人考量"（φόβος βουλευτικοὺς ποιεῖ，Rhet.1383a7）的命题以及情感对理性的作用模式，深深影响了霍布斯《利维坦》"论人"（44）中的阐述："当在人的心中，欲求、厌恶、希望和恐惧相关同一件事交替产生时；做或者没做所说的这件事，有着不同的善恶后果，这些后果会依次进入我们的思想；以至于，时而我们对它有欲求；时而厌恶它；时而希望能做它；时而又在绝望或恐惧中尝试它；在此事要么做了，要么被认为不可能之前，被继续保持住的欲望、厌恶、希望和恐惧这个整体，就是我们所说的考量（deliberation）。"[③] 显然，霍布斯降低了理性的层次，它仅仅是情感活动本身，或者说，与情感混在一起。这种理解在一定程度上符合《修辞术》第二卷的情

---

① Rapp（2002:I,305-306）。

② 原文为，*The Principles of Rhetorique.* out of which Enthymemes are to be drawne; are the common opinions that men have concerning Profitable, and Vnprofitable; Iust, and Vnjust, Honourable and Dishonourable。霍布斯这部分见 Raylor（2018:180-181,189,197-200），他也联系了《法律原理》和《论公民》对修辞术的贬低以及后者的情感研究。

③ Gross（2006:43-44）。

感研究，但并不是亚里士多德的标准哲学立场。① 此外，如格罗斯所论，《修辞术》第二卷对"情感稀缺经济"（an economy of emotional scarcity）和情感"零和博弈"——即"一位社会分子的情感财富必须以其他分子为代价"——的看法也被霍布斯继承，尤其是《论公民》；而《利维坦》的任务就是要"匡正社会情感，使之朝向充分的公民服从"。他也认为情感的分配总是不公平的，道德和公民科学可以为了和平调动这种不平等。②

总体上说，由于《修辞术》的情感研究并不是自然科学式的，而是与政制相联并密切结合"社会语境"，故而，这不但启迪了霍布斯，也影响了其他近代政治理论学者（如笛卡尔）。这些理论家的任务就是将《修辞术》的情感论更严密地运用到政体中。③

---

① 我们在第五章研究情感时会揭示，Rhet.II 的情感依然是无理性的，它们只是随着理性，所以霍布斯将理性与情感混合在一起的做法是过度阐释，但也有"表面上"的文本依据。

② Gross（2006:6,46）。

③ Gross（2006:47-48）。Gross（2006:39-40, n.19-24）简短总结了《修辞术》情感理论在 16—18 世纪的传承者：16 世纪晚期意大利自然哲学家泰来西奥（Bernardino Telesio）；德·拉·尚布尔（Marin Cureau de La Chambre）；齐亚拉蒙迪（Scipio Chiaramonti）；中世纪黑尔姆施泰德（Helmstedt）的路德宗亚里士多德派如康灵（Hermann Conring）；莫尔霍夫（Daniel Georg Morhof）；18 世纪的魏森费尔德（Arnold Wesenfeld）和著名的莱布尼茨。由于他们均看重无理性情感的动机作用，试图将之制度化，故而会参考《修辞术》（和《尼各马可伦理学》）的情感学说。

除了格罗斯的介绍外，我们还可以推测，受霍布斯影响、同样关注情感问题的斯宾诺莎也有可能在这方面继承了《修辞术》的理论；尽管 Kristeller（2001:115-116）认为他的情感理论来自斯多亚派，但也指出其中混合了亚里士多德的思想。再有，Steenbakkers（1994:104-106,111,117-118,121,126-128）指出，斯宾诺莎的好友和信徒迈耶尔（Lodewijk Meyer）的《论情感》（"Vande Hartstoghten", 1670）就承继了不同于笛卡尔和斯宾诺莎的古代的情感学说，他实际上间接吸收了 Rhet.、Poet.、盖伦和斯多亚派的观点：如他对情感的独特定义，"情感是心脏的异常运动，由好坏（利害或苦乐）的概念导致，由灵魂所感知"（De Hartstoghten zyn ongewoone beweegingen van't Hart, door （转下页）

霍布斯之后，在 18 世纪关注《修辞术》和修辞术的哲学家中，较为关键的有维柯、亚当·斯密和青年费希特。维柯侧重于修辞术的知识论意义；后两人则关注情感问题。

维柯本人是知识丰富的修辞理论家。他在那不勒斯大学为法学院预科生教授过修辞学，其课程笔记在 19 世纪出版，题为《演说家教育》(*Institutiones oratoriae*)。这部作品以诉讼实践为中心，虽然注重古罗马修辞术的辞格分类，但其中对逻辑和论理说服法的看重是承自《修辞术》。在谈及从不同事物间发现相同点的 ingenium 能力时，他也采用了亚里士多德的"相似性"理论，而且分析了今天所谓的四主格（隐喻、换喻、提喻和反讽）。[1] 这一时期的隐喻观，延续到了《新科学》中，维柯将隐喻发展为人类认知和创造的工具。[2]

除了辞格之外，维柯对论位（τόπος）的理解也是本自亚里士多德的修辞理论（尤其还有《范畴篇》和《论位篇》）。《演说家教育》将论位理解为辩证法家和演说家通用的 common places；论位术（ars topica）就是发现演说的论证。到后期时，维柯还创造性地扩展了论位概念，它是所有人都具有的"修辞学－解释

---

（接上页）de begrippen van goedt of kwaad veroorzaakt, en vande Ziel gewaar geworden），以及对怜悯、愤慨等具体情感的研究。

[1] Marshall（2010:75-78）和 Schaeffer（2019:11）。此书有拉丁语和意大利语对照版，*The Art of Rhetoric (Institutiones Oratoriae, 1711—1741), From the definitive Latin text and notes, Italian commentary and introduction by Giuliano Crifò, edited and translated by Giorgio A. Pinton & Arthur W. Shippee*, Amsterdam: Rodopi, 1996。马歇尔也提示了一部影响维柯的重要的修辞学作品，即泰萨乌罗（Emanuele Tesauro，1592—1675）的《亚里士多德式望远镜》(*Il cannocchiale aristotelico*，1654)，此书将《修辞术》作为考察修辞优劣的"望远镜"，但推崇的是巴洛克矫饰主义的文风。

[2] Hobbs（2002:71）。

学"能力，可以用来"发明"特定领域的社会争论所需的论证。在《新科学》里，维柯甚至把最基本的经验和预期的积聚称为"感性论位"（topica sensibile），通过它们，人们可以汇集个体的属性、性质或关系以及具体的种。① 这种看法明显可以追溯到《修辞术》，因为这部作品就是在汇集具体的社会意见和判断。

对论位的看重，也联系了维柯的"共通感"（sensus communis）概念，影响他的正是《修辞术》强调的价值和意义上的"公共意见"（communis opinio，即 ἔνδοξος）。维柯认为修辞术论证的有效性取决于是否立足在普遍信念。正因此，维柯才会看重民间谚语和传说这样的口头传统；《论我们时代的研究方法》（*De nostri temporis studiorum ratione*）、《普遍法》、《新科学》才会致力于普遍的判断标准、法则和真理根据。②

总体上，如马歇尔所述，维柯的思想基础就是修辞术的"升华"（sublimation）：第一，他将这门说服技艺拆解为"原子般的组成概念"，然后加以重构，转用于新科学的研究，如，论位成为"原子"，elocutio 成为"诗性逻辑"。第二，追寻古典修辞术的"崇高"（sublime）风格，也追溯对应的希腊罗马的政治危机。第三，克服古典修辞术的即时即地性，将之用于 18 世纪初的欧洲帝国时代的广阔空间。③ 可以认为，他的新科学和哲学体系本身就是一种"理想版的古典修辞术"。④

亚当·斯密同样是渊博的修辞学专家。他本人熟读古希腊演

① Marshall（2010:85-86,88,96,101）。
② Schaeffer（2019:5,11-12,67,72）。
③ Marshall（2010:4-7），马歇尔代表的是维柯研究的"修辞术向"，与之相反的，是里拉（Lilla）的贬低修辞术的"科学向"。
④ Schaeffer（2019:2）。

说和古代修辞论著，尤其是拉丁文版和法文版的《修辞术》。[①]
他的有关理论见于其 1762—1763 年进行的《修辞学和文学讲座》
（*Lectures on Rhetoric and Belles Lettres*）。斯密关注的是狭义的
修辞问题（既有演说，也有写作），即《修辞术》第三卷的主题
措辞（stile，λέξις）和布局，以及其中的"得当"（propriety，
πρέπον），他将后者作为自己修辞学的核心。与亚里士多德一
样，斯密也关注了得当的"明晰"（perspicuity，σαφής）；他同
样将得当处理为"适度"，并用于伦理学理论。[②] 但是，与亚里
士多德兼顾理和情不同，斯密并没有将得当联系理性，而是格外
强调它在"情感心理学"中的功能。[③]

对情感得当的看重，似乎也是他特别关注《修辞术》第三卷
的原因之一。Rhet.III.7.3-5 提供了相关的依据。与《修辞术》前
两卷针对听众情感的表述不同，这里强调了措辞本身的"情感
表现性"，也就是演说者情绪的呈现，他要让观众与自己有同感
（συνομοιοπαθεῖ，Rhet.1408a23）。这一看法显然联系了《道德
情操论》（I.i.4.1）对他人"情操"（sentiments）的得当和不得当
的判定方式，即，看他人的情操与我们是"相符"还是"分歧"；
所相关的场合有两种情况：激起情操的对象或是被认为与我们和
他人没有特殊关联，或是被认为影响了我们当中的一员。[④]

在《修辞学和文学讲座》中，斯密频繁强调了措辞的这种
"共情"的得当。比如，他主张，演说者在表现自己情操时，要

---

① McKenna（2005:24）。
② 在第六章第四节，我们会谈到 Rhet.III 的适度，那的确与伦理学的对应概念有关联。
③ McKenna（2005:44）。
④ 布莱斯（J. C. Bryce）"导论"（10），见 Smith（1985）。

清楚明晰；他所拥有的以及意在通过"同情"（sympathy）"传递"给听者的"激情或感情"也要如此，这都是为了让听众与自己情感一致。对于散文作家来说，"措辞"的完美方式，除了思想的简练、恰当和精确之外，也是要"最充分地传达"作者的"情操、激情或感情"，即使他故作有这样的情感。情感的得当还包括，"自然地"表现情操；"正确地"传达激情或感情；以及思想的"令人愉悦"（这本自 Rhet.III.1414a21-22）。①

在讲稿里，他还谈及了亚里士多德自己的修辞风格，称他是古代仅有的"教诲式作家"。他颇为称颂西塞罗时代，因为那时的修辞学与自然哲学和伦理学并列为"最完美的科学"，在古人那里，修辞学与逻辑学和辩证法都取得了"最伟大的进步"。他对于论位（topick）的理解完全是罗马式的，论位仅仅是诉讼演说的论证基础。②

费希特对亚里士多德修辞术的重视同样联系了情感。在其写于 18 世纪末的《论诗与演说术规则的正确使用》（*De recto praeceptorum poeseos et rhetorices usu*）中，《修辞术》就是所利用的文本之一，其情感理论联系了卢梭，但又具有伦理和实践上的用途。在他的《论我们信仰上帝统治世界的根据》（*Über den Grund unseres Glaubens an eine göttliche Weltregierung*，1798）中，费希特揭示了信仰、良知和道德确定性不是基于逻辑，而是道德情绪（moralische Stimmung，对应 Ethos 或 ἦθος，而非 Πάθος）。在"知识学"系列的作品里，一种并非依靠逻辑强制的、作为自由哲学的修辞术被建立起来，修辞术与哲学实际上统

---

① Smith（1985:25,40,55）。
② Smith（1985:36,173-174,181）。

一为一体；Ethos 与超越理性的意愿、感受和信仰，成了哲学接受的关键。修辞术算是费希特开始的德国唯心论（尤其还有谢林）的源头之一。[①]

在 18 世纪，除了上述三位哲学家之外，拉米（Bernard Lamy）（修辞表现主义）、豪厄尔（Wilbur Samuel Howell）（新修辞学与知识性交流）和孔狄亚克（分析与写作的技艺）[②] 也从不同角度注重修辞术的哲学价值；卢梭和休谟这样的哲学家还在写作中依赖于种种措辞手法。但是总体上，在该时期，修辞术以及《修辞术》的研究都迎来了衰败的命运，其理论领地也日趋狭小。笛卡尔、《波尔－罗亚尔逻辑学》（针对论位理论）、洛克、康德（《判断力批判》）和达朗贝尔均对修辞术展开猛烈而影响深远的抨击，将之否定为毫无逻辑的伎俩。[③] 修辞术复兴以及《修辞术》重新获得重视，要等到尼采的出现。

19 世纪 70 年代，尼采为了授课，翻译并解说了部分《修辞术》。[④] 在相关《修辞术》的导论中，他概述了此书的写作背

① Oesterreich（1997:31-43）。

② Hobbs（2002:99-126）论述了孔狄亚克的修辞观。

③ 这一段的具体内容见 Aarsleff（2006:451,455-458,480-483）和 France（2006:498-513），洛克《人类理解论》的论断最有代表性：“所有修辞技艺（包括布局和清晰的风格），所有演说发明的、假以工巧而且按照辞格对言辞的运用，均只是为了安置错误的观念、为了带动情感、借以误导判断，故而全然都是蒙骗。”Hobbs（2002:33-58）也论述了西方近代修辞学和语言观的转型，涉及了笛卡尔、洛克和纯文学主义者的修辞观。

④ 收入《尼采考订版全集》（KGW）II.4，这一卷都是尼采古典学和古代哲学的授课稿，与修辞有关的部分为：（1）希腊演说史（1872—1873 年冬季）；（2）古修辞术描述（1874 年夏季），中译本见屠友祥（2012）；（3）演说史梗概；（4）亚里士多德《修辞术》导论；（5）Rhet.I.1-13（解说）和 III.1-4（译文）。授课地点在巴塞尔大学，《修辞术》部分的授课时间为 1874 年/1875 年冬季和 1875 夏季。也见 Rapp（2002:I,306），Nietzsche（1995:521-611），Behler（1998:1-5）。

景，包括亚里士多德和伊索克拉底的竞争，以及文献问题。在具体评注中（对 Rhet.I.1-13），他的解释相当于重述，较为贴合原文。如对修辞术的定义，他转述为，So sei denn Rhetorik das Vermögen, an jedem Ding alles das zu sehen, wodurch es glaublich wird, so weit überhaupt möglich ist。他也复述了亚里士多德将证明作为核心方法以及相信真理的主张，并未提出异议。[①] 在《古修辞术描述》中，他也说，亚里士多德修辞术的目的不是说服，而是能针对实事有所表达。[②] 但是很快，在同一讲稿的后面，他主张"修辞术最重要的技术手段"是"转义"（Tropen），"所有词都自在地和从一开始就是与其意义相关的转义"。因而，他提出一个惊人的高尔吉亚式的主张："语言就是修辞，因为它只能传达意见，而不能传达知识"（Die Sprache ist Rhetorik, denn sie will nur eine δόξα, keine ἐπιστήμη übertragen）。[③] 此外，针对《修辞术》的定义，他做了与之前截然不同的解释："亚里士多德说修辞术是在每件事上找出给人留有印象之处并使之有效的力量，这同样是语言的本质：语言就像修辞术，不关涉真，不关涉事物的本质，它不会教导，而是给他人传达一种主观的激动和想法。"[④] 显然，语言不是指物或认识它们，而是要么表达或然的意

---

① Nietzsche（1995:537,540）。

② Nietzsche（1995:419）。

③ Nietzsche（1995:426）。

④ 德文为，die Kraft, welche Aristot. Rhetorik nennt, an jedem Dinge das heraus zu finden u. geltend zu machen was wirkt u. Eindruck macht, ist zugl. das Wesen der Sprache: diese bezieht sich, ebensowenig wie die Rhetorik, auf das Wahre, auf das Wesen der Dinge, sie will nicht belehren, sondern eine subjektive Erregung u. Annahme auf andere übertragen。见 Nietzsche（1995:425-426），Rapp（2002:I,307）。

见，要么让接受者动情。这些都是智者对修辞术的态度，而非亚里士多德的。

尼采表明的相对主义的语言观，是用"小修辞术"来瓦解致力于逻辑和真理的"大修辞术"。他将转义"根本化"的做法，既是后来解构修辞学的源头（如德里达和保罗·德·曼[①]），也在积极的意义上，重新出现于布鲁门伯格的《隐喻学范式》（*Paradigmen zu einer Metaphorologie*，1960）及其作为"赤裸真理"（nuda veritas）的"绝对隐喻"（Absolute Metapher）学说中。[②] 与之相对，同样关注"小修辞术"的诠释学传统，并没有如此在语言和认识论上泛化转义，而是具体地将之作为解读《圣经》的有效因素。狄尔泰在梳理诠释学历史时，概括了《修辞术》的重要贡献，即，让诠释者将修辞术作为相关文学作品内部规则的理论，它包含：内部形式、情节结构、句法安排、风格特征，以及装饰它们的辞格和转义，尤其是隐喻。除了这些狭义的修辞，诠释学也看重"大修辞术"方面的思想的逻辑自洽。狄尔泰还介绍了以修辞为中心的神学诠释家，如弗拉齐乌斯（Matthias Flacius）、格拉修斯（Salomo Glassius）、埃内斯蒂

---

① 前者的一个主张见利科（2004:16,18）；后者为，Paul de Man, "Nietzsche's Theory of Rhetoric," in *Symposium: A Quarterly Journal in Modern Literatures*, Vol.28, No.1, 1974, pp.33-51。

② 他在宇宙论方面频繁引及亚里士多德和尼采的"隐喻"，但未提及两人的修辞观。不过，他主张哲学和科学话语在根本上都依托于隐喻范式，这与尼采的观点颇为相近，无论他是否读过其修辞学讲稿。见 Blumenberg（2010:3-4,14,40-41,100,103-104,107,113-114,132）。他当然熟悉《修辞术》和修辞术传统，在一篇致力于从人类学角度重建修辞术的论文中，Blumenberg（1987:429-430,432-435）主张修辞术是没有确定性证据的行为动因，这正是从实践角度阐发了亚里士多德的修辞术。他还总结了传统修辞观无非是两种情况：修辞术要么是相关拥有真理，要么是相关真理的无法获得所导致的困境。他致力于走出第三条路。

（Johann August Ernesti），尤其是施莱尔马赫和梅兰希顿（Philip Melanchthon）：前者确立了心理诠释，将作品理解为作者内在生命和精神性行动的整体产物，从而关注这方面的作品修辞，这超越了以风格和思想为中心的修辞性诠释；后者的《修辞术原理》（*Elementa rhetorices*，1552）精研和发扬《修辞术》的思想，深刻影响了后来诠释家对作品文风和章法的研究方式。①

在哲学上对《修辞术》的阐发最为深刻的当属海德格尔。1924 年夏季，他在马堡开设了《亚里士多德哲学基本概念》（*Grundbegriffe der Aristotelischen Philosophie*，以下简称《概念》）讲座。其讲稿 2002 年才整理刊行，后来出版者计划的题目一度定为《亚里士多德：修辞术》。② 这个书名并不算误起，因为有近五分之一的篇幅（仅计算学生整理的讲稿部分）讨论了《修辞术》这部也许在一些人看来毫无哲学的作品。而且在较为关键的 I.3 章，修辞术成为了核心概念之一。海德格尔以独到的眼光发现了其中符合自己哲学意图的内容，他并不认为这是亚里士多德的边缘作品。③ 很晚才面世的《概念》解释了为什么 1927 年出版的《存在与时间》特别强调了《修辞术》一书的意义，"我们必须把亚里士多德的《修辞术》看作第一部对日常共在的系统

① Dilthey（1996:13-14,37-38,41,143,153,204-207,209-211,215-222,217-218, 239,244），尤见《诠释学的兴起》（"The Rise of Hermeneutics"）一文。也见伽达默尔（2007:II,331-350）的《修辞学和诠释学》（1976）；关于伽达默尔对修辞学的重视，见 Arthos（2008）。

② Heidegger（2002:405）。中译本也见海德格尔（2014），但下面的译文出自笔者。

③ Gross（2018:246,250,252,255-256,258,260）指出，狄尔泰对情感的哲学分析，布尔特曼的圣言和倾听的神学，耶格尔对亚里士多德哲学的研究，尼采的"作为激情的意志"说，都影响了海德格尔对《修辞术》的重视。另外，他将《修辞术》与《物理学》也密切结合了起来。

诠释",而不是理解为"教科书"上的东西。[①] 尽管海德格尔对该书有所误读,但他将这样一部古典著作成功转变为现代的哲学作品。虽然多少偏离了亚里士多德的本意,他却发扬了《修辞术》中对语言和情感的科学研究。《概念》中涉及《修辞术》的主要部分,可列表如下:

| I.2:亚里士多德将人之此在规定为一种灵魂实现活动意义上的实践生存<br>Die aristotelische Bestimmung des Daseins des Menschen als ζωὴ πρακτική im Sinne einer ψυχῆς ἐνέργεια | Rhet.I.6<br>Rhet.I.11 | I.2.9:作为灵魂的人之此在:言语存在与共在<br>Das Dasein des Menschen als ψυχή: Sprechendsein (λόγον ἔχειν) und Miteinandersein (κοινωνία) |
| --- | --- | --- |
| I.3:对人之此在的解释,依据以修辞为指引的交谈的基本可能性<br>Die Auslegung des Dasein des Menschen hinsichtlich der Grundmöglichkeit des Miteinandersprechens am Leitfaden der Rhetorik | Rhet.I.1-3 | I.3.14:修辞术的基本规定以及作为说服法的λόγος<br>Die Grundbestimmung der Rhetorik und der λόγος selbst als πίστις |
| | Rhet.II.1 | I.3.16:作为说服法的品性和情感<br>Das ἦθος und πάθος das als πίστεις |
| | Rhet.II.5 | I.3.21:恐惧<br>Der φόβος |

在 I.2.9,海德格尔将语言确立为人之实践活动的本质。人的个体存在和共在都是通过语言来实现。修辞术恰恰是人类语言活动的实际表现,《修辞术》正是对这一活动的最早的系统考察。所以,他会说,"我们拥有《修辞术》,要胜过我们拥有某种语言哲学"[②]。不过在 I.3.14,他将三种技艺内说服法的 λόγος 完全扩展为"语

---

① Heidegger(1967:138)和海德格尔(1999:162)。

② Heidegger(2002:117)。

言"，这是哲学式的"误读"。在解释《修辞术》的定义时，他也认为修辞术的目的不是说服，但他主张，修辞术不形成"关于某事的确定信念"，而是"仅仅为说话人表现出言说的可能性"，这种可能性就是 πίστις，与之相关的"意见"构成了人之共在的日常性，共在的特点就是没有洞察（Einsicht）只有意见和看法（Ansicht）。共在和意见又进一步对立于去蔽的真理，后者才是"存在－于－世的方式"（eine Weise des Seins-in-der-Welt）。[1] 由此，《修辞术》成为了描述受遮蔽的共在处境的作品。海德格尔将修辞活动本体化和模态化为一种在可能性中的、与他人交谈的日常共在。这样的本体论（瓦解了传统的本体论）与尼采是相同的，但海德格尔还是把真理作为了最终的目的，这一点上倒是相似于亚里士多德。

在 I.3.16 和 21，他讨论了技艺内说服法 πάθος。πάθος 被他定义为"骤变"（Umschlagen），是"在世中自我感受的方式"（eine Weise des Sichbefindens in der Welt），它具有"被激动"（Ergriffenwerden，被抓攫）、"受突袭"（Überfallenwerden）、"惶然失措"（Außer-Fassung-Sein）的"可能性"。在 I.3.21，这种可能状态联系了《修辞术》的恐惧，他认为这一情感是解释此书的真正指引；他最终将其导向了自己的重要概念"畏"（Angst）和"无家"（Unheimlichkeit）。[2] 他的结论是，亚里士多德将情感描绘为"存在的基本概念"，将 πάθος 的 εἶδος 定义为"对他人的

---

① Heidegger（2002:115,118-119）。

② 这种发挥虽不符合《修辞术》的主旨，却有其根据。按 Rapp（2002:II,567）及其所引里肯（Ricken）的观点，《修辞术》的恐惧是"对自身保全的忧虑或操心（Sorge）"，它关涉了"人与自身存在的联系"。这样的情感是一些关乎自尊的情感的先决条件。

自我态度"（ein Sichverhalten zu anderen Menschen）和"在－世－存在"（ein In-der-Welt-sein）。进而，他与尼采一样，将情感同之前本体化的语言联系在一起，前者是"言语从中生发、所言又到其中发生的基础"（der Boden, aus dem das Sprechen erwächst und in den hinein das Ausgesprochene wieder wächst）。[①] 由 此，πάθος 也具有了存在论的意义，这深刻影响了《存在与时间》中对情绪的研究（见本书第五章第四节结尾）。

如果说海德格尔致力于将修辞术普遍化和本体化，那么列奥·施特劳斯则重视修辞术的传统政治功能。他并未写过《修辞术》方面的著作，其思想可见 1964 年春季（3 月至 6 月）在芝加哥大学开设的《修辞术》课程。其讲稿为学生记录，未刊，2014 年由伯格（Ronna Burger）等人重新编订，未公开出版。[②] 这部讲稿相当于对《修辞术》全书进行了"口头评注"。在近现代学者中，施特劳斯第一个系统地从哲学角度对其做了全文解释。他关注修辞术与政治哲学的关系，其核心问题为：如果政治领域中的修辞现象永远不会消失，那么想要以现代的方式重建古典政治哲学，修辞术（演说和写作）的现代形态和功能应该是什么？基本上，他的思路同于亚里士多德，遵循了事实与价值不分的古典立场。讲稿贯彻了他在其他地方主张的先知修辞术。他认为，"先知必定是哲学家—政治家—预言者（创造奇迹之人）"，他能建立人类的"完善社会"。先知会得到"传信"与"启示"（Inspiration）："启示的目的是通过科学和政治引导

---

① 这一段见 Heidegger（2002:171-172,207,249,261-262）。
② Strauss（2014）。施特劳斯在多次《高尔吉亚》讲座以及论霍布斯的作品中也谈及了修辞术问题。

（politische Leitung）来实现［恒定］存在的世界［理性世界］和
流逝世界［感性世界］的幸福（Heil）。被传信的［先知］宣告
出（verkündet）自己通过启示……所获知的内容，由此，通过他
的意见（Meinungen），感性世界和理性世界的幸福都得以实现，
一个借助政治引导，一个借助科学。"①引导就要依靠先知的修辞，
这与闪语世界的思想是一致的。正因为看重修辞术，所以他本人
还关注经典作品的"言外之意"的写作笔法，这其实也是一种注
重修辞的诠释学。②

　　与施特劳斯古典式的处理不同，美国左翼哲学家肯尼思·伯
克的思路更加现代而具有批判性。与亚里士多德一样，伯克也强
调了对修辞现象的超然思辨。他试图从哲学的角度提升修辞学，
将之处理为研究话语现象的科学并以此为基础建立系统的文化批
判理论。就其将修辞哲学化而言，他无愧是当代的亚里士多德。
他的最终目的并不只是像尼采那样，承认语言都是修辞，而是遵
循柏拉图的做法，追求语言的启示意义和提升作用，带领人们不
仅斗争而且合作，通过辩证法"向上"走出政治话术和媒体宣传
的"洞穴"。他的观点体现在了《动机修辞术》这部名著中。该
书分两卷，"上行卷"即 1950 年出版的同名作品，处理高层次的
修辞问题，联系了"实体"和"五元组"（行为、行动者、动因、
场景和目的）等概念。而未完成的遗稿"下行卷"《口舌之战》，
迟至 2018 年才刊行，它原本是《动机修辞术》的一章，伯克将

---

① Tamer（2001:141-142），该书研究了施特劳斯思想在闪语世界的根源。
② 伽达默尔（2007:II,502-508,612）评价了他看重作者本人思想、反对历史主义的
　阐释原则，肯定了其在诠释学上的贡献。

之独立成卷，其处理的是官僚和新闻修辞的"论位"。[①]伯克主张，除了传统的"说服"，修辞的基本功能还有戏剧论（dramatism）框架下的"认同"（identification），它是社会建构和文化形塑的关键。此外，在狭义修辞学方面，伯克的一篇经典论文重提隐喻、换喻、提喻和反讽这"四主格"，其论点在当代影响广泛。[②]

与伯克一样，佩雷尔曼和奥尔布雷希茨－特蒂卡也是现代复兴修辞学的突出学者。两人的代表作为《新修辞术：论论证》（*La Nouvelle Rhétorique: Traité de l'Argumentation*，1958）。[③]在导论里，作者有感于现代逻辑学家和哲学家对自己的主题毫无兴趣，所以要回到古希腊罗马和文艺复兴的修辞学者那里；他们尤其看重亚里士多德的《修辞术》和《论位篇》，试图将修辞术与辩证术（非哲学辩证法）融合起来，构建一门独特的逻辑性的"新修辞学"。其目标是一种"论证理论"，它研究各种这样的"推论性技术"：它们"让我们可以为了使心灵同意而引发或增强它对所提论点的拥护"，同时，它也关注《修辞术》的技艺外说服法。整个研究分为三部分：框架；始点；技术。作者认为修辞术不可能是必然证明，论证只是为了"将选择正当化"，提供可选的、令人拥护的决策。所以，不能要求它得出绝对真理（如狂热信徒），但又不能认为它毫无确定性可言（如怀疑论者）。作者将事实、真实、推测、价值、等级作为论证始点，它们的区别

---

① 两部作品见 Burke（1969）和 Burke（2018）。
② K. Burke, "Four Master Tropes," in *The Kenyon Review*, Vol.3, No.4 (Autumn, 1941), pp.421-438.
③ Perelman & Olbrechts-Tyteca（1971），这是英译本（1969）的第二版。

主要在于是得到普遍同意，还是只有特定群体认同。论证的"事实"只是相关客观现实的、最高程度的拥护。因此，就像亚里士多德和海德格尔一样，作者也承认实践领域是可能世界，但与《修辞术》不同，其修辞术仅仅是为了得到他人的拥护。所以，作者同样接受非理性方法和"诡辩"手段（如 ad hominem）。既然作者要建立的是"大修辞术"，因而他们并不关注辞格，而是看重"论位"，如遵循了亚里士多德范畴理论的"量、质、秩序、存在、本质和人格"等普遍论位。①

在法国哲学中，修辞术也受到重视，代表人物是保罗·利科和罗兰·巴特，但他们更关注"小修辞术"。前者在《活的隐喻》（*La métaphore vive*，1975）第一研究前 4 节中讨论了《修辞术》；后者在 1964—1965 年法国高等研究院研讨班上以《旧修辞学》为题讲解了修辞术历史和《修辞术》问题。

利科在讨论中描述了修辞术的萎缩。在古代，修辞术比现在要更为广泛，它密切联系了逻辑学和哲学，也很早就成为了哲学的对手。在亚里士多德那里，通过相关说服和或然性，它成为了哲学修辞术。而利科对隐喻的研究，就是试图在"狭义修辞术"的背景下重新以哲学的方式来定义它。②在第 2 节，他总结了诗学和修辞术隐喻的共同内核，即"名称的转移"；他还提到了"隐喻循环"悖论，即人们定义隐喻就会再次隐喻，并不存在非隐喻的语言。看起来，这会破坏亚里士多德的命名体系。但是，利科强调，亚里士多德并没有区分转义和本义（事物的固有名称）。另外，对于隐喻违反了分类秩序的"范畴错误"，他倾

---

① Perelman & Olbrechts-Tyteca（1971:4-5,8-9,49,62,67-69,74,77,80,85,110）。

② 利科（2004:1-6,34,38）。

向于隐喻自身的"相似性"就是构建这一秩序的原因。他似乎认为，亚里士多德把相似性作为了知识的起点。[①] 这样总结来看，利科主张，《修辞术》的隐喻理论中不存在本义的形而上学（德里达要瓦解的那种），相反，它将相似性本身作为了某种"本体"。

巴特在《旧修辞学》I.4 首先简单概述了《修辞术》。他将里面的定义解读为一种非事实性的主观手段。他认为，亚里士多德在控制论的意义上将《修辞术》第一卷理解为相关"信息发送者"；《修辞术》第二卷是"信息接收者"；《修辞术》第三卷是"信息本身"。他还把《修辞术》理解为"大众修辞学"，以中产阶级为中心的"常识修辞学"，呼应了亚里士多德的"中庸政治学""平衡民主制"。在第 II 部分开始，他将《修辞术》的技艺理解为"思辨性的"，它包含了 Pisteis、Taxis、Lexis、Hyprocrisis 四个环节，它们依然符合上述的控制论划分，这是修辞术分类网络的起点。在 II.1.18-24，他讨论了论位，指出它是方法、格架（准控制论过程的形式网络）和储存所（存储主题片段）。总体上，巴特对《修辞术》了解并不深入，但整个讲座还是充分涉及了修辞术的种种概念。尽管他讨论的历史从公元前 5 世纪延伸到 19 世纪，但在其看来，修辞术都是"元语言"，只不过在不同时期有各异的形态，如，技艺、教学、科学、道德、社会实践和游戏实践。值得注意的是，巴特使用了结构主义术语来重新诠释古典修辞术的两个重要概念。他将 τάξις 定为在词义上同源的 syntagmatique，即组合轴，代表人物是规定了修辞术"布局"理

---

① 利科（2004:15-16,18,21-22,26,33）。他还提到了德里达的《白色神话学》，这引向了尼采的论点，也见"第八研究"。

论的科拉克斯（Κόραξ）；而 λέξις 为聚合轴，另一个修辞大师高尔吉亚则向这个方面发展。①

与这两位致力于从现代角度和理论知识方面解释《修辞术》的哲学家不同，同为法国人的皮埃尔·阿多则回到古代哲学的语境，关注"大修辞术"的逻辑技术及其相关的实践用途：作为一种"连贯论述"工具的修辞术，如何有助于作为精神修习（spirituel exercice）和生活方式的哲学。②其主张见《古代的哲学、辩证法、修辞学》（1979/1980）一文，就该文试图发现修辞术对于哲学的功能而言，阿多也在推进一种修辞学复兴。修辞术，或与辩证法（辩证术）结合在一起的修辞术，成为了阿多发扬古代哲学实践性的枢纽。他的基本思路就是梳理亚里士多德以来的、古代辩证术和修辞术的历史，从而表明这两门技艺是一致的，尽管存在区别，但都是哲学学术训练和教学方法，甚至还是哲学的一部分。按照他的梳理，修辞术（以及辩证术或辩证法）的地位和功能及其与哲学的关系有如下的演变脉络：③

| 哲学家和派别 | 修辞术的地位和功能，以及与哲学的关系 |
| --- | --- |
| 柏拉图 | **修辞术等同于哲学**：哲学修辞术，认识真理；以同样等同于哲学的辩证法为前提。④ |
| 亚里士多德 | 修辞术和辩证术不同于哲学科学和证明，**在哲学之外**。它们都是说服技巧和哲学需要的智力训练方法；处理大众认可的意见和事物的"存在"；哲学家（尤其是亚里士多德本人）有时使用的论证方式；从结论追溯前提的"论位"方法。 |

---

① 巴特（2008:12,17,18,22-23）。

② 阿多（2017:132,192-214）。

③ 阿多（2017:153-158,160-165,168-176）。

④ 这里指《斐德若》当中的观点。

| 哲学家和派别 | 修辞术的地位和功能，以及与哲学的关系 |
|---|---|
| 漫步派 | 修辞术作为连续阐述（schola）的训练方法：针对某一论点的连续反驳，或两种对立论点并存的演说。 |
| 学园派 | |
| 学院派：阿尔凯西劳斯 | 修辞术作为逻辑学，属于哲学，用于悬置判断，导向宁静，具有生活意义。 |
| 斯多亚派 | 修辞术与辩证术构成逻辑学的两个部分，属于哲学和科学，表达真理和必然性。爱比克泰德：修辞术作为连贯性的解释和论说。总体上该派并不重视修辞术。 |
| 西塞罗 | 修辞术、辩证术和哲学统一为一体；修辞术与辩证术属于逻辑学；探寻最接近真理者，论述问题的解决方案，并且让人信服和承认。 |
| 新柏拉图主义 | 继承了柏拉图的辩证法，将之用于神学性独白，似乎其中也包含了修辞术的使用。[①] |

阿多的梳理是要得出如下结论："哲学从来不是一种纯粹理论，即使当它在亚里士多德试图使其成为一种纯粹理论时，也仍然是以一种具体的生命抉择而献于理论"，修辞术与辩证法都是处理听众的公共观念，"以语言的力量对灵魂进行引导"，从而实现苏格拉底说的思想方式和生活方式的"转变"。[②]这一看法是中肯的，在这样的视野下，只要哲学还需面向听众和读者，那么，修辞术就是不可或缺的工具，甚至还是哲学的一部分。

当然，阿多对于《修辞术》并没有展开细致的分析，他对亚里士多德修辞术的论述存在一些问题。第一，他强调亚氏以来的修辞术的实践性，这样的思路是有意义的，并且在亚氏之

---

① 阿多并未提及这一派的辩证法中是否涉及修辞术，但既然辩证法成为了"独白"，因而就与修辞术趋同。阿多当然也指出亚里士多德之后，这两门技艺或科学有"相混合的趋势"。见阿多（2017:177）。

② 阿多（2017:179-180）。

后，这一点的确能看到。不过，在《修辞术》中，理论性其实是占主导，亚氏首先重视的是如何培养一种"静观"说服手段的知识能力。阿多似乎把亚氏"西塞罗化"了，在后者那里，修辞术的"用"才是核心。第二，他错误地认为亚氏的哲学写作也使用《修辞术》中的修辞术或"修辞－辩证方法"（如论位理论）。[①] 这一理解泛化了辩证术和修辞术，将之等同于从结论追溯前提的一般逻辑论证方法。尽管这样的方法寓于这两门技艺中，但其本身并不等同于后者。而且，《修辞术》的基本写作意图并不是要有助于哲学写作，它有明确的非哲学公共演说领域及其事务。第三，《修辞术》并没有要以哲学的方式指导生活。亚氏试图以哲学方式改造修辞术，但本质上，他并非要直接引导听众灵魂，也不打算让修辞术成为哲学教育方法。因此，阿多所说的，亚氏哲学"以一种具体的生命抉择而献于理论"这一点，反而并没有体现于初看起来本应指导生活的《修辞术》的理论中。

### 附录　与《修辞术》有关的古希腊民主制度

《修辞术》涉及的是源自古希腊文化的演说术。这门技艺历史悠久，按古代说法，其创立者为科拉克斯（Κόραξ）及其学生提西阿斯（Τεισίας），[②] 也有说是恩培多克勒。[③] 从创始到演进过

---

① 阿多（2017:157-158），这是受维兰德（W. Wieland）的影响，后者将亚里士多德作为修辞家来处理。

② 如西塞罗《论演说家》1.20.91；《布鲁图斯》12.46。

③ 如亚里士多德，见《名哲言行录》8.57，恩披里克《反学问家》7.6，Soph. el.183b29-32。也见《苏达辞书》"芝诺"词条，昆体良《演说家教育》3.1.8，见 Inwood（2001:163,166-167）。

程中，修辞术都与古希腊的政治制度，尤其是民主制有着密切关联。这一制度正是《修辞术》的创作语境和成书动因。该书就是要改造在民主制中流行的、借助非理性手段和诡辩、忽视逻辑与事实的修辞伎俩。而其研究焦点又是密切联系民主制政治法律的议政修辞术和诉讼修辞术。因此，本附录要约略概述希腊民主制的特征，以提供一些了解《修辞术》政治意图和哲学观点的背景材料。[①]

《修辞术》涉及的是雅典民主制。在亚里士多德写作该书时，雅典已进入"温和民主制"时期：公元前403年至公元前322年。这正是《修辞术》的主要写作时间。此段时期的雅典民主制分行政、立法和司法三方，每方面的相关机构和当事人员如下：

| 行政 | 公民大会（ἐκκλησία），五百人议事会（βουλή）[②]，行政官（ἄρχων）[③]，议政演说家（ῥήτωρ）[④]，将军（στρατηγοί）[⑤] |
|------|------|
| 立法 | 立法会和立法者（νομοθέται）[⑥] |

---

[①] 本附录涉及的史实和数据均见汉森（2014）、Hansen（1987）、Rapp（2002:I, 197-204）和 Rhodes（2004）。

[②] 全称即 ἡ βουλή οἱ πεντακόσιοι，公元前507年由克里斯提尼（Κλεισθένης）创立，下面简称议事会。

[③] 该词本来表示执政官（9人执政官），是最高统治者，但民主制的最高统治者是人民，因此官员只能担任行政职务。ἀρχή 专指行政官职位。雅典每年要任命行政官员1100名，抽签选出500名议事会成员和600名其他行政官，还有100名由公民大会选举。

[④] 直译即"演说家"，在职业意义上专指议政演说者。

[⑤] 雅典设十将军，组成一个军事委员会，任期1年，可以重新任职。

[⑥] 也称法律委员会。汉森（2014:219,224-225），公元前403年重建民主制后，雅典恢复并修订了德拉孔和梭伦的古法，设立立法会，成员是从民众法庭的6000名审判团候选人中抽签选出，共501或1001名（有时为1501名）立法者，仅选举当天有效。

| | |
|---|---|
| 司法 | 民众法庭（δικαστήριον 或 ἡλιαῖα）①，法庭行政官和审判团（δικασταί）②，控辩双方，诉讼演说辞写手（λογογράφος） |
| 特殊机构 | 战神山议事会（Ἄρειος πάγος） |

议政修辞术与政治事务有关，它常使用于公民大会、议事会、立法会和战神山议事会。诉讼修辞术则使用于民众法庭和战神山议事会，也用于议会上的政治审判。

一、公民大会：雅典民众（δημός）③的集会。集会通常在雅典广场（ἀγορά）西南 400 米的普尼克斯山（πνύξ）召开。会场有演讲台（βῆμα），公民坐席与之相对。这一时期的公民大会权力受到节制，没有立法权，只能表决通过区别于法律的法令（ψήφισμα）以及选举行政官。公民大会的重要方面如下：

（一）入场资格和人数：仅限男性公民。④公元前 338 年之后，只有满 20 岁、服完两年兵役的公民才能参会。女性、外邦人、奴隶、被剥夺公民权的人都无权参会。大会人数通常为 6000，任何决定必须由这个法定数目的公民表决才能通过。其中，有少数人专门提议，掌握了一定的演说技巧，成为了专职或半职业的

---

① ἡλιαῖα 是古代法庭，高级法庭，后来常代指作为最高法庭的民众法庭。

② 汉森（2014:241,256-257）明确指出，判决由审判团做出，法庭没有专职法官；行政官只限于初步调查案件、主持庭审和执行判决；不超过 10 德拉克马的案件，行政官才有独立的判决权。因此审判团其实是主审，而非一般理解的"陪审"。

③ 公元前 451 年，伯利克里颁布公民资格法，严格规定，"父母双方均为雅典籍"是雅典公民资格的必要条件。因此，这里所谓的民众或人民并非城邦全体，仅仅是公民，而每次大会也不是全体公民都出席。公元前 4 世纪，雅典公民稳定在大约 3 万人。

④ 公元前 507 年，克里斯提尼把雅典划分为 139 个德谟（δημός），每个德谟一般都有自己的大会成员和议事会成员，但人数不一。整个雅典凡 3 个大区，10 个部落（φυλή），每个部落一分为三，有 30 个三一区，德谟是最小行政单位。

演说家，他们也就是当时所谓的政治家或政治领袖。

（二）会议召开和主持：一般由"五百人议事会"或公民大会决定召开会议，有时是将军请求召开。命令传达给议事会的执委会成员（πρυτάνις）[①]，由他们召集，一般提前 4 天。公元前 403/402 至公元前 379/378 年，由"九人委员会"（πρόεδροι）[②]主持公民大会。9 人抽签选出一位公民大会主席，任期 1 天。

（三）会议类型和次数：（1）主会议（ἐκκλησία κυρία），每届执委会任期内召开 1 次，因此 1 年凡 10 次。（2）普通大会，每届执委会任期内（每个部落月）召开 3 次，1 年凡 30 次。这样，1 年中，法定公民大会共计 40 次之多。（3）临时会议和特别会议，其数量有时会超过法定会议次数。（4）政治审判：该审判公元前 362—公元前 355 年之前由公民大会进行，之后转到民众法庭。

（四）会议日期和会期：雅典有两套日历，一为节庆日历，1 年分 12 月，每月 29 或 30 天；一为议事会日历，1 年分 10 个部落月，1 个部落月即 1 年的十分之一，在普通年份里是 35 天或 36 天，闰年为 38 天或 39 天，比节庆月要长。前 4 个部落月按 36 天（闰年为 39 天），后 6 个部落月按 35 天（闰年为 38 天）。公民大会按照议事会日历，每个部落月常规的 4 次会议的召开日期并不固定，但要避开禁忌日或节日。公民大会会期不能过 1 天。

---

① 雅典的 10 个部落各出 50 人组成议事会。10 个部落分属 10 个部落月，每个部落的这 50 人在自己的部落月担任执委会成员，安排议事会和公民大会的事宜。执委会设 1 位主席（ἐπιστάτης）。

② 议事会 500 人中，除去部落月担任执委会的部落之外，余下 9 个部落各出 1 人，组成九人委员会。这个过程由议事会预先通过短会完成，之后召开公民大会和正式的议事会。

（五）会议程序：（1）拟定提案：议事会执委会安排议程，拟定预备提案（προβούλευμα），交由公民大会讨论。（a）有的提案是议事会提出的具体和既定的事项，公民大会进行商议，或提出新的提案替换。（b）有的提案是常规议题，议事会无须讨论，直接交由大会。（c）有的提案是由议事会决定，事先由大会预投票，结果并无争议，大会不作讨论。（d）有的提案在公民大会形成法令，然后交由民众法庭或立法会决定，后两者有可能推翻公民大会的决议。（e）更重要的一类提案是开放式的，议事会没有确定具体事项，由大会成员提出提案，然后商议决定。总体上，公民大会是决定提案的主体，可以提出新提案，替换、同意或否决预先的提案。

（2）举行会议：（a）开场：黎明时入会场；议事会开短会选九人委员会；公民在门口领表示出勤的小圆铜牌；杀猪献祭；传令官训话，诅咒不法的演说者；对一些提案预投票，这样的提案不再辩论；进入第一项议题。（b）演说和辩论：这正是议政演说使用的阶段。公民大会从会议开始就进行一系列演说，有的是临场即兴，有的是预先准备，有的配有文稿，有的脱稿。演说者身边常会有提示者。演说有立论，有驳论，演说家围绕某个议题展开辩论。议事会成员有预先提议的权力，而且提案更有机会通过，因此，不在议事会中的演说家会联合议事会成员，让后者提出前者支持的议题，然后演说家进行演说。（c）听众：当演说家演说时，其他大会公民都是听众。演说家与听众不进行交流。在演说时，听众会喧哗、喝彩、抗议、嬉笑、打断、质疑、诘问。（d）投票：听众听完演说后，不做讨论，直接针对某议题举手投票。① 同意者和反对者都要先后举手，弃权者被忽略。九人委员会负责计算，但只是粗略估计。如果有公民不认可，可以重新举手，再次估算。如果九人委员会内部有分歧，可以自行投票。（e）结束：公民退场，交回小铜牌，领取会议津贴。亚里士多德时代，公民大会主会参会津贴为1.5德拉克马，相当于雅典一天的工钱。津贴也吸引很多民众参政，往往是穷人。会议得出的决议或法令有的写于纸草，有的刻于石碑，由议事会秘书保存。

（六）权力与决定：公民大会在这一段时期，是行政机关，权力不如伯利克里激进民主时期。民众法庭和议事会与它鼎立，对它有所限制。它的权力有：（1）选举行政官、将军和首席财政官。（2）公元前362—公元前355年之前也负责政治公诉审判。（3）通过各种法令。（4）任命立法会，将案件递交民众法庭。（5）审议议事会的预备提案。（6）支配部分经费。公民大会做出的决定一共三类：（1）法令（ψήφισμα），公元前403至公元前322年，全年30—40次公民大会，每次会议有9个或10个法令。在所讨论的这段时期里，一共有3000次公民大会，共通过30000个法令。② 这些法令都不是法律。其中，涉及公民资格和荣誉以及外交政策的决议最多。（2）判决（κρίσις），公元前362—公元前355年之前，公民大会自行审判政治公诉，如将军和政治领袖腐败案，判决都与这样的案件有关。（3）选举（αἵρεσις）：选举行政官和外交使节等官员。行政官在春天召开的特别公民大会上选出，举手表决。选举是温和民主制的标志，

---

① 早期投票用鹅卵石（ψῆφος）。当人数达到法定6000人时，少数情况下会使用小圆铜牌投票。
② 汉森（2014:209）。

对立于激进民主制的抽签。

二、五百人议事会

议政修辞术也会在议事会中使用。议事会执行和筹备公民大会的事务，是一个行政官委员会。除年度节庆日和禁忌日之外，议事会都要例行召开。1 年开会期有 275 天之多。会议由议事会执委会召集，由九人委员会主持。

（一）会议地点和人数：会议一般召开于雅典市集的议事厅（βουλευτήριον）。厅中布置如同剧院，呈半圆形。设置演讲台和祭坛。139 个德谟派出自愿报名的候选成员到忒修斯神庙抽签选出正式成员。

（二）会议程序：议事会成员演讲、辩论和提议，其他公民得到允许也可以发言，但只能将提议告知成员，由其提出。外邦人得到特许权也可以发言。会议就提案进行举手表决，估算结果。议事会的人数少于公民大会，因此讨论更精确集中。

（三）权力职能：议事会权力受到严格约束。它为公民大会准备各种可能的提案，它可以产生不同于公民大会法令的"议事会法令"，但重要问题上不能越出公民大会。司法上，对行政官有控制权和审查权。行政上，议事会对所有公共领域都有过问权，监督收入与支出。

三、民众法庭

诉讼修辞术使用的场合主要是民众法庭。雅典有多个民众法庭，大部分在市集。民众法庭处理民事案件和行政方面的案件（检举、监督、审核行政人员）。法庭由三者构成：（1）行政官：主持庭审和执行判决。（2）审判团：做出判决的主体。（3）诉讼人（控辩双方）：控方代表个人利益或公共利益起诉；辩方反驳控方的指控；控辩双方必须亲自出席，法庭不允许代理人，故不存在职业律师，但与案子无关的修辞家作为"写手"，可替双方起草文辞。

（一）审判团和审判员：（1）资格：年满 30 岁以上的雅典男性公民才能成为审判员；每年年初通过抽签成为当年审判团成员，共计 6000 人，全年案件的审判员都从这些人中选出。当选后领取一个刻有自己姓名、盖上印章的铜制票证（πινάκιον）（后来使用黄杨木），然后 6000 人去阿德托斯山宣誓。6000 人分为 10 组，按希腊字母 α 至 κ 排列，每组由每个部落出 60 人组成。每次开庭当天清晨，抽取字母决定哪个组成为哪个法庭的审判团，再抽签决定哪个行政官主持哪个法庭。[①]（2）审判团人数：在亚里士多德时代，私法诉讼涉案金额在 1000 德拉克马以下，人数为 201 人；超过 1000 德拉克马，人数为 401 人。公共诉讼案需要 501 人。重大政治案件需要多个 500 人陪审组合在一起，人数达 1001、1501、2001 和 2501 人等。人数为单数是避免平票。（3）报酬：审判员如果工作 1 天，可以领取 3 奥卜尔。（4）社会成分：审判员多来自贫穷阶层，往往为了领取报酬才担任审判员。由于报酬较少，青壮年不常参加审判团，老年人居多。

（二）控辩双方：（1）原告必须是具体的个人，不设公诉人。（2）私法诉讼，只有受害人（如为死者，由家属出面）有权起诉。（3）公诉，梭伦改革之后，任何个体公民都有权做出公共诉讼，公诉的原告要承担风险。（4）诉讼人可以有共同诉讼人，自己的友人和亲属也可以发言。（5）写手帮助撰写演说辞。（6）讼棍

---

① 具体过程相当繁复，见汉森（2014:269-272），均录自《雅典政制》。

（συκοφάντης），有些人会随意提起公诉，要挟被告。（7）需缴纳庭审费，输方承担全部。

（三）庭审：（1）开庭日不会与公民大会的日子重叠，避免禁忌日和年度节日。开庭日由 6 名司法执政官（θεσμοθέται）[①]决定。据估算，每个法院每年开庭 150—240 次，实际开庭日每年 175—225 天。[②]

（2）审判时间：公诉案一般 1 天，约 9.5 小时，公诉人用 3 小时控诉；辩方 3 小时回应，其余 3 小时是其他程序。私法案件则视案值而定，也在 1 天以内。[③]诉讼有滴漏钟计时。

（3）庭审程序：（a）开庭传唤（πρόσκλησις）。（b）呈递诉状给行政官。（c）被告可以采取抗辩（παραγραφή），审判团考虑是否采纳。（d）首次庭审和初步调查。（e）调解人或仲裁人（διαιτητής）调解。59 岁并且服过兵役的公民可以担任调解人。（f）调解不服，可申请再次开庭。（g）庭审开始，控辩双方诵读各自的演说辞，起誓，各自发言（原告在先）。公诉案中，各自有一次发言机会；私法诉讼中，双方可以互相问答和辩驳。

（4）判决：审判团被禁止讨论，直接投票。投票前发放用票，是两个铜圆牌，一个空心支持原告，一个实心支持被告。审判员将代表自己决定的用票投入法庭前的铜制罐，另一个投入木制罐。审判员不得弃权。计票结果得出后，拟定处罚，控辩双方再次上庭，主张处罚方式和程度。审判员针对双方提出的处罚措

---

① 雅典设 9 位执政官：1 个名年执政（以其名命名该年）、1 个王者执政、1 个军事执政和 6 个司法执政，执政官任期 1 年。
② 汉森（2014:251）。
③ 汉森（2014:253）。

施再次投票。最后领取津贴。

四、战神山议事会

公元前 6 世纪，作为政治机构，"战神山"发挥着核心作用；公元前 462 年厄菲阿尔特（Εφιάλτης）改革，战神山成为审理凶杀案的法庭。公元前 403 年开始，其权力开始扩大。

议事会地点在战神山，公元前 4 世纪也在雅典市集的王家柱廊（ἡ στοὰ βασίλειος）。其成员是通过审查的前任九名执政官，终身任职，同时也可以兼任其他行政职务。据估计，总人数约 150 人，年龄在 30 岁之上，五分之二成员的年龄在 60 岁之上。[①] 因此战神山成员智慧和阅历丰富，而且富人居多。决议依靠投票完成。

战神山议事会的权力有：（1）司法：有权审理各种违法行为，尤其是凶杀案。可以判处最严厉的处罚，而且是最终判决。诉讼人也许可以直接将案件提交战神山议事会。公元前 4 世纪后半叶，战神山可以为颠覆民主、叛国或受贿的政治领袖定案，使用 ἀπόφασις（判决或定案）程序。在司法方面，时任王者执政的人主持，战神山成员听取庭审做出判决，相当于民众法庭的审判员。所以控辩双方有演说的空间。（2）行政：做出指导性决策；有时干预公民大会的决议；监管神庙和监督行政官。

上述即修辞术的具体使用场合和制度。一般而言，这段时期的雅典民主制有几个普遍特点为修辞术的使用提供了土壤：（1）集会性：集会民主制（区别于议会民主制），公开于民，没有党派，自愿参加，言论平等（ἰσηγορία）。（2）说服性：雅典民主制建

---

① 汉森（2014:411）。

立在说服、辩论和论证之上，语言的威力无处不显。（3）操纵性：演说者对听众的操控。（4）无理性：语言的无理性煽动在民主制中最有用处。说服没必要完全采取逻辑和理性方式。（5）制衡性：制度会针对语言的煽动性做出约束。（6）业余性：反对职业政治家和演说家。（7）公共性：公民热衷参政。（8）制度性：复杂细密的政治制度和机构把民主制变成了雅典人的公共生活方式。[①]

① 全部特点见汉森（2014:434-458）。

# 第二章

# 哲学式修辞术的定义

　　在《修辞术》第一卷前两章中，亚里士多德试图重新定义"修辞术"这种当时的演说家和修辞家尚未给予充分界定而且颇有争议的可疑"技艺"。他的定义方案介于智者派与柏拉图之间：在其看来，修辞术既可以像智者所说、成为"说服手段"介入政治现实，又能按照苏格拉底在《斐德若》中的规定、以哲学方式超然地考察"说服活动"本身。在这个意义上，他建立了一种奇特的"元－修辞术"（meta-rhetoric）。[①] 本章试图以 ἀντίστροφος 和 δύναμις 这两个概念为中心，考察亚里士多德对这门技艺的定义过程，从而揭示修辞术的转型及其被赋予的哲学和政治意义。在第三节，我们会简要陈述这个定义之后被揭示出来的《修辞术》的主旨。

---

① Murphy（2002）用到了这一概念，我们后面会引述他的观点。

## 第一节　定义之前：ἀντίστροφος
### 标定的修辞术与辩证术的关系

关于修辞术的定义，尽管在 Rhet.I.1 的结尾已经先行提及，但是，亚里士多德在第二章的开头才给出了正式版。而整个 Rhet.I.1 都在为之进行准备。亚里士多德为了引出对修辞术的独特而全新的理解，他在这一章的开头摆出了一个常用但又关键的形容词：ἀντίστροφος。本节尝试分析该词在建构"修辞术"上发挥的重要意义及其背后的隐含文本。

该词出现在第一行的第一句（Rhet.1354a1）：

> 修辞术与辩证术相对应（ἡ ῥητορική ἐστιν ἀντίστροφος τῇ διαλεκτικῇ）。

按照《希英大辞典》的解释，ἀντίστροφος 的阴性名词 ἀντι-στροφή 和 στροφή 分别指合唱队或舞队各自的转动位移方向，其步调一致，但彼此相对。所以，这个形容词可以修饰两个彼此对应、相对和对照的事物。[①] 亚里士多德在逻辑学著作中常用这个词及其同源动词 ἀντιστρέφω，指词项的换位或命题的转换，因而，该词也表示两个事物的可互换与可逆。[②]

显然，结合 Rhet.I.1 下面的解释，该词首要标明的，并非修

---

[①] Lyons（1982:227）讨论了 Ar 译本中该词的用法。该词译为词组 ترجم على，动词似乎可以理解为 رجع 的 II 式，因为它恰有歌唱方面的意思，意为回应，回响。这体现了两者的平等关系。在 Guil 译本中，这一句译为：Rethorica assecutiva dialectice est；assecutiva 意为跟随，体现了两者的主从关系。

[②] 也见 Cope（1877:I,1-2）。

辞术与辩证术的差异，而是某种共性和对应关系。①

（1）对象：针对普遍、人所共知的、而非仅限于某一专门、特殊的知识或科学（ἐπιστήμη）的事情（Rhet.1354a2-3，也见Rhet.1355b34），或是公共的意见（ἔνδοξα，Rhet.1355a17）。

（2）领域：这两者都没有专属于自己的、特殊的"对象属（γένος）"（Rhet.1355b8），换言之，它们都是跨领域的。

（3）功能：由于两者的处理对象是彼此对立的意见（Rhet.1355a29-31），因此，它们各自都有成对的功能。三种修辞术为"申辩和控告"，"劝动和劝阻"，"赞扬和责备"，都对应了辩证术对论证的"检查和支持"（Rhet.1354a5-6）。

（4）逻辑形式：修辞术和辩证术都具有逻辑性。(a)前者的说服过程同于后者的证明和推导过程。(b)前者的"修辞演绎"与"例证"对应后者的"推论（三段论）"和"归纳"（Rhet.1356b1-2）。(c)两者逻辑过程的基本建构元素都是"论位（τόπος）"。②

这个简单的形容词，通过引出这四点共性，将一门曾经被哲学家鄙视的技艺与哲学家重视的技艺连接到了一起。该词及其连接的功能并不是没有来由的，它回应了两处与修辞术有关的文本：柏拉图的《高尔吉亚》和伊索克拉底的《互换辞》（Περὶ ἀντιδόσεως）。③

## 一、柏拉图的《高尔吉亚》

在《高尔吉亚》462d-465e，苏格拉底反驳"修辞术是真

---

① 关于下面几个共性的总结，也见 Rapp（2002:I,265）和 Rapp（2005f:517）。
② 关于这个概念见第五章。
③ 这一联系为学界公认，也见 Grimaldi（1980:2）和 Rapp（2002:II,20）。

技艺"的观点。[①] 他认为修辞术"不是合乎技艺的事务"（τι
ἐπιτήδευμα τεχνικὸν，463a），而是（像厨艺一样的）"经验和
套路"（ἐμπειρία καὶ τριβή，463b，也见 465a）。之后，他通过
ἀντίστροφος 一词，像"几何学家"（οἱ γεωμέτραι，465b）一
样在各种技艺和知识之间建立了一套的比例关系（463e 开始）：

$$\frac{健身术\quad 医术\quad 立法\quad 司法}{妆扮术\quad 厨艺\quad 智术\quad 修辞术}$$

这里的四组关系中，前两组是针对"身体"，即"护理法"
（θεραπεία，464b），后两组相关"灵魂"，即"政治学"（464b）。[②]

---

①　关于《高尔吉亚》的修辞术问题，见本章第三节。由于该问题相当重要，而且
　　也出现在该对话的"副标题"中，所以那一节会对此给出全面分析。

②　《高尔吉亚》464b，"有两种事情，对于它们，我说有两种技艺：一种针对灵魂，
　　我谓之政治学；一种针对身体，我还没法像这样给你一个名字，但［它就是相
　　关］一件事，身体的护理法，我说它有两个部分，一个是健身术，一个是医术；
　　在政治学这边，我用立法替换健身术，司法'对应'医术（δυοῖν ὄντοιν τοῖν
　　πραγμάτοιν δύο λέγω τέχνας: τὴν μὲν ἐπὶ τῇ ψυχῇ πολιτικὴν καλῶ, τὴν
　　δὲ ἐπὶ σώματι μίαν μὲν οὕτως ὀνομάσαι οὐκ ἔχω σοι, μιᾶς δὲ οὔσης τῆς
　　τοῦ σώματος θεραπείας δύο μόρια λέγω, τὴν μὲν γυμναστικήν, τὴν δὲ
　　ἰατρικήν: τῆς δὲ πολιτικῆς ἀντὶ μὲν τῆς γυμναστικῆς τὴν νομοθετικήν,
　　ἀντίστροφον δὲ τῇ ἰατρικῇ τὴν δικαιοσύνην）。比较司法与医术时，苏格拉
　　底用到了 ἀντίστροφος 一词，显然它等效于 ἀντί（替换）。

　　465c，"妆扮术相对健身术，智术相对立法；厨艺相对医术，修辞术相对
　　司法"（ὅτι ὁ κομμωτικὴ πρὸς γυμναστικήν, τοῦτο σοφιστικὴ πρὸς
　　νομοθετικήν, καὶ ὅτι ὁ ὀψοποιικὴ πρὸς ἰατρικήν, τοῦτο ῥητορικὴ πρὸς
　　δικαιοσύνην）。这里用 πρὸς 表明了分子与分母的关系。

　　465d-e，"你听过，我说修辞术在灵魂方面'对应'厨艺，恰如在身体那
　　边［厨艺对应修辞术］一样"（ὁ μὲν οὖν ἐγώ φημι τὴν ῥητορικὴν εἶναι,
　　ἀκήκοας: ἀντίστροφον ὀψοποιίας ἐν ψυχῇ, ὡς ἐκεῖνο ἐν σώματι）。

分子都是真的技艺和知识；而分母都是虚假的和似真的。就灵魂而言，立法和司法是真的政治学，而智术和修辞术显然是假的政治学，所以苏格拉底主张，修辞术只是"政治学中某部分的仿象"（πολιτικῆς μορίου εἴδωλον，463d，也见 463e 和 513b）。各个分子或各个分母的关系都是 ἀντίστροφος，即彼此相似，可以彼此互换：如修辞术"对应"厨艺；这样可以说，前者不过是灵魂中的后者。按照苏格拉底的说法，修辞术也是一种"妆扮术"（κομμωτικήν，463b）。较之真的知识和技艺来讲，修辞术在根本上是"奉承"（κολακεία，463b）或"奉承术"（κολακευτική，464c），因为它是"产生欢欣和快乐"（χάριτος καὶ ἡδονῆς ἀπεργασίας，462d-e）。

可以看出，ἀντίστροφος 一词起到了反讽的作用。它将智者认为高贵的修辞术一下子降到了烹饪技艺的水平。在448d，苏格拉底已经指出了"修辞或演说"与"对谈或辩证"（διαλέγεσθαι）是截然对立的，因此，修辞术不配等同于哲学家使用的辩证法。又因为智术是辩证术的反面（Rhet.1355b16-18），那么，还可以建立这样的等式：

$$\frac{\text{辩证术}}{\text{智术}} = \frac{?}{\text{修辞术}}$$

这里的修辞术依然是虚假的"奉承术"，而问号的部分显然等待着一种与修辞术相反、与辩证术对应的、但为真技艺的东西。那么，亚里士多德则与此处的苏格拉底（后面他会做出一定程度的让步）截然相反，他在"正面"而非戏谑的意义上使用 ἀντίστροφος 一词，让修辞术与哲学性的辩证术构成了对应关系。这样，问号之处就应该是《修辞术》所规定的全新的"修辞术"。

当然，这样的修辞术在《高尔吉亚》中似乎已经有了初步的规划。500a-502d，苏格拉底指出，好的修辞术像医术（《修辞术》也用了含义相同的医术喻），除了治病，还考察治疗对象的本性和实践的原因，给出其中每件事情的道理（501a），[①] 即，医其病，知其理；理在健康这个外物之先；知道其中的道理，就不会凭"经验"（假修辞术）追求健康。将健康换成说服，就可以知道什么是好的修辞术。517a，在指责完遭到民众抛弃的伯利克里等雅典著名政治家之后，苏格拉底批评说，"如果他们是演说家，那么他们既没有使用'真修辞术'——否则就不会被逐出了——也没有使用'奉承修辞术'"[②]。这里是在暗示他们使用的修辞术并没有达到谄媚民众的自保目的，同时也没有提升他们的心智。

但是，由于《高尔吉亚》如此激烈和鄙视地抨击了修辞术，故而很难说苏格拉底是不是真要建构这样的演说技艺，尽管他为此留出了余地。而且，既然亚里士多德对 ἀντίστροφος 一词的使用，直接针对苏格拉底，那么可以认为，他主要还是明确反对柏拉图在《高尔吉亚》中的贬低态度，仅在一定程度上受到了苏

---

① 希腊文为，ἡ μὲν τούτου οὐ θεραπεύει καὶ τὴν φύσιν ἔσκεπται καὶ τὴν αἰτίαν ὧν πράττει, καὶ λόγον ἔχει τούτων ἑκάστου δοῦναι.

② 希腊文为，εἰ οὗτοι ῥήτορες ἦσαν, οὔτε τῇ ἀληθινῇ ῥητορικῇ ἐχρῶντο— οὐ γὰρ ἂν ἐξέπεσον—οὔτε τῇ κολακικῇ.

格拉底的"真修辞术"的启发。

通过将两者连接起来,他强调了修辞术与辩证术在本质、处理对象、逻辑形式上的相通之处:它们都是与灵魂相关的、处理意见的、"逻辑性"的语言技艺,甚至还具有"政治性"(分别对应立法和司法)。这样,他就提升了修辞术的地位,实现了苏格拉底的规划(如果他的确要这样做),他试图对之加以全新规定,将其提升到相关真而非似真的层面,从而使之成为与辩证术、立法、司法并列的真技艺。

除了联系苏格拉底的反讽式类比,ἀντίστροφος 一词所引出的修辞术与辩证术的"共性"也联系了《高尔吉亚》,尤其是前述的"普遍性"。亚里士多德是要回应《高尔吉亚》中智者对修辞术"跨领域和跨学科"的主张以及苏格拉底对此的批判。

从 449d 开始,苏格拉底与高尔吉亚针对"修辞术"的定义展开了激烈的讨论:如果修辞术是一种技艺或知识,那么,其领域是什么?在 449e(也见 451a),高尔吉亚认为修辞术的领域与"言辞"相关。既然这是修辞术的领域,那么这一点似乎让它普遍于各种学科。451b-c,苏格拉底提到了其他学科,如算术(ἀριθμητική)、精算(λογιστική)、天文(ἀστρονομία),它们也都使用"言辞",但都有处理的对象,而所谓修辞术相关言辞,但这并没有表明它的对象是什么。

这一段其实暗含了一个重要的主张:修辞术是最具有普遍性的学科。当高尔吉亚认为修辞术仅仅处理"言辞"时,这就蕴涵了它是无所不包的学科。苏格拉底必定意识到了这一点,所以举了三种与话语有关的学科。由于这三种学科都与"逻辑"和"理性"①有关，那么苏格拉底未必相信修辞术研究的"言辞"能包含它们。所以，他要质疑这样的普遍性，而且表明，修辞术仅仅研究言辞是不充分和不合理的。这样的普遍性，高尔吉亚在《海伦颂》13 已经明确主张过。②

　　既然说服紧密贴合言辞而给灵魂打上印记，只要它愿意，则［人们］应该知晓［几种情况］：首先是那些天象学家的话语，它们用意见取代意见，一方面消除某意见，一方面产生某意见，使不可信和不可见的事物呈现于意见的双眼；第二是借助话语的强迫性竞争，其中，一篇文辞愉悦大众，凭技艺写就而说服人们，但并非按真理来说；第三，哲学话语的争执，其中，思想的迅捷被展现，［展现出］它使意见的可信性产生何等的变动。

　　这段话涉及了三个重要的领域，它们属于天象学家、演说家和哲学家（辩证法家）。这三个领域几乎覆盖了所有话语现象，③

① 这二者与言辞均为 λόγος 一词。
② 有理由认为苏格拉底这些质疑呼应了《海伦颂》的主张。希腊文为，ὅτι δ' ἡ πειθὼ προσιοῦσα τῷ λόγῳ καὶ τὴν ψυχὴν ἐτυπώσατο ὅπως ἐβούλετο, χρὴ μαθεῖν πρῶτον μὲν τοὺς τῶν μετεωρολόγων λόγους, οἵτινες δόξαν ἀντὶ δόξης τὴν μὲν ἀφελόμενοι τὴν δ' ἐνεργασάμενοι τὰ ἄπιστα καὶ ἄδηλα φαίνεσθαι τοῖς τῆς δόξης ὄμμασιν ἐποίησαν· δεύτερον δὲ τοὺς ἀναγκαίους διὰ λόγων ἀγῶνας, ἐν οἷς εἷς λόγος πολὺν ὄχλον ἔτερψε καὶ ἔπεισε τέχνῃ γραφείς, οὐκ ἀληθείαι λεχθείς· τρίτον δὲ φιλοσόφων λόγων ἁμίλλας, ἐν αἷς δείκνυται καὶ γνώμης τάχος ὡς εὐμετάβολον ποιοῦν τὴν τῆς δόξης πίστιν. 文本依据 Donati（2016），Schollmeyer（2021）和 Buchheim（1989）。
③ 在高尔吉亚看来，天象学让不可见的东西变得可见。这似乎也是数学、几何学和其他自然科学的方式。所以，天象学可以引申代指这些学科。

而且都通过"说服"产生作用，因此也都受修辞术统摄。虽然天象学家（《高尔吉亚》恰恰提及了天文学家）和哲学家或辩证法家的"言辞"侧重于逻辑，但既然逻辑也依赖于"说服"，那么这两门学科都要受制于修辞术。

　　除了通过"言辞"和"说服"跨学科之外，在451d，他又进一步主张，修辞术处理的是"人事中的最大者和最好者"（τὰ μέγιστα τῶν ἀνθρωπείων πραγμάτων...καὶ ἄριστα）。这样的普遍性，让修辞术在实践"目的"上具有了至高无上的地位：它似乎包含了健康、美貌、财富三种至善，同时也囊括了医术、健身术、商业三个行业（451e-452c）。原因就是，修辞术的至善是最高的，"它既是人之自由的原因，同时也是在每一个自己的城邦中统治他人的原因"（452d）。[①] 根本上，这样的统治归因于"修辞术是说服的创造者"（πειθοῦς δημιουργός ἐστιν ἡ ῥητορική，453a），它"能用演说在法庭上说服审判官，在[五百人] 议事会说服议事官，在公民大会上说服大会民众，在其他所有与政治有关的集会上 [说服其成员]"（452e）。[②]

　　这样，凭借"说服"的能力，修辞术具有了跨学科、跨行业的至高无上的普遍性：在理论层面，它不像天象学、医术、商业、健身术等知识一样关乎"言辞"的某一类对象，它相关言辞本身；在实践层面，它如同伦理学和政治学一样，关乎最高

---

① 希腊文为，ὅπερ ἐστίν...τῇ ἀληθείᾳ μέγιστον ἀγαθὸν καὶ αἴτιον ἅμα μὲν ἐλευθερίας αὐτοῖς τοῖς ἀνθρώποις, ἅμα δὲ τοῦ ἄλλων ἄρχειν ἐν τῇ αὑτοῦ πόλει ἑκάστῳ.

② 希腊文为，τὸ πείθειν...οἷόν τ᾽ εἶναι τοῖς λόγοις καὶ ἐν δικαστηρίῳ δικαστὰς καὶ ἐν βουλευτηρίῳ βουλευτὰς καὶ ἐν ἐκκλησίᾳ ἐκκλησιαστὰς καὶ ἐν ἄλλῳ συλλόγῳ παντί, ὅστις ἂν πολιτικὸς σύλλογος γίγνηται.

的"至善"。

这两个主张必然要受到苏格拉底的攻击，因为修辞术的普遍性对"哲学"和"政治学"形成了威胁。《海伦颂》13 中就提及了哲学——尽管是狭义的辩证术意义上的，但也联系了苏格拉底和柏拉图的哲学——而且涉及了哲学家看重的"逻辑"。苏格拉底一再指责修辞术是政治学的"仿象"，是虚假的司法，也是为了攻击高尔吉亚将这门技艺等同于政治学的主张。苏格拉底意识到了威胁：修辞术有可能取代哲学（甚至在某些人那里已经取代了），成为唯一一种与一般人事相关、超越各个学科和行业，在理论与实践上使人得到至善和最大利益的"技艺"。与苏格拉底试图质疑和消解修辞术不同，亚里士多德在《修辞术》一上来就通过 $\alpha\nu\tau\iota\sigma\tau\varrho o\varphi o\varsigma$ 一词肯定了它的"跨领域性"，同时将之与哲学性的辩证术并列；加之在其他地方，修辞术也被他纳入了政治学，那么，在亚里士多德看来，修辞术既可以与逻辑兼容（当然还是逻辑统摄修辞），也可以有助于至善。修辞术的普遍性恰恰成为了它有可能被纳入哲学的契机。

**二、伊索克拉底的《互换辞》**

除了针对柏拉图的《高尔吉亚》，亚里士多德用这个词也暗示了伊索克拉底的自传性散文《互换辞》。据我们所查，该词在伊索克拉底的著作中仅仅使用两次（另一次见《腓力辞》61）[1]，最关键的一次在《互换辞》182。从 181 开始，伊索克拉底谈到了先人遗留下来的身体方面的体育术和健身术，以及灵魂上

---

[1] 那里是比较科农与阿尔喀比亚德。

的"哲学"，这两门技艺构成了城邦全部的要务，它们的关系是
ἀντίστροφοι。

　　既然情况是这样，那么，我们的某些先辈看到，有许
多技艺为其他事情被创制出来，但关于身体和灵魂，却没
有［技艺］得到这样的规定，他们发明了两种追求并且将之
留传给我们，关于身体是体育术，健身术是其一部分；关于
灵魂是哲学，我要为此做一些陈述。它们"相互对应"，彼
此共轭，彼此一致；通过它们，其掌握者会安排心灵使之更
明智，安排身体使之更有用；他们不会让这两种教育彼此分
离，而是运用近似的教育、训练和其他形式的追求。因为，
当他们照管学生时，体育师将发明出来的、各种姿势的竞斗
教给学子，而哲学教师则把演说恰好使用的种种文体形式
［教给学子］。①

---

① 希腊文为，[181] οὕτω δὲ τούτων ἐχόντων ὁρῶντές τινες τῶν πολὺ πρὸ
ἡμῶν γεγονότων περὶ μὲν τῶν ἄλλων πολλὰς τέχνας συνεστηκυίας,
περὶ δὲ τὸ σῶμα καὶ τὴν ψυχὴν οὐδὲν τοιοῦτον συντεταγμένον,
εὑρόντες διττὰς ἐπιμελείας κατέλιπον ἡμῖν, περὶ μὲν τὰ σώματα
τὴν παιδοτριβικήν, ἧς ἡ γυμναστικὴ μέρος ἐστί, περὶ δὲ τὰς ψυχὰς
τὴν φιλοσοφίαν, περὶ ἧς ἐγὼ μέλλω ποιεῖσθαι τοὺς λόγους, [182]
ἀντιστρόφους καὶ σύζυγας καὶ σφίσιν αὐταῖς ὁμολογουμένας, δι'
ὧν οἱ προεστῶτες αὐτῶν τάς τε ψυχὰς φρονιμωτέρας καὶ τὰ σώματα
χρησιμώτερα παρασκευάζουσιν, οὐ πολὺ διαστησάμενοι τὰς παιδείας
ἀπ' ἀλλήλων, ἀλλὰ παραπλησίαις χρώμενοι καὶ ταῖς διδασκαλίαις
καὶ ταῖς γυμνασίαις καὶ ταῖς ἄλλαις ἐπιμελείαις. [183] ἐπειδὰν γὰρ
λάβωσι μαθητάς, οἱ μὲν παιδοτρίβαι τὰ σχήματα τὰ πρὸς τὴν ἀγωνίαν
εὑρημένα τοὺς φοιτῶντας διδάσκουσιν, οἱ δὲ περὶ τὴν φιλοσοφίαν ὄντες
τὰς ἰδέας ἁπάσας, αἷς ὁ λόγος τυγχάνει χρώμενος。文本见 Mandilaras
（2003）、Norlin（1929）和 Brémond & Mathieu（1960）。

在 184，他明确表明哲学培养出的是城邦的演说家（ῥήτωρ），这就是伊索克拉底的"哲学家"，他不同于柏拉图和亚里士多德意义上的哲人。这样的哲学家要掌握各种演说文体，能够参与城邦的政务。哲学就是某种口才与智力的训练。由此，伊索克拉底也建立了一组比例关系。

$$\frac{身体}{健身术} = \frac{灵魂}{修辞术}$$

鉴于 ἀντίστροφος 一词在伊索克拉底的作品中出现得如此之少，而且这一次又恰恰出现在与身心、修辞术和哲学有关的语境中，因此，它极有可能也是在回应并且反驳《高尔吉亚》。在那里，身体的健身术是真技艺，对应灵魂的"司法"；其分母"妆扮术"是假技艺，与修辞术构成 ἀντίστροφος 的关系。而在《互换辞》中，健身术与修辞术成了这样的关系，而且都是真技艺。显然，伊索克拉底也提升了修辞术，去掉它的负面意义，使之纳入城邦的教育体系。这样的修辞术是教育灵魂的关键技艺，因此它就等同于伊索克拉底的政治学（也见《互换辞》80-81）。

　　在他那里，修辞术同样具有某种至高无上的普遍性。《互换辞》184，伊索克拉底区分了知识和意见（δόξα）。他主张，修辞家教导学生"串联起所知道的具体的事情"（συνείρειν καθ᾽ ἓν ἕκαστον ὧν ἔμαθον），形成合乎具体"时机"（καῖρος）的意见；与之相对，科学知识无法提供这样的内容，"时机"也会"在一切事情上躲开知识"（ἐπὶ γὰρ ἁπάντων τῶν πραγμάτων διαφεύγουσι τὰς ἐπιστήμας）。这样，修辞术关涉所有具体政治情境以及与之相关的意见；修辞家或演说家能广泛而普遍地提供意见或建议，处理一般的日常政务。用另一篇演说的话讲，他们具有一种"能提供意见的灵魂"（ψυχῆς...δοξαστικῆς，《反智者》17）。[1]

可见，与亚里士多德一样，伊索克拉底也深化了高尔吉亚中对修辞术的理解，将之联系了实践领域以及可能的意见，进一步规定了任何知识都无法达到的修辞术的"普遍性"。也正因此，他才会视之为"哲学"。同时，他没有把它作为获取权力、统治并奴役他人的工具（比较《高尔吉亚》452d-3），而是将其改造为训练青年的教育模式以及供青年使用的政治技能。

通过上面两处与《修辞术》开篇有关的文本，可以得出一个结论：亚里士多德在使用该词并将修辞术与辩证术联系时，他试图要在"柏拉图的苏格拉底"、高尔吉亚、伊索克拉底三人之间找到一个尽可能兼顾又超越这三者的平衡点，并以此来为自己的修辞术奠定一个合法而具有哲学性的基础。对此，他要完成几个任务：

（1）反驳又遵循柏拉图的苏格拉底。证明修辞术对哲学和政治学的存在价值和必要性，但也遵照了苏格拉底对它的批判以及对"真修辞术"的构想。

（2）遵循又反对高尔吉亚。承认甚至维护修辞术的普遍性，

---

[1] 这句话恰恰呼应了《高尔吉亚》463a，苏格拉底说，修辞术的事业"属于能命中目标的灵魂"（ψυχῆς δὲ στοχαστικῆς），但他也讽刺修辞家仅仅是"精通于跟人打交道"，修辞术是谄媚术（κολακευτική）（466a）。关于"意见"一词，见 Too（2008:184）。

但也反对将它作为权力和统治他人的手段。

（3）遵循又超越伊索克拉底。[1]（a）承认修辞术在哲学、政治和灵魂教育方面的重要意义。亚里士多德与伊索克拉底一样，也将之纳入哲学，尽管后者的版本低于前者。（b）承认修辞术普遍地处理可能的意见。由于修辞术与意见相关，所以，它似乎很难成为技艺（见《高尔吉亚》463a），但是，亚里士多德还是认可了修辞术在实践领域中起到的决策作用，这是精确的知识所难以发挥的（Rhet.1355a24-25），尤其如议政修辞术，关涉了不确定的将来之事。不过，亚里士多德依然在试图将修辞术打造成一门立足于"绝对的真"的"一般性的知识或技艺"，而不是将之作为意见或个别意见的集合：其基础就是"事实"与他奠定的逻辑学。而在伊氏那里，修辞术不是"一般或普遍"的科学知识，它只关涉由时机决定的具体事情，并不致力于分辨真假和善恶。

既然亚里士多德要重新规划"真修辞术"，将之纳入哲学，那么当然，他相信，如果哲学缺少这门技艺，它就必定也缺乏与修辞术相关的一些功能。这样，一方面，ἀντίστροφος 一词标定了修辞术与辩证术存在相似和相近之处，但另一方面，它也表明：这两者在同一属（即"推论"）中虽然彼此对应，但也存在差别，《修辞术》就是要论述辩证术所没有的特质与作用。这方面主要如，（a）修辞术用于政治和法律领域，与城邦事务有着直接的关联；（b）修辞术不是以一对一的问答形式，而是以一对多的连续的阐述；（c）同样是处理普遍意见，修辞术更关涉具体、

---

[1] 《修辞术》中对他的引用恰恰是最多的，尽管这是亚里士多德的劲敌。

个别的事情（Rhet.1356b29-30），而不是一般之事，等等。[①] 既然在亚里士多德的（或后世阐释者所揭示的）五种用来建立普遍形式的（广义的）逻辑学中，[②] 只有修辞术能够具备这些特点，故而，作为哲学家，为了追求至高无上的"普遍性"，亚里士多德必须要对这一在他的社会中成为主流的、能够处理政事与可能意见的、经过改造后可以具有逻辑性的技艺加以重新定义，甚至是首次建构。

## 第二节 定义的做出：作为能力的修辞术

在《修辞术》第一卷中，亚里士多德暗示了上述的两个文本，之后开始批判前人或同时代人对修辞术的误用或虚假的建构；他也维护了修辞术的用途和意义。但直到第一卷结尾，他才给出了修辞术的近似定义。而在 Rhet.I.2 开头，他终于提供了正式的定义。本节试图分析这个定义的奇特之处以及其中出现的 δύναμις 概念。

我们首先看一下这两个定义，它们都截然不同于当时的常识：

---

① 这几点差异都见于《修辞术》，此处是阿芙洛狄西阿斯的亚历山大的总结，进一步的差别还有七点，如修辞术更要贴近听众，处理听众"公认"的意见，以说服为目标，等等。见 Rapp（2002:I,274-276）。

② 在 An.pr.68b10-11，亚里士多德列出了"辩证术的"、"证明性的"（ἀποδεικτικοί）和"修辞术的"三种推论或三段论（συλλογισμός）。后来的古代阐释者，如亚历山大、斐洛珀诺斯、艾利亚斯等，又补入了"智术式的"和"诗术的"。它们的真假程度各异：证明性的恒真；辩证术的真大于假；修辞术的真假各半；智术的假大于真；诗术的完全虚假。见无敌大卫（David, the Invincible）的总结，Topchyan（2010:35）。也见古叙利亚语传统的赫卜烈思的阐述，Watt（2005:52-53）。

　　Rhet.1355b10-11，［修辞术］的活动不是说服，而是就每件事情，看到那些现成的说服法（οὐ τὸ πεῖσαι ἔργον αὐτῆς，ἀλλὰ τὸ ἰδεῖν τὰ ὑπάρχοντα πιθανὰ περὶ ἕκαστον）。

　　Rhet.1355b26-27，就将修辞术作为一种能力，能就每件事情，审视出可能的说服法（ἔστω δὴ ἡ ῥητορικὴ δύναμις περὶ ἕκαστον τοῦ θεωρῆσαι τὸ ἐνδεχόμενον πιθανόν）。

　　定义中最关键而且最值得注意的就是 δύναμις 一词，它成为了修辞术的"属"。这明显区别于《高尔吉亚》中的界定，那里将修辞术视为"说服"。按照亚里士多德对这个概念的使用，它在这里当然表示"动力性的潜能"，而且是"主动的理性能力"。[①]这种能力的潜在行为是"看"（ἰδεῖν）或"审视"（θεωρῆσαι，或译为"静观"），即"理论性"的考察；看的对象是"每件事情"，即具体和个别的政治或法律等公共事务；看的目的是"说服法"，这包含：让人信服的事实、逻辑形式以及其他手段（非逻辑的和修饰性的）。[②]

　　为了让人理解这种全新又奇特的看法，在第一个定义之后，亚里士多德马上做了比喻，他指出这是所有技艺的特点，如医术，它的活动不是"产生健康"，而是"尽可能地促进健康"（Rhet.1355b12-13）。[③]显然，修辞术的活动不是"产生说服"，

---

① Weidemann（2005:140）和 Haskins（2013:235）。

② 两个定义中的 πιθανὰ 和 πιθανόν 一词，或可以理解为说服手段或方式（同于后面的 πίστις），或理解为要素或内容。见 Grimaldi（1980:32）和 Rapp（2002:II,17）。

③ 希腊文为，οὐδὲ γὰρ ἰατρικῆς τὸ ὑγιᾶ ποιῆσαι，ἀλλὰ μέχρι οὗ ἐνδέχεται，μέχρι τούτου προαγαγεῖν。

而是如何促进它。这也表明了修辞术不仅仅是"静观或审视"，依然要付诸实践。只不过，亚里士多德让修辞术遵循了他对于"技艺"的独特规定，使之不再一味地朝向技艺的实践产物，而是立足于对技艺的"活动"本身的理论思考。

由于修辞术的研究属于政治学，因此在谈论政治学研究方法时，亚里士多德对一般知识建构的表述会令我们想到这一定义。如 Pol.IV.1.1288b10-12，"当一切技艺和知识并非按照片断出现，而是完整相关某一类属［的内容］时，那么，一种［技艺和知识］就是审视适合于每个属的事情"①。显然，修辞术的研究就要考察与说服有关的"属"。当然，自然中其实不存在这样的"属"，因为修辞术是跨类属的，不过可以认为，所有说服手段构成了这样的类别。

为了更好地理解这个定义，我们再看一下阿威罗伊对 Rhet.1.2.1-1.2.2 的评注②，其内容很有启发：

> ［亚里士多德］说，修辞术是一种能力，它针对每一个个别事物促成可能的说服。
>
> قال:والخطابة هي قوة تتكلف الإقناع الممكن في كل واحد من الأشياء المفردة.

> ［亚里士多德］用"能力"一词指这样的技艺，它对"对立之事"施加行动，而所得出的并非行动的必然结果。他用

---

① 希腊文为，ἐν ἁπάσαις ταῖς τέχναις καὶ ταῖς ἐπιστήμαις ταῖς μὴ κατὰ μόριον γινομέναις, ἀλλὰ περὶ γένος ἕν τι τελείαις οὔσαις, μιᾶς ἐστι θεωρῆσαι τὸ περὶ ἕκαστον γένος ἁρμόττον。文本见 Ross（1959）。

② 文本见 Aouad（2002:II,13-15）。

"促成"指的是，［这门技艺］尽其所能地研究可能的说服行动。他用"可能的"指的是，演说所涉之事的、可能的"说服"，会尽最大程度实现它的可能性。当他说"针对每一个个别之事"时，他指的是，十个范畴的每一个范畴上的个体存在者。

ويعني بالقوة الصناعة التي في المتقابلين وليس تتبع غايتها ضرورة. ويعني بتتكلف أن تبذل مجهودها في استقصاء فعل الإقناع الممكن. ويعني بالممكن الإناع في ذلك الشيء الذي فيه القول، وذلك يكون يغاية ما يمكن فيه. ويعني بقوله في كل واحد من الأشياء المفردة أي في كل واحد من الأشخاص المجودة في مقولة مقولة من المقولان العشر.

他的解释性的定义和注解中有几处需要注意：

（1）他没有使用 θεωρῆσαι 或 ἰδεῖν，不过在第二段的评注中提到了修辞术的"研究"。

（2）取而代之的是这样一个动词：تتكلف，√ كلف，该词为第 V 式，强迫，施加影响。[①] 这个动词呼应了 προαγαγεῖν（Rhet.1355b13）。

（3）他既提及了"实体"这一范畴，也用了"针对每一个个别之事"（المفردة في كل واحد من الأشياء），这比定义中的 περὶ ἕκαστον 更加联系了亚里士多德的个体－范畴理论。[②] 由此，个别之事可以纳入"一般"的概念中。

这三个方面不仅没有偏离亚里士多德的定义，反而指出了定义的内涵：（1）修辞术既是理论研究；（2）但也需要"促成"说

---

① 与之相关的名词如 كلف，"感情，爱情"，تكلف，"做作，不自然的手段"。
② Rhet.II.7.1385b5-7 就提及了"范畴"的分析方法。

服效果而有应用性；（3）作为静观研究的修辞术，它也要遵循范畴理论中对一般和个体事物的分析方式，这样才能清晰地辨明事物，从而更充分和普遍地划分事物。

与之相比，赫卜烈思的定义依然与"说服"效果相关，他没有提及"审视"："修辞术是一种尽可能在每件特殊事情上［具有］说服性的能力"（ ܪܗܐ ܪܝܡܢܐ ܪܠܐ ܡܕܐ ܡ ܪܐܝܒܝܡܐ ܪܝܕܐ ܪܨܐ ܡ ܪܠܐ ܐ ）。他解释"能力"（ ܪܠܐ ）为"技艺"（ ܪܚܐܡܐ ），每一种技艺都是"灵魂的品质"（ ܥܡܐ ，即 ἕξις），由此"产生有意的行动"（ ܪܚܠܐ ܡ ܥ ܡܐ ܪܕܠܐ ）。① 他对能力的解释是正确的，但他更看重修辞术的"无所不能"的结果，这一点其实也是亚里士多德要考虑的。

为了充分理解 δύναμις 的意义，我们可以看一下它所反驳或呼应的四个文本。

第一，《高尔吉亚》。在 452e，高尔吉亚用该词既指演说的"能力"，即说服、统治和奴役其他任何人的能力，也用它来表明某种客观效果：它具有巨大的"威力"。在 454e-455a，苏格拉底将高尔吉亚理解的修辞定义为：修辞术是"说服的创造者（ πειθοῦς δημιουργός ），能取信（ πιστευτικῆς ），但不教导正义和不正义之事"。亚里士多德的修辞术"能力"必定与此相反，它是静观的和理论性的潜能，而不是仅仅产生毫无方向性的说服威力的技术。当然，作为哲学家，亚里士多德也希望修辞术为自己所用，发挥统治的力量，但那要立足于真实和逻辑。

第二，高尔吉亚《海伦颂》。首先在第 8 节，高尔吉亚提

---

① Watt（2005:66-67）。

到了言辞或逻各斯是强大的"主宰"（δυνάστης），该词与δύναμις 同源，强调的是"威力"。在第12—14 节，高尔吉亚提到了言辞的说服能力，尤其指出这种能力对灵魂秩序的影响，如同药作用于身体。他还谈到了言辞的普遍性，它遍及所有的学科。①

　　结合这两个文本，可以看出，亚里士多德的"能力"在三个方面上否定了高尔吉亚：（1）修辞术首先是理论考察的能力，它可以应用并产生说服他人的威力，但这不是修辞术最终要追求的结果。（2）静观的修辞术的"逻各斯"超越了说服性的演说话语的"逻各斯"，后者不如前者普遍。（3）亚里士多德的修辞术"有能力看到真和似真"，而非不辨是非和善恶，因为他坚信，"真和正义之事自然地比其反面更强"（Rhet.1355a21），人们可以自然地通达真理，"以命中目标的方式"（στοχαστικῶς，明显回应《高尔吉亚》463a）来处理真理和可能的意见（Rhet.1355a14-18），而且绝对的"德性"或善，也不会受到修辞术误用的影响（Rhet.1355b5）。

　　第三，《互换辞》184-186。之前曾经提过，在184，伊索克拉底认为，修辞术有助于在特定时机针对具体事情提供相应的意见②，而科学知识无法做到这一点。那么，还是在这里，他指出，"那些极为专注［这些时机］、'能够'审视大多数情况下发

---

① 第12 节，τὸ γὰρ τῆς πειθοῦς ἐξῆν ὁ δὲ νοῦς καίτοι εἰ ἀνάγκη ὁ εἰδὼς ἕξει μὲν οὖν, τὴν δὲ δύναμιν τὴν αὐτὴν ἔχει；第14 节，ἥ τε τοῦ λόγου δύναμις。

② Norlin（1929）把 δόξα 译为 theory，他注意到了伊索克拉底的意见并非完全低于知识，而是某种实践性智慧。

生之事的人，往往都恰遇时机"①。在186，能力与哲学联系在一起，那么当然这样的能力属于修辞术，也就是184所说的能力，伊索克拉底会让他的学生具备它。②而在185，伊索克拉底谈到了修辞教师的"能力"，他们能在思想上促进学生（δύνανται προαγαγεῖν ③），但这样的能力未必会让学生都出类拔萃。

《修辞术》定义中的能力很明显受到了伊索克拉底的影响，就亚里士多德将能力与修辞术联系在一起而言。亚里士多德试图让修辞术辐射所有具体的、可能的事情，从而让哲学家的学生"能"掌握时机，应对变化；同时，作为教师的哲学家也"能"在演说和思想④上提升学生。当然，亚里士多德依然认准了绝对的真，而伊索克拉底并没有强调这一点。

第四，在根本上，亚里士多德的定义继承了《斐德若》277b-c。

> ［在说和写］之前，一个人应该知道说或写所涉及的每件事情的真实，逐渐有能力按其本身来界定每件事情；应该通过界定进一步知晓［如何］按类型来划分［每件事情］，直到不可再划分；应该按相同的方式辨识灵魂的本性，找出契合每种本性的［演说］类型；应该这样来确立和布局［演

---

① 希腊文为，οἱ δὲ μάλιστα προσέχοντες τὸν νοῦν καὶ δυνάμενοι θεωρεῖν τὸ συμβαῖνον ὡς ἐπὶ τὸ πολὺ πλειστάκις αὐτῶν τυγχάνουσι.

② 《互换辞》186，"有关哲学的印象就是这样，［这就是］它是什么；我认为你们更会精通它的能力"（ὁ μὲν οὖν τύπος τῆς φιλοσοφίας τοιοῦτός τίς ἐστιν: ἡγοῦμαι δ᾽ ὑμᾶς μᾶλλον ἂν ἔτι καταμαθεῖν τὴν δύναμιν αὐτῆς）.

③ 前引 Rhet.1355b12-13 恰好也用到了这个动词。

④ διάνοια，Rhet.II.1403a36 规定 Rhet.I-II 都是"思想或构思"。伊索克拉底的修辞术同样诉诸理性和思维。

说]：给多彩的灵魂提供多彩、多音的演说，给单纯的灵魂提供单纯的演说——在这之前，一个人还没有能力凭借技艺，使得演说这一类属按本性得到运用，无论是为了教导，还是为了说服。[1]

这一段里，苏格拉底（或柏拉图）规划了作为"能力"的修辞术，这显然影响了亚里士多德。《修辞术》基本上也遵循了这一段的规划。[2] 此处涉及了五个方面的能力，每种能力对应一种科学的"分析"方法。

（1）能表达演说的真实内容。

（2）能定义演说的主题。

（3）能定义演说的类型。

（4）能发现话语对听众灵魂本性的影响。

（5）能处理"如何说"的问题，如措辞和布局（即 Rhet.III 的内容）。

这些"划分"的举措都被亚里士多德纳入了《修辞术》的体系中。但需要注意，柏拉图真正想要的修辞术却是《斐德若》中的只有哲学家才会使用、也许仅限于两人对谈、并不关注公共事务而是

---

① 希腊文为，πρὶν ἄν τις τό τε ἀληθὲς ἑκάστων εἰδῆ πέρι ὧν λέγει ἢ γράφει, κατ᾽ αὐτό τε πᾶν ὁρίζεσθαι δυνατὸς γένηται, ὁρισάμενός τε πάλιν κατ᾽ εἴδη μέχρι τοῦ ἀτμήτου τέμνειν ἐπιστηθῇ, περί τε ψυχῆς φύσεως διιδὼν κατὰ ταὐτά, τὸ προσαρμόττον ἑκάστῃ φύσει εἶδος ἀνευρίσκων, οὕτω τιθῇ καὶ διακοσμῇ τὸν λόγον, ποικίλῃ μὲν ποικίλους ψυχῇ καὶ παναρμονίους διδοὺς λόγους, ἁπλοῦς δὲ ἁπλῇ, οὐ πρότερον δυνατὸν τέχνῃ ἔσεσθαι καθ᾽ ὅσον πέφυκε μεταχειρισθῆναι τὸ λόγων γένος, οὔτε τι πρὸς τὸ διδάξαι οὔτε τι πρὸς τὸ πεῖσαι.

② 这里的规划在《高尔吉亚》501a 中已经显露端倪。

提升灵魂的"爱欲修辞术"。[①] 此外，柏拉图通过自己的对话以及部分对话中的"演说"（如《会饮》《申辩》）和"神话"（如《理想国》《高尔吉亚》）似乎也实践了某种"哲学性"的修辞术，但他在理论上并没有完成苏格拉底的上述规划。毕竟，这一规划还是针对民主制的演说，而柏拉图对此始终反感。但无论柏拉图是否欣赏和赞同亚里士多德的做法，无论哲学家是否应该使用民主制下的公共修辞术，亚里士多德都对这门技艺展开了哲学性的改造：他反对的是不加"审视"地接受和使用演说活动。

根据上面的分析，可以看出，亚里士多德的修辞术"能力"介乎于智者（高尔吉亚与伊索克拉底）和柏拉图之间：他既反对智者对修辞术的界定（修辞术就是说服工具），又与智者相同，承认修辞术的普遍性和其在实践中的说服威力，他需要总结修辞术所涉及的一切"主题和事实"，处理话语如何影响听众的灵魂；他与柏拉图相同，也努力从理论上约束智者的修辞术能力，不让其成为将事实和价值相对化的权力工具，但与柏拉图又不同，他不想让修辞术远离地上的人事，而是试图将之提升为一种处理具体和多变的实践领域的技艺，甚至是"（不严格的）知识"与实践智慧。

这种提升需要联系亚里士多德对技艺的独特理解。理论层面上，技艺是知识形式，是认识原因的方法（μέθοδος）。[②] 在 EN 1094a7-9，可以看到，这样的知识包含诗术、医术和手工制作等生产性技艺。应用实践层面上，这种"方法"可以产生遵循技艺

---

① Strauss（2014:134）指出了忒拉绪马霍斯的修辞术与《斐德若》修辞术的不同，前者完全等同于亚里士多德划分的三种修辞术（Rhet.I.3）。

② Grimaldi（1980:4-6），Detel（2005b:201）。

的活动与结果。[①] 在修辞术传统中，的确就存在这两条脉络，即"教"（docens）和"用"（utens）。[②] 由此，亚里士多德的修辞术会成为知识与实践智慧。[③]

第一，知识I：对修辞术本身的理论分析。从"教"的角度看，亚里士多德的修辞术是对自身的静观，即对逻辑和非逻辑的说服活动进行哲学分析，如对修辞演绎和情感三要素的划分。总体上看，它是分析说服的"原因"或"原理"的"元－修辞术"（meta-rhetoric）。[④] 修辞术就如医术治愈疾病但需要知道病理和药理一样，通过新型的修辞技艺，人们能够说服，但也认识到说服的机理（逻辑和非逻辑）以及说服效果的客观标准（事实）。由于认清了说服之理，在演说家这边从事说服这种活动或在听众那边创造出"说服"这种产物，也就轻而易举了。而没有这样的技艺，说服活动即便成功，也是凑巧或凭习惯而成（Rhet.1354a6-7）。正因为亚里士多德要认清说服和语言活动，所以他才会讨论逻辑和情感，这两者并非演说的题材，而是相关修辞术本身。当然，在讨论各种说服原因时，亚里士多德还是相信最有说服力的方法是逻辑证明（Rhet.I.2.1356a19-20），即下一种知识。

第二，知识II：修辞术的逻辑知识。就"用"来说，修

---

① Rapp（2002:II,137）和 Horn（2005d:569）。

② 见第一章第三节所引布里丹的观点；这一区分体现在亚里士多德与西塞罗之间，构成了修辞术的两个传统，见 Fredborg（2018:181）。但笔者并不认为亚里士多德仅仅代表"教"。

③ 这种综合性的理解也见前述布里丹的看法。Nietzsche（1995:419）也指出这种修辞术的能力可以提升为技艺。

④ 知识的典型表现就是探求原因，见 Detel（2005b:201）。

辞术作为一种逻辑学，它是分析性的知识（$\tau\tilde{\eta}\varsigma$ $\dot{\alpha}\nu\alpha\lambda\nu\tau\iota\kappa\tilde{\eta}\varsigma$ $\dot{\epsilon}\pi\iota\sigma\tau\dot{\eta}\mu\eta\varsigma$, Rhet.1359b10）。[①] 修辞术的逻辑学存在于说服法"论理"（$\lambda\acute{o}\gamma o\varsigma$）及其普遍形式修辞演绎和例证。亚里士多德对这一说服法的重视，遵循了他对理性作为人之本质的定义。知识I和知识II构成了修辞术的体用两面。如果不探求知识I，那么这样的演说家极有可能不会使用知识II；如果不使用知识II，那么演说家必定不相信理性的作用，他也就不太会理性地分析演说活动。

第三，知识III：修辞术涉及的其他学科知识。在 Rhet. 1359b13-15，亚里士多德批评了将修辞术和辩证术不作为能力，而作为知识的行为。这里的知识就是修辞术涉及的"内容"或其之外的特定学科，如政治学、法学、伦理学等。修辞术会搜集与说服有关的知识III，但它并不以之为专门研究对象。由此可以认为，修辞术不可能获得和教导知识III，这正是苏格拉底所诟病的。但是，如果演说者学习知识II，那么他很可能会致力于知识III的获得，不是通过修辞术，而是借助哲学。因为，按照亚里士多德的看法，对事实的逻辑证明具有绝对的说服力（Rhet.1355a5-6，1355a21-22 和 1355a37-38），那么知识II相关逻辑，而知识III有助于了解事实，演说者就必须学习这两种知识。而且，这样的学习恰恰也是为了知识I：当演说者掌握了最高的说服形式和丰富的材料，他才会明白最强的说服原理。

另外，对知识I和知识II的学习也会培养一种看待说服的哲

---

① 逻辑学在亚里士多德那里并不是一种知识，而是工具或知识的前提，但它与证明科学一样，也是一种分析，可以将之作为某种知识（Rhet.1359b10 就是这样说的），见 Detel（2005b:206-207）。

学态度，这样的态度当然有助于对知识 III 的探求。亚里士多德的修辞术当然不教导正义，但它教导我们认识对正义的"言说"，因而，我们必须掌握说话的原则和逻辑，学习与正义有关的知识。反过来，如果一个人按照严格标准学习了知识 III，那么，他必然会接受知识 I 和知识 II 的哲学方式。

第四，知识 IV：修辞术获得的实践知识。在 An.po.71b16-72b4 和 74b5-26，亚里士多德界定了严格的、立足于"证明"这一最高推论的知识，它与理论知识有关（Meta.1026a7-33），这是最强意义上的知识，相关最普遍和必然的事情。[1]但是，修辞术处理的是不必然的、充其量仅在多数情况下成立的意见（Rhet.1357a13-15），这一点尤其体现在面向未来的、多变、或然的政治领域（EN 1094b14-26）；它关涉的也不是普遍的事情，而是特殊具体的对象，因而，修辞术及其所属的政治学并不是证明性科学，而是 EN 1094a27-1094b3 认为的实践性知识。[2]其所涉及的知识 III 也往往与实践有关。这样，修辞术在运用时，只能通过实用性的"证明"（修辞演绎），借助可信而公认的意见（ἔνδοξα），获得盖然性结论，有的可以相信是（或事后证实是）必然的（来自 τεκμήρια），有的仅仅是可能的（来自 εἰκότα）。如果知识 III 是"教"这个层面的，那么，这些意见性"知识"就是修辞术在"用"时创造的成果。此外，知识 I—II 也会促进知识 IV 的获得，因为后者的逻辑工具就是"修辞术"，即决策、预判、应变的实践推理技艺；而前两者恰恰构成了这门技术的

---

① Detel（2005b:203）。

② Detel（2005b:205-206）和 Raylor（2018:130-131），但后者只承认最强的知识，故而认为政治学仅仅是实践智慧，不是真正的科学。

核心。

第五，在知识 IV 上，修辞术成为了实践智慧。[①] 按照亚里士多德对实践智慧的描述，[②]（1）修辞术与实践智慧是相同的，都区别于理论知识，相关于实践领域，关注可能和变化的世界（Rhet.1357a28）。（2）修辞术不仅仅是生产性的，而是着眼于行为本身的合理性。（3）修辞术与实践智慧都不是道德中立的。就（2）和（3）来说，亚里士多德追求的不是说服这一目的，而是静观它的活动，通过知识 I—IV 达到真和善（西塞罗会表示怀疑），他也相信真理的强大（Rhet.1355a21）。[③] 在关注具体时机中的实践问题这一点上，亚里士多德的修辞术与伊索克拉底的并无二致，但是，有一个关键之处，两者迥然不同：亚里士多德的修辞术会使人达到超越伊索克拉底水平的"明智"，后者的明智仅仅是一种并不一定指向至善和至真的"精明"（δεινότης）。[④]

拉普讨论了演说家需不需要是好人这一争议问题，他认为《修辞术》是道德中立的，它的好坏取决于使用者。[⑤] 但是，为了避免有人怀疑修辞术是这样的（例如柏拉图对修辞术的质疑），

---

① 正如伽达默尔的观点："整个伦理学就是修辞术；实践智慧是修辞术这一思想早已在亚里士多德那里出现过。"见 Arthos（2008:171-172）的引述和分析，伽达默尔的修辞术就如同《高尔吉亚》中苏格拉底的真修辞术，但他看重的文体形式是柏拉图式的对话。

② 关于实践智慧的特征见 Höffe（2005b:452-454）。Rhet.II.1.1378a6-1378a2 指出"明智"是演说家取得信服的特征之一，这一明智就朝向了实践智慧。

③ Wardy（1999:106-110）似乎怀疑这种认识论上的乐观主义倾向。

④ 见《互换辞》182；EN 1144a23-29 也区分了精明与实践智慧（明智）。Strauss（2014:39,260,383）指出亚里士多德并未区分事实与价值，这恰恰是他的修辞术区别于智者修辞术的关键方面之一。

⑤ Rapp（2002:II,123-126）和 Raylor（2018:133）也是相同的看法，他认为亚里士多德相信实践领域没有确定性可言。

亚里士多德才会做出限制性的说法，比如 Rhet.1355a31，修辞术不能针对低劣之事来说服。这一看法没错，修辞术如同医术，能够让人健康，也能够致病，而且说服本身没有善恶之别。但我们要强调，由于修辞术的研究是哲学性的，修辞术的使用也是如此，那么一种规范性就体现在修辞术中，即，必须以逻辑与事实为主，朝向客观的真相进行语言交流，用道理和知识来说服。在特定时机下，这就指向（或尽可能指向）真和善。即使《修辞术》保留了非逻辑的手段，但这是为了辅助逻辑和事实的说服，同时应对难以接受精确知识的民众。这样的手段当然也会引发负面效果，但《修辞术》的规范性已经做出了制约。如果否认这样的规范性，那么，亚里士多德的改造无法超越智者。毕竟，智者忽视了技艺的理论层面，不研究说服活动本身，只重视说服这个"生产结果"，于是，修辞术无关善恶，不辨是非，成为了权力的工具。亚里士多德必须区别于这种立场。虽然《修辞术》没有明显的道德教化的意图，不过，假设一个智者使用该书，如果他按照指导，立足于逻辑和真实，如果他掌握了这种要求严格的、"哲学性"的分析方法，那么，他就有可能转变为哲人（也许他会不适应）。在这个意义上，《修辞术》是具有"潜在的"道德指向的，当然这不是强制的。

　　既然修辞术成为了技艺、知识和实践智慧，那么，有一种看法就是有问题的。如哈斯金斯主张，亚里士多德以理性约束修辞术，这种做法似乎是要避免修辞术的应用，将之悬置起来，亚里士多德让修辞技艺成为了"一种哲学性的、合法知识形式"，但"远离了实践演说，将之缩减为一种服务于实质性的理智学科的能力"，这样的修辞术"不需要模仿和实践"，无论是亚里士多德本人，还是他的学生。[①] 这个看法割裂了亚里士多德修辞术"教"和"用"这两个方面，使其不再具有生产性技艺和实践智慧的特征。之所以哈斯金斯会误解，原因就是《修辞术》的理论味道太浓。因为在"教"和"用"之间，亚里士多德还是用前者来统摄后者：让修辞术分有证明科学的逻辑模式，令其首先成为一种沉思活动。然而，这并没有消除修辞术的实用性。诚然，亚里士多德认为修辞术是堕落政体中的现象（Rhet.1354a32-1354b12，Rhet.1403b），哲学家之所以研究修辞术，也许是为了看穿智者或修辞家的"招数或伎俩"；但是，亚里士多德依然强调，修辞术是"有用的"（Rhet.1355a20-21），而且可以看清真理，说服他人，因为精确的知识难以完成这一点（Rhet.1355a24-25），那么，他就意识到对信念和意见的说服行为或活动目前还不可能（或将来也不可能）被证明性科学取代而彻底消失。因此，《修辞术》的创作意图必定也着眼于应用。[②] 而且，它本身就有大量内容来自于之前和同时代的修辞家，尤其是情感说服法，这本来是智者擅长的有效手段，但亚里士多德依然进行了研究。

如果认为《修辞术》统一了"教"和"用"，如果哲学家（或认同哲学的演说家）掌握这样一门综合性的修辞术，那么，他在民主制度中就可进可退。退可以置身事外、超然地考察政治；进可以用其从政，由于他们掌握了这门技艺的原理或原则，他们可以作为司法者（《高尔吉亚》中司法对应修辞术）不动情地按照事实进行裁决（Rhet.1354b1-15），因为他们本身也是制定一般原则并约束审判官的立法者（《高尔吉亚》中立法对应辩证术）；

---

① Haskins（2013:236-237）。哈斯金斯还认为亚里士多德的修辞术不是"理论"，这是完全错误的。

② 前引 Düring（1966:120）表明了《修辞术》的实用性和灵活性。

或是在议政演说中专注于具体事务和城邦公益，制定政策方针（Rhet.1354b29-30）；或是在展现式演说中展现德性，针砭恶性，导人向善（Rhet.1367b28）。也许，最终极的修辞术就会与辩证术一同成为哲学的两种重要工具，如果城邦的统治权归于哲人王（如阿拉伯学者的设想），它就会发挥出新的威力，而不是在民主制下迎合和煽动民众。当然，《修辞术》对智者也是有用的，但条件是，他必须接受这一技艺对理智的严格要求，他必须培养自身的高度的思辨能力。

按照上述内容，我们就能理解亚里士多德在《尼各马可伦理学》这部规划自己"政治学"的著作中对"修辞术"的意味深远的阐述。ῥητορική 一词在该书中仅仅出现两次，都在极为关键的位置：一次在开头，一次在结尾。①

在前一处（EN 1094b3），他指明了修辞术是最受尊崇的"能力"，从属于政治学。② 在后一处（EN 1181a15），亚里士多德刚刚批判了单纯依靠经验的政治家，在这里，他开始批驳智者将修辞术等同于、甚至低于政治学的做法（οὐ γὰρ ἂν τὴν αὐτὴν τῇ ῥητορικῇ οὐδὲ χείρω ἐτίθεσαν）③，尤其暗示了伊索克拉底（《互

---

① 这里查询了 Bywater（1963）的索引。

② 希腊文为，ὁρῶμεν δὲ καὶ τὰς ἐντιμοτάτας τῶν δυνάμεων ὑπὸ ταύτην οὔσας, οἷον …ῥητορικήν。

③ 呼应 Rhet.1356a28-29，"结果是：修辞术如同辩证术的某个分支，也是相关伦理品性之研究的分支，这研究，即正当所称的政治学。由此，修辞术被装扮上了政治学的样式，一些人假装学得了［修辞术］，这一部分是由于缺少教养，一部分因为自吹自擂，以及其他种种私人的原因"（ὥστε συμβαίνει τὴν ῥητορικὴν οἷον παραφυές τι τῆς διαλεκτικῆς εἶναι καὶ τῆς περὶ τὰ ἤθη πραγματείας, ἣν δίκαιόν ἐστι προσαγορεύειν πολιτικήν. διὸ καὶ ὑποδύεται ὑπὸ τὸ σχῆμα τὸ τῆς πολιτικῆς ἡ ῥητορικὴ καὶ οἱ ἀντιποιούμενοι ταύτης τὰ μὲν δι᾽ ἀπαιδευσίαν, τὰ δὲ δι᾽ ἀλαζονείαν, τὰ δὲ καὶ δι᾽ ἄλλας αἰτίας ἀνθρωπικάς）。

换辞》80，以及《高尔吉亚》中的智者）。智者认为仅仅搜集好的法律，不加理论性理解就可以轻易地立法，他们明显没有政治经验，流于空谈。而能够正确判断政体和法律的人，都是有政治经验者（EN 1181a19），这样的人会得出更为科学的"理论"，而不是智者式的资料汇编——因为后者仅仅是为了演说，前者则是为了系统地研究政治与立法。

既然智者的修辞术不具有针对政事的理性考察与科学研究，那么，亚里士多德的修辞术就是对政治和法律（也包含道德和心理）的理论化处理，因为修辞术在考察说服活动时，就会研究与说服有关的事实内容。按照他下面做的比喻（EN 1181b22-24，联系前面定义修辞术时的"医术喻"），修辞术理论作品应该就像探寻治疗机理与病体的医学著作那样（知识I）。①《修辞术》一书恰恰就是如此：如在Rhet.I.4-15，它详尽而系统地考察了政治、经济、道德、立法和司法方面的种种与说服有关的、演说内外的事实因素（知识III），这些都是为了逻辑推理做准备（知识II）；在Rhet.II.1-17，它又探究了说服活动中身体和灵魂承受的影响与效应（知识I，演说对听众的情感作用；演说者和受众的品性）。这些都为有经验的政治家或哲学家的从政提供了重要的基础。但与科学地汇集政治资料的《政治学》和《雅典政制》不同，《修辞术》在搜集材料的同时，还需要处理这样的问题（知

---

① 联系《高尔吉亚》500a-502d，"但是，[医学论著的作者]不仅试图讲述治疗，而且还[讲述]医治和应该治疗每个人的方式，他们划分种种状态；看起来，这些对于有经验的人是有帮助的，而对于生手则毫无用处"（καίτοι πειρῶνταί γε λέγειν οὐ μόνον τὰ θεραπεύματα, ἀλλὰ καὶ ὡς ἰαθεῖεν ἂν καὶ ὡς δεῖ θεραπεύειν ἑκάστους, διελόμενοι τὰς ἕξεις· ταῦτα δὲ τοῖς μὲν ἐμπείροις ὠφέλιμα εἶναι δοκεῖ, τοῖς δ' ἀνεπιστήμοσιν ἀχρεῖα）。

识 IV）：如何以之决策和评判；如何传达意见，令他人做出判断和裁决；如何说服他人，从而达到集体行动的目的；等等。总之，修辞术是通过政治演说发挥功能的实践智慧、技艺和知识，是政治学理论在具体问题上的运用。

通过这一节的论述和分析，我们可以得出一个较为稳妥又合理的结论：修辞术的"能力"是一种也许只能属于哲学家的潜在"品质"；它是综合性的能力，凡当掌握了这门技艺的原理和有关知识，哲学家就有可能在"实践"中以充分理性的方式处理公共意见、通达真理和正义并对民众产生有力的说服效果；它虽然表面上道德中性，但具有潜在的规范指向。

## 第三节　定义之后："元–修辞术"的建立

通过前两节，我们看到了修辞术的定义以一种科学的方式被提出。那么，亚里士多德就将修辞术提升为一种对"修辞术"和"说服"本身的哲学性考察，它不再是说服手段的无系统的汇编，也不是仅仅以说服为结果的不择手段的伎俩。可以认为，亚里士多德构建了一种"元–修辞术"。①

这样的修辞术首先要关注特殊和具体的事情，但更重要的

---

① 这一思路来自 EN 1139a35-37，"思维不能让任何东西运动，但它为了某事而相关行为；因为它可以主控制作的技艺，因为，每个制作者都为了某事而制作，但所制作之事并非绝对是目的（而是相关于某事，属于某人），相反，所做之行为［才是目的］"（διάνοια δ᾽ αὐτὴ οὐθὲν κινεῖ, ἀλλ᾽ ἡ ἕνεκά του καὶ πρακτική· αὕτη γὰρ καὶ τῆς ποιητικῆς ἄρχει· ἕνεκα γάρ του ποιεῖ πᾶς ὁ ποιῶν, καὶ οὐ τέλος ἁπλῶς (ἀλλὰ πρός τι καὶ τινός) τὸ ποιητόν, ἀλλὰ τὸ πρακτόν）。

是，它必须具有"一般性"，也就是理论的概括性。在给出正式定义之后，亚里士多德有一段话表明了这种元－修辞术的普遍性（Rhet.I.2.11.1356b28-1357a1），这是将之提升到思辨科学水平的关键：

> 　　没有一门技艺思考个别之事，比如医术，［不是思考］对于苏格拉底或对于卡利亚斯，什么是健康，而是［思考］对于这样的人或这样一些人什么是［健康］（因为这是技艺内的，而个别的事情无穷无尽，不可知晓）；修辞术也并非要审视个别的意见，比如，对于苏格拉底或希比亚斯［他们持什么样的意见］，而是对于这样一些人［意见如何］，恰如辩证术。因为辩证术不是从偶然碰上的事情来推论（因为，这些显然是呓语之人所为），而是从需要论理的地方［推论］，修辞术则是从已经习惯于被考量的事情［来推论］。①

那种仅仅考察并收集个别具体情况与演说"套路"的修辞术，其最高形式就是伊索克拉底式的对演说"经验"的汇总。本身也搜集过修辞材料的亚里士多德当然要重视经验。如 Meta.981a1-3 所说，"经验看起来几乎相同于知识与技艺，但是，知识与技艺是

---

① 希腊文为，οὐδεμία δὲ τέχνη σκοπεῖ τὸ καθ᾽ ἕκαστον, οἷον ἡ ἰατρικὴ τί Σωκράτει τὸ ὑγιεινόν ἐστιν ἢ Καλλίᾳ, ἀλλὰ τί τῷ τοιῷδε ἢ τοῖς τοιοῖσδε (τοῦτο γὰρ ἔντεχνον, τὸ δὲ καθ᾽ ἕκαστον ἄπειρον καὶ οὐκ ἐπιστητόν), οὐδὲ ἡ ῥητορικὴ τὸ καθ᾽ ἕκαστον ἔνδοξον θεωρήσει, οἷον Σωκράτει ἢ Ἱππίᾳ, ἀλλὰ τὸ τοιοισδί, καθάπερ καὶ ἡ διαλεκτική. καὶ γὰρ ἐκείνη συλλογίζεται οὐκ ἐξ ὧν ἔτυχεν (φαίνεται γὰρ ἄττα καὶ τοῖς παραληροῦσιν), ἀλλ᾽ ἐκείνη μὲν ἐκ τῶν λόγου δεομένων, ἡ δὲ ῥητορικὴ ἐκ τῶν ἤδη βουλεύεσθαι εἰωθότων.

通过经验才为人所得。"①有意思的是，在《形而上学》的这句话后，亚里士多德恰恰引用了修辞家和智者珀洛斯的话"经验产生技艺……但没经验就是碰运气"（ἡ μὲν γὰρ ἐμπειρία τέχνην ἐποίησεν...ἡ δ᾽ ἀπειρία τύχην, Meta.981a4-5，也见《高尔吉亚》448c，462b-c）。不过，面对复杂的经验，修辞术则以系统和化繁为简的"方法"来处理这门技艺，他从经验出发，但也在理论上超越了它。

为了建构修辞术一般理论，他着眼于考察"说服法"（πίστις 或 τὸ πιθανόν），与之有关的研究问题有：

（1）演说的类型都有哪些？（知识 I）这是将种种演说一般化，从而探明各种演说的功能与本性。

（2）就内容而言（知识 III），各种演说相关的具体事实归属于哪些"种类"的主题？换言之，要将纷繁的演说话题总结为与若干学科和领域有关的"类话题"。由于修辞术是跨学科的，因此不同领域有着各异的说服方式。如果像智者那样不能充分认识这一领域的知识，那么所产生的说服，即使有效，也是不科学和不正当的。

（3）就内部逻辑形式而言（知识 I 和知识 II），事实中存在着什么样的客观"逻辑"，演说者如何利用其来进行主观的逻辑推导？亚里士多德相信最充分的说服来自逻辑证明（Rhet.1355a5-6）。由于逻辑体系的一般性达到了最高的程度，因此种种复杂的说服，其形式性都可以被囊括。亚里士多德《前分析篇》中总结的三段论"格式"都适用于修辞术的推论：修辞演绎

---

① 希腊文为，καὶ δοκεῖ σχεδὸν ἐπιστήμη καὶ τέχνη ὅμοιον εἶναι καὶ ἐμπειρία, ἀποβαίνει δ᾽ ἐπιστήμη καὶ τέχνη διὰ τῆς ἐμπειρίας τοῖς ἀνθρώποις。

和例证。（2）和（3）是修辞术技艺性的充分条件。

（4）除了这种"讲事实，摆道理"的理性方法之外，有可能促成说服的非理性手段有哪些？（知识 I）它们是否正当可用？亚里士多德为了充分研究"说服"活动及其影响，他还论述了（a）如情感和品性这样的在一定程度上可取的手段（Rhet.II.1-17），也剖析了（b）智术和诡辩术之类的不可取的虚假逻辑方式（Rhet.II.24）。（c）另外，在 Rhet.III，他将"措辞"与"布局"这两种与语言形式本身有关的因素也考虑进来。这两个部分都与内容和逻辑形式无关，是研究表达方式，但也会通过取悦听众而具有说服力，比如利用审美愉悦和语言的"可视化"。（d）最后，还有一些并非来自话语和演说者的工具，如法律、证词、刑讯等等。当（a）和（c）遵循事实和理性时，它们是修辞术技艺性的必要条件。而（d）可以作为修辞术的技艺外手段。

只要围绕着事实和逻辑，其他非理性和事实之外的因素也都可以使用，如带动听众的情感，演说者用自己的品性感染听者等。当修辞术考察说服的机制时，就会考察相关的事实和事实之外的因素，研究说服时涉及的理性和感性活动，还有信念的产生和传播，实践中运用话语进行决策的方式（产生知识 IV），这样，修辞术就具备了知识、技艺和实践智慧的功能。

对于这样一种全面的、立足于"知识"的"元－修辞术"，墨菲较为贴切地将之视为"认识论"（epistemology）的对应。他指出，这种修辞术"研究一个修辞家为了开始成为修辞家而需要知道的内容。这样，它考察修辞家将他或她的整个行动所立足的种种陈述出的或隐含的第一原则"；"元－修辞术不是修辞术本身，而是先于修辞术的知识和技巧的集合"。对于某些修辞家来说，对元－修辞术的研究"似乎就是努力让《修辞术》一书更'有哲学性'，由此更少'修辞性'"。他甚至认为了解《修辞术》，就要全面研究亚里士多德的哲学论著：从《形而上学》《物理学》《论灵魂》《政治学》到《诗学》，以及《工具论》和伦理学作品。[①]

在元－修辞术的统摄下，亚里士多德似乎在"时间"上也让演说技艺达到了普全性。在 Rhet.I.3，他划分了当时存在的三种分别对应三种演说的修辞术：议政修辞术、诉讼修辞术和展现式修辞术。它们分别处理"将来之事"（待制订的政策）、"过去之事"（已发生的案情）和"现在之事"（现今存在的事迹）。如果充分了解这三种修辞术有关的知识，那么哲学修辞家就可以超越时间的流变。

在这里，亚里士多德必定联想到了高尔吉亚在《海伦颂》11 中的主张：由于"回忆过去、考察现在和预测将来"（οὔτε μνησθῆναι τὸ παροιχόμενον οὔτε σκέψασθαι τὸ παρὸν οὔτε μαντεύσασθαι τὸ μέλλον）不是那么容易，所以人们难以摆脱可能和不稳定的"意见"。所以，人们应该像伊索克拉底那样，搜集具体的事情，针对当下做出判断，而不去从一般性上进行理论概括。而这样产生的"说服"，在事实性上是中立的。由此，"语言"就是万能的，只要它仅仅产生说服效果。与之相反，亚里士多德则试图让"语言"覆盖一切时间中的事情，同时他坚信，纯然理性的哲学家会充分认清过去、现在和未来的"事实"。只有这样，才会真正让人们信服，而哲学家也是唯一可信的。

---

① Murphy（2002:214,224），他的意见更强，认为知识 III 中还涉及了理论知识。

当元-修辞术成为"对修辞的哲学性考察"时，亚里士多德就首次在哲学史上极富洞见地建构了一种"修辞哲学"，它具有逻辑性、政治性、社会性、心理性、审美性甚至具有存在论方面的意义。[①] 恰如格里马尔蒂所言，"在他的《修辞术》中，亚里士多德将智者们和伊索克拉底的任务发展为了对话语基本原则的分析，这促成了一件柏拉图关心的事情：修辞术和哲学的统一。他研究出一种话语理论，却远非涉及公共宣传活动或者相关语言作品的简单技术。……当人际交谈时，话语则有其用处，一种联合理性和情感的对语词媒介的使用，以某种方式存在于话语中心。"[②]

第一，逻辑性是哲学家所强调的，亚里士多德本身也是逻辑学的奠基者。他将修辞术确立为一种日常的、公共的逻辑。这样的逻辑在议政演说中是对将来情况的实践推理，它不同于一般的形式逻辑。

第二，政治性和社会性源自于希腊的民主制环境以及重视语言交流的文化语境。修辞术本身是社交性的话语技艺，而不是今日理解的、封闭的、仅仅研究修饰效果和风格的语言学亚类。就政治性来讲，如前所述，修辞术从属于政治学，那么在亚里士多德的哲学科学体系中，我们可以确定修辞术的位置：[③]

---

① 对修辞术的哲学研究不同于修辞术的哲学。前者是以哲学方式分析修辞和说服；后者是通过这一分析揭示出修辞术自身具有的哲学问题。

② Grimaldi（1998:27）。

③ 表格参考 Miller（1995:6-7,13），但有所调整和补充。米勒正确地认为亚里士多德的政治学比现代的政治科学范围要广，伦理学属于政治学。我们补充了"公共道德和心理的科学"，这对应展现式修辞术以及 Rhet.II.2-11 对情感的考察，这部分其实类似今日的伦理学和社会心理学。对情感的考察并未详尽地呈现在《论灵魂》中，而是被放入与社会政治有关的《修辞术》。

| （1）逻辑学：科学工具和预备条件 | | |
|---|---|---|
| （2）思辨科学 | 神学（形而上学） | 数学 | 自然哲学（物理学等） |

| | | | |
|---|---|---|---|
| **（3）实践科学** | | （A）个体的实践智慧 | |
| | | （B）家政学（经济学） | |
| | （C）政治学（伦理学） | （C.1）立法学 | |
| | | （C.2）特殊政治学 | 商议科学 |
| | | | 庭审科学（司法学） |
| | | | 公共道德和心理的科学 |
| **（4）创制科学** | 摹仿技艺（诗学） | 实用技艺 | |

首先，修辞术属于其中的特殊政治学，它负责政治商议、法律诉讼和公共道德宣传。如果这三种活动依然伴随人类，那么政治修辞术也会持续存在下去。其次，修辞术也属于创制科学，它包含了一些摹仿技艺的手段，也属于实用技艺。

就修辞术作为庭审科学来看，它要么受到立法学（哲学辩证术）的控制。如 Rhet.I.1.7.1354a31-34 所言："正确设立的诸法，最适合尽可能地界定每件事情：尽量把最少的事情留给裁决者们。"① 这是因为，在民主制下，不具有政治专业知识的裁决者或审判官很容易受情感等非理性因素的感染："当前的好恶和个人的利益往往会混在里面，以致［裁决者］全不能充分审视（θεωϱεῖν）真相，而因个人的悲喜使裁决不明。"（Rhet.I.1.7.1354b8-11）② 因

---

① 希腊文为，μάλιστα μὲν οὖν προσήκει τοὺς ὀϱθῶς κειμένους νόμους, ὅσα ἐνδέχεται, πάντα διοϱίζειν αὐτούς, καὶ ὅτι ἐλάχιστα καταλείπειν ἐπὶ τοῖς κϱίνουσι.

② 希腊文为，πϱὸς οὓς καὶ τὸ φιλεῖν ἤδη καὶ τὸ μισεῖν καὶ τὸ ἴδιον συμφέϱον συνήϱτηται πολλάκις, ὥστε μηκέτι δύνασθαι θεωϱεῖν ἱκανῶς τὸ ἀληθές, ἀλλ᾽ ἐπισκοτεῖν τῇ κϱίσει τὸ ἴδιον ἡδὺ ἢ λυπηϱόν.

而，亚里士多德的修辞术以立法学为圭臬。而在最理想的状态下，立法者和司法者或许都应该由哲学家来担任。

当修辞术具有社会性和政治性而隶属于政治学时，它恰恰也可归入亚里士多德规划的、独特的"关乎人事的哲学"（ἡ περὶ τὰ ἀνθρώπεια φιλοσοφία，EN 1181b15）。较之智者的修辞术，一方面，它不会沦为"精通于跟人打交道"①（《高尔吉亚》463a）的伎俩，另一方面，它会真正地和正当地去处理并实现"人事中的最大者和最好者"（《高尔吉亚》451d）。

第三，心理性和审美性则来自于智者的修辞术和诗人的艺术。他们最早总结了种种通过情感和感性快乐、以非理性方式打动听众的手段。这些手段未必指向真实，但都具有吸引人的魔力。亚里士多德也希望哲学家的修辞术能够借助这样的方法，尽管事实与逻辑还是核心。

最终，我们还可以认为，元－修辞术似乎将语言放置到了存在论或本体论的层次。正因此，海德格尔在他的《亚里士多德哲学的基本概念》中会格外看重《修辞术》，在他看来，《修辞术》很早就关注到了他极为重视的语言与存在的先天关系。②如果说，亚里士多德的形而上学是借助逻辑学提供的普遍工具来探究普遍的"存在／是"，那么可以认为，亚里士多德的修辞术则是借助形而上学给出的理论与逻辑学的形式来研究普遍的公共话语，研究这样的话语所产生的"说服""相信""意见或信念"及其所涉及的内容。这样的一般性修辞术，必定会超越时代，因为它关注

---

① 希腊文为 δεινὸς προσομιλεῖν τοῖς ἀνθρώποις。δεινή 联系了 δεινότης（精明），这区别于实践智慧，但等同于《互换辞》182 的 φρονιμωτέρας。

② Heidegger（2002:197）；也见本书第二章。

到了与人类自身似乎永恒相关的一般语言活动。而这样的元－修辞术也并未失去实践的功能，尽管它源自于古希腊的演说文化，[①]在理性的控制下，它不会成为将真假善恶、正义和不正义相对化的权力工具，而是作为永久的指向事实的科学性技艺。

到此，作为总结，我们还可以建立一个比例关系：

$$\frac{\text{思辨政治哲学}}{\text{意见哲学}} = \frac{\text{哲学政治家}}{\text{民主政治家}} = \frac{\text{元－修辞术}}{\text{智者修辞术}}$$

分子是从事政治的哲学家及其"研究政治的理论科学"和"政治实践的科学"。元－修辞术成为了一种实践哲学，当然，它本身也具有理论性。而意见哲学是伊索克拉底等智者的理论科学，它仅仅是意见的汇集和经验的积累。"民主政治家"包含了从事政治的政治家（如伯利克里）和演说家（如德谟斯蒂尼），他们的理论思想与智者的修辞学说有着密切联系。这样的政治家都使用智者式的修辞术。这样的修辞术具有强大的政治功能，尽管被苏格拉底批评为"奉承术"。

---

① 如亚里士多德的三种说服法 λόγος、ἦθος 和 πάθος 一直沿用至今。

# 第三章

# 《修辞术》的方法论：说服法（πίστις）问题

在《修辞术》中，πίστις 是核心概念。该词的含义较为复杂，在《修辞术》中有着不同的用法，因而对文本解释造成了一定问题。本章试图辨析和梳理该词的意涵，廓清这一概念在《修辞术》中存在的矛盾，并揭示其中蕴含的哲学意义。本章第二节会引述几种代表性地处理矛盾的方案，并给出我们认为合理的解释。通过本章，《修辞术》的"说服法"系统就可以呈现出来。

## 第一节　πίστις 概念的多重含义及其矛盾

按照《希英大辞典》（以下简称 LSJ）的解释，πίστις 的主要含义有：（1）A.I.1，主观上对他人或事情的信任、确信、相信和信服，也引申为信仰，如希腊人常用的短语 πίστιν ἔχειν，意为相信。（2）A.I.2.a，主体自身的诚信、信誉和值得信任，这一点也联系了 A.I.3.a 和 b，商业上的信誉。（3）A.I.2.b，客观事情的可信性。（4）A.II.2.1，主动的担保、保证和取信行为。

（5）A.II.2.2，说服手段，论证（argument），证明（proof）。①

其中，（5）与《修辞术》有着直接的联系。LSJ 引述的最早的用例来自德谟克利特《残篇》125，表示说服手段，λαβοῦσα τὰς πίστεις。在演说家那里，如安提丰、伊索克拉底都使用过，指演说中的证明，如伊索克拉底《致尼可克勒斯》8，ταῖς γὰρ πίστεσιν αἷς τοὺς ἄλλους λέγοντες πείθομεν，这里比较明确地将 πίστις 作为了修辞中的说服法。也见《斐多》70b，παραμυθίας δεῖται καὶ πίστεως。LSJ 认为，在亚里士多德那里，它相反于 ἀπόδειξις（demonstrative proof），这指的是如 An.po.73a24 所说的严格的演绎证明。但它仍然具有逻辑性，如 An.po.90b14 提到了归纳的 πίστις（ἐκ τῆς ἐπαγωγῆς），在 Top.103b7，它也指三段论或推论的证明（διὰ συλλογισμοῦ）。Rhet.1355a4-5，πίστις 就是一种 ἀπόδειξις。

拉普总结了 πίστις（德文译为 Überzeugung）在亚里士多德作品中的用法。它可以表示（1）说服这个结果，可以来自既存的意见、被相信为真的推论，或来自另一方所进行的说服过程；（2）说服过程本身或过程的意图基础；（3）说服过程中使用的说服手段（Überzeugungsmittel）；（4）内在具有说服力的论证（An.pr.II.24.69a4 f.）。在 An.pr.II.23.68b12-14，他认为每种 πίστις 要么是基于归纳，要么是基于推论（三段论）。在

---

① 这个词还联系了动词 πείθειν（说服）和名词 πειθώ（说服）。古希腊人对说服极为重视，这归因于他们对语言和演说（政治与诉讼）的崇拜，为此，他们还塑造了一位人格化的说服女神裴拓（Πειθώ），见赫西俄德《劳作与时日》73。另有同源动词 πιστεύειν，表示信服和相信。对说服的看重也与希腊人频繁的商业往来有关。《修辞术》也频繁使用同源形容词 πιθανός，表示可信的，有说服力的，其中性形式作为名词可以像 πίστις 一样表示说服手段。

De an.Ⅲ.3.428a18-24，作为认识论上的概念，它可以表示信念，区别于意见（δόξα），但后者又暗含了 πίστις。πίστις 也暗含了理性，它之所以区别于意见是因为，πίστις "随着产生可信的过程或与自我信服相联系"，它看起来是"一种本质上合乎理性的行为"。它首先表示说服法（Überzeugungsweisen 或 Überzeugungsmethoden）：情感（πάθος）、品性（ἦθος）和论理（λόγος）说服法。① 其中第三种说服法就是一种修辞式的证明，或通过归纳（修辞式例证），或通过推论（修辞演绎）。②

除了 LSJ 和拉普所说的意思之外，Rhet.Ⅲ.17 还有一个 πίστις，它指演说布局中的"证实"环节。在这部分，演说者要进行事实与逻辑证明。③

可以推断，在《修辞术》中，亚里士多德其实恰恰要确立作为证明的 πίστις 的地位。这样的 πίστις 就是他所看重的标准的说服手段。只有这样才能让被说服者产生作为信念的 πίστις，或者接受可信的意见。πίστις 与证明的关系让修辞术在一定程度上也成为了"逻辑学"的一部分。古亚美尼亚的新柏拉图主义者无敌大卫代表性地总结了作为"属"的推论（三段论）的五个"种"，其中修辞术排列在第三位：

再有，应该知道，有五种推论：证明性的、辩证术的、修辞术的、智术的和诗术的——也就是神话性的。由于下面

---

① 这里的顺序来自 Rhet.1403b11-13。三种说服法的顺序，亚里士多德有不同的提法，而《修辞术》的论述顺序为，论理（λόγος）、情感（πάθος）和品性（ἦθος）。
② 这一段所引观点见 Rapp（2005e:463-465）。
③ Rhet.1375a10，πίστις 还表示商业交易的承诺和担保，该含义与修辞术本身无关，本章不作考察。

原因，它们是［这样的］五种：或是［前提］完全为真，是为证明性的，或是它们完全为假，此为诗术的；其余的，有些真，有些假。如果真假彼此持平，是为修辞术的，而且只在修辞术中，才有所谓的可争论和不可争论论题——通过它们，诸修辞术推论形成；但是凡真比假多，是为辩证术推论；凡假比真多，是为智术的。[①]

我们可以总结为下表：

| 推论所属技艺 | 领域 | 前提真假 | 所处理的对象的性质 | 前提的来源 | 等级 |
|---|---|---|---|---|---|
| 证明性 | 科学 | 完全真 | 普遍一般，高于原因 | 思想 | 最高 |
| 辩证术 | 对谈 | 真多于假 | 普遍一般，针对原因 | 意见 | 次高 |
| 修辞术 | 演说 | 真假对等[②] | 普遍一般，对原因无知 | 意见 | 中 |
| 智术 | 诡辩 | 真少于假 | 特殊具体 | 感觉和想象 | 低 |
| 诗术 | 戏剧 | 完全假 | 特殊具体 | 感觉和想象 | 最低 |

　　显然修辞术的核心就是推论（以及归纳或例证），无论其处理的意见内容是真是假，其逻辑性使得修辞术成为了一门具有科学

---

① Topchyan（2010:34），古亚美尼亚文为，Եւ պատոն է զիտել, եթէ հինգ են տեսակք հաւաքմանց՝ ապացուցականան, տրամաբանական, ճարտասանական, իմաստական, քերթողական, որ և առասպելյուտն: Բայց հինգ են վասն այսր պատճառի. կամ ամենհին ճշմարտեն, և լինի ապացուցականան, կամ ամենհին ստեն, և լինի քերթողականն. և կամ է ինչ որ ճշմարիտ, և է ինչ որ սուտ: Եւ թէ հաւասարք են միմեանցճշմարիտն և սուտն, լինի ճարտասանականն. և ճարտասանականումն միայնում ասին զոլ կացմունը և վէճՕ և անվէՕք՝ առ ի նոցանէ միայն եղունակելիք: Իսկ եթէ առաւել է ճշմարիտն քան զսուտն՝ լինի տրամաբանականն, իսկ եթէ առաւել է սուտն քան գճշմարիտն՝ լինի իմաստականն. 也见阿尔法拉比的相同划分，Langhade & Grignaschi（1971:54-55）。

② 这一点来自 Rhet.1359b11-12，修辞术一部分同于辩证术，一部分同于智术，因此真假各半。

性的形式技艺。那么按此，在《修辞术》中，πίστις 也应该仅仅作为逻辑手段才是，然而，亚里士多德却颇为蹊跷地将一些非证明的手段也纳入了 πίστις。这给学者们在理解上造成了极大的困扰。

## 第二节 《修辞术》对 πίστις 的使用与规定

在 Rhet.I.1 中，πίστις 概念首先被使用，亚里士多德做了一系列的规定。这一章的语境是，针对过去和当时的修辞家的演说伎俩展开批判，为下一章对修辞术的重构做准备。我们下面首先看一下亚里士多德在 Rhet.I.1 中对 πίστις 的各种描述和处理，这些内容与 Rhet.I.2 对 πίστις 的界定构成了难解的"矛盾"。我们配合文本进行详细的解说，最终会给出学者们提出的较为合理的解决方式。

| Rhet.I.1 中 πίστις 的使用情况 | | |
|---|---|---|
| 位置 | 文本 | 解说 |
| 1354a13 | αἱ γὰρ **πίστεις** ἔντεχνόν εἰσι μόνον, τὰ δ᾽ ἄλλα προσθῆκαι. | **主张 1**：只有 πίστις 是技艺内的，其余部分是附加的。 |
| 1354a15 | οἱ δὲ περὶ μὲν ἐνθυμημάτων οὐδὲν λέγουσιν, ὅπερ ἐστὶ σῶμα τῆς **πίστεως**, περὶ δὲ τῶν ἔξω τοῦ πράγματος τὰ πλεῖστα πραγματεύονται, περὶ δὲ τῶν ἔξω τοῦ πράγματος τὰ πλεῖστα πραγματεύονται· διαβολὴ γὰρ καὶ ἔλεος καὶ ὀργὴ καὶ τὰ τοιαῦτα πάθη τῆς ψυχῆς οὐ περὶ τοῦ πράγματός ἐστιν, ἀλλὰ πρὸς τὸν δικαστήν. | **主张 2**：修辞演绎是 πίστις 的身体。<br>**主张 3**：修辞演绎之外的部分比如煽情手段，并不关涉主题事实。亚里士多德批评了之前或当时编写修辞手册的人，说他们都不关注修辞演绎和主题事实。由于主张 1—3 是紧密衔接的，故而可以推出几点结论：<br>**结论 1**：修辞演绎是技艺内的。<br>**结论 2**：修辞演绎用于主题事实。<br>**结论 3**：修辞演绎和主题事实之外的内容不属于亚里士多德式的修辞术。 |

| 位置 | 文本 | 解说 |
|---|---|---|
| 1354b21 | περὶ δὲ τῶν ἐντέχνων **πίστεων** οὐδὲν δεικνύουσιν, τοῦτο δ᾽ ἐστὶν ὅθεν ἄν τις γένοιτο ἐνθυμηματικός. | **主张 4**：当时的修辞家并不阐明技艺内的 πίστις，不关心如何精于修辞演绎。<br>亚里士多德继续强调 πίστις 与修辞演绎的关系。 |
| 1355a4-5 | ἐπεὶ δὲ φανερόν ἐστιν ὅτι ἡ μὲν ἔντεχνος μέθοδος περὶ τὰς **πίστεις** ἐστίν, ἡ δὲ **πίστις** ἀπόδειξίς τις (τότε γὰρ πιστεύομεν μάλιστα ὅταν ἀποδεδεῖχθαι ὑπολάβωμεν), ἔστι δ᾽ ἀπόδειξις ῥητορικὴ ἐνθύμημα. | **主张 5**：技艺内的方法关涉 πίστις。<br>**主张 6**：πίστις 是一种证明。<br>亚里士多德指出，人们往往相信证明出来的结果。<br>**主张 7**：修辞术的证明是修辞演绎。<br>通过上述主张可以得出：<br>**结论 4**：修辞演绎就是 πίστις。 |
| 1355a7 | [καὶ ἔστι τοῦτο ὡς εἰπεῖν ἁπλῶς κυριώτατον τῶν **πίστεων**, τὸ δ᾽ ἐνθύμημα συλλογισμός τις].[1] | 这一句如果出自亚里士多德，那么看起来会与主张 2 形成矛盾[2]。因为主张 2 认为修辞演绎就是 πίστις 的身体，相当于将两者分离，这里却又使用了复数的 πίστις，将修辞演绎作为一种 πίστις。 |
| 1355a27 | ἀνάγκη διὰ τῶν κοινῶν ποιεῖσθαι τὰς **πίστεις** καὶ τοὺς λόγους. | **主张 8**：必须针对普遍意见来构建 πίστις 和论证。<br>这里显然认为 πίστις 就是逻辑论证。 |

---

① Kassel（1976）加上了方框，认定这句是他人所补。但有些学者如格里马尔蒂认为这是亚里士多德原文。

② Grimaldi（1980:351）指出了这个矛盾，但这其实很好理解：修辞演绎是 πίστις 的身体，其实就是将之作为 πίστις，并没有让两者分离。此外，他认为复数的 πίστις 包含了例证，这是对的。

| Rhet.Ⅱ.2 中 πίστις 的使用情况 | | |
|---|---|---|
| 1355b35 | τῶν δὲ **πίστεων** αἱ μὲν ἄτεχνοί εἰσιν αἱ δ᾽ ἔντεχνοι. | **主张 9**：πίστις 有技艺内，也有技艺外。<br>这里的技艺外指并非由演说者通过演说来提供的，而是预先存在的，这样的 πίστις 见 Rhet.I.15。<br>这里明显不同于主张 1、主张 5 和主张 6。<br>技艺内 πίστις 是通过方法由演说者提供。目前来看，这样的 πίστις 合乎主张 1。 |
| 1356a2 | τῶν δὲ διὰ τοῦ λόγου ποριζομένων **πίστεων** τρία εἴδη ἐστίν: αἱ μὲν γάρ εἰσιν ἐν τῷ ἤθει τοῦ λέγοντος, αἱ δὲ ἐν τῷ τὸν ἀκροατὴν διαθεῖναί πως, αἱ δὲ ἐν αὐτῷ τῷ λόγῳ διὰ τοῦ δεικνύναι ἢ φαίνεσθαι δεικνύναι. | **主张 10**：技艺内说服法有三种：情感、品性和论理。<br>这里有两个 λόγος，第一个表示演说话语，这是为了区别于技艺外 πίστις；第二个是逻辑论证。<br>这一主张明显违背了主张 3，非逻辑的手段也列入了 πίστις。 |
| 1356a13 | ἀλλὰ σχεδὸν ὡς εἰπεῖν κυριωτάτην ἔχει **πίστιν** τὸ ἦθος. | **主张 11**：品性有最具威力的说服力。<br>这里也明确认为非逻辑的手段能够说服。不过，这一点恰恰是当时的修辞家所忽视的。 |
| 1356a21 | ἐπεὶ δ᾽ αἱ **πίστεις** διὰ τούτων εἰσί, φανερὸν ὅτι ταύτας ἐστὶ λαβεῖν τοῦ συλλογίσασθαι δυναμένου καὶ τοῦ θεωρῆσαι περὶ τὰ ἤθη καὶ περὶ τὰς ἀρετὰς καὶ τρίτον τοῦ περὶ τὰ πάθη, τί τε ἕκαστόν ἐστιν τῶν παθῶν καὶ ποῖόν τι, καὶ ἐκ τίνων ἐγγίνεται καὶ πῶς. | **主张 12**：掌握 πίστις 包含了三个方面，逻辑推论；审视品性和德性；审视情感。<br>这里明显违背了主张 3，亚里士多德认为修辞术包含了对这三部分的研究，但是情感和品性恰恰与证明无关。 |
| 1356b5 | πάντες δὲ τὰς **πίστεις** ποιοῦνται διὰ τοῦ δεικνύναι ἢ παραδείγματα λέγοντες ἢ ἐνθυμήματα, καὶ παρὰ ταῦτα οὐδέν. | **主张 13**：πίστις 只是证明，或是例证，或是修辞演绎。<br>这里又回到了主张 6，Rhet.I.2 内部似乎出现了 "矛盾"。 |

续表

| Rhet.Ⅰ.2 中 πίστις 的使用情况 | | |
|---|---|---|
| 1358a1 | ἐξ ὧν μὲν οὖν λέγονται αἱ δοκοῦσαι εἶναι **πίστεις** ἀποδεικτικαί, εἴρηται. | 这里总结了之前谈论修辞演绎和例证的内容，但对 πίστις 附加了限定 "证明性的"。这似乎表明了 πίστις 不只是证明，从而与主张 13 略显 "矛盾"。 |

由上述可以看出，Rhet.I.1 与 Rhet.I.2 在 πίστις 上存在着颇为严重的断裂。一方面，技艺内的 πίστις 完全与逻辑证明相关，它是说服的本质手段，但另一方面，情感与品性的 πίστις 也被纳入修辞术的技艺内 πίστις 之中，而尤其是煽情的做法，恰恰在《修辞术》开场就遭到了亚里士多德的激烈批评。由此，这一断裂甚至让 Rhet.I.1 与 Rhet. 余下的部分几乎难以衔接，尤其是 Rhet.II.1-17 着重讨论了情感与品性。

那么，如果放弃解释这个断裂，《修辞术》就出现了明显的不自洽。最简单的做法当然是接受这样的不自洽，将之归因于：（1）时间发展，即 Rhet.I.2 是 Rhet.I.1 的转变和发展，两章的主旨本就有差异，断裂是不同时期的观点造成的。① 这种解释看起来相当于放弃解释。（2）认定 Rhet.I.1 提出的是核心的 πίστις 或理想的 πίστις，则三种技艺内的 πίστις，其实只有 λόγος 才是真正技艺内的，或 "直接的"，而其余两种是 "间接的" "附属的" 和 "从属的"。② 这样的做法也是承认了断裂，只不过不是 "时间" 上

---

① Rapp（2002:II,113-116）。

② 这里引述的是 "核心说"，见 Cope（1877:28-29），他认为三种 πίστις 其实是 πίστις、πάθος 和 ἦθος，这里的 πίστις 就是逻辑推理或论证。"理想说" 的主张者见 Rapp（2002:II,116-117）。他们认为《修辞术》以证明性的 πίστις 为理想，但所论及的手段还包括情感与品性的 πίστις。

的，而是立场上的。换言之，虽然 Rhet.1356a2 将 πάθος 和 ἠθος 作为修辞技艺组成，但这仅仅说明亚里士多德在"技艺"的标准上降低了或回归了现实。不少学者采取了这两种方法，但由于存在着另外两种路向，那么，断裂其实极有可能是不存在的。

如果想要消除或否定断裂，那么可以认为这两章的 πίστις 的含义不同，亚里士多德是在谈论功能有别的 πίστις，这方面有两种可取或在一定程度上可取的思路：（3）简易方案，仅仅认为 πίστις 所指不同，但不做进一步的"体系性的统一"，这样的处理相当于接受了 Rhet.I.2 和 Rhet.I.1 的主旨有别，却没有承认"断裂"。因为可以证明这两章合理地形成了连续。（4）复杂方案，两章的 πίστις 所指不同，但在"哲学"上可以以"统一"为融贯的体系。（5）连续方案，Rhet.I.1 的 πίστις 与后面部分没有什么不同。格里马尔蒂主张（4），[①] 他做出了较为系统的处理。杰米·道[②] 选择（5），这是最新的主张。我们下面可以约略做一概述。之后，我们再讨论（3）的情况。

## 一、格里马尔蒂的形式—质料解释

首先，格里马尔蒂总结了《修辞术》的体系，我们补充了技艺外的 πίστις、措辞和布局三个部分。由于这个体系相对较为完备，下面可以借此同时阐述 πίστις 的本性及其若干组成，尽管格里马尔蒂的解释是有问题的。[③]

---

① Grimaldi（1980:349-356）。

② Dow（2021）。

③ Grimaldi（1980:349-350）。

| 普遍条件（κοινά） | 可能与不可能，过去发生和将来发生，程度大小：所有修辞术的必要前提条件（Rhet.1359a11-13）。 |
|---|---|
| 形式性或证明性的 πίστις：修辞演绎（ἐνθύμημα）例证（παράδειγμα） | 演绎和归纳论证形式。 |
| 质料性的三种技艺内的 πίστις（ἔντεχνοι πίστεις）：πάθος、ἦθος 和 λόγος | 修辞家为自己的演绎和归纳去寻求质料而必须专注的领域：（a）要讨论的主题事务的多方面客观证据，这些证据必须要考察，则作出裁决的人要心智广博；这就是质料的 λόγος，就是主题自身所说或所能说出的内容；（b）多方面的情感、感受，以及演说者和演说受众的品性。这些必须要考察，使得质料要以适合演说受众的方式展现给他们，由此，促使他们在当下做出裁决；这就是听众和演说者的 ἦθος 和 πάθος。 |
| 三种演说或修辞术的诸特殊种类的论位（εἴδη）或诸特殊论位（ἴδιοι τόποι） | 考察修辞术论证手段的特殊关注点，这些为手段提供了特殊的陈述；手段就是三种技艺内 πίστις。 |
| 可能性（εἰκότα），诸标志（σημεία），诸确证（τεκμήρια） | 特殊论位获得的陈述在命题陈述中被表述出来的通常方式。 |
| 普遍论位（κοινοί τόποι） | 为修辞演绎和例证的论证安排质料的一般推导模式。 |
| * 措辞（λέξις）和布局（τάξις） | 演说的"如何说"与演说的结构安排，都属于修辞术本身。① |
| * 五种技艺外的说服法 | 演说之先存在的实体事物和内容：法、证人、契约、刑讯、誓言。 |

　　格里马尔蒂阐述了《修辞术》的目的就是说服听众使之做出裁决或判断（κρίσις）。而判断是某种考量或考虑（deliberation），

---

① 这两者不是 πίστις，换言之，Rhet.I-II 的主题是 πίστις，Rhet.III 这个后补卷论述措辞和布局，但三者都是修辞术技艺内的。不过如后面一章所述，τόπος 是贯穿三卷的。

它既包含理智，也涉及欲望。如果说服要针对听众个体，针对这个人整体来进行，那么，就要对其理智、情感、感受、品性做出全方位的影响。这些"彼此关联，事实上形成了连锁的整体"，亚里士多德将之"一起放入了自己的主要论证模式之下"。①

基于此，他通过 πίστις 重构了修辞术的一整套使用过程：②

（1）通过 κοινά，演说者评估修辞情境：主题是否可能（δυνατόν-ἀδύνατον）；是过去、现在还是将来的（γεγονός-ἐσόμενον）；对于演说参与者是否重要（μέγεθος-μικρότης）。

（2）主题分析：为了促使听众考量，要按照考量过程涉及的方面来分析主题，这些方面就是三种技艺内 πίστις，它们对于听众具有证明效力：

（a）论理的（logical），主题中包含的事实证明；

（b）品性的（ethical），演说参与者的品性以及他们作为个人对主题的反应；

（c）情感的（emotional），演说参与者身上存在的对主题的情感共鸣。

（3）对上述三个方面的 εἴδη 进行分析：这些特殊论位（ἴδιοι τόποι）为三种 πίστις 提供了质料，这些质料就是一系列的命题陈述（Rhet.1358a31）。

（4）五种技艺外的 πίστις 也提供了论证的质料。

（5）命题陈述采取了可能性、诸标志和诸确证的形式。这些

---

① Grimaldi（1980:350）。

② Grimaldi（1980:352,354-356）。他的观点在古代阐释者那里有相应的支持，按其引述，在哈利卡尔那索斯的狄俄尼修斯那里，三种技艺内 πίστις 区分为：πρᾶγμα、ἦθος 和 πάθος；小米努基阿努斯（Minucianus the Younger）区分为：αἱ ἠθικαί、αἱ παθητικαί、αἱ λογικαί καὶ αἱ αὐταὶ πραγματικαί。

为修辞演绎和例证提供了基础。

（6）普遍论位：（a）前件—后件，原因—结果；（b）更多—更少；（c）关系。证明性的 πίστις 使用普遍论位来组织技艺内的 πίστις，使之成为论证。

格里马尔蒂使用了亚里士多德的"质料—形式"的模式。将 Rhet. 1354a13（Rhet.1355a4）和 Rhet.1355b35（Rhet.1356a2）的"技艺内的 πίστις"统一了起来。由此，他区分了 Rhet. 中的 πίστις 的三个含义：[1]

（1）合理陈述产生的信服或相信的心态。

（2）组织材料使之成为一种逻辑陈述形式的技术方法：修辞演绎和例证。

（3）证据性材料，它们对于主题有特殊的证明性：技艺内 πίστις 和技艺外 πίστις。这些特殊论位见于 Rhet.I.4-Rhet.II.17。

显然，Rhet.I 中作为证明的 πίστις 是修辞演绎和例证，它们是"形式"；而 Rhet.II 中的技艺内 πίστις 则是"质料"。那么，Rhet.II.1358a1 的"证明性 πίστις"（πίστεις ἀποδεικτικαί）也是在联系 Rhet.I 的 πίστις。格里马尔蒂的做法有一个值得注意的优点就是，他较为完备地将《修辞术》中出现的各种与修辞术有关的概念通过 πίστις 串联了起来。无论他的处理是否完善，都为学者们理解《修辞术》的术语体系提供了方便的思路。

不过，他的缺点也相当明显。首先，三种 πίστις 是"说服法"或"说服手段"，而不是格里马尔蒂理解的"质料"的集合，它们本身就用来产生说服效果。

---

[1] Grimaldi（1980:19-20,37-38）和 Grimaldi（1998:69-78）。

其次，修辞演绎很难作为普遍形式组织三种说服法的质料。在 Rhet.III.17.1418a12-17，亚里士多德明确建议，"当你要造情时，勿说修辞演绎，因为它会驱散情感，或者，修辞演绎就白说了。因为同时的作用会驱散彼此，或者消除［彼此］，或者使［彼此］削弱。当演说能表现品性时，不应同时寻求某个修辞演绎，因为证明没有品性，没有意图"。显然，如果说修辞演绎处理这两种 πίστις 的材料，那也就是让修辞演绎与它们同时使用，但从文本看来，效果当然是欠佳的。

更重要的是，关于作为 πίστις 的 λόγος，他的看法与文本出现了矛盾。一方面，他认为这种 πίστις 仅仅提供主题的质料，而逻辑形式由修辞演绎和例证这两种"普遍论位"来负责，所以，λόγος 仅仅提供"与主题事实有关的证明性的质料"；但是，另一方面，既然 Rhet.I.2.1356a4 明确指出，λόγος 通过"证明或看似证明"（αἱ δὲ ἐν αὐτῷ τῷ λόγῳ διὰ τοῦ δεικνύναι ἢ φαίνεσθαι δεικνύναι），那么他也承认，这种 πίστις 指"表达主题逻辑一致性的话语或语言"，他还用论理的（logical）πίστις 来指称它。为了解决这个矛盾，他试图削弱 λόγος 与"证明"的关系，他又认为，λόγος 只是"对事情的'解释、定义'"，也即"对主题事实的解释，这样的解释与 πάθος 和 ἦθος 一样，必须由语言来给出"。通过这种 πίστις，"语言用来为听者的心灵说明主题事实的逻辑结构，以至于听者的心灵能够把握到内在的一致性和意义"。他最终给出的译法是"logical explanation、reason、rational analogue"，它们表示"按照心灵把握主题的方式对主题的陈述"。①

这样的理解肯定是有问题的。Rhet.I.2.1356a19-20 明确描述了 λόγος，"借助论理，人们会信服，当我们从每件事情上有说服力的地方出发，证明了真或看似的真"②。无论如何，亚里士多德都认为这种 πίστις 是逻辑证明，他都从未说过它是"质料"。而 δεικνύναι 和 δείξωμεν，显然都是逻辑证明的意思，因为关涉了真假——Rhet.1356b5 更加表明了这一点。

另一个有力的反驳证据是 Rhet.III.13.1414a30-36，"演说辞有两个部分：必须陈述［演说］相关的事实，接着证明它。由此，［演说者］陈述但不证明，或证明但不预先陈述都是不可能的，因为［演说者］在证明时证明某事，而在预先陈述时为了证明而预先陈述。这些之中，一是陈词，二是证实，恰如，某人也许会区分问题和证明"③。这段话里，通过讨论"布局"，亚里士多德几乎总结了修辞术的结构。事实属于质料方面，由演说的陈词部分来进行；而证明属于形式方面，由"证实"（另一个重要的 πίστις，见下）部分完成。重要的是，这里确定了"证实"部分具有逻辑性，因为亚里士多德类比了辩证术的"问题"和"证明"。Top.101b16 指出"问题，即推论所相关的内容"（περὶ ὧν

---

① 以上见 Grimaldi（1980:39-40）。

② 希腊文为，περὶ μὲν οὖν τούτων δηλωθήσεται καθ᾽ ἕκαστον, ὅταν περὶ τῶν παθῶν λέγωμεν, διὰ δὲ τοῦ λόγου πιστεύουσιν, ὅταν ἀληθὲς ἢ φαινόμενον δείξωμεν ἐκ τῶν περὶ ἕκαστα πιθανῶν.

③ 希腊文为，περὶ μὲν οὖν τῆς λέξεως εἴρηται, καὶ κοινῇ περὶ ἁπάντων καὶ ἰδίᾳ περὶ ἑκάστου γένους· λοιπὸν δὲ περὶ τάξεως εἰπεῖν. ἔστι δὲ τοῦ λόγου δύο μέρη· ἀναγκαῖον γὰρ τό τε πρᾶγμα εἰπεῖν περὶ οὗ, καὶ τοῦτ᾽ ἀποδεῖξαι. διὸ εἰπόντα μὴ ἀποδεῖξαι ἢ ἀποδεῖξαι μὴ προειπόντα ἀδύνατον· ὅ τε γὰρ ἀποδεικνύων τι ἀποδείκνυσι, καὶ ὁ προλέγων ἕνεκα τοῦ ἀποδεῖξαι προλέγει.

δὲ οἱ συλλογισμοί, τὰ προβλήματά ἐστι ）。Top.101b29-33 区别了它和 πρότασις （命题或前提），"人的定义，即两足的动物"；"则动物是人的属"，这就是前提；"人的定义是两足的动物还是不是？"，这是问题，问题是询问一个可能命题，以下开始证明；前提是已经证实的命题用于证明。而在修辞术这里，陈词也是一个待证明的可能命题；证实则是运用修辞演绎和例证进行证明的环节。综上可有比例关系，修辞术 / 辩证术＝修辞演绎 / 推论＝例证 / 归纳＝陈词（前提）/ 问题＝证实 / 证明。既然这一证据表明演说分为质料内容与逻辑形式两个部分，而由于Rhet.I.2.1356a19-20 明确认为 λόγος 就是证明，那么，它必定不是质料。

此外，格里马尔蒂所谓的"解释或定义"这样的说法颇为含混。他既想保留逻辑性，又想以质料性为本。如果 λόγος 是解释材料，它得出一系列陈述并且表明"逻辑结构"，那么，它自身必然带有形式性，而不可能仅仅是材料。如果它具有形式性，那么无疑，这来自于修辞演绎和例证。[1] 但是，在他看来，修辞演绎与三种质料性 πίστις 是分离的。总而言之，他之所以陷入这样的含混，原因在于，第一，Rhet.I.2.1356a4 和 1356a19-20 已经明确表明 λόγος 就是逻辑证明。格里马尔蒂必须照顾到这一点。第二，既然 Rhet.I.1 和 Rhet.I.2 的 πίστις 出现了断裂，但Rhet.I.2 又提到了证明性 πίστις，那么从形式与质料上来区分两种 πίστις 似乎就能解释这样的断裂，所以又必须要淡化 λόγος 的证明性和形式性。

---

[1] 相关批评也见 Rapp（2002:II,118-119）。

关于情感与品性说服法是否与事实质料有关这一问题，格里马尔蒂也陷入了含混。既然，λόγος 处理材料，而且近乎 πρᾶγμα，那么这两种说服法自然是"外于事实"，就如 Rhet.1354a15-16 所言。但是，他又认为 πάθος 和 ἦθος 是提供质料的，那么也就是合乎事实的。当然，这一点其实还可以再论证，格里马尔蒂触及到了亚里士多德对传统情感手段的改造。

## 二、普利玛维希的断裂解释

较之格里马尔蒂的系统而又复杂的解释，普利玛维希的处理最为简洁明了。[①]他认为，Rhet.I.1 与 Rhet.I.2 的 πίστις 含义不同，而且不可统一。前者的 πίστις 是前人的传统术语，而后者的才是亚里士多德专有的技术用词。换言之，Rhet.I.1 的 πίστις 等同于 Rhet.III.13.1414a30-36 和 Rhet.III.17 的作为演说部分的"证实"，这部分在演说中负责论证事实。而 Rhet.I.2，亚里士多德才提出自己的 πίστις，这是"说服法"。

也因此，Rhet.I.1.1354a13 的 ἔντεχνόν 和 Rhet.I.2.1355b36 的 ἔντεχνοι 含义不同，前者是强调事实论证这一属于修辞术的技艺核心，它区别于脱离事实的煽情手段，以及靠经验和运气的修辞伎俩；后者则强调修辞技艺是否来自演说和演说者，它区别于法和证人这样的技艺外的 πίστις。

---

① 这个观点来自普利玛维希（Primavesi）的未刊稿，"'Pistis' vor Aristoteles und bei Aristoteles. Zum Verhältnis von Rhet. I, 1, I, 2 und III 13-17"。见 Rapp（2002:II, 37,107-108）和 Rapp（2005e:465）。拉普也采用了这一解释。其更早的版本为普利玛维希的论文："Der Terminus "Pistis" in den Einleitungskapiteln der Aristotelischen Rhetoric，" Lehramt am Gymnasium, Heidelberg, Universität Heidelberg. 1987，见 Dow（2015:37,41-43,234）。

这一解释的理由很充分，因为，在 Rhet.I.1，亚里士多德始终在批判前人和同时代的修辞家，而在 Rhet.I.2，他才给出专属于自己的修辞术的定义。另外，在 Rhet.I.1.1354b16-22，亚里士多德明确谈到了演说布局的若干部分，如引论、叙述等等，这些地方都与演说正题无关，而修辞家们却看重这些，就像看重煽情手法一样。这里对布局的论及，明显暗示了该章的 πίστις 就是作为演说部分的"证实"，它才是正题所在。

可以推断，亚里士多德为了强调传统修辞术的 πίστις 所具有的中心地位，故而将之移用过来，作为构建自己修辞手段的基础。该词在日常用法中虽然与"说服"或"相信"有着密切联系，但亚里士多德用该词更凸显了"说理""论事"所促成的理性的"说服"。

按此，如 Rhet.1354a13 和 Rhet.1354a15 这两处，可以理解为，亚里士多德主张，修辞演绎是"证实"这一部分的"身体"，而在这一部分，修辞家打着"证实"的旗号，却并不从事实和逻辑出发，只顾煽情。

至于 Rhet.I.2.1356b5 和 Rhet.I.2.1358a1 这两处，看起来，亚里士多德认为 πίστις 只是与证明有关，这似乎与 Rhet.I.1 的 πίστις 一致（假设那里指亚里士多德自己的"说服法"），而且还设定了修辞演绎与证明的普遍性。但是可以认为，亚里士多德是在谈论"说服法"而非"证实"，毕竟 Rhet.I.2 已经转向了自己的术语。而且，这个说服法仅仅是 λόγος，并没有涉及情感与品性。这里就可以否定格里马尔蒂的主张：修辞演绎与例证是逻辑形式，通用于三种说服法。事实上，它们仅仅是 λόγος 这一种说服法的"形式"。

如果否定了这个主张，那么，既然逻辑形式不是普遍于三种 πίστις，既然 Rhet.I.1.1354a15 已经表明了煽情手段偏离主题事实，故而，它们并非都提供主题质料，能够做到这一点的只有 λόγος。这样，就可以否定格里马尔蒂的另一个主张：情感说服法（以及品性说服法）也处理主题事实，为了引起听众的共鸣。对于亚里士多德来说，只有 λόγος 说服法才处理主题，而动情方法虽然在内容上可以做到与主题有联系，但并不是在谈论事实的逻辑。这也可以解释，为什么讨论 λόγος 说服法的 Rhet.I.4-14 所给出的论位都合乎三种演说的主题本身，而对应情感与品性说服法的 Rhet.II.2-17 所提供的论位并没有相关三种修辞术。不过，格里马尔蒂的主张并非没有合理之处，我们后面会加以调整。

总之，普利玛维希的理解既简易，又合乎文本，而相对于他的观点，格里马尔蒂的复杂解释虽然体现了《修辞术》的哲学性，却暴露出牵强之处。不过，他的构建努力也有极高的价值，我们最后会重新调整其模式，给出较为合理的结构。

### 三、情感说服法问题以及拉普总结的两个阐释思路

对于 Rhet.I.2 中的"说服法为何包含非理性因素，尤其是情感手段"这一问题，这两位学者的阐释也可以用于拉普所总结的两个路向。①

（1）极简解释。这一解释为，亚里士多德虽然批评修辞家忽视事实，在"证实"部分不靠事实论证而借助煽情，但是，这并非表明，亚里士多德否定情感手段。他只是反对单纯使用这种措

---

① 以下详见 Rapp（2002:II,108-113），拉普似乎更认可第二种解释。

施，并且主张要将之与逻辑论理联合起来使用。

按照普利玛维希的简易理解，既然 Rhet.1354a15 的 πίστις 表示"证实"，那么他并没有说自己的"说服法"以修辞演绎为"身体"而不考虑情感。所以，在 Rhet.1356a2 亚里士多德规定自己的"说服法"时，很自然，他会将情感与品性这两种非论理或逻辑的手法纳入其中，而且事实也是如此。①

（2）严格解释。这一解释的条件要求较高，可以表述为，传统修辞家的煽情手段与亚里士多德的情感说服法有着本质上的不同。这种解释的极端版本为：情感说服法并非"外于事实"（ἔξω τοῦ πράγματος）。也即，既然 Rhet.I.1 批评了传统修辞家的煽情做法偏离事实，那么就表明了亚里士多德的情感手段合乎主题，至少在一定程度上如此。在这一思路中，既可以采取普利玛维希的理解，也可以按照格里马尔蒂的立场，当然他其实更为激进。该解释分如下四步。

（A）第一步：

模式 A：非事实性的方法是必要的，虽然不正当，但不能放弃其特殊效果。Rhet.I.1.7，理想的法律应该杜绝使用非事实性和非逻辑性的方法，但由于现实处境并非如此，故而亚里士多

---

① 野津悌（2000:39-45,53）较早而且有力批评了格里马尔蒂的观点。在拉普的评注之前，他已经独立提出了对 τόπος（也代表 πίστις）的极简划分，情感和品性说服法都不是形成修辞演绎（说得推论）的方法，特殊的和普遍的 τόπος，才会形成修辞演绎：（1）说得推论を形成しえないトポス；（1.1）性格のトポス（話し手の性格に基く説得の原理）；（1.2）感情のトポス（聞き手の感情に基く説得の原理）。（2）説得推論を形成しうるトポス（論証そのものに基く説得の原理）；（2.1）固有のトポス（個々の弁論の種において使用される）；（2.1.1）議会弁論のトポス；（2.1.2）演示的弁論のトポス；（2.1.3）法廷弁論のトポス；（2.2）共通のトポス（3 種の弁論において共通に用いられる）。当然，Sprute（1975:88-89）更早地指出那两种非论理性说服法的功能。

德有所让步。也见 Rhet.III.1.5："但是，由于对修辞术的探究皆指向意见，则必须给［措辞和口头表演］以关注，此非因为正确无误，而是必要。既然，正当之事，相关演说，无非寻求不使人悲，不讨人喜，则借助事实本身来争辩才是正当，以至于其他外于论证之事皆多余；但，尽管如此，它还是有很大的力量，恰如已经说过的，源于听者的败坏。"① 这里是讨论措辞与表演这两种非事实和非逻辑的方面，但也延伸到了煽情手段，亚里士多德认为它们不正当，但有一定的力量和必要性。

模式 B：非事实性的方法可以加以改造，使之用于正当的、与事实和思维相关的标准做法。模式 B 更加强调了亚里士多德的矫正，模式 A 突出了亚里士多德的妥协。严格解释可以采取模式 B：情感说服法非但与基于事实的说服法不矛盾，甚至在一定程度上也相关于事实。②

（B）第二步：亚里士多德将自己的情感说服法截然区别于前人的煽情手段。

（a）区分"合乎技艺的（技艺内的）"与"非技艺的"手段，如 Rhet.I.1.1354a13 的 ἔντεχνόν，这里并非联系 Rhet.I.2.1355b35-36 的"技艺外和技艺内的说服法"。③

（b）修辞家的煽情手段阻碍了裁决，而亚里士多德的情感说

---

① 希腊文为，ἀλλ' ὅλης οὔσης πρὸς δόξαν τῆς πραγματείας τῆς περὶ τὴν ῥητορικήν, οὐχ ὡς ὀρθῶς ἔχοντος ἀλλ' ὡς ἀναγκαίου τὴν ἐπιμέλειαν ποιητέον, ἐπεὶ τό γε δίκαιόν ἐστι μηδὲν πλέον ζητεῖν περὶ τὸν λόγον ἢ ὥστε μήτε λυπεῖν μήτ' εὐφραίνειν· δίκαιον γὰρ αὐτοῖς ἀγωνίζεσθαι τοῖς πράγμασιν, ὥστε τἆλλα ἔξω τοῦ ἀποδεῖξαι περίεργα ἐστίν· ἀλλ' ὅμως μέγα δύναται, καθάπερ εἴρηται, διὰ τὴν τοῦ ἀκροατοῦ μοχθηρίαν.
② Rapp（2002:II,110）。
③ 关于 ἔντεχνόν 的不同用法，也见 Rapp（2005a）。

服法会改变裁决（Rhet.1356a15 以下，Rhet.1377b31-1378a6）。

（c）按照《论灵魂》的看法，说服暗含了灵魂的理性部分的功能，因此情感说服法可以有助于这样的说服。而传统煽情手段阻碍了说服。

（d）亚里士多德从未指责自己的情感说服法外于事实，传统修辞术则相反。

（e）如果存在激起情感的事实，那么这一情感也是正当的。如 Rhet.I.1.1354al6 论谤议（διαβολή）及其引起的反面情感，假如偏见合乎事实，那么这样的情感是正确的。所以亚里士多德看重这样的情感，而传统修辞术只顾煽情。

（f）传统修辞术有情感上娱乐的功能（也有令人痛苦的功能），如柏拉图《高尔吉亚》462c 所言。亚里士多德的情感不追求快乐和痛苦，只是为了影响听众改变裁决。他将情感定为一般上非乐即苦，不同苦乐状态的情感又联系了相应的判断结果，由此，可以使用它们来感染听众，促使其作出正确的判断。

（C）第三步：按照 Rhet.II.1403a36 的规划，Rhet.I-II 研究"思想"（διάνοια），而 Rhet.III 处理"措辞"（λέξις）（包括表演），而"思想"表明了，说服是依赖于对事实和逻辑的理解力。那么，情感也分有思想能力，技艺内的情感说服仅仅通过内容，而不是偏离内容。当然，情感说服涉及的内容也会虚假，会仅仅涉及人身，但是这让情感朝向了事实本身。①

（D）第四步：亚里士多德式的演说家需要从当前的事实案例中寻找可以描述的标志来产生情感。听众的特定情感与其所促成

---

① Rapp（2002:II,112）。

的判断或裁决形成了对应关系。而这样的演说家具备了理解这一关系的能力。[①] 亚里士多德将情感界定为混合着理性的状态，因此，由理性而起的情感，也可以促成合理的、针对主题对象和事实的判断，尽管这样的"合理"并不是必然正确的。在后面，我们会看到亚里士多德对一般情感和具体情感的细致定义，其研究一方面是从科学角度来分析情感的本质和机理，另一方面就是为这样的哲学式修辞术奠定基础。只有亚里士多德这样的哲学家才能够更加科学地理解并运用情感，这超过了高尔吉亚这样的智者。

### 四、杰米·道的连续解释

在最新的研究中，道（Jamie Dow）给出了一种完全相反于普利玛维希和拉普的解释，他不认为 Rhet.I.1 的 πίστις 与后面部分的 πίστις 是不同的，甚至包括 Rhet.III 作为布局一部分的 πίστις：它们都是希腊人日常用法上的意义，即《修辞术》读者所熟悉的那种含义。而亚里士多德从未在术语的意义上用过该词。他所理解的"日常意义"来自 De an.402a4-11，那里提到了 λαβεῖν τινὰ πίσιν。这里，他将 πίστις 理解为"值得确信的东西"或"确信的恰当依据"（proper grounds for conviction），也可以译为 proof，这是广义上的、未必来自逻辑的证明。他也称之为"规范性意义"。[②]

---

① Rapp（2002:II,112），Um dies zu leisten, müsste sich der Aristotelische Redner darauf verstehen, die Emotionen aus objektiv beschreibbaren Merkmalen eines vorliegenden Falles heraus zu entwickeln。

② Dow（2015:44, n.22,46-47），他认为这样的含义同时见于哲学和非哲学的文献：前者如巴门尼德《残篇》B1.30，Top.100b19-21，100b19-21，103b3-7，Soph. el.165b27；后者如吕西阿斯、伊索克拉底和德谟斯蒂尼等人的演说。

　　针对那两位学者的看法，他给出三个反对理由。第一，这导致 Rhet.1354a13 和 Rhet.1354a15 的 πίστις 用法在短短几行间就出现了不同。第二，Rhet.1354a13-18 成为了松散的批评，而不是提供论证，换言之，这里文本的主题是在谈论情感说服法的性质，虽然是批评前人，但批评点是他们对修辞术没有助益，而并没有否认诉诸情感是不合法的。第三，他们的看法过于复杂，选择日常意义会对理解《修辞术》全书有优势。①

　　在一些具体地方，他的理解颇有新意。第一，Rhet.1354a13 的 ἔντεχνόν 与 Rhet.I.2.1355b36 的 ἔντεχνοι 意思相同，表明"服从某种规范性标准"，其中当然可以包括情感说服法。第二，对他立论最关键的是，Rhet.1354a15-16 的 ἔξω τοῦ πράγματος 的意思，并不是像大多数学者理解的那样，指的是偏离演说内容的事实，而是无关"修辞术"这一主题：πίστις。② 换言之，修辞家并没有把精力用来建设这门技艺，包括情感说服法。这一新颖看法的危险在于，Rhet.1354a27-28 很快就提到了 ἔξω τοῦ δεῖξαι τὸ πρᾶγμα，这里明显指演说主题。③ 我们也可以用他上面的第一条理由来回驳他。

　　他的解读目的其实为了处理情感说服法的地位。如果 πίστις 完全没有意义变动，那么，亚里士多德从《修辞术》开篇，就承认这种说服手段是合法的。区别在于，他反对忒拉绪马霍斯这种智者的煽情手段或套路，它们仅仅来自手册的汇集，在使用时也

---

① Dow（2015:42, n.18,43,47）。

② Dow（2015:39-40）。

③ Dow（2015:65, n.2,78）也是这样认为的。

不提及演说主题，这种修辞力量与演说者立场的强弱完全无关。[1]

道的看法极富见解，他的优点在于，令 πίστις 成为贯穿《修辞术》的统一概念，这比格里马尔蒂的复杂处理更加简易。由此，情感说服法的地位问题很简单地得到了解决，这让亚里士多德与智者在这一手段的正当性上从一开始就没有分歧。这一方案的合理之处，从下一章讨论的 τόπος 就能看出：那同样是一个有多种来源和含义的复杂概念。

但是，拒绝 πίστις 完全具有哲学术语性是错误的。普利玛维希的解释同样呈现了《修辞术》对 πίστις 日常用法的关注和沿袭，但更突出地揭示了哲学家的改造。这种沿用并改造日常流行词汇的做法，恰是亚里士多德的特点，《修辞术》对 τόπος、ἐνθύμημα 和 τεκμήριον 的处理均是如此。[2]很难想象，在建构自己的知识或技艺体系时，亚里士多德会满足于日常的用法。

### 五、《修辞术》的 πίστις 的体系

我们再回到格里马尔蒂的体系。如前述，该体系存在的问题有如下两点：第一，πίστις 分为形式与质料之后，λόγος 的定位不明，它一方面被作为质料，一方面又具有逻辑性。第二，当 λόγος 作为质料同于 πρᾶγμα 时，情感与品性说服法的定位出现问题，它们一方面被认为提供主题质料，一方面按照文本来看，又"外于事实"。这两个问题归因于格里马尔蒂想遵循亚里士多德的看法，既让修辞演绎和例证普遍化，使得逻辑和理性

---

[1] Dow（2015:126）。

[2] Rambourg（2014:175-176）。

成为主导，又让情感说服法能够不偏离主题事实，从而在说服中发挥合理的作用。可以承认，他的想法是正确的，也许在表述上出现了问题。

对于第一点，如前所论，λόγος 说服法还是以逻辑为本。当然，其所对应的 Rhet.I.4-14 确实提供了"质料"，但是，这些章节恰恰是在呈现各种作为论证指引的 τόπος，它们标定了事情的客观逻辑的迹象，等待着被用于论证的时机。[1] 换言之，这些 τόπος 具有逻辑潜在性，而不是无序的素材。格里马尔蒂为了套用形式—质料的模式，误以为这些文本只是汇集材料，这是错误的。不过，这一模式的确适用于 Rhet.I.4-14，只不过这两者并未分离：亚里士多德给出的 τόπος 是具有潜在形式性的质料。

这样的形式性单独来说就是证明性的 πίστις，即普遍的逻辑形式：修辞演绎和例证。所谓普遍，指的是它们适用于三种演说，适用于 Rhet.I.4-14 提供的与三种修辞术有关的质料。这样的形式在 Rhet.II.23 被提炼出来，但在 Rhet.I.4-14，它们已经隐含其中。

由此，证明性 πίστις 所处理的，就不包括 πάθος 和 ἦθος，因为这两者并没有给出质料。这里可以略微回想一下赫卜烈思和阿尔法拉比的修辞术定义和体系。前者采取了一个严格的思路，πίστις（ ＜ＤＡＵＩＯＮ ）完全不包含情感说服法，它的"支柱"（ ＜ＩＯＡＬ ）仅仅来自言论[2] 及其修辞演绎（ ＜ＤＡＵＩＤＯ ）；

---

① 无论亚里士多德是把逻辑仅仅理解为工具（主观逻辑），还是说，它本身就存在于事情中（客观逻辑），这些 τόπος 都具有构建论证的力量，而不仅仅是材料内容。

② ＜ＩＯＡＯ，√ＩＯＡＬ，意为演说、话语、论著，这里指 λόγος 说服法，突出了逻辑性。

而情感（ﺭﺧﻭ ）只是"辅助"（ ﺭﺧﻳﺩﺡ ）。[1] 当然，也可以认为，他的 πίστις 指"证明性的"，这是最严格的 πίστις。他的看法偏离了《修辞术》，但在强调逻辑的思路上却完全遵循了亚里士多德。而阿尔法拉比在评注的开篇就更极端地认为，"修辞术是推论技艺，它的目的是通过总共十范畴来说服"（ ﺍﻟﺧﻁﺎﺑﺔ ﺻﻧﺎﻋﺔ ﻗﻳﺎﺳﻳﺔ، ﻏﺭﺿﻬﺎ ﺍﻻﻗﻧﺎﻉ ﻓﻲ ﺟﻣﻳﻊ ﺍﻻﺟﻧﺎﺱ ﺍﻟﻌﺷﺭﺓ ）。他基本上没有谈及非理性的手段，而是以修辞演绎为中心，修辞术属于"推论"的一种。[2] 闪语的传统有助于我们澄清 λόγος 说服法的关键地位。

如果上述的理解是合理的，那么，除了第一点的问题得以消除，第二点也可以获得妥当的处理。如前引拉普的严格解释所说，我们可以认为情感说服法与品性说服法并不完全以主题为导向，但是却在"内容"上趋向于事实。尤其是对于 πάθος，既然亚里士多德规定，情感的处理（见后章）按照三个环节"对象人、对象事物、主体状态"进行，那么演说者就可以随着案情将这三个环节分别提出，从而激起听众相应的感情。

以一个例子来看，设凶手甲殴打被害人乙。乙在控诉时，讲明殴打的事实，如时间地点，殴打的持续时长、方式和结果（如伤口），使之合乎逻辑，这是利用技艺内的 πίστις 的 λόγος；同时，乙还使用证人，这是技艺外的 πίστις。在这个合乎事实的方向上，既然亚里士多德相信真的绝对性（Rhet.1355a21-22，1355a37-38），那么，情感和品性说服法就有了方向。沿着这一方向，事实本身必定会通过听众的理性激起他们的某种情感，从

---

① Watt（2005:56-57,58-61）。

② Langhade & Grignaschi（1971:31,54-55）。

而让他们更加确信这个事实以及由事实内容构成的命题和逻辑关系。

比如，设定事实为，乙受到殴打。那么，为了证明这一殴打是"不应该"的，乙可以按照 Rhet.II.9.1386b9-12 对"愤慨"（νεμεσᾶν）和"怜悯"的定义，说"自己仅仅在不注意间碰了甲一下"（给出对象人和对象事物）而受到殴打，听众就会对甲的行为产生愤慨，同时对乙产生怜悯。同时，乙还可以描述愤慨和怜悯的心理状态，从而引导听众进入这样的情绪（主体状态）。另外，如果事实为，乙是正人君子，尤其是在这件事上展现了相关的品质（如并不还手，忍让讲理），那么他的品性也会得到听众的好感（这也是给出"对象人"）。① 由此，听众的情绪就让他们更加确信乙的受害"不应该"，而且甲应该受到惩罚。他们做出的裁决或判断也符合愤慨这一情感所能产生的影响。这样的情感毫无疑问就是"正当的"。

可以发现，情感本身涉及的内容关联了案情，在大方向上，并未完全偏离主题。当然，在激发情感时，会有一些"题外话"，如乙的人品及其"仅仅在不注意间碰了甲一下"这一情况，② 但这样的内容的确都是"事实"，而且与案情有着关联。也许，乙对"不注意间碰了甲一下"这一情况的描述越是具体，乙在案件中

---

① 品性说服法的最终目的依然是打动听众，使之产生好感，所以相通于情感说服法。而且，情感也是一个人品性的基础之一（Rhet.1388b31）。另外，亚里士多德并没有给出直接的品性论位。由于这些原因，我们主要论述情感说服法。

② "不应该受到殴打"这一事实本身属于案情，有助于对甲的行为定性和定量，但是听众单纯知道这个事实还不足以产生强烈的愤慨，而更详细的事实"仅仅在不注意间碰了甲一下"（或进一步的对这一情况的合乎事实的叙述）却可以做到这一点，尽管这样的内容已经偏离了主题。

的人品越是高尚，就愈有可能影响听众，使之对甲的罪行程度的判定变重，但这也依然合理，因为都是基于与案情有关的事实。听众的好感和愤慨并未让他们偏离正确的判断，反而有助于他们迅速和正当地做出裁决。

除了涉及事实材料之外，情感的产生过程也关联了理性和逻辑，这两者依然而且必然发挥着作用。当然，这不是说，演说者用"修辞演绎"来促成情感，因为如 Rhet.III.17.1418a12-17 的意见，修辞演绎（论理说服法）最好不要跟情感与品性说服法同时使用，显然前者与后者是彼此独立的。我们所说的，是 Rhet.II.2-11 的情感产生原理中的客观"逻辑"。在具体案例中可以找到与这一逻辑相应的因素。演说者用这些因素进行论述，通过其中的"逻辑"促使听众的头脑中推理了殴打行为的不应当，所以产生了愤慨和怜悯。而乙的品性也可以作为事实，从而让听众推出"好人不应该受到殴打"的结论，这也会加剧愤慨和怜悯的产生。

情感的逻辑与事实的逻辑是两回事。后者是修辞术的核心，"针对"主题得出"结论"，而前者"相关"主题，但不参与逻辑推导，而是"合理地"促发感情这一"结果"。前者的逻辑是标准的事实论证；而后者可以按拉普所言，具有一种"拟论证性"（quasi-argumentativ）①。这种近似的"论证性"源自于亚里士多德对情感的理解：这是一种源自感性能力与理性认知的灵魂属性，它不是完全偏离理性的（见第五章）。所以，πάθος 说服法可以借助某种"论证"，近似地"推导"出听众的情绪。如果说，

---

① Rapp（2002:II,299）。

λόγος 说服法通过逻辑与事实来"证明"结论，那么也可以说，情感说服法（以及品性说服法）通过情感自身的"逻辑"与有关内容近似地"证明"某个情感的出现是"正当的"，从而辅助性地"证明"了结论。就这样，听众的理性认识引导着感性认识，信服了演说者的结论。而在一些情况下，情感的认知甚至还更为关键，比如需要更迅速地说服听众时。这样的手段也比理性论证更简易，更具象，而且更直接地作用于灵魂，使之认清了现实。可以认为，情感说服法在正确使用时开辟了一条说服捷径，只不过这一捷径依然是"随着"理性的。

仍然以上面的例子来讲，如果是智者来操作情感手段，那么，除了采取歪曲事实这种极端不正当的做法之外，他们还可以脱离案情，假装"围绕"事实来激发听众的愤慨与怜悯。如，渲染乙的可怜，比如说他出身卑微，身材弱小，总被人欺负，等等；夸大甲的身份与行为，比如他出身高贵，属于精英人士，有欺负人的前科；或是描述乙曾经为城邦做过诸多好事，这些虽然体现了品德，但已经跟案件无关。由此，通过事实之外的内容，他们促使听众在信息不充分的情况下得出了甲不正当的逻辑结论，这就让感性认识牵制了理性认识。

所以，当亚里士多德说《修辞术》前两卷是"思想"（διάνοια）时，他的意思恰恰是说，情感说服法与品性说服法之所以能够说服，是因为它们通过产生情感而辅助性地或增强性地推动了听众对事实和逻辑的"理解"或"理智"。根本上说，这两者是为思维服务的，而听众之所以信服，也是因为思维接受了事实之"理"。

可以认为，格里马尔蒂其实就是想表述这样的过程。他看到了情感说服法中若隐若现的"事实性"和"论证性"，但是，由于强行套用形式—质料的模式，同时混淆了情感逻辑与事实逻辑，所以他的论述陷入了含混。实际上，一方面，情感说服法并不提供事实质料。Rhet.II.2-17 并没有按照三种演说收集有关的材料（即使相关，也不是专门为此）。这两种说服法的材料恰恰来自于具体的案例和情况，以及相关 λόγος 说服法的 Rhet.I.4-14。另一方面，就形式性而言，情感说服法只是给出普遍的促发情感的方式和逻辑机理，它与论理说服法的修辞演绎无关，修辞演绎处理的是事实，而不是这一说服法。

综上，我们可以结合普利玛维希和拉普的阐释，重新调整格里马尔蒂的体系。为了总结起见，我们也附上 Rhet.I.1-2 之外部分对 πίστις 的使用。

| 亚里士多德的修辞术技艺体系 | | | |
|---|---|---|---|
| **严格技艺：思想（说什么）** | **普遍的说服法或证明性说服法** | 修辞演绎和例证 | 为"论理"提供逻辑形式；通用于议政、诉讼和展现式修辞术；以自己的论位为元素。 |
| | **三种技艺内说服法** | 论理（λόγος） | 通过有关事实和逻辑，摆事实，讲道理，晓之以理；为三种演说提供了"可以论证的"质料。 |
| | | 品性（ἦθος） | 通过演说者的人品，感之以德；为三种演说提供品性方面的原理；以自己的论位为元素。 |
| | | 情感（πάθος） | 通过听众的情绪，动之以情；为三种演说提供情感的定义、心理结构与产生机制；以自己的论位为元素。 |
| | **殊类论位（εἴδη）或特殊论位（ἴδιοι τόποι）** | | 质料性论位；Rhet.I.4-14，供"论理"说服法使用的逻辑论位；其特殊性体现在专用于一种演说或某一类主题。这些论位可以构建修辞演绎和例证，也可以为情感说服法和品性说服法提供有关的内容。 |

续表

| 亚里士多德的修辞术技艺体系 | | |
|---|---|---|
| 严格技艺：思想（说什么） | 普遍论位 | 形式性论位；修辞演绎和例证的逻辑模式；普遍适用于三种演说。 |
| | 情感说服法与品性说服法的论位 | 既非特殊，也非普遍的论位；它们并不完全专用于某一种演说或属于某一主题；它们也非通用于三种演说；它们只提供与"人"的心理、生理和道德有关的原则。 |
| | 其他论位 | 谤议、精言、驳论和虚假逻辑的论位；后三者与普遍论位相关；"谤议"与情感说服法相关，而且是技艺外的非逻辑性论位。 |
| | 普遍因素（κοινά） | 可能与不可能，过去发生和将来发生，程度大小；三种演说的普遍因素。 |
| | 技艺外说服法 | 演说之先存在的实体事物和内容：法、证人、契约、刑讯、誓言；它们并非来自演说话语和演说者本人，但也有助于"思想"，因为提供了有关事实。 |
| 广义技艺 I：措辞（如何说） | 不涉及话语的内容和逻辑，相关语言规则、话语本身的取效手段以及演说者的外部表演和举止。 | |
| 广义技艺 II：布局 | 演说的谋篇布局：绪论、叙述、证实、结语等。 | |

| Rhet.I.1–2 之外部分的 πίστις 的使用 | | |
|---|---|---|
| I.6.1363b4 | 议政演说：善和利益 | 复数，论理说服法 [①] |
| I.7.1365b20 | 议政演说：善和利益的更大更小 | 复数，论理说服法 |
| I.8.1366a9 | 议政演说：演说者品性，政治"品性" | 复数，品性说服法，也涉及论理说服法 |
| I.8.1366a18 | 议政演说：利益 | 复数，论理说服法 |

---

① 复数的 πίστις，有时指不同种类的 πίστις，有时指同一种类的 πίστις 形成的一个具体的说服手段。

续表

| Rhet.I.1-2 之外部分的 πίστις 的使用 |||
|---|---|---|
| I.9.1366a27 | 展现式演说：品性 | 品性说服法，也涉及论理说服法 |
| I.9.1367b29 | 展现式演说：出身环境具有说服力 | 信服；联系论理说服法 |
| I.15.1375a22 | 诉讼演说 | 复数，技艺外的说服法 |
| II.1.1377b19 | 三种演说 | 复数，论理说服法 |
| II.1.1377b25 | 三种演说 | 信服；联系三种技艺内说服法 |
| II.11.1388b29 | 无演说类型 | 复数，情感说服法 |
| II.18.1391b25 | 三种演说 | 复数，论理说服法 |
| II.20.1393a22 | 普遍于三种演说 | 复数，普遍说服法 |
| II.20.1394a10 | 普遍于三种演说 | 说服手段，普遍说服法 |
| III.1.1403b7 | 相关三种演说 | 复数，三种技艺内说服法 |
| III.1.1403b9 | 相关三种演说 | 复数，三种技艺内说服法 |
| III.13.1414a35 | 相关三种演说 | 布局之证实部分 |
| III.13.1414b7-8 | 相关三种演说 | 布局之证实部分 |
| III.13.1414b9 | 相关三种演说 | 复数，布局之证实部分 |
| III.13.1414b11 | 相关三种演说 | 复数，布局之证实部分 |
| III.16.1416b34 | 相关三种演说 | 复数，布局之证实部分 |
| III.17.1417b21 | 相关三种演说 | 复数，布局之证实部分 |
| III.17.1418a18 | 相关三种演说 | 布局之证实部分 |
| III.17.1418b5 | 相关三种演说 | 布局之证实部分 |
| III.17.1418b8 | 相关三种演说 | 布局之证实部分 |
| III.17.1418b23 | 相关三种演说 | 布局之证实部分 |

就"说服"作为修辞技艺的核心来看，措辞与布局应属于技艺外，因为它们"外于证明"（ἔξω τοῦ ἀποδεῖξαι，Rhet.1404a6，也见 Rhet.I.1.9），但是，它们似乎理应成为技艺的组成，因为都与话语密切相关。在 Poet.1453b8，亚里士多德认

为舞台外在形象是"最外于技艺的"（ἀτεχνότερον），而既然他强调了要用言辞和情节来影响观众，那么这两者至少在广义上是"技艺内的"。由此类比，修辞术的"措辞"自然也应该是这门技艺内的。也正由此，措辞与布局在现当代颠倒地取代了"思想"和"说服"，反而成为了今日修辞学的核心，甚至就是其本身，构成了某种"小修辞术"。这两个部分当然也可以在"思想"的引导下有助于说服，比如得当的措辞、良好的隐喻、"置于眼前"的手法、以逻辑和事实为本的"证实"等。只有得到规范，它们才能进入技艺。[①]

---

① Rapp（2002:II,145-147）。

# 第四章

# 《修辞术》的逻辑学问题：
# 论位（τόπος）概念

在亚里士多德的修辞术和逻辑学中，τόπος 概念起着至关重要的作用。《修辞术》与《论位篇》这两部作品围绕着它，分别建构了修辞术和辩证术的理论体系。但是，亚里士多德仅仅在前一部作品对之做出了定义和更详细的描绘，而在后者里毫无界定，尽管其题目与之相关而且列举了大量的 τόπος。因此《修辞术》是研究 τόπος 本质的关键文本。本章试图阐明 τόπος 的基本含义，以及《修辞术》对它的复杂界定，同时要讨论《修辞术》与《论位篇》对它的使用及其哲学和逻辑学意义。

## 第一节　τόπος 概念的基本义和《论位篇》的用法

在《希英大辞典》（以下简称 LSJ）的释义中，τόπος 的基本含义是地点和位置，这个意义也保留在现代语言中，如英语的 topography（地形学），而我们所关注的是与修辞和逻辑有关的引申义，它似乎以隐喻的方式也保留了第一含义。按照 LSJ 的解释，在修辞术与演说中，引申义的 τόπος 有两种意思，（1）指 topic，用例有伊索克拉底和埃斯基涅斯的演说，（2）是修辞术的 common-place 与 element，这一用法主要来自于《修辞术》。而与 τόπος 相关的还有一个形容词 τοπικός，依照 LSJ 的释义，它首先表示与地点有关的，局部的，其次表示与修辞的 τόπος 或 common-places 有关的，用例来自于《修辞术》以及亚里士多德的著作 τὰ τοπικά（《论位篇》）。LSJ 尽管给出了初步的解释，但并没有充分澄清这一概念的意思，也没有阐明上面三种含义的关联。除了"地点"含义外，CGL（1386）的释义为，在演说家那里（修辞方向），表示"讨论的重点"，subjet 和 topic；在亚里士多德那里（逻辑方向），它表示 topic，即"某种演绎论证的基础"。这样的解释等于没有解释，而且忽视了《修辞术》的独特用法。BDAG（2132）合理地区别出材料的 τόπος，即演说家那里的 subject 和 material，但对亚里士多德的用法仅仅释为 commonplace，没有进一步说明，而且只列出《修辞术》的用例。能够看出，在亚里士多德的修辞和逻辑用法那里，τόπος 似乎是某种非内容或材料的普遍者，语言词典难以充分描述，只能近乎直译地处理。

在翻译上，τόπος 与其本义的关系的确存在。很多语言在翻译修辞和逻辑意义上的 τόπος 时，都体现了地点这一含义。如拉丁语中，该词一般译为 locus，有时也会转写希腊文，如西塞罗就写有 *Topica* 一书。英语有时会用 place 或 common-place（指普遍的 τόπος），有时直接写为 τόπος，有时译为 topic，但 topic 其实对应 τοπικός。德语转写为 Τόπος（复数 Topen），或译为

Gemeinplatz（对应英语的 commonplace）；法语一般译为 lieu（lieux）；意大利语为 luogo（luoghi）。[1] 阿拉伯语里，阿尔法拉比用موضوع一词，意为主题、话题和问题；该词恰恰暗含了地点之意，因为其词根为√وضع，表示安置，设定，如词源一致的موضع意为 place 和 locality，而图穆路斯直接就用这个同源词表示逻辑学的 τόπος。[2] 赫卜烈思用ܐܬܪܐ一词，该词仅仅表示地点，并没有主题或话题的含义。[3] 俄语中可以不存在翻译问题，齐边科（Цыбенко（2000:13））用了完全对应的 топос（топосы），解释为"地方"（мест）。日语里，户塚七郎（戸塚七郎（1992:42））翻译的"論点（ろんてん）"是可取的；新近的译法常用音译トポス，或译为"場所（ばじょ）"和"論拠（ろんきょ）"。[4]

　　鉴于上述情况，为了保留"地点或位置"的意思，中译选择"论位"，而不是受英译 topic 影响的、常用的汉译"论题或主题"。[5] 这一译法容易让人误解 τόπος 仅仅是内容性或材料性的"话题"，从而忽略其形式上的建构功能。Topic 偏离 τόπος 原始含义这一点，也反映了现代西方语言中，τόπος 的层次已然变低，仅仅指一般主题（文学或其他）或老生常谈的观念，不再具

----

① 后两个语种见 Wartelle（1982:421），释义为"修辞演绎的可能前提"，这当然是片面的；Zanatta（2004:154）。

② Langhade & Grignaschi（1971:107）和 Ahmed（2019:233），释义见 Wehr（1979:1262-1263）。

③ Watt（2005:66），词典释义见 Smith（1957:33）。

④ 野津悌（2010）和山本佳生（2021）。

⑤ 亚里士多德（1994:I,377,379）将 τόπος 译为"方式"或"方法"，但题目 τὰ τοπικά 译为《论题篇》。罗念生（2006:26,27, n.19）提及了 τόπος 的地点含义，他未受 topic 的影响，译之为"部目"，这近似于后面提到的朗布（Rambourg）的理解，但这样的 τόπος 仅是外部标志。亚里士多德（1994:IX,345-346）译为"主题"，这很容易被人误解为内容或材料。

有逻辑的论证作用。[1]

那么，τόπος 与地点的关系如何体现呢？学界有三种假说，它们都认为 τόπος 与其他领域的"位置"概念有关联，如记忆术、物理学、几何学。[2]

第一种就是索尔姆森的经典看法。[3] 诸 τόπος 通常被认为是"发现地"（Fundörter）[4]，如西塞罗《论位篇》7，loci 是"论证的位置"（sedes argumenforum），在源头上，它其实联系了古代的记忆术（Mnemotechnik），即通常所说的"记忆宫殿法"（memory palace）或"地点体系法"（place system，Orte-Technik）：按照一系列记忆者所熟悉的空间地点来分派要记忆的东西，从而当看到或想到位置时，就回忆起相应的内容。[5] 利玛窦《西国记法》的"设位篇第三"就描述了这种方法："凡记法，须预定处所，以安顿所记之象。"该篇文章本身就与修辞术及其重要环节"记忆"有关。[6] 在亚里士多德那里，有四次明确提及这种记忆法，Top.163b27-33，De an.427b18-20，De mem.452a12-16 和 De ins.458b20-22。[7] 但是，亚里士多德似乎并没有推荐这样的方法，他建议的是"视觉图像法"（visual imagery）。[8] 拉普和朗布都不

---

[1] Rambourg（2014:7）。

[2] 这三种假说也见 Rambourg（2014:172-176）的评价。

[3] Solmsen（1929:170-175）。

[4] 即 inventio 之处，发现演说前提或命题的地方。

[5] Τόπος 记忆法见 HWR（XI, 632-633）。

[6] 屠友祥（2012:285-287）。

[7] Sorabji（1972:22-34），Sprute（1975:68, n.4），Rapp（2002:II,270），Rapp（2005g:606），Shields（2016:280），Slomkowski（1997:47, n.22）。

[8] Sorabji（1972:30-31）；Rambourg（2014:173, n.1）赞同这一观点，至于其他几处，除了 De ins. 仅仅暗示了地点记忆术之外，De an. 和 De mem. 都不是意在使用它。

认为《论位篇》的 τόπος 与记忆法有什么联系，而且《论位篇》也用不到这样的方法。[1] 当然，我们下面会分析，τόπος 是在比喻的意义上联系了地点记忆术，仅仅是用这一技法的分布模式来类比思想系统。

第二种假说来自佩勒蒂埃（Y. Pelletier）。他主张 τόπος 联系《物理学》的"地点或位置"，如自然物体的运动要指向它自己的固有方位（Phys.208b10）。虽然，Phys.209a14 指出了这样的 τόπος 不是元素，而 Rhet.1396b21-22 却说 τόπος 是元素，显然这两个 τόπος 是不同的，但是，依然可以在类比的意义上建立这样的联系。Top.163b22-23 说，τόπος 是"其他论证往往所归之处"（εἰς ἃ πλειστάκις ἐμπίπτουσιν οἱ ἄλλοι λόγοι κατέχειν），这符合 Phys.221b5 的定义，地点是包围的界限。这种假说可以联系 Top.155b4-5（见下），以及安提丰的《四连辞》和伊索克拉底的用法。其中，论证来源（所归之处）的引出都通过 ἐκ、ὅθεν、πόθεν 来表达。[2]

---

[1] Rapp（2002:II,270-271）和 Rambourg（2014:173-174）。但 Murphy（2002:218-219,227）论述了 De mem. 与 τόπος 的联系，他用图示展现了 τόπος 在亚里士多德的"知觉—概念链"中激发内在图像、有助于记忆的功能。

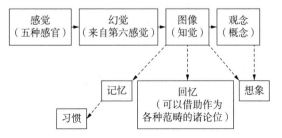

[2] 对佩勒蒂埃的引用以及这一段的观点，见 Rambourg（2014:174,178-179）。

第三种假说来自艾德。[①] 这种思路并不离奇，就亚里士多德作品而言，其中有颇多联系几何学之处，如 Top.159a1 将辩证术与几何学类比。亚里士多德的"分析"方法和"证明"逻辑学也都受到几何学的影响。他的历史文献依据是普洛克罗对欧几里得《几何原本》第一卷的评注，其中将 τόπος 理解为"几何位"（geometrical locus）而且提到古代数学家就使用"τόπος 公理"（τοπικὸν θεώρημα）。这可以回溯到欧几里得之前，甚至是公元前 4 世纪。普洛克罗把 τοπικὸν θεώρημα 和"几何位"定义为，"我说［它是］这样的东西，同一属性通过某一整个 τόπος 发生在其上；我谓 τόπος 就是线或面产生这一属性的位置"。[②] 据此，在文本上，他试图将 Rhet.1403a17-18（Top.163b23）的动词 ἐμπίπτειν 和名词"元素"联系普洛克罗说的几何位。这一假说的意义在于区分出了更加形式性和普遍性的 τόπος，这种处理方式也符合哲学家对抽象性和一般性的重视。

我们可以总结一下《论位篇》中 τόπος 的（《修辞术》的 τόπος 见后）一些重要用法（包含指代的情况），它们都与这些

---

① Eide（1995:5,9,11,13-18）。但他没有提到 Meta.1014a35-1014b2 对元素的几何学定义。

② Eide（1995:12-13, n.21），希腊文为，καλῶ δὲ τοπικὰ μέν, ὅσοις ταὐτὸν σύμπτωμα πρὸς ὅλῳ τινὶ τόπῳ συμβέβηκεν, τόπον δὲ γραμμῆς ἢ ἐπιφανείας θέσιν ποιοῦσαν ἓν καὶ ταὐτὸν σύμπτωμα。他还举了一个图例，相关第一卷的命题 35，同底和同平行线的平行四边形彼此相等。图中，底边 AB 与平行线构造出不同的平行四边形，AB 的平行线对它来说就是"几何位"，决定了"落入"其中的各个平行四边形的"边"，它们就像种种同类的修辞演绎落在某一形式的修辞 τόπος 里。这些边有着共同的属性，即与 AB 平行。

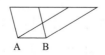

A B

假说有关。

| 位置 | τόπος（论位）的用法和意义 |
|---|---|
| I.108b32-34（VIII.163b21-22） | 指推论的工具（ὄργανα δι'ὧν οἱ συλλογισμοί）。Top. 中第一次出现论位概念。 |
| II.109a34（II.109b13-16）（II.109b29-31）（II.110a12-14） | 指"检查"的手段（εἰς μὲν δὴ τόπος τὸ ἐπιβλέπειν εἰ...）。这看起来与"从……地方"（ὅθεν）无关，其实就是表明检查这一做法（或其他方式）的来源，如上一例的 δι'ὧν。① |
| II.109b26-27（II.110a27-29） | 指推论形式，可以转化为驳论和立论（ὁ τόπος ἀντιστρέφει πρὸς τὸ ἀνασκευάζειν καὶ κατασκευάζειν）。 |
| II.110b34 | 由 ἐκ 引出，表示来源。Top.II 中大多是直接表明做法，或陈述 τόπος 的用途和目的，因此，这一卷唯一一处使用的 ἐκ 的地方，就是表明来源之处。 |
| III.117b10-11（III.117b28-30） | 直接陈述推论的前提。 |
| IV.123a6-7 | 由 διά 引出，表示手段，意同于 ἐκ。 |
| IV.125b10-11 | 表明了一个 τόπος 是 κοινός。 |
| V.129a33-35 | 由 ἐκ 引出，表示来源，这里也是表明检查（ἐπισκεπτέον εἰ...）。 |
| V.132a24-25 | 由 ἐκ 引出，表示来源，这里同样是表明类似检查的做法（πότερον ... ἢ ... θεωρητέον）。 |
| V.133b12-13 | 表明了一个错误版的 τόπος。 |
| VI.139a37-38（VI.139b4-5） | 由 ἐκ 引出，表示来源，这里也是表明检查（ἐπισκεπτέον εἰ...）。 |
| VII.152b36-37 | 复数性的 τόπος 相关同一个范畴。 |

---

① Rambourg（2014:179）错误地认为这与第二种假说无关，但这里恰恰是表明检查的依据，也就是"从什么地方"进行，如 Top.129a33-35 和 139a37-38 都有 ἐκ。Slomkowski（1997:46, n.15），这里的 τόπος，有抄本也作 τρόπος。

| 位置 | τόπος（论位）的用法和意义 |
|---|---|
| VII.155a37-40 | 由 διά 引出，表示手段，意同于 ἐκ。指攻击的手段。 |
| VIII.155b4-5<br>（VIII.155b8）<br>（II.112b4-5） | 军事比喻。"要提问的人必须首先发现应从'什么地方'展开攻击"（δεῖ δὲ πρῶτον μὲν ἐρωτηματίζειν μέλλοντα τὸν τόπον εὑρεῖν ὅθεν ἐπιχειρητέον ）。[①] |
| VIII.155b18 | 由 ὅθεν 引出，表示来源。 |
| VIII.163b22-23 | 几何学。"其他论证往往所归之处"（εἰς ἃ πλειστάκις ἐμπίπτουσιν οἱ ἄλλοι λόγοι ）。[②] 下面立刻提到几何和算术。 |
| VIII.163b27-33 | 地点记忆术。亚里士多德强调，在论证上（ἐν τοῖς λόγοις ）要"对始基（原则）精熟并将前提（命题）牢记于心，如在嘴边"（τὸ πρόχειρον εἶναι περὶ τὰς ἀρχὰς καὶ τὰς προτάσεις ἀπὸ στόματος ἐξεπίστασθαι ），就如"在强记者（掌握记忆术者）那里，'地点'仅仅被提及，就让他立刻回想起那些内容，这些会让他更擅长推论，因为他按照数列看到了被确定的前提"。[③] 这里的"地点"和"数列"就是代替并指引所记内容的记忆体系。 |

这三种假说（连同少数军事性比喻）当然不可能是直接用于《论位篇》和《修辞术》，因为语境本身是不同的。如果与之有联系，那必定带有转义。首先能够看出，物理学的地点或位置的含义是常用的。转义在于，将自然的位置转变为人为选择的地方，如军事的比喻；以及思想或逻辑上的位置。这是从自然外在转向

---

① Tredennick & Forster（1960:357,675）没有将这三处译为 commonplace，而是 ground 或 ocassion，即并非术语。Rambourg（2014:176-177），这几处与攻击有关的例子，似乎可以理解为军事性比喻，这呼应了 Soph. el.172b23 的 χώραν γὰρ ἐπιχειρήματος ἡ σκέψις ποιεῖ。但 Top.155a37-40 似乎又并不符合。

② Slomkowski（1997:47）指出，ἃ 表示 τόπος，这得到了一些评论者的共识。

③ 希腊文为，ἐν τῷ μνημονικῷ μόνον οἱ τόποι τεθέντες εὐθὺς ποιοῦσιν αὐτὰ μνημονεύειν, καὶ ταῦτα ποιήσει συλλογιστικώτερον διὰ τὸ πρὸς ὡρισμένας αὐτὰς βλέπειν κατ' ἀριθμόν.

内在的过程。

其次，Top.VIII.163b27-33 的总结性文字，让人很难想象作者是偶然提及记忆术，或是仅仅表明"牢记于心"的程度，或是推荐某种记忆术。需要注意的是这一段恰恰将记忆术与辩证术的核心"推论（三段论）"及其前提或原则联系在一起。之所以提及记忆术，是因为地点记忆术依赖于一个近似体系性的"场域"，而《论位篇》的 τόπος 是分门别类而具有系统性的。前一种体系是自然的，使用者依靠单纯的感觉和回忆；后一种体系是人为构建的、内在的、哲学性的，要凭借理智的记忆。几何学的体系之所以能够被记住，也是因为具有一个连贯的系统并且其中存在规律。如前面所举的平行四边形，不同的边构成不同的图形，但只要在几何位上，它们的面积就是相等的，"多"就寓于"一"个规律中。

因此可以认为，《论位篇》采用的 τόπος 是一种内在的体系性"地点"。如果仅仅是物理学或军事上的用法，那么只有纵向的来源性和目的性的"点对点"，缺少横向的宏大的"面"。这也是《论位篇》结尾为什么提及记忆术和几何学的原因。

如果再做一个比喻的话，《论位篇》和《修辞术》的 τόπος 的排列就如"人为构造的"地形分布一样。在《论位篇》中，这样的体系就是其中划分的偶性（Top.II）、固有属性（Top.V）、属（Top.IV）和定义（Top.VI 和 VII）这四类要涉及的谓词及其下属的各个主题，它们是辩证术"话语"的内部组成。这些主题就像地点记忆法需要的外部标志物比如街道和房屋一样。换言之，辩证家需要在头脑中绘制一张"地图"，这是一套科学性的形式体系，而所记忆的命题内容都标定在地图上，构成了一个个

τόπος。对地图本身的记忆，就可以唤起对命题的回想。重点不是记忆方法，而是先于记忆的理性体系。

既然辩证术与修辞术是相似而且对应的，那么，这样的"地图性"或内在的地点记忆法，也同样适用于演说技艺。在 Soph. el.183b36-184a9，当讨论完辩证术的建构之后，亚里士多德转向了修辞术——这似乎就是为了过渡到《修辞术》。① 按照他的解释，之所以能够这样"转向"，是"因为，在争论论证方面受雇的教师，其教育法相似于高尔吉亚的论著。这是由于，他们有的提供修辞的话语，有的提供问询的话语以便熟记，他们这两派都各自认为彼此的话语往往会落在这两种话语之中。由此，在他们那里，学生得到的教导快捷，却没有技艺。因为，他们认为自己为了教育［学生］，所提供的不是技艺，而是技艺的产物，恰如，某人宣称可以提供知识让脚不痛，然后，并没有教授制鞋术，也不能给出这类东西的来源，相反，他提供了众多各式各样的鞋子"。②

这一段表明了，教授"智术"（假辩证术）和修辞术（亚里

---

① 智术是辩证术的反面或虚假形式，对它的反驳当然也是建构辩证术的一部分，所以在《论位篇》和《辩谬篇》之后，就要转向智者的另一门技艺修辞术了，所以在 Rhet.I.1.1355b15-21，尚未定义修辞术之前，亚里士多德先总结了包括智术（Rhet.1355b17）在内的这几门技艺。

② 希腊文为，καὶ γὰρ τῶν περὶ τοὺς ἐριστικοὺς λόγους μισθαρνούντων ὁμοία τις ἦν ἡ παίδευσις τῇ Γοργίου πραγματείᾳ. λόγους γὰρ οἱ μὲν ῥητορικοὺς οἱ δὲ ἐρωτητικοὺς ἐδίδοσαν ἐκμανθάνειν, εἰς οὓς πλειστάκις ἐμπίπτειν ᾠήθησαν ἑκάτεροι τοὺς ἀλλήλων λόγους. διόπερ ταχεῖα μὲν ἄτεχνος δ' ἦν ἡ διδασκαλία τοῖς μανθάνουσι παρ' αὐτῶν· οὐ γὰρ τέχνην ἀλλὰ τὰ ἀπὸ τῆς τέχνης διδόντες παιδεύειν ὑπελάμβανον, ὥσπερ ἂν εἴ τις ἐπιστήμην φάσκων παραδώσειν ἐπὶ τὸ μηδὲν πονεῖν τοὺς πόδας, εἶτα σκυτοτομικὴν μὲν μὴ διδάσκοι, μηδ' ὅθεν δυνήσεται πορίζεσθαι τὰ τοιαῦτα, δοίη δὲ πολλὰ γένη παντοδαπῶν ὑποδημάτων.

士多德意义上的假的修辞术）的智者，并没有建构出系统的技艺，他们仅仅提供一些话语片段供学生记忆。这样的片段就是伊索克拉底《泛雅典娜节演说辞》111 所说的 τόπος。[①] 它是最早的形态，只能称之为修辞的"套路"，它显然区别于《修辞术》规定的、达到技艺层面的 τόπος。这样的 τόπος 没有科学的体系性，仅仅来自经验或习惯（如 Rhet.I.1.2 所言），是材料的堆集。[②] 就智者的 τόπος 来讲，无论对它的记忆需不需要外部的"地点"，其自身都仅仅是自然的分布并且缺乏人为的规划，这与地点记忆术的情况相同：地形的系统结构（如街道和房屋的布局必定是有体系的）仅仅是次要的，为记忆内容提供标志，而记忆内容本身没有系统性。智者的修辞手册似乎也会着眼于某个"学科"或"知识领域"（如忒拉绪马霍斯关注怜悯的心理学），但它们没有建构出普遍而自洽的科学体系。

与之相反，《修辞术》的 τόπος 则努力趋近于自足的、（准）形式性的科学系统，是一种"技艺内的方法"（ἔντεχνος μέθοδος，Rhet.1355a4）。不过，较之《论位篇》的情况，《修辞术》的 τόπος 模式会表现得更为复杂，更难整合，因为修辞术涉及的演说，是范围最为普遍的"话语"现象，它广涉政治、法律、

---

① 见 Sprute（2012）的研究，如，ἐπειδὰν αἴσθωνται τοὺς τόπους ἅπαντας προκατειλημμένους καὶ μηδὲ πρὸς ἓν ἀντειπεῖν ἔχωσι τῶν εἰρημένων。也见伊索克拉底《腓力辞》109，ἐγὼ δ᾽ ὁρῶμεν τόπον ἴδιον καὶ παντάπασιν ἀδιεξέργαστον。《海伦》38，ἵνα δὲ μὴ δοκῶ δι᾽ ἀπορίαν περὶ τὸν αὐτὸν τόπον διατρίβειν。西塞罗《布鲁图斯》46-48，提及了普罗泰戈拉与高尔吉亚的 loci communes。另见 Rhet.1404a14 所提的忒拉绪马霍斯的《怜悯种种》，这是情感方面的 τόπος 汇编。

② Rapp（2002:II,271）指出（也参考 Primavesi 的观点），材料性的 τόπος，其范围有限。拉普将智者的 τόπος 称之为 Versatzstücke。

伦理、逻辑、心理、历史等等方面以及与之相关的学科，所以，《修辞术》需要一张更为宏大的"地图"和更为多样的 τόπος。

## 第二节　τόπος 在《修辞术》中的定义和在《论位篇》中的功能

如前述，虽然《论位篇》只字没有界定 τόπος，但其中的描述还是充分的。可以猜测，τόπος 似乎是一个当时的使用者都能理解的概念，所以未作定义，这也符合亚里士多德不滥造新词的习惯。[①] 而如果表示"地点"，那似乎很符合这一猜想。今天的听众如果按照这一意义来理解 τόπος，想必也能略有领悟。

与《论位篇》不同，《修辞术》对其做了较为直接和明确的"近似"定义，这是将惯用语转为术语的重要的过程。我们首先看一下《修辞术》中的这个简略却又相当重要的定义。然后，再回到《论位篇》考察 τόπος 的功能，从而为研究《修辞术》的 τόπος 做准备。

### 一、《修辞术》中 τόπος 的定义

这个定义或"准定义"出现在两处，首先是 Rhet.II.22.1396b21-22：

> 我们还要说说诸修辞演绎的诸元素；我谓元素，和修辞演绎的论位是一回事（τὰ δὲ στοιχεῖα τῶν ἐνθυμημάτων

---

① Rapp（2002:II,270）和 Rambourg（2014:175-176,180），后者列举了一些亚里士多德沿用的前人表述或日常词语，如修辞术的 ἐνθύμημα 和 τεκμήριον。

λέγωμεν: στοιχεῖον δὲ λέγω καὶ τόπον ἐνθυμήματος
τὸ αὐτό ).

第二是 Rhet.II.26.1403a17-19：

> 夸饰与削弱并非修辞演绎之元素。因为，我所谓元素
> 与论位为同物。元素和论位就是诸多修辞演绎可以列入其中
> 的东西（τὸ δ' αὔξειν καὶ μειοῦν οὐκ ἔστιν ἐνθυμήματος
> στοιχεῖον: τὸ γὰρ αὐτὸ λέγω στοιχεῖον καὶ τόπον: ἔστιν
> γὰρ στοιχεῖον καὶ τόπος εἰς ὃ πολλὰ ἐνθυμήματα
> ἐμπίπτει ).

在这两个定义的语境中，亚里士多德都是在谈论修辞术的“推论”，所以，这里的论位和元素是就逻辑形式来说。但如 Rhet. I.2.1358a30-32 所言，还有一些论位或元素，尽管需要逻辑处理，但它们是三种演说的内容或题材，即特殊论位。此外，另有不少论位似乎与逻辑和理性无关，如情感和品性方面的论位。

这两个定义过于简单，但重要的是，它们都将论位的“属”定为“元素”（στοιχεῖον）。[①] 那么，关于这个概念，必须要联系 Meta.1014a26 开始对其的详细论述。亚里士多德列出了六类可以称之为元素的东西：

---

① Slomkowski（1997:46），《论位篇》有几处提及了“元素”，120b13，123a27，
143a13，147a22，151b18，均意味着 τόπος，但并未说元素等同于 τόπος。
《论位篇》也有几处，其中的 τρόπος 似可读为 τόπος，如 111b32，142a17 和
142a22。可见《修辞术》的定义普遍适用于修辞术与辩证术。

（1）Meta.1014a26-27，"可称元素为这样一种某物由其组成的、首要内在的、'种'上不可分为其他'种'的东西。"① 如声音、水、音节都可以分为元素，但最后一种的元素与原物不同。

（2）Meta.1014a31-35，"人们所说的物体的元素也是如此，物体最终分解为它们，它们不会［分解］为在'种'上不同的东西；他们要么［说］这样的元素是一，要么［说］它们是多，他们称此为元素。"②

（3）Meta.1014a35-1014b2，"以相似的方式，也可以说几何图形的'元素'，一般意义上，也可以说证明的'元素'；因为首要证明内在于众多证明中，它们被称作证明的元素；这样的推论（三段论）是首要的，由三个词项通过一个中项［构成］。"③

（4）Meta.1014b2-6，"因此，人们也隐喻地称元素为某种是'一'的、微小、有许多用途的东西，由此，微小、简单、不可分的东西被称作元素。"④

（5）Meta.1014b6-9，"因此，可以得出，最为普遍者是元素，因为，每一个最普遍者都是一和简单者，存在于多之中，或全体

---

① 希腊文为，στοιχεῖον λέγεται ἐξ οὗ σύγκειται πρώτου ἐνυπάρχοντος ἀδιαιρέτου τῷ εἴδει εἰς ἕτερον εἶδος。

② 希腊文为，ὁμοίως δὲ καὶ τὰ τῶν σωμάτων στοιχεῖα λέγουσιν οἱ λέγοντες εἰς ἃ διαιρεῖται τὰ σώματα ἔσχατα, ἐκεῖνα δὲ μηκέτ' εἰς ἄλλα εἴδει διαφέροντα: καὶ εἴτε ἓν εἴτε πλείω τὰ τοιαῦτα, ταῦτα στοιχεῖα λέγουσιν。

③ 希腊文为，παραπλησίως δὲ καὶ τὰ τῶν διαγραμμάτων στοιχεῖα λέγεται, καὶ ὅλως τὰ τῶν ἀποδείξεων: αἱ γὰρ πρῶται ἀποδείξεις καὶ ἐν πλείοσιν ἀποδείξεσιν ἐνυπάρχουσαι, αὗται στοιχεῖα τῶν ἀποδείξεων λέγονται: εἰσὶ δὲ τοιοῦτοι συλλογισμοὶ οἱ πρῶτοι ἐκ τῶν τριῶν δι' ἑνὸς μέσου. Top.163b25 用到了这一含义。

④ 希腊文为，καὶ μεταφέροντες δὲ στοιχεῖον καλοῦσιν ἐντεῦθεν ὃ ἂν ἓν ὂν καὶ μικρὸν ἐπὶ πολλὰ ἢ χρήσιμον, διὸ καὶ τὸ μικρὸν καὶ ἁπλοῦν καὶ ἀδιαίρετον στοιχεῖον λέγεται。

之中，或尽可能最多之中；有的人认为一和点就是始基。"①

（6）Meta.1014b9-15，"既然所谓的属是普遍而不可分的（因为它们没有定义），那么有些人就称属是元素，而非称之为种差，这是由于属更普遍；因为种差之所在，属则跟随，属之所在，并非全有种差。[上述] 所有情况中，共同之处就是：每种事物的元素首要地内在于每种事物中。"②

这六类情况逐步由物质转向抽象物，由物质的普遍性转向概念的普遍性。那么，修辞术和逻辑学上的 τόπος 属于哪一种元素呢？许布纳将上述含义划为三类，（1）至（3）为一类，为物质层面；（4）至（6）为一类，为概念层面；自然的四元素为一类，这是物质层面的特定情况。他认为 τόπος 属于第二类，对应（4），他引 Top.121b11 为例，τόπος 是这样的东西："借助它，可以验证论证的推论性"（mit dessen Hilfe man die Schlüssigkeit von Argumenten überprüfen kann）。③但是，他的看法有几个问题：首先，τόπος 似乎更应该结合（3）来谈。其次，他只字未提《修辞术》的 τόπος，而《论位篇》的 τόπος 并不能完全代替前者。

就第一个问题而言，亚里士多德将几何与逻辑证明中更简单、直接的"证明"作为了元素，这恰恰相同于上面所举的《修

---

① 希腊文为，ὅθεν ἐλήλυθε τὰ μάλιστα καθόλου στοιχεῖα εἶναι, ὅτι ἕκαστον αὐτῶν ἓν ὂν καὶ ἁπλοῦν ἐν πολλοῖς ὑπάρχει ἢ πᾶσιν ἢ ὅτι πλείστοις, καὶ τὸ ἓν καὶ τὴν στιγμὴν ἀρχάς τισι δοκεῖν εἶναι.

② 希腊文为，ἐπεὶ οὖν τὰ καλούμενα γένη καθόλου καὶ ἀδιαίρετα (οὐ γὰρ ἔστι λόγος αὐτῶν) στοιχεῖα τὰ γένη λέγουσί τινες, καὶ μᾶλλον ἢ τὴν διαφορὰν ὅτι καθόλου μᾶλλον τὸ γένος· ᾧ μὲν γὰρ ἡ διαφορὰ ὑπάρχει, καὶ τὸ γένος ἀκολουθεῖ, ᾧ δὲ τὸ γένος, οὐ παντὶ ἡ διαφορά. ἁπάντων δὲ κοινὸν τὸ εἶναι στοιχεῖον ἑκάστου τὸ πρῶτον ἐνυπάρχον ἑκάστῳ.

③ Hübner（2005:539-540）。

辞术》中对 τόπος 的定义。在逻辑学中，这样的元素就是"一般推论（三段论）"模式，它来自于逻辑分析，如，将 $S_k \Rightarrow S_n$ 作为结论分解为 $S_k \Rightarrow S_1$、$S_1 \Rightarrow S_2 \cdots S_{n-1} \Rightarrow S_n$ 这些前提的过程。最终的分析是科学的形式化处理，如，对 AaB（所有 B 都是 A）这一命题的分析，就是发现中项 $C_1$、$C_2 \cdots C_n$ 以及包含它们的、最简单的前提，即，$AaC_1$、$C_1aC_2 \cdots C_naB$（An.po.I.32.88b18）。[1] 这两种分析过程都使用了一般的三段论模式。比如，设 n=2，则 $AaC_1 \Rightarrow C_1aC_2 \Rightarrow C_2aB \Rightarrow AaB$，这个过程由两个 Babara 式构成：$AaC_1 \Rightarrow C_1aC_2 \Rightarrow AaC_2$ 和 $AaC_2 \Rightarrow C_2aB \Rightarrow AaB$；每个式由两个前提和一个中项构成，那么初看起来，元素就是词项及其命题。但是，重要之处在于，这些元素并非堆砌在一起，而是处于逻辑关系中。这样，真正的元素是前提和中项构成的微小又普遍的形式。[2] 作为元素性形式，τόπος 具有某种构成性，如亚里士多德所说，它是"诸多修辞演绎可以列入其中的东西"。

就具体论证而言，逻辑性的 τόπος 如同（1）和（2），在"种"上不再可分，是最小者；但就一般逻辑形式来看，它又符合上述的（5）和（6），"一般推论"的确是普遍的，是所有推论的"属"，涵盖了辩证术的、修辞术的、智术的、诗性的推论。

---

[1] 这两种分析模式见 Detel（2005a:34-35）。Byrne（1997:25）总结了亚里士多德的分析概念：（1）拆解（loosing up）某事的过程，这预设了某事必需或者能够被拆解，而且某事预先是压缩的和无差别的。（2）物理学上指分解和还原。（3）在各成分之中同时探明其完整而合理的互联模式。但是（a）整体不会被消解；（b）这个模式并没有压缩给定的内容；（c）必须知道互联关系，才能认识成分的同一和差异性。（4）亚里士多德也许把几何学中的分析（柏拉图学院的做法）引入到论证中用来发现问题。如几何学中会从已知内容出发，用分析寻找所缺的直线；论证中，如果词项和前提缺少，也要把结论分解为各种要素，补充缺少的内容。

[2] 三段论的形式见 Nortmann（2005b:547），整体研究见王路（1991）。

就第二个问题而言，按照我们后面的考察，《修辞术》中的τόπος 并不都是纯形式的。有一些与话语的内容和材料密切关联，还有一些并不具有逻辑的形式性，尽管也有普遍用途。前一种 τόπος 可用于逻辑形式，但与质料相关，因而相近于（1）和（2），尤其相似于音节的字母。后一种则是非逻辑的"形式"，涉及了心理、生理、道德和社会因素。无论如何，这两种依然是普遍的，在这个意义上，它们都等同于（4）。

总体上，不论是逻辑论证，还是非逻辑"论证"（不严格意义上的），论位都不是论证的片段，相反，它是完整的、有构成性的普遍元素。[①]在《修辞术》中，亚里士多德当然更重视逻辑性论位，但也允许了无理性的论位。这些在后面会逐一加以梳理，但下一节还是要先回到《论位篇》来考察论位的逻辑功能。

## 二、《论位篇》中 τόπος 的功能

在第一小节，通过《修辞术》的定义，我们可以初步理解《论位篇》中 τόπος 对于逻辑推论的核心地位，它似乎具有某种原子性的形式性。尽管 HWR（XI, 633-634）对亚里士多德的τόπος 的说明言简意赅，"作为论证技艺辩证术和修辞术之基础的论证发现程序（Suchformeln）"，然而，对于 τόπος 的具体功能，学术界还是颇有争议。《论位篇》虽然没有定义，但情况似乎比《修辞术》更清楚一些，因为其中是以逻辑形式和一般哲

---

① Τόπος 恰恰体现了《修辞术》的一般哲学原则，如 Rapp（2005f:518）指出的，亚里士多德之前的修辞术仅仅以演说的"部分"作为这门技艺的部分，而亚里士多德按照"系统性的着眼点"来划分修辞术的组成。当然，亚里士多德也保留了一些他之前的修辞家所使用的论位形式。

学范畴为主；而《修辞术》中 τόπος 这个名称的含义更加"难解"。[①]所以，我们还是应该返回《论位篇》去发现 τόπος 的本质。

一般来说，学界对《论位篇》的 τόπος 有四种看法：第一，τόπος 是要点或要目；第二，τόπος 是前提，甚至是假言前提；第三，τόπος 是从结论来"发现"前提的工具；第四，τόπος 不仅是发现前提的手段，它总体上还是普遍的演绎模式，也即，它可以"建构"推理形式，从而完成"证明"（广义上）。几种看法的关键分歧在于，《论位篇》的 τόπος 是否具有初步的逻辑形式，或者换言之，它是否至少为推论（三段论）奠定了基础，还是说，它不具有逻辑性，只是汇集有用的、与结论相关的命题。

斯罗姆科夫斯基（Slomkowski（1997））的研究由于是英语，故而颇为流行，但其实存在着较为严重的问题。德语方面，稍早出版的普利玛维希（Primavesi（1996））和后来的拉普（Rapp（2002））都给出了目前为止最为合理的对 τόπος 的定义，以及极为充分的对其使用程序的重构。法语世界中，布伦施维格（Brunschwig（1967）和（2007））的前言和注释也是经典研究，而最新的朗布（Rambourg（2014））不妨先行引述。

## （一）τόπος 是标志性要点或要目

朗布的研究是相关公元前 5—公元前 4 世纪希腊修辞术中 τόπος 发展的力作。她的重心放在了《修辞术》，而不是《论位篇》，在其看来，后者并没有完全"发展"出前者那个层次的 τόπος，很明显的一个原因就是，τόπος 的定义仅是出现在《修

---

① Solmsen（1929:166）。

辞术》。在所有学者里，对于《论位篇》中"大部分"τόπος 的"逻辑性"，她的态度最为消极。这很可能是因为，她的着眼点是修辞术的演变和发展的 τόπος，而不是逻辑学或哲学问题。

按其所述，首先，Top.I 几乎没有提及 τόπος，除了该卷结尾，这表明 τόπος 并不是辩证术方法的基本概念。其次，在中间章（Top.II-VII）里，τόπος 是"要点"（point）或"要目"（rubrique）这样的标志性"工具"（outil），它"被用来组织一个开放列表"，即一个数量不定、方式灵活、有关"策略"或"前提"的开放式集合，这时的 τόπος 并不是技艺性的术语。第三，到后来，在《修辞术》中，τόπος 才"进化"成，一方面作为"特殊论位"，对应《论位篇》列举的前提，另一方面作为"普遍论位"，即**论证性**要目（论目）"（rubrique argumentative）；τόπος 或用于某一类演说，或用于论证，最终成为"亚里士多德式取材构思（invention）观的基本元素"。① 第四，据其统计，《论位篇》中间章里，对于大约三百个论位，τόπος 一词出现了五十多次，它相关如下三大功能：

| （1）τόπος 往往用来指明指导和警示的策略。 | （a）指导：指明 τόπος 为何有用。 | 对证明和反驳有用 |
|---|---|---|
| | | 对某个谓词有用 |
| | | 在特殊问题中有用 |
| | （b）警示 | 注意可能使用的智术 |
| | | 确定 τόπος 是否是更有用的论位的一部分 |
| （2）反驳 | | |
| （3）相对更少的情况 | （a）引入新论位，只表达一次，之后是下一个由 ἄλλος 引出的论位。 | |
| | （b）重述和回顾某一个已经确立的类别。 | |

---

① Rambourg（2014:180-181,183-186,255,352）。

这些功能表明了 τόπος 是要点或要目，而且联系了空间地点的"包容"（contenant）的意思，但从未与逻辑术语（ἀρχη 或 πρότασις）有联系。[1] 第五，中间章里的 τόπος 含义（除去本意之外）是统一的。朗布并没有完全否认《论位篇》中 τόπος 的逻辑功能，比如，τόπος 依然作为准则，"指明如何为了确立结论，寻找要建构的论证前提"（chercher la prémisse de l'argument à construire en vue de la conclusion à établir）， 如 Top.109b30；或是作为论证有效性建构基础的原则和逻辑律（loi logique），如 Top.115a6。这两个方面，按照后来亚历山大的转述，特奥弗拉斯托斯对之做出了区分（见下）。但是，在中间章，τόπος 仅仅是"对收集来并理论化的策略的分类和重述手段"。似乎只有这样，它才不会出现多重的分歧理解。[2]

她也敏锐察觉到了《论位篇》中两个词的用法：一个是与 τόπος 形近、在抄本里往往与之相混的 τρόπος；一个是在《修辞术》中进入 τόπος 定义的 στοιχεῖον。前者在《论位篇》里，表示一个特殊的 τόπος，意思相当于"模式"。在《辩谬篇》中，它表示"论证策略"的"类别"（εἶδος），涵盖各类的反驳，可表示大类，也可表示亚类（Soph. el.165b23 和 165b27），而《辩谬篇》的 τόπος 仅仅表示"一个"策略。《论位篇》的 στοιχεῖον，在六个没有 τόπος 的地方，起到了后者的功能。而且，它还能表示涵盖多数策略的"原则"（Top.121b11），这是 τόπος 缺乏的。[3]

---

[1] 按其所述，rubrique argumentative 区别于 rubrique，《论位篇》中间章的三百多个论位和《修辞术》的普遍论位都被她称作前者，但它们本身不是 τόπος，只是其所指对象。见 Rambourg（2014:183,255,352）。

[2] Rambourg（2014:182-183）。

[3] Rambourg（2014:184-185）。

这说明了，《论位篇》的 τόπος 仅仅指明单个的策略，没有构成"类"，即相反于 Rhet.I.2.1358a30-32 的"殊类"。另外，《论位篇》的 στοιχεῖον 已经高于 τόπος 而具有逻辑意义；既然这一意义在《修辞术》中得到明确的定义，那么《修辞术》的 τόπος 就高于《论位篇》的。

总之，在她看来，《论位篇》的大部分 τόπος 并不是辩证术的"支柱"，它所反映出的情况恰好属于"Rhet.I.2 或 II.22 的某些例子之前的阶段"。[①] 从其论述可以推出，《论位篇》到《修辞术》具有一个"进化"（朗布语）的过程，而且如我们之前所述，前者的确基本上完成于后者之先。这种立场类似于索尔姆森研究《修辞术》时提出的"发展观"。[②] 换言之，《论位篇》的大多数 τόπος 只是《修辞术》之前的（修辞家或亚里士多德的）τόπος 的沿用，不过是一种外在标志，如同我们手写条目时，一上来自然点出的"点"，它标志着一条条前提、策略及其论证，但并不是它们本身，也不是技艺的组成。尽管《论位篇》中也浮现了 τόπος 的不同用法，但对它的正式革新和将之作为标准术语，要等到后来写完的《修辞术》。也因此，朗布非常重视 Rhet.II.23，她用了将近三分之一的篇幅对之做了详释，因为那里的 τόπος 似乎是发展成熟的实例。

这样的解释尽管统一了中间章的 τόπος，但依然让《论位篇》全书的 τόπος 并不一致。既然她本人承认存在着逻辑功能的 τόπος 以及表示这一点的 στοιχεῖον。那么，τόπος 难道不能既作为外在的要点标记，也作为逻辑形式的内在标志吗？按照之

---

① Rambourg（2014:185-186）。
② Solmsen（1929:208）。

前所述的记忆术，τόπος 如果在比喻意义上作为内在的"地点"，它不恰恰就可以同时起到这两种作用？

另一点需要注意的是，Rhet.I.2.1358a10-26 明确指出了构成 ἀντίστροφος 关系的辩证术和修辞术都使用"普遍 τόπος"，即推论或修辞演绎；而且修辞演绎就源自于推论。[①] 这也证明，修辞术的普遍 τόπος 是依托于《论位篇》和辩证术的逻辑性 τόπος（区别于《论位篇》的种种前提和特殊 τόπος），而不是相反。如果《论位篇》的大部分 τόπος 仅仅是尚未进化的、非逻辑性的标志，那么这部作品无法为《修辞术》的"普遍论位"提供基础，两者的 ἀντίστροφος 关系也并不对等；即使《论位篇》的逻辑形式用于了《修辞术》，但这又和大多数 τόπος 无关。

### （二）τόπος 是假言前提

与朗布让《论位篇》的 τόπος 落后于《修辞术》不同，斯罗姆科夫斯基的主张又将之在逻辑性的程度上推进得更加超前：他详细阐述了 τόπος 是始基（原则）和前提，而且是"假言推论的假言前提"（hypotheses of hypothetical syllogisms）。这方面的直接例子似乎体现在 Top.163b17-33，那里列举了各种在辩证对谈中需要掌握的东西。它们似乎就是 τόπος，或是推论的来源（διὰ γὰρ τούτων οἱ συλλογισμοὶ γίνονται），或是"其他论证往往所归之处"（εἰς ἃ πλειστάκις ἐμπίπτουσιν οἱ ἄλλοι λόγοι），这也同于 Rhet. 1403a17-19 的界定。Top.163b29 提到的"始基和前提"（τὰς ἀρχὰς καὶ τὰς προτάσεις），Top.163b31-32 的

---

① Rambourg（2014:188-189）引了这一段，但并没有考虑这里与她之前看法的矛盾。

"普遍前提"（πρότασιν κοινὴν）和 "始基和假设" 均指 ἀ，也就是 τόπος。Rhet.1358a10-20，1358a29-33，1402a32-34 也较为明显地认为 τόπος 就是前提。由于始基和前提也联系了假设，因而他逐步将 τόπος 联系了假言推理。①

为了支持自己的主张，他主要依赖传统的证据。如特奥弗拉斯托斯把 τόπος 视为始基和前提。特氏区分了 παράγγελμα 或 τόπος παραγγελματικός 和 τόπος，前者是指导，后者是前者的原则或前提，而且是在假言推论（εἰ 句）中。亚历山大给出的 τόπος 定义也是如此，他举的例子也是假言推论，τόπος 作为了辩证术推论的大前提。他的定义很可能延续了特奥弗拉斯托斯的理论。② 当然，他们似乎都是在继承亚里士多德的观点。

他的主张牵涉了一个曾经争论不休的、重要的逻辑史问题，即，亚里士多德有没有提出命题逻辑和假言推理。他似乎认为亚历山大的观点是正确的。但是，亚历山大受到了斯多亚派逻辑学的影响，他的 "假言推论" 并非亚里士多德或第一代漫步派所设想的那种。③

在 An.pr.50a39-50b，亚里士多德简要讨论了 "来自假设的推论"（συλλογισμὸς ἐξ ὑποθέσεως）④，他表明后面要加以阐述，但这一承诺似乎并未履行，因为在现存的亚里士多德作品里，并没有关于假言推论的更专门的论著。它们也许没能完成，也许在亚历山大时期就已经散佚。从《前分析篇》中仅能知道，这样的

① Slomkowski（1997:45-67）。

② Slomkowski（1997:62-63）。

③ Speca（2001:xii），这部力作成功地将漫步学派自己的假言推论学说从斯多亚派的条件逻辑里过滤出来，也终结了亚里士多德那里是否存在命题逻辑这一问题。

④ 但也注意，An.pr.50a16-28 指出，不应该从假设来推论。

"假设推论"区别于直接推论，一般是两种类型：（1）"归谬式"
（An.pr.40b23-29）；（2）"共识式"（δι' ὁμολογίας）和"共有假
定式"（διά συνθήκης，An.pr.50a18-26），这本质上就是"代言
式"（κατά μετάληψιν，An.pr.41a38-39），其中还有特殊类型
"质性式"（κατά ποιότητα）。在逻辑形式上，并没有一个共同
的"假言"的结构贯穿这两大类。"归谬式"只是通过假设相反
的直言命题，其中不存在条件句结构；而"代言式"依赖于实用
的逻辑关系。"假设推论"与直接推论的区别在于，后者是直言
断定（断言 p），前者是为了论证之用的假设（断言非 p，为了证
明 p）。"代言式"虽然也有"如果 p，那么 q"的形式，但不一
定是条件句形式，而且 p 和 q 都不是"未分析的"原子语句，它
们的关系取决于词项。因而总体上，"假设推论"还是词项逻辑，
基于直接推论，并非命题逻辑。

　　亚里士多德的"假设"并不是逻辑意义上的"假言"，它只
具有"假定的论证性"（suppositional argumentative），即假定两
个简单陈述之间存在着推论有效性，其基本形式为：

　　（1）假定"因为 C 属于 D，故 A 属于 B"。

　　（2）假定"因为 C 不属于 D，故 A 属于 B"。

　　（3）假定"因为 C 属于 D，故 A 不属于 B"。

　　（4）假定"因为 C 不属于 D，故 A 不属于 B"。[①]

"C 属于 D"和"A 属于 B"之间有可能具有逻辑必然性，比如
可以通过一系列三段论的推理得出；但更重要的是，这一必然性
需要对话人承认才能具有推论有效性（validity，或认可性），因

---

① 每种形式的完整论证以（1）为例，即，假定"因为 C 属于 D，故 A 属于 B"；
但是，（鉴于一些直接推论），C 属于 D，则 A 属于 B。其他三种情况以此类推。

而有效性与推论结果密不可分。亚里士多德并未发展出假言推理的重要原因就是，假设推论的"逻辑必然性与推论有效性是等同的"。亚历山大曾转述过特奥弗拉斯托斯的"完全假设推论"（totally hypothetical syllogism），而且它还能化约为直接推论，但这依然不是命题逻辑，特氏本人也没有如此设想。[①]

这样一来，斯罗姆科夫斯基的观点在根本上就是错误的。首先，虽然特奥弗拉斯托斯是亚里士多德的关键弟子，但他对论位的定义和划分是由亚历山大转述的。斯氏并没有分析出其中哪些是漫步学派自己的观点，他明显受到了亚历山大的影响。其次，如斯佩卡对斯氏的批评所言，他错误地将"论位性论证"（topical argument）等同于"代言式推论"；而且，由于他把"代言式推论"作为了命题逻辑的一部分，而亚里士多德的假设推论也成了假言推理，那么，大部分"论位性论证"就被他处理为遵循命题逻辑的、违反亚里士多德本意的假设推论。[②]事实上，论位性论证属于辩证术，而不是《前分析篇》逻辑学的组成。当然，有一些论位可以转变为代言式推论（Top.117b17-23，112a24-30），但这不等于它们是相同的。此外，还有一些未必具有逻辑必然性和推论有效性，比如：如果有些灵魂是不朽的，那么所有灵魂就是不朽的。[③]虽然它也有可能得到对方的认同从而假定为有效，并且建立一个假设推论，但其形态已经不再是"论位性论证"。这样的论证并不是"代言式推论"，也必定不是后来的假言推理和

---

① 以上两段的观点均见 Speca（2001:1-16,21-25,29-30,32），他的证据和论证相当充分，此处不再赘引。

② Speca（2001:26, n.48）。

③ 这一段的观点和用例见 Speca（2001:25-26）。

命题逻辑。

由于斯罗姆科夫斯基的理论违背了逻辑史发展，他将后来的理论和《前分析篇》的逻辑学用到了《论位篇》的 τόπος 上，因而作为原则和假言前提的 τόπος 就具有了逻辑形式的构型功能，而不是一般的语句。他由此主张，"（假言）前提说"也包含了对 τόπος 的其他定义（下面会有描述），如 τόπος 作为推论准则，τόπος 作为"非分析性的律则"，等。这些说法与斯氏的解释一样都是试图揭示作为形式的 τόπος。如果再稳妥一些而不是颠倒时序，那么这样的 τόπος 就是《论位篇》所要呈现的。

## （三）τόπος 是前提的发现

如果 τόπος 不是假言前提，那么看起来，它又像是一般前提，而且具有某种普遍性，这样，τόπος 仿佛是在提供前提形式。基于此，很多学者认为，τόπος 是发现前提的手段，但完成推论未必是它的任务。

如布伦施维格主张（但其看法要超出下述的范围），"辩证家知道他应该通向的结论；他寻觅允许其这样做的那些前提。因此，论位就是一种由给定的结论做出前提的机制（Le lieu est donc une machine à faire des prémisses à partir d'une conclusion donnée）"。佩勒蒂埃（Pelletier）主张，"论位是命题的选择（ἐκλογή）标准"，这样的命题"是公认的意见（endoxales），对一个立场更具有攻击性"。威尔（Weel）认为《论位篇》只是发现前提，而《后分析篇》负责 pars iudicativa。威兰德（Wieland）也认为，《论位篇》"体现了逻辑学的早期形式。其基本问题并不像后来的推论学（Syllogistik）一样是从给定前提导出结论，而是恰恰颠倒过来：其问题是为了一个给定的结论来发现合适的前提，如，为了讨论中要证明的主题；从这些前提中，结论可以合乎逻辑地推导出来"。这样的看法并不算错，但假如将《论位篇》（以及《修辞术》）的 τόπος 仅限定于前提的发现，那就会低估 τόπος 的逻辑意义。①

扎纳塔主张，τόπος 本身是前提，也能让人们发现它。为了突出元素性，他将 τόπος 确定为"意见（或判断），也就是单元性的直言命题"（giudizi, ossia discorsi apofantici unitari），这一思想来自 Int.17a20-21；简单的 τόπος 又可以通过连接词（σύνδεσμοί）成为复合的 τόπος。在推论中，它可以作为大前提：它的主词是中项，谓词是结论的定项。他将 τόπος 作为直言命题，从而立足于词项逻辑而非假言逻辑，这完全正确。而且他进一步认定，既然 τόπος 让人发现大前提，那么这意味着，它代表了一种"指引推导的论证模式"（una sorta di schema argomentativo che guida l'inferenza）。② 这一看法可以引出下一种解释。

## （四）τόπος 是推论的逻辑模式

上一种看法如果继续推进的话，那么，τόπος 之所以能提供前提，是因为它体现了推论的逻辑模式并且具有规律性，目前看来，这样的理解最为合理。比如，较新的瓦格纳的主张，τόπος "是论证模型，可以借助它来发现让既定的论证目标

---

① 这一段的主张见 Rapp（2002:II,277），Brunschwig（1967:XXXIX）和 Primavesi（1996:85, n.7）。
② Zanatta（2004:88-93），他举的例子如，所有正义的人不可能通奸（论位）；甲是正义的人；甲不可能通奸。他的研究重心是《修辞术》的 τόπος，但这些观点也适用于《论位篇》和一般逻辑。

得以达成的种种前提"（ein Argumentationsmuster, mit dessen Hilfe man Prämissen finden kann, durch die sich ein gegebenes Argumentationsziel erreichen lässt）。[①] 这里的重点在于 τόπος 是某种模式，发现前提只是它的功能之一。德·帕特（de Pater）认为，"论位既是一种寻找模式，也是证明模式"（Le lieu est à la fois une formule de recherche et une formule probative），这是他的最有启发性的洞见："以这种角度来看，论位似乎起到了在材料和结论之间的桥梁一样的作用（le lieu semble fonctionner comme un pont entre les données et la conclusion）：论位发挥了证明功能（une fonction probative），而它完全让自己充当了一种律则（loi）"。[②] 德·帕特不仅认为《论位篇》的 τόπος 提供了逻辑律，他甚至主张，《修辞术》的 τόπος 也具有"公理性律则"。这样的强主张当然有问题，但如果稍稍让步一下，那么拉普给出的一种可能辩护也可以接受：《论位篇》的 τόπος 依然来自于逻辑律，而且，τόπος 的种种合律性，当不是逻辑性时，也是"语义学或本体论方面的性质"，它们"如逻辑律一样也具有普遍的应用性"，也能与之一样被"抽取出"。[③] 无论如何，德·帕特看到了 τόπος 的规律性，这恰恰体现了它的元素特征。总体上，《论位篇》的 τόπος 还是基于逻辑性本身，而且是这种性质的具体运用。

### 1. 普利玛维希：τόπος 作为转型指引

对于《论位篇》的 τόπος，Primavesi（1996）是研究精到

---

① Wagner（2011:355）。
② Rapp（2002:II,278）和 Primavesi（1996:90）。
③ Rapp（2002:II,278）。

的作品。与朗布针锋相对，它试图阐明：《论位篇》中间章的大约三百个 τόπος，"在什么意义上可以视为辩证术推论的'方法'"？他认为，《论位篇》清楚地提示了其任务就是要"完成辩证术的 τόπος"。这样的提示相关"攻击"（ἐπιχειρεῖν），如 Top.VII.155a37-39，τόπος 提供了我们针对问题展开攻击的手段（δι' ὧν εὐπορήσομεν πρὸς ἕκαστα τῶν προβλημάτων ἐπιχειρεῖν）；Top.VIII.155b4-5 "要提问的人必须首先发现应从'什么地方'展开攻击"。① 后一处如果抛开军事比喻，那么与前一处密切相关，而且距离很近。展开攻击就是问方开启辩证术的推论活动。依然是用极简的方式，普利玛维希清晰地揭示了 τόπος 的功能：②

第一，辩证术 τόπος 的任务就是协助问方确定攻击守方时所需的适用前提。第二，确定推论的前提是依循攻方的目的，即预先给出的结论：答方立场的反面。因此，τόπος 进一步的功能就是从给定的结论来确定前提。第三，辩证术推论的前提必须满足两个条件：（1）能明显而有说服力地过渡到目标结论；（2）辩证术的前提必须是"公认的意见"（ἔνδοξα）。亚氏的 τόπος 无助于（2），但 Top.I.13-18 的"工具"可以提供，这是 τόπος 使用的先决条件。同时（1）也可以得到满足。第四，τόπος 提供的，只能是一个前提，而非"论证步骤的链条"。可以推测，问方必须使用更多的 τόπος，或一个 τόπος 多次使用，从而完成一个回到结论的推理过程。他在每一步都可以通过 τόπος 获得前提。

---

① Primavesi（1996:83-84）。
② 以下几点见 Primavesi（1996:84-88）。

第五，设 p 为答方的立场命题，它或来自假设，或来自对所讨论的既存命题的拒斥，那么问方有两个可能的论证目标：答方采取 p，则问方需要破坏 p；与之相反，答方若否认 p，则问方必须证成 p。依此，答方来寻找得出结论的最后前提：

（1）破坏（ἀναιρεῖν/ἀνασκευάζειν）p 的 τόπος，提供了一个 p 的必要条件，即，对于命题 q，如下成立：p → q。问方必须让答方同意如下前提：q 的否定，即 ~q。

（2）证成（κατασκευάζειν）p 的 τόπος，提供了一个 p 的充分条件，即，对于命题 p，如下成立：q → p。问方必须让答方同意如下前提：q。

而充分必要关系的、可以互换的 p↔q 能供上述两个过程使用。

综上，τόπος 的任务是：它能让问方从命题 p 出发，得到命题 q，

（1）q 要么是 p 的充分条件，使得 q 可以用作证成的前提；

（2）q 要么是 p 的必要条件，使得 ~q 可以用作破坏的前提。

这样的过程很容易被人颠倒时序地联系斯多亚派的命题逻辑，如斯罗姆科夫斯基（见上）和布伦施维格（见下）的做法：（1）可以理解为否定后件式（modus tollendo tollens），（2）可以理解为肯定前件式（modus ponendo ponens）。但是，亚里士多德从未提过这样的模式以及"假言前提"。而且在具体的对话中，情况更复杂，答方的肯定也会是某种计策。当然，在亚里士多德"对辩证术论证进行元语言（metasprachlichen）描述"时，他恰恰揭示了"这种基本的蕴涵关系"。[1] 这是 τόπος 能够表露出的、

① Primavesi（1996:87-88）。

亚氏意义上的"逻辑性"。

在描述完 τόπος 的任务或功能之后，普利玛维希也出色地总结了 τόπος 产生功能的方式和结构。他主张，"一个 τόπος 标明了一个转型（Umformung），通过它，一个命题 q 可以从所讨论的、既存的命题 p 中构建出来，q 与 p 处于依照论证目的所需的蕴涵关系中，即作为 p 的必要或充分条件"。他也称 τόπος 是一种"转型指引"（Umformungsanleitung）。①

基于 Rhet.1403a17-19 的"元素说"，他指出《论位篇》划分了四类命题，每一类都分派了 τόπος。这样的命题以主词和谓词的关系构成，随着谓词不同而有四类：（1）谓词 A 是主词 B 的定义；（2）谓词 A 是主词 B 的固有属性（ἴδιον）；（3）谓词 A 是主词 B 的属；（4）谓词 A 是主词 B 的偶性。一个 τόπος 就蕴涵了组成命题类的谓词关系。②

狭义理解上，按 Top.I.103b6-19 所述，四类谓词的关系相关三种基本关系：

（1）C（A，B）：谓词 A 与主词 B 共外延，即，对于所有 x 来说，若 A 属于 x，则 B 也属于 x；若 B 属于 x，则 A 也属于。

（2）E（A，B）：谓词 A 对主词 B 是本质性的，即，完全或一部分标明了 B 的本质。

（3）Y（A，B）：谓词 A 属于（ὑπάρχει）主词 B。

通过这三种关系，可以构造四类谓词关系的模式（Schema）：

---

① Primavesi（1996:88-89）：Ein Topos gibt eine Umformung an, durch die aus dem zur Diskussion stehenden Satz p selbst ein Satz q gebildet werden kann, der zu p in dem je nach Argumentationsziel benötigten Implikationsverhältnis steht, d.h. eine notwendige, oder hinreichende Bedingung für p.

② Primavesi（1996:90-91）。

（1）定义关系：$H(A, B) =_{df} E(A, B) \& C(A, B)$。即，A 是 B 的定义，则 A 表明 B 的本质且 A 与 B 共外延。

（2）固有属性关系：$I^1(A, B) =_{df} {\sim}E(A, B) \& C(A, B)$。即，A 不表明 B 的本质且 A 与 B 共外延。

（3）属的关系：$G(A, B) =_{df} E(A, B) \& {\sim}C(A, B)$。即，A 表明 B 的本质且 A 与 B 不共外延。

（4）偶性的关系：$S^1(A, B) =_{df} {\sim}E(A, B) \& {\sim}C(A, B) \& Y(A, B)$。即，A 不表明 B 的本质且 A 与 B 不共外延且 A 属于 B。

广义理解上，固有属性可以包含定义关系，偶性可以包含其他三种关系。

（1）广义的固有属性关系（Top.132b8-18）：$I^2(A, B) =_{df} C(A, B)$。即，共外延关系是广义固有属性关系的充分必要条件。

（2）广义的偶性关系：$S^2(A, B) =_{df} Y(A, B)$。即，A 属于 B 这个谓述关系是广义偶性关系的充分必要条件。

Τόπος 就是针对并基于这些关系来提供可用的、构造充分或必要关系的前提。Top.II 是普利玛维希的研究重点，因为其中列举了上述的种种关系。而之后的卷章及其任务都是沿着"转型"这个定义展开。

首先是作为"指导"（Anweisung）的 τόπος。在朗布那里，τόπος 的主要功能就是在指导时作为组织标志，但不具有逻辑意义。与之相反，普利玛维希主张，"指导的对象"就是"转型本身，也就是模式"，它与要探寻的命题 q 一致。指导就是证明一个既定命题是不是成立。通常采取的表述形式为：σκοπεῖν εἰ...，ἐπιβλέπειν εἰ...；或指出要证明或攻击的、所讨论的命题：σκεπτέον ἐπί，σκοπεῖν ἐκ，ἐπιχειρεῖν ἐκ，χρηστέον。最终，指导也是对命题 q 的"建构指引形式"。[①]

其次，τόπος 表示"合律性"（Gesetzmäßigkeit）。这指 τόπος 可以在"普遍层面"上产生命题形式 p 与 q 之间的蕴涵关系。特奥弗拉斯托斯就是依此区分了"指导"（παράγγελμα）和本来意义上的 τόπος，后者就是这种合律性。按亚历山大所述，亚里士多德仅仅把"教导"作为 τόπος。这种逻辑性往往也是指导的根据。相关例子如，Top.II.109a34-109b12 的第一个 τόπος，即判断对手是否把非偶性作为狭义偶性；其中，Top.109b9f. 就表达了一个"合律性"，相关 C（A，B）。[②]

第三，τόπος 表示自身的使用目的，即破坏与证成。破坏是证明 ~Y（A，B），证成是证明 Y（A，B）。破坏就是否定 A 和 B 之间的主谓关系，证成则是建立这样的联系（Int.16a12f. 和 Meta.1027b18-28）。破坏未必是反驳，因为守方也可以采取破坏；反驳也未必是破坏，问方的反驳也可以是证成。

第四，τόπος 表示辩证术案例。《论位篇》中有大量的 τόπος 使用例子，也体现了辩证术的实践方面及其常用的命题。[③]

以上四点其实都可以统一于 τόπος 的"转型指引"这个总功能上，正因此，τόπος 才可以用来指涉辩证术的教学、一般法则、目的、实用等方面。由于《论位篇》完备地规定了 τόπος 的逻辑意义，《修辞术》才能继续沿用，而不是像朗布说的，后者的 τόπος 才是最终的进化版。

进一步，普利玛维希通过对 Top.II 的各个 τόπος 的细腻研

---

① Primavesi（1996:97-98）。

② Primavesi（1996:98-99,120）。

③ 以上两点见 Primavesi（1996:99-101）。

究，我们能够充分看到朗布的理解是完全错误的，τόπος 已经具有了明显的逻辑含义。[①] 正因此，有些学者会继续将之与逻辑律结合在一起。

2. 布伦施维格：τόπος 作为逻辑律则

尽管布伦施维格认为论位与发现前提有关，但他关注的是论位的证明形式。如其所言，"论位就是一个模式，理论家能够将众多已知的、在辩证或演说实践中既存的和可以观察到的论证归入其下"[②]。作为模式，τόπος 就具有某种律则，依此，他主张，"亚里士多德的论位明显能够化约为同一个基本结构。每个论位都表现为一种规则（régle），它联系了一个建构过程（procédé de construction），而且以律则（loi）为基础。该规则规定，要去考察某个命题是否得到验证（verifiée）"。这一看法是对普利玛维希的"转型指引说"的推进。[③]

当然，在概括律则时，他与普利玛维希是相近的。那个待验证的命题，被他称为第二命题（p2），这区别于待证成（établir）或反驳（réfuter）的第一命题（p1），即守方立场的反面。"建构过程允许从第一命题的内容出发具体地确定第二命题的内容。最终，这一律则在第二命题和第一命题之间建立了前件和后件的关系（une relation d'antécédent a conséquent），也设定了两个命题

---

① Primavesi（1996:104-113,117-275）。

② Brunschwig（1994:81）: un Topos est un schéma sous lequel le théoricien parvient à subsumer une multiplicité donnée d'arguments, déjà présents et observables dans la pratique dialectique ou oratoire.

③ Brunschwig（1967:XL）。

模式间蕴涵关系的存在。"[①]他的推进已经走向了"命题逻辑"，如前所述，这违反了逻辑史的发展，而且无视辩证术的实践过程。所以，他很快采用了相关的超前表达。

当 p2 蕴涵 p1，就要肯定前件（modus ponens）来证成 p1；如果情况相反，就要否定后件（modus tollens）来反驳 p1。如果彼此蕴涵，那么无论是证成还是反驳 p1，p2 都可以使用。具体过程如下：

（1）p1 是命题模式 Σ1 的具体化（concrétisation）；

（2）模式 Σ2 与模式 Σ1 是蕴涵关系；

（3）如果一些具体词项对应了 p1 将 Σ1 具体化时所用的词项，如果借助这些词项将模式 Σ2 也具体化，那么，就得到命题 p2；

（4）p2 是一个按照 τόπος 联系了命题 p1 的前提。

显然，他设想，亚里士多德有意使用了"命题逻辑"，即下面的模式，之前普利玛维希也论述过，但并没有走得那么远：

（1）肯定前件：

（a）如果，P 属于 A，

那么，P 属于 B。（p2 → p1）

（b）既然，P 属于 A。（p2）

（c）所以，P 属于 B。（所以 p1）

如果对方提出"P 不属于 B"，那么攻方（提问方）就要证明"P 属于 B"（p1）：首先，选择相应的 τόπος，使得"P 属于 A"（p2）与 p1 构成蕴涵关系；然后，证明 p2 成立，这一点需要守方认可；最后，p1 成立。

---

① Brunschwig（1967:XL-XLI），评述见 Rapp（2002:II,278-279）。

（2）否定后件：

（a）如果，Q 属于 A，

那么，Q 属于 B。（p1 → p2）

（b）但是，Q 不属于 B。（~p2）

（c）所以，Q 不属于 A。（所以 ~p1）

如果对方提出"Q 属于 A"（p1），那么攻方就要证明"Q 不属于 A"（~p1）：首先，选择合适的 τόπος，使得 P1 与"Q 属于 B"（p2）构成蕴涵关系；然后，证明 p2 不成立，这一点也需要守方认可；最后，p1 也不成立。[①]

这种颇具代表性的设想，应是来自 Top.111b17-23，这一段也许可以认为是肯定前件和否定后件的最初表达，但其中的 τò προκείμενον 有不同理解，我们设为 q："针对 q，必须考察，什么存在，则 q 存在，或，如果 q 存在，什么必然存在。想要证成时，［就要考察］什么存在，q 就存在（因为，如果前者被证明存在了，那么，q 就被证明存在）；想要破坏时，［就要考察］如果 q 存在，什么就存在；因为，如果我们证明了，'随 q 者'不存在，那么，我们就破坏了 q。"[②]

此即 Top.II 的第十四个 τόπος。按普利玛维希的解释，它相

---

[①] Brunschwig（1967:XLI-XLII），评述见 Rapp（2002:II,279），Primavesi（1996:87）。

[②] 希腊文为，Σκοπεῖν δὲ ἐπὶ τοῦ προκειμένου, τίνος ὄντος τὸ προκείμενόν ἐστιν, ἢ τί ἔστιν ἐξ ἀνάγκης εἰ τὸ προκείμενον ἔστι, κατασκευάζειν μὲν βουλομένῳ, τίνος ὄντος τὸ προκείμενον ἔσται (ἐὰν γὰρ ἐκεῖνο δειχθῇ ὑπάρχον, καὶ τὸ προκείμενον δεδειγμένον ἔσται), ἀνασκευάζειν δὲ βουλομένῳ, τί ἔστιν εἰ τὸ προκείμενον ἔστιν· ἐὰν γὰρ δείξωμεν τὸ ἀκόλουθον τῷ προκειμένῳ μὴ ὄν, ἀνῃρηκότες ἐσόμεθα τὸ προκείμενον. 这句的 τίνος ὄντος 不适宜理解为"条件"，比较 An.pr.47a28-30 的人与动物的蕴涵关系（下面会用到），见 Primavesi（1996:163-164）。

关证明谓词与主词的谓述关系。在"类逻辑"（Klassenlogik）上，q 是"谓词概念"或其指称；"什么"（或"随 q 者"）设为 p。q 与 p 处于包含和被包含的关系中。

（1）当 q ⊃ p，那么，p 存在（或谓述主词），q 存在（或必定谓述主词）：如，人存在，则动物存在；人谓述主词（x 是人），则动物也谓述主词（x 是动物）。

（2）当 q ⊃ p，那么，q 不存在（或不谓述主词），p 不存在（或不谓述主词）：如，动物不存在，则人不存在；动物不谓述主词（x 不是动物），则人也不谓述主词（x 不是人）。

似乎，这两者构成了 p → q 的关系，然而，这是一种"概念间的包含关系"（Inklusionsbeziehung zwischen Begriffen），并非如《论位篇》的意大利语译者扎德罗（Zadro）所言，"相关命题间的蕴涵关系"（Sulle implicazioni fra proposizioni）。尽管 τὸ ἀκόλουθον 一词的确很吸引人，比如吸引了亚历山大，让他朝向命题逻辑；帕切（Pace，Pacius）和魏茨（Waitz）都使用了 antecedentia 和 consequentia 这样的表达。类似的 τόπος 也见 Top.112a16-23，那里的蕴涵关系为：$A \subset B \ \& \ x \in A \to x \in B$。[1]

在评注这一 τόπος 时，布伦施维格认为，这"非常清楚地表达了命题蕴涵律（lois de l'implication propositionnelle）"："前件的真引出后件的真"（la vérité de l'antécédent entraîne celle du conséquent）；"后件的假引出前件的假"。"肯定前件和否定后件所指明的、传统假言推论的有效性"就取决于这样的律则。他

---

[1]　Primavesi（1996:160, n.29,161-164），其中标注扎德罗的概述，也见 Rapp（2002: II,279）。

进一步将这一点推广到辩证术的一般实践中。[①] 但如前引斯佩卡（Speca）的论述，亚里士多德并没有建立命题逻辑，他的"假设"并不是"假言"。在抽象出一般规律的同时，布氏忽视了辩证术的"对话"过程。

在实际对话中，"如果……，那么……"这样的 τόπος 前提并不是（如布氏和斯罗姆科夫斯基所言）"假言推理"的标志，甚至不是必须出现的。按拉普所言，[②] 它是向对手表明"结论从何得出"：（1）即使没有特意使用"如果……，那么……"的句式来让对方确认，但对方依然会"被迫"承认结论。（2）没有假设句或蕴涵句，这并不能说明，辩证家没有表述出被视为有效的推论。（3）τόπος 在建构推论时使用的那些前提条件未必特意需要对方确认，因为它们本身具有逻辑的强迫力，它们不是有争议的前提。（4）亚里士多德设定了两种不在同一层面上的前提条件，一种负责得出结论，基于看起来为真的演绎；一种通过"公认意见列表"引入对谈，不需要推论，对方必定会明确认可。简言之，"如果"句是为了让对方确认"那么"之后的直言命题，而不是前件与后件的蕴涵关系。综上，辩证术的实践过程应为：

| （1）问方：p1 是否成立？答方：是。 | p1 是公认的意见，不需要"如果"句。 |
| （2）问方：p2是不是成立？答方：是。 | p2 是公认的意见，不需要"如果"句。 |

---

① Brunschwig（1967:144）。
② 其观点见 Rapp（2002:II,280-281）。

| | |
| --- | --- |
| （3）问方：如果 p1 & p2，那么 c，是不是？答方：是。 | c 是 p1 和 p2 推导的结论，不是公认的意见，但由于逻辑律的说服力和强迫力，答方已经明白这一关系，故而同意。这里的"如果"只是重复 p1 和 p2；"那么"仅仅是让对方确认 c。尽管前后的逻辑关系（或包含其他必然关系，如哲学或语义学的）是存在的，但"那么"并没有抽象出符号"→"的逻辑含义。 |

与抽象的、个人完成的演绎截然不同，首先，辩证术对谈需要答方的肯定或否定，以此来设真假。因此，第二，答方的回答具有主观性、不定性和灵活性。第三，公认的意见并不是绝对必然的命题；命题逻辑中假设的那种全称命题很难得到承认。第四，对谈过程中，"归纳"（即修辞术的例证）也起到了重要作用。总体上，整个对谈并不是两个设定好程序的 AI 在进行数据推演。布伦施维格恰恰忽视了这些方面。

需要强调一点，τόπος 的这种特点，并不完全取决于《论位篇》的"对话"，它是由亚里士多德的"推论（三段论）"（συλλογισμός）的本性所决定。在后来的《修辞术》（以修辞演绎为形式），以及论述其一般形式的《前分析篇》中，"推论"也不是这样超前的逻辑形式，既非命题逻辑的蕴涵形式，也非卢卡希维茨和帕特茨希（Patzig）理解的"由变元来表述的普遍推论规则"（eine mit Variablen formulierte allgemeine Schlußregel），它只是一种"借助具体概念的推论"。[①]而 τόπος 就是将概念关系呈现出来的普遍模式。

布伦施维格确定了 τόπος 具有逻辑律，这是合理的，但代价是，它成为了超前的命题逻辑之抽象规则的载体，而且亚里

① Primavesi（1996:74-76）。

士多德意义上的、更丰富的、包含哲学或语义学层面上的"逻辑性"被牺牲掉了。不过，区别于斯罗姆科夫斯基，他没有认为 τόπος 是假言前提，因为这样做会让 τόπος 失去某种形式性，仅仅成为等待逻辑律建构的组成。

### 3. 拉普的理解和重构

作为晚出之作，拉普的研究具有总结意义，他对 τόπος 的定义和分析基本上遵循了普利玛维希的思路：τόπος 是"一种构建论证的普遍指引"（eine allgemeine Anleitung zur Bildung von Argumenten），"众多 τόπος 可用于大量结构上相关的情况，其本身不包含成形的论证，而是构建论证的普遍模式"[①]。他认为 Rhet.1403a17-19 的定义也适用于《论位篇》的 τόπος，对此，他评价说，"在偏离材料性 τόπος 概念上，论位的普遍性展现出了重要一步，因为它不再等同于应该提出的论证，而是提供了普遍的模型（Muster），通过该模型，可以随同某个特定例子的具体标志（Merkmalen）来构建具体的论证"。这样的描述当然也符合《论位篇》。[②]

他概括了《论位篇》中 τόπος 的三个任务：第一，"发现那些与给定结论有关的前提"；第二，"从这些前提中选择那些作为公认意见的前提"；第三，"通过有关的、作为公认意见的前提，在回答方证实之后，随着所寻求的结论，来建构演绎过程"。而《论位篇》的中间章正是这些任务的领域。[③] 这一看法显然相反于

① Rapp（2002:II,270）以及 Rapp（2005g:605）。

② Rapp（2002:II,272）。

③ Rapp (2002:II,273): die Aufgabe, Prämissen aufzufinden, die für eine gegebene Konklusion einschlägig sind；die Aufgabe, aus diesen Prämissen solche auszuwählen, die anerkannte Meinungen sind；die Aufgabe, aus den （转下页）

朗布。

基于这样的解释，拉普对《论位篇》中的一些 τόπος 程序做了重构，我们也结合普利玛维希的分析来加以表述。

第一例：Top.113a20-23，"再有，**如果**某者与某偶性相反，[**那么**]就要考察：它所属于的东西，**是否**该偶性也被说是属于它；**因为，如果**前者属于，[**那么**]后者就不会属于；**因为**，彼此相反者不可能同时属于同一个东西。"[①] 这个例子关涉相反的谓词是否谓述（属于或归于）同一个主词。其 τόπος 的结构如下：

| (1) 指引及其标志 (Top.113a20f.) | 如果……，[那么]就要考察（σκοπεῖν）：……是否……。<br>"如果"指明某一情况可使用该 τόπος。 |
| --- | --- |
| (2) 对指引的解释：蕴涵关系（Top.113a21f.） | 因为，如果……。<br>说明"考察"的原因。 |
| (3) 对蕴涵的解释：合律性（Top.113a22f.） | 因为……。<br>揭示背后的规律。此处即"矛盾律"：彼此矛盾的命题不可能同时为真。相反的命题属于矛盾命题的特殊情况。[②] |
| (4) 一般模式 | 如果 A'与偶性 A 相反，那么，A'和 A 不可能同时谓述同一个东西：Y（A，B）→ ~Y（A'，B）。[③]<br>这里的 A 与 A'是相反关系 |

---

（接上页）Prämissen, die einschlägig und anerkannte Meinung sind, nachdem sie vom Antwortenden bestätigt wurden, eine Deduktion mit der angestrebten Konklusion zu bilden.

① 希腊文为，Ἔτι εἰ ἔστι τι ἐναντίον τῷ συμβεβηκότι, σκοπεῖν εἰ ὑπάρχει ᾧπερ τὸ συμβεβηκὸς εἴρηται ὑπάρχειν· εἰ γὰρ τοῦτο ὑπάρχει, ἐκεῖνο οὐκ ἂν ὑπάρχοι· ἀδύνατον γὰρ τἀναντία ἅμα τῷ αὐτῷ ὑπάρχειν。见 Rapp（2002:II,274），粗体字为笔者所加，标示 τόπος 的指示词。此例也见 Primavesi（1996:206-210），为 Top.II 的第 23 个 τόπος。

② 这一条见 Primavesi（1996:207），拉普把它也算作对指引的解释。

③ Primavesi（1996:111）。

该例在使用时可以这样操作，比如，守方的立场：Y（A，B）。为了破坏它，可以先构造该 τόπος 的模式：Y（A，B）→ ~Y（A'，B）；然后，得出 Y（A'，B），则 Y（A，B）为假。

整个例子的结构以及包含的普遍模式构成了一个完整的 τόπος，而 τόπος 一词似乎也可以分别专指（1）、（2）或（3），而在很多情况下，有的环节会有所省略，甚至只保留例子。① 这就是为什么学者们对 τόπος 的理解有如此之大的分歧：或要目，或前提，或模式，或律则。

第二例：Top.111a33-111b4，"**既然**，某个属所谓述的东西，**而**［该属的］任何一个种也必然谓述它，**那么**，具有该属的东西或被该属的同源词述说的东西，它也必然具有［该属的］任何一个种或被该种的同源词述说（如，**如果**知识谓述某物，**那么**，语法学和乐艺或其他某门知识也［必然］谓述［该物］；**如果**某人具有知识或被知识的同源词述说，**那么**，他也会具有语法学或乐艺或其他任何知识，或被它们的同源词述说，如［被说是］语法学家或乐艺师）"② 该例 τόπος 的结构如下：

---

① Rapp（2002:II,273-274）认为并不确定狭义的 τόπος 指哪个部分。

② 希腊文为，Ἐπεὶ δ' ἀναγκαῖον, ὧν τὸ γένος κατηγορεῖται, καὶ τῶν εἰδῶν τι κατηγορεῖσθαι, καὶ ὅσα ἔχει τὸ γένος ἢ παρωνύμως ἀπὸ τοῦ γένους λέγεται, καὶ τῶν εἰδῶν τι ἀναγκαῖον ἔχειν ἢ παρωνύμως ἀπό τινος τῶν εἰδῶν λέγεσθαι (οἷον εἴ τινος ἐπιστήμη κατηγορεῖται, καὶ γραμματικὴ ἢ μουσικὴ ἢ τῶν ἄλλων τις ἐπιστημῶν κατηγορηθήσεται, καὶ εἴ τις ἔχει ἐπιστήμην ἢ παρωνύμως ἀπὸ τῆς ἐπιστήμης λέγεται, καὶ γραμματικὴν ἕξει ἢ μουσικὴν ἤ τινα τῶν ἄλλων ἐπιστημῶν ἢ παρωνύμως ἀπό τινος αὐτῶν ῥηθήσεται, οἷον γραμματικὸς ἢ μουσικός). 原文只选取一部分，粗体字为笔者所加，标示 τόπος 的指示词。分析见 Primavesi（1996:155-157,105）和 Rapp（2002:II,274）。

| （1）解释和合律性<br>（Top.111a33-36） | 既然……，那么……。 |
|---|---|
| （2）指引及其标志<br>（Top.111a36-b4） | 如果……，那么……；如果……，那么……。<br>这里是用例子阐明合律性。 |
| （3）一般模式 | 如果属 G 谓述 S，那么，G 下的种 E 也谓述 S：Y（A，B）↔ Y（A'，B）。这里的 A 与 A' 是属种关系。 |

这个例子把解释放在前头，指引放在后面。其中还有两个一般模式的变体：如果 S 具有 G 或被 G 的同源词述说，那么，S 具有 G 的所有种 E 或被 E 的同源词述说。当反方确认 G 谓述 S，那么就要建立 "G 谓述 S" 与 "E 谓述 S" 的蕴涵关系，再让后者不成立，从而得出 G 不谓述 S。

但也有很多 τόπος 并不像上面这样完整，比如下面两个例子，它们都来自 Top.III.1，那里有一系列的论位涉及了何物更值得选择。

第一例，Top.116b8-10，"绝对的善比相对于某人的善更值得选择，如，健康比切除［手术更值得选择］；**因为**，前者是绝对的善，后者是相对于需要切除［手术］的某人。"[①] 这个例子缺少指引的标志和解释，但其中的一般模式还是能够看出，而且，例子里也存在着一种 "解释"。我们可以补上指引标志：**如果 A**是绝对的善，而 B 是相对于某人的善，**那么**，A 比 B 更值得选择。一般解释为绝对善比相对善要更善。如果想要证成 "健康比切除手术更值得选择" 这一结论，那么就可以使用这个 τόπος 模式，

---

① 希腊文为，Καὶ τὸ ἁπλῶς ἀγαθὸν τοῦ τινὶ αἱρετώτερον, οἷον τὸ ὑγιάζεσθαι τοῦ τέμνεσθαι· τὸ μὲν γὰρ ἁπλῶς ἀγαθόν, τὸ δὲ τινὶ τῷ δεομένῳ τομῆς. 例子和下面分析见 Rapp（2002:II,276）。

建立这个结论的充分条件，让对方承认：健康是 A 且切除手术是 B。具体的提问为：

（1）问方：健康是不是绝对的善？答方：是。（已在其他环节证明）

（2）问方：切除手术是不是相对于某人的善？答方：是。（已在其他环节证明）

（3）问方：绝对的善是不是比相对的善更值得选择？答方：是。

（4）问方：如果绝对的善更值得选择，那么，健康是不是更值得选择？答方：是。

这个过程中，（3）也不用完全陈述出来并且刻意地让答方同意，这一模式算是公认的意见。

按照拉普的分析，我们可以再看一例，Top.116a29-30，"由于自身而被选择的东西比由于他物而被选择的东西更值得选择，如健康和健身；因为前者是由于自身而被选择，后者是由于他物"[①]。该例可以补充标志：**如果** A 是由于自身而被选择的东西，而 B 是由于他物而被选择的东西，**那么**，A 比 B 更值得选择。若要证明"健康比健身更值得选择"这一结论，那么就可以使用这个 τόπος 模式，建立这个结论的充分条件，让对方承认：健康是 A 且健身是 B。如果要证明相反的结论，那么就不能使用这个 τόπος，因为其模式是公认意见。

---

① 希腊文为，Καὶ τὸ δι' αὑτὸ αἱρετὸν τοῦ δι' ἕτερον αἱρετοῦ αἱρετώτερον, οἶον τὸ ὑγιαίνειν τοῦ γυμνάζεσθαι· τὸ μὲν γὰρ δι αὑτὸ αἱρετόν, τὸ δὲ δι' ἕτερον。

通过上面的论述，我们总结了各种解说，它们都针对了《论位篇》中 τόπος 的功能及其用法。最为简单的解释就是"要目"，τόπος 仅仅是标志，大部分都不具有逻辑功能。但更合理而且更强的理解，则将它联系了逻辑规律。普利玛维希和拉普的"指引说"是目前看来最为妥当的。它既能提供可发现的前提，同时又具有逻辑性（以及语义学和哲学上的规律性），从而帮助对谈者顺利地建立合理的论证。这样，图穆路斯的定义似乎颇为精到，"真论位乃潜在的推论。正因此，说论位是推论之元素，这是恰切的。"（فالموضع الحقيقي هو بالقوة قياس. ولذلك يليق بالمواضع أن يقال فيهل إنها أسطقسان القياسات）。[1]

在《论位篇》中，τόπος 基本上具有逻辑性，或来自逻辑律，或来自定义、种属、集合等逻辑关系，或体现在哲学和语义学的关系中。但与之不同，《修辞术》的 τόπος 则具有更复杂的形态、更丰富的语境，甚至仅仅具有材料性或包括了非理性因素。

## 第三节 《修辞术》对 τόπος 的构建：特殊论位与普遍论位

对《论位篇》的 τόπος，前述已然清楚地勾画了 τόπος 的基本形态。由于《修辞术》的核心是说服，那么，我们只需调整下前一节的定义，将这部作品的 τόπος 理解为"说服的指引"，[2]也就是格里马尔蒂所说的，"为了试图产生说服，在通过修辞演

---

① Ahmed（2019:234），在古代对论位的解释中，他的看法较为贴合亚里士多德。
② Wagner（2011:356），将论理性论位视为论证模型，情感性论位作为指引，但其实都可以如此理解。

绎建构可能论证时，必须依靠"的"来源"：既提供"信息"，也提供使用信息的方法。①

但与《论位篇》不同，由于说服未必是诉诸逻辑和事实，因而《修辞术》的 τόπος 更加多样。此外，演说是单人的连续性（甚至是长篇）话语，又涉及不同的使用语境以及"可能"问题，故而所需的 τόπος 在内容和形式上更为丰富。

基于对 πίστις 的考察，可以看出《修辞术》的说服法具有以事实和理性为中心，兼及非理性手段和非事实性的特征。与之相应，τόπος 也带有这一特点，因此具有不同形态。

第一，就逻辑性而言，被定义为元素的 τόπος，依然可用几何位来比喻，具有形式性和规则性，即"普遍论位"或"通用论位"。这是主要意义上的 τόπος，见 Rhet.II.18-26，但里面也包含了虚假的或看似的论位。如拉普所说，论位相关"构建一种让单个的修辞演绎列入其中的普遍形式"，如果能列入其中，那么，这些修辞演绎"要么是体现出了对这一普遍形式的例示，要么是按照相应的论位的指引而被建构出来"。②由丁修辞演绎是修辞术的推论，因此，这些 τόπος 显然延续了《论位篇》的基本思路。

第二，相关非理性因素来讲，τόπος 主要相关情感与品性，见 Rhet.II.1-17。它们具有一定的特殊性或专用性，其首要功能依然是"发现"，但并不是发现前提，而是发现影响听众的因素；由此，它们的第二功能是保障修辞演绎的说服力，尽管它们并不负责构建修辞演绎并"论证"演说的主题材料。③它们揭示了心

---

① Grimaldi（1998:123,129）。
② Rapp（2002:II,272）。
③ Sprute（1975:88-89）。

理、生理和道德上的"规律性"，尽管不再是"元素"，但依然以其为中心。

第三，就材料来说，有些 τόπος 的确具有题材性，而且关联了特殊种类的演说，即"特殊论位"或"专用论位"。它们带有传统 τόπος 的性质，[1]其功能是"发现或取材"。不过，它们必须用于逻辑论证，而且其中有一些，甚至还像《论位篇》的 τόπος 一样，也具有潜在的逻辑性和建构性。由于《论位篇》处理的本就是普遍问题，辩证术也是普遍能力，故其话语并没有对象、场合与类型之分，因而其中的 τόπος 没有普遍与特殊之别。《修辞术》之所以有这样的区分，是因为它有三种专门领域，具有三类材料，而且这些材料需要一般的逻辑工具来处理。[2]

第四，还有些 τόπος 仅仅是技艺外，甚至是主题外的素材或手段。如 Rhet.I.15 的五种说服法，可以作为材料；Rhet.III.15（也见 Rhet.III.14.7）的"谤议"，是人身攻击的策略，可以削弱修辞演绎的说服力。[3]它们都不是"从所追求的结论出发，选择或建构出解释和前提"的手段；演说者使用它们，不是为了给听众制造说服，而是让自己摆脱"不利形势"，反使对手陷入其中；它们很少围绕主题事实，而是针对对手人身。[4]不过，Rhet.I.1.1354a16 将"谤议"（διαβολή）作为引起情感的手段，那么谤议也可算情感说服法。虽然它们不是说服听众；但是，给自己增强可信度，这也有助于说服。

---

① Rapp（2002:II,282）。
② Rambourg（2014:255,352）。
③ Sprute（1975:89），他将这些非逻辑性的 τόπος 的功能都围绕修辞演绎来理解，这是颇为合理的，它们未必要用于论证本身，但可以起到辅助或破坏的作用。
④ Rapp（2002:II,298）。

物理学和地点记忆术的含义在类比的意义上依然体现在这些 τόπος 中，它们仿佛按区域分布，构成了头脑里的内在地点，整部《修辞术》其实就是一幅思想地图。将所有这些 τόπος 统一在一起的，就是"说服"（或取信）这一目的。

逐条分析其中的所有 τόπος，似乎需要另一本书。在本节，我们主要总括一下，《修辞术》所描述和提及的 τόπος 和 τοπικός 的分布和分类情况。其中有四处涉及定义，放到前面：[①]

| 位　置 | 提及 τόπος 一词的文本或内容 |
| --- | --- |
| I.2.1358a10-26 | 定义 I："我所谓辩证术和修辞术的推论即我们所说的诸论位所关涉的［推论］（这些论位都以普遍的方式，关乎正义、自然、政治以及不同种类的［事情］，如'更大和更小'的论位，从这个论位，就正义、自然以及任何事情来推论和表达修辞演绎都差不多，虽然这些事情类属不同），但是，［有些事情］是特殊的，出自相关特殊种属的命题，如那些关于自然的命题，关乎伦理之事的修辞演绎和推论就并非以此为前提，而别的关于这些［伦理］事情的命题，关乎自然之事的［修辞演绎和推论］也非以此为前提；所有情况都是如此。前者［普遍的］不会［有助于］理解某一类属［的事情］，因为它不关涉基本事项；后者，随着某人更好地选择了一些命题，［他］不会知道，［自己］构成了不同于辩证术和修辞术的知识。因为，若他触及了诸始基，则那［知识］不会是辩证术，也非修辞术，而是他拥有的诸始基所属的那个［知识］。"[②] |

---

① Rambourg（2014:197,225）分别有 τόπος 概念在全书的分布表，以及 Rhet. II.23 的论位表。

② 希腊文为，λέγω γὰρ διαλεκτικούς τε καὶ ῥητορικοὺς συλλογισμοὺς εἶναι περὶ ὧν τοὺς τόπους λέγομεν: οὗτοι δ᾽ εἰσὶν οἱ κοινοὶ περὶ δικαίων καὶ φυσικῶν καὶ περὶ πολιτικῶν καὶ περὶ πολλῶν διαφερόντων εἴδει, οἷον ὁ τοῦ μᾶλλον καὶ ἧττον τόπος: οὐδὲν γὰρ μᾶλλον ἔσται ἐκ τούτου συλλογίσασθαι ἢ ἐνθύμημα εἰπεῖν περὶ δικαίων ἢ περὶ φυσικῶν ἢ περὶ ὁτουοῦν: καίτοι ταῦτα εἴδει διαφέρει. ἴδια δὲ ὅσα ἐκ τῶν περὶ ἕκαστον εἶδος καὶ γένος προτάσεών ἐστιν, οἷον περὶ φυσικῶν εἰσι（转下页）

续表

| 位 置 | 提及 τόπος 一词的文本或内容 |
|---|---|
| I.2.1358a30-32 | 定义 II："而极大多数修辞演绎，以这些特殊种类［的命题］，即特殊和专属［于主题］的［命题］为前提来表达，以普遍［命题］为前提的［修辞演绎］较少；正如在《论位篇》中［所做］，在［修辞术］这里，必须在修辞演绎中划分应该以之为前提来把握［修辞演绎］的那些殊类［命题］和诸论位。我将'殊类'称为，那些符合每个类属［主题］的专属命题，［称］诸论位为，那些以相同的方式普遍于所有［命题］［的论位］。我们会先讨论'殊类'，但首先把握修辞术的类属，设法区分有多少［种类］；关于它们［每种修辞术］，［再］分别把握各元素和诸命题。" ① |
| II.22.1396b22 | 定义 III，"我们还要说说诸修辞演绎的诸元素；我谓元素，和修辞演绎的论位是一回事。"论及修辞演绎的普遍论位，但也定义了论位是元素。 |

（接上页）προτάσεις ἐξ ὧν οὔτε ἐνθύμημα οὔτε συλλογισμός ἔστι περὶ τῶν ἠθικῶν, καὶ περὶ τούτων ἄλλαι ἐξ ὧν οὐκ ἔσται περὶ τῶν φυσικῶν: ὁμοίως δὲ τοῦτ᾽ ἔχει ἐπὶ πάντων. κἀκεῖνα μὲν οὐ ποιήσει περὶ οὐδὲν γένος ἔμφρονα: περὶ οὐδὲν γὰρ ὑποκείμενόν ἐστιν: ταῦτα δὲ ὅσῳ τις ἂν βέλτιον ἐκλέγηται τὰς προτάσεις, λήσει ποιήσας ἄλλην ἐπιστήμην τῆς διαλεκτικῆς καὶ ῥητορικῆς: ἂν γὰρ ἐντύχη ἀρχαῖς, οὐκέτι διαλεκτικὴ οὐδὲ ῥητορικὴ ἀλλ᾽ ἐκείνη ἔσται ἧς ἔχει τὰς ἀρχάς.

① 希腊文为，ἔστι δὲ τὰ πλεῖστα τῶν ἐνθυμημάτων ἐκ τούτων τῶν εἰδῶν λεγόμενα, τῶν κατὰ μέρος καὶ ἰδίων, ἐκ δὲ τῶν κοινῶν ἐλάττω. καθάπερ οὖν καὶ ἐν τοῖς Τοπικοῖς, καὶ ἐνταῦθα διαιρετέον τῶν ἐνθυμημάτων τά τε εἴδη καὶ τοὺς τόπους ἐξ ὧν ληπτέον. λέγω δ᾽ εἴδη μὲν τὰς καθ᾽ ἕκαστον γένος ἰδίας προτάσεις, τόπους δὲ τοὺς κοινοὺς ὁμοίως πάντων. πρότερον οὖν εἴπωμεν περὶ τῶν εἰδῶν: πρῶτον δὲ λάβωμεν τὰ γένη τῆς ῥητορικῆς, ὅπως διελόμενοι πόσα ἐστίν, περὶ τούτων χωρὶς λαμβάνωμεν τὰ στοιχεῖα καὶ τὰς προτάσεις. 如 Slomkowski（1997:45, n.24）所言，《修辞术》并未有 ἴδιοι τόποι 这样的表达，但 "特殊论位" 的确存在，而且《修辞术》也使用了 ἴδια；Solmsen（1929:170, n.20）的态度比较矛盾，他并不承认 εἴδη 是 τόπος，却也说亚里士多德把一些有关情感、德性和善的前提称为 τόπος。

| 位 置 | 提及 τόπος 一词的文本或内容 |
|---|---|
| II.26.1403a17-19 | 定义 IV：" 夸饰与削弱并非修辞演绎之元素。因为，我所谓元素与论位为同物。元素和论位就是诸多修辞演绎可以列入其中的东西。" |
| I.5.1362a13 | 涉及德性，它是关于赞扬的论位。 |
| I.15.1376a32 | 作为技艺外说服法的 " 证人 " 的论位，通过它可以构建修辞演绎。① |
| II.3.1380b31 | 作为技艺内说服法的 " 温和 " 的有关论位。 |
| II.22.1395b21 | 修辞演绎的普遍论位。 |
| II.22.1396b30-32 | 总结三种演说的特殊论位以及情感和品性这两种技艺内说服法的论位。 |
| II.22.1397a2-3 | 普遍论位：反驳性论位和证明性论位。② |
| II.23.1397a7 | 普遍论位：证明性修辞演绎的一种论位。 |
| II.23.1399a15 | 智者卡里珀斯的论位。 |
| II.23.1399a19 | 智者卡里珀斯的论位。 |
| II.23.1399a32 | 悖理论证的论位。 |
| II.23.1400a4 | 智者潘非洛斯和卡里珀斯的论位。 |
| II.23.1400b8-15 | 戏剧家卡勒基诺斯创作的人物美狄亚使用的论位；修辞家特奥多罗斯的论位。 |
| II.24.1400b37 | 看似修辞演绎的论位。 |
| II.24.1401a33 | 谬误推理的论位。 |
| II.24.1402a17 | 修辞家科拉克斯的论位。③ |
| II.25.1402a33 | 辩驳和反推论的论位。 |
| II.26.1403a24 | 夸饰和削弱不是修辞演绎和推论的论位。 |
| III.1.1403b15 | 修辞演绎的普遍论位。 |
| III.15.1416a6 | 谤议的论位。 |

---

① 希腊文为，καὶ ὅσαι ἄλλαι τοιαῦται διαφοραί, ἐκ τῶν αὐτῶν τόπων λεκτέον ἐξ οἵων περ καὶ τὰ ἐνθυμήματα λέγομεν.

② 这里省略了 τόπος 一词。

③ Kassel（1976）索引中没有收入这一处。

续表

| 位　置 | 提及 τόπος 一词的文本或内容 |
|---|---|
| III.15.1416a13 | 谤议的论位。 |
| III.19.1419b18 | 演说结语部分的与品性有关的论位。 |
| III.19.1419b24-27 | 夸饰和削弱的论位。 |

| 位　置 | 提及 τοπικός 的内容 |
|---|---|
| I.1.1355a28 | 指涉《论位篇》，辩证术相关共识与对谈；修辞术也涉及共识和语言交流。 |
| I.2.1356b12 | 指涉《论位篇》，归纳区别于推论；所以例证区别于修辞演绎。 |
| I.2.1358a29 | 指涉《论位篇》，与处理推论一样，也要划分修辞演绎的特殊论位。 |
| II.22.1396b4 | 指涉《论位篇》，修辞术的论证方式与推论一样。 |
| II.22.1396b21 | 意为，与论位相关，指选择殊类论位。 |
| II.23.1398a28 | 指涉《论位篇》，涉及词义问题。但这暗示了这一点是论位。 |
| II.23.1399a6 | 指涉《论位篇》，涉及部分问题。这也暗示了这一点是论位。 |
| II.25.1402a35 | 指涉《论位篇》，涉及确立反题的方式问题。这也暗示了这些方式都是论位。 |
| II.26.1403a32 | 指涉《论位篇》，涉及反题问题。 |
| II.18.1419a24 | 指涉《论位篇》，涉及质询中的辩驳问题，这里暗示了论位。 |

　　通过上面的分布情况可以看出，亚里士多德在《修辞术》的三卷中都用 τόπος 这个词来有意或无意地提示论位的存在。有些地方，如果他不使用该词的话，我们很难判断他是否将之作为论位：尤其是 Rhet.III 的谤议部分的两处，以及 Rhet.I.15 的唯一一处，它们都表明了技艺外的因素也是论位。Rhet.II.3.1380b31 也是仅有的一个将情感说服法的手段明确作为论位的地方。[①]

　　在这些明确提及 τόπος 的地方，我们能发现，存在着不少

---

[①]　赫卜烈思谈恐惧时，明确提及了 τόπος，见 Watt（2005:168）。

矛盾和值得注意之处。如定义 I 与定义 III 和 IV 就不同：虽然定义 II 解释了这一不同，但这样的特殊论位与普遍论位的区分似乎很难用一种体系来调和。又如 Rhet.III.19.1419b24-27 与定义 IV 也截然相悖。而 Rhet.1376a32 将技艺外的论位包含进来，除了区别于三种技艺内说服法的论位之外，还明显不同于定义 III 和 IV。Rhet.1400b37 和 1401a33 则将谬误推理也作为论位，这当然不是将之作为正面的模式，而是表明了它们具有看似的论位特征。Rhet.II.23.1400b8-15 更加特别，连戏剧中的诗性论位也包含进来，这体现了 Rhet. 中论位类型的驳杂。

拉普全面总结了《修辞术》的所有类型的 τόπος，我们以此为基础，加以微调和补充（同时更换了一些新的例子），列举如下。[①] 他将情感说服法与品性说服法合并在一起，设为非论证性（nicht-argumentative）论位。与之不同，我们将这两种技艺内说服法的论位列为"特殊论位"。这可以见 Rhet.1354a16-26、1366a8-16 和 1377b29-31[②]：品性说服法一般专用于议政演说；情感说服法尤其适合于诉讼演说。当然，这两种论位未必如此专属于这两种演说，我们只将之作为相对的特殊论位。还有一个原因是，这两种论位也相关了特殊的"主题"：心理与习性。此外，我们将技艺外的说服法也作为特殊论位，因为它们专用于诉讼演说。而至于修辞演绎和例证，虽然它们作为"普遍论位"，但其本身也有一种功能上的相对"特殊性"。如 Rhet.1368a29-32，例

---

① Rapp（2002:II,282-283）。
② Kassel（1976）为这一段加上了"[[ ]]"，表明有可能是亚里士多德本人的补文。

证更适合议政演说；修辞演绎更适合诉讼演说。①

| 章节 | 论位的类型 | 选例 |
|---|---|---|
| （1）I.5-14 （除了 I.6b-I.7） | **特殊论位**I：议政演说的、诉讼演说的和展现式演说的论位 | （1）议政演说：Rhet.1359b33-36，"关于战争与和平，要知道城邦的实力，目前现有［实力］是多少，可能会有多少；现有［实力］是什么样的，有可能会补充什么［实力］。" （2）诉讼演说：Rhet.1368b1-5，"关于控 |

---

① 他收入了总计 11 个论位，其中还有《论位篇》的标准论位。我们这里不再列出《论位篇》的论位，同时附上 4 个值得注意的论位。关于它们，有几点需要说明：第一，拉普没有提及 Rhet.II.20-21 的例证与精言，以及 Rhet.II.25 的驳论。对于前两者，虽然 τόπος 一词不见于那里，但是，例证与修辞演绎同属于普遍的说服法，因此所给出的种种方法必然属于论位；而就精言来说，既然它为修辞演绎的一部分（Rhet.1393a24-25），故而它也包含了种种论位。Rhet.II.25 之所以没有被提到，是因为它完全可以从 Rhet.II.23 的论位中反推出来（Rhet.1402a33）。据此，我们补充了 Rhet.II.20-21 和 Rhet.II.25 的论位的例子。第二，Rhet.II.19 也没有用到 τόπος，但如上述表格所示，Rhet.I.2.1358a10-26 的定义中明确指出了 Rhet.II.19 的"程度大小"属于普遍论位，所以同理，这一章讨论的都是论位。第三，关于 Rhet.II.24，拉普虽然列出，但没有给出例子，我们也会补充。最后，我们还列出夸饰和削弱，这两者并非论位，但又与之类似（见下一节）。

　　Rapp（2002:II,284）还按照 A-I 共 9 个严格标准来考察这 11 种论位是否符合要求，这些标准都是《论位篇》的 τόπος 所具备的（X 标志表示具有）：

| | 10 | 4 | 5 | 9 | 1 | 2 | 3 | 8 | 6 | 7 | 11 |
|---|---|---|---|---|---|---|---|---|---|---|---|
| A 是否随同逻辑或形式范畴 | | | | | | | | | | X | X |
| B 是否用于所有现实对象域（物理的、伦理的等） | | | | | | | | | X | X | X |
| C 是否用于所有类别的修辞术 | | | | | X | X | X | X | X | X | X |
| D 同一个论位是否能建构不同的前提 | | | | | X | X | X | X | X | X | X |
| E 论位是否体现了推论模式 | | | | X | X | X | X | X | X | X | X |
| F 论位是否体现了发现前提的指引 | | | | X | X | X | X | X | X | X | X |
| G 论位是否设定了论证的指引（如果给出解释） | | | | ？ | X | X | X | X | X | X | X |
| H 论位是否明确表达了所说 | | | X | X | X | X | X | X | X | X | X |
| I 论位是否设定了程序的指引 | X | X | X | X | X | X | X | X | X | X | X |

| 章节 | 论位的类型 | 选例 |
|---|---|---|
| （1）I.5-14（除了 I.6b-I.7） | **特殊论位 I**：议政演说的、诉讼演说的和展现式演说的论位 | 告和申辩，推论应该从多少、什么样的［内容］中作出，这是接下来要说的。那么，需要把握三点：第一、因为哪些事情，有多少，人们犯罪；第二、他们处于何种状态；第三、［所加害的］那些人是什么样的，有什么状态。"（3）展现式演说：Rhet.1366b1-3，"德性之组成有：正义，勇敢，节制，大方，大气，慷慨，温和，明智，智慧。" |
| （2）I.6b（I.6.18-30） | **特殊论位 II.1**：有关争议中的善 | Rhet.1362b29-31，"而在争议之事中，推论以这些为前提：其反面是恶者，为善"（ᾧ τὸ ἐναντίον κακόν, τοῦτ᾽ ἀγαθόν）。 |
| （3）I.7 | **特殊论位 II.2**：有关更大的善 | Rhet.1363b21-27，"还有，要是［某一个］最大者超过了［另一个］最大者，则这些就超过了那些；至于这些超过了那些，某个最大的就超过了［另一个］最大的；如，如果一个最高大的男人比一个最高大的女人要大，则一般地，男人们都比女人们高大；如果男人们一般比女人们高大，则某个最高大的男人就比最高大的女人更高大。因为，类属间的超越类比于类属之最大者间的［超越］。" |
| （4）I.15 | **特殊论位 III（质料性）**：技艺外的说服法论位，与诉讼演说有关 | Rhet.1375a22-25，"接下来要概括地考察所谓技艺外的说服法；因为它们专属于诉讼演说。数目上，有五种：法、证人（μάρτυρες）、契约（συνθῆκαι）、刑讯（βάσανοι）、誓言（ὅρκοι）。" |
| （5.1）II2-11 | **准特殊论位 IV.1，非论证性论位 1.1**：技艺内说服法之情感说服法论位 | Rhet.1379a30-32，"还有，对那些人［会愤怒］，他们造成了这样的伤害，［这些伤害］皆是轻慢的标志。这样的事情必然不是为了报复，也非有利于做［这些事］的人；既然，事实上，看起来因为轻慢［他们才做这样的事情］。" |

| 章节 | 论位的类型 | 选例 |
| --- | --- | --- |
| （5.2）II.12-17 | **准特殊论位IV.2，非论证性论位I.2**：技艺内说服法之品性说服法论位 | Rhet.1389a2-9，"年轻人就品性而言怀有欲望，能做他们欲望的事情。于肉体欲望中，他们极为追随性爱之欲，不能控制它［欲望］。之于欲望，他们善变，易餍足，欲望强烈，平息则快；因为愿求急切，并不大，正如病人的饥渴。" |
| （6）II.19 | **普遍论位I**：可能与不可能、过去发生和没发生、程度大小 | Rhet.1392a14-16，"还有，如果某个东西有可能成为好和美的，则一般地，［这个东西］就有可能存在；因为房子美比房子存在更难些。" |
| （7）II.23 | **普遍论位II.1**：修辞演绎 | Rhet.1397b12-17，"另一种来自更大和更小：如'若诸神不全知，人们也不可'，因为此即：如果［B］不可谓述它以更大程度可以谓述的［A］，则显然［B］也不可［谓述它以］更小程度［可以谓述的C］。如这句话'殴打父亲的人也殴打邻人'，以此［为前提］：如果'程度更小'谓述了，'程度更大'也就谓述。［根据这两种情况，也许可以证明他打了，因为如果程度更小谓述了，程度更大也就谓述了］因为，较之邻人们，人们很少殴打父亲。或者以这种方式［论证］：若［B］不可谓述它以更大程度可以谓述的［A］；或［B］可以谓述［它以］更小程度［可以谓述的C］；〈根据〉这两种情况，应该证明：是谓述了，还是不谓述。" |
| （8）II.23 | **普遍论位II.2**：修辞演绎 | Rhet.1399b30-33，"又一种，普遍于诉讼者和提议者：要考虑那些促动和阻止［人们行动］的事情，还［要考虑］那些人们为之行动或回避的事情。" |
| （9）II.23 | **普遍论位II.3**：修辞演绎 | Rhet.1398a3-4，"又一种来自，反对自己的话［转移］到发话者。" |

| 章节 | 论位的类型 | 选例 |
|---|---|---|
| 补：II.24 | **虚假普遍论位II：**看似修辞演绎 | Rhet.1402a2-7，"再有，正像在诡辩［论证］中，从绝对和不绝对而是［具体的］某个东西那里产生看似推论，如在辩证术之事中，［说］：'不存在'是'［存在］'，因为，不存在'是'不存在；还有，［说］：不可知是可知的，因为，'不可知'就是可知其为'不可知'。" |
| （10）III.15 | **特殊论位V（质料性）：**有关谤议，相关诉讼演说 | Rhet.1416a6-9，"另一种论位，为了面对争议，［争议在于］：或者［主题事实］不存在，或者无害或并非针对这个人［指控者］，或者没那么严重，或者无罪，或者［罪行］不重，或者不可耻，或者［事情］不重大。" |
| 附（1）II.20 | **普遍论位III.1：**例证 | Rhet.1392b25-30，"我们首先说例证。例证，同于归纳，归纳是始基。例证有两种：一种为，讲前事；另一为，本人自编。后者又分：一为譬喻，一为诸寓言，如伊索的那些，利比亚的那些。" |
| 附（2）II.21 | **普遍论位III.2：**精言 | Rhet.1394a21-28，"精言是断言，但，并非关于具体事情，如伊菲克拉底是怎样的人，而是一般的［事情］；且并非关于所有［一般的］事情，如直相反于弯，而是关乎含有行动的事情，以及相关行动而值得选择或应该回避的事情。这样，既然诸修辞演绎差不多是关于此类事情的推论，则诸修辞演绎的结论和三段论被截取后的大前提为精言。" |
| 附（3）II.25 | **普遍论位III.3：**驳论 | Rhet.1402b4-6，"反题就反面而产生，如，有一个修辞演绎为：好人施惠于所有友人。但［这不对］，恶人并非［行］恶［于所有友人］。" |
| 附（4）I.9 | **准普遍论位：**夸饰和削弱 | Rhet.1368a22-25，"夸饰合理地归入赞扬，因为它基于超越，而且是高贵方面的超越。由此，即使无需和名人［相比］，也要和众人比较。" |

在前面讨论 πίστις 时，我们曾经反驳了格里马尔蒂的论述。他主张，论理说服法、情感说服法和品性说服法都包含了"特殊论位"，这些论位是质料性的；而修辞演绎和例证提供了各种普遍论位，它们都是形式性的。至于 Rhet.II.19，格里马尔蒂认为那些仅仅是三种演说的普遍条件，算不上论位。这种区分是有问题的，我们之前也指出过。所以，情感说服法和品性说服法并不提供质料，它们也不是特殊论位，只能在一定程度上是"准特殊论位"。而修辞演绎和例证仅仅是为论理说服法提供形式。Rhet.II.23 总结了修辞演绎的种种普遍模式，它们可以通用于三种演说，但依然是随着论理说服法而被使用。它们有近六成来自《论位篇》，体现了一般的逻辑性。[1] 对于普遍论位 I，虽然亚里士多德没有用到 τόπος 一词，不过 Rhet.I.2.1358a10-26 已经提及了其中的"程度大小"的论位，因此这样的论位不仅仅是一般的条件。

而之所以名为"特殊"论位，如 Rhet.I.2.1358a30-32 所述，一方面是因为，这些论位分别涉及了三种"特殊的"演说：议政演说、诉讼演说和展现式演说；另一方面，它们关涉了特殊种类的知识，这些知识区别于修辞术本身的知识。[2] 其中较为独特的是特殊论位 II.1 和特殊论位 II.2。两者都是关于"善"这个主题的论位，前者区别于公认的善（τὰ ὁμολογούμενα），是相对意

---

[1]　Rambourg（2014:225），在 28 个论位的前 17 个中，16 个来自《论位篇》，1 个来自《辩谬篇》。

[2]　Rapp（2002:II,290-291）。但拉普错误地认为下面提到的情感与品性说服法不是"特殊的"。尽管这两种说服法也具有普遍性，它们都通用于三种演说，但亚里士多德并没有这样描述。

义上的；后者则按照了数学式的量的比较过程。[1]

由于特殊论位与材料有关，那么，逻辑性的普遍论位渐渐会成为标准的或狭义的 τόπος，区别于 εἴδη 这样的广义的 τόπος。如阿尔法拉比这样区分两者：موضوع 和 نوع，前者是"可以借它使用能力的前提，即分子"（المقدمات التي تستعمل قواها اي جزئياتها ），它可以作为大前提，来进行推理；后者是特殊的主题和知识。[2] 赫卜烈思则区分了 ꭥ和 ꭥ，只有前者是标准论位，因为"特殊［论位］有用于那些特殊的修辞论证，而［标准］论位有着普遍的用途"（ ꭥꭥꭥꭥꭥꭥꭥꭥꭥꭥꭥꭥ ）。[3]

按照特殊论位的规定，情感说服法与品性说服法也近似于"特殊的"，除了（相对来说）分别与诉讼和议政演说有关之外，还因为，它们都关涉了"心理"与"道德伦理"[4] 这两个专有的主题。特殊论位 III 和特殊论位 V 都专用于诉讼演说，因而也是特殊的。这两种论位都是传统修辞术的，仅仅注重效果，而忽视逻辑。

亚里士多德将传统修辞术的材料性的 τόπος，通过《论位篇》的 τόπος 的形态，转为了自己独特的"修辞论位"。这样的论位以形式性为主导（修辞术的逻辑本性），而在内容上又有着科学的划分（修辞术的跨学科性），甚至超出了演说主题和演绎

---

[1]　Rapp（2002:II,297）。

[2]　Langhade & Grignaschi（1971:106-109）。

[3]　Watt（2005:76-77）。

[4]　实际的讨论涉及了三个年龄段的人的生理、心理和习惯，可以近似算入伦理问题。

论证。前一个方面既源自于亚里士多德建立的逻辑学，也是其具体延伸；后一个方面是他搜集意见、考察现象的重要基础，比如他对德性、善、幸福、快乐意见的列举，就有助于《尼各马可伦理学》的伦理学理论；对情感现象的研究，关涉了他的灵魂论和道德哲学。如果从另一个角度来讲，就修辞术所研究的普遍意见的"主观性"而言，τόπος 又可视为"价值判断"（оценочное суждение），它的特点是"内涵性"（интенсиональный），具有实事、心理和伦理（联系三种说服法）方面的"意义"（смыслы），这令修辞术的语言反而区别于外延性的科学语言，种种 τόπος 由此形成了一张语义的地图。[①]

我们可以说，亚里士多德的现象学式的哲学研究是以 τόπος 为始点的，它不仅是修辞术与辩证术的元素，它也是亚里士多德实践哲学的原始组成。

## 第四节 夸饰与削弱的问题

在上一节的表格中，我们补充了夸饰和削弱，关于这两种较为特殊的"修辞手法"，我们还需要用一节文字来简要说明一下。

夸饰（用名词 αὔξησις，或动词 αὐξάνειν 和 αὔξειν，或形容词 αὐξητικόν）和削弱（用动词 μειοῦν 和 καθαιρεῖν）在修辞上表示将某事的量、质和程度表达得"更大更强"和"更小

---

① Маров（2000:197）。当然，这种观点比较超前地把 τόπος 语义学化了，而且忽视了 τόπος 的逻辑功能。另外，亚里士多德并非仅仅满足于搜集"价值"意见，他同样重视其外延，以能为他的科学研究做准备。

更弱"。① 这两种常用的方法并没有被亚里士多德专门讨论，却又相当重要，而且出现得比较频繁。我们首先看一下它们的分布情况。其中有四种特殊用法，本节最后会谈及。

| 夸饰概念的分布 | | |
|---|---|---|
| 1368a10 | 展现演说 | 用形容词 αὐξητικόν，能夸饰的话语。 |
| 1368a10 | 展现演说 | 用形容词 αὐξητικόν，能夸饰的话语。 |
| 1368a23 | 展现演说 | 夸饰用于赞扬。 |
| 1368a27 | 展现演说 | 夸饰的定义，它是普遍形式，但最适宜展现演说。 |
| 1391b32 | 普遍论位 I | 夸饰相关"程度大小"，通用于三种演说。 |
| 1392a4 | 展现演说 | 夸饰最适宜展现演说。 |
| 1393a15 | 普遍论位 I | 夸饰用于善、利益、高贵、正当。 |
| 1401b5-6 | 虚假普遍论位 II | 夸饰没有用于事实证明。 |
| 1403a17 | 非普遍论位 II | 夸饰不属于修辞演绎。 |
| 1404b16 | 措辞 | 诗的夸饰和抑笔（ἐπισυστελλόμενον）。 |
| 1408a3 | 措辞 | 从事物没有的性质来描绘事物。 |
| 1411b12 | 措辞 | 隐喻中的夸饰。 |
| 1413b34 | 措辞 | 取消连接词形成的夸饰效果。 |
| 1414a5 | 措辞 | 通过谬误推理形成的夸饰。 |
| 1414b10 | 布局之证实 | 证实部分的"比照"（ἀντιπαραβολή）是夸饰。 |
| 1415b37 | 布局之绪论 | 议政演说绪论部分可以用夸饰。 |
| 1417b32 | 布局之证实 | 展现演说的夸饰。 |
| 1419b12 | 布局之结语 | 结语部分的环节之一。 |

---

① 夸饰的中译取自《文心雕龙·夸饰》："文辞所被，夸饰恒存"，例如"是以言峻则嵩高极天，论狭则河不容舠，说多则子孙千亿，称少则民靡孑遗；襄陵举滔天之目，倒戈立漂杵之论；辞虽已甚，其义无害也。"该词一方面指无关事实的语词渲染、夸张和夸大，另一方面按照亚里士多德的规定（见下），又指立足事实的增强和比较。综合来讲，夸饰或许是一个能兼取两者的译法。

续表

| 夸饰概念的分布 | | |
| --- | --- | --- |
| 1419b20-23 | 布局之结语 | 夸饰要依靠事实，如同身体增长依靠先决条件。 |
| 四个特殊用法 | | |
| 1376a34 | 技艺外说服法 | 将契约的可信度增强。 |
| 1376b7 | 技艺外说服法 | 将契约的可信度增强。 |
| 1376b34 | 技艺外说服法 | 将刑讯的说服效果增强。 |
| 1377b11 | 技艺外说服法 | 将誓言的说服效果增强。 |

通过上表可以看出，第一，夸饰和削弱是某种普遍的方法；第二，但它们又不是修辞演绎那样的普遍论位，因此似乎与"逻辑"无关；第三，它们更多地出现在 Rhet.III，尤其是在措辞部分，故而，它们是某种"语言形式"或风格方面的手法。这样，夸饰和削弱在亚里士多德修辞术中的定位情况就成了一个问题。

首先，夸饰的定义将之确定为普遍方法。在 Rhet. I.9.1368a26-27，亚里士多德认为，"在普遍于所有演说的形式中，夸饰最适宜展现式演说，因为它们要把握已被认同的行为，以便余下再把重大和美好归入［其中］。"① 之后，夸饰（以及削弱）因为具有"普遍性"而并列于修辞演绎和例证。那么，我们似乎会期待夸饰也属于普遍论位 II。但是，在 Rhet.II.26.1403a17-19，夸饰又区别于修辞演绎，并非其元素，而后者才是或构成论位（普遍论位）。这样，夸饰和削弱不可能是普遍论位 II，但它们也不会是特殊论位。因为它们具有普遍性。

---

① 希腊文为，ὅλως δὲ τῶν κοινῶν εἰδῶν ἅπασι τοῖς λόγοις ἡ μὲν αὔξησις ἐπιτηδειοτάτη τοῖς ἐπιδεικτικοῖς τὰς γὰρ πράξεις ὁμολογουμένας λαμβάνουσιν, ὥστε λοιπὸν μέγεθος περιθεῖναι καὶ κάλλος.

这样，仅存的一个可能就是，它们是普遍论位 I。在 Rhet.
II.18.1391b31-32 和 Rhet.II.19.1393a9-16，提及普遍论位 I 的"程
度大小"时，亚里士多德都将之联系了夸饰，指出它普遍于三种
演说。在后一处，他还指向了 Rhet.I.7。那么，夸饰自然就是普
遍论位的一种了，或者说，它是这种论位的运用。正因此，我们
上一节将之列为"准普遍论位"。

不过有一个争议之处，来自 Rhet.1403a20-25。那里指出，
"夸饰和削弱是①为了表现（τὸ δεῖξαι）重大或渺小，恰如［表
现］善或恶，正当或不正当等其他任何事情。这些事情，全都是
诸推论和修辞演绎所关涉的；这样，如果这些中每一个皆非修辞
演绎之论位，则夸饰和削弱也非"②。这一段的问题在于，第一，既
然大和小、善和恶、正当和不正当都是由夸饰和削弱来表现（也
见 Rhet.1393a15），因而，如果夸饰不是修辞演绎，那么，我们可
不可以认为，这三者都与"修辞演绎"无涉，也即，有关它们的
特殊论位都没有普遍论位 II 呢？但是，第二，亚里士多德为何又
说，这三对由夸饰来表现的主题又是修辞演绎的关涉对象呢？③

简单的回答就是，当用夸饰来"表现"善与恶或正当与不正

---

① 按照一种抄本（ω 本）的理解，这里有 τὰ ἐνθυμήματα，表明夸饰和削弱是
修辞演绎。Kassel（1976）将之放入方括号，Spengel 认为是他人所补。Ross
（1959）错误地认为这是原文。

② 希腊文为，τὸ δ᾽ αὔξειν καὶ μειοῦν ἐστιν [ἐνθυμήματα] πρὸς τὸ δεῖξαι ὅτι
μέγα ἢ μικρόν, ὥσπερ καὶ ὅτι ἀγαθὸν ἢ κακόν, ἢ δίκαιον ἢ ἄδικον, καὶ
τῶν ἄλλων ὁτιοῦν.ταῦτα δ᾽ ἐστὶν πάντα περὶ ἃ οἱ συλλογισμοὶ καὶ τὰ
ἐνθυμήματα, ὥστ᾽ εἰ μηδὲ τούτων ἕκαστον ἐνθυμήματος τόπος, οὐδὲ τὸ
αὔξειν καὶ μειοῦν。

③ 关于这一段的问题，Rapp（2002:II,798-799）给了三种解释可能，他看起来选
择了第三种：通过用修辞演绎证明善或正当，夸饰才能表现"大或小"。这一解
释是合理的，但我们的版本略有不同。

当的"大或小"时，这两对主题及其"大或小"都应该由修辞演绎来"证明"。换言之，夸饰要受到修辞演绎（和例证）的节制。

不受逻辑限制的夸饰，就属于"措辞"。在 Rhet.III 论措辞的部分中，夸饰是毫无逻辑的渲染，这似乎是因为它来自于诗。在 Rhet.1414a5，谬误推理（διὰ τὸν παραλογισμόν）都可以产生夸饰的效果。而在 Rhet.II.24.4 论虚假修辞演绎时，亚里士多德指出，演说者在"未证明"[①]事实的情况下，会"夸饰事实"（αὐξήση τὸ πρᾶγμα，Rhet.1401b5），以此来代替逻辑上的"证成"（κατασκευάζειν）或"推翻"（ἀνασκευάζειν）。这样的夸饰不是修辞演绎，而是"夸大"（δείνωσις），它甚至可以利用"愤怒"这样的情绪来进行（Rhet.1401b7）。

那么，正确的夸饰要立足于事实。比如在"证实"的部分，"比照"是夸饰，但它是证实的一部分，因为它在"证明某事"（ἀποδείκνυσι τι，Rhet.1414b10-11）。在 Rhet.1419b20-23，亚里士多德最终表明了夸饰的正确用法：

> 当［事实］已经证明过了，则自然要进行夸饰或削弱；因为做过的事情必须被［人们］承认，若［演说者］想要谈论其程度的话；［之所以如此］，因为诸身体的增长来自于预先实存的［条件］。必须由此来夸饰和削弱，这些论位前面已经摆出。[②]

---

① δείξας，这里与 Rhet.1403a20 的 δεῖξαι 不同，表示逻辑证明。

② 希腊文为，τὸ δὲ μετὰ τοῦτο, δεδειγμένων ἤδη, αὔξειν ἐστὶν κατὰ φύσιν ἢ ταπεινοῦν: δεῖ γὰρ τὰ πεπραγμένα ὁμολογεῖσθαι, εἰ μέλλει τὸ ποσὸν ἐρεῖν: καὶ γὰρ ἡ τῶν σωμάτων αὔξησις ἐκ προϋπαρχόντων ἐστίν. ὅθεν δὲ δεῖ αὔξειν καὶ ταπεινοῦν ἔκκεινται οἱ τόποι πρότερον.

这一段中，身体的"增长"一词用的也是 $\alpha\check{\upsilon}\xi\eta\sigma\iota\varsigma$，这是双关来比喻夸饰：既然身体的生长依靠客观的物质条件，那么，对事情的"夸饰"也要依靠客观的事实。

通过这里并结合前述，我们可以认为，第一，夸饰或削弱仅仅表明某事物相对其他事物的更大或更小。在《修辞术》中，这样的"大或小"相关善和恶（包含利益、高贵、幸福、德性及其反面），正当和不正当。如 Rhet.I.9.38.1368a10-11 有一个用例，夸饰可以表明"［某人］只有他，或第一个，或和少数人［做了某事］，或他已然做到极致"，从而体现他的高贵。在这一点上，人们似乎可以无所不用其极地渲染。这样的涉及"比较""比照""大与小"的话语都属于夸饰。

第二，善与恶，正当与不正当就是而且必须由修辞演绎来证明。这一点约束了夸饰／削弱话语的效力，它们虽然可以无限地渲染／贬抑，但必须立足于真实的善／恶或正当／不正当。当真实的善／恶被认识到时，两个事物的善／恶或正当／不正当的程度差异就会得到证明。Rhet.I.7（善的大小）、Rhet.I.14（不正当的大小）和 Rhet.II.19（一般程度大小）就提供了有关的论位：前两者是特殊论位，最后一个是普遍论位 I。而利用它们进行证明则由普遍论位 II 完成。

我们试举一例。如设定我们要证明的结论是：健康比活着更好。这一句就是最简单的夸饰。但是，我们必须在逻辑和事实上证明这一点。Rhet.I.7.5 提供了一个普遍论位：如果 A 随着 B，且 B 不随着 A，那么，B 比 A 要更好。这样，设"活着"为 A；"健康"为 B，那么，健康就比活着更好，健康是两者中相对的"更善"。这个证明是合乎逻辑与事实的。无论如何夸饰，都不能取代这样的论证。而在夸饰中，Rhet.III 的一些非逻辑的语言手法就可以起到正确的作用，比如渲染健康的意义，通过隐喻或其他手法来确立健康的高贵；毕竟，只要逻辑和事实都是合理的，夸饰也就是合法的。

除了这样的夸饰之外，在讨论技艺外说服法时，亚里士多德针对其中三种分四次提及了它的特殊作用。由于技艺外说服法相关诉讼演说，因此这样的夸饰关涉了正当 / 不正当，它被用来增强事情的正当性 / 不正当性，从而提升或降低其可信度。

其中有些情况，这样的夸饰相关事实而且几乎与修辞演绎重合。如在谈到契约时，亚里士多德认为，可以通过 λόγος 来夸饰（或削弱）契约的"可信"（Rhet.1376a34-1376b1），[①] 这样的 λόγος [②] 就是论证。那么，夸饰就近乎修辞演绎，它通过事实证明来巩固契约的可信性。无论就文本，还是就常识来看，关于契约这样的纯事实，似乎无需措辞的渲染，即使它们有帮助；证明才是最关键的，所以这样的夸饰应该是最接近修辞演绎的。

而在刑讯和誓言的情况中，夸饰似乎就没有那么合乎事实了。由于刑讯具有可能性（ἐνδεχόμενα，Rhet.1376b33），那么当它有利于己方，就可以"夸饰"，增强其正当性；如果有利于反方，就要贬低刑讯的合法性。誓言也是如此。这两种技艺外说服法都关涉了难以揣测的主观内心，所以在这里，夸饰很难遵循

---

① 希腊文为，περὶ δὲ τῶν συνθηκῶν τοσαύτη τῶν λόγων χρῆσίς ἐστιν ὅσον αὔξειν ἢ καθαιρεῖν, ἢ πιστὰς ποιεῖν ἢ ἀπίστους。

② Rapp（2002:I,68）正确地译为 Argument。就在即将谈到契约时，Rhet. 1376a32-33 提及了证言可以作为前提用于修辞演绎。那么，其他技艺外说服法当然也能如此，至少契约是这样（如 Rhet.1376b2-4，指出对证言的探究也适用于契约）。我们也可以反过来推测，既然契约可以夸饰，那么证言也可以如此。

事实、针对是非来"证明",它也许只能根据有利于己方或不利于反方来"渲染"。[①] 在这里,亚里士多德似乎背离了以事实为中心的原则,当然,我们也可以说,这样的夸饰依然仅仅是辅助修辞演绎。

---

① 这样的夸饰不是不可以从事实出发来做到,可以相信亚里士多德还是会基于事实。但是,比如 Rhet.I.15.26 所给出的一些针对刑讯的夸饰和削弱的例子,似乎都是某种事实中立的话术。

# 第五章

# 《修辞术》的灵魂论问题：
# πάθος 概念以及情感理论

　　关于 πάθος 概念，我们要集中讨论它作为灵魂的突出性状"情感"时在《修辞术》以及亚里士多德其他作品里的哲学含义。对于这样的 πάθος，中文还可以将之译为"情绪""感受""激情"等等。无论何种译法，πάθος 都有一些共同的表现和规律。我们首先在第一节和第二节看一下它的基本词义，考察它在亚里士多德作品中的所指。第三节会概述亚里士多德的情感观。在第四节，我们考察《尼各马可伦理学》《优台谟伦理学》《论灵魂》《政治学》等作品中对情感的定义和情感研究的规划。在第五节，我们针对《修辞术》的情感问题进行详细分析。在第六节，我们以《修辞术》第二卷第七章涉及的情感 χάρις 为中心，辨析这一特殊情感的真正含义及其心理方面的特质。

　　需要预先指出，对亚里士多德灵魂论的处理，应该谨慎联系现代的心理学。因为亚里士多德并没有划分"心理/非心理"；

取代这一对立的是"有灵魂/无灵魂"。[①] 而且灵魂本身与身体又是密切统一的，它不是独立存在的精神实体。因此，对于灵魂的 πάθος 的研究，不能以今天所说的"心理学"的方式来进行，尤其是基于心身二元论：（1）柏拉图主义和笛卡尔主义：πάθος 是作为载体的心灵自身的功能或运动，与身体无关，而灵魂并非亚里士多德所说的是其属性的不动始基；（2）还原论或非还原论物理主义：虽然 πάθος 是灵魂的属性，但在一定程度上由天生的身体的器官和物质因素决定，至少也要随附于后者，而灵魂并不是最终的本性；（3）功能主义：决定某一心理状态的，是其在心理系统中的功能，因此，要通过外部刺激、行为、其他心理状态与它的因果关系来阐释它。这种看似中立于心身对立的主义忽视了灵魂的本质性，常被错误视为亚里士多德的观点。与上述相反，立足于形质论，亚里士多德的灵魂观并未在身心间偏执一端：既没有开辟所谓的心理领域，也没有让身体的地位仅仅是生理学或物理学意义上的"自然物"。这种观念下的 πάθος，并非专属于灵魂或身体，也不是由它们哪一方单独决定。[②] 如查尔斯

---

① Rapp（2001:64），即，mental/nicht-mental 和 belebt/unbelebt。也见 Frede（1995a:100）。如 Charles（2021:5, n.11）所提示的，营养生长部分也在亚里士多德的灵魂中，但并不属于今天说的"心理"。

② 这一段的观点主要见，Frede（1995a:96-97,109）、Charles（2021:1-3）和 Rapp（2006:187-188,204-208），这三位学者对亚里士多德灵魂论的概述最为妥当和精到。弗雷德还指出，柏拉图主义认为，生命来自灵魂，它是心理功能的载体，这是笛卡尔心身二元论的前身：生命由身体而非灵魂来解释，灵魂只决定心理功能（mental functions）。查尔斯还反驳了泛灵论（Pan-psychism 或 spiritualism）和中立一元论（Neutral monism）：前者诉诸原初意识，后者设定了基本质料。较为流行的随附观可见 Kim（2010:9-11,93），他认为亚氏主张 mind 随附于 heart，这样一来，心理属性也是随附于身体。亚氏灵魂论也会被视为功能主义的源头，见 Levin（2021）；关于亚氏灵魂观与功能主义的关系问题，见曹青云（2015）；Charles（2021:234-239）对比了物质主义功能主义：按照功能来定义（转下页）

所言，按照亚里士多德的观点，"在情感、欲望和感知中涉及的心理活动（及其本质属性）都被定义为心－身（psycho-physical）密不可分"。①

我们对情感的考察就是要立足于这样的立场，因而会小心使用"心理、内在、灵魂的情感、灵魂的运动"这样的表达；即使亚里士多德自己也说"灵魂的性状"（τὰ πάθη τῆς ψυχῆς，De an.403a3），但他并没有脱离对心身统一性的坚持。

## 第一节　πάθος 及其同族词的基本词义

鉴于 πάθος 一词的含义复杂而丰富，本节旨在梳理该词及其同源词 πάθημα、πάσχειν 和 παθητικός 的基本含义，以为后续的研究进行准备。我们主要引用几种古希腊文词典的解释（词典简称见前面文献缩写），②并以《希英大辞典》（以下简称 LSJ）的词义分类体系为基础。

首先，关于 πάθος，词典的释义如下：③

---

（接上页）的心理状态必须在物质状态中实现。Wedin（1995:184-197）批评了对 De an.I.1 愤怒定义的功能主义解释和随附观。对亚氏灵魂形质论的最新概述，见田书峰（2022）。Bombelli（2018:53-54）提出了更宏大的模式来解释亚里士多德的身心观，即"本体论连续原则"（Ontological Principle of Continuity, OPC）和"环形人类学"，依此，人与自然是一体的，所有生物的身心也是连续的，人的理性和感性能力同样是不分的，其他差异性方面都以此类推。这种模式只能是一种假说，并不适用于亚里士多德那里的所有主张。但就心身问题来讲，还是有一定意义的。

① Charles（2021:5,34,42,225）。
② LSJ（1285-1286）、BDAG（1517）和 CGL（1048）。
③ LSJ 提供了清楚的线索，但也存在一些问题，我们在概述和解说时，会进行补充和修订。

（I.1）客观上，发生于某人某事上的事情、事件或事态；偶然或意外事件；不幸的意外。

（I.2.a）接受者方面，一个人所经验到的事情，有好有坏；经验本身。如 Poet.1447a28，πάθος 与行为（πράξεις）联系在一起。

（I.2.b）贬义指灾难和不幸；对某人做出的不可挽回的伤害；死亡；失败；缺陷。

（I.2.c）同于 πάθημα，表示症状和疾病。

（II）主观心理上，灵魂的情感（emotion）和激情（passion）。[①]如柏拉图《斐德若》265b，τὸ ἐρωτικὸν πάθος（爱欲的激情）。亚里士多德首先对情感做出了定义，见 EN 1105b21-25。BDAG的释义 B 相同，为心理事件，用例如《智者》228e（比较 III.1）。这个含义联系了释义 D：一个人的所感、感受、印象、感觉、身体承受的痛苦、心理上的纷扰、情感、情绪、激情等。CGL 的释义 4 为感觉（sensation）和被动经验，区别于释义 5 的感受（feeling）和情感。

（III.1）一般的状态或状况。往往指被动的（passive）状态，如在柏拉图《智者》248d（联系 228e），它与 ποίημα（主动的状态）构成对立。

（III.2）客观上，事变；引起事物变化的事件；事物身上发生的变化和事件。用例基本上与"天象"（τὰ οὐράνια πάθη）或"地象"有关，如 Meta.986a。

---

① 用例中较早的例子来自德谟克利特《残篇》31，将情感与灵魂联系在一起，σοφίη ψυχὴν παθῶν ἀφαιρεῖται（智慧让灵魂摆脱情感），但是，Holmes（2010:204）的看法是正确的，他解释为"痛苦"，联系了灵魂的治疗。

（III.3）客观上，事物的属性和性质，尤其是相反于实体（$o\grave{u}\sigma\acute{\iota}\alpha$）的非本质属性。如柏拉图《欧绪弗隆》11a，那里区分了神性之事（$\tau\grave{o}\ \H{o}\sigma\iota o\nu$）的本质（所是）和偶性。Meta.1022b15-21 有详细的定义。BDAG（B）也释义为，特性和特质。

（IV）语法上指词形的变化（modification）。如 Poet.1460b12，$\pi\acute{\alpha}\theta\eta\ \tau\tilde{\eta}\varsigma\ \lambda\acute{\epsilon}\xi\epsilon\omega\varsigma$。也指被动语态或语法的现象。

（V）修辞上指情感性的风格或处理。如 Rhet.1418a21。LSJ 在这里并未提及《修辞术》中作为三种说服法的 $\pi\acute{\alpha}\theta o\varsigma$，即诉诸听众的情感，这恰恰是释义 V 的根源。BDAG（D）列出了这一点。

第二，与 $\pi\acute{\alpha}\theta o\varsigma$ 相关或可以替换的另一个词是 $\pi\acute{\alpha}\theta\eta\mu\alpha$，LSJ 对它的释义如下：

（I）落在某人身上的不幸，痛苦。在基督教时期，该词可指耶稣的受难。

（II.1）主观心理上，情感，状态，感情（affection）或感受（feeling）。用例有色诺芬《居鲁士的教育》3.1.17，讨论节制是像痛苦一样属于灵魂的感受，还是知识学问（$\mu\acute{\alpha}\theta\eta\mu\alpha$），情感是主观的被动承受刺激后的反应，而不是主动获取的结果。在《智者》248b（也见《理想国》437b），它与 $\pi o\acute{\iota}\eta\mu\alpha$（主动的状态）继续构成对立。较之 $\pi\acute{\alpha}\theta o\varsigma$，柏拉图使用该词要更加频繁。实际上，LSJ 将 $\pi\acute{\alpha}\theta o\varsigma$ 的释义 II 和 III.1 都合并在了该条中。另外，LSJ 遗漏了 Int.16a3 的重要义项（见下）。

（II.2）医学上的症状。

（III.1）复数表示发生的事情，事件。

（III.2）物体身上发生的事件或变化。

（III.3）逻辑上指属性和偶性。如 An.po.76b13。《斐德若》

271b，该词同时相关演说和灵魂，实际上兼有 II.1 的含义。

第三，上面两个词的含义均源自动词 πάσχειν（不定过去时不定式为 παθεῖν）。LSJ 的释义如下：

（Ⅰ）有某事被做于某人身上；被动地承受，相反于做（ποιέω）。

（II.1）有某事发生于某人身上；处于或将要处于某种状态。

（II.2）对人来说，激情或感受的影响；以某种方式受到影响（affected）；处于或将要处于某种心态中。

（II.3）对物来说，指事情的情况或存在方式。

（II.4）语法上，指接受变化；被动性。

（III）配合副词（或名词），表示处于某种（好或坏的）状态；接受（好或坏的）事情。如，κακῶς πάσχειν（处于困境和厄运；被恶意对待；糟蹋），相反情况为，εὖ πάσχειν（境况良好；受惠）。

（IV）后期斯多亚哲学中，指受到外物的影响。

第四，与上述三词相关的形容词 παθητικός 含义如下：

（I.1）能够有情感，能够有感受。

（I.2）可感的（sensuous），充满激情的。

（II.1）接受性的，被动性的，相反于 ποιητικός。如 Meta.1021a15。Cat.9a28，那里意为感受性的（affective），这一点相当特殊，见下。Pol.1254b8，那里意为情感性的。

（II.2）语法上，表示被动的。

总结上面的内容，可以这样概括出 πάθος 的含义变化：

（1）p 指某种发生或变化的情况，或外在，或物理性和身体性。

（2）如果 p 有明确的承受者，则可以说 p 发生于 S。

（3.1）当 S 有感知力时，这会让其产生有关的感受经验 p'。与 p 不同，p' 是内在的和灵魂性的。

（3.2）就 S 来说，p' 可以是痛苦的和负面评价的。似乎由于这方面的影响更重，παθος 会专门表示这方面的含义。

（4）当 S 有更复杂的内在的处理能力时，p' 使得 S 有某种情感 P。

（5）如果同一类型的 p' 对应着 P，那么，P 成为了内在于 S 的某种通常存在的属性，甚至是固有的性质 P'。P' 并不能刻画 S 的本质，但它的出现似乎难以避免。因此，S 具有某种内在的、固有的能力，我们可以说 S 是 παθητικός。

我们所研究的 παθος 相关 S 为人时的 p'（感觉和感受）、P（情感）和 P'（情感和情态），而以 P' 为最后的重点，这也是《修辞术》和亚里士多德的伦理学作品所关注的对象。

## 第二节　παθος 在亚里士多德作品中的含义：从性质到情感

本节对 παθος 的考察将集中于亚里士多德本人的作品，我们会梳理出一条较为清晰的脉络，它的终点就是本章关注的与情感和感受相关的那层含义。

亚里士多德对 παθος 有过明确而详细的定义，见 Meta.1022b15-21："παθος 按一种方式被称为质性，通过它，有可能产生变动，如白和黑，甜和苦，重和轻等等其他这样的情况；按另一种方式，［它］已经是这些情况的实现和变动本身；再有，这些情况中的损害性变动和运动，尤其是损害性的痛苦；

再有，严重的不幸和痛苦 ① 也叫作 πάθη。" ②

这里，πάθος 有四种范围逐渐变狭的含义：成对的质性；质性的实现和变动；负面的变动和运动；最严重损害性结果。

在亚里士多德那里，就我们的情感研究来说，这一概念（以及 πάθημα）有两大主要的使用领域：总体世界和内在灵魂。③ 前者涉及物质与精神两个部分，后者集中于心灵世界。

（1）总体世界：质性（Qulität/quality），属性或性状（Eigenschaft/property），偶性和范畴，感受性 ④ 质性。

（1.1）作为范畴之一：存在着实现（ἐνέργεια）和变动（ἀλλοίωσις）的质性，同于 ποιότης 和 ποιόν。这样的质性有时是全部的质性，有时不包含种差，如 De gen.cor.314b17-18（包含种差）和 315a8-9（不包含）。⑤

---

① Jaeger（1957:113）为"痛苦"加上了方括号，阿弗洛狄西阿斯的亚历山大在评注中去掉了这个词。

② 希腊文为，πάθος λέγεται ἕνα μὲν τρόπον ποιότης καθ᾽ ἣν ἀλλοιοῦσθαι ἐνδέχεται, οἷον τὸ λευκὸν καὶ τὸ μέλαν, καὶ γλυκὺ καὶ πικρόν, καὶ βαρύτης καὶ κουφότης, καὶ ὅσα ἄλλα τοιαῦτα: ἕνα δὲ αἱ τούτων ἐνέργειαι καὶ ἀλλοιώσεις ἤδη. ἔτι τούτων μᾶλλον αἱ βλαβεραὶ ἀλλοιώσεις καὶ κινήσεις, καὶ μάλιστα αἱ λυπηραὶ βλάβαι. ἔτι τὰ μεγέθη τῶν συμφορῶν καὶ λυπηρῶν πάθη λέγεται.

③ 目前为止，拉普对 πάθος 概念的总结最为精到，为学界提供了基本研究框架和文本指引，我们依循他的处理，按照自己的研究思路加以简化调整，同时补充材料并展开解说。德语中，该词按照不同意思，可以译为：Eigenschaft，Qualität，qualitative Veränderung，akzidentelle Eigenschaft，Akzidens，Widerfahrnis，schmerzliches Widerfahrnis，Unglück，(perzeptiver) Eindruck，Affekt，Emotion，Gefühl，最后三种是在心理意义上的。见 Rapp（2005d:427-436），Rapp（2002:II,543-545）。

④ 德语 / 英语会译为 passiv/passive，但不是这种被动的意思：x 被动地接受 p；而是，p "被" 感受出来。

⑤ Rapp（2005d:428）举出的用例是，Top.145a3-12，Phys.226a27-29 不包含种差；Part.an.678a33f. 包含。

（1.2）作为范畴之一：πάσχειν（受，被动）与 ποιεῖν（做，主动），作为《范畴篇》十范畴中的一对。在这里，πάθος 区别于同样作为范畴的（1.1）。

（1.3）广义的范畴与性质：πάθος 既是区别于"载体"的变动的属性或性状，又是实体之外的所有范畴或偶性（συμβεβηκότα）。[①] 如 Meta.1049a28，在解释"载体（τὸ ὑποκείμενον）"时，亚里士多德说"之于这些属性（πάθη），其载体就是人、身体和灵魂，性质（πάθη）就是文雅和白色"。显然，πάθος 可以泛指物质与心灵两个世界的所有属性。又如 De gen.cor.317b11 和 33，πάθος 与实体相区别，表示后者之外的其他九范畴。319b8-13，"一方面是载体，另一方面是属性，后者自然地用来述说载体，这两者每一个都有变易，当载体持存而且可感时，就有变动，变易在于载体的属性。"[②]De an.402a8，分两步论灵魂，先说灵魂的本质（οὐσία），再说它的偶性（ὅσα συμβέβηκε）即 πάθη。Meta.983b9-10（也见 1069b12），"实体持存，变动在属性"（τῆς μὲν οὐσίας ὑπομενούσης τοῖς δὲ πάθεσι μεταβαλλούσης）。[③] 这里的变动指的是属性层面的，而不是实体的"生灭"。[④] 这个意义上的 πάθος 与变动或变易天然地联系在一起。

---

[①] 这样的 πάθος，既有主动状态，也有被动状态，如 De an.403a6-7。

[②] 希腊文为，ἐστί τι τὸ ὑποκείμενον καὶ ἕτερον τὸ πάθος ὃ κατὰ τοῦ ὑποκειμένου λέγεσθαι πέφυκεν, καὶ ἔστι μεταβολὴ ἑκατέρου τούτων, ἀλλοίωσις μέν ἐστιν, ὅταν ὑπομένοντος τοῦ ὑποκειμένου, αἰσθητοῦ ὄντος, μεταβάλλῃ ἐν τοῖς αὐτοῦ πάθεσιν。

[③] 该用例见 Rapp（2005d:429），这里补充了一些。拉普将作为范畴的 πάθος，以及作为变动基础的 πάθος 都单列出来，笔者将之全部合并入本条。

[④] Williams（1982:79,98）。

（1.4）自有属性或固有属性：在 An.po.75a42-75b1 和 76b14-15（也见 Meta.997a，1025a30-34），讨论证明（ἀπόδειξις）时，πάθος 与"自有属性"（τὰ καθ' αὑτὰ συμβεβηκότα，*per se* accidents）并列在一起，意思等同，也会称作 τὸ καθ' αὑτὰ πάθημα，① 这样的属性作为谓词，并不属于主词的本质（或定义），但却自有地（per se）而非偶然地（per accidens）述说主词，如三角形内角和等于两个直角和（180°）就是三角形的自有属性（ἴδιον）（73a34-b1）。这样的自有性质是科学证明的对象。

（1.5）质性的子类：这一点从属于（1.1），但其中涉及的方面从外在开始转向了内在。在 Cat. 9a28-b9，它与"感受性质性"（παθητικαί ποιότητες）划为一类，属于四种质性之一。亚里士多德讨论了三种情况：（a）客观的感受，如味道和温度，分别联系味觉和触觉。（b）客观身体的主观感受引起的反应，如面部的颜色。② （c）主观灵魂的感受（Cat.9b34）。三个例子中，πάθος 与感受性质性的关系有别。（a）的客观载体通过感觉促成了 πάθος，如蜂蜜通过味觉产生了甜味，这个过程中，蜂蜜没有变化可言，甜这个质性是感受而来，因此 πάθος 与感受性质性是一致的：它们既可以指甜的味觉，也可以指甜味质性。这也就是 De an.432a6 所说的"可感者的状态与质性"（ὅσα τῶν αἰσθητῶν ἕξεις καὶ πάθη）。

但与之不同，（b）的客观载体是具有感受能力的身体，它

---

① Zuppolini（2018:114）指出，有的学者将两者区分开来，认为只有 per se πάθος 与主词共存，这并不正确。

② παθητικός 在（a）意为"可感受的"（如英语 sensible）；在（b）意为"感受出来的"或"借由感受的"（如英语 affective）。后一个意思包含了前者，亚里士多德实际上扩展了 παθητικός 的范围。见 Akrill（1975:106）。

是通过 παθος 产生了质性（Cat.9b20），如面部因为感受（羞怯或恐惧）出现的"颜色"。这不同于 De sen.439a29 以下、和《论颜色》中讨论的"自然的"颜色；De sen.445b4 将之称为 τὰ παθήματα τὰ αἰσθητά（那里涉及了声音、气味、冷热等等），它们与（a）是一致的。而（b）则是通过人的生理和心理活动产生的。这样的颜色涉及了人的活动。在（a）中，人与自然世界是相对应的，相当于自然学家式的客观观察者。而在（b），人通过心灵感受被动或主动地促发了"人为的"质性。

如果这样的质性短暂迅速、容易消失（Cat.9b28-29），它就是 παθος；如果它长时间持存或与生俱来（Cat.9b22-27），就是感受性质性，它可以用来刻画某人"是何种样子"。显然，这两者已经区分开来。① 另外，作为感受性质性的基础，παθος 会与人的特征建立模糊的联系，当这样的特征体现在灵魂上时，就会涉及人的道德性，这已经截然不同于自然世界的 παθος 了。

与我们对情感研究直接关联的是（c），在这里，παθος 与感受性质性依然不同。παθος 开始专指灵魂中出现的情绪，如愤怒，它"源自于很快平息的事情"（ἀπὸ ταχὺ καθισταμένων，Cat.10a6）。偶然愤怒的人，不能认为是在"感受性质性"意义上的"易怒者"（ὀργίλος）；但后者每一次愤怒时，灵魂都产生了 παθος。Rhet.II 中对情感的研究就是针对这样的、"作用"于灵魂的、作为短暂质性的 παθος。它区别于长期、持续、永久存在的 παθος，如（1.1）那种。

---

① 在（b）和（c）中，παθος 之所以被称为质性，是因为构成了感受性质性的基础。当其单独拿出来对比后者时，它就不再是严格意义上的"质性"（10a10），或不再能回答"事物是何种样子"这一问题。

（2）内在灵魂：感知与情感。从（1.5）开始，πάθος 开始联系了人的感知活动及其能力，它划分出了（但并非截然区别）外在和内在两个领域。

（2.1）感知和感觉能力及其产物。

（2.1.1）感知能力：Meta.1010b30-33，论可感事物：如果这样的事物存在，但动物及其感知都不存在，那么，"可感［性质］"（τὰ αἰσθητὰ）与"感觉"（τὰ αἰσθήματα）也就都不存在了，因为这些都源自感知者的 πάθος（τοῦ αἰσθανομένου πάθος τοῦτό ἐστι）。这里联系了感受性质性，但 πάθος 用来描述内在的、不变的、可以实现出来的潜能。

这样的 πάθος 似乎不再是被动的和变化的，不过在 De an.408b25-27，论努斯（νοῦς）不可毁灭时指出，［主动的］努斯是实体（408b18-19），而思考（τὸ διανοεῖσθαι）和爱恨这样的［被动的］理性与感性活动都是 πάθος，而且不是努斯的，是拥有努斯者的（指身体）。这里的 πάθος 首先同于（1.3），但在灵魂世界中，它也体现了上一例的含义，同时暗示了感官能力依然会受到影响，而且具有相对于主动努斯的被动性（对比431a5）。[①]

（2.1.2）感觉形式或形象：Int.16a3 和 a6，语音和文字是灵魂的 πάθημα 的符号（τῶν ἐν τῇ ψυχῇ παθημάτων σύμβολα）。这里的 πάθημα，也被称为思想（νόημα，16a10 和 14），思想内容或概念，它包含了与所指事物的相似性（ὁμοίωμα，16a7），甚至极有可能包含了内在图像和感觉印象。[②] 这里的 πάθος 成为

---

① 文本解说见 Shields（2016:145,301,329）。
② Rapp（2005d:430）和 Akrill（1975:113）。

了内在的"客观"物：由外部事物所决定，受主观能力影响而客观存在于心灵中。

此处可以联系 De an.432a4-6，那里提到了努斯（或理性）的对象（τὰ νοητά），"存在于可感形式中"（ἐν τοῖς εἴδεσι τοῖς αἰσθητοῖς），要么是"抽象的所言"（τά ἐν ἀφαιρέσει λεγόμενα），要么是"可感者的状态与质性（πάθη）"。这里的 πάθος 是外在的，但其对应的语言的抽象形式，在内在中又对应了作为 νόημα 的 πάθημα。

（2.2）情感（Emotion/emotion），感情（Affekt/affect）和感受（Gefühl/feeling）。在这一条中，πάθος 正式成为了灵魂本身的变动的性状。这三者都可以用情感来概括，所以其外延比汉语的情感一词要广，另外也包含了与情感本身有关的心理活动（如欲望和憧憬）。它们以（2.1）为基础，区别于但又牵涉了理性能力。

## 第三节　亚里士多德情感观综论

鉴于下面几节会针对情感展开详细而复杂的讨论，故这里先行概述亚里士多德式情感的关键特征，我们同时会评析当代学界对这方面的研究结论，最后给出我们研究情感的立场以及对它的灵魂论定位。①

---

① 20世纪，较早论及亚里士多德情感问题和《修辞术》情感说服法的有，Kenny（1963），Fortenbaugh（1975, 2002）、Solomon（1980）、Leighton（1982）、Brinton（1988）和 Grimaldi（1988）；20世纪90年代开始，《修辞术》及亚里士多德其他作品的情感问题成为了古代哲学研究的重点之一，主要（转下页）

按照亚里士多德的界定，作为情感的 παθος，相关灵魂的无理性但又可以随着理性的部分。这样的情感在出现时本身就有某种意向，它以无理性的方式认可了对象。在认可时，它有两种情况。

情感 I，完全无关理性或不听从理性。前者如小孩子和非人动物的天生情感；[①]后者如兽性之人的快乐（EN 1148b15-19），某些情况下的欲望（EE 1224b1-2 和 Rhet.1369a18），比如源自生理作用的自然感受：相关身体的欲望如性欲等（Rhet.1370a22-23），觉得热而口渴（Rhet.1370b17）。[②] 还有一些缺乏理性反应的特殊情感，如事物出现造成的心跳（De mot.an.703b6），即一般所

---

（接上页）文献如，Nehamas（1992）、Halliwell（1992）、Nussbaum（1992）和（1996）、Wedin（1995）、Sherman（1995）、Cooper（1996）、Frede（1996）、Striker（1996）；21 世纪较新的研究如，Nieuwenburg（2002）、Rapp（2002:II,543-583）、Rapp（2005d）、Gross（2006）、Konstan（2006）、Rapp（2008）、Kristjánsson（2010）、Krajczynski（2011:209-213）、Moss（2012:69-99）、Bombelli（2018）、Brito（2018）、Fuselli（2018）、Rossi（2018）、Piepenbrink（2020:87-110）、Charles（2021:18-117）、Copeland（2021:1-21,156-202）；Dow（2015）是专论《修辞术》情感问题的最新著作，洞见颇多。拉普最近的研究为 Rapp（2017），是英文版的讲座稿，专论《修辞术》的情感说服法，感谢他在网络上的分享。在最近 20 年，亚里士多德情感的"无理性"本质开始得到强调，学者们不断在纠正之前流行的"情感理性说"。

① 关于孩童的情感，Pol.1334b17-28 谈及了小孩的怒气、意愿和欲望先行出现，之后才会出现计算和努斯。这三种都属于自然情感，其中没有理性参与，也不因自于理性的作用。但它们依然有着重要功能，如 Striker（1996:295）所言，"自保和关心他人"的"自然本能"会为他们带来"评价反应"，会"调节"其生活直到"理性接管"。这样的情感是儿童教育的起点。亚里士多德也多次提到过动物的情感，如狗的愤怒（Rhet.1380a24）。总论兽类和孩子的情感，见 Rapp（2005d:433）和 Rapp（2002:II,572-575）。Fortenbaugh（2002:102）由于持情感来自理性信念的看法，为了确立人的特殊性，拒绝非人动物具有亚里士多德所设想的情感，这是错误的。

② 《斐勒布》46c6-47a1 和《高尔吉亚》494d 提到的搔痒的快感也在此类。

说的"吓一跳"。① 又如"空"情感，如"无痛苦"（未必快乐，Rhet.1380a4）、"麻木"（EE 1220b17）、"无情"（Rhet.1378a5），它们也被算入情感。这样的恐惧和"无感"是没有意向的，或出自本能，或来自反应的匮乏。②

　　情感 II，随着并听取理性，尽管有时未必充分听从。这是区别于兽类的、一般状态下的"属人的情感"：其心理条件仍然以非理性能力为主，它们的出现本身就是一种无理性的"确认"或"肯定"；但是，它们也往往包含或指向非其所具有的理性因素（确切说是计算和推理的理性以及有关的信念与设想）。这样的情感联系了人的道德、社会、价值和文化语境，而且能够概括出普遍模式。如果从现代角度来描述它的属性，那么在一般意义上，情感 II "以现象的方式被体验为快乐或痛苦，它们有意向地指向对象，以多样的方式联系了想象（Vorstellungen）、评价和欲求"。③ 情感 II 正是《修辞术》和亚里士多德伦理学作品的重点研究对象。我们下面所概括的要点，以及后面所要考察的情感，基本上都以它为中心。

① De an.432b30-433a1 还有一种"心跳"情况：虽然"思想"想到可怕之事，但只有心悸，因此不感到恐惧。这种情况不算情感，因为无理性部分没有活动。

② Grimaldi（1988:15）区别了感受（feelings）和情感。情感都是感受，但反之不成立。感受是最基础性的、不可分析的情绪状态（affective state），如快乐和痛苦，不需要心理活动。而情感则是更加复杂的情绪状态。在感受中，他还提及了胃痛。这样，情感 I 按照他的标准就不算情感。但这只是他的划分，并非亚里士多德本意。与之不同，Rapp（2002:II,561），将吓一跳视为"恐惧"，属于"反射性情感现象"，他也承认麻木和沮丧都是情感。

③ Krajczynski（2011:209）。

### 一、心身双重性

在心身不分的立场上，情感就是"身体－魂上的遭遇"（körperlich-seelische Widerfahrnisse）"[①]。我们很难脱离一方来谈论 πάθος。情感与身体甚至都不能像线和面那样在思想中分离。[②]

Dean.403a25 有一个表达这种双重性的经典的"元定义"：灵魂的 πάθος 是 λόγοι ἔνυλοί，即"内含在质料中的定义或概念"。这一表述符合 Phys.194a12-15 研究自然的思路："既然自然有两种说法，［称为］形式和质料，那么，我们应该像考察'凹鼻性是什么'那样来审视自然；由此，这样的［自然的］东西既非没有质料，也非按照质料。"[③] 在《论灵魂》的元定义之后，文本以愤怒为例，提供了单纯从质料或完全从形式的研究可能。我们后面会谈到这些处理方式。而亚里士多德致力的，是两者合一：πάθος 正如"凹鼻性"一样，兼有形式和质料两方面的原因；在定义 πάθος 的形式时，必定要谈及质料，反之亦然。

从《论灵魂》对情感的定义就能看出，亚里士多德理解的情感，并不是单纯来自身体或单纯源于精神。情感不能视为纯粹依赖物质的"生理本能"或冲动；它也不能独立于身体；它源自人的自然能力，尤其是非理性能力，有时还有理性能力的伴随。无论是情感 I 还是情感 II，都具有这样的双重性。就像弗雷德所言，

---

① Krajczynski（2011:209,210-211）。

② De an.403b17-19，解释见 Rapp（2006:207-208）。

③ 希腊文为，ἐπεὶ δ' ἡ φύσις διχῶς, τό τε εἶδος καὶ ἡ ὕλη, ὡς ἂν εἰ περὶ σιμότητος σκοποῖμεν τί ἐστιν, οὕτω θεωρητέον· ὥστ' οὔτ' ἄνευ ὕλης τὰ τοιαῦτα οὔτε κατὰ τὴν ὕλην. 对凹鼻的解说见 Charles（2021:43, n.1）：凹鼻性本身是典型的难以脱离质料、又关联形式的例子。

情感的产生如同建房（人为技艺）或消化食物（生理自然）：一方面需要物质组成和条件，另一方面要借助灵魂及其自然能力，后者令这样的自然过程得以实现。[①]

基于《论灵魂》对愤怒的定义，威丁将 παθος 的一般定义重构如下：x is in a psychological state Ψ ≡ (∃ y)(y is a kinēsis in or of x's body & y is caused by something & y is for the sake of something)。[②] 这种定义的"形式部分"也符合《修辞术》对情感考察的模式。但需要注意，y 的"被引起"和"为了某目的"都源自于 x 的灵魂能力（z）。因此，我们可以改写为：

x 处于灵魂状态 Ψ ≡ (∃ y)(∃ z)("y 是 x 身体的运动" & "z 随着 x 灵魂而相关 a/b" & "y 随着 z" & "y/z 由 a 引起" & "y/z 为了 b"）。

这个定义既可以表述为：Ψ 是以 y 方式的 z；也可以写为，Ψ 是以 z 方式的 y。因为正如查尔斯所言，按照亚里士多德的灵魂论，"心—身"和"身—心"的活动类型在定义上是彼此关联的。[③]

关于 z，这样的能力有三种，前两种是无理性的，一种属于身体（生长性），一种偏向身体（欲望性）；第三种是未必会出现的理性能力。情感产生的第一因是前两者，这体现了灵魂与身体的关联。如后面所述，它们有时会跟随理性，有的学者据此认为

---

① Frede（1995a:106-107）。

② Wedin（1995:190），我们下面的改写不同于他的另一个重构。

③ Charles（2021:256, n.5,257），他以愤怒定义为例，前者为"以包含热的方式欲望复仇"，后者为"以复仇为指向的热"，这两种类型是相同的，有着相同的目的和能力。他认为不确定亚里士多德倾向于哪种定义。自始至终，查尔斯的立场都是坚持心身不分，并没有把灵魂的地位凸显出来。

理性能力才是情感的直接原因，这是错误的，它首先就违背了情感的心身双重性，因为这一主张等于是说，没有身体就可以产生情感，既然理性是无关身体的。

也许有人认为，这一定义公式是功能主义的表达。比如，该派会这样解释痛苦：内在状态 P 是痛苦，当且仅当，"由身体受伤导致" & "认为'身体有问题'的信念" & "想摆脱 P 的欲望" & "焦虑" & "缺乏更强的斗争性欲望" & "畏缩或呻吟"。① 然而，这一解释是在主张，与 P 构成因果关系的这些条件或其发挥的功能，决定了灵魂出现 P，而非灵魂的某种构造决定了它们成为条件从而导致 P。按照重视物质的功能主义，P 可以解释为某种物质状态或有机体的实现状态；在整个状态系统里，P 起到了动力因的作用：P 的所有"本质性心理特征"都可以仅仅按照这些特征的"因果输入和输出"来分析，可以完全根据"纯粹物理状态所实现的条件"来定义。② 换言之，是 P 的种种"因果性功能"促使灵魂产生 P，而非相反。由此，灵魂及其本质地位（以及无理性能力的核心位置）都被忽视了。灵魂对于身体的作用并不能诉诸输入和输出的因果解释。

如果反对功能主义，坚持灵魂为中心，那么，它如何以因果方式影响身体从而产生情感？这一问题联系了心身双重性，似乎格外重要，但查尔斯认为，没有必要再追问愤怒这样的身心不分的活动如何能够出现。他好像在否认灵魂是根本原因。③ 但换个角度来说，他的意思正是拉普的看法：灵魂部分如何作用于身体

---

① Levin（2021）。
② Charles（2021:234-236）。
③ Charles（2021:276）。

部分这个"因果交互"（causal interaction）问题并没有在亚里士多德那里出现。[①]

在《论灵魂》中，他确实回避了这一点，但是，他又坚决认为灵魂是我们的形式和本质（De an.412a19-21），而且"灵魂是我们首先赖以生存、感知和思维的东西"（ἡ ψυχὴ δὲ τοῦτο ᾧ ζῶμεν καὶ αἰσθανόμεθα καὶ διανοούμεθα πρώτως, De an.414a12-13）。由此推之，情感的发生必定要以灵魂为首因。这在《修辞术》对情感的考察里似乎更容易看到，那里以"形式"为主，极少涉及质料方面，恰恰证明了这一点。

罗西就认为，《论灵魂》对情感的界定仅仅讨论了质料因和形式因，而《修辞术》还表明了动力因和目的因，特别是前者，那是某种表象内容。他不满意拉普和查尔斯的看法，因而主张，动力因在因果性上高于情感的"心身方面"。动力因连同形式、质料、意向对象，可以共同解释灵魂对身体的因果作用。[②] 但如果心身是无法分离的，那么，这样的原因依然是心身共有，无法说是一个影响另一个。只能推测，灵魂对身体的作用，更像是特殊的组织性活动。[③] 或者，灵魂就类似索绪尔的共时性"语言"（langue）结构，语言与物质性的言语的确也是密不可分的。

## 二、心身运动性

在亚里士多德那里，产生情感时，我们必定会产生运动（EN 1106a4-5）。这样的运动必定在身体（De an.403a26-27）。那

---

① Rapp（2006:207-208）。
② Rossi（2018:193,196）。
③ Frede（1995a:98-99,101）。

么，灵魂是否会有运动？ Pol.1342a5 说，περὶ ἐνίας συμβαίνει πάθος ψυχὰς，这似乎表明情感发生在灵魂上，若此，灵魂必定有运动？

但是，De an.408b11-15 指出，"说灵魂愤怒，就好像在说灵魂编织或建房。因为，更好［的说法］，不是说灵魂怜悯、知道或思考，而是［说］，人随着灵魂［如此］"[①]。在这一段里，文本将情感与技艺、认识和思维放置在一起，它们都是"人"的表现。虽然后三者都是理性的或更依靠理性的活动，但其与情感的共同之处是，它们都不能作为灵魂的"谓词"。显然，灵魂不可能受到情感乃至所有 πάθος 的驱动。之所以如此主张，因为灵魂是"本性"和形式，它是运动的始基。如果灵魂有专属的 πάθος，就会运动，也就无法成为这样的原则。[②]

De an.406a2 和 408a29-408b18 也都绝对否认了灵魂的运动，其性状尤其是情感（如愤怒）并不是它的运动。不过，后一处也指出，情感是"随着灵魂"（τῇ ψυχῇ）产生，虽然运动并不在灵魂中，但有时"到达"它，有时从它出发（De an.408b16，也见 432a17-19）。这样看，"运动"首先是身体的；灵魂并非自动，但就身体的运动"伴随"并且"凭借"它来讲，也可以说"灵魂运动"。[③]

---

① 希腊文为，τὸ δὴ λέγειν ὀργίζεσθαι τὴν ψυχὴν ὅμοιον κἂν εἴ τις λέγοι τὴν ψυχὴν ὑφαίνειν ἢ οἰκοδομεῖν· βέλτιον γὰρ ἴσως μὴ λέγειν τὴν ψυχὴν ἐλεεῖν ἢ μανθάνειν ἢ διανοεῖσθαι, ἀλλὰ τὸν ἄνθρωπον τῇ ψυχῇ.

② Frede（1995a:109）。

③ 这里的 ψυχῇ 也可以联系 De an.408b11-15 那里的使用。关于该与格的理解和灵魂运动问题的解释，见 Shields（2016:144-145），以及 Shields（2007）的详尽讨论，坚持灵魂不动是形质论的关键。但他的表述有点问题，其认为，灵魂的运动是就灵魂"凭借"（in virtue of）他者或"伴同"（coincidentally）他者的运动来看。但实际上应该颠倒过来。

有些情况下，我们可以只就身体的运动来"解释"和"定义"πάθος，而不是把形式放入质料。比如 De an.403a31-b1 对愤怒的生理性定义。但按照亚里士多德的灵魂论，灵魂这个本性才是根源。身体的运动"到达"灵魂，经过其"解码"才能产生愤怒。

与之相对，我们也可以仅从灵魂来解释情感。《修辞术》对具体情感的考察和定义就基本上没有提及身体运动。这样，灵魂作为动因，它就是"出发点"，其引发的身体运动就仿佛是灵魂的运动。这种形式性的阐释更加接近哲学。

### 三、情感与理性：判断、认知和信念

在 Rhet.1356a15-16，亚里士多德将情感与判断联系在一起："因为，我们在痛苦和欢喜或爱与憎时，会以不同的方式做出判断（κρίσεις）。"Rhet.1378a20-30 在定义情感时，也表明了情感影响判断。这两处揭示了情感说服法 πάθος 的原理。此类判断会相关认知与相信等理性活动，这一点也体现在《修辞术》的描述中。但是，我们应该谨慎对待情感与判断和认知的关系。[1]

莱顿的解释似乎既充分又合乎文本。按其总结，《修辞术》通过情感影响判断的方式有两大类：（1）判断的改变作为情感结果：（1a）容许错误判断，甲认为 A，但为了对乙好或坏而判断 B；（1b）通过倾向和不倾向的诱导；（1c）感知诱导；（1d）快乐和痛苦的诱导。（2）判断的改变作为情感组成：情感 A 产生判断 A，

---

[1] Rapp（2002:II,559），列举了一些主张情感认知理论或属于命题态度学派的学者的观点；有关评述也见 Rapp（2017:14-15）。

情感 B 产生判断 B，B 可以用来排除 A。[①] 在这些模式中，值得注意的是，其中并不都是理性因素导致了判断的改变。情感往往可以替代理性"推出"某种命题。

在谈及（1c）时，莱顿认为，从亚里士多德的角度来说，"将我们控制住的情感""让我们倾向于通过期待、按照情感来看待事情"，"情感被认为是我们观看世界的方式的一部分"。[②] 这一类判断作用由于联系了感知和意见，因此与认知和理性的联系在所有类型里是程度较高的。或许因此，莱顿才有此论断，但这样的看法也适用于其他种类。他精准地把握住了情感（以及情感性话语）对人的感知的作用，它们似乎是某种可以反复调用的判断模式：情感 E →命题 p（S 是 P）。看起来，情感提供了某种命题或评价。[③] 莱顿并没有主张情感性判断或态度完全是理性的（甚至不考虑这个方面），也没有声称情感本身具有（至少是严格意义上的）认知能力。应该认为，他的分析立足于《修辞术》的文本，其结论也避免超出亚里士多德的观点。[④]

那么，情感产生这样的命题或引发判断时，是否存在着理性的认知和有关活动呢，比如信念和思想？还是说，情感自身就有某种能力可以得出它？[⑤] 这是"情感有无理性认知"问题的核心。

---

① Leighton（1982:145-146,148,154）。Rapp（2002:II,578-583）。
② Leighton（1982:152）。
③ Nehamas（1992:297）和 Rapp（2005d:432）。
④ Brinton（1988:216）评析了莱顿的看法，认为他对"情感'认知观'最不热衷"，他也总结了 20 世纪 80 年代对于情感与理性认知关系的争论。布林顿则倾向于弱一些的情感认知观。
⑤ 关于亚里士多德情感问题的这一重要争议，见 Nieuwenburg（2002:89）、Moss（2012:70-71）、Dow（2015:183, n.1-2）和 Rossi（2018:191）。

## （一）最高解释：情感的理性认知

基于情感对判断的影响，有些学者会主张，亚里士多德认为，情感具有独立的理性的判断、认知和意向形式。

典型如肯尼的主张：《修辞术》提出了一系列情感的"形式对象"（formal objects），它们属于"诸如情感这样的心理态度（mental attitude）"，情感是"内在印象或行为模式"，指向"信念"，而且是"内涵性的"（intensional）。所谓内涵性，即"专属于描述心理事件和状态的形式属性"。由于情感或感受与其对象的关系是"概念性的"，那么，缺乏内涵性的、生理学上的身体变动仅仅是情感的"工具"，而不是情感本身。[①] 情感本身似乎成为（而不是在一定程度上具有）"命题态度"，它开辟了内在的"意向"领域。而身体反而不是情感的组成因素。这种观点将情感变为某种具有认识性的心理状态。

所罗门则更明确认为，与感受不同，情感是"理性的"、"目的性的"、"意向性的"（intentional），"选择一种情感就是选择一种行动过程"；情感甚至相似于"信念"，因为它是"判断"，是"规范性的而且通常是道德的判断"；情感也是"选择"和"责任"。通过这些观点，他主张，亚里士多德反对柏拉图和修辞家（如高尔吉亚），他维护了这样的观点："有些情感既是实践的，也是理智的（如义愤），本质上涉及目标和认知。"他"发展出了情感的意向性理论"，并且"理解了变动情感中逻辑与修辞的联

---

① Kenny（1963,2003:26,134,135），对肯尼其他主张的评述见 Rapp（2002:II,559-560）和 Rapp（2017:13-14）。

系"。① 他还试图将《修辞术》的情感研究变为他所引述的海德格尔、胡塞尔和萨特的现象学情感理论的先导。这样的理解已经远远超前，它将情感并不具有的理性能力、内在空间和道德义务都赋予了它。

有些学者的研究更基于亚里士多德的文本，但其得出的结论与上两位的看法依然有相近之处。如纳斯鲍姆认为，亚里士多德理解的情感，并不是"盲目的动物能力"，而是"人格的理智的和具有分辨力的部分，并密切联系了某种信念，因此是对认知变化的反应"。具体而言，第一，情感是"意向性意识的形式"，它要针对某个对象。第二，情感与信念密切相关，随信念的变化而变动。第三，按照信念的性质，情感可以评价为理性的或非理性的，真的与假的。甚至在某种程度上，所有情感都是"理性的"（在"描述性意义"而非"规范性意义"上），都是"认知的和依赖于信念"。② 在考察完恐惧和怜悯之后，她认为这样的情感具有"丰富的认知结构"，是"有分辨力的、观看对象的方式"，其必要条件是"各种类型的信念"。最后，虽然亚里士多德认为情感是无理性的，但按她的理解，其实在他看来，情感并非"没有认知性"，也非"不正当和虚假的"。③ 她甚至认为，既然信念是情感定义的本质部分，那么前者就是后者的组成。④

弗腾堡同样主张，认知和思想是情感的本质和动力因。他分析了恐惧与愤怒中对危险和轻视的"思想"，进而指出，这证明

① Solomon（1980:251-252,257-258,270,271）。
② Nussbaum（1996:303-304）。
③ Nussbaum（1996:309,318-319）。
④ Nussbaum（1996:309），她的错误也相关其对"想象"的定位，在后面第七章，我们会论述她如何过分拔高了这一能力的地位。

了"认知本质性地包含在情感反应中"。亚里士多德反对情感是"身体感觉"的观点，也反对认知仅仅是情感反应的"特征"而非"本质"的看法。[1]他的理解明显忽视了心身双重性，以及情感的无理性本质。

格里马尔蒂的观点看似注意到了身体的变化，但他还是认为情感的发生来自认知。其认为，促发情感的是"某种刺激因，它引起了一种有身体生理变化伴随的心灵状态"，而该刺激因之所以能唤起情感，是由于"人将其视作有利或有害：这样，情感的先决条件就是某种知识"，"情感需要认知——欲求——器官的纷扰"。[2]显然，他主张，对利害的理性判断引发了情感。

这三位学者无视《修辞术》对情感的定义。[3]以愤怒和恐惧为例，前者的"属"是欲求或欲望，而恐惧的属是痛苦或纷扰。Rhet.II 对所有情感的定义，都没有以理性、信念和认知作为属。非本质的思想和信念不足以作为动力因引发情感。[4]再有，他们似乎误解了无理性部分"分有"理性（EN 1102b15-16）的意思。思想并非"情感自身"所具有，而是要借助理性能力。当亚里士

---

① Fortenbaugh（2002:12），批评见 Dow（2015:159-160）。

② Grimaldi（1988:15），但他对知识的强调是合理的，只不过他的公式应该改为：器官的纷扰——想象——欲求——认知。

③ 还有前面提到的布林顿的看法，见 Brinton（1988:217），他在弱的程度上指出，某些普通情感还是具有"认知成分"，情感的变化"至少确实倾向于跟随认知上的合适变化，或受到其影响"。这种理解依然错误地把认知作为了情感产生的动因，虽然他试图维护和澄清情感说服法的合法性。

④ 有一个典型的例子，De an.432b30-433a1 指出，虽然理性想到了可怕之事，但只有心悸，人却并不感到恐惧。这种特殊情况具备了理性和部分生理因素，但缺少想象和痛感，并非亚里士多德式的情感，似乎更类似于现代哲学的"畏"（Angst）。De mot.an.701b18-22 认为，想到可怕的事情就会恐惧，但这是存在着想象。

多德解释情感时，比如愤怒，其定义会包含形式并且涉及认知和信念，但这不等于说，这两者都是产生愤怒的那个无理性部分所拥有。而且退一步说，就算思想和信念是情感的成分，这一观点也没有普适性。他们试图用"理性"（或是广义的）将情感整合进来，这完全不是亚里士多德的意思。他们的观点实际上近似于斯多亚派，该派排除了与自然本能相关的情感（比如孩子的情感），而将之联系了"对印象的接受或拒绝的理性能力"。[①]

上述代表性观点都将"理性认知和判断力"赋予了情感活动及其官能。它们的理据似乎是，第一，既然《修辞术》将理性以及联系理性的心理能力作为情感的动因，那么，它们也可以视为情感本身的组成。比如，如果理性和信念成为情感的动因，那么就可以确立某种"理性的情感"。[②]第二，既然《修辞术》对情感的生理和物质层面几乎很少提及，那么其中的情感理论想必就是认知性的。[③]这些误解都忽视了《修辞术》中情感的功能及其多样性，也没有注意到，情感的产生和变化是来自无理性部分，而不是直接源自逻辑、思想、判断、信念和理性意向；情感的态度也未必源自认知；理性的认知并不是情感的组成或充分条件。生理、习惯和品性方面的因素才更多地作为《修辞术》情感理论的基础。[④]

---

① Striker（1996:295-296）。

② 如Sousa（1980）和Stocker（1980）的论述。

③ 尽管没有提及身体，但情感的活动依然是无理性的，而不是理性认知的。Rapp（2002:II,563）反驳了这种误解，我们后面还会提及。

④ Rapp（2002:II,564-567）总结了情感认知理论的一些困境，其根源在于忽视非理性和身体物质因素：（1）无法用思维判断来解释矛盾情感的排斥，如怜悯／愤怒、爱／恐惧。（2）有些情感没有意向和判断，如Rhet.1380b10-14，由于对甲发泄过怒气，故而对后面的乙情绪温和。这明显是生理性的变化。（3）情感有生理条件。（4）品性态度所形成的情感并不受判断的影响：情感A产生判断A，但品性C的人产生情感A，却没有做出判断A。

当然，将情感与这些相联系，并非毫无根据，只不过要做一些界定和区分。①

## （二）最低解释：情感的"拟认知"

就认知程度而言，对《修辞术》的情感评价最低的学者是拉普。他的思路是首先寻找某种标准来区分"人的情感"与"兽的情感"。这样的标准围绕着情感的灵魂动因。在兽类那里，情感的产生仅依赖于广义上的"感知"以及想象，而《修辞术》中的属人情感"如果"也是这样的来源，那么，所说的标准就难以找到。但在他看来，这个"如果"似乎成立：就亚里士多德研究的情感现象整体而言，它们很多都没有（理性的）认知性。②若此，我们就得到一个惊人的结论：《修辞术》第二卷里的情感主体都与（非人）动物毫无分别。

就感知来讲，De an.II.6.418a8-25 划分了其三种功能方式，它们也为想象所具有。第二种和第三种都会产生"命题性内容"。而一些兽类也有这样的能力，可以产生"命题性内容"：狮子通过公牛的吼声来判断后者的存在（EN 1118a20）。这本身既涉及感知，也关涉想象。由此，拉普主张，在《修辞术》对情感的定义里，有关信念和设想的表达 οἴεσθαι 和 ὑπολαμβάνειν 就等同于可与它们交替使用的表示"感觉印象"的 φαίνεσθαι（和

---

① Rapp（2002:II,561-563）举了里昂斯（Lyons）、马克斯（Marks）和斯托克（Stocker）的处理，他们试图划分不同类型的判断和认知："评价性判断"/"描述性判断"；"评价"/"评价＋欲望"的情感；"严格意义上的判断"/"情感思想，或以情感方式持有的思想，或情感性的拟判断"。但这些界定依然是将情感作为理性活动，只不过在不同程度上保留了情感的无理性。

② Rapp（2002:II,575）。

$\varphi\alpha\nu\tau\alpha\sigma\acute{\iota}\alpha$），它们都属于包含兽类感知（和想象）在内的广义的感知力，因为这部作品并未"仔细"使用"知识论词汇"。[①] 换言之，《修辞术》涉及的信念和设想仅仅是"所谓的"，它们并非来自理性。

狮子的判断看似"推理"而且**好像**表现了某种"认知"：（x（牛吼）∈ A）&（x 存在）→ A 存在；但是，这样的过程并不是来自理性能力。这样，按他的逻辑，《修辞术》的属人情感得出的很多判断，也是**看似**由理性做出，但实际并非如此。以 Rhet. II.2.1378a31-33 对愤怒的定义来讲，其中的两个 $\varphi\alpha\acute{\iota}\nu\varepsilon\sigma\theta\alpha\iota$ 都与狮子没有差异。它们也仅仅是像判断公牛一样，通过某些"标志"本能地得出如下命题：S 轻视自己；报复 S 是快乐的。

这样的命题当然通过推理和信念的理性能力也可以得出。因此，情感可以与理性并驾齐驱，甚至冲突。正是这一点，令弗腾堡、纳斯鲍姆、肯尼、所罗门混淆了理性的认知与情感的"无理性认知"，因而持那种情感具有信念和理性的主张。

与拉普差不多同时，纽温伯格的研究更加明确地主张了情感与感知的关联，他的结论立足于《修辞术》文本，具有转折意义。由于最高解释与最低解释的关键争议点之一，就在于 $\varphi\alpha\acute{\iota}\nu\varepsilon\sigma\theta\alpha\iota$（和同源词 $\varphi\alpha\nu\tau\alpha\sigma\acute{\iota}\alpha$）的理解上，尤其是在《修辞术》对情感的定义中，故而他的研究就是基于对该词的解读。他将最高解释称为"判断主义者"，该词表明了信念；最低解释为"现象主义者"，该词意味着表象。他倾向于后者，其结论就

---

① Rapp（2002:II,575）。他一方面持这样的主张，另一方面又认为《修辞术》对单个情感的规定不可能适用于兽类。他的意思是，情感定义中属人的社会情况不可能出现在动物身上，但他们的情感在认识论地位上是一致的。

是，Rhet.II.2-11 的情感均是以 φαίνεσθαι 所表示的"感知"为核心，其中也包含想象、回忆和希望；依此，一些情感定义中的 φαντασία，仅是"非知识性的显现"和"（拟）感知显现"。[1]这个结论排除了信念活动在 Rhet.II 情感中的可能。实际上等同于拉普的看法。[2]

受纽温伯格影响的莫斯有着同样主张，但她进一步为情感提供了最低解释的定义，并且谈及了情感与信念的作用方式。联系着感知与想象的情感，当其出现时，就是"经验某种 φαντασία"（即 φαίνεσθαι 的活动），即"接受或赞同某个表象"。她认为，这样的活动及其表象是"无理性认知"，并不是信念活动；但是，它们可以"追踪"（track）或"引发"（trigger）信念。无论情感与信念的关系如何，情感首先都是处理这个表象。既然一切动物都可以想象，莫斯也认为非人动物具有这样的情感。[3]虽然她没有反对信念对情感的作用：情感可以因自后者；但这并不是说，前者直接产生后者：信念必须配合想象，因为表象这个环节不可能跳过。情感也可以导致信念，但依然独立于后者，而且不是其功能。[4]莫斯也概括了对 φαίνεσθαι 的两种解读方式：意见信念式（doxastic）；想象表象式（phantastic）或"拟感知经验式"。[5]这呼应了纽温伯格的划分。

[1] Nieuwenburg（2002:89-90,93-94,97,100）。

[2] 他的关注点仅仅是 φαίνεσθαι，而且认为出现该词的愤怒的定义是"范例"，见 Nieuwenburg（2002:92）。他是用典型例子来概括 Rhet.II 的所有情感及其表述，因而没有考察存在 οἴεσθαι 和 ὑπολαμβάνειν 的情况。

[3] Moss（2012:70-71,73）。

[4] Moss（2012:99），她有一个很好的例子："看到 x 是圆的"导致但又独立于"相信 x 是圆的"。

[5] Moss（2012:70）。

在最新的研究中，杰米·道的想法与前三位学者基本相近。[①]
他主张，亚里士多德认为情感是"表象性状态"（representational
states），情感主体"将事情视作它们被表象的那个样子"，也就
是将自己的表象当作事情的实际情况。重要的是，是情感的**发生
本身**对"表象内容"做出"肯定"，这无需通过信念和理性以及
其他心理活动，尽管这种肯定内容的方式类似信念。正因此，情
感成为了"主体的整体观念的构成部分"[②]。总体上，他有两个核
心观点：第一，拥有某种情感就是经历苦乐；第二，苦乐是意向
性和表象性的：它们指向情感对象或"目标"，而且包含了对目
标的表象，表象的方式赋予了所经历的特定情感的"理据"。[③]

如果这样的情感不涉及理性，那么，他同样指出，这种表象
和肯定表象的活动，无理性的孩子和非人动物也会具有。即使当
人的情感依靠理性及其观念时，某些非人动物也可以在一定程度
上如此。[④]他的表象内容就是拉普说的命题内容，但区别在于，
他又添加了情感自发的"肯定"（也就是莫斯的"接受"）。他将
表象的来源赋予 φαντασία（与拉普相近），这种能力具有评价
性和动机性效果；但这样的肯定并非来自想象力或其他能力，而
是来自情感者这个人整体。[⑤]

对比来看，最高解释认为，引发情感的或情感的动力因是信

---

① 他与莫斯的措辞不同，关于情感表象内容，莫斯是"接受"，他是"肯定"，基
　本同义。但一个重要差异时，他强调了这是整个人格的行为，莫斯关注的是人
　格下的某个灵魂能力的作用，见 Dow（2015:199, n.48）。
② Dow（2015:1,5,131,142,199）。道原来的看法类似纳斯鲍姆：这种肯定来自信念。
③ Dow（2015:146,155）。
④ Dow（2015:185,226），见 Hist.an.588a18-30。
⑤ Dow（2015:199-200,217）。

念或思想，恐惧是它们的表现，情感具有的理性力肯定了它们，然后引发无理性部分的活动。而最低解释则是认为，情感本身以及相应的"身体运动"就是肯定，它的表象内容是动力因，这之后，我们才会自觉地相信（在信念的意义上）所肯定的内容。[①]这样，分歧就在于，我们是先相信，再有情，还是先有情，而后相信。这个分歧恰恰体现了在一般社会生活中，人的情感与理性的复杂关系。

### （三）"随着理性"的最低解释

就我们的立场来说，在当前学界，拉普、莫斯和道的解释才较为合理而且合乎文本地揭示了情感本身的无理性特征，他们的观点已经纠正了弗腾堡和纳斯鲍姆的旧式立场。在亚里士多德那里，即使是人的情感，它也不像一些学者理解的那样具有多高的"认识论"地位；尽管它能带来某种"认知"即"拟认知"和"无理性认知"，并且这种认知的表象还能起到"命题"或"前提"的作用，让主体**仿佛**推理出某个结论，但是，这一点普适于所有动物。如果是这样，那么，如何突出人的情感的特殊性呢？为此，我们会给出一种方式不同的"随着理性"[②]的最低解释：它坚持了情感的无理性，又能比较妥当地处理情感与理性的关系。

既然人是理性的动物，故而，我们可以将引起情感的原因和语境联系人的日常理性活动，尤其是《修辞术》涉及的那些

---

① Rossi（2018:192）有一个回避式的处理，由于信念和想象都是某种"评价表象内容"，故而情感的动力因就是这个"内容"，无论来自哪里。这种理解悬置了情感动力因究竟来自无理性想象，还是理性，容易给人误解。这两种内容其实不同。

② Rhet.1370a18-27、EE 1220b5-20 和 EN 1102b15-16。

集中体现大众意见和日常道德观的社会活动领域。在修辞术的语境中，这样的理性，我们不用定位得过高，比如达到努斯的层次。此时的情感似乎是最理想的状态。[①] 我们所说的理性，可以包括并未随着努斯时的意见、信念、设想、计算、考量等。本书导言开头所引的 Pol.1253a1-18 概括过这样的理性：非人动物的声音只能表达苦乐，而人的逻各斯能够表明利害、正当与不正当。这里的逻各斯既表示语言，也表示语言推理的理性，它可以判断价值高低。[②] 这样的逻各斯联系了计算和推论。计算的功能是量化目标，从而选择行动对象；当与想象配合时，它能从杂多的"想象表象"（φαντάσματα）中抽象出统一的概念（De an.434a7-10）。而意见、信念和设想，也是追随这样的逻各斯（De an.428a20-24），它们源自于推论（De an.434a11）。[③] 虽然人也可以表达兽类那样的苦乐，如无理性的身体和感官快乐（Rhet.1370a21-25），还有一些不需要意见的情感，但是，在随着逻各斯时，他们的苦乐和情感，则与非人动物不同。人的苦乐可以跟随意见、计算和推论，这些理性能力可以处理和引导自发产生的表象，使之关联利害、正当与不正当这样属人的价值。这样

---

① De an.429a4-8，人与兽类都有想象，但后者没有努斯；有些人在想象时，他们的努斯会被情感等掩盖（ἐπικαλύπτεσθαι），换言之，如果人追随努斯，他就会有正确的情感，尽管情感没有对错之分。

② Horn（2005c:332），它区别于指向始基的努斯理性。也比较 Rhet.1355b1-2，那里的逻各斯表示"论理""语言推理"。

③ 关于意见和信念的理性，也见 Rapp（2002:II,572）和 Dow（2015:185）。关于人对意见的普遍依赖性及其原因，见高尔吉亚《海伦颂》11。Horn（2005b:138-139）总结了意见的含义，它是某种"知识性态度"，相关对象的或然方面；它在实践领域对考量和有意选择都有着重要作用；它是一种道德中立的、我们无法影响的内容。与意见相关的设想，如 De an.427b24-26 所论，包含了意见或信念、知识、实践智慧以及它们的反面。

的情感当然就区别于兽类。而只有人会进行的公共演说活动及其话语世界（因为关涉利益和正当）则更明显地展现了这些能力在道德、政治和社会生活中的运用。依此，《修辞术》乃至《尼各马可伦理学》和《优台谟伦理学》关涉的一些情感当然会被置于这样的语境来考察。①

对于计算理性和日常观念来说，信念（或意见）就是其内容体现，故而也是修辞术的处理对象（Rhet.1355a17）。信念与情感的相互作用毋庸置疑，而且，就它们各自产生的命题内容或表象内容来说，两者交织在一起。当情感属于人，属于已经进入生活的成人时，它的产生在一般情况下很难离开信念；它所产生的表象也会形成信念，从而有用于生活本身。情感似乎是人这个中转站在输入信念和输出信念之间表现出来的心理现象。

而在修辞术领域，情感表象与信念往往并行。道指出，在这方面，亚里士多德式的情感之所以能够被"感觉"，是因为"它们在认识论上是合理地按照行动者的信念被感觉的"。情感状态提供了"认识论证明"和令人信服的依据。② 他的意思可以重构为：S 具有情感 P，使得"某个表象 R 存在并得到肯定"&"R 的内容 q 在认识论上对应某个信念 p"&"S 相信 p"&"q 与 p 一致"。他还举过一个情感说服法产生作用的例子：（1）证据表明甲是危险人物（p）；（2）证据是可信的；（3）S 感到恐

---

① Bombelli（2018:80）基于 OPC 模式，主张理性能力与情感等无理性能力的连续，理性本身就是联合着认知与情感，尤其是在属人的政治法律语境。他的解释太强了，忽视了情感单纯无理性的自发表象活动，这个时候，情感并没有与理性相关，而且也能出现在政治环境中。

② Dow（2015:186）。

惧；（4）S相信甲犯攻击罪。[1] 恐惧的产生似乎是因为（1）和（2）所导致的信念，但其实，它本身已然"肯定"了一个表象："我**觉得**甲是危险人物"（R的内容q）。那么，q和p的差异就是"我觉得"，只不过这个"觉得"并不是以信念方式表达出，而是通过情感表现出。对q的肯定令S相信p，从而有了认识论依据。此外，如果这样的信念以及相关的信念已经存在，那么，这也有助于情感表象的产生。

为了让信念和理性进入情感的产生中，我们可以先总结一下上面出现的观点：某情感出现，如果，

（1）情感内容q，情感肯定q，情感由表象引起；

（2）信念内容p，理性肯定p，情感由p引起。

（1）是情感自身产生内容，这只能受制于无理性的生理和习性；（2）则是通过理性，但这并不符合亚里士多德理解的情感；那么，综合这两者，

（3）情感内容q & 信念内容p，肯定分别由情感和理性做出，情感由p和表象引起。

为了保持情感的自发性和内容性，可以修改如下：

（4）情感内容q & 信念内容p，肯定分别由情感和理性做出，情感随着p，由指向、引发或回应p的表象引起，q与p一致。

但是，这里仍然会让人误以为是思想引发了情感。所以还应修改为：

（5）情感内容q & 信念内容p，肯定分别由情感和理性做出，在t时，情感由相关对象人a和对象物b的表象引起，情感随着p，

---

[1] Dow（2015:101）。

指向、引发或回应 p，q 与 p 一致。

这里能看出弗腾堡的错误原因：他忽视了 a 和 b 以及表象活动，从而认为，主观的想法直接就是情感产生的原因。但是，当情感随着理性时，这样想法的确又是重要因素。合理的解释是，在 t 时，情感对 a 和 b 的表象的肯定，会指向、引发或回应一个主体已经相信（无论此时是否想到）的信念 p；情感的发动是让表象内容随着 p，将这一次的"个别内容"回应具有"普遍性"的 p。

这个最终的修改体现了情感与信念联系时的特殊情况，我们在后面谈及的一些情感就具有这样的特点。当它发生时，主体未必就有自觉的信念活动，但是，情感的内容随着情感发生这个"肯定"活动，会指向或回应其主体相信的知识，这样的内容就如同"拟信念"或"前信念"，或是戴维森意义上的"支持态度"（pro-attitude）[1]。无论如何，只要情感跟随理性，我们都可以说，情感"分有"理性，也近似具有理性维度。

相关这一解释模式，有几点需要强调和说明。首先，随着理性的情感具有某种特殊的"认知"：从一次个别事件获得内容并联系普遍的认识形式。这相反于上述的"计算"功能：从众多特殊表象中抽象出普遍的统一。这种"拟认知"有一个奇特之处：既有又没有外部对象，既有又没有内部对象。一方面，它虽然有客观的对象人和对象物，但它们不是情感认识的直接对象，[2]而只是

---

① Davidson（1980:3-5）。

② Rapp（2002:II,575）认为，情感定义中的感知、信念或设想表明了对象并不实存，只在情感主体的意识里。他绝对地排除了对象人与对象物作为情感的直接对象。

为主体的表象提供一些内容；另一方面，在指向信念或概念时，情感的表象似乎是主观对象，也就是肯尼说的"形式对象"。[①] 然而，表象并不是思想确立的独立的心理意向形式（布伦塔诺意义上的内存在），它只是回应信念和思想；它来自感知以及复制感知的想象，取决于对象人和对象物。可以说，情感的认识对象介乎外部对象和内部对象之间。由于认识对象的含混，那么在行动上，情感也是既有又没有目标。

其次，该模式可以解释前述的那个先有鸡后有蛋的难题。情感发生的实际情况，并不是先有信念，再有情感；而是先有情感，才有信念。情感之所以在先，因为首先出现的条件，是生理和习惯，是自我的身体、外部具体对象和内在表象，而不是思想；情动之后，其指向才有可能联系某个信念，通过情感的肯定，我们才肯定它。

但是，如果 t 时，存在着思想这样的理性活动并且肯定了 p；如果在 t 时之前，这样的活动已经存在，那么，情感不就在后了？实际上，就情感活动本身而言，它对 q 的肯定具有"逻辑上"的在先性：对 q 的"肯定"也"肯定"了 p，这两个肯定是同一个。虽然这样的肯定在时间上后于信念活动，因而可以说，是信念引发了情感，但是，动情先于被它所肯定的 p，即使在动情之前，主体已经通过理性肯定过 p。换言之，"S 在情感 P 下肯定 p"，并不同于，"S 在无 P 下肯定 p"。这样，依然是先有情感，再有（情感肯定的）信念。

第三，如前述，拉普认为，《修辞术》定义中有关信念和设

---

① 没有随着信念时，表象更不会是内在形式；但想象本身也会被一些学者发展为这样的东西。

想的表达 οἴεσθαι 和 ὑπολαμβάνειν 等同于可以交替使用的表示"感觉印象"的 φαίνεσθαι（以及 φαντασία，也就是莫斯和杰米·道说的"表象"）。这一看法既对又不对。对是因为，它们本身包含了情感的"表象活动"，如果情感发生时，没有信念或设想活动出现，那么，这些表达的确仅仅指表象。错是在于，在 Rhet.II 中，οἴεσθαι 和 ὑπολαμβάνειν 确实表明了理性的认为和设想，它们的内容涉及了价值判断；这样的信念恰恰为情感的产生提供了内容；甚至 φαίνεσθαι 也有这样的用法。

　　那么，如何解释亚里士多德遗留的、存在于《修辞术》中的这样的"含混"？可以推想几个原因：第一，我们无法知道个体人在产生情感时，除了情感自发的肯定活动之外，是不是还有某种想法，尤其是情感的表象牵涉了理性内容。第二，我们也很难分辨情感究竟是在肯定自己的生理和习惯反应，还是在肯定所回应的理性内容。尤其在"社会生活"中，人的这种无理性的肯定、评价和意向似乎又不是那么"无理性"。这就是为什么，尽管我们是动情时做出了决定，却还自以为是自主的和理智的。第三，一方面，如果肯定来自理性信念，那么情感就是理性引发；既然理性与身体的关联并没有那么密切，这就会打破情感的"心身双重性"乃至灵魂形质论；而情感自身的肯定如果在先，就可以维护这一点。但是，另一方面，情感又具有某种"拟信念"，将之与理性活动彻底切断，属人的情感的独特性又会消失。第四，后面会看到，在《论灵魂》和《尼各马可伦理学》等其他作品讨论情感的例子中，亚里士多德明确提及了主动的理性活动，那么，《修辞术》的含混就不是思想的含混。由于此书的性质，《修辞术》可以不用研究理性信念与情感表象的关系，因此，是否存在信念活动并不重要；但是，情感表象又必须指向意见，否则的话，演说者无法在涉及公共事务的语境中通过语言来激发听众的感受。

因此，亚里士多德可以使用这样"含混"的词，既表示无理性的情感肯定，也暗示理性想法。就算完全不存在信念活动，这些词也表明情感的"肯定"仿佛是某种"拟理性"的"前信念"和"拟设想"活动，而且指向和回应，甚至还能引发信念。

（四）一些"随着理性"的具体情感：欲望、恐惧、愤怒和恨意

这种"随着理性"的解释，在《修辞术》以及亚里士多德其他作品里是可以找到的。我们选择四种情感作为例子来加以阐述。其中，《论灵魂》《论动物的运动》《尼各马可伦理学》和《修辞术》第一卷的例子都明确提及了理性的活动，这与 Rhet.II 的含混是不同的。这种"明确"或是因为，出于认识论和灵魂论研究的目的，需要考察内在能力的配合和差异（《论灵魂》和《论动物的运动》）；或是由于，在伦理学语境中，要么是为了研究行为动机（Rhet.I），要么是关注感性和理性冲突的不能自制问题（《尼各马可伦理学》）。类似的情况在 Rhet.II 的情感理论中是不存在的。通过这些例子所补充的一些信息，我们可以揭示 Rhet.II 情感研究的理性因素。①

首先，关于欲望，De an.433b11-12 指出，欲望对象"通过

---

① 也许有人推测，《修辞术》在认识论方面并没有像《论灵魂》和《尼各马可伦理学》这两部后出的作品那样严密。但是，既然《修辞术》本身就存在很多后补的内容，如前引的 Rhet.I.1370a18-27；既然亚里士多德并未修订各个情感的定义，同时也保留了很多表明理性活动的表达和词汇，那么，《修辞术》的情感定义与那两部作品的阐述是相通的。

思维或想象（τῷ νοηθῆναι ἢ φαντασθῆναι）起到驱动作用，而它并没有被驱动"。EN 1149a34-36 也认为，"欲望仅当理性或感觉说［某物］是快乐的，就冲过去享受它。"① 这两处明确提及了理性与感性的共同作用。其中的想象和感觉是可以互换的。第二处解释了思维的推理作用，理性得出的命题"a 是快乐的"（因为"a ∈ x"＆"x 是快乐的"）与欲望的感觉内容是一致的。但是在这种情况下，欲望并没有倾听理性的关于"应不应该享受 a"的指令，因此可以看出，欲望自己是有表象内容的，即"享受a"，它仿佛做了一个"无理性推理"：所有快乐都是值得享受的；a 是快乐的；所以 a 是值得享受的。

EN 1147a24-34 对"不能自制者"（ὁ ἀκρατής）的考察更加形象。那里认为，这样的人头脑中有两个意见，一个是普遍的理性意见，另一个是个别的感性意见，两个意见产生冲突。后一个"意见"就感觉内容来说是"拟意见"和"前意见"，但它也可以引发理性所产生的真正的"个别意见"；普遍的理性意见则完全是理性自身确认的内容。这两种内容当然会产生矛盾，伦理学作品就是要考察这一点。正因此，《尼各马可伦理学》才会明确提及理性活动的出现。

上面这些观点在 Rhet.I.1370a18-27 中也有明确的表述，该段文字为亚里士多德后补，显然来自于伦理学和灵魂论作品。② 在这里，文本区分了"无理性"欲望和"随着理性"（μετὰ

---

① 希腊文为，ἡ δ᾽ ἐπιθυμία, ἐὰν μόνον εἴπῃ ὅτι ἡδὺ ὁ λόγος ἢ ἡ αἴσθησις, ὁρμᾷ πρὸς τὴν ἀπόλαυσιν。
② Kassel（1976:52-53）加上"[[ ]]"，表明是作者后补。Rhet.1369a21-24 也明确提及了意见对欲望追求快乐的作用，那里并不是后补的文字。

λόγου）的欲望，后者会"倾听"和"信服"（πεισθῆναι）理性，也就是通过理性的"设想"（ὑπολαμβάνειν）来判断对象是令人快乐的，从而展开欲求。这样的倾听和信服并不是说，信念产生欲望或欲望自身具有信念，而是，欲望在 t 时的表象内容 q，指向并回应一个普遍信念"x 是令人快乐的"。这里的表述似乎表明，理性活动在发生，那么其推理为：x 是令人快乐的；q 是 x；q 是令人快乐的。但实际上，这样的活动也可以不用出现，类似的推理结论是欲望主体的常态化知识，他凭借习惯就会倾听这样的命题，从而在 t 时通过欲望本身来肯定它。即使理性活动并未出现，但这样的欲望仍然是随着理性的信念，只不过它肯定的内容来自表象。由于理性因素出现，那么，在欲望这样的情感上，人与兽类就有了明显区别。后者几乎不能而且不需要信念、意见、设想之类的活动。[1]

这些关于欲望的例子都可以用来分析 Rhet.II 的一些以"欲望"和"欲求"之类为属的情感以及有关的活动。

第二种情感是恐惧。我们第一个能想到的例子，也许就是 De an.427b20-23 的经典描述。这一段的主题是区分想象和意见（δοξάζειν）或设想（ὑπόληψις），后者与我们意志无关，非真既假，当意见判断事物可怕时，我们立刻就有了恐惧的感觉。而想象则随我们的意愿，但在想象可怕事物时只能带来内在图像，促发不了恐惧。这个例子似乎否定了想象或表象对情感的作用，表明了思想产生情感，甚至情感本身就包含理性。[2] 但是，此处

---

[1]　Frede（1996:268-269）也概括了欲望的理性和无理性的双重性。

[2]　Fortenbaugh（2002:68）持这种看法；更合理的解说来自 Dow（2015:203-204, 217-218），但我们的理解角度与他不同。

并不是说单纯的意见就能引起恐惧，也不是说想象本身产生不了情感，而是在解释，想象在配合意见时会随着后者判断的真或假，产生情感或抑制情感。

　　基于随着理性的最低解释，可以认为，第一种情况中，恐惧的产生是因为，某个表象指向了某个对象 a（τι），并且随着意见所确认的内容"x 是可怕的"（p）；表象随着或听从理性的确认，从而肯定了"a 是可怕的"（q）。文本表明了，凡当（ὅταν）我们针对某个对象有这样的意见，就会产生恐惧；由于有对象的存在，这就没有否认表象作用，也没有说，单纯的思想就能产生恐惧：如 De an.432b30-433a1 所言，这不会实现。而第二种情况，之所以想象不能产生情感，首先是因为可怕的对象并不存在：文本举的比喻是如同看画，也就是说，想象仅仅产生某个它并未肯定的可怕图像，[①]因为情感没有产生，同时表象指向的信念并不是"x 是可怕的"，而是非 p。在这种情况下，想象依然随着理性，只不过听取的信念不同，而且没有动情。但无论是哪种情况，想象都在跟随不由个体决定真假的理性。

　　De mot.an.701b18-22（也见 703b18-19）有个相似的例子，想象和思想能够产生实物，因为所想出的比如令人恐惧的东西这样的"形式"，就如同实物一样，所以，仅仅想到这样的东西，就会感到恐惧。[②]这里也不是说单纯的"思想"就能引起恐惧，

---

①　这个时候或许有某个并不可怕的对象，也可以没有任何对象。De an.403a23-24 提供了一个反例，没有可怕事情，但仍然恐惧。原因似应是，想象肯定了表象。

②　希腊文为，ἡ δὲ φαντασία καὶ ἡ νόησις τὴν τῶν πραγμάτων ἔχουσι δύναμιν· τρόπον γάρ τινα τὸ εἶδος τὸ νοούμενον τὸ τοῦ [θερμοῦ ἢ ψυχροῦ ἢ] ἡδέος ἢ φοβεροῦ τοιοῦτον τυγχάνει ὂν οἶόν περ καὶ τῶν πραγμάτων ἕκαστον, διὸ καὶ φρίττουσι καὶ φοβοῦνται νοήσαντες μόνον. 文本和解说见 Nussbaum（1985:43,238）。

而是强调这需要借助想象及其提供的感性内容。不过，思想活动的存在等同于上面《论灵魂》的 δοξάζειν，都是对想象形式的确认。想象的肯定与思想的确认是一致的，但前者提供的是具体语境下的、情感主体的身体反应所"肯定"的可怕形式和命题内容（"a 是可怕的"）；后者提供的则是普遍的信念（"a ∈ x" & "x 是可怕的"）。

上面两个例子都有明显的理性活动，而这一点在 Rhet.II.5 的恐惧定义以及该章的一些具体描述中，是可以推想或看出的。既然《修辞术》的语境更侧重于人的社会，那么，看不出这样的活动反倒是奇怪的。

在 Rhet.1382a21-25 的恐惧定义中，"想象"和 φαίνεσθαι 首先无疑表明了表象活动，但结合对恐惧的具体描述，可以看出，第二个词其实暗示了对某种信念的"指向"，如 Rhet.1382b30 的"预想"（προσδοκία）[1]：它们都相关将要临近的恶事，后者明确联系信念（如 De an.427b20-23）；而前者存在着上述的那种"含混"，我们不能说，这个词仅仅表示表象，但也不能说，它必定包含信念。另外，恐惧定义中的"考虑或重视"（φροντίζειν）[2]也表明了理性因素：人们并不是恐惧所有事情，他们需要对不同的表象做出判断和分别，至少是"随着"这样的判断，尽管这样的理性活动未必会现场出现。

为了凸显恐惧定义的理性因素，不妨比较一下高尔吉亚《海伦颂》16-17 与 Rhet.II.5 对该情感的研究。两处都提及了恐惧的

---

① 该词与 δόξα 同源，持最低解释的纽温伯格，也承认这里暗示了与信念的关联，Nieuwenburg（2002:92）。

② 该词见 Rhet.1379b2，1390a2-3，是对利害程度的考量，这是典型的理性行为。

纷扰（ταραχὴ），但是，后者并未谈及主观的信念和设想。高尔吉亚的恐惧来自连续"纷扰"，从外物和身体转向内在心理：受恐怖场景"纷扰"的"视见"又令灵魂"纷扰"；这样，往往在可怕之事即将出现时，人们就会惊慌奔逃。[1] 这样的感知（尽管他没有这种认识论上的表述）恰恰类似拉普所说的狮子的情况，它也符合高尔吉亚的感觉论及其继承的自然哲学（以及医学）：以质料本身的纷扰活动作为"形式"，忽视了灵魂的本质性。[2]

而在亚里士多德那里，他关注的"纷扰"，并非仅仅来自直观对象，而是他明确提及的、对将要发生的恶事的"想象"[3]（Rhet.1382a21-22）。即使《海伦颂》那里暗示了这种活动，但亚里士多德的想象针对了可以推理的"标志"[4]（σημεῖα，Rhet.1382a30-31），这是为了确认对象是否可怕；而且能配合考虑或重视（Rhet.1382a27），以及考量（βουλευτικός，Rhet.1383a7）。[5] 这些合理性的活动指向范围更广的社会、人际关系和价值。《修辞术》举出的恐惧的对象远多于《海伦颂》。顺便指出，如果《修辞术》的"纷扰"的确暗示《海伦颂》和医学

---

① 希腊文为，θεάσηται ἡ ὄψις, ἐταράχθη καὶ ἐτάραξε τὴν ψυχήν, ὥστε πολλάκις κινδύνου τοῦ μέλλοντος ὄντος φεύγουσιν ἐκπλαγέντες。 见 Donati（2016:10）。

② Schollmeyer（2021:295），视觉影响灵魂的观点可以联系高尔吉亚的老师恩培多克勒的学说：视觉就是孔隙（πόρος），令事物的流射（ἀπορροαί）进入灵魂。双重纷扰则联系希波克拉底派的《呼吸论》（De flatibus）14.5（14.7），其中的癫痫理论与这里都是相似的模式，x 受影响而影响 y：οὕτως ὁ ἀὴρ ταραχθεὶς ἀνετάραξεν τὸ αἷμα καὶ ἐμίηνε。

③ 原文为，ἐκ φαντασίας μέλλοντος κακοῦ，比较上面高尔吉亚的论述，显然多了一个想象活动。

④ 《海伦颂》的情况也会利用"标志"，但那是直接的感知，就如狮子通过声音判断猎物。

⑤ 最后一处见前引的 Gross（2006:43），这里表明了理性根基于情感。

的质料解释，那么，亚里士多德的恐惧定义其实兼有灵魂与身体，理性和无理性两个方面，它介于《海伦颂》的纯感知恐惧和纯思想恐惧之间。[①]

第三种情感是愤怒，EN 1149a30-33 描述了难以遏制的怒气。怒气没有倾听理性的指令，自行发作，仿佛在"推论"。这一点符合情感的本性。但是，那里提及了理性和想象的"内容"（由 ὅτι 引出）：有轻视存在（p）。显然，怒气倾听了这一内容，但没有倾听"不应该报复"的指令（q）。

就"轻视"来说，这个概念并不是来自想象，而是因自理性对想象的处理，因为轻视涉及了价值，没有理性是无法判断的。当 t 时，对象人的行为 a 让主体形成表象，那么这个表象就指向了理性判断得出的 p，某种生理冲动肯定了它。很快，又一个想象指向并回应 p，这个想象关涉报复，此时，关于报复的正当与不正当这个问题，依然需要理性裁断，但是 q 并没有被怒气接受，换种说法，怒气的表象并没有指向 q，表象内容与 q 不一致。怒气的发作就像在"推理"从而肯定了非 q。这个非 q 也可以对应一个信念，但是，在 t 时，由于理性的指令完全是 q，所以这个信念活动不可能存在。这里恰恰证明了情感自身具有的"拟理性"的"肯定性"。

《尼各马可伦理学》明确表明了愤怒与理性的关系，这对于我们理解 Rhet.II 的愤怒定义很有帮助。那里出现了两个 φαίνεσθαι，相关轻视和报复，如果该词仅仅是感觉印象，那么，其中好像还缺点什么：某种相关"什么是轻视"和"什么是

---

① 《海伦颂》界定恐惧时也没有区分身心，但把灵魂质料化了。纯思想的恐惧见前引 De an.432b30-433a1。

报复"的认知；也就是《尼各马可伦理学》那里的理性指令和信念。[1] 但这样的内容，在 Rhet.II.2 对愤怒的"具体描述"中是存在的。

首先，这样的认知可见两处论"轻视"的地方：Rhet.1378b13，文本使用 ὑπολαμβάνειν 表明我们对可轻视者毫无价值的"看法"；Rhet.1378b10-11，文本说，轻视是"意见"的实现，相关"看起来"没有价值的东西。这两处非常典型地表明了某种价值判断。其中的 ὑπολαμβάνειν、δόξα 和 φαίνεσθαι 明显是同义的。它们并不表示"感觉印象"，而是加诸其上的主观判断和相信。因为感知并没有感觉到"没有价值"这个性质及其谓词。

第二，Rhet.II 愤怒定义的报复在"具体论述"中同样涉及认知。看起来，定义中的表达类似 Rhet.1369b11-14 的看法，报复是怒气的满足。[2] 这里建立了"愤怒—满足—报复"的"形式"。依此，无理性的动物和一些人，就会这样报复。它们的愤怒只是肯定报复的表象。但是，在 Rhet.II 的具体描述中，人的"愤怒—报复"的中间环节不止于此，它的"形式"有所不同（而且未必要导致实际的报复）。对表象的肯定要指向和回应某些信念。比如，对报复的实现与否的判断，在希望报复的同时，由于"相信

---

[1]　EN 1135b28-29 的描述也值得注意，"愤怒因自所想的不义"（ἐπὶ φαινομένῃ γὰρ ἀδικίᾳ ἡ ὀργή）。这里的 φαίνεσθαι 既涉及想象，也关涉信念，因为愤怒的原因来自价值判断。Dow（2015:226），《修辞术》的情感会调用"不应得""轻视""复仇"等复杂观念，这些都与理性有关。

[2]　这里不是大众意见，而是哲学观点，也是从形式出发，如 De an.403b1 的辩证法家的界定。但这样的看法对日常的价值判断没有帮助。

或认为"（ὀίεσθαι）①自己能够实现，就会感到快乐。又如，愤怒者针对他人的社会评价和认知。Rhet.1370b12-14 指出，人们不会对看起来（φαινομένῳ）难以报复的人愤怒；也不会对比自己能力强很多的人愤怒。这就是对等级、能力、利害、用途等价值的理性考量和计算，我们不会仅仅为了满足欲望而随意愤怒。Rhet.1380b24-26 也指出，对于不知道的人和死人，我们不会愤怒。但如果是第一个简单模式，那么愤怒依然会存在，它的满足并不因对象的不存在而平息，如阿喀琉斯对待死去的赫克托耳。②最终，对于报复，我们还需要知道它是不是正当的，什么样的报复才是正当（如果愤怒者终于要展开报复），Rhet.1367a19-21给出了日常的理性意见。这样，结合具体描述来看，愤怒定义的 φαίνεσθαι 也意同于论轻视那两处中三个表示主观想法的词：它们至少在一定程度上暗示了理性认知，而不仅仅是狮子般的感知。③

之所以《尼各马可伦理学》的表述更加清楚，直接表明了理性活动，那是因为伦理学作品需要揭示必须是在理性发出指令时才能表现出的"不能自制"。而《修辞术》只需要引起愤怒就可以，至于是否存在明确的理性活动，这并不重要，重要的是情感

---

① Rhet.1378b3，指相信自己获得了所追求的东西，这显然是理性判断。这里描述愤怒者的快乐，那来自对报复的感性希望和理性判断。纽温伯格承认这里暗示了与信念的关联，Nieuwenburg（2002:92）。此处也可以按照"含混"来解释，ὀίεσθαι 近似于感知和想象，但其中的确包含了对某种计划结果的预判与衡量，会涉及意见和信念：如果甲的身体比我弱，那么，既然"强者对弱者的报复必定实现"这个信念是正确的，故而我的报复是会成功的。

② Rhet.1380b28-29，引《伊利亚特》24.54。

③ Rhet.1380b24-25 还使用了 αἰσθάνεσθαι 表示相同意思，这显然不同于狮子的感知。

的表象内容会指向哪些与社会内容有关的意见或信念。①

第四种情感是与愤怒容易混淆而且似乎是其加强版的"恨意"（μῖσος）。这明显属于更加理性的情感主体。按照文本描述，恨意没有痛苦相随，主体也感觉不到痛苦，因为他面对的是极恶之事（Rhet.1382a10-13）。如库珀所言，恨意是更加稳定的状态，似乎为人类所独有，它依靠"完全有理据的（reasoned）判断"，而不是单纯的表象或印象，它"似乎是理性本身的情感"，而不是来自于其他情感所居的灵魂部分。② 虽然这种见解完全错误，因为它将恨意视同于理性，但是，如果换种说法，那么，恨意跟随的理性信念是最强的和最一般性的，这样的信念依然来自主观"设想"（ὑπολαμβάνειν，Rhet.1382a4）。换言之，这种情感针对对象肯定表象时，会指向一般的"恶"信念。我们憎恨某个人，是憎恨这个人所例示的"恶"。这样的理性判断也是未必当时就出现，但恨意恰恰最明显地体现了信念，与它配对的友爱也是如此。

通过上述的分析，我们的立场是主张，Rhet.II 的情感（包括相关的灵魂论和伦理学作品里的情感）当然完全是无理性的，它的发生本身不是我们能选择的，这由身体及其对应的灵魂能力所决定；它只是通过生理、习惯和品性自发地肯定感知和想象的表象，这样的肯定只是"拟认知"，试图将之理解为理性活动，是徒劳的。但是，在一些情况下，尤其是在 Rhet.II 刻画的人的利益世界中，情感在具体时间、面对具体对象做出肯定时，也

---

① Gross（2006:2-3）精到地概述了《修辞术》愤怒研究中设定的社会因素：（1）公共舞台；（2）不对称的权力；（3）情感个体的心理-社会性（psychosocial）；（4）情感投入的不均。

② Cooper（1996:248）。

会"随着理性"：或是伴随着理性活动（意见、设想、认为），或是指向理性的信念。这样的理性就是日常的计算和推理的理性，并没有那么高端，只是非运气的人力因素（Rhet.1362a6）。[1]这样的信念并不是情感的第一动因，只是一些情感的表象内容的来源。

### 四、欲望和欲求

Rhet.II.1378a4（EN 1106b16-23）在列举情感时，将欲望放入其中。这个做法有些惊人。因为 Rhet.II 论情感部分并没有阐述它。但是如我们后面所述，不少情感都与欲望及其包含的欲求[2]相关。如果说"情感是欲求的亚类"，似乎也不为过。[3]毕竟，按照亚里士多德的一些定义，情感本身就属于同欲望天然关联的快乐与痛苦。当然，在情感与欲望联系时，欲望未必就要产生实际冲动从而直接促成某种行为。

但是，当情感做出评价时，无论有没有冲动，正如拉普所言，如果它不是"考量过的价值判断"，那么，它应是"通过欲求能力的评价"，其中表达了"欲求的定向"。这样的定向未必要付诸行动。比如愤怒时，并不是当场就要做出复仇之举。[4]此时，

---

① 那里说运气是 παρὰ λόγον。Horn（2005c:332）将这里的逻各斯释义为"理性解释"。

② Rhet.1370a18，欲求被定义为属于欲望。

③ Nussbaum（1996:306）。

④ Rapp（2002:II,569-570），关于这一现象中情感苦乐的发生是否以欲求能力的实现及其身体变化为前提，他给出了四种可能的解释（简单起见，我们设欲求的实现为 A，A 对应的身体变化与行为分别为 B 和 C，情感的身体变化为 B'）：（1）无 A，只有"欲求倾向"（Strebensdisposition）；无 B，有 B'。（2）有 A 和 B'。（3）有 A 和 B，无 C。（4）有一部分 B，但在外部环境下转化为 B'。相对而言，（3）更加合理。

欲望所引起的情感体现了某种"无行动的拟行动"和"无目的的合目的"。这与上面对情感无理性的表象活动的论述是一致的。

那么，就一些情感（尤其是 Rhet.II 涉及的那些）具有评价性而言，它们似乎与纯粹的欲望有所不同。或许如莱顿的主张，亚里士多德考虑到了情感与欲望的差异，不再把后者算入前者，因此 Rhet.II 并未专论欲望。这两者都有对象，涉及苦乐，但是，情感"有着更广泛的目的"而且需要"判断"，而欲望仅仅追求"满足"，排斥推理和计算（EN 1119b5-15），与判断的变化无关。① 既然判断的变动是《修辞术》的目标，那么欲望无法起到 πάθος 说服法的功能。如果情感区别于包含它的欲望，那么，前者的种差就在于"随着理性"，随着更加复杂多样的涉及价值和利益的信念，它们看起来成为了特殊的"欲望"。

## 五、快乐与痛苦

后面会看到，在《尼各马可伦理学》的定义和《修辞术》的研究中，快乐和痛苦这一对灵魂属性是情感的核心特征，情感也大多按它们分为两类，甚至这两者本身就作为特殊的情感。但有的情感，在《修辞术》中，似乎与这两者无关，至少在定义上没有呈现，如"恨"和前述的"空情感"。而且有不少情感（仅见于 Rhet.I.11），明显混合了快乐与痛苦。② 这些现象其实与《修辞

---

① Leighton（1982:158,162-164）。他的观点是一种合理的解释，但忽视了一点：Rhet.II.1378a4 在为情感研究做准备时列出了欲望。我们后面会给出其他理由。

② Rhet.I.1370b24-25，爱中人快乐又因思念不在身边的爱人而痛苦；1370b25，快乐生于痛苦和哀愁；按照愤怒的定义，其中有痛苦，但想象着报复却有快乐（Rhet.1370b10）。这几处都与欲望有着明显联系，因此，未满足的欲望本身就是痛苦和快乐并存。

术》对快乐的理解有关。

　　Rhet.I.11.1369b33-35 为快乐（和痛苦）"暂时"下了一个定义（定义 I）："我们就把快乐设为灵魂的某种运动，[设为]完整、可感的安定状态，[安定]于现成的自然本性中，痛苦则相反。"[①]这是一个明显的柏拉图的医学式定义，可以联系《斐勒布》32a-b。这一以"运动"为属的定义完全相反于《尼各马可伦理学》对"真快乐"不是"运动"（κίνησις，过程）而是"实现活动"（ἐνέργεια）的界定（定义 II）。[②] 这个"相反"问题并不简单，而且关联着 Rhet.II 情感的快乐和痛苦的性质。

　　对此，可以有一些解释，如：（1）发展说，《尼各马可伦理学》超越了《修辞术》的观点，既然前者是更哲学的作品，而且在《修辞术》时期，κίνησις 与 ἐνέργεια 尚未被区分。（2）改变说，《修辞术》与《尼各马可伦理学》有着不同的主题和目的。（3）意见说，《修辞术》是汇集意见的作品，因此定义 I 不是作者本人的，或是大众意见，或是哲学家提出的公认的意见，尽管亚里士多德并不认可。[③]

　　弗雷德持改变说。她主张，在《尼各马可伦理学》中，亚里

---

① 希腊文为，ὑποκείσθω δὴ ἡμῖν εἶναι τὴν ἡδονὴν κίνησίν τινα τῆς ψυχῆς καὶ κατάστασιν ἀθρόαν καὶ αἰσθητὴν εἰς τὴν ὑπάρχουσαν φύσιν, λύπην δὲ τοὐναντίον. 关于这个定义方式，见 Grimaldi（1980:243）。

② Frede（1996:259）和 Rapp（2002:II,457-458）。

③ Rapp（2002:II,461-465）做了总结和反驳。（1）的错误在于，早期的《论位篇》就有反对快乐是运动的论证（Top.121a30-39），而亚里士多德之所以没有修改《修辞术》的定义（既然《修辞术》本身就具有不断修改的特征），必定是他出于某种原因认可这个定义。（2）的问题是，如果是哲学家的意见，那么，既然与最高的定义 II 不一致，亚里士多德何必使用？这个定义也不可能是大众意见，因为它是柏拉图式的和哲学式的。

士多德需要定义 II 来用于他"成熟的道德德性观和幸福观"，所以快乐不再是定义 I 的补偿，而是完善。此外，如果按照定义 I，那么"完善"就是不快乐的。定义 I 并不适于亚里士多德视作幸福之组成的"生活的乐趣"。①

拉普的解释是意见说的变体，定义 I 既是柏拉图式的公认意见，也是亚里士多德认可的，他发现这样的意见可以解释大众理解的快乐。第一，它可以解释如生长的（EN 1173b13-15）和身体的（EN 1154a25-29 和 b2-3）等其他类型的快乐，这些也联系了大众意见下的快乐。第二，既然定义 II 并不符合定义 I，那么前者并没有包含后者的快乐类型，换言之，定义 II 并不是对快乐的统一性界定。② 第三，他也使用过自然欲望的满足模式，这相同于定义 I 的安定机制；而《修辞术》的快乐与欲望有关。第四，定义 I 和定义 II 是基于不同的动因。③ 第五，定义 I 更适合于解释 Rhet.I.11 的兼有苦乐的"混合感受"，定义 II 无法用来说明它们。第六，定义 I 也可以解释 Rhet.II 的在痛苦情感释放后的"反情感"（如温和）如何是快乐的。④

第五点是本自《斐勒布》、弗腾堡和弗雷德的研究。《斐勒布》46b-46c、46c-47a、47c-47d、47e，讨论了几种混合感受：纯身体（挠痒）、身心兼有（饿和渴）、纯灵魂（情感）。基于此，弗

---

① Frede（1996:274），见《斐勒布》33b，不受扰动的和谐并没有快乐，比如诸神无苦感。弗雷德的问题是将定义 II 视作穷尽一切快乐的表述，忽视了定义 I 的快乐并没有被涵盖。

② 也见 Frede（1996:278）。

③ Grimaldi（1980:245-246）认为定义 I 是将快乐联系了人的本性；定义 II 是联系人的本性的活动，两者没有"根本性的分歧"。他完全没有理解亚里士多德的快乐观，也混淆了生理自然与灵魂本性。

④ Rapp（2002:II,463-465）。

腾堡指出，第三种混合性源自于情感与认知的关系。[①] 弗雷德也认为，连同 Rhet.I.11，Rhet.II 的大部分情感都是这样"混合的"。这样的混合性，其根源在于我们前述的一点：很多情感是无理性的，但又随着理性，"情感状态基于对需求的认识，它们还包含了某些对自身缓和的预期"。[②] 前一点令人感到痛苦，后一点则带来快乐。这样的思路揭示了情感与理性的关系，情感的"混合性"恰恰体现了这一点，而且吻合定义 I。[③]

但是，纽温伯格认为，从 Rhet.I.11 的一些地方，如 Rhet.1370a28-35，只能看出，定义 I 的快乐仅仅是源自于感知以及相关的想象、回忆和期望。这些活动恰恰是 Rhet.II 情感定义的核心——前面已经提过他的主张。无论是快乐，还是痛苦，它们都只联系感知和想象。[④] 这样，他的观点与弗雷德完全相反，所谓的混合感受，并没有体现感知与认知的混合。

综合上述来看，《修辞术》的情感的苦乐的确立足于定义 I，

---

[①] Fortenbaugh（2002:10-12）。

[②] Frede（1996:269-271）。但 Rapp（2002:II,464）认为 Rhet.II 并没有使用混合情感模式，这基本上是正确的。Frede（1996:262-263）还讨论了柏拉图快乐理论的成就："有一些"快乐（和痛苦）具有可思的内容，包含了对事态的信念、命题态度、意向状态或命题内容：S 感到 x，因为（S 认为）p。她认为这样的苦乐就是 Rhet.II 情感的基本情况。但如前述，在 Rhet.II 的情感定义及其具体情况中，p 及其信念活动未必是出现的，而且也不是原因。柏拉图的那种快乐理论更多地出现在《尼各马可伦理学》这样的伦理学作品里。

[③] Frede（1996:271）对恨和 χάρις 的理解有误，她认为这两种情感没有"预想"到对个人的侵犯，因此没有痛苦和负面感受，不是混合情感。但首先，Rhet.1382a4 提到有恨意者会"设想"对方可憎，这当然可以包含个人侵犯的情况。其次，χάρις 当然不涉及他人的侵害，但是，由于她误译该词（译为favor），故没有看到这一情感的痛苦和混合性。

[④] Nieuwenburg（2002:91-92,97），但他也承认在 Rhet.II 的一些具体情感的例子中，可能涉及理性信念，如 Rhet.1382b30 的 προσδοκία。

该定义也适用于其他作品里的一般情感（除非存在联系定义 II 的情感）；此类苦乐以感知和想象活动为原因，这符合前述的情感表象理论；在一些情况下，这样的苦乐的确会指向信念和理性因素，故而形成某些混合感受，但并不是所有混合感受都是因此而成。

## 六、情感的其他特征

（1）短暂性。这源自情感的变动性，符合上述的以运动为属的苦乐定义。

（2）反复性。这源自情感主体的生理条件和习惯，后者包含了品质（ἕξις）和品性（ἦθος）。当生理和习惯因素不变时，这两个因素会是某个情感一再出现的重要的决定条件。[①]

（3）感知性。De an.431a8-11 提及了感知（αἰσθάνεσθαι）对快乐和痛苦的判断，因此所有感情的苦乐都是依靠感知能力接受到的。De an.424a1 指出感知就是 πάσχειν τι，苦乐显然也属于承受对象。

（4）动机性。因为涉及快乐和痛苦，情感就为欲求能力（ὄρεξις）提供了动机。[②] 某些情感在属上就是欲望和欲求。但这样的动机和欲望并不一定指向真正的善，因为在判断目标这个方面，缺乏理性的充分参与。

（5）能力性。EN 1105b21-1106a13，情感联系了能力，因此

---

① EE 1220b7 认为 ἦθος 是道德领域的 ποιότης；如前述，πάθος 也是 ποιότης，显然也属于人的特征，只不过它无法像品质和品性一样刻画某人在道德上是"何种样子"，因为情感是一次次的具体运动。

② Rapp（2005d:432）。

它不是始终现实的状态，而是潜在的灵魂属性。这种能力联系了灵魂的无理性部分。

（6）三要素。Rhet.II 考察情感时按照了三个方面：主体状态、对象人、对象物。[①] 后两者构成情感的客观原因，而情感的起因则来自主体对这两者的主观反应：感知、想象、欲望、判断、信念和设想等。[②]

（7）二元性。在 Rhet.II 中，对情感的考察是成对进行的，因为三要素存在着不同的变化。另外，鉴于上述的快乐定义 I，有些情感呈此消彼长的正反关系。

### 七、《修辞术》中情感的灵魂论定位和有关条件

如前述，Rhet.II 的情感（II）正是亚里士多德关注的人的一般情感的典型，它有着无理性的本质，但又会随着理性因素，因而具有某种"之间性"。就其无理性方面，情感因其表象活动而与感知和想象相关，这两者就是情感的所居之处；[③] 情感与欲望和苦乐也有着密切联系，它们构成了一些情感的属。

但是，为了更清楚地呈现《修辞术》的情感的灵魂论位置，以及"随着理性"的情感的相关条件，我们还需要做一总结，这可以仅仅借助 Rhet.I.10 的一些表述，因为那里几乎给出了所有与情感有关的因素。[④]

首先，Rhet.I.10.7.1369a1-2 谈犯罪动机时，将习惯（ἔθος）

---

① Rapp（2017:14）指出，这三方面也并非情感研究专有，它似乎是一种常用的模式，比如《修辞术》对评定罪行的考察也是按这三个环节。
② Rapp（2002:II,555）。
③ Nieuwenburg（2002:100）、Moss（2012:74）、Dow（2015:190）。
④ Rhet.I.11 与这一章恰好互补，其中的快乐和感知部分与情感相关。

和欲求作为"出于自己"的两个动因。后者是就个体对自身灵魂能力的运用而言。欲求有两类：合理性的（计算理性的）和无理性的（τὰ μὲν διὰ λογιστικὴν ὄρεξιν τὰ δὲ δι' ἄλογον）。在 Rhet.I.10.16，"计算"（λογισμός）是七因之一，它相关善和利益（Rhet.1369b7-9），区别于同为行动动因的 πάθος（Rhet.1369a18），这里的 πάθος 表示七因中的欲望和气性（θυμός，怒气）以及所有情感，它们都是无理性的，兽类也能具有。[①]

其次，与欲求不同，习惯是灵魂能力的反复运用。它包含了品性（ἤθη）和品质（ἕξεις，Rhet.1369a17-18），这三者刻画了"什么样的事情习惯于伴随什么样的人"（ποῖα ποίοις εἴωθεν ἕπεσθαι，Rhet.1369a25）。对于社会中的人类，针对快乐这样的情感，他们总是习惯地随着意见和欲望（Rhet.1369a22），[②] 即随着理性活动与无理性活动。显然，在日常状况里，习惯是产生情感的条件。

第三，在 Rhet.I.10.7 列举的"不由自己"的三种原因中，"自然"也是情感的条件。[③] 情感的原因就在其自身内被规定（Rhet.1369a35-1369b1），比如生理方面的因素。[④]

综合这三点可以看出，情感属于无理性欲求，与之相关的条件只有计算、习惯和自然。那么，既然计算是理性能力，情感发生的第一因就不是它，只能是无理性部分。这部分的发动则取决

---

① 关于这个纯粹无理性的 πάθος，见 Frede（1996:266）。
② 联系 EN 1147a25-27。
③ 另两种是运气和被迫，前者没有原因和目的（Rhet.1369a34），不符合 Rhet.II 的情感方式；后者与欲望和计算无关（Rhet.1369b5）。
④ 伦理学作品里自然和习惯（ἐθισμός）对无理性部分的作用，见 EN 1152a29-30 谈到的两种不能自制者。

于自然（生理），当情感单纯因为生理及其对应的灵魂能力而发生时，人的情感跟前述的狮子没什么不同。但是，如文本所示，受生理条件决定的情感，还可以"随着意见和计算"这样的理性活动（无论这样的活动是否在情感发生的当场存在），当这种"随着"反复发生时，人会"习惯地"随着一些认可的意见，这种习惯形成了他的品性。反过来，习惯就可以产生情感。

就两种欲求来说，计算偏向认知和判断，欲望联系生理和行为，它们构成两极，那么，当情感随着理性时，它就不是纯粹的欲望，而介乎这两者之间：计算（认知动因）——情感（拟动因）——欲望（行动动因）；既不直接引发行动（如对报复的想象），也没有真正认识到事实（如对轻视的主观认为）。

那么，总结来讲，作为现象的情感可以描述为：在我们欲望时，通过自然和习惯，借助感知与想象，针对目标，以无理性的方式形成肯定性、评价性和意向性的表象，指向、引发或回应我们计算的理性认知内容，与此同时，痛苦和快乐就会有所释放。

但是，似乎仅此而已，在亚里士多德这里，至少在日常的状态下，情感自身具有的功能或地位不会再高了。De ins. 460b1-16 曾诗意地描绘了随着想象的情感中人，"当外部的可感物消失后，感觉依然存在，它成了可感者，除此之外，我们在情感中时，很容易相关这些感觉而受骗，不同人在不同情感中［都是如此］，如胆怯者在恐惧时，爱欲者在爱欲时，以至于，因为微小的相似性，前者仿佛看到战争，后者仿佛看到爱人。以相同的方式，在愤怒、在一切欲望中的所有人，都容易受骗，越是处于情感中，就越是如此"①。情感似乎只是骗局。因为如 De an.429a7-8 所说，当人像某些非人动物一样随着想象行动时，"理性由于情感，疾病或睡眠而被掩盖（ἐπικαλύπτεσθαι）"。在他看来，有情与后两者没有什么分别。如果人听任感觉、想象和欲望给出的"判断"，如果人所接受的理性仅仅是功利性的计算，那么，Rhet.II 展现的情感，就是典型的裹挟着"常人"（das Man）的情绪状态（Stimmung）：自以为仅凭有情就不同于动物的我们，只是人形的困兽，是被它占有，而非相反。

**附图 1：《修辞术》的情感的灵魂论定位**

| ←认知 | | 行动→ | |
|---|---|---|---|
| 欲求（ὄρεξις） | | | |
| | 无理性的欲求：**情感 I** | | |
| 合理性的欲求（βούλησις）：计算 | **情感 II**<br>**欲望 II** | 欲望 I | 怒气或气性 |
| | **快乐和痛苦** | | |
| | **感知和想象** | | |
| | 自然 | | |
| | 习惯（品性和品质） | 不随意见 | |
| 随着意见 | | | |

---

① 希腊文为，ἀπελθόντος τοῦ θύραθεν αἰσθητοῦ ἐμμένει τὰ αἰσθήματα αἰσθητὰ ὄντα, πρὸς δὲ τούτοις ὅτι ῥᾳδίως ἀπατώμεθα περὶ τὰς αἰσθήσεις ἐν τοῖς πάθεσιν ὄντες, ἄλλοι δ' ἐν ἄλλοις, οἷον ὁ δειλὸς ἐν φόβῳ, ὁ δ' ἐρωτικὸς ἐν ἔρωτι, ὥστε δοκεῖν ἀπὸ μικρᾶς ὁμοιότητος τὸν μὲν τοὺς πολεμίους ὁρᾶν, τὸν δὲ τὸν ἐρώμενον. τὸν αὐτὸν δέ τρόπον καὶ ἐν ὀργαῖς καὶ ἐν πάσαις ἐπιθυμίαις εὐαπάτητοι γίνονται πάντες, καὶ μᾶλλον ὅσῳ ἂν μᾶλλον ἐν τοῖς πάθεσιν ὦσιν.

附图2：一般情感在伦理学和灵魂论中的定位

| | 知 | 情 | 意 |
|---|---|---|---|
| **无理性或可以随着理性** | 感知（αἴσθησις） | 情感Ⅱ欲望Ⅱ | 欲求Ⅰ：怒气（θυμός） |
| | 想象（φαντασία） | | 欲求Ⅱ：欲望Ⅰ（ἐπιθυμία） |
| | | | 意愿（βούλησις）① |
| | 回忆（μνήμη） | | 希望（ἐλπίς） |
| | | | 憧憬（εὔελπις）② |
| | 知 | 情 | 意 |
| **有理性** | 努斯（νοῦς） | ［拟理性认知］ | 欲求Ⅲ：意愿 |
| | 理性（νόησις） | | |
| | 思维（διανοία） | | |
| | 欲求Ⅲ：计算（λογισμός） | | |
| | 考量（βούλευσις） | | |
| | 意见（δόξα） | | 有意选择（προαίρεσις） |
| | 设想（ὑπόληψις） | | |
| | 相信（πίστις） | | |
| | 实践智慧（φρόνησις） | | |

## 第四节　亚里士多德对情感的伦理学和灵魂论考察

因为人们依靠情感生活，追求属于自己的快乐，借助那些会产生这些快乐的东西，他们逃避对立的痛苦，不去思考高贵和真

---

① 指 Pol.1334b23 的作为无理性情感的意愿，也即 EE 1227a29-30 说的"违反自然的（παρὰ φύσιν）意愿"，但这样的意愿是自然在先的。理性的意愿是"合乎自然的"。

② Rhet.1378a4，将憧憬（εὔελπις）列为了情感，与欲望并列，这是广义的 πάθος。

正的快乐之事，因为没有品味过［它们］。

（πάθει γὰρ ζῶντες τὰς οἰκείας ἡδονὰς διώκουσι καὶ δι᾽ ὧν αὗται ἔσονται, φεύγουσι δὲ τὰς ἀντικειμένας λύπας, τοῦ δὲ καλοῦ καὶ ὡς ἀληθῶς ἡδέος οὐδ᾽ ἔννοιαν ἔχουσιν, ἄγευστοι ὄντες.）

—— EN 1179b13-16

如前所述，表示情感的 πάθος 包含在灵魂属性那一类中，亚里士多德对前者给出过一些具体但没有一般性的定义。有些地方，它比我们理解的情感要广，但又窄于一般心理属性，有些地方，它基本上等同于今人的所指，这要靠语境来确定。[1] 由于亚里士多德并没有以情感为主题的专门作品传世，[2] 因此，这方面的论述主要出现在《尼各马可伦理学》《优台谟伦理学》《论灵魂》《诗学》《政治学》和《修辞术》中。在伦理学作品里，亚里士多德并没有打算专研情感问题，他针对的是德性，但两者密切关联；另外，由于情感及其所属的欲望联系了快乐动机，所以情感又关涉了快乐与善如何一致的问题。亚里士多德致力于确立一种伴随着实现活动的道德愉悦。而在《论灵魂》中，他从灵魂论角度对情感问题做出了研究构想和规划，但他仅仅提及了一些结论和初步论证，并没有展开详尽论述。而在《诗学》和《政治学》里，他通过恐惧和怜悯两种情感来分析戏剧和诗乐的净化功能，这里

---

① Krajczynski（2011:209-210）。

② 第欧根尼·拉尔修《名哲言行录》5.1 所列亚里士多德作品目录里，有 *Πάθη α*、*Περὶ παθῶν〈ἢ περὶ〉ὀργῆς α*、*Περὶ ἡδονῆς α*、*Περὶ φιλίας α*、*Περὶ τοῦ πάσχειν ἢ πεπονθέναι α* 等作品，看起来都与情感问题有关。

面有些观点是以《修辞术》的情感理论作为基础。而最后三部作品对情感的讨论都与高尔吉亚《海伦颂》有着不可忽视的联系。

本节首先对前五部作品中的情感问题分别加以讨论和梳理，以能初步探明亚里士多德对情感的整体界定和其研究框架。

## 一、伦理学作品中的情感、德性以及快乐

在伦理学作品中，除了涉及情感的部分之外，还有与之相关的讨论欲望和快乐的内容，我们都需要加以考察。限于本研究的重心还是在《修辞术》的情感问题，所以只能略作研讨。有一点必须说明，在伦理学语境，亚里士多德描述情感的发生时，会强调理性活动的伴随，以此来突出情感和理性的冲突。所以，我们的描述也会明确提及信念和设想这样的因素，但这并不是要表明情感源自于理性。前一节概述的"随着理性"的最低解释依然有效。

### （一）情感的伦理学定位

在《尼各马可伦理学》中，为了处理灵魂的德性问题，亚里士多德开始以理性为标准去划分灵魂的若干组成，以此来确定德性的种属。在这样的划分中，情感自然是不可回避的，而且要占据相对重要的位置。从 EN 1102a27 开始，亚里士多德区分了灵魂的无理性（τὸ ἄλογον）和有理性（τὸ λόγον ἔχον）两个部分。无理性部分中，除去生长性部分（τὸ φυτικὸν）与理性无关外，另有一部分既"分有"（μετέχουσα）理性（EN 1102b15-16），又"与理性斗争和反抗"（μάχεται καὶ ἀντιτείνει τῷ λόγῳ，EN 1102b17-18），这就是"欲望性部分"（τὸ ἐπιθυμητικὸν）或"一般意义上的欲求性部分"（ὅλως ὀρεκτικὸν，EN 1102b30）。

该部分不具有理性，而且还会悖逆后者，但在一定情况下，可以被理性"说服"（πείθεταί，EN 1102b33）。所谓的"分有"和"被说服"，是指欲望要接受理性提供的命题、意见、信念和判断。[①] 在这个意义上，它是专属于人的，因其听从理性，但是，它未必充分相信理性的所有命题，[②] 在这样的情况下，它就会与之对抗，而不再被它说服。

这一段讨论的虽然是欲望，但基本上代表了情感所处的位置。在 EN 1105b21 开始列举情感时，第一种就是欲望。[③] 因此，从这里开始，亚里士多德已经为情感划定了地位。正依此，对德性的讨论分为了理智德性和道德德性两部分，后者与欲望和情感有着密切联系。

## （二）情感与道德德性

正是在处理情感中，道德德性才能够体现出来。在 EN 1105b21-1106a13，为了论述德性，亚里士多德列举了灵魂仅有的三种状况（τὰ ἐν τῇ ψυχῇ γινόμενα），情感是其中之一。他

---

① 比较 Rhet.1370a18-27，欲望分为无理性和随着理性（μετὰ λόγου）两个部分，前者是身体性的（性之类的感官享受）和生长性的；后者要借助理性的设想（ἐκ τοῦ ὑπολαμβάνειν），要被理性说服（πεισθῆναι），相信它给出的命题"某物是快乐的"才能行动；也见 EN 1149a32-36。这一段在《修辞术》是后补的文字，与《尼各马可伦理学》的区别在于，没有提及欲望与理性的"斗争和反抗"，因为《修辞术》不关心不能自制的问题。

② 见后面论快乐动机一节所引的 EN 1147a24-34，欲望会接受具体命题，而无视普遍的命题。

③ 需要注意，在《论灵魂》的专论情感的部分中，亚里士多德并未提及欲望；而 Rhet.II.1-11 也没有专论它。或许是因为欲望与道德和行为密切相关，所以这部分内容放在了伦理学作品以及《论动物的运动》这种讨论行动的著作中。关于《修辞术》中的欲望问题，也见本章第五节情感列表的注释。

在这里给出了关于情感的明确描述（并非定义），同时也联系了德性和劣性，以及其他两种状况"能力"与"品质"（常性，ἕξις，见 Meta.1022b4）：

> 我谓情感是欲望、愤怒、恐惧、信心、嫉妒、欢喜、[友]爱、恨、渴望、好胜、怜悯，[这样的]总的来说是所有那些有快乐或痛苦相随的[情况]；我称能力是[这样的东西]，按照它们，我们被说成能够感受到上述这些[情感]，如按照能力，我们能愤怒或痛苦或怜悯；我称品质是[这样的东西]，按照它们，我们相关情感处于良好或恶劣的状态，如，相关愤怒，如果过强或太弱，我们就处于恶劣的状态，如果适度，就良好；关于其他情况，也是如此。
>
> 德性和恶性都不是情感，因为我们不是按照情感被说成高尚或卑劣，而是按照德性和劣性被说成如此，因为，按照情感，我们不会受到赞扬，也不会受到责备（因为，恐惧者，愤怒者都不会受到赞扬，无条件意义上的愤怒之人，不会受到责备，相反，[受到责备的]是以某种方式愤怒的人），相反，我们是按照德性和恶性来受到赞扬或责备。
>
> 再有，我们并未出于有意选择地愤怒和恐惧，而德性是有意选择，或带有有意选择。除此之外，我们被说成是按照情感受到触动，但我们没有被说成是按照德性和恶性受到触动，而是[按照它们]处于某种状态。
>
> 职此之故，它们也不是能力：因为，我们不是由于仅仅能够感受才被说成是好人或坏人，被赞扬或责备。此外，我们自然地具有能力，但不是自然地成为好或坏；……如果德

性既非情感，也非能力，那么，它就只剩下是品质了。①

这里可以联系前面介绍的含义，πάθος 之于品质只是短暂的变化状态，不具有在道德上刻画某个主体品质的功能：我们只是被情感"触动"（κινεῖσθαι）②，而不是处于稳定的状态。与之相关的能力，是一种产生情感的（παθητικός）潜能。

基于上面的比较，EN 1106b16-23 给出了道德德性的定义，"我谓道德德性，是因为它相关情感和行为，而在它们中，存在着过度、不及和适度。如恐惧、信心、欲望、愤怒、怜悯，一般来说感到快乐和感到痛苦时，更强和更弱，这两种情况都不好；

---

① 希腊文为，λέγω δὲ πάθη μὲν ἐπιθυμίαν ὀργὴν φόβον θάρσος φθόνον χαρὰν φιλίαν μῖσος πόθον ζῆλον ἔλεον, ὅλως οἷς ἕπεται ἡδονὴ ἢ λύπη: δυνάμεις δὲ καθ᾽ ἃς παθητικοὶ τούτων λεγόμεθα, οἷον καθ᾽ ἃς δυνατοὶ ὀργισθῆναι ἢ λυπηθῆναι ἢ ἐλεῆσαι: ἕξεις δὲ καθ᾽ ἃς πρὸς τὰ πάθη ἔχομεν εὖ ἢ κακῶς, οἷον πρὸς τὸ ὀργισθῆναι, εἰ μὲν σφοδρῶς ἢ ἀνειμένως, κακῶς ἔχομεν, εἰ δὲ μέσως, εὖ: ὁμοίως δὲ καὶ πρὸς τἆλλα. πάθη μὲν οὖν οὐκ εἰσὶν οὔθ᾽ αἱ ἀρεταὶ οὔθ᾽ αἱ κακίαι, ὅτι οὐ λεγόμεθα κατὰ τὰ πάθη σπουδαῖοι ἢ φαῦλοι, κατὰ δὲ τὰς ἀρετὰς καὶ τὰς κακίας λεγόμεθα, καὶ ὅτι κατὰ μὲν τὰ πάθη οὔτ᾽ ἐπαινούμεθα οὔτε ψεγόμεθα（οὐ γὰρ ἐπαινεῖται ὁ φοβούμενος οὐδὲ ὁ ὀργιζόμενος, οὐδὲ ψέγεται ὁ ἁπλῶς ὀργιζόμενος ἀλλ᾽ ὁ πῶς）κατὰ δὲ τὰς ἀρετὰς καὶ τὰς κακίας ἐπαινούμεθα ἢ ψεγόμεθα. ἔτι ὀργιζόμεθα μὲν καὶ φοβούμεθα ἀπροαιρέτως, αἱ δ᾽ ἀρεταὶ προαιρέσεις τινὲς ἢ οὐκ ἄνευ προαιρέσεως. πρὸς δὲ τούτοις κατὰ μὲν τὰ πάθη κινεῖσθαι λεγόμεθα, κατὰ δὲ τὰς ἀρετὰς καὶ τὰς κακίας οὐ κινεῖσθαι ἀλλὰ διακεῖσθαί πως. διὰ ταῦτα δὲ οὐδὲ δυνάμεις εἰσίν: οὔτε γὰρ ἀγαθοὶ λεγόμεθα τῷ δύνασθαι πάσχειν ἁπλῶς οὔτε κακοί, οὔτ᾽ ἐπαινούμεθα οὔτε ψεγόμεθα: ἔτι δυνατοὶ μέν ἐσμεν φύσει, ἀγαθοὶ δὲ ἢ κακοὶ οὐ γινόμεθα φύσει:...εἰ οὖν μήτε πάθη εἰσὶν αἱ ἀρεταὶ μήτε δυνάμεις, λείπεται ἕξεις αὐτὰς εἶναι.

② 首先是身体表现出的运动，但这里似乎暗示了灵魂的运动，如《斐德若》245b 谈到的迷狂者 ὁ κεκινημένος。根据语境，这里不是在说行动性的运动，所以不是 De mot.an.700b15-26 谈到的"驱动"。

要在应该的时间、针对应该的事、相关应该的人、为了应该的原因、以应该的方式［感到上述情感］，这就是适度和最佳，恰恰属于德性"①。EN II.1106b36-1107a6 为德性提出了另一个定义（也见 EN 1139a22），"［道德］德性是一种有意选择的品质，存在于与我们相关的、由理性定义的中道上，即明智之人在定义时所凭借的理性"②。EN 1109a21-24 重申，道德德性就是两种恶的中道，"善于命中情感和行为上的适度"（τὸ στοχαστικὴ τοῦ μέσου εἶναι τοῦ ἐν τοῖς πάθεσι καὶ ἐν ταῖς πράξεσιν）。

同样重要的论述见 EE 1220b5-20，那里依然讨论品性和德性，同时联系情感（πάθημα）、能力和品质：

> 由此，且定义品性属于灵魂，是某种性质，③合乎主控的理性，〈属于无理性〉，能随着理性。……它是按照情感的能力，依循能力，人们被称作能有情感；它也是按照品质，依循品质，人们被称作以某种承受方式或是不动情地相关那些情感。我称情感是这样的东西，怒气、恐惧、羞耻、欲望，总的来说是所有那些在大多数情况下本有地跟随着可感的快

---

① 希腊文为，λέγω δὲ τὴν ἠθικήν: αὕτη γάρ ἐστι περὶ πάθη καὶ πράξεις, ἐν δὲ τούτοις ἐστιν ὑπερβολὴ καὶ ἔλλειψις καὶ τὸ μέσον. οἷον καὶ φοβηθῆναι καὶ θαρρῆσαι καὶ ἐπιθυμῆσαι καὶ ὀργισθῆναι καὶ ἐλεῆσαι καὶ ὅλως ἡσθῆναι καὶ λυπηθῆναι ἔστι καὶ μᾶλλον καὶ ἧττον, καὶ ἀμφότερα οὐκ εὖ: τὸ δ' ὅτε δεῖ καὶ ἐφ' οἷς καὶ πρὸς οὓς καὶ οὗ ἕνεκα καὶ ὡς δεῖ, μέσον τε καὶ ἄριστον, ὅπερ ἐστὶ τῆς ἀρετῆς. ὁμοίως δὲ καὶ περὶ τὰς πράξεις ἐστιν ὑπερβολὴ καὶ ἔλλειψις καὶ τὸ μέσον.

② 希腊文为，ἔστιν ἄρα ἡ ἀρετὴ ἕξις προαιρετική, ἐν μεσότητι οὖσα τῇ πρὸς ἡμᾶς,ὡρισμένῃ λόγῳ καὶ ᾧ ἂν ὁ φρόνιμος ὁρίσειεν. 最后半句的另一种译法是，"就如明智之人那样定义"。

③ 对比 EN 1173a14，那里说德性不是性质。

乐或痛苦的［情况］。按照它们，并没有性质，相反，［灵魂］是在承受，而按照能力，才有性质。我谓能力是［这样的东西］，按照它们，人们被说成是依循情感的活动者，如，易怒者，麻木者、爱中人，害羞人、无耻之徒。品质则是这样的东西，它们都是上述这些的原因，要么合理存在，要么相反，如勇敢、节制、胆怯和放纵。①

从上面几段文本能够看出，情感是被动的和短暂的运动，与道德层面或社会评价上的赞扬或责备无关，②而品性或品质则会如此，因为它们是人在正确处理情感时体现出来的常态化性质。③就某个情感 p 在时刻 t 出现于 S 身上而言，p 无法刻画 S 的品质。

---

① 希腊文为，διὸ ἔστω⟨τὸ⟩ ἦθος τοῦτο ψυχῆς κατὰ ἐπιτακτικὸν λόγον⟨τοῦ ἀλόγου μέν,⟩ δυναμένου δ᾽ ἀκολουθεῖν τῷ λόγῳ ποιότης...ἔστι δὲ κατά τε τὰς δυνάμεις τῶν παθημάτων, καθ᾽ ἃς ὡς παθητικοὶ λέγονται, καὶ κατὰ τὰς ἕξεις, καθ᾽ ἃς πρὸς τὰ πάθη ταῦτα λέγονται {τῷ} πάσχειν πως ἢ ἀπαθεῖς εἶναι....λέγω δὲ πάθη μὲν τὰ τοιαῦτα, θυμὸν φόβον αἰδῶ ἐπιθυμίαν, ὅλως οἷς ἕπεται ὡς ἐπὶ τὸ πολὺ ἡ αἰσθητικὴ ἡδονὴ ἢ λύπη καθ᾽ αὑτά. καὶ κατὰ μὲν ταῦτα οὐκ ἔστι ποιότης, {ἀλλὰ πάσχει,} κατὰ δὲ τὰς δυνάμεις ποιότης. λέγω δὲ τὰς δυνάμεις καθ᾽ ἃς λέγονται κατὰ τὰ πάθη οἱ ἐνεργοῦντες, οἷον ὀργίλος ἀνάλγητος ἐρωτικὸς αἰσχυντηλὸς ἀναίσχυντος. ἕξεις δέ εἰσιν ὅσαι αἴτιαί εἰσι τοῦ ταῦτα ἢ κατὰ λόγον ὑπάρχειν ἢ ἐναντίως, οἷον ἀνδρεία σωφροσύνη δειλία ἀκολασία. 两个 "⟨ ⟩"表示是补充文字，来自弗里采（Fritzsche）；"{ }"分别依罗素（Russell）和莱克汉姆（Rackham）所加。见 Mingay & Walzer（1991:24-25）。
② EN 1175b28-29，欲望也会受到赞扬或责备，因为它追求高尚或卑劣的事情。这里的欲望是实现活动所体现的，因此赞扬和责备是针对实现活动的品质或常性。单纯的某一次欲望活动，无所谓褒贬。
③ 这样养成的德性，在 EE Ⅲ.1233b18 被称为，παθητικαί μεσότητες，也见 EN 1108a31。它们仅仅相关情感，有些品质既相关情感，也相关行为。比如 EN 1108a31-32，羞耻不是德性，是情感，但养成习惯的知耻的人（αἰδήμων）就会受到赞扬，因为他已经具备了知耻这一好品质。

但是，由于 S 具有产生 p 的能力和生理构造，所以他可以在相似的条件下不断地产生它；当 S 的理性不去主动地控制或充分说服 p 时，它就形成了常性。如易怒者就是因为能够过度地愤怒，并且不加以节制，反复如此，通过习惯（ἔθος）成为了"这样"的人，"易怒"内化为他的性质（恶性），从而受到人们责备。但既然人具有理性，因此会以善为目标。当 p 总是在错误的时刻 t，针对错误的对象 o，相关错误的事情 x，等等……产生出来时，理性会对灵魂的动情部分及其表象能力进行"说服"和引导，使之在正确的时刻，针对正确的对象，相关正确的事情……表现出"正确的"情感，由此克服恶性并形成良好的习惯，德性就会成为 S 的灵魂的性质。而由此，如《优台谟伦理学》的看法，德性和恶性这样的性质反过来也成为了产生 p 的原因。①

也正因为道德德性与情感有着不可分的关系，所以，相对于沉思和努斯活动来说，合乎这种德性的实现活动只是次好而且属人的。而由于道德德性是实践智慧的始基，因此后者也与情感相关。遵循这两者的生活及其幸福仅仅属于人，而与神性还有距离。（EN 1178a9-22）

## （三）情感与有意选择

情感与德性的重要差别，也体现在情感与后者的关键"有意选择"（προαίρεσις）②无关。因为我们不是出于主动的有意选择才具有某个情感（EN 1106a2-3），情感是被动产生的运动，尽

---

① Pol.1334b9 以下论述了常性与理性对人的影响。

② 在严格的道德意义上，专指成人的有意的理性考量和判断，区别于兽类和孩童的选择，而且也不是来自意外和情感。见 Höffe（2005b:494）。

管我们可以通过有意选择养成处理情感的习惯和品质。此外，灵魂的情感性部分也是无理性的，而"有意选择是能欲求的努斯或能思维的欲求，这样的始因是人"（EN 1139b4-5），[①] 所以它是人所专有的理性的志愿。人的标准道德行为是出于严格的有意选择，也是依靠它，属人的道德运动才能产生，所以"有意选择是行为的始因 [②]——由此 [ 而成的 ]，是运动，而非所为之 [ 目的 ]——有意选择的 [ 始因 ]，是欲求和 [ 表明 ] 目的的理性。因此，有意选择不会没有努斯，没有思维，没有道德品质"[③]（EN 1139a31-34）。

正是这样的选择，才会命中某个情感的适度，而情感能力本身无法主动给自己带来恒常的适度。因为，情感能力无法"充分"判断什么才是正确的时刻、对象、方式等等，它只有自发的表象内容。而在有意选择的指引下，例如，EN 1157b28-29，作为情感的 φίλησις 就可以稳定为作为品质的 φιλία："人们随着有意选择而回爱，有意选择在乎品质"（ἀντιφιλοῦσι δὲ μετὰ προαιρέσεως, ἡ δὲ προαίρεσις ἀφ᾽ ἕξεως, EN 1157b30-31）。但是，尽管难以控制的情感无法带来适度，它却可以提供行为的驱动力，而不管所朝向的目的是不是真正的善。这样的运动力是有意选择无法超越的，它与《尼各马可伦理学》和《优台谟伦理学》列举的情感中的欲望有着深刻的关联。

---

① 希腊文为，διὸ ἢ ὀρεκτικὸς νοῦς ἢ προαίρεσις ἢ ὄρεξις διανοητική, καὶ ἡ τοιαύτη ἀρχὴ ἄνθρωπος。

② 如 Meta.1018b23-26 处理之前和之后时，讨论到了一种情况，当 x 出于有意选择时 y 随后运动时，前者的有意选择是运动的始因（ἀρχή）。

③ 希腊文为，πράξεως μὲν οὖν ἀρχὴ προαίρεσις—ὅθεν ἡ κίνησις ἀλλ᾽ οὐχ οὗ ἕνεκα—προαιρέσεως δὲ ὄρεξις καὶ λόγος ὁ ἕνεκά τινος. διὸ οὔτ᾽ ἄνευ νοῦ καὶ διανοίας οὔτ᾽ ἄνευ ἠθικῆς ἐστιν ἕξεως ἡ προαίρεσις。

## （四）欲望与行动

按照亚里士多德的论述，所有行为，无论自愿还是不自愿，其运动的始因最后都要归结于作为情感的欲望（以及在词源上一致的怒气）。换言之，灵魂的无理性部分当面对合适的对象，通过感性表象，随着理性认知，就会产生作为情感的欲望，从而有可能促发行动。[①] 因此，情感在伦理行动上是重要的推动因。这里，我们首先联系一下休谟的"动机理论"：

t 时刻下的 R 是行动者 A 要做 φ 的动机性理由，当且仅当，存在着某个 ψ，使得 t 时刻下的 R 包含了（a）A 对 ψ 的恰当相关的欲望和（b）"若他 φ 则会 ψ"的信念。[②]

亚里士多德不会接受无条件的 φ 和 ψ，以及主观的"若 φ 则 ψ"的信念：他本人主张要理性地考量手段和目的（EN 1112b21-24），以真正的善为目标，所以，他不是从主观上寻找理由，但是，他会同意这个动机模式中欲望的驱动作用。因为，既然在他看来，"思维不能让任何东西运动"（EN 1139a35-37），明智也不能"促成行为"（μὴ πρακτική，EN 1145a3），而且"感知不是行为的始因"（EN 1139a19），毕竟这三者要么是认识能力，要么是感受能力，那么，有意选择和情感之所以能驱动行为，只有依靠意志方面的"欲求"，它是"实践性努斯的始点，其最终结果就是实践行动的开始"（αὕτη ἀρχὴ τοῦ πρακτικοῦ νοῦ· τὸ δ'

---

① 比较前引 Rhet.1370a18-27，欲望分为无理性和随着理性两个部分，后者要借助理性的设想，要信服理性给出的命题"某物是快乐的"才能行动。这里解释了前面提到的"分有"理性的含义，即理性为欲望提供命题，如 EN 1149a32-36；但并不意味着欲望完全听从理性，因为它接受的只是与快乐有关的内容，而当快乐与善冲突时，它未必信服理性发出的否定快乐的指示。

② 来自戴维森重构的强主张，见 Smith（1994:92）。

ἔσχατον ἀρχὴ τῆς πράξεως, De an.433a15-16），而欲求则又离不开无理性的情感和属于情感的欲望。甚至于，"欲望能让身体的每个部分都运动起来"（κινεῖν γὰρ ἕκαστον δύναται τῶν μορίων，EN 1147a35）。

EE 1223a24-25 指出，自愿行为"按照欲求、有意选择或思维"（κατ᾽ ὄρεξιν ἢ κατὰ προαίρεσιν ἢ κατὰ διάνοιαν），而欲求又分为三种（也见 De an.414b2）：意愿、怒气和欲望（ἡ ὄρεξις εἰς τρία διαιρεῖται, εἰς βούλησιν καὶ θυμὸν καὶ ἐπιθυμίαν），意愿是合乎理性的，后两者则是无理性的。[1] 按照前述，有意选择及其始因就是欲求，而理性思维没有驱动力，那么，能够推动行动的，只能是欲望、怒气这样的无理性情感，它们为欲求提供了身体质料上的运动可能。

De mot.an.700b15-26 也论述了动物的运动原因，欲望是首要的驱动力："所有动物都运动，都因为某物而被驱动，如此，这就是它们的一切运动的界限：'所为之物［目的］。'我们看到，动物的驱动者是思维、想象、有意选择、意愿和欲望。所有这些都简化为努斯和欲求。因为，想象和感知，与努斯享有同样的地盘，因为它们具有分辨性[2]……意愿[3]、怒气［血气］、欲望都是

[1] De an.432b5-6，意愿在能推理的部分（ἐν τῷ λογιστικῷ），怒气和欲望属于无理性。但 EE 1221b29-31 认为，理性的部分本身没有欲求（因为只说无理性部分有欲求），只能相关真假。EE 1227a29-30，区分了两种意愿，自然的意愿是情感，属于无理性部分。所以欲求中的意愿已经遵循了理性。

[2] κριτικὰ，有学者理解为判断，但 Nussbaum（1985:333,334）的看法是正确的，这里指做出区分，获得信息，也见 De an.432a15 以下；另外，这里的努斯属于理性的亚种，因为与感觉和想象相列。她的意思就是，上面与欲求并列的努斯是这里三者的属。

[3] 与上面所引的 EE 和 De an. 一样，这里的意愿也是合乎理性的。但就人的自然成长来说，首先出现的意愿是无理性的情感，如 Pol.1334b17-28；（转下页）

欲求，而有意选择又共享思维和欲求，以至于，可欲求者和可思者首先引起运动。但并非每个可思者［都是如此］，而是那种在可做之事中作为目的［的可思者］。由此，这样的善才是驱动者，而不是所有的高贵之事"①。

　　但是，这一段也表明了，认知与欲望在实际驱动时或用来解释运动时缺一不可。②既然认知是朝向外部客观的善与高贵，因此，亚里士多德不会像休谟一样，主张动机来自欲望本身以及主观提供的理由，他强调理性思维会对目的进行分析和确定，真正的对象是由它来提供。③"因为可欲望者是看似的高贵之事，而第一可意愿者是真正的高贵之事"（Meta.1072a27-28）。④但是，欲望与努斯可以一致，前者的第一对象可以与后者的相同，这样，

---

　　（接上页）EE 1227a29-30 对两者做出了区分。但 Nussbaum（1985:335-336）在解释这里时，将这两种意愿合并在一起（因为提及了《政治学》那里），因此得出结论，这里的欲求的三部分全都有欲望，但意愿是"对理性构想的目的的欲望"，也针对"目的的组成和手段"。她的合并是不正确的，因为这两种意愿是有先后的，而且是被区分开来的，但她对意愿的解释是完全合理的。

①　希腊文为，πάντα γὰρ τὰ ζῷα καὶ κινεῖ καὶ κινεῖται ἕνεκά τινος, ὥστε τοῦτ' ἐστιν αὐτοῖς πάσης τῆς κινήσεως πέρας, τὸ οὗ ἕνεκα. ὁρῶμεν δὲ τὰ κινοῦντα τὸ ζῷον διάνοιαν καὶ φαντασίαν καὶ προαίρεσιν καὶ βούλησιν καὶ ἐπιθυμίαν. ταῦτα δὲ πάντα ἀνάγεται εἰς νοῦν καὶ ὄρεξιν. καὶ γὰρ ἡ φαντασία καὶ ἡ αἴσθησις τὴν αὐτὴν τῷ νῷ χώραν ἔχουσιν· κριτικὰ γὰρ πάντα,...βούλησις δὲ καὶ θυμὸς καὶ ἐπιθυμία πάντα ὄρεξις, ἡ δὲ προαίρεσις κοινὸν διανοίας καὶ ὀρέξεως· ὥστε κινεῖ πρῶτον τὸ ὀρεκτὸν καὶ διανοητόν. οὐ πᾶν δὲ τὸ διανοητόν, ἀλλὰ τὸ τῶν πρακτῶν τέλος. διὸ τὸ τοιοῦτόν ἐστι τῶν ἀγαθῶν τὸ κινοῦν, ἀλλ' οὐ πᾶν τὸ καλόν. 文本见 Nussbaum（1985:39）。

②　这一段的思想可以概括为一种"目的论"，但专用于动物。当解释所有动物运动时，必然会提及认知和欲望。见 Nussbaum（1985:59,331,333）。

③　De an.433a7-8，欲求并非主导运动，因为自制者在欲求和欲望时，就可以不做欲求之事，而是跟随努斯。

④　希腊文为，ἐπιθυμητὸν μὲν γὰρ τὸ φαινόμενον καλόν, βουλητὸν δὲ πρῶτον τὸ ὂν καλόν。

"是由于意见我们才欲求，而非由于我们欲求，才有意见；因为努斯是始基。努斯被可思者驱动"（Meta.1072a26-27）。[1] 当欲求的目的正是努斯设定的可思对象时，努斯"驾驶"欲望，就像驾驶马车一样展开运动。[2]

除了从客观寻找理由之外，亚里士多德并没有完全否认主观方面的因素。我们可以看到，在休谟的动机模式中，欲望和信念本身都需要解释，即为什么会产生相关 ψ 的欲望；除了手段—目的的因果关系之外，还有什么动因让他选择 φ 或是去相信这样关系。这里牵连出了与情感有着根本关系的快乐问题：在 De an.433b8-10，亚里士多德就指出欲望是为了"已经存在的快乐"（τὸ ἤδη ἡδυ），而且将之作为"绝对善和绝对快乐"（ἁπλῶς ἡδὺ καὶ ἀγαθὸν ἁπλῶς）[3]。也就是说，无论善是不是目的，无论手段与目的是否在客观上合理，主观的欲望都还需要快乐感（以及对快乐的表象）作为某种必要的理由。所以亚里士多德在《尼各马可伦理学》中才会格外重视这一与情感有着紧密联系的感受，它也关联了幸福这个终极问题。通过关注快乐，情感也得到了直接的重视。

### （五）情感与快乐

快乐和痛苦是亚里士多德极为看重的伦理因素，它与情感天

---

① 希腊文为，ὀρεγόμεθα δὲ διότι δοκεῖ μᾶλλον ἢ δοκεῖ διότι ὀρεγόμεθα: ἀρχὴ γὰρ ἡ νόησις. νοῦς δὲ ὑπὸ τοῦ νοητοῦ κινεῖται.

② 努斯的指导见 De an.429a4-8。最理想的情况是欲望的表象内容与努斯的信念内容完全一致；如果不一致，如 Dow（2015:199）所说，只要人遵循努斯，他还是会按照源自努斯的信念行动，而不是按照与信念不同的想象内容。

③ 也见 Rhet.1370a16-18，欲望的对象都是快乐的，欲望是对快乐的欲求。Rhet. 1385a22-23，缺乏某物的欲求（等于欲望）带有痛苦；显然欲望本身感到匮乏而痛苦，所以追求快乐。

然就是不可分离的。换言之，在道德哲学中研究情感，就是研究人的感受苦乐的能力所造成的问题及其可能起到的伦理作用。

首先，关于情感与苦乐的关系，亚里士多德的表述多有不同。如在前引的《尼各马可伦理学》和《优台谟伦理学》中，是说有快乐和痛苦"相随"的状态就都是情感。这似乎并未暗示，只要是情感，就有苦乐。但与《尼各马可伦理学》不同，EE 1220b14 还有一个限定语 καθ' αὐτά，这似乎又是说，快乐和痛苦固有地随着情感。① 而 MM 1186a33-34 的观点更加有别，那里认为情感"要么'是'痛苦，要么'是'快乐，要么不会没有快乐，要么不会没有痛苦"（τὰ δὲ πάθη ἤτοι λῦπαί εἰσιν ἢ ἡδοναὶ ἢ οὐκ ἄνευ λύπης ἢ ἡδονῆς）。EN 1106b18-20，在列举种种情感后，说"一般意义上的快乐和痛苦"（ὅλως ἡσθῆναι καὶ λυπηθῆναι），这似乎表明情感无非就是这两大类。但 EN 1105b21 和 25，又分别将欢喜（快乐）② 与痛苦作为情感的一种，与其他情感并列。似乎很难统一上面的看法，但无论如何，亚里士多德必定认为，苦乐与情感是密切联系的，而且它们是情感的基本标志。③ 他之所以关注和研究情感，是因为他重视快乐和痛苦，这两者尤其是快乐，在道德方面有着重要的影响。

---

① 事实上，个别情感，如"恨"，按照 Rhet.1382a13 的描述，它被认为没有苦乐。又如某种程度的温和似乎也没有；无耻是不动情，显然没有苦乐，关于它们，见后。没有苦乐的情感并不奇怪，因为痛苦与快乐虽然是两极对立，但不是矛盾的，它们存在着中间状态。Rapp（2008:49）主张，说有苦乐跟随，这不是指时间上的次序，而是说，有情感存在之处，也有苦乐。但他也指出，按照《尼各马可伦理学》和《优台谟伦理学》的文本，并不确定：情感是"描述一种在特定动机下发生的痛苦感或快乐感"，还是"对承受的痛苦或感到的愉悦的反应"，还是说，"快乐和痛苦在时间距离上后随着真正的情感"。

② 也作为快乐的同义词，见 EN 1104b12，χαίρειν 与痛苦并列。

③ 见前面对情感与苦乐、混合情感的讨论。

亚里士多德不是一个排斥快乐的哲学家，尽管不能用快乐主义来形容他的思想，但快乐对于他的伦理学有着关键的意义。在其看来，快乐几乎与人这种理性的动物终生相随。如 EN 1104b34-1105a15 所说，快乐普遍于所有动物；[①] 我们从小到大都"很难摆脱根植于生命中的这种［快乐］感受"（χαλεπὸν ἀποτρίψασθαι τοῦτο τὸ πάθος ἐγκεχρωσμένον τῷ βίῳ），我们还用它作为标准衡量我们的行为（κανονίζομεν δὲ καὶ τὰς πράξεις），而对快乐运用得好，就是好人，反之就是坏人。显然，是否需要快乐，如何处理快乐，成为了他的道德哲学的核心主题之一。他要面对如下几个问题：

（1）快乐的种类有哪些？这个问题涉及了快乐与身体和灵魂的关系，也关涉了亚里士多德的伦理学需要什么样的快乐。

（2）如果以快乐作为行为动机，它真的能贯穿整个行为吗？

（3）如何处理快乐？这一点（a）联系了快乐不是运动，而是实现活动的理论；（b）快乐与善的关系问题；最后，（c）作为"同觉"的快乐感，这是一种最高的、指向生活的情感。

### 1. 快乐的种类

亚里士多德理解的快乐，其范围广涉身体与灵魂（EN 1117b28-29）。[②] 身体的快乐，其快乐所影响的对象是肉体，因此这样的快乐都借助感觉和欲望（EN 1153a32）。（a）其中有一些是动物性的，非人动物也会具有，它们相关节制和放纵的问题。亚

---

① 也见 EN 1176a3-5，每种动物都有自己的快乐。
② 关于几种快乐的分类见 Ricken（2005c:242-243）。这里仍然要注意身心的统一：身体的快乐离不开灵魂的自然能力；灵魂的快乐也离不开身体条件。

里士多德曾认为，身体的快乐更能吸引人，因而几乎成了快乐本身的代名词，人们甚至遗忘了还有与之区别的快乐（EN 1153b33-1154a1），他的这一看法主要指的就是动物性的身体快乐。

而与之不同，另有一些是人所专有的，是（b）"感觉性的快乐"（κατὰ ταύτας τὰς αἰσθήσεις ἡδονὴ，EN 1118a17，1173b17），即人对视觉、听觉、嗅觉、触觉本身的享受（EN 1118a3 以下），以及回忆、希望这样的感性活动（EN 1173b16-18），它们享受的不是对象，而是感觉活动本身，这类似于近代美学提出的审美感受。[①] 在这样的意义上，αἰσθήσις 这样的概念表明了一种主动性：人不再被动地受对象的牵制，他的欲望朝向了感觉活动本身，主动地通过它获得属人的愉悦。后面我们会看到，这样的快乐感伴随了人的所有实现活动。这样的快乐不像（a），没有放纵和节制一说，但也有过度和不及的问题。[②]

与身体快乐相对，灵魂方面的快乐有爱学问和爱荣誉等，它们的快乐不在于身体，而是思想（EN 1117b29-31，1153a21-23，1174b20-21）。

身体快乐和灵魂快乐的区别在于：身体快乐的（a）有不足、匮乏、痛苦的状态，如进食的情况（EN 1173b7-9，1173b14-15，1153a31），也即，这样的快乐是对首先存在的不快乐状态的补足；而且，它存在着过度（EN 1154a15-16），也就有不适度和恶

---

① 见 Porter（2010:52-55），他看到了亚里士多德那里的审美自由性，这一点与后世的康德是一致的。在论"置于眼前"一章中，我们会回到这一问题。为了论述方便，中文会"时序颠倒地"采用审美（aesthetic）这一概念，因为它本来就是来自于希腊人常用的感知（αἰσθάνεσθαι）一词。

② EN 1107b4-6，快乐和痛苦方面的不及是无感，过度是放纵，适度是节制。所以，如果（b）没有放纵和节制，那么似乎应该没有过度和不及。不过 EN 1107b4-5 特别强调了所谈的不是所有快乐。

性。——但恶的身体快乐较为特殊，它们的情感和行为无关于过度、不及和适度，如通奸、盗窃、幸灾乐祸等（EN 1107a9 以下；MM 1186a36-1186b2）。身体快乐的（b）也有过度和不及（EN 1118a5-6），但这是源自于对感觉本身的享受，而不是为了欲望对象（EN 1118a11-13），所以没有放纵和节制一说。而灵魂的快乐，就如沉思活动（αἱ τοῦ θεωρεῖν ἐνέργειαι）和数学，它一般没有痛苦，也没有不足和过度，乃至恶性可言（EN 1152b36-1153a1, 1173b17）。① 身体快乐与灵魂快乐的相同之处在于，那些审美性的身体享受，也是可以没有痛苦的（EN 1173b16-18）。②

此外，还有一种快乐介乎身体快乐与灵魂快乐之间，就是道德愉悦，也即道德行为的正确和适度带来的快乐。一方面，道德生活涉及处理情感，所以这样的生活也不是纯粹理性和脱离身体的（EN 1178a9-22），③ 但另一方面，其中存在的明智者（ὁ φρόνιμος），他所追求的合乎中道的活动本身也是无痛苦的快乐（EN 1153a27-28，1153a32-34），它也没有过度（EN 1154b15-16），所以就没有恶性。这种快乐不是某一个行动的快乐，而是明智者整个实现活动或生活本身的快乐，也就是中道带来的愉悦。

---

① 这里是说沉思活动在本性上没有匮乏，所以没有痛苦，但 EN 1175b18-20 却指出如写作和推理这样的灵魂快乐，也有专属的痛苦，显然是出现了匮乏，或者本性受损。

② EN 1054b15-16，指出没有痛苦的快乐就没有过度。但如上述，没有痛苦的审美愉悦是有过度的，所以看起来有矛盾。但 EN 1173b16-18 是说理性愉悦和审美愉悦之前没有痛苦需要补足。因此，只能说审美愉悦有可能没有痛苦，或者，它的没有痛苦是在不过度而适度的情况下。但是，身体的快乐（a）如果在适度情况下，是会有痛苦的，这是节制带来的必要的痛苦（EN 1150a18）。

③ 下一小节讨论的《论灵魂》，就论述了灵魂情感离不开身体，甚至与之同为灵魂属性的理性也是如此。

可以认为，亚里士多德看重的就是身体快乐中的审美快乐、介于身心之间的道德快乐和灵魂快乐，因为它们可以得到永远的愉悦，至少没有痛苦。所以他设想，存在着一种没有痛苦，因而也就没有过度的快乐，它在本性上永久如此，而不依赖偶因（EN 1154b15-17）。① 但是，审美快乐以及道德快乐由于仍然联系了身体和情感，所以不如沉思的快乐和幸福那样，更接近神的永恒的至乐（EN 1154b23-28，1178b21-23）。

这样，在伦理学中，亚里士多德关注的快乐首先是标准的属人的快乐，即审美愉悦和道德愉悦：它们是人针对自身的本性和品质的评价与享受，而不是针对非人的异在的事物。而对情感的处理，也是为了确立这样的快乐。他需要人的情感能力能够感觉到这种愉悦。

## 2. 快乐动机

之所以要对情感做如此的提升，实际上归因于快乐感会形成一种低层次的自然的（初始意义上的自然）动机。这种快乐是身体性的，不会没有对立的痛苦，它是道德德性首要关涉的（EN 1104b13-16）。②

在伦理上，身体性的快乐决定了情感可以深刻影响品质和行

---

① 希腊文为，αἱ δ' ἄνευ λυπῶν οὐκ ἔχουσιν ὑπερβολήν: αὗται δὲ τῶν φύσει ἡδέων καὶ μὴ κατὰ συμβεβηκός。

② 也见 EE 1220a34-35（1221b38-1222a1-2），"德性与恶性同快乐和痛苦之事有关"（περὶ ἡδέα καὶ λυπηρὰ καὶ ἡ ἀρετὴ καὶ ἡ κακία）。MM 1186a34 以下，"既然德性是这些情感的中道……那么由此显然，德性就相关痛苦和快乐"（ἐπεὶ τοίνυν ἐστὶν ἡ ἀρετὴ τῶν παθῶν τούτων μεσότης,...ἡ ἄρα ἀρετή ἐστι περὶ λύπας καὶ ἡδονάς, καὶ ἐντεῦθέν ἐστι δῆλον）。

为。情感本身虽然是短暂和非常态的，但其所伴随的快乐会引诱人不去控制它，而且人还能主动地在相同的条件下，一再地促发它，由此将这样的情感常态化为品性。反过来，这样的品性又会影响人对情感的选择和控制。由于情感没有选择适度的能力，因此顺从于它，人们很难形成德性。痛苦的情况也是一样，避免它就是选择对立的快乐，但依循情感，人们也会逃避应当的痛苦。

就这样，品质会受到损害，我们追求不应该追求的快乐，而逃避不应该逃避的痛苦，或者在时间、方式上没有正确地追求或逃避它们（EN 1104b19-28），这样的苦乐会让人看不到行为的始基（ἀρχή）（EN 1140b17-19）。

就快乐而言，在无论善恶的情况下，它均可以提供重要的道德动机，我们改造一下之前的休谟的强主张，引入快乐因素：①

t 时刻下的 R 是行动者 A 要做 φ 的动机性理由，当且仅当，存在着某个 ψ，使得 t 时刻下的 R 包含了 A 的如下信念：（a）若 x，则有情感 p；（b）ψ 属于 x；（c）若 φ，则 ψ，（d）若 φ，则 p，（e）若有这样的信念，则 p，（f）p 是快乐。痛苦的情况与之相反。②

这里的道德前提是，只要相信是快乐，人们的欲望就追求。③

---

① 在下面的描述中，我们把信念作为理由，但这不是说，是信念促成了欲望，或欲望自身有理性。我们的解释依然是"随着理性"，这里的意思是，欲望的表象内容伴随着这样的信念活动，或者，若该活动不存在，表象内容也会指向和引发这样的信念。

② 对 ψ 的快乐，也可以来自它的各种相关物或相似物。EN 1118a11-13 举了放纵的人喜欢闻食物的气味，因为他们想要食物，但相似的气味依然令他们快乐。这其实也侧面证明了人们往往对手段也会感到快乐，因为手段与目的也是相关的。

③ EN 1149a34-35，欲望一听理性和感觉说是快乐的，就去追求。Rhet.1370a25-27，随着理性的欲望，要信服理性给出的命题"某事是快乐的"，才会追求。

（a）和（b）设定了类与个体的关系。① 为了强化主张或者让快乐原则贯穿始终，（d）要求 φ 也是快乐的，但也存在相反的情况，比如甘愿承受痛苦的手段，为了获得快乐的目的。② （e）是表明一种感觉的自相关性，即 A 要意识到或者肯定这样相信也是快乐的。③ （f）是为了让 A 自己解释这样的感受是快乐。④ 实际上，整个过程都是建立在 A 的自我觉知上，这样的觉知根本上是快乐的。在后面的论述中，我们能看到亚里士多德并不反对快乐对人的作用，但他并不同意快乐作为主观的动机理由。

与休谟模式一样，这里面，我们也没有看到有意选择的参与。动机虽然来自理性的"考量"（βουλεύεσθαι），但信念的内容其实源于情感性的和无理性的表象。标准的考量行为本来是一种理性活动更充分的、类比数学和几何学的道德上的"分析"（ἀναλύειν），是针对"手段和目的"的因果关系的"探究"（ζητεῖν）（EN 1112b21-24）。⑤ 然而在这样的快乐作用中，考量受到了情感的控制：只要手段能够满足快乐这一主观目的，它就值得选择，哪怕它不是真正的善。由此，既然"有意选择是能够考量的欲求"（ἡ δὲ προαίρεσις ὄρεξις βουλευτική，EN 1139a23），而考量被情感所主导，则这样的有意选择就不是理性自愿的，而是被动的。那么，快乐感这种身－心运动也可以取代

---

① 这里依循了 EN 1147a29-30 的做法（见下）。仅仅说 ψ 这个对象是令人快乐的，还不能证明它的类属也是如此，因此需要解释。否则的话，有可能它是类属的特例，该类事物未必都令人快乐。

② 如下面不能自制者的例子，其中"品尝"就是 φ，它必定是一个快乐的行为。

③ 否则就是 EN 1151a20-24 描述的不能自制者（见下）。

④ 快乐的解释权永远在 A 自己这里，即便有可能在外人看来应该是痛苦的，但依然要遵循 A 的解释。EE 1235b31-33 就区分出了相对某人的快乐和善。

⑤ 也见 Detel（2005a:34）和 Brüllmann（2005:101）。

有意选择，成为人的行动的始因。EN 1134a20-21 曾举男女通奸为例，认为这并非出于有意选择，而是源自情感（快乐感）。这正说明了情感既可以造成行为，但又可以跳过人的理性考量。之所以，亚里士多德认为这样的行为不义，但通奸者却并非如此，是因为，属人行为的标准恰恰是有意选择（EN 1139b4-5），而不是情感，也就是说，仅仅以情感为始因的行为低于人，通奸者不是在做出人的行为。

抛开通奸者这样的特例，大多数人其实就是这样信奉快乐感（EN 1179b13-16），"因为人们依靠情感生活，追求属于自己的快乐，借助那些会产生这些快乐的东西，他们逃避对立的痛苦，不去思考高贵和真正的快乐之事，因为没有品味过［它们］"①。

但是，人们真的会安于这样的快乐动机吗？尽管我们上面给出的模式是连贯的，快乐也贯彻始终。不过，EN 1147a24-34 给我们提供了一个快乐并未如此完善的例子。那里是"从自然的角度"（φυσικῶς）来考察"不能自制者"（ὁ ἀκρατής）的认知过程。他们介乎"完全受快乐动机驱使的人"和"理性者"之间。这样的人也具备某种知识，但那是感觉性的，不是严格的知识。②

一方面，就受快乐驱使而言，他们的确按照上述的快乐动机模式推理的。如当他们面对快乐对象时，头脑中就有两个意见存

---

① 希腊文为，πάθει γὰρ ζῶντες τὰς οἰκείας ἡδονὰς διώκουσι καὶ δι᾽ ὧν αὗται ἔσονται, φεύγουσι δὲ τὰς ἀντικειμένας λύπας, τοῦ δὲ καλοῦ καὶ ὡς ἀληθῶς ἡδέος οὐδ᾽ ἔννοιαν ἔχουσιν, ἄγευστοι ὄντες.

② EN 1147b15-17，"看起来并不是因为严格意义上的知识存在了，［不能自制的］感受才生成，这种知识也并没有被那种感受拖曳，相反，［存在的］是感知的知识"（οὐ γὰρ τῆς κυρίως ἐπιστήμης εἶναι δοκούσης παρούσης γίνεται τὸ πάθος, οὐδ᾽ αὕτη περιέλκεται διὰ τὸ πάθος, ἀλλὰ τῆς αἰσθητικῆς）。

在，一个是"普遍的意见"（ἡ καθόλου δόξα），它阻止追求快乐之事；而另一个意见"关乎具体的、由感觉主导的事情"（ἡ δ᾽ ἑτέρα περὶ τῶν καθ᾽ ἕκαστά ἐστιν, ὧν αἴσθησις ἤδη κυρία, EN 1147a25-27），它由一个类命题和个别命题组成："应该品尝所有甜物"和"这个东西是甜的"，那么，后一个命题来自欲望的表象内容；既然欲望习惯于按照这样的内容产生行动，调动身体，那么，它也就会轻易听从这一具体的意见，而不会服从普遍而一般的意见。①

但是，另一方面，虽然他们没有"遵循正确的道理"（κατὰ τὸν ὀρθὸν λόγον），从而被情感控制，然而，某一类"分心的"②不能自制者，其实并不相信追求这样的快乐是合乎道理的（EN 1151a20-24），③也认为是不应该的（EN 1152a5-6），所以，他们清楚自己是被动的，而非出于有意选择。他们也很容易被说服（εὐμετάπειστος，EN 1151b6），所以也就不会完全相信快乐动机模式中源自于欲望表象内容的所有信念，同样就不会始终快乐下去。④在这样的情况中，快乐动机并没有完全贯彻。

之所以如此，因为理性及其客观道理在起作用，它们指示

---

① 也见 EN 1149a32-36，怒气会接受理性与想象的意见进行推理（συλλογισάμενος，三段论推理），欲望也会如此，它是通过想象内容，随着理性的意见。在这样的情况下，理性必定不是提供普遍意见，而是确定与具体事物有关的命题并且加以推导。

② EN 1151a1 的 ἐκστατικοί，LSJ 释义为，倾向背离，也即背离理性。该词的该词即 ἔκστασις，即分心，英语的 ecstasy 与之同源。

③ 希腊文为，ὥστε δ᾽ εἶναι τοιοῦτον οἷον πεπεῖσθαι διώκειν ἀνέδην δεῖν τὰς τοιαύτας ἡδονὰς οὐ κρατεῖ。

④ EN 1166b8 以下，不能自制者属于小人或坏人的一种，他们选择快乐但有害的东西，却又不认为是善。这样的坏人就会懊悔，快乐也会带来痛苦（EN 1166b23-24）。

出了真、善或正确等不同于快乐的目的。不能自制者无法将快乐保持住。前面已经说过，亚里士多德格外看重快乐，他也致力于追求稳定而正确的快乐，所以，他需要既让快乐动机不再成为行动的始因，也即，不再是客观的善，但又可以与之一致，并且不可或缺：通过主观的正确的情感评价，它可以对善行的客观状态加以完善，从而提供更高层次的主观的快乐理由，这就是一种对"人的本性"的崇高而恒常的快乐感。换言之，如果没有这样的快乐感，那么善的行为虽然会做出，但似乎离完美尚有一定距离。

### 3. 快乐、实现活动、善与同觉

前面在论述时曾指出，情感是短暂的、被动的运动，区别于稳定的常性（品质）和品性，也就不会成为德性或恶性。这样的心灵状态没有经过理性和有意选择的控制，它很容易成为一种未经人主动协调的习惯。这样的情感所带来的短暂的快乐和痛苦，深刻影响了人的灵魂与行动，但又无法去除（否则人就成为不动情的神祇），[1] 所以，亚里士多德试图让这两者在伦理生活中发挥积极作用。若要如此，它们必须首先稳定下来，摆脱偶然性，在正确的引导下，成为人的主动活动的必然伴随。

对此，亚里士多德力主快乐不是运动[2]，也不是生成（γένεσις）

---

[1] EN 1104b24，有人就提出将德性定义为"不动情"（ἀπάθεια）；关于这种状态，也见 EE 1222a2-4。比较 De an.408b29，近乎神的努斯是不动情的，因为它不会有被动的承受，所以与情感无关。

[2] κίνησις，更精确说，是运动过程，也即快乐不是一种未完成的进行时状态，而是恒常的常态。否定快乐是运动，也否定了它是生成。但广义上或从完整的角度说，运动也可以指实现活动，EN 1154b23-28 中有"运动的实现活动"（见下），即指完结的运动。也见 Rhet.1369b33-34，快乐是运动，而且是完整可感的，这个运动就不是过程，而是活动整体。

（EN 1174a19 以下），而与完善的实现活动（ἐνέργεια）有关。关于快乐与实现活动的关系，亚里士多德在 EN VII 和 EN X 分别提出了两种看似彼此相反的看法：

（A）快乐同于"未受阻碍的实现活动"和"品质"："如果每种品质都有未受阻碍的实现活动，那么，无论每种实现活动都是幸福，还是其中某一种如此，当其未受阻碍时，就最值得选择；这就是快乐"（EN 1153b9-12，也见 EN 1153a13-15）。[1] 真正快乐的品质是"合乎自然本性的品质"（φυσικὴ ἕξις，EN 1152b34）。

（B）快乐不是"实现活动和品质"，[2] 而是对其的完善："快乐完善了实现活动，但不是作为内在［于其中］的品质，而是作为某种目的跟随之"（EN 1174b31-33）。[3]

对这两种"准定义"[4] 的冲突，学界争论已久，我们这里接受 Ricken（2010）的解决方案，它主张（A）与（B）是一致的，只是侧重角度不同。这一方案敏锐而有洞见，同时还引出了重要的"同觉"概念。他主张：快乐与实现活动及其品质是相同的，但其"所是"（或"概念上"）有所不同。就我们将快乐关联于积极态度，快乐是（B）；就我们"在纯粹的本体论上刻画它，将之从这种关联中抽象出来时"，它是（A）。（B）的"跟随"并不是说快乐与实现活动及其品质不同，而是说快乐是一种完善后者、

---

[1] 希腊文为，εἴπερ ἑκάστης ἕξεώς εἰσιν ἐνέργειαι ἀνεμπόδιστοι, εἴθ᾽ ἡ πασῶν ἐνέργειά ἐστιν εὐδαιμονία εἴτε ἡ τινὸς αὐτῶν, ἂν ᾖ ἀνεμπόδιστος, αἱρετωτάτην εἶναι· τοῦτο δ᾽ ἐστὶν ἡδονή。

[2] 例外是 EN 1173b3，那里明确提到了快乐的 ἐνεργεῖν。这里联系（A）和（B）。

[3] 希腊文为，τελειοῖ δὲ τὴν ἐνέργειαν ἡ ἡδονὴ οὐχ ὡς ἡ ἕξις ἐνυπάρχουσα, ἀλλ᾽ ὡς ἐπιγινόμενόν τι τέλος。

[4] 因为这两个定义都是从伦理学方面来处理快乐的功能，不是在定义快乐本身，否则的话，应该按照下一小节《论灵魂》的处理，从心理学角度进行界定。

与之不可分离的"意欲态度"（conative attitude）。（A）是"对快乐的本体论刻画"；（B）是"对那些我们觉得快乐的实现活动的本体论刻画"。①

通过这两个方面，亚里士多德其实要提出几个主张：第一，未受阻碍的、好的实现活动或品质在客观上就是快乐的。第二，当人进行这样的实现活动时，他会在主观上伴随着对活动的感觉和评价，也即，人对这样的活动有着积极的意欲态度并恒常感觉着（同觉）快乐。这样的快乐感不是偶发的，它源自于已经客观存在于灵魂中的稳定的常性或品质。因为每一种快乐都有对应的品质。第三，实现活动虽然指向真正的善，活动本身也是善的，但是，主观的态度起到了完善和巩固的作用。

【Ⅰ】对于第一点，如果合适的实现活动 E（及其品质）是快乐的，那么就像（A）一样，也可以说，快乐是 E，即，快乐与 E 是联系为一体的："［快乐］与实现活动密切相连，就这样难以界定，以至于实现活动与快乐是不是同一回事，尚有争议"（EN 1175b32）②。

---

① 他首先清楚地区分了各种运动与实现活动（ἐνέργεια）。（1）狭义的实现活动（Meta.1048b18-36），比如看和思考，它们每时每刻都在实现自己的目的。与之相对的是（2）广义的运动，是未完成的，以目的为终结：（a）创造活动（其目的是另一目的的手段）和（b）道德行为（以自身为目的）的过程都是如此。（3）广义的实现活动，包括常性（ἕξις）的获得与运用，这样，就包含了（a）和（b）。（4）狭义的运动，这是导致常性的行为（πρᾶξις）。他认为（A）与（B）提到的实现活动，都属于（3），无论它的目的是外在还是内在。这样，如果是（4），快乐不可能是善；而（3）也证明了外在善的不可或缺。他还认为，在（B）的语境中，亚里士多德并没有说快乐是（1）；虽然 EN 1173b3 提到快乐的 ἐνεργεῖν，但那是区别于 μεταβάλλειν，并不是（1），因而（B）的实现活动是（3）。见 Ricken（2010:172-173,174,179,181-183），Ricken（2005c:244-245），以及 Nortmann（2005a:180-182）。

② 希腊文为，αἱ δὲ σύνεγγυς ταῖς ἐνεργείαις, καὶ ἀδιόριστοι οὕτως ὥστ᾽ ἔχειν ἀμφισβήτησιν εἰ ταὐτόν ἐστιν ἡ ἐνέργεια τῇ ἡδονῇ.

这一点恰恰决定了（B）："因为，没有实现活动，快乐就不会出现，而快乐完善了每一种实现活动"（EN 1175a19-21）[①]。

当快乐不是运动而作为（广义的）实现活动时，它没有时间性可言，因而没有快慢之别，或者说，它是共时的，而非历时的，"因为它在每一个现在时刻都是整体"（τὸ γὰρ ἐν τῷ νῦν ὅλον τι，EN 1174b8-9），它在任何时刻都是完整的。而变化（μεταβάλλειν）的快乐，就像愤怒一样，很快可以产生（EN 1173a31-1173b4）。显然，这种迅速的快乐，是一次短暂的情感运动，就其本身来说，只是偶然的表现。但是，如果它是常态化快乐的某一次实现活动，那么可以不严格地套用结构主义语言学的概念来说：这样的快乐活动之于形式性的快乐常态，就像言语（parole）之于语言结构（langue）。正如狭义的实现活动，如看、听等，它们每一刻都是完善完整的，全部是一种常态的个别体现。亚里士多德要刻画的是这个整体的未受阻碍的"绝对的"活动本身及其活动者自身的稳定状态，而不是某一次个别的有开始有终结的活动。当然后者是前者的表现，它们的多样性统一于实现活动本身的本性。

这样的完整性还体现在快乐既是实现活动，也是目的，虽然它也会有外在目的，[②]但这样的目的是为了让拥有者的本性变得完善（EN 1153a10-12），目的本身依然属于实现活动的整体。

---

① 希腊文为，ἄνευ τε γὰρ ἐνεργείας οὐ γίνεται ἡδονή, πᾶσάν τε ἐνέργειαν τελειοῖ ἡ ἡδονή。EN 1174a5-8 以假设的方式说，看、记忆、知道、具备德性这几种活动，即使没有快乐，我们也会选择，它们不因有无快乐而有异，这里只是在假定，并不是说它们没有快乐。

② 如技艺的实现活动就有外在的目的。但如果拥有技艺的人合乎人的本性，按照道德来使用，这样的技艺就是他完善生活的一部分。

　　此外，这样的实现活动（如果是好的）似乎像是一种"技艺的技艺"，既区别于它，又为它奠基。[①] 技艺与能力或潜能相关，但快乐本身则是现实状态，没有生成或创设一说。它作为"体"，可以永远被我们所"用"（χρωμένων，EN 1153a11），但这不是技艺的那种"应用"。

　　不过重要的一点是，并非所有的实现活动的快乐都值得追求（EN 1174a8-10），活动本就有好有坏，其对象也有善恶之别（EN 1175b24-29），有的活动甚至不辨是非，因为其中会有无理性的欲望产生作用（EN 1175b28-30）[②]，因此，相应的快乐也层次不一。那么，活动的对象以及活动者是有严格条件的，只要符合，无论是感性活动，还是理性活动，其快乐就是最佳（EN 1174b14-23）：

　　　　每种感觉都是朝向所感者进行实现活动，当相关被感觉的最美好的事物时，它完善地处于良好状态……按照每种感觉，当［活动者］相关被感觉的最妙之事而处于最佳状态时，实现活动就是最佳。这样的实现活动最完善，最快乐。因为，按照每种感觉，都有快乐，思想与沉思同样如此。最

---

① 如建房是技艺，但每次建房的未受阻碍的实现活动既是技艺的应用，但又是建房者能力和品质的运用，所以品质高于技艺，道德高于技术，快乐来自前两者。EN 1153a23-24 指出，快乐不是技艺的活动（τὸ δὲ τέχνης μὴ εἶναι ἔργον ἡδονὴν μηδεμίαν），实现活动也没有技艺（但能力有技艺）。这不是说技艺不是实现活动，而是说实现活动与快乐本身无法用技艺创造，这就可以认为前两者（当其是好的时）统摄技艺。也见 Ricken（2010:172）。

② EN 1175b30-31，认为快乐比欲求更内在于（οἰκειότεραι）实现活动，后者在时间和本性上与活动是分离的。虽然欲望和欲求并非没有意义，但在这里可以知道，仅靠这两者本身带来的快乐显然不是真正的快乐。

> 完善的实现活动最令人快乐，而当［活动者］相关被感觉的
> 最高尚之事处于良好状态时，实现活动最为完善；快乐让实
> 现活动完善。①

这一段说得极为明确，当相关的客观对象是至真至善至美时，感
觉和理性及其活动者就处于最佳状态，因而在感觉和思考时，这
样的实现活动就是最佳；当感觉对象和感觉者都是这样，同理，
思考对象和思考者也是这样时，"快乐永远会存在，因为造就［快
乐］和感受［快乐］的东西都存在"②（EN 1174b28-31）。亚里士
多德的这一推论极为简单：如果要产生最佳的快乐，则要求对象
在客观上达到最善，也即在事实上达到最为严格的至善，同时，
活动主体在客观上处于良好的状态，并且主观上相信对象是至
善——这一相信实际上体现在了前述的第二点中。

　【Ⅱ】第二点要求活动主体必须感受到快乐，这一点相当重
要。对此，我们要先看一下亚里士多德对快乐与善的界定和区
分。在 EN 1113a33-1113b1（也见 EN 1174a8-9），亚里士多德明确
指出，大多数人都会被快乐欺骗，因为它不是善，而是显得如此
（οὐ γὰρ οὖσα ἀγαθὸν φαίνεται）。不过，EN 1153a29-30 却

---

① 希腊文为，αἰσθήσεως δὲ πάσης πρὸς τὸ αἰσθητὸν ἐνεργούσης, τελείως
δὲ τῆς εὖ διακειμένης πρὸς τὸ κάλλιστον τῶν ὑπὸ τὴν αἴσθησιν...καθ᾽
ἑκάστην δὴ βελτίστη ἐστὶν ἡ ἐνέργεια τοῦ ἄριστα διακειμένου πρὸς
τὸ κράτιστον τῶν ὑπ᾽ αὐτήν. αὕτη δ᾽ ἂν τελειοτάτη εἴη καὶ ἡδίστη.
κατὰ πᾶσαν γὰρ αἴσθησίν ἐστιν ἡδονή, ὁμοίως δὲ καὶ διάνοιαν καὶ
θεωρίαν, ἡδίστη δ᾽ ἡ τελειοτάτη, τελειοτάτη δ᾽ ἡ τοῦ εὖ ἔχοντος πρὸς τὸ
σπουδαιότατον τῶν ὑπ᾽ αὐτήν: τελειοῖ δὲ τὴν ἐνέργειαν ἡ ἡδονή.
② 希腊文为，ἀεὶ ἔσται ἡδονὴ ὑπάρχοντός γε τοῦ τε ποιήσοντος καὶ τοῦ
πεισομένου.

主张，快乐是"绝对（ἁπλῶς）善"，但不是所有的快乐都是这样；EN 1153a7-8 和 1153b12-13 又认为，快乐也可以成为至善。①这样，结合后三处来看，第一处的情况并不是说快乐绝对不是善，而是说，"显似善"的快乐并非如此。这些说法也联系了 EN 1152b26-27 和 EE 1235b31-33 的观点，那里将善和快乐区分为两种：τὰ ἁπλῶς 和 τὰ τινί（相对善，相对快乐）；后者在 EE 1236a10 也被定为 φαινόμενον，但这是指"在某人看来如何"。②

能够看出，作为绝对善的绝对快乐就是上面所说的最佳实现活动带来的快乐。那么，可不可以认为 τὰ τινί 的善和快乐就是需要完全舍弃的呢？既然这样的快乐带有主观性，而且最佳的活动已经在客观上实现了？

回答无疑是否定。因为快乐必定是一种个体性的主观情感，它不可能相对无人称的人。也因此，同一个东西对每个人来说，有人觉得快乐，有人感受就相反（EN 1176a 以下）。如果难以去除人的快乐感，那么就只能将之提升，同时，还要让多样的感受趋近于绝对的善，从而形成统一。

---

① 亚里士多德的观点相反于柏拉图《斐勒布》20e-22e 的看法"快乐不是善"，也见 EN 1172b28-29。

② 这里的 φαινόμενον 是广义的。Ricken（2010:180）正确地指出，有两种"φαινόμενον 的善或快乐"，一种是广义的 seemingly，意为看起来的，显然的，有真，也有假；见 De mot.an.700b29, EE 1235b26, EN III.6；一种是狭义的 ostensibly，即似真和虚假，如上面引的 EN 的例子。前者相对主体的评价态度，后者相对事实或本质。按照广义理解，他指出，在概念上，与善相比，快乐是"φαινόμενον 的善"，是一种"意欲态度"（conative attitude）。在物质同一性上，x 是绝对的善（τὰ ἁπλῶς），那也就是绝对的快乐；但就概念而言，善的概念表达的是与这样一种态度的关系：该态度"经验到了值得成为意欲对象的对象"。而快乐概念表达的虽然也是与这一态度的关系，但该态度被抽离出了这种认知过程。

这样的统一依然要依赖于个人的特定感受。如果存在一类人，他们为绝对的善感到快乐，而且其快乐就本自于此，那么，他们的感受就可以作为快乐的标准：这就是高尚的好人，其本人及其德性都可以作为快乐的尺度（EN 1176a17-18），因为事情相对他们"看来"（τὸ φαινόμενον）如何，情况也就是如何；相对他们"看来"快乐的，就是真正快乐的（EN 1176a16，EN 1176a19），他们的看法就是真理，他们的快乐就是绝对的快乐。这样，在"相对快乐"上，人们是可以统一的。

统一之后，这样的快乐在人类世界就是最高的。"无论完善而有福之人的实现活动是一种，还是多种，完善其实现活动的快乐都可以在真正的意义上被称为是属人的快乐，而其余的快乐与其实现活动一样，都是次要的，并非真正意义上的"（EN 1176a26-29）。[1] 对此，我们就不能再"说快乐是可感的生成，这是不对的，相反，应该说，是按照品质本性的实现活动"（EN 1153a13-15）[2]。与现代人追求一瞬间的快乐刺激相反，亚里士多德追求和规定的是合乎人性并朝向这一自然本性的崇高愉悦。所以，它不再是个别被动的可感的生成，而是与产生它的实现活动相关的恒定而主动的感受。由此，亚里士多德为感性、短暂、多变的快乐感提供了恒定的原则性基础，从而将之稳定下来。这样的基础来自于道德品质。"在行为中，所为［的目的］乃始基，恰如数学中的假设；而这两者中，理论都不能教导始基，相反，

---

① 希腊文为，εἴτ᾽ οὖν μία ἐστὶν εἴτε πλείους αἱ τοῦ τελείου καὶ μακαρίου ἀνδρός, αἱ ταύτας τελειοῦσαι ἡδοναὶ κυρίως λέγοιντ᾽ ἂν ἀνθρώπου ἡδοναὶ εἶναι, αἱ δὲ λοιπαὶ δευτέρως καὶ πολλοστῶς , ὥσπερ αἱ ἐνέργειαι.

② 希腊文为，οὐ καλῶς ἔχει τὸ αἰσθητὴν γένεσιν φάναι εἶναι τὴν ἡδονήν, ἀλλὰ μᾶλλον λεκτέον ἐνέργειαν τῆς κατὰ φύσιν ἕξεως.

或自然或习惯的德性，能够为始基提供正确意见"（EN 1151a16-19），[1] 而为快乐及其感觉提供正确合理的意见的，也是这样习惯成自然的德性。

这样的为了德性和良好品质的主观快乐感，与我们之前提到的审美愉悦和道德愉悦都是一致的，它们是高层次的快乐，标定了人的高贵性与自由性。但是，与之对应的灵魂机能或属性依然是感知。

这样的感知伴随着人的所有行为，只有它能判断苦乐。如 De an.431a8-11 所言，"感知相似于单纯的断言和思考；当有快乐或痛苦之事时，如，它肯定或否定，追求或避开；感到快乐和感到痛苦是依靠感觉的中间态[2] 的实现活动，这一活动就按照善恶［是苦乐］那样来相关于它们。"[3] 在苦乐方面，正因为感觉处于中间态，所以能感知这两者，尽管它将苦乐作为善恶来认知是被动的，但它的感知活动及其苦乐倾向无时不在。我们可以做如下论证来证明：无论是感性的，还是理性的，只要有快乐感（痛苦感），就要通过感知，而且与情感和身体相关：

（p1）感知、思维和理论都可以获得快乐（κατὰ πᾶσαν γὰρ

---

① 希腊文为，ἐν δὲ ταῖς πράξεσι τὸ οὖ ἕνεκα ἀρχή, ὥσπερ ἐν τοῖς μαθηματικοῖς αἱ ὑποθέσεις: οὔτε δὴ ἐκεῖ ὁ λόγος διδασκαλικὸς τῶν ἀρχῶν οὔτε ἐνταῦθα, ἀλλ᾽ ἀρετὴ ἢ φυσικὴ ἢ ἐθιστὴ τοῦ ὀρθοδοξεῖν περὶ τὴν ἀρχήν。

② μεσότης，这并不是伦理学上的适度，见 De an.424a4-5，以触觉为例，认为它具有区别于冷热对立的中间状态，这也是感觉的特点，这样它才能承受彼此对立的性质。但这不是说它具有分辨力，而是说它能变动。见 Shields（2016:246-247）。

③ 希腊文为，τὸ μὲν οὖν αἰσθάνεσθαι ὅμοιον τῷ φάναι μόνον καὶ νοεῖν· ὅταν δὲ ἡδὺ ἢ λυπηρόν, οἷον καταφᾶσα ἢ ἀποφᾶσα διώκει ἢ φεύγει· καὶ ἔστι τὸ ἥδεσθαι καὶ λυπεῖσθαι τὸ ἐνεργεῖν τῇ αἰσθητικῇ μεσότητι πρὸς τὸ ἀγαθὸν ἢ κακόν, ἢ τοιαῦτα。

αἴσθησίν ἐστιν ἡδονή, ὁμοίως δὲ καὶ διάνοιαν καὶ θεωρίαν, EN 1174b20-21），

（p2）感知判断苦乐，就如理智判断真假（De an.431a8-11），

（c1）思维和理论的快乐（痛苦）经由感知判断；[①]

（p3）快乐（痛苦）是情感，

（c2）感知感受情感；

由（c1）和（c2）推出：

（c3）思维和理论的快乐源自对情感的感知；

（p4）情感与身体质料相关（见下一小节），

由（c3）和（p4）推出：

（c4）思维和理论的快乐都基于情感而且离不开身体。[②]

而在伦理学中，亚里士多德要利用感知与苦乐的必然联系，同时激发他的主动性并且加以引导，使之成为一种合乎自然的习惯。因为在进行实现活动时，这样的感觉依然在起作用，凭借它，崇高的愉悦才能被觉知。这样的与活动"同时"存在的感觉就是亚里士多德所说的"同觉"（συναισθάνεσθαι，EN 1170b4）[③]。在

---

① 见 Rhet.1369b33-34，快乐是可感的，所以思想的快乐也需要身体感知。

② 另一个推理是：沉思没有痛苦（EN 1152b36-1153a1）；但如果沉思有痛苦（EN 1175b20-21），那么痛苦必定是由身体来承受。

③ LSJ 释义为同时感知，也见 Hist.an.534b18。但需要注意，该词也出现于 EN 1170b10（συναισθάνεσθαι ἄρα δεῖ καὶ τοῦ φίλου ὅτι ἔστιν, τοῦτο δὲ γίνοιτ' ἂν ἐν τῷ συζῆν καὶ κοινωνεῖν λόγων καὶ διανοίας）和 EE 1245b22（ἐνδεχομένου γὰρ πολλοῖς συζῆν ἅμα καὶ συναισθάνεσθαι），那里对 συν-这个前缀的用法完全不同，指人际之间共同生活，同享感受。关于这一点，我们在最后补充。

Ricken（2010:180-181）和 Ricken（2005c:246）对同觉（conjoined perception, Mitwahrnehmen）的发现相当有启发性。这源自于亚里士多德所认为的感觉的"自相关性"（self-relationship, Selbstverhältnis，这一发现来自 Höffe）：De an.425b12-25 指出，当我们在看或听时，我们同时也通（转下页）

EN 1170a29-31170b5，他对之做出了描述：

> 一个人看着，感觉着他在看；听着，[感觉着]他在听；走着，[感觉着]他在走，其他情况也是同理，有某个什么东西感觉着我们的实现活动，以至于我们感觉着我们在感觉；如果我们思考，就[感觉着]我们思考；[感觉着]"我们感觉或我们思考"，这就是[感觉着]我们存在（因为存在就是①感觉或思考）；感觉着在生活，这就属于本真的快乐之事（因为生命在本性上就是善，而感觉到有善存在于[一个人]自己身上，这就是快乐）；生活值得选择，尤其对于好人，因为存在对于他们是善，是快乐（因为他们"同时感觉着"本真的善而感到快乐）。②

在这一段中，亚里士多德为他的最高愉悦提供了一个根本的

---

（接上页）过这样的官能感知着我们在看或听。思维也能通过感知经验到自己。这种同觉是"自相关的，但并非概念反思的活动"（a self-related but not conceptually reflected activity）。仅当快乐通过同觉成为"其自我认可的对象"，快乐才是完善的活动。Ricken 也指出 De an.431a8-11 描述的感知的认可，尚不具有伦理学上的指向性、积极性和主动性。

① ἦν，这是一个亚里士多德哲学使用的"是"的未完成时，表示界定事物的本性，见 LSJ.F.

② 希腊文为，ὁ δ᾽ ὁρῶν ὅτι ὁρᾷ αἰσθάνεται καὶ ὁ ἀκούων ὅτι ἀκούει καὶ ὁ βαδίζων ὅτι βαδίζει, καὶ ἐπὶ τῶν ἄλλων ὁμοίως ἔστι τι τὸ αἰσθανόμενον ὅτι ἐνεργοῦμεν, ὥστε ἂν αἰσθανώμεθ᾽, ὅτι αἰσθανόμεθα, κἂν νοῶμεν, ὅτι νοοῦμεν, τὸ δ᾽ ὅτι αἰσθανόμεθα ἢ νοοῦμεν, ὅτι ἐσμέν (τὸ γὰρ εἶναι ἦν αἰσθάνεσθαι ἢ νοεῖν), τὸ δ᾽ αἰσθάνεσθαι ὅτι ζῇ, τῶν ἡδέων καθ᾽ αὐτό (φύσει γὰρ ἀγαθὸν ζωή, τὸ δ᾽ ἀγαθὸν ὑπάρχον ἐν ἑαυτῷ αἰσθάνεσθαι ἡδύ), αἱρετὸν δὲ τὸ ζῆν καὶ μάλιστα τοῖς ἀγαθοῖς ὅτι τὸ εἶναι ἀγαθόν ἐστιν αὐτοῖς καὶ ἡδύ (συναισθανόμενοι γὰρ τοῦ καθ᾽ αὑτὸ ἀγαθοῦ ἥδονται).

前提：人的生活或生命本身就是善和快乐的。[①] 生活与快乐密切关联[②]，不可分离（συνεζεῦχθαι μὲν γὰρ ταῦτα φαίνεται καὶ χωρισμὸν οὐ δέχεσθαι，EN 1175a19-20）。这样的快乐显然不是某一次的偶然运动，而是永远伴随人的"本真"（καθ' αὑτό）常态。按照亚里士多德的设想，有可能存在一种没有痛苦，因而也就没有过度的快乐，它在本性上永久如此，而不依赖偶因（EN 1154b15-17），[③] 这应该就是生活本身的快乐。[④] 人的本有快乐合乎他的人性，不随着偶然而变化，也不是某一次具体的快乐运动，它标定了人自身具有的某种最高品质。既然每种快乐都有对应的品质，那么这种合乎人的本性的快乐就区别于其他的品质，比如兽性的快乐（EN 1148b15-19）。

就在这里，善与快乐才是一致的和绝对的，但这样的快乐又需要个体的感受，因为它不是完全客观的性质。也就是说，在客观事实上，它与绝对善是关联的，但这不能说明快乐可以超越个体感受，它还需要每一个个体从主观上来确认。哲学家可以指明至善的事实，却无法强制让人为此快乐。他需要通过论证来引导人们相信并且切身地感觉到这样的快乐，从而有相关的意欲态度。于是，同觉（同时感觉）能力及其现象成为了他建构自己快

---

① 廖申白（2003:280-281），注释提供了伯奈特（Burnet）和罗斯（Ross）为这一观点重构的三段论。很简单的道理就是，如果生命不是快乐的，它就不值得去过，人类也没有必要存在于世，这就与实际情况相矛盾。

② συνεζεῦχθαι，该词在 EN 1178a16 用来指实践智慧与德性的关系，足见这种联系的密切性。

③ 希腊文为，αἱ δ' ἄνευ λυπῶν οὐκ ἔχουσιν ὑπερβολήν: αὗται δὲ τῶν φύσει ἡδέων καὶ μὴ κατὰ συμβεβηκός。

④ EN 1152b34-35，提到了"恢复到自然品质"的快乐是偶因的（κατὰ συμβεβηκὸς αἱ καθιστᾶσαι εἰς τὴν φυσικὴν ἕξιν ἡδεῖαί εἰσιν）。EN 1151b1-2 论不能自制者时，亚里士多德也区分了两种快乐：καθ' αὑτὸ 和 κατὰ συμβεβηκὸς。

乐理论的初始基础。

如果说快乐不是思想活动和感觉活动本身（EN 1175b34），那么这两者的真正快乐来自于思想者和感觉者对自身活动的感性评价。为了对比，我们列出几种情况：

（a）活动者 A 进行活动 E。

（b）活动者 A 进行活动 E 而感到快乐。

（c）活动者 A 因为感觉到（a）和（b）而快乐。

（d）活动者 A 因为感觉到（c）而快乐。

如果 x 是善，那么四种情况是一致的。（c）认可（a）（b）；（d）是对（c）的确认。如果没有（d），仅有（c）还不能充分证明感觉的自相关。按照理论的分析，（d）之后，这种认可可以无限循环下去。（c）和（d）是由合乎人本性的品质所决定，它们为了完善的实现活动而如此感觉；（b）的快乐是具体的，有特定对象，这是一次情感的运用。如果 E 不是善的，那么，（b）的快乐是错误的，（c）和（d）的情况就证明了品质的恶劣。如果没有（c）和（d）的出现，则（b）快乐必然不是属人的。[1] 由此，我们可以重新构造一个快乐动机：

t 时刻和条件 C 下，R 是行动者 A 要做 φ 的动机性理由，当且仅当，R 包含了 A 的如下信念：在任何时刻 tn，任何条件 Cn 下，（1）φ 是善，（2）若 φ，则有情感 p，（3）若（1）和（2），则 p，（4）p 是快乐。[2]

在这里，做某件事的理由不是来自外部目的引起的快乐，而

---

[1] EN 1153a28 和 30-31，兽类和儿童追求非绝对的善，因此它们的快乐也不是绝对的，它们也必然没有这样的同觉。

[2] 这一模式还有一点需要补充，就是对他人的友爱问题，我们放到本小节最后论述。

是正确的活动本身。尽管感觉是被动的，会被对象刺激的快乐引导，但是，感觉的自相关性，让它总是能做出"前反思的反思"。由此，人总是能对自己的一切行为有所感觉。① 这样的感觉也会感知快乐，由于它覆盖了整个生活，因而，当其感受着正确的快乐时，它在主观上提供了一种积极的动力和信心，毕竟，每个人都是追求快乐的。如果这样的感觉成为常态，它就会成为重要的合乎人性的品质。我们应该成为好人，去做善事，但我们也需要时刻感觉到：这样的活动必然是快乐的，本身就是如此，不为其他。

【Ⅲ】如果我们缺乏这样的快乐，似乎我们还是会追求善。如 EN 1174a5-8 所说，看、记忆、知道、具备德性这几种活动，就算没有快乐，我们也会选择。但是，亚里士多德的语气是假设性的。他的真正观点是："快乐完善着每一种实现活动"（πᾶσάν τε ἐνέργειαν τελειοῖ ἡ ἡδονή，EN 1175a21）。

这种完善体现在，如，每种实现活动专属的快乐可以增强它（EN 1175a30-36）。亚里士多德特意举了理智活动，快乐能让判断变得更好，更清晰。虽然他没有举哲学，但显然，对于这门爱智慧的学问，如果我们没有感到快乐的话，活动就会减弱。② 此外，"专属的快乐让实现活动变得精确，而且时间更持久和更佳"（ἡ μὲν οἰκεία ἡδονὴ ἐξακριβοῖ τὰς ἐνεργείας καὶ χρονιωτέρας καὶ βελτίους ποιεῖ，EN 1175b13-15）。

这样的快乐也可以抵御活动所专属的痛苦。在最高的理性

---

① 不能认为，亚里士多德主张：我感知，故我在。因为他所理解的存在是高尚的生活，而不是知觉者的单纯实存。

② 也见 EN 1153a20-23（EN 1175a14-15），快乐让人更好地沉思和学习，让人热爱学问。

活动中，如写作和推理，也会产生"专属的"痛苦，这样，活动就难以持续（EN 1175b18-20）。但亚里士多德说过，沉思活动没有痛苦，它"本性上没有匮乏"（EN 1152b36-1153a1）。那么，如果有了痛苦，当没有其他快乐干扰时，必定是本性出现了异常，它开始感到匮乏。因为，"一切人事不可能连续地进行实现活动"（EN 1175a4-5），如思维不能持续地专注（EN 1175a7-10），同样的事情不能总让人快乐（EN 1154b20-21），所以对欲望来说，它失去了新鲜感（EN 1175a6）。解决这种痛苦的，还是快乐，但只能是那种常态的快乐。① 它就像语言结构一样，总能存在，绝对的实现活动也是如此，因为生活就是某种实现活动（EN 1175a12），它的快乐总是值得欲求。正是对生活的愉悦，支撑着我们进行一个个间断的、具体的、多样的实现活动，抵挡着其中的痛苦，而令我们保持着生命的完整统一，在这样的快乐完善中，我们才能遵循着人的自然本性，最终完善自身，成为合格的人。对生命的崇高快乐也促使我们达到幸福，因为幸福也是一种实现活动（EN 1177a19-20）。②

---

① 这里似乎产生了一个循环，实现活动促成快乐，快乐促成实现活动，两者互为手段和目的。亚里士多德也意识到了，我们没法区分是为了生活（作为最高的实现活动）追求快乐，还是为了快乐追求生活（EN 1175a18-19），实现活动与快乐似乎是一体的（EN 1175b32-33）。解决这个循环就是依靠"同觉"让生活与快乐统一：生活代表了快乐的物质和客观性；快乐代表了人对生活的主观评价态度。两者的统一就是人与生活的一致。

② 幸福与快乐是不可分的。EN 1097b4-6，为了幸福而追求快乐，快乐是幸福的手段。EN 1177a23，快乐与幸福混合（παραμεμῖχθαι）。幸福是一种实现活动，也是属人的目的（EN 1176a31-32），它不是 ἕξις（EN 1176a34），这里的品质是一种没有善恶、无关道德、可以没有理性的常态，亚里士多德举了植物般的人和不幸的人。由于幸福是实现活动，那么幸福者必定具有一种稳定的品质，就是理性与沉思。由于幸福不是情感，所以我们就不再进行讨论。

　　亚里士多德的三个主张已经讨论完毕，这里再略作总结。他将未受阻碍的实现活动本身确立为快乐，同时又让快乐完善实现活动。在种种实现活动中，至善的生活是最值得追求的，与之相关的崇高的快乐感就是人对其自然本性所感觉到的愉悦。没有这样的愉悦，我们就不会选择生存。它是我们对生活的积极的意欲和评价。在这方面，情感与感觉（同觉）是不可或缺的，也是随人而存在的，但它们不是短暂、偶然和被动的享受，而是对生命的永恒的热爱。我们能够看到情感本身的意义，亚里士多德让自己的"关乎人事的"（EN 1181b15）伦理学以一种高尚的感性作为了最基本的条件。

　　这种愉悦最终会无限趋近于神的快乐，因为它与人的生活都立足于理性和主动的努斯。亚里士多德认为（EN 1154b23-28），当我们本性中的两种相反成分达到平衡时，"所做之事就没有痛苦，也没有快乐；因为，如果自然本性是单纯的，那么同一种行为就永远会是最快乐的。所以，神永远享受唯一一种单纯的快乐；因为，不仅存在着运动的实现活动①，也存在着不运动的实现活动，而快乐是在静止，而非在运动"②。我们的沉思就相当于神的单纯的活动。但与之不同，我们不能用它来代替生活，相反，它是生活的指引：在所有合乎德性的实现活动中，合乎智慧的生活，才是最快乐的（EN 1177a22-24）；我们也在哲学里获得了"惊人的快乐"（EN 1177a25）。由于我们必须借助身体才能感知愉悦，

---

① 指前面注释中提到的广义的实现活动，区别于狭义的运动。

② 希腊文为，οὔτε λυπηρὸν δοκεῖ οὔθ᾽ ἡδὺ τὸ πραττόμενον: ἐπεὶ εἴ του ἡ φύσις ἁπλῆ εἴη, ἀεὶ ἡ αὐτὴ πρᾶξις ἡδίστη ἔσται. διὸ ὁ θεὸς ἀεὶ μίαν καὶ ἁπλῆν χαίρει ἡδονήν: οὐ γὰρ μόνον κινήσεώς ἐστιν ἐνέργεια ἀλλὰ καὶ ἀκινησίας, καὶ ἡδονὴ μᾶλλον ἐν ἠρεμίᾳ ἐστὶν ἢ ἐν κινήσει.

由于我们离不开生活的物质，<sup>①</sup> 故而，我们只能是"有感情的神"。

## （六）情感教育和友爱

对于这样的"人—神"来说，尽管理性是其本质特征，但是，从情感出发对之进行引导和教育才是合乎自然发展的。在 Pol.1334b17-28，亚里士多德明确表明了在教育中，处理身体先于灵魂、处理情感先于理智的自然顺序：

> 既然身心为二，由此，我们看到灵魂也有两个部分，无理性和有理性；而它们的常性在数量上也是两个，其中之一是欲求，另一是努斯；恰如身体在起源上先于灵魂，由此，无理性部分先于有理性部分。这一点显而易见，因为，怒气、意愿，还有欲望当孩子甫一降生就存在于他们身上，而计算和努斯当他们长大时才自然出现。由此，首先必须要照料身体，先于灵魂，其次，照料欲求，但这是为了努斯而照料欲求，为了灵魂而照料身体。<sup>②</sup>

---

① EN 1153b17-19（1178b33-35），身体的善、外在的善和运气也都是快乐和幸福所必要的。

② 希腊文为，ἔπειτα ὥσπερ ψυχὴ καὶ σῶμα δύ' ἐστίν, οὕτω καὶ τῆς ψυχῆς ὁρῶμεν δύο μέρη, τό τε ἄλογον καὶ τὸ λόγον ἔχον, καὶ τὰς ἕξεις τὰς τούτων δύο τὸν ἀριθμόν, ὧν τὸ μέν ἐστιν ὄρεξις τὸ δὲ νοῦς, ὥσπερ δὲ τὸ σῶμα πρότερον τῇ γενέσει τῆς ψυχῆς, οὕτω καὶ τὸ ἄλογον τοῦ λόγον ἔχοντος. φανερὸν δὲ καὶ τοῦτο· θυμὸς γὰρ καὶ βούλησις, ἔτι δὲ ἐπιθυμία, καὶ γενομένοις εὐθὺς ὑπάρχει τοῖς παιδίοις, ὁ δὲ λογισμὸς καὶ ὁ νοῦς προϊοῦσιν ἐγγίνεσθαι πέφυκεν. διὸ πρῶτον μὲν τοῦ σώματος τὴν ἐπιμέλειαν ἀναγκαῖον εἶναι προτέραν ἢ τὴν τῆς ψυχῆς, ἔπειτα τὴν τῆς ὀρέξεως, ἕνεκα μέντοι τοῦ νοῦ τὴν τῆς ὀρέξεως, τὴν δὲ τοῦ σώματος τῆς ψυχῆς.

其中的怒气、意愿（感性意愿）和欲望是三种重要的情感，构成了欲求的生理动因，它们都是快乐的先天来源，无法根除，但可以通过训练朝向作为"自然目的"的理性和努斯（Pol.1334b15-16），从而进行合乎人的本性的实现活动。

情感教育的重要手段就是快乐与痛苦。EN 1104b12（EN 1172a22-23）提到了柏拉图设计的正确的情感教育法（ἡ ὀρθὴ παιδεία）："为应该之事欢喜和痛苦"（χαίρειν τε καὶ λυπεῖσθαι οἷς δεῖ）。[①] 通过认识合理的苦乐，可以培养与之相关的正确的感情，如与痛苦有关的羞耻：不要让青年因恐惧法律才不做坏事，而是出于源自荣誉感的知耻（EN 1179b11-12）。[②] 与苦乐密不可分的是喜与恨："应该预先安排倾听者［学习者］的灵魂，使之通过习惯，高尚地欢喜和憎恨"（EN 1179b24-26）。[③] 憎恨的对象也包括不应有的，比如小人欲求的、应该用痛苦的惩罚来抵消的快乐（EN 1180a11-12），而欢喜的对象，除了智慧之外（EN 1177a25），还包括大多数人一开始就觉得痛苦的"节制和忍耐的生活"（EN 1179b33）。这就表明，痛苦也同样值得追求，只要按照理性的选择，人们对它的反应最终也依然会是快乐的。[④]

---

① 见《法篇》653a-c。痛苦本身也需要教育，如果人为了作恶，也能忍受痛苦，这样的做法也是错误的。

② Nieuwenburg（2002:99-100）指出，羞耻是自然禀赋，在道德培养的"前意见"（pre-doxastic）阶段，它的两个想象维度"向前"和"向后"都可以产生作用：前者是预见放纵的后果；后者是回顾放纵的行为产生悔意。

③ 希腊文为，δεῖ προδιειργάσθαι τοῖς ἔθεσι τὴν τοῦ ἀκροατοῦ ψυχὴν πρὸς τὸ καλῶς χαίρειν καὶ μισεῖν。

④ EN 1153a34-35，节制人逃避身体的快乐，但也有自己的快乐。那么可以推出，在逃避身体快乐时，他们是会面临痛苦，但当遵从理性生活，合乎人的本性之后，就会感到快乐。

当情感教育是为了朝向前述的对生活的崇高愉悦时，那么，其重要的基础就是友爱。它关涉了我们前面论述的"同觉"的另一个含义，限于那里的主题，没有提及，此处可以补充。如前所述，高尚之人是好生活的标准，那么，年轻人的教育者当然就是他们（如柏拉图和亚里士多德）。与这样的人结成朋友，才能幸福（EN 1170b18-19）。这就依赖于"同觉"的第二个内涵：它不再是个体感受自己生存的愉悦，而是个体之间的同感。亚里士多德在谈及前一点之后，很快就转向了这个方面。在 EN 1170b10，他要求一个人"应该'同时感觉到'朋友的存在，这一［同感］会出现在共同生活、语言和思想交流之中"①。这种共通感来自于每一个个体的同觉，由于所有人都具有这样的能力，所以他们彼此之间是可以互相感知的，我对自身存在的愉悦也决定了我会为他人的存在而愉悦，我们会共同地为美好生活而欢欣。这就是情感教育，或者是一切高尚教育的基础。在这里，教育者与学生成了朋友，他们之间的对快乐之事有所欲求的亲密友情（φίλησις）（EN 1155b28，EN 1166b33-34）得到了提升，朝向了那种对生活和幸福的最高快乐。这样，前述的快乐动机模式可以做一下微调：

t 时刻和条件 C 下，R 是行动者 A 要做 φ 的动机性理由，当且仅当，R 包含了 A 的如下信念：在任何时刻 tn，任何条件 Cn 下，对任一行动者 An，（1）φ 是善，（2）若 φ，则有情感 p，（3）若（1）和（2），则 p；（4）p 是快乐。

---

① 希腊文为，συναισθάνεσθαι ἄρα δεῖ καὶ τοῦ φίλου ὅτι ἔστιν, τοῦτο δὲ γίνοιτ᾽ ἂν ἐν τῷ συζῆν καὶ κοινωνεῖν λόγων καὶ διανοίας。

## 二、《论灵魂》对情感研究的规划

尽管在伦理学作品中，亚里士多德讨论了情感和欲望的意义，并且将快乐提升到了相当高的程度，但是，那里的论述并不是在研究情感本身的机制。情感毕竟是一种心理或灵魂的运动。那么，对这一点加以研究的计划，则是在《论灵魂》中提出的。无论这部作品与《修辞术》第二卷的时间先后如何，前者的规划都适用于后者的情感研究；后者看起来恰恰就是在一定程度上遵循了前者的设计和目标。

De an.403a3-5，亚里士多德着手处理区别于灵魂本质问题的"属性"（πάθος 和 πάθημα）[①] 难题（ἀπορία）。这一问题中牵涉的大部分属性都与"情感"有关。该难题可以表述为：一切属性是身心共有，还是有些属性为灵魂专有。[②] 这两个问题必定互不相容，只能选一。后一个也关涉了灵魂与身体是否可分的问题，因为一旦有些属性是灵魂独有，那么灵魂至少在这些属性上独立于身体。当然，亚里士多德的主张是，一切属性均为身心共有，或确切来说，灵魂的属性"不能没有身体"（οὐθὲν ἄνευ τοῦ σώματος，De an.403a6）或"随着身体"（μετὰ σώματος，De an.403a16-17）。

对此，他给出了两种证明方案，分别是经验性的（De an.403a18 以下）和类比式的（De an.403a12-15），尽管并不严格，

---

① 在这里，它不仅包括情感，也包含了感知（αἰσθάναεσθαι）和理性思维（νοεῖν）等精神状态（De an.403a6-7），实际上是广义的属性或性质，以及它们的活动。见 Shields（2016:95）、Hicks（1907:198）和 Polansky（2007:50）。

② 第一个问题，亚里士多德虽然没有提到身体，但 τοῦ ἔχοντος 这个短语暗示了这一点，有灵魂者或灵魂的所有者就是身躯。Polansky（2007:50）理解为这里指各种属性是否为所有有生命物（动物和植物）共有，这个看法，笔者并不同意。

但颇有说服力。在经验证明中，他认为感受到一些属性时，"身体就受到影响"（πάσχει τι τὸ σῶμα）。他举了愤怒与恐惧这两种常谈的情感。当因为一点小事感到愤怒时，身体就会"运动"（κινεῖσθαι，De an.403a21）和"激动"（ὀργᾷ，403a22）。[1] 这证明了一些情感伴随着身体的变化。在恐惧这里，当有强烈和明显的"影响"（παθήματα）[2] 时，人却没有受到"激动"（παροξύνεσθαι，De an.403a20）和感到恐惧。与之相对，当没有可怕的东西存在时，人们却会具有恐惧者的表现（ἐν τοῖς πάθεσι）[3]（De an.403a23-24）。这两种相反的情况表明了身体是恐惧的准备条件，愤怒时，身体是发热的（De an.403a31-b1），但如果它是冷的，那么即使有强烈的外部影响，身体也会阻止愤怒。而冷的身体，在没有可怕的东西存在时，反而会触发恐惧。[4]

而在类比式证明里，亚里士多德举一条直线与铜球"相切"[5] 于一点为例。他的意思是说，如果直线能够与物质性的铜球相切，它就必定也有物质性，换言之，这条直线就不是几何学和数学上的抽象的"可思的"（intelligible）、存在于灵魂中的直线，而是"可感的"、以物质为载体的。[6] 直线类比于灵魂，如果前者

---

[1] 也见 EN 1147a15-16，怒气和欲望让身体发生变化。EN 1147a35，欲望能让身体的每个部分都运动起来。

[2] Polansky（2007:54）把这个词理解为 incidents 或 provacations。

[3] 这里是指外部的身体体现出的变化的性状，而不是灵魂的属性，也即，没有可怕的事情，但人却表现出了受惊的样子。

[4] Polansky（2007:54）的解说非常合理，此处有所参考。

[5] ἅπτεσθαι，LSJ 的释义，该词是几何学术语，也见 Phys.231a22，Meta.1002a34。这里的相切是类比几何学的概念，因为几何学中的球体与直线都不是物质的，它们的相切不同于物质的接触。

[6] Polansky（2007:52-53），注释 37 指出，这里用直线相切球体，类比灵魂接触事物；他还敏锐注意到了 De an.427a10，那里将灵魂比作"点"。

与物质相切，因而也是物质，那么，后者与物质的接触也是普遍的（如经验性证明），那么，灵魂也应与物质有关，尽管不能说灵魂是物质。在 De an.430b19，那里就说灵魂不像几何学上可思的"线与面"。原因当然是，这两者可以在思想中同物质分离或抽象出来。

基于这样的证明，他得出一个后世的笛卡尔必定会反对的结论，灵魂的所有属性都与身体相关（De an.403a16-17）："诸属性［的本质］是含在质料中的[①]定义[②]"（τὰ πάθη λόγοι ἔνυλοί εἰσιν, De an.403a25）；De an.403b17-19，重申了立场："灵魂的诸属性就这样与动物的自然质料不可分离"[③]。

当然，尽管初步证明了身心共有一切属性，但这一结论并不是那么简单，还是存在着两种情况：[④]

（1）强共有性：φ共有于 x 和 y，当且仅当：（ⅰ）x 和 y 不同；（ⅱ）φ 以非派生方式谓述 x 和 y；（ⅲ）如果可以，φ 同时谓述 x 和 y。

（2）弱共有性：φ共有于 x 和 y，当且仅当：（ⅰ）x 和 y 不同；

---

[①] Ross（1959:4）取 ἔνυλος，但有的版本的文字似乎更合理，为 ἐν ὕλῃ。Shields（2016:98-99）正确地认为，该词未有亚里士多德前人和同时代人的用例，有可能是后来人创造，它表达了心理状态"本质上"是物质的，这不如 ἐν ὕλῃ，后者仅仅表示心理状态在质料中"实现"。LSJ 收录了这里，但其他用例均来自普洛克罗、普罗提诺、扬布里柯等后人。

[②] 这里的"定义"，可以指语言上的定义形式（如 An.po.73a36-38）或观念和概念，如 Rapp（2005d:431）和 Polansky（2007:56）；也可以指实际对应的可定义的本质特征，也就是形式（εἶδος）。见 Shields（2016:99）。如果是前者，则指语言表述出的定义会带有质料方面的词项。

[③] 希腊文为，τὰ πάθη τῆς ψυχῆς οὕτως ἀχώριστα τῆς φυσικῆς ὕλης τῶν ζῴων。

[④] 这里采取希尔茨的最为妥当的处理。见 Shields（2016:95-97）。

（ii）φ 不可能谓述一者，除非它是如下情况：另一者不可排除地牵涉于前者被这样谓述的过程中。

按照弱共有性，理性需要感觉或想象，它也就为灵魂和身体共有。但是，按照强共有性，由于理性是"非派生的灵魂的内在属性"，[①]因而无法以非派生的方式为身体所有。无论在其他地方亚里士多德对"身心是否分离"的态度如何，[②]至少在这里，他还是主张不可分（De an.403a12）而且认定灵魂属性与身体有着或强或弱的联系。

当做出上述主张和论证时，可以注意到，他所列举的诸多属性，全是情感意义上的 πάθος（De an.403a7 和 17-18）[③]：愤怒、欲望、怒气、温和、恐惧、怜悯、信心、欢喜、［友］爱、恨，他还提及"一般意义上的感知"[④]和想象（De an.403a8），这两者与情感也是一致的，都是感性能力。这样，他对于灵魂属性的考察，聚焦于狭义的 πάθος（属性）"情感"上。这一做法符合他对于身体的强调。至于感性能力之外的理性或［被动的］理性（τὸ νοεῖν）[⑤]，他认为也是如此：在 De an.403a8-9，他有点肯

---

① Shields（2016:96）。

② De an.429b5，认为努斯的部分是可分离的，这是主动的理性，它永远是最高层次上的潜在者（De an.429a24 和 29）。

③ Polansky（2007:53）。

④ De an.403a7，ὅλως αἰσθάνεσθαι。这一短语出现在提及各种情感后，因此，有可能（仅仅有可能）是在说这些情感都是感知。这样的表达如 Pol.1342a12，在列举了怜悯者和恐惧者之后说，ὅλως παθητικούς。也见 EN 1106b19。而在 De an.431a8（也见 EN 1174b20），感知与快乐和痛苦这样的情感本质相关。当然，在 De mot.an.700b20，感知与努斯有一致之处，区别于上面列为情感的欲望。关于感知与身体的关系，也见 De sen.436b6-7，"感觉经由身体出现在灵魂中"（ἡ δ' αἴσθησις ὅτι διὰ σώματος γίγνεται τῇ ψυχῇ）。

⑤ 不同于下面 De an.408b24 的主动理性。

定地猜测它离不开，甚至就是感性的想象（φαντασία），① 而 De an.432a7-8 则直接主张，理性离不开感觉，De an.408b26-27 更认为思维（διανοεῖσθαι）与爱恨都是 πάθος，区别于不受动的（ἀπαθές）的理性和静观能力（τὸ νοεῖν 和 τὸ θεωρεῖν，De an.408b24）。后两者相关于作为"实体"的主动努斯；前三种能力则必定与身体有关。② 由此，我们可以认为，既然在亚里士多德看来，灵魂的"属性"以身体为基础，而立足于身体性，最基本的属性就是感知与情感，故而，对灵魂属性的考察，首先或在最初步的层面上以这样的感性属性为本。

既然坚持从"身心不分"这一立场来探究情感，那么就研究思路来说，亚里士多德面对着几个方向（De an.403a29），其中两种分别属于自然学家（ὁ φυσικός，自然哲学家）和辩证法家（ὁ διαλεκτικός，"第一哲学"学家）：前者从质料出发（De an.403a31-b1），比如将愤怒视为"心脏周边的血和热的沸腾"（ξέσις τοῦ περὶ καρδίαν αἵματος καὶ θερμοῦ）。后者则从形式（εἶδος）和定义（λόγος）出发（De an.403b1），将其视为"对报复的欲求"（ὄρεξις ἀντιλυπήσεως）。③

由于在 De an.403b16，亚里士多德再次指出，"第一哲学"研究"分离的属性"（κεχωρισμένα），因此，单纯从形式出发进行研究的思路，也就是辩证法家的思路，并不符合他的"身心共有属性"的理论，故而灵魂及其属性的研究似乎不在第一哲学

---

① 因为如 De mot.an.700b19 所说，想象与努斯在某种方面上是一致的。在后面论 Rhet.III 的"置于眼前"问题时，我们会回到想象问题。
② Frede（1995a:108），主动努斯并不是人的努斯以及灵魂的本质组成。
③ De an.403b3-7，还以房屋类比，有的人以定义，有的以质料，有的以质料中的形式。

的范围内。但是按照这一理论，自然学家对灵魂属性的研究也不是他所期待的，尽管已然由他们来研究了（De an.430a27）。那么还有没有第三种方法？实际上，亚里士多德已经提出了第三种，是从身心结合的角度。如 De an.403b2-3，在提及辩证法家的方法时，他肯定道：“因为这就是事情的定义，但它必然恰恰存在于质料中，如果它要存在的话。”① 也许 De an.403a26-27 提到的“定义”（ὅρος）就符合这一要求，② 它比自然学家的更一般化，比辩证法家的更贴近质料：“愤怒是某个身体或［身体］某部分或［身体的］能力的某种运动，为了某事和被某事［所引起］。”③

　　这样的方法与第一哲学是否矛盾呢？其实后者恰恰为这一方法奠基。我们可以联系 Meta.1058b3-25，在那里，为了确定人的种差，有两种选择，要么按照质料，要么按照形式或定义（λόγος）。仅仅按照前者的话，如按黑和白这样的身体属性，人无法与马区别开。需要注意，那里也出现了与上面所提 De an.403a25 相似的“形质论”的表达，一次说个体人（卡利阿斯）是 ὁ λόγος μετὰ τῆς ὕλης（Meta.1058b10），一次说一般性的马和人都是 σὺν τῇ ὕλῃ οἱ λόγοι αὐτῶν（Meta.1058b17-18）。既然情感也像人和马一样是“形式＋质料”的复合物（τὸ σύνολον），

---

① 希腊文为，ὁ μὲν γὰρ λόγος ὅδε τοῦ πράγματος, ἀνάγκη δ' εἶναι τοῦτον ἐν ὕλῃ τοιᾳδί, εἰ ἔσται。

② 因为之前 403a25，刚刚说完情感的定义在质料中。

③ 希腊文为，τὸ ὀργίζεσθαι κίνησίς τις τοῦ τοιουδὶ σώματος ἢ μέρους ἢ δυνάμεως ὑπὸ τοῦδε ἕνεκα τοῦδε。Wedin（1995:190）重构的定义为，x is angry ≡ (∃ y)(∃ z)(y is a boiling of the blood around x's heart & z is a desire of x for retaliation & y/z is caused by an insult/injury & y/z is for the sake of retaliation)。

因此，为了定义情感并且划分其各个种类，就必须首先从其自身形式和所是入手。

其次，在 De an.429a24-27，亚里士多德说努斯这一灵魂的理性部分（ἡ νοητική）不可能与身体"混合"（μεμῖχθαι），否则就成了冷热一样的"性质"，或是有了对应的感官，它其实是"形式"而非质料所居。因此，第一哲学家只有通过这种自身拥有的、脱离身体的能力，才能超越身体而认清自己也必定会体现出来的、与身体混合的情感。①

当然，不能认为情感的形式或定义在本质上就包含质料，或就是物质，因为这样，灵魂本身就成了物质。② 作为努斯，灵魂的独立性和分离性是潜在的，但它的实现不可能离开物质本身，在实现时，各种心灵属性就显露出来，这样，对情感的研究就要从可能涉及的物质条件出发，这样的条件既有身体的，也有外在于身体、能引起其运动的因素。这恰恰符合 De an.432a7-8 提出的亚里士多德一贯的经验性思路，"不感知的人，不会学知，也不会领会"（οὔτε μὴ αἰσθανόμενος μηθὲν οὐθὲν ἂν μάθοι οὐδὲ ξυνείη）。

《修辞术》对于情感的研究基本上遵循了《论灵魂》确定的

---

① De an.432a1-3（联系 De part.an.687a18-19），"灵魂恰如手。因为手是工具的工具，而努斯是形式的形式，感觉则是可感物的形式"（ἡ ψυχὴ ὥσπερ ἡ χείρ ἐστιν· καὶ γὰρ ἡ χεὶρ ὄργανόν ἐστιν ὀργάνων, καὶ ὁ νοῦς εἶδος εἰδῶν καὶ ἡ αἴσθησις εἶδος αἰσθητῶν）。

② 希尔茨引弗雷德和自己的看法做出反驳，见 Shields（2016:100-102）。弗雷德的方法是弱化形式性，即，这里的形式和定义都不是最严格意义上的、能够表明本质的那种，所以这样的语言定义也是可以提及物质的。希尔茨的更强，认为形式仅仅是假设地牵涉了物质；虽然定义提及了质料，但不等于定义特征就包含了它。他的看法更能合乎努斯的分离性。

思路。不过后面会看到，其中对愤怒的研究符合了辩证法家的模式，并没有从身体质料出发，但是，其详细论述又补充了《论灵魂》中所缺乏的社会性"物质"内容。在这个意义上，《修辞术》的情感研究毫无疑问是哲学性的。

### 三、《诗学》《政治学》的情感净化以及高尔吉亚《海伦颂》的药喻

《诗学》是与《修辞术》有着密切关联的作品[①]，在情感方面，两部作品都致力于打动受众。但《诗学》更多地是从净化的角度来产生治愈的效果，而《修辞术》则是为了达到说服。本小节，我们只简单陈述一下《诗学》中的情感净化，以及《政治学》的一段表达类似效果的文字；最后，我们将这样的手段回溯到高尔吉亚的经典演说《海伦颂》。

### （一）《诗学》与《政治学》的情感"顺势疗法"

在《诗学》开篇，诗本身与情感的关系就提示了出来。Poet.1447a8-9，亚里士多德指出要研究"每种诗具有何种能力"（τινα δύναμιν ἕκαστον ἔχει）。这样的能力或功能就是在情感上感染听众。[②]亚里士多德主张通过情节来做到这一效果，如 Poet.1450a33-34，悲剧通过大部分情节来"迷人心魄"[③]

---

① 关于两部作品的年代先后，见第一章第一节。

② Tarán & Gutas（2012:224）的看法颇为合理，本自更早的 Verdenius 的意见：与 Janko 不同，他们没有把 δύναμις，理解为与现实性相对的潜能性，而是"影响听众的能力"，也就是动情力。

③ ψυχαγωγεῖ，LSJ 释义，该词原本指引导魂魄进入地府，后也指招魂，转义为，引导和吸引生人的心魂，说服和诱惑。有两个用例可以联系此处，（转下页）

（τὰ μέγιστα οἷς ψυχαγωγεῖ ἡ τραγῳδία τοῦ μύθου μέρη
ἐστίν），这种效果就是让灵魂运动，从而产生情感。

最有代表性的对这种诗性功能的讨论是针对悲剧。在
Poet.1449b24-28，为其下定义时，亚里士多德尤其谈到了怜悯和
恐惧，以及著名的净化①概念（δι' ἐλέου καὶ φόβου περαίνουσα
τὴν τῶν τοιούτων παθημάτων κάθαρσιν）。这两种在观众身
上产生的情感，往往依靠恍悟和突转（Poet.1452a38-1452b1），
而且需要合适的摹仿对象，比如不该遭受厄运的人，可以令
观众怜悯；与观众一样的人遭受厄运，可以给他们带来恐惧
（Poet.1453232-1453a7）。当然，悲剧产生的情感不止这两种，还
有愤怒等等（Poet.1456b1）。

为了做到让观众动情，亚里士多德强调，应该用情节内
容及其语言措辞（λέξις）本身来安排他们的情感（τὸ πάθη
παρασκευάζειν，Poet.1456a38-1456b3），而不是靠视觉形象
（演员扮相、场景或其他戏剧表演方面的形象）。尽管"因天赋而
处于情感中的人［演员］最可信"（πιθανώτατοι γὰρ ἀπὸ τῆς
αὐτῆς φύσεως οἱ ἐν τοῖς πάθεσίν εἰσιν），尽管他们会最为真

---

（接上页）如伊索克拉底《致尼可克勒斯》49 说悲剧诗人通过改编神话，"让听
者心魄被迷"（τοὺς ἀκροωμένους ψυχαγωγεῖν），但他们是通过作用于观众
眼睛来产生这样的效果。也见色诺芬《回忆苏格拉底》3.10.6，说克莱同的雕像
栩栩如生，能让观者的心魄被迷住。这两处用法都涉及了艺术，尤其是视觉的
感染力。这里明显赞同伊索克拉底那里对悲剧家的批评，尽管戏剧形象也迷人
心魄（ἡ δὲ ὄψις ψυχαγωγικὸν，Poet.1450b16-17），但还是要靠语言构建的
情节本身。

① 关于这个概念的争议及其在汉译中的最新理解和译法，见陈明珠（2020:49,220-
222）。这里按照了"顺势疗法"这一理解，联系下面所引的 Pol.1342a5-15。当
然，无论如何理解 κάθαρσις，都不影响我们的主题：在《诗学》中，情感如
何被激发。

实地表现出痛苦和愤怒的样子（Poet.1455a30-33），但这并不是依靠诗歌技艺本身。亚里士多德要求，即使是单纯地"听"情节，观众仍然可以受到影响（Poet.1453b1-13）。那么在情节上，为了设置可怕（δεινά）或可怜的事情（οἰκτρά），就要在亲者间寻找这样的故事（Poet.1453b14 以下）。

　　与《诗学》类似的论述也见 Pol.1342a5-15，那里讨论三种音乐时，"伦理型"适合于"教育"（πρὸς μὲν τὴν παιδείαν ταῖς ἠθικωτάταις），而其他两种则是为了"倾听"的"行动型"（τὰ πρακτικά）与"狂热型"（τὰ ἐνθουσιαστικά），前者指"戏剧"的乐调，产生怜悯和恐惧；后者指宗教的音乐，激发狂热。这两种都与情感有着密切联系，其功能是区别于"教育"的"净化"，其原理和过程为："强烈发生于一些灵魂中的情感，也存在于所有灵魂上，虽然强弱有别，如怜悯和恐惧，还有狂热：因为有些人就被这样的［灵魂］运动控制住，但是，我们看到，当这些人使用那些激动灵魂的音乐时，他们却因为神圣之音而平静下来，恰如得到治疗和净化；那些怜悯者、恐惧者、一般意义上的有情感者，以及其他每一个享有这样情感的人，都必然有同样的感受，而他们全都会有某种净化，而随着快乐得到放松。"[①] 可以

① 希腊文为，ὃ γὰρ περὶ ἐνίας συμβαίνει πάθος ψυχὰς ἰσχυρῶς, τοῦτο ἐν πάσαις ὑπάρχει, τῷ δὲ ἧττον διαφέρει καὶ τῷ μᾶλλον, οἷον ἔλεος καὶ φόβος, ἔτι δ᾽ ἐνθουσιασμός· καὶ γὰρ ὑπὸ ταύτης τῆς κινήσεως κατοκώχιμοί τινές εἰσιν, ἐκ τῶν δ᾽ ἱερῶν μελῶν ὁρῶμεν τούτους, ὅταν χρήσωνται τοῖς ἐξοργιάζουσι τὴν ψυχὴν μέλεσι, καθισταμένους ὥσπερ ἰατρείας τυχόντας καὶ καθάρσεως· ταὐτὸ δὴ τοῦτο ἀναγκαῖον πάσχειν καὶ τοὺς ἐλεήμονας καὶ τοὺς φοβητικοὺς καὶ τοὺς ὅλως παθητικούς, τοὺς ἄλλους καθ᾽ ὅσον ἐπιβάλλει τῶν τοιούτων ἑκάστῳ, καὶ πᾶσι γίγνεσθαί τινα κάθαρσιν καὶ κουφίζεσθαι μεθ᾽ ἡδονῆς.《海伦颂》文本依据 Donati（2016），Schollmeyer（2021）和 Buchheim（1989）。

认为，这一段文字的原理本自《诗学》，而后者的最终目的正是要让诗歌发挥政治功能，从而反驳柏拉图对诗人的批评。

在 Poet.19.1456a33-40，与《修辞术》一样，亚里士多德也划分了思想（διάνοια）与措辞（λέξις）。前者与情节内容相关，后者则相关语言的表达形式。那么，按照上述所引的亚里士多德的看法，当诗促发观众情感时，诗人需要按照情节和措辞来做到这一点，这才是遵循诗的"技艺"本身。就情节而言，这里的动情机制与修辞术相同，诗人应该通过内容与逻辑。虽然，与修辞术和演说不同，《诗学》未必要指向外部的客观事实，毕竟诗歌可以虚构，因此，诗的情节完全是诗人自己构造的，然而，这不是说诗人就可以不按照逻辑。在亚里士多德看来，属人的情感可以随着理性产生。如果诗的内容也得到了规定，那么合乎逻辑和正确的情节通过"思想"就能产生合理的情感。这样的情感才会起到净化的顺势疗法的作用。亚里士多德并不赞同非理性地、盲目地煽情，他连戏剧的外部形象的作用都视为技艺外的。诗艺与"逻辑"有着密切联系，所以在后世新柏拉图主义者那里，诗学也有一种"推论"，尽管其内容完全虚假。[①] 我们可以推断，既然 Rhet.III 中谈及了散文的审美愉悦功能（见本书第七章的论述），那么，当演说或文辞也按照"诗"来使用时，由于它也能令听众动情，故而文章也可以有"净化"的作用——当然这只是推测。

在《政治学》中，音乐虽然是抽象的，但其内容与逻辑依然存在。由于调式与道德的关系被严格规定，当"伦理型"用于教育时，这样的音乐，其主题自然需要理性来理解。"行动型"当

---

① 见 Topchyan（2010:34）。

然可以按照《诗学》的规划来使用。不过，其中不符合哲学家要求的内容，也有存在的理由，它们可以服务于灵魂偏离自然品质的"俗人"（ὁ φορτικὸς，Pol.1342a19 以下）。而"宗教型"是最无理性的，但"狂热"这种情感，也还是可以通过诗法来用于演说，如 Rhet.1408b14。

### （二）高尔吉亚《海伦颂》的药喻

上述两部作品中，诗乐对于情感的影响，无可置疑地本自高尔吉亚《海伦颂》。我们简单引述一下他的看法。

第 8—9 节："言语是强大的主宰，它以最渺小和最不明显的身体完成了最有神性的效果。因为，它能平息恐惧，去除痛苦，产生愉悦，助长怜悯。我会指明这些就是如此。应该通过意见向听众指明；我认为并称呼所有诗为有格律之语；极度惊惧的战栗、泪流不止的怜悯、沉浸哀伤的渴望会作用于它的听众，因外界之事和外人身体中的幸运和厄运，灵魂通过言语感到了某种本已的情绪。"①

第 10 节："通过言语的有神性的咒语能引出快乐，排解痛苦。"②

---

① 希腊文为，λόγος δυνάστης μέγας ἐστίν, ὃς σμικροτάτῳ σώματι καὶ ἀφανεστάτῳ θειότατα ἔργα ἀποτελεῖ· δύναται γὰρ καὶ φόβον παῦσαι καὶ λύπην ἀφελεῖν καὶ χαρὰν ἐνεργάσασθαι καὶ ἔλεον ἐπαυξῆσαι. ταῦτα δὲ ὡς οὕτως ἔχει δείξω· 9. δεῖ δὲ καὶ δόξῃ δεῖξαι τοῖς ἀκούουσι· τὴν ποίησιν ἅπασαν καὶ νομίζω καὶ ὀνομάζω λόγον ἔχοντα μέτρον· ἧς τοὺς ἀκούοντας εἰσῆλθε καὶ φρίκη περίφοβος καὶ ἔλεος πολύδακρυς καὶ πόθος φιλοπενθής, ἐπ' ἀλλοτρίων τε πραγμάτων καὶ σωμάτων εὐτυχίαις καὶ δυσπραγίαις ἴδιόν τι πάθημα διὰ τῶν λόγων ἔπαθεν ἡ ψυχή.

② 希腊文为，αἱ γὰρ ἔνθεοι διὰ λόγων ἐπῳδαὶ ἐπαγωγοὶ ἡδονῆς, ἀπαγωγοὶ λύπης γίνονται.

第 14 节："言辞的能力与灵魂秩序之间的关系相同于药的安排与身体本性之间的关系。因为，正如不同药物从身体中导出不同的体液，有些去除疾病，有些则终结生命，恰以这种方式，一些言辞使人痛苦，一些则使人愉悦，一些让人恐惧，一些令听众进入无畏的状态，一些则通过坏的说服来给灵魂下药，迷惑它。"①

高尔吉亚并未详述情感的产生机理，但他指出了语言所表现的人和事会让主体动情，这就暗示，情感的促发需要理性的认知。他提及了语言可以让恐惧平息，也即令人有信心（两种情感联系《诗学》和 Rhet.II.5），可以令人不再痛苦而快乐（Rhet.II.1.1378a20-30 将情感定义为或苦或乐），也可以促进怜悯（联系《诗学》和 Rhet.II.8），按照第 8 节的描述，这些情感的产生不可能脱离理性。与之相反，第 10 节的咒语则类似于《政治学》中的宗教音乐，它对情感的激发是无理性的。

第 14 节，他相当经典地用语言比作药物，语言产生的情感就像"体液"。因此，如同药物疗救或伤害身体，语言也可以有益或迷惑灵魂。这里很可能是《诗学》和《政治学》的净化理论的来源，既然净化与医学有着可能的关联。在第 8—9 节，高尔吉亚指出，当 S 有着情感 p 时，语言会促使 S 产生情感非 p，而

---

① 希腊文为，τὸν αὐτὸν δὲ λόγον ἔχει ἥ τε τοῦ λόγου δύναμις πρὸς τὴν τῆς ψυχῆς τάξιν ἥ τε τῶν φαρμάκων τάξις πρὸς τὴν τῶν σωμά των φύσιν. ὥσπερ γὰρ τῶν φαρμάκων ἄλλους ἄλλα χυμοὺς ἐκ τοῦ σώματος ἐξάγει, καὶ τὰ μὲν νόσου τὰ δὲ βίου παύει, οὕτω καὶ τῶν λόγων οἱ μὲν ἐλύπησαν, οἱ δὲ ἔτερψαν, οἱ δὲ ἐφόβησαν, οἱ δὲ εἰς θάρσος κατέστησαν τοὺς ἀκούοντας, οἱ δὲ πειθοῖ τινι κακῇ τὴν ψυχὴν ἐφαρμάκευσαν καὶ ἐξεγοήτευσαν.

非 p 则可以让 p 消失。那么在这一节，他的理论似乎是：如果 S 容易产生情感 p，则可以用语言令其产生 p，从而得到宣泄。这正对应他所描述的，通过导出体液（情感）从而去除疾病（过剩的情感）。

## 第五节 《修辞术》对情感的哲学式研究

《修辞术》虽然不是专门讨论哲学问题的作品，但如前所述，它是哲学家撰写的对修辞术进行哲学式改造和考察的著作。为了探求可能的说服手段，它必须要研究一切相关的因素。而作为说服法之一的 παθος，就是至关重要的探究对象。既然要考察情感的说服作用，那么就必然要关注情感的本质、源起与活动机理，而这些方面恰恰属于对情感的科学研究的主题。此外，《修辞术》基本上遵循了《论灵魂》的心理学路向的规划，对常见的十几种情感做了若干详细的分析。由于这部作品写作时间较早，因此其中对情感的"现象学式"的处理为后来的伦理学作品研究道德德性奠定了基础。

### 一、《修辞术》中情感论述的分布

在《修辞术》开篇，亚里士多德就提及了针对听众的情感，他批评当时编写演说手册的人，都不关注修辞术的技艺方面，即修辞演绎，而是专注于"主题事实（πραγμα）之外的事情：因为谤议（διαβολη）、怜悯和愤怒，此类灵魂的诸情感（παθη της ψυχης）并不关涉主题事实，而是指向审判官"（Rhet.1354a16-18，也见 Rhet.1356a16-17）。这里可以看出，情感是传统的说服手段，而且效果似乎很强，否则的话，修辞家（尤其是诉讼演说方面的修辞家），不会全都关注这一点，而忽视与语言关系更密切的逻辑和事实。但是，《修辞术》对情感的重视却比这些修辞家有过之而无不及，演说中能够利用情感的几乎所有方面，亚里士多德都考虑到了。《修辞术》对情感的论述和使用分散在下面几个部分，见下表：[①]

| | | |
|---|---|---|
| **Rhet.I 情感说服法** | （1）情感说服法，三种说服法之一：针对听众的情感。 | Rhet.I.2，"情感说服法"属于修辞技艺之内，这种方法"设法使听者处于某种状态"（ἐν τῷ τὸν ἀκροατὴν διαθεῖναί πως，Rhet.1356a3，也见 Rhet.1377b28-29，Rhet.1403b11）；它用话语使听众动情，之所以这样做，"因为，我们在痛苦和欢喜（λυπούμενοι καὶ χαίροντες）或爱与憎（φιλοῦντες καὶ μισοῦντες）时，会以不同的方式做出判断"（Rhet.1356a14-16）。 |
| | （2）情感研究的规划：针对听众的情感。 | Rhet.I.2.7.1356a24-26，情感研究要求修辞术的使用者有能力审视"诸情感（τοῦ περὶ τὰ πάθη），[审视]每种情感是什么（τί ἕκαστόν ἐστιν τῶν παθῶν），是什么样的（ποῖόν τι），从何而来（ἐκ τίνων ἐγγίνεται），如何而来（πῶς）"。 |
| | （3）诉讼演说论位"罪行的动因"：针对演说所相关的犯罪人的情感。 | Rhet.I.10.4-6，在研究诉讼演说的论位时，他提及了种种与情感有关的动机，并且指出这方面内容与后面的情感研究（Rhet.II）有关（Rhet.1368b26）。之后，他列出了犯罪的七种动因，其中的怒气和欲望（Rhet.1369a7）被他概括为情感方面的动因（Rhet.1369a18，Rhet.1369b15）。 |

---

① 《修辞术》中指称情感时，几乎整齐一致地使用 πάθος，仅在 1396b33 用了一次 πάθημα。

| | | |
|---|---|---|
| **Rhet.I 情感说服法** | （4）诉讼演说论位"快乐动机"：针对演说所相关的犯罪人的情感。 | Rhet.I.11 专论快乐是罪行的重要动因，它对行为的驱动遵循了我们上一节所讲的快乐动机模式。 |
| | （5）诉讼演说论位"罪行轻重"：针对演说所相关的犯罪人的情感。 | Rhet.I.13 专论罪行的轻重和性质，提及了情感因素，其中指明论怒气的内容要参见 Rhet.II 论情感的部分（Rhet.1373b36-37）。 |
| **Rhet.II 情感专论** | （1）情感研究导论和具体情感研究：针对听众的情感。 | Rhet.II.1-11 是哲学史和情感研究史中的重要文本。Rhet.II.1 概述了情感研究的基本问题和方法。Rhet.II.2-11 列举了各种与情感有关的"论位"（Rhet.1396b32-33）。 |
| | （2）"品性说服法"中对两类群体情感的研究：针对听众的情感，但也联系了演说者的情感。 | Rhet.II.12.5-6，在论品性的部分中，讨论青年的情感。Rhet.II.13.13，论老年人的情感。 |
| **Rhet.III 与措辞有关的表现情感的方法** | （1）语音：针对演说者语言中的情感。 | Rhet.III.1.4.1403b27-28，通过语音表现情感。 |
| | （2）措辞：针对演说者语言中的情感。 | Rhet.III.7.3-5，能表现情感的措辞。 |
| | （3）与书写措辞相对的争辩措辞：针对演说者语言中的情感。 | Rhet.III.12.2.1413b10，争辩的措辞能够表现情感。 |
| | （4）布局之绪论部分中的谤议 | Rhet.III.15，这一节论述谤议（διαβολη），Rhet.1354a16，它可以引起情感，而绪论的谤议就是鼓动听众的偏见。 |
| | （5）布局之叙述部分中的情感：针对演说者语言中的情感。 | Rhet.III.16.10.1417a36，论叙述对情感的表现。 |
| | （6）布局之证实部分中的情感：针对演说者语言中的情感。 | Rhet.III.17.8.1418a12 以下，论证实部分对情感的利用。Rhet.III.17.9.1418a19，利用精言来动情。 |
| | （7）布局之结语部分中的情感：针对演说者语言中的情感。 | Rhet.III.19.3，论结语部分煽动听众的情感。其中提及了 Rhet.II。 |

尽管 Rhet.III 与前两卷为后人合并，但其中对情感的使用都来自第二卷。而 Rhet.I 中论犯罪动机的部分，也是以 Rhet.II 为本。在这一卷中，对情感的研究有着明确而贯穿始终的模式和方法。

## 二、《修辞术》对情感的界定与研究

Rhet.II.1.3-4，亚里士多德在回顾了前面的主题以及概述品性说服法之后，开始提及情感问题。他指出情感说服法在诉讼演说中最为有效（Rhet.1377b30-31），[①]然后列出了一些情感的作用：如爱和恨、愤怒与温和、欲望和憧憬（联系快乐）、无情与厌恶。处于不同情感的人，对事实的本质、程度、性质的认知出现了截然相反的偏差。之后，亚里士多德先讨论了品性问题。在 Rhet.II.1.7 即将转入情感讨论时，他又提及了亲和（εὐνοία）和友爱，说这两者属于情感之列。这里可以看出，情感与品性的作用有一致之处：品性是相关演说者，但其用意是引起他人的好感，最终指向的还是情感说服法所关注的听众，所以品性以情感为基础。

### （一）情感的一般定义

在 Rhet.II.1.1378a20-30，亚里士多德终于给出了情感的"定义"：

> 诸情感即，由于它们，人们［裁决者］产生变动，裁决就多有不同，痛苦和快乐随着［情感］，如愤怒，怜悯，恐惧等等诸如此类，还有与之相对的种种。必须逐个将它们

---

① 这部分内容在 Kassel（1976:76）中加上了"[[ ]]"，表明有可能是亚里士多德的补文。下面的例子中欲望和憧憬是针对将来之事，这个并不是诉讼演说的处理范围。

划分为三。我所谓，例如，关于愤怒，愤怒者处于何种状态；他们习惯于被什么人所激怒；因什么样的事情［会愤怒］。因为，如果我们只具有了其中一点或两点，未［具有］全部，恐就不可能造成愤怒；对于其他［情感］，方式相同。恰如对前述内容，我们曾列出过许多命题，我们也要这样来处理和划分这些［情感］，就以前面说过的方式。①

相比之前引述的《尼各马可伦理学》和《优台谟伦理学》的"定义"，这里的界定同样提到了苦乐，但还有一点相当关键，它对情感主体的内心做了描述：感受者会发生"变动"（μεταβάλλοντες），这指心理上的变化。② 前面曾引用过，EN 1106a4-5 提到了灵魂的运动，但没有放入定义，只是为了比较德性。③ 而且更重要的是，这里明确提及了这样的感性变动可以促使人们做出"理性"的裁决行为。显然这样的理性受到了情感运动的牵制，无法绝对地指向正确。这一点正是修辞术所需的，它要设法激起各种情感，为演说家所用。但是，亚里士多德以科学的方式从心理和社会角度探讨了各种主要情感的产生机理，而这

---

① 希腊文为，ἔστι δὲ τὰ πάθη δι᾽ ὅσα μεταβάλλοντες διαφέρουσι πρὸς τὰς κρίσεις οἷς ἕπεται λύπη καὶ ἡδονή, οἷον ὀργὴ ἔλεος φόβος καὶ ὅσα ἄλλα τοιαῦτα, καὶ τὰ τούτοις ἐναντία. δεῖ δὲ διαιρεῖν περὶ ἕκαστον εἰς τρία, λέγω δ᾽ οἷον περὶ ὀργῆς πῶς τε διακείμενοι ὀργίλοι εἰσί, καὶ τίσιν εἰώθασιν ὀργίζεσθαι, καὶ ἐπὶ ποίοις· εἰ γὰρ τὸ μὲν ἓν ἢ τὰ δύο ἔχοιμεν τούτων, ἅπαντα δὲ μή, ἀδύνατον ἂν εἴη τὴν ὀργὴν ἐμποιεῖν· ὁμοίως δὲ καὶ ἐπὶ τῶν ἄλλων. ὥσπερ οὖν καὶ ἐπὶ τῶν προειρημένων διεγράψαμεν τὰς προτάσεις, οὕτω καὶ περὶ τούτων ποιήσωμεν καὶ διέλωμεν τὸν εἰρημένον τρόπον.

② Cope（1877:II,7）的理解是正确的。有的学者仅仅理解为意见的变动。

③ 前引 Pol.1342a5 也谈到了情感是灵魂的运动。

恰恰揭示了其本质，尽管这个定义并不严格。实际上，限于当时的科学条件，立足于苦乐和灵魂运动这两点，他就已经触及了情感问题的基础，很难而且也没必要再深入分析了。

再有，亚里士多德设定了情感的二元对立性，在具体情感的论述中，对立关系有不同的类型，我们下面会谈到。另外，对于情感的研究，亚里士多德提出了三个要素：（1）有情感者的状态；（2）原因 I：情感的对象人；（3）原因 II：情感的对象事物。这三个要素缺一不可，是情感分析的必然着眼点，当然，也是满足修辞术的需要。而剖析和划分每种情感的目的就是要罗列有关的命题和论位。但就在这样的处理中，亚里士多德同时又对情感展开了哲学式研究。

## （二）情感的种类

首先，我们可以先约略汇总一下亚里士多德关注过的情感。他针对品性做过详尽的列表，如 EN II.1107a33 和 EE 1220b37，[①]但关于情感，他虽然在多处有所例举，却并没有全方位的加以总结，而且不同地方提及的例子也有一些差异。我们这里尝试将亚里士多德所谈到的种种情感罗列如下，它们基本上来自《修辞术》以及我们前面论述过的一些作品：[②]

---

① 见廖申白（2003:336）。

② 第一列"（）"内的数字为所涉及的情感数量。第二列，"/"符号表明两种对立的情感。Grimaldi（1988:16）、Cooper（1996:242）和 Konstan（2006）也有所总结和专论，但他们举出的数量较少，很难反映亚里士多德对情感的关注，我们做了大量补充和说明，下表收集的情感尽可能做到最全，其名称或是名词，或是形容词；它们有听众的，也有演说者及其措辞的表现。与修辞术无关的内容和引文中的例子不做收入。《政治学》和《论位篇》各举一个值得关注的情感，不再做进一步的汇总。为了对比，我们列出《斐勒布》和《海伦颂》中涉及的情感。

| | |
|---|---|
| 《修辞术》（65） | **愤怒 / 温和**（ὀργή/πράϋνσις），Rhet.II.2-3。EN 1108a4 以下将这两者也作为品质，但温和用阴性词 πραότης，是中道，易怒（ὀργιλότης）为过度，不及为"无愤怒"（ἀοργησία）。作为品质的温和也见 Rhet.1366b2-3。 |
| | **友爱（友情）/ 恨意**（φιλία/μισεῖν）[①] **和敌意**（ἔχθρα），Rhet.II.4，恨意与敌意相同，在正式研究的情感中，它是唯一没有明确联系苦乐的情感。作为感情的友爱也见 EN 1105b22，但在《尼各马可伦理学》中，它一般作为品质或德性。而在 EN 1157b28-29，φίλησις 成为了对应的情感，φιλία 是品质（ἕξις）。Rhet.1381b34 列出三种友爱，都是情感：**同党之情**（ἑταιρεία），**同邻之情**（οἰκειότης），**同亲族之情**（συγγένεια）。<br>与"爱"相关的还有，**好名**（用形容词 φιλότιμος），Rhet.1368b20；**好胜**（用形容词 φιλόνικος），Rhet.1368b21，这两处都与犯罪动因有关。 |
| | **恐惧 / 信心 / 鲁莽**（φόβος/θάρσος 或 θάρρος）[②]，Rhet.II.5。Rhet.1390a31，Rhet.1383a2 还分别有 θρασύτης 和 θρασεῖς（θρασύς），该词意为鲁莽，与信心同源。Rhet.1390a31 将之视为一种情感性品性，因此也是一种情感。也见 EN 1108b31 有 θρασύτης，EN 1107b3 有形容词 θρασύς，EE 1234b12 有名词 θράσος，它们都属于信心的过度。[③] |
| | **冷漠**（用动词 ἀποψύχεσθαι），Rhet.1383a4，词根为"冷"，这一状态因自承受的恶程度极大，使人连恐惧都没有，对未来恶事全无想象，所谓寒心或心凉；Rhet.1389b30 说恐惧令人有寒意，也见 De part.an.650b27-28。这里涉及了情感的"质料"部分。该心态并不符合 Rhet.II 关注的情感类型，但也是一种独特的感受，可以对比恐惧。 |
| | **羞耻 / 无耻**（αἰσχύνη/ἀναισχυντία），Rhet.II.6。EN 1108a31-35（也见 EN 1128b10）讨论了另一个羞耻 αἰδώς，将之作为情感，而 EE 1233b26-27 将之作为德性。MM 1193a1，它作为了品质名。该词在 Rhet.1384a36 仅一次见，而且是引用的俗话，这可以看出，亚里士多德似乎计划用 αἰσχύνη 作为情感名区别于可以作为品质的 αἰδώς。 |

① 关于恨意，Rhet.II 全用动词，仅在 Rhet.III.1419b26 用了名词 μῖσος。

② 关于有信心，这两个同源名词分别出现一次。往往用动词 θαρρεῖν 和形容词 θαρραλέος。

③ 按照 EE 1233b16-1234a25 的理论，情感也有过度和不及，那么鲁莽属于信心的过度。当然，这种过度是自然性的，而且形成了较为稳定的品性。

| | |
|---|---|
| | 感激 / 不感激（ χάρις / 用形容词 ἀχάριστος ）[1]，Rhet.II.7。也见 Rhet.1381b35；EN 1120a15，1137a1 和 1167b24，都谈到了这种情感，但 EN 1133a4 没有描绘心理因素，而是强调了回报的义务，故那里的不太像情感而是感恩之类的品德。 |
| | 怜悯 / 愤慨（ ἐλεός/νεμεσᾶν 或 νέμεσις ），Rhet.II.8-9.1-2。 |
| | 不怜悯和不嫉妒（暂名，亚里士多德未命名），Rhet.1386b25-33，它们对比于怜悯和嫉妒，都是快乐，分别是针对"他人的应得的不幸或惩罚"和"相同者的应得的成功"。[2] |
| | 嫉妒（ φθόνος ），Rhet.II.9.3-5，Rhet.II.10。 |
| | 幸灾乐祸（ 用形容词 ἐπιχαιρέκακος ）[3]，Rhet.II.9.5，Rhet.II.10.11。 |
| | 好胜（ ζῆλος ），Rhet.II.11。 |
| 《修辞术》（65） | 藐视（ καταφρόνησίς ），Rhet.II.11.7，在 Rhet.II.2.4 也有讨论，但涉及的是愤怒的对象人。 |
| | 轻视（ ὀλιγωρία ），Rhet.1383b15，无耻被定义为轻视，Rhet.1380a19-20，无耻也是藐视。既然无耻和藐视是情感，所以轻视也是。 |
| | 怒气（ θυμός ），但见 Rhet.I.10.8，归于无理性的情感。EN 1149a30-32，怒气联系了报复，而 Rhet.1378a31-33，愤怒的定义就相关报复。所以怒气意同于愤怒。 |
| | 恼怒（ 用动词 χαλεπαίνειν ），Rhet.1380b12，仅一次见，意同于愤怒。 |
| | 忿怒（ δείνωσις ），但见 Rhet.1417a13，Rhet.1419b26。Rhet.1395a9，指演说者的情感。 |
| | 盛怒（ 用动词 ἀγανακτεῖν ），Rhet.1389a11，描述青年的品性，但这一特点也可以用于情感说服法，比如激怒年轻的观众。 |

---

① 这一对情感长久以来被错误地解释和翻译为慈善（ 如 benevolent ）/ 不慈善，但少数学者的看法相反，最早是 Striker（ 1996 ），之后是受其影响但论证更为有力的 Rapp（ 2002:II,645-646 ），还有独立提出该观点而且提供了其他充分证明的 Konstan（ 2007 ），以及俄译本 Цыбенко（ 2000 ）和英译本 Reeve（ 2018 ）。

② Rapp（ 2002:II,540 ）注意到了它们。

③ 幸灾乐祸的名词为 ἐπιχαιρεκακία，见 EN 1107a10。

续表

| | |
|---|---|
| 《修辞术》<br>（65） | **动怒**（用形容词 εὐπαρόρμητος），Rhet.1379a17，意同于愤怒。 |
| | **暴怒**（用形容词 ὀξύθυμος），Rhet.1368b20，将之联系愤怒，作为犯罪动因。该词也见 Rhet.1382b20，Rhet.1389a9。 |
| | **悲悯**（οἶκτος）[①]，见 Rhet.1417a12，同于怜悯。 |
| | **好争**（ἔρις），Rhet.II.2-11 没有讨论它，但 Rhet.III.1419b27 列举情感时有所提及。该词意为斗争和争吵，可以推测它是友爱的反面，如见 Rhet.1381a32 有词根相同的 δυσέριδες（δύσερις 的复数）一词，描述不好相处的人，他们不是友爱的对象。EN 1108a30，也提到了 δύσερις，作为品质，它是友爱的不及，显然 ἔρις 是对应的情感表现。另见 EN 1155b 论友爱时，引赫拉克利特的话"万物由斗争（κατ' ἔριν）生成"作为反面例子，显然 ἔρις 相悖于友爱。 |
| | **谤议的负面情感**（διαβολή），Rhet.I.1.4.1354a16，亚里士多德将它和怜悯、愤怒放在一起，表明它们都可以引起情感。这里的 διαβολή 是一种活动，即 Rhet.III.14-15 频繁提及的谤议，其效果是让听众对对方产生敌意和偏见。[②] 我们将其引起的这种效果也收入进来，尽管没有名称。这一很早被提及的情感没有在 Rhet.II 单独讨论，可能是它联系了敌意或恨意，甚至嫉妒；[③] 也可能是因为 Rhet.III 在专论谤议时会谈及这一情感的原理。 |
| | **亲和感**（εὔνοια），Rhet.II.1.7，该词仅两次见，在 Rhet.1378a9，表示演说者要具备的三种品性之一"亲和"；Rhet.1378a19 指出，它表示情感，与友爱相近，在这个意义上，它表示演说者的那种品性在听众心中激起的好感或亲和感。同义的形容词也见 Rhet.1378a13，Rhet.1415b25。 |
| | **偏爱**（χάρις），Rhet.1354b34，审判官会产生偏好或偏袒（πρὸς χάριν），类似用法也见色诺芬《回忆苏格拉底》4.4.4。这一用法不同于 Rhet.II.7 的感激，指听众对演说者的快乐的好感。 |

---

① 亚里士多德很少用的词，《修辞术》中一次见，在诗歌和柏拉图那里常用。

② Dow（2015:112,124-125）、Grimaldi（1980:10-11）和 Rapp（2002:II,44-45）都指出它不是情感，而是活动。但道进一步认为，Rhet.1354a16-17 一句的文本有问题，διαβολή 并不联系情感。

③ Rhet.1354a16 之后，Rhet.1354a25 马上提及了愤怒、嫉妒和怜悯。

| | |
|---|---|
| 《修辞术》（65） | 抱怨（σχετλιασμός）①，Rhet.1395a9，指演说者的情感，意同于愤慨。 |
| | 同情或体谅（συγγνώμη），Rhet.1408b12，愤怒者会得到听众体谅。 |
| | **欲望**（ἐπιθυμία），拉普和寇普都认为 Rhet.II 中没有谈及欲望，前者还回答了欲望是否为情感的问题。② 但虽然没有谈论，Rhet.1378a4（也见 Rhet.1388b33）在列举情感时，却又提到了欲望（用动词分词 ἐπιθυμῶν）；Rhet.1385a24 间接论述了欲望；Rhet.1388b33 列举情感时再次提及。之所以 Rhet.II 没有专论欲望，可能有几个原因：（1）Rhet. 理解的欲望一般来说仅仅涉及与理性无关的生长。③ 它涉及个人的生理满足，与判断无关，而情感说服法针对他人及其行为方式，以改变判断为目的，故而欲望起不到说服作用。④（2）Rhet.I.10-11 已经着重论述欲望，Rhet.II 不再赘言。⑤（3）Rhet.I.10.5.1368b26 指出有些动机可以参见论情感的部分，显然应是欲望和怒气（同于愤怒），而Rhet.1369b15，又说愤怒可以参见情感研究部分。这一方面证明第二卷并不想忽视欲望问题，另一方面，由于愤怒被定义为欲求（Rhet.1378b31），它又等同于怒气，而欲求又是愤怒和欲望（Rhet.1369a4），所以，Rhet.II 论愤怒的部分差不多也展现了欲望的特点，毕竟它们都归于欲求这同一个下。⑥（4）Rhet.II（以及《论灵魂》）没有专论它，是因为它们着眼于对情感本身的心理学研究，而欲望与道德关系密切。所以放入与伦理学有关的语境中，Rhet.I.10-11 涉及了诉讼演说的"犯罪动机"，这恰恰也相关伦理。但无论哪个原因，欲望都毫无疑问属于情感（即使是广义的）。 |

---

① 该词来自动词 σχετλιάζειν，在亚里士多德著作中仅一次见，在古典希腊文献中也较少被使用。

② Rapp（2005d:431,432）和 Cope（1877:II,7）。中国古代同样将欲望算入"情"，如《礼记·礼运》讲七情："喜、怒、哀、惧、爱、恶、欲。"另外，下面所列《尼各马可伦理学》《斐勒布》《海伦颂》都收入了意思相近的渴望（πόθος）。

③ Rhet.1370a21 以下，对营养、性、味道等身体性欲望，联系 EN 1113b27-30。

④ Rapp（2002:II,571），Leighton（1982:162-163）和 Brito（2018:204）。

⑤ Rapp（2002:II,571）。

⑥ Rapp（2002:II,540）注意到了 Rhet.1378a4 列出的欲望，他也认为欲望与愤怒作为行动原因是同等的。

续表

| 《修辞术》<br>(65) | 憧憬（εὐελπις），Rhet.1378a4 明确认为它是情感，是对将来的快乐的希求。EN 1116a4，说有信心的人就有憧憬。因此在 Rhet. 中，它有可能与信心相关。当欲望与它在 Rhet.1378a4 并列被提出时，这里的欲望也是对将来的意欲。① |
|---|---|
| | 希望（ἐλπίς），如果憧憬属于的话，希望也应该是情感。在 Rhet.I-II 中，同欲望一样，希望频繁出现，参与了情感的活动。也因此，Rhet.1378a4 提及的憧憬，其实就是在说希望。② |
| | 需求（δέησις），Rhet.1385a22-23，感激者的状态，等同于欲求和欲望，伴随着痛苦。 |
| | 欲求（ὄρεξις），Rhet.1370a18，欲求被定义为对快乐的欲望。Rhet.1378a31，愤怒定义为欲求，因此侧重欲求的欲望性和情感性。Rhet.1385a22，欲求等同于需求，联系了欲望。 |
| | 爱欲（ἔρως），Rhet.1385a24，是欲望的一种。 |
| | 意欲（ἔφεσις），Rhet.1382a9，说愤怒意欲让人痛苦，恨意意欲作恶。既然愤怒是欲求，这样的欲求又同于欲望，所以意欲同于这两者。 |
| | 无情或无感（ἀπαθής），Rhet.1378a5 将之作为情感的例子，对比于欲望和憧憬，是一种对将来之事不抱希望的漠然感。Rhet.1383b15-17，将无耻定为不动情（ἀπάθεια），可见无情也是一种情感表现。 |
| | 厌恶（用动词 δυσχεραίνειν），Rhet.1378a6 将之与无情并列，对比于欲望和憧憬，应是对将来缺乏快乐感。也见 Rhet.1408a17，指措辞表现出的情感。 |
| | 恨意（用形容词 πικρός），Rhet.1368b21 将之联系复仇，把这种心理状态视作犯罪动因。也见 EN 1126a19。 |

① 见修昔底德《伯罗奔尼撒战争史》6.13："须知：人们成功极少通过欲望，多由预知而得"（γνόντας ὅτι ἐπιθυμίᾳ μὲν ἐλάχιστα κατορθοῦνται, προνοίᾳ δὲ πλεῖστα）。但是 De an.433b8-10 指出，欲望朝向已然存在的快乐，看不到将来。所以 Rhet.1378a4 的欲望等同于希望。
② 与欲望和希望相联系的还有回忆，Rhet.1370a29 和 Rhet.1370b15-16，但回忆并未列入情感。虽然它看起来不是情感，但它可以引起快乐情绪（Rhet.I.11.6-12），也参与了一些情感活动，如怜悯（Rhet.1386a1-2）。如果回忆是情感的话，有些时候类似于汉语说的怀念。

| | |
|---|---|
| 《修辞术》（65） | 欢欣或欢喜（用动词 χαίρειν），Rhet.1400b31，反驳性修辞演绎令听众欢欣。Rhet.1370b16 和 Rhet.1381b12，将之等同于快乐，相反于痛苦。 |
| | 欢喜（用动词 εὐφραίνειν），Rhet.1404a5，指用演说令听众欢喜或快乐，相反于使之痛苦（λυπεῖν）。 |
| | 惶恐（用动词分词 δεδιότες），Rhet.1382b12，Rhet.1383a14，意同于恐惧。 |
| | 惊恐（用动词分词 ἐκπεπληγμένοι），Rhet.1385b33，意同于恐惧。 |
| | 快乐（ἡδονή），Rhet.I.11 专论诉讼演说的议题快乐，Rhet.1370a27以下说，感到快乐就是处于某种情感中。 |
| | 痛苦（λύπη），Rhet.1369b35，痛苦与快乐相反。Rhet.1404a5用同源动词 λυπεῖν，表述令听众痛苦。 |
| | 痛苦（用动词 ἀλγεῖν）[①]，Rhet.1379b24，意同于 λύπη。 |
| | 无痛苦（ἀλυπία，用形容词 ἄλυπος），Rhet.1380a4，温和会无痛苦。Rhet.1386b27 提到快乐或无痛苦，显然无痛苦未必就是快乐。 |
| | 焦虑（用动词 ἀγωνιᾶν），Rhet.1383a6，恐惧者会焦虑，意同于恐惧或痛苦。 |
| | 笑（γέλως），Rhet.1415a37，Rhet.III.18.7 专论让听众笑，那里不是指笑的动作或表情，而是状态，虽然没有称这是情感，但它无疑属于快乐，而且不是常态化的品质，见 Rhet.I.11.29。 |
| | 悲伤（πένθος），Rhet.1370b25，该状态会产生快乐，意同于痛苦。 |
| | 哀愁（θρῆνος），Rhet.1370b25，同上，《斐勒布》47e1 收为情感。 |
| | 仁爱或爱人（φιλανθρωπία），Rhet.1390a20，说青年的品性，但这也是一种情感，见 Poet. 1453a2。 |

---

① 对比同词根的 ἀναλγησία（麻木），EE 1220b38，作为品性，它是易怒的对立，也即没有痛苦。

| | |
|---|---|
| 《修辞术》<br>（65） | **勇敢**（ἀνδρεία），Rhet.1386b30，提到了 ἐν ἀνδρείας πάθει（处于勇敢的情感中），下面以愤怒和信心为例，显然勇敢作为品质，它也可以指某种情感，其下属包含了这两者，当然可以推断，也应有怒气。<br><br>**狂热**（用动词 ἐνθουσιάζω），Rhet.1408b14，演说像诗一样令听众狂热。这里必定是情感，因为也提及了愤怒和友爱，而且联系 Pol.1342a8。 |
| 《尼各马可伦理学》<br>（14） | **欲望**；**愤怒**；**恐惧**；**信心**（θράσος 或 θάρρος）；**嫉妒**；**欢喜**（χαρά）；**渴望**（πόθος）；**嫉妒**；**怜悯**；**羞耻**（αἰδώς）；**憎恨**（μῖσος）；**友爱**（φιλία），EN 1157b28-29，讨论了作为情感的 φίλησις；**温和**，作为德性被专节讨论，作为情感有所提及；**幸灾乐祸**（ἐπιχαιρεκακία），EN 1107a10 和 1108b5-6 归入情感。 |
| 《优台谟伦理学》<br>（31） | **怒气**；**恐惧**；**羞耻**；**欲望**；**麻木**（ἀνάλγητος，用形容词），EE 1220b17，相对于愤怒；**爱欲**（ἐρωτικὸς，用形容词），EE 1220b17。<br>EE 1233b16-1234a28，亚里士多德列举了一系列值得赞扬的自然德性（以及恶性），并且指出，它们作为品质，既相关于、也可以划入 πάθημα。这里的 πάθημα 并非汉语的"情感"所能涵盖，但这样的自然品质与情感及其要素的确有一定程度的联系，下面按不及、适度和过度排列，以供参考：<br>（1）**幸灾乐祸**①——**愤慨**——**嫉妒**；（2）**无耻**——**知耻**（αἰδώς，羞耻）——**羞怯**；（3）**敌意**——**友爱**——**奉承**；（4）**逢迎**（ἀρεσκεία）——**庄重**（σεμνότης）——**固执**（αὐθάδεια）；（5）**虚伪**（用形容词 εἴρων）或**爱虚伪**（用形容词 φιλοψευδής）——**真诚**（ἀλήθεια）或**爱真诚**（用形容词 φιλαλήθης），或**单纯**（用形容词 ἁπλοῦς）或**直率**（用形容词 αὐθέκαστος）——**自夸**（用形容词 ἀλαζών）；（6）**粗憨**（用形容词 ἀγροῖκος）或**偏笨**（用形容词 δυστράπελος）或**冷漠**（用形容词 ψυχρός）——**机敏风趣**（εὐτραπελία）——**油滑**（用形容词 βωμολόχος）或**粗俗**（用形容词 φορτικός）。<br>前三组基本上都在 Rhet.II 里有所讨论；第五组中的"爱"联系了情感。第六组涉及了自然的理智德性，但文本中论述了快乐和痛苦（EE 1234a15 和 19-21）。 |

---

① EE 1233b21，幸灾乐祸者的情感并没有名字，这里是用品质名称来暂名。

续表

| | |
|---|---|
| 《大伦理学》（6） | 愤怒；恐惧；憎恨；渴望；好胜；怜悯，见 MM 1186a12-14。 |
| 《论灵魂》（8） | 怒气；温和；恐惧；怜悯；信心；欢欣（χαρά）；友爱；憎恨，见 De an.403a17-18。 |
| 《诗学》（10） | 恐惧；怜悯；愤怒；惊愕（ἔκπληξις），Poet.1455a17；苦痛（χειμαζόμενος），Poet.1455a31，意同于痛苦；恼怒（χαλεπαίνει），Poet.1455a32；惊奇（θαυμαστῶς），Poet.1456a20；仁爱（φιλάνθρωπος），Poet.1453a2，Poet.1456a21；反感（μιαρός），Poet.1352b36，悲剧展现好人由顺境转逆境，会令听众反感；好笑（γελοῖον），Poet.1449a34-35，该词指对象可笑，但可以对观众主体起到消除痛苦的作用（ἀνώδυνον），暗示了快乐的情感。 |
| 《政治学》 | 狂热（ἐνθουσιασμός），Pol.1342a8。这种宗教性的狂热，与怜悯和恐惧并列为情感，不见于《修辞术》。 |
| 《论位篇》 | 痛苦（λύπη），Top.125b29-35，痛苦与愤怒区别，作为了一种情感。 |
| *《斐勒布》 | 愤怒；恐惧；渴望；哀愁（θρῆνος）；爱欲；好胜；嫉妒，见47e、50b-c。 |
| *《海伦颂》 | 恐惧；痛苦；欢欣（χαρά）；怜悯；惊惧（περίφοβος）；渴望；爱欲；快乐；鲁莽无畏（θάρσος）；惊惶（用被动分词 ἐκπλαγέν）；意欲（προθυμία）；急欲（ἅμιλλα）见第8-19节。 |

在这些情感当中，很多也有对应的品性，比如，愤怒（易怒）、温和、友爱、敌意、羞耻（知耻）、羞怯、恐惧、信心、嫉妒、奉承，等等。但是，在《修辞术》里，亚里士多德并不完全关注它们如何形成稳定的常态，而是聚焦于特殊情感的心理活动、源起方式及其共同的本质特征。正因此，《修辞术》中对情感的列举最为繁多，只要什么方式能引起灵魂的波澜，亚里士多德就丝毫不会忽视。

## （三）特殊情感的定义以及哲学性研究方式

除了 Rhet.II.1 给出的情感的一般定义之外，亚里士多德在 Rhet.II.2-11 讨论具体情感时，还分别给出了一些特殊"定义"，下表略作总结。定义基本上都在章首提出，但也有章内或章外对定义的不同形式的重述。有两种情感没有名字，表格中仅提供暂时命名。另外，我们还补充上 Rhet.I.10-11 中描述的欲望的定义，既然 Rhet.II.1 也谈到了它。[①]

| 情感 | 文本位置 | 定义 |
|------|----------|------|
| （1）愤怒 | II.2.1378a31-33 | 就将愤怒定为伴随痛苦的欲求，[欲求]所想的报复，因为一些人看起来轻视自己或自己的人，而他们不应当轻视。[②] |
| （2）温和 | II.3.1380a7-8 | 就将温和定为愤怒的安定与平静（ἔστω δὴ πρᾶΰνσις κατάστασις καὶ ἠρέμησις ὀργῆς）。 |
| （3）友爱 | II.4.1380b35-1381a1 | 就将友爱定为：为某人愿求［自己］认为有好处的事情，为了那人而非为自己，而且尽其所能做这些事情。[③] |
| （4）恨意或敌意 | II.4.1381b-1382a1 | 关于敌意和憎恨，显然能从反面来审视。[④] |

---

[①] 憧憬或希望没有明确的定义，只是说与想象和快乐有关，如 Rhet.I.6。

[②] 希腊文为，ἔστω δὴ ὀργὴ ὄρεξις μετὰ λύπης τιμωρίας φαινομένης διὰ φαινομένην ὀλιγωρίαν τῶν εἰς αὐτὸν ἢ τῶν αὐτοῦ, ὀλιγωρεῖ μὴ προσηκόντων。

[③] 希腊文为，ἔστω δὴ τὸ φιλεῖν τὸ βούλεσθαί τινι ἃ οἴεται ἀγαθά, ἐκείνου ἕνεκα ἀλλὰ μὴ αὑτοῦ, καὶ τὸ κατὰ δύναμιν πρακτικὸν εἶναι τούτων。

[④] 希腊文为，περὶ δ' ἔχθρας καὶ τοῦ μισεῖν φανερὸν ὡς ἐκ τῶν ἐναντίων ἔστι θεωρεῖν。恨意/敌意没有直接的定义，亚里士多德将之与愤怒进行了对比，其中涉及了其本质属性，见下文。

| 情感 | 文本位置 | 定义 |
|---|---|---|
| （5）恐惧 | II.5.1382a21-25 | 就将恐惧定为某种痛苦或纷扰，来于对将要发生的毁灭或痛苦恶事的想象，因为人们并非恐惧所有事情，例如，［恐惧］他是否会不义或愚钝，而是［恐惧］那些可能产生巨大痛苦或毁灭的事情。［人们］也会［恐惧］这些事情，如果［它们］看起来不远，而临近，以至于就要发生。因为，人们不会恐惧很远的事情，所有人都知道自己会死，但也［知道］这非临近之事，他们不会考虑。① |
| （6）信心 | II.5 | 信心相反〈于恐惧，给人信心之事［相反］〉于令人恐惧之事，这样，希望伴随着对平安的想象，［想象着］:［平安的］事情临近，而恐惧之事或不存在，或尚远。② |
| （7.1）羞耻 | II.6.1383b13-15 | 就将羞耻作为某种痛苦或纷扰，相关于看起来招致坏名声的恶事，或现在，或过去，或将来之事。③ |
| （7.2）羞耻 | II.6.1384a23-25 | 羞耻是对坏名声的想象，而且是由于［坏名声］本身，不是因为［它的］结果。④ |

---

① 希腊文为，ἔστω δὴ ὁ φόβος λύπη τις ἢ ταραχὴ ἐκ φαντασίας μέλλοντος κακοῦ φθαρτικοῦ ἢ λυπηροῦ· οὐ γὰρ πάντα τὰ κακὰ φοβοῦνται, οἷον εἰ ἔσται ἄδικος ἢ βραδύς, ἀλλ᾽ ὅσα λύπας μεγάλας ἢ φθορὰς δύναται, καὶ ταῦτα ἐὰν μὴ πόρρω ἀλλὰ σύνεγγυς φαίνηται ὥστε μέλλειν. τὰ γὰρ πόρρω σφόδρα οὐ φοβοῦνται: ἴσασι γὰρ πάντες ὅτι ἀποθανοῦνται, ἀλλ᾽ ὅτι οὐκ ἐγγύς, οὐδὲν φροντίζουσιν.

② 希腊文为，τό τε γὰρ θάρσος τὸ ἐναντίον〈τῷ φόβῳ, καὶ τὸ θαρραλέον〉τῷ φοβερῷ, ὥστε μετὰ φαντασίας ἡ ἐλπὶς τῶν σωτηρίων ὡς ἐγγὺς ὄντων, τῶν δὲ φοβερῶν ὡς ἢ μὴ ὄντων ἢ πόρρω ὄντων.

③ 希腊文为，ἔστω δὴ αἰσχύνη λύπη τις ἢ ταραχὴ περὶ τὰ εἰς ἀδοξίαν φαινόμενα φέρειν τῶν κακῶν, ἢ παρόντων ἢ γεγονότων ἢ μελλόντων.

④ 希腊文为，περὶ ἀδοξίας φαντασία ἐστὶν ἡ αἰσχύνη, καὶ ταύτης αὐτῆς χάριν ἀλλὰ μὴ τῶν ἀποβαινόντων.

续表

| 情感 | 文本位置 | 定义 |
|---|---|---|
| （8.1）<br>无耻 | II.3.1380a19-20 | 否认显而易见的事情就是无耻，而无耻就是轻视，也就是藐视（ἀναισχυντία τὸ τὰ φανερὰ ἀρνεῖσθαι, ἡ δ᾽ ἀναισχυντία ὀλιγωρία καὶ καταφρόνησις）。 |
| （8.2）<br>无耻 | II.6.1383b15-17 | 无耻是某种轻视，不动情于［上述］同样的恶事（ἡ δ᾽ ἀναισχυντία ὀλιγωρία τις καὶ ἀπάθεια περὶ τὰ αὐτὰ ταῦτα）。 |
| （9.1）<br>感激 | II.7.1385a17-19 | 人们对哪些人感激，由于哪些事情，他们具有何种状态，通过定义恩惠就会清楚。恩惠——按照它，可以将接受的人称作有感激之心——可定义为：给需求者以帮助而不为了报答什么，不为了给帮助者自己什么，而是给前者［需求者］。① |
| （9.2）<br>感激 | II.7.1385a22-23 | 需求即欲求，其中，特别是那些伴随着对没有［某物］的痛苦的欲求。② |
| （10）<br>不感激 | II.7.1385b1-5 | 显然也会清楚：拒绝感激如何成为可能，如何让［人］成为不感激。要么是，人们正在相助或曾经相助是为了他们自己（这不是恩惠），要么是，碰巧如此或不得已为之，要 |

① 这一段的希腊原文和分析见本章第六节。这一段的难点在于 χάρις 一词的复杂含义上。该词可以表示（a）施恩者的慈善或仁慈；（b）受惠者的感激；（c）恩惠或帮助本身。以往都理解为指（a），但这样一来，本章就在概述各种施恩或慈善行为，而不是情感了，另外，仁慈也容易被理解为某种品性。这样的观点也很难解释，为什么在 Rhet.1385a22 以下，要着重讨论需求这种心理活动。实际上，这样的需求或欲求正是感激者的内心状态。所以，亚里士多德是想要通过定义恩惠来反映受惠者的心态，只有能令对方感激的才是恩惠，反之亦然。正因此，本章的定义与其他情感截然不同，不过，λέγεται 一词也可以相当于引出一种不严格的定义。

② 希腊文为，δεήσεις δέ εἰσιν αἱ ὀρέξεις, καὶ τούτων μάλιστα αἱ μετὰ λύπης τοῦ μὴ γιγνομένου。这一段是对感激者接受恩惠前心态的描述，它决定了感激的出现。之所以这样认为，因为对恩惠的定义中明确提到了需求者。因此可以认为，需求就是感激的定义的属。

| 情感 | 文本位置 | 定义 |
|---|---|---|
| （10）<br>不感激 | II.7.1385b1-5 | 么是，还回而非施与，不论知晓还是不知晓，因为在这两种情况下，都是为了报答，以至于以这种方式，不会存在恩惠。① |
| （11）怜悯 | II.8.1385b13-16 | 就将怜悯定为某种痛苦，针对所想的毁灭和痛苦恶事，［恶事］属于不该遭遇的人且如果某人预想到［本人］或某个自己人会承受［它］，且当这件［恶事］看起来就要临近之时。② |
| （12.1）<br>愤慨 | II.9.1386b9-12 | 与怜悯在最大程度上对立的，即人们所谓的愤慨。③ 因为，为［他人］不得的成功而痛苦，以某种方式对立于为［他人］不应得的不幸而痛苦，这也来自于相同的品性。④ |
| （12.2）<br>愤慨 | II.9.1387a9-10 | 愤慨是为［他人］看起来不应得的成功而痛苦。⑤ |
| （13.1）<br>嫉妒 | II.9.1386b16-22 | 嫉妒是对［他人］成功的纷扰之苦，但并非对不应得的人，而是对同等和相同的人。并非有什么别的事情发生在自己身上，而是由于身边人自身。⑥ |

① 这一段的希腊原文和分析见本章第六节。
② 希腊文为，ἔστω δὴ ἔλεος λύπη τις ἐπὶ φαινομένῳ κακῷ φθαρτικῷ ἢ λυπηρῷ τοῦ ἀναξίου τυγχάνειν, ὃ κἂν αὐτὸς προσδοκήσειεν ἂν παθεῖν ἢ τῶν αὐτοῦ τινα, καὶ τοῦτο ὅταν πλησίον φαίνηται.
③ 这里的定义用的是 καλοῦσι，看起来不是太严格。
④ 希腊文为，ἀντίκειται δὲ τῷ ἐλεεῖν μάλιστα μὲν ὃ **καλοῦσι** νεμεσᾶν: τῷ γὰρ λυπεῖσθαι ἐπὶ ταῖς ἀναξίαις κακοπραγίαις ἀντικείμενόν ἐστι τρόπον τινὰ καὶ ἀπὸ τοῦ αὐτοῦ ἤθους τὸ λυπεῖσθαι ἐπὶ ταῖς ἀναξίαις εὐπραγίαις.
⑤ 希腊文为，ἔστι τὸ νεμεσᾶν λυπεῖσθαι ἐπὶ τῷ φαινομένῳ ἀναξίως εὐπραγεῖν.
⑥ 希腊文为，λύπη μὲν γὰρ ταραχώδης καὶ ὁ φθόνος ἐστὶν καὶ ἐπὶ εὐπραγίᾳ, ἀλλ᾽ οὐ τοῦ ἀναξίου ἀλλὰ τοῦ ἴσου καὶ ὁμοίου. τὸ δὲ μὴ ὅτι αὐτῷ τι συμβήσεται ἕτερον, ἀλλὰ δι᾽ αὐτὸν τὸν πλησίον.

| 情感 | 文本位置 | 定义 |
|---|---|---|
| （13.2）嫉妒 | II.10.1387b22-24 | 嫉妒是某种痛苦，［痛苦于］相同者看起来成功享有了前面提到的好事，［嫉妒］并非为了给自己什么，而是由于对方。这样的人就会嫉妒：他们有或看起来有某些相同者。① |
| （14.1）幸灾乐祸 | II.9.1386b34-1387a3 | 幸灾乐祸者与嫉妒者可以是同一个人。因为，某人痛苦于［他人］拥有和现有之物，他必然欢喜于它的失去和毁灭。② |
| （14.2）幸灾乐祸 | II.10.1388a23-25 | 很清楚：这样的人［嫉妒者］因为什么事情会欢喜，对于哪些人，具有何种状态；因为，他们痛苦时处于某种状态，而在这种状态中，也为了相反的事情而快乐）。③ |
| （15）好胜 | II.11.1388a30-33 | 好胜是某种痛苦，［痛苦于］天生相同者中看起来存在着具有荣誉和有可能为自己获取的好事，并非因为他人有什么东西，而是自己没有。④ |
| （16.1）藐视 | II.2.1378b15-16 | 因为藐视者轻视［他人］（因为，人们藐视他们认为一文不值的东西……）。⑤ |

---

① 希腊文为，ἐστιν ὁ φθόνος λύπη τις ἐπὶ εὐπραγίᾳ φαινομένη τῶν εἰρημένων ἀγαθῶν περὶ τοὺς ὁμοίους, μὴ ἵνα τι αὐτῷ, ἀλλὰ δι᾽ ἐκείνους· φθονήσουσι μὲν γὰρ οἱ τοιοῦτοι οἷς εἰσί τινες ὅμοιοι ἢ φαίνονται.

② 希腊文为，ὁ γὰρ αὐτός ἐστιν ἐπιχαιρέκακος καὶ φθονερός· ἐφ᾽ ᾧ γὰρ τις λυπεῖται γιγνομένῳ καὶ ὑπάρχοντι, ἀναγκαῖον τοῦτον ἐπὶ τῇ στερήσει καὶ τῇ φθορᾷ τῇ τούτου χαίρειν.

③ 希腊文为，δῆλον δὲ καὶ ἐφ᾽ οἷς χαίρουσιν οἱ τοιοῦτοι καὶ ἐπὶ τίσι καὶ πῶς ἔχοντες· ὡς γὰρ ἔχοντες λυποῦνται, οὕτως ἔχοντες ἐπὶ τοῖς ἐναντίοις ἡσθήσονται.

④ 希腊文为，ἐστιν ζῆλος λύπη τις ἐπὶ φαινομένῃ παρουσίᾳ ἀγαθῶν ἐντίμων καὶ ἐνδεχομένων αὐτῷ λαβεῖν περὶ τοὺς ὁμοίους τῇ φύσει, οὐχ ὅτι ἄλλῳ ἀλλ᾽ ὅτι οὐχὶ καὶ αὐτῷ ἔστιν.

⑤ 希腊文为，ὅ τε γὰρ καταφρονῶν ὀλιγωρεῖ（ὅσα γὰρ οἴονται μηδενὸς ἄξια, τούτων καταφρονοῦσιν…。

| 情感 | 文本位置 | 定义 |
|---|---|---|
| （16.2）<br>藐视 | II.11.1388b23-24 | 藐视与好胜相反，有好胜心与藐视［相反］。① |
| （17）不怜<br>悯（暂名） | II.9.1386b26-28 | 为不应得不幸的人感到痛苦者，他会快乐或不痛苦于以相反方式遭到不幸的人。② |
| （18）不嫉<br>妒（暂名） | II.9.1386b30-33 | 因为应该为这样的人欢喜，如同以同样的方式为应得成功的人［欢喜］；因为这两种情况都是正当的，而且使公正之人欢喜；［他］必然希望存在于同人身上的事情，也存在于自己身上。③ |
| （19.1）<br>欲望 | I.10.1369a4 | 无理性的欲求是愤怒（冲动）和欲望（ἄλογοι δ' ὀρέξεις ὀργὴ καὶ ἐπιθυμία） |
| （19.2）<br>欲望 | I.11.1370a18-27 | 欲望中，有无理性的欲望，有随着理性的欲望。我说的无理性［欲望］即，人们欲望而不出于设想某事；这样的欲望可以说是自然意义的，恰如通过身体存在的［欲望］，如，对营养的欲望［渴，饿］④及对特殊种类营养的欲望，还有关乎味道，性爱，以及一般来说，对可触及之物的欲望；还有，有关嗅觉［闻起来甜美］⑤、听觉和视觉［的欲望］。而理性的，即人们欲望它们，通过信服［它们是快乐的］；因为他们欲望要看到和获得许 |

① 希腊文为，ἐναντίον γὰρ ζήλῳ καταφρόνησίς ἐστι, καὶ τῷ ζηλοῦν τὸ καταφρονεῖν。
② 希腊文为，ὁ μὲν γὰρ λυπούμενος ἐπὶ τοῖς ἀναξίως κακοπραγοῦσιν ἡσθήσεται ἢ ἄλυπος ἔσται ἐπὶ τοῖς ἐναντίως κακοπραγοῦσιν。
③ 希腊文为，δεῖ γὰρ χαίρειν ἐπὶ τοῖς τοιούτοις, ὡς δ' αὕτως καὶ ἐπὶ τοῖς εὖ πράττουσι κατ' ἀξίαν: ἄμφω γὰρ δίκαια, καὶ ποιεῖ χαίρειν τὸν ἐπιεικῆ: ἀνάγκη γὰρ ἐλπίζειν ὑπάρξαι ἂν ἅπερ τῷ ὁμοίῳ, καὶ αὑτῷ。
④ Kassel（1976:53）标"［ ］"，为他人后补。
⑤ Kassel（1976:53）标"［ ］"，为他人后补。

续表

| 情感 | 文本位置 | 定义 |
|---|---|---|
| （19.2）欲望 | I.11.1370a18-27 | 多事情，就在其听到而信服［它们是快乐的］之时。① |

上述 19 种情感的定义，有一些可以从相反的情况推出。这些定义一般都使用了 εἶναι 的第三人称命令式（ἔστω）或陈述式（ἐστιν）。感激比较特殊，它的定义首先是针对恩惠（使用了 ἔστω），而对其本身的界定则使用了另一个常见的定义动词 λέγεται。② 在 Rhet.1386b9-12，定义愤慨时，则用了 καλοῦσι。这些定义基本上符合了"属＋种差"的模式。我们下面用另一个表格来分析它们，有些内容并未出现在定义句中，但可以作为补充，因为它们也刻画了本质特征。③

---

① 希腊文为，τῶν δὲ ἐπιθυμιῶν αἱ μὲν ἄλογοί εἰσιν αἱ δὲ μετὰ λόγου. λέγω δὲ ἀλόγους ὅσας μὴ ἐκ τοῦ ὑπολαμβάνειν ἐπιθυμοῦσιν (εἰσὶν δὲ τοιαῦται ὅσαι εἶναι λέγονται φύσει, ὥσπερ αἱ διὰ τοῦ σώματος ὑπάρχουσαι, οἶον ἡ τροφῆς δίψα καὶ πεῖνα, καὶ καθ᾽ ἕκαστον εἶδος τροφῆς εἶδος ἐπιθυμίας, καὶ αἱ περὶ τὰ γευστὰ καὶ ἀφροδίσια καὶ ὅλως τὰ ἁπτά, καὶ περὶ ὀσμὴν εὐωδίας καὶ ἀκοὴν καὶ ὄψιν), μετὰ λόγου δὲ ὅσας ἐκ τοῦ πεισθῆναι ἐπιθυμοῦσιν: πολλὰ γὰρ καὶ θεάσασθαι καὶ κτήσασθαι ἐπιθυμοῦσιν ἀκούσαντες καὶ πεισθέντες. 这一段文字，Kassel（1976:52-53）加上"［［ ］］"，施本戈尔（Spengel）认为与 1369a4 不一致，该段有可能是亚里士多德本人后补。
② 该词的定义用法也见 Cat.1a1，1a6，1a12 等。
③ 下表第二列其实是对种差的补充，既包含了产生种差的原因，也包含了种差的内容和目的。

| 情感 | 种差 1：心理活动 | 种差 2：原因或目的 | 种差 3：主体的苦乐状态 | 属 |
|---|---|---|---|---|
| （1）愤怒 | 所想的报复 | 他人看似的不应当的轻视 | 痛苦／快乐④ | 欲求 |
| （2）温和 | 无想象的报复 | 无轻视，无有意的轻视，或看起来如此⑤ | 无痛苦 | 安定与平静⑥ |
| （3）友爱 | 自认为的好事 | 为他人，不为自己 | 痛苦／快乐⑦ | 愿求（意愿） |
| （4）恨意或敌意 | 设想⑧的不利；意欲做出恶事；愿求对方不存在 | 针对不利于自己的他人 | 痛苦／快乐⑨ | 意欲⑩ |

---

④ 愤怒也可以产生快乐，痛苦会转化，如 Rhet.1370b10，愤怒也是快乐，这是因为 Rhet.1370b29-32 所说的，复仇是快乐之事，而愤怒者希望复仇，这样就感到快乐。如果报复成功，其快乐也会驱散痛苦，EN 1126b21-22。也见 Rhet.1378b1-9。

⑤ Rhet.1380a10。这部分并没有放入温和的定义中，但对比愤怒的定义，可以将之列出。实际上，温和的范围更广，属于非愤怒的情况，有一些跟轻视没有关系。

⑥ Rhet.1380b2-4，温和的状态与愤怒时相反，人们处于快乐和无痛苦中，也见 Rhet.1380b26。并不能说温和一定是快乐的，如 Rhet.1380b16 以下，自知有罪而且愿意接受正当惩罚的人是温和的，但我们无法认为，他们是快乐的。

⑦ Rapp（2002:II,550），友爱的属是愿求，友爱他人者与对方要共甘苦，故而有苦有乐（Rhet.1381a3-6）。

⑧ Rhet.1382a4，恨意依然有主观因素，通过"设想"（ύπολαμβάνειν）。

⑨ 文本似乎暗示恨意没有痛苦，而且恨意相反于感到快乐的友爱，故而没有苦乐。但是，恨意的"意欲"（Rhet.1382a，意欲向对方施恶）和"愿求报复"（Rhet.1382a15，愿求对方不存在）无疑会像友爱（愿求对方有好事）和愤怒（想象报复）那样产生快乐。和处理了这一问题。Cooper（1996:247-249）倾向恨意就是没有苦乐，是理性的情感，这是错误的。Rapp（2002:II,550,617）认为：有可能文本是在表明恨意的痛苦方式并不像愤怒；由于友爱的属是愿求，也非苦乐，但又联系这两者，故而与之相对的恨意也是有苦有乐。

⑩ Rhet.1382a8，恨意有作恶的欲望；意欲即 ἔφεσις，等同于欲求。由于愤怒的属是欲求，与之对应，恨意的属必定是意欲，这可以类比友爱对好事的"愿求"。

续表

| 情感 | 种差1：心理活动 | 种差2：原因或目的 | 种差3：主体的苦乐状态 | 属 |
|---|---|---|---|---|
| （5）恐惧 | 想象的毁灭或痛苦恶事 | 将要发生于自己身上 | 痛苦 | 痛苦或纷扰 ① |
| （6）信心 | 想象的平安 | 平安之事临近，恐惧之事不存在或尚远 | 快乐 | 希望 |
| （7）羞耻 | 看起来或想象 ② 的恶事，或现在，或过去，或将来之事 | 招致坏名声 | 痛苦 | 痛苦或纷扰 |
| （8）无耻 | 不动情 | 与羞耻相关的恶事 | 无苦乐 ③ | 轻视 |
| （9）感激 | 需求得到恩惠或帮助 | 恩惠不是为了报答，不为了给帮助者自己什么，而是给需求者 | 痛苦／快乐 ④ | 需求 |
| （10）不感激 | 恩惠满足需求 | 施惠者为了自己，碰巧或不得已如此，或为了报答 | 快乐 ⑤ | 需求 |

---

① 亚里士多德是说痛苦或纷扰，也即恐惧的属是痛苦，痛苦不仅仅是伴随着它。羞耻和怜悯的情况相近。

② 定义句中没有想象，但见 Rhet.1384a23。

③ Rapp（2002:II,549）将温和、信心、无耻视为"反情感"，它们是主情感（P）释放后的状态：或可以作为无 P，没有苦乐，甚至没有表现出情感状态；或是 P 向无 P 的过渡，按照 Rhet.I.11 的快乐定义，它们是快乐的。拉普并没有给出定论，我们将这三者区分为三种不同状态，但都属于"无痛苦"。

④ 感激者的需求不都是痛苦的，但亚里士多德强调了有痛苦的情况，见 Rhet.1385a23 和 Rhet.1385a33。这样的需求如果得到满足，痛苦就会消失。

⑤ 快乐来自于不感激者的需求得到了满足，而不是源自感激。需求的满足必定是快乐的，因为它是欲望，欲望追求快乐之事（Rhet.1370a17-18）。

| 情感 | 种差 1：心理活动 | 种差 2：原因或目的 | 种差 3：主体的苦乐状态 | 属 |
|---|---|---|---|---|
| （11）怜悯 | （a）所想的毁灭和痛苦恶事；（b）预想到［本人］或某个自己人会承受［它］；（c）看起来临近 | 属于不应得的人；恶事就要临近自己 | 痛苦 | 痛苦① |
| （12）愤慨 | 看起来的成功 | 属于不应得的人 | 痛苦 | 痛苦 |
| （13）嫉妒 | 看起来的成功；看起来有相同者 | 属于同等和相同的人 | 痛苦 | 痛苦或纷扰 |
| （14）幸灾乐祸 | 看起来的成功和拥有的失去与毁灭② | 属于同等和相同的人 | 快乐 | 快乐或欢喜 |
| （15）好胜 | 看起来存在着具有荣誉和有可能为自己获取的好事 | 属于天生的相同者；自己没有 | 痛苦 | 痛苦 |
| （16）藐视 | 认为一文不值的东西 | 属于天生的相同者 | 快乐 | 快乐③ |
| （17）不怜悯（暂名） | 看起来的不幸 | 属于应得的人 | 快乐或无痛苦 | 快乐或无痛苦 |
| （18）不嫉妒（暂名） | 看起来的成功；希望自己也成功 | 属于应得的人 | 快乐 | 快乐 |
| （19）欲望 | 设想快乐之事 | 让自己感觉快乐 | 痛苦/快乐④ | 欲求⑤ |

---

① 在论述怜悯、愤慨、嫉妒、幸灾乐祸以及前述的两种无名情感时，它们都与品性联系在一起。
② 《修辞术》并未提及"看起来"，但因为幸灾乐祸者与嫉妒者是同一类人，所以基本情况是一致的，只是对象人的状况不同，以及苦乐有别。
③ 藐视因为与好胜相反，所以状态应为快乐。
④ Rhet.1385a22-23，人没有得到所需时，欲求会伴随痛苦，欲望就是如此。所以欲望中是痛苦的，获得对象后会变为快乐。
⑤ De an.414b2，欲望属于欲求。Rhet.1370a17-18，欲望是对快乐的欲求。

除了这个分析定义的表格之外，下面按照亚里士多德考察情感的三要素再进行划分。第三要素涉及了主体状态，可以见上表的第四列，此处只举出情感所涉及的"与主体的关系"。三要素并没有完全贯彻所有情感，在每种情感中的侧重程度也有不同。

| 元素<br>情感 | 对象物和原因 | 对象人和原因 | 与主体的关系 |
|---|---|---|---|
| （1）愤怒 | 轻视的事情 | 轻视者 | 与自身相关 |
| （2）温和 | 无轻视的事情 | 无轻视者或非有意轻视者 | 与自身相关 |
| （3）友爱 | 恩惠① | 施与好事的对象 | 并非为了自己 |
| （4）恨意或敌意 | 不利的事情（未必存在） | 不利的一类人 | 未必与自身相关 |
| （5）恐惧 | 临近的重大恶事 | 与他人无关；造成恐惧的他人 | 会发生在自己身上 |
| （6）信心 | 临近的平安之事 | 带来信心的他人 | 与自身相关 |
| （7）羞耻 | 招致坏名声的恶事 | 愧对者 | 与自身相关 |
| （8）无耻 | 招致坏名声的恶事 | 不会愧对者 | 与自身相关 |
| （9）感激 | 恩惠 | 施惠者 | 与自身相关 |
| （10）不感激 | 恩惠 | 非施惠者 | 与自身无关 |
| （11）怜悯 | 临近的重大恶事 | 不应得的他人 | 与自己无关，但预想与自身有关 |
| （12）愤慨 | 成功和好事 | 不应得的他人 | 有时无关，有时有关② |
| （13）嫉妒 | 成功和好事 | 相同的他人 | 与自身无关，不让他人有 |

① 论友爱的部分基本上都在谈对象人，没有涉及主体状态，对象物或原因只有一条就是恩惠。

② Rhet.1387b9-10，认为自己应得，别人不应得，也会愤慨，此时的对象就与自身有关。

续表

| 情感＼元素 | 对象物和原因 | 对象人和原因 | 与主体的关系 |
|---|---|---|---|
| （14）幸灾乐祸 | 不幸和恶事 | 相同的他人 | 与自身无关，因为他人没有 |
| （15）好胜 | 成功和好事 | 天生相同的他人 | 与自身有关，他人有，自身没有 |
| （16）藐视 | 无价值的东西 | 天生相同的他人 | 与自身无关 |
| （17）不怜悯（暂名） | 不幸 | 应得的他人 | 与自身无关 |
| （18）不嫉妒（暂名） | 成功和好事 | 应得的他人 | 与自身无关，但希望与自己有关 |
| （19）欲望 | 快乐之事 | 可欲望者① | 与自身有关 |

关于上述的具体定义，尽管很多都使用了定义所使用的标准的命令式 ἔστω，但一种代表性的看法是，这些并非严格的科学界定，如寇普主张，它们是"临时性的定义，适合于修辞目的，没有科学的精确性"。②的确，无论 Rhet.II.2-11 如何深入研究情感，其首要目的还是为了演说，但是，它们显然也具有科学性，甚至不乏精确之处。兼顾修辞与科学完全可以做到。因为，如果不深入而确切地描述每一种情感的本质，那么在带动听众情感时，就没有方向性。③定义相当于总的指引。这样，一方面，Rhet.II.2-11 继续了 Rhet.I 的任务，围绕着情感说服法展开论位命题的罗列，另一方面，亚里士多德以科学的方式完成了对"情

---

① 比如爱欲对象，如 Rhet.I.11.11，或报复对象、竞争对象、口碑和名声的评价者、友人，如 Rhet.I.11.13-17。
② Cope（1877:II,8）。
③ 也见 Rapp（2002:II,542）的正确观点：定义无法用来说服听众，但它却为各种修辞命题奠定了基础。另见 Frede（1996:272）。

感之为情感"（πάθος *qua* πάθος）的探索。既然所有命题都是
对定义的展开，故而，它们也就是科学研究的一部分，这一点恰
恰确保了它们能够起到有效的说服作用。做出精确的定义，还可
以让亚里士多德的修辞研究超越智者的凭经验和习惯的处理。这
种方式也符合他对修辞术的哲学式重构。

　　此外，Rhet.II 对情感研究的科学性还体现在定义中涉及的三要
素上。这种细致的做法，划分出了主观与客观的方面，本身就具有
哲学的分析性。而较之更加精细的操作，亚里士多德也在进行，尽
管他只在讨论"感激"时，顺便做了总结：在 Rhet.1385b5-7，他明
确提出了要按照"个体（τοδὶ）、量（τοσόνδε）、质（τοιόνδε）、
时（πότε）、地（ποῦ）"这样的范畴来处理恩惠。在其他情感
研究中，他也贯彻了这一思路。这一点可以联系《尼各马可伦
理学》，亚里士多德在处理道德德性时，经常会谈及适度就是
在应该的时间地点，以应该的方式，针对应该的人和应该的原
因等等来表现情感（如 EN 1106b16-23 和 1125b31-32 等），这
样的思维方式就是哲学性的。毫无疑问，《修辞术》中按照若
干要素和范畴来分析情感的做法，与此完全一致。只有如此精
确地细分与情感有关的一切因素，才能认识到如何"正确地"
激发出情感。此外，《修辞术》的情感研究也恰恰遵循了 EN
1145b3-5 的宗旨。在那里，亚里士多德提出了一种处理情感的方
式，即"摆出现象"（τιθέντας τὰ φαινόμενα），"提出疑难"
（διαπορήσαντας），"最大程度地指明与这些情感有关的所有意
见"（δεικνύναι μάλιστα μὲν πάντα τὰ ἔνδοξα περὶ ταῦτα
τὰ πάθη）。《修辞术》对情感的"现象学式"讨论基本上完成了
第一和第三项工作。至于第二项，《修辞术》的确没有"疑难性

表述"[①]，但就情感而言，它也隐含了要应对的"难题"：x是不是情感？更具体的例如，x是不是愤怒？《修辞术》对情感的定义恰恰解释了这样的问题。

显然，智者是不可能如此系统地探究情感，这样的方法属于哲学家，尽管其目的还是为了修辞术的使用。只有这样，修辞术才是科学的，才能受到哲学的指导和约束。

还有几处文本也可以证明这样的研究在一定程度上是独立于修辞术而偏向哲学或科学。这些文本都与愤怒的定义有关，有的是重述，有的是扩展。它们联系了我们刚刚提到的"x是不是愤怒"这样的疑难。

首先，我们前面曾提到，在《论灵魂》中，情感研究有两个方向：自然学家和辩证法家。前者从质料出发（De an.403a31-b1），将愤怒定为"心脏周边的血和热的沸腾"；后者从形式（εἶδος）和定义（λόγος）出发（De an.403b1），将其定为"对报复的欲求"（ὄρεξις ἀντιλυπήσεως）。显然，《修辞术》中对愤怒的定义与辩证法家的非常相近。[②]

第二，Top.127b31-34，对愤怒的本质做了描述："看起来，痛苦与对轻视的设想在本质上谓述愤怒；因为愤怒者感到痛苦而且设想受到轻视"[③]。这里的痛苦与轻视都是《修辞术》定义中的

---

① Rapp（2002:I,179）注释47引库尔曼（Kullmann）的看法，这是《修辞术》的应用性决定的。

② Brito（2018:204-205）明确认为《修辞术》第二卷的情感定义就是辩证式的。

③ 希腊文为，τῆς ὀργῆς καὶ ἡ λύπη καὶ ἡ ὑπόληψις ὀλιγωρίας ἐν τῷ τί ἐστι κατηγορεῖσθαι δοκεῖ· λυπεῖταί τε γὰρ ὁ ὀργιζόμενος καὶ ὑπολαμβάνει ὀλιγωρεῖσθαι.

要素。①

第三，Top.156a33-34，给出了一个完整的辩证学式的定义，ἡ ὀργὴ ὄρεξις εἶναι τιμωρίας διὰ φαινομένην ὀλιγωρίαν。该定义与《修辞术》的基本一致。

第四，EN 1135b28-29，"愤怒因自所想的不义"（ἐπὶ φαινομένῃ γὰρ ἀδικίᾳ ἡ ὀργή）。这一描述可以用于对愤怒的定义，也能联系 Rhet.II 的定义。Rhet.1380b16-18 说，面对自认为不义而且愿意接受正当惩罚的人，人们会温和，因为愤怒不会针对正当，这就是愤怒。其中的"是"用了哲学未完成时 ἦν，相当于也是定义。显然，这两个表述都是哲学性的。

第五，EN 1149a30-33 认为："怒气由于本性的热烈和迅速，它倾听，但没有听到指令，就冲动地去报复。因为理性或想象[说]凌辱或轻视显露出来。"②这段论述近乎定义，尽管形式上不是，它完全是对《修辞术》定义的描述，而且还补充了心理推理的过程。如果《修辞术》的定义不是严格科学的，那么《尼各马可伦理学》这一严肃的伦理学作品是不会使用它的（鉴于《修辞术》的写作年代早于《尼各马可伦理学》）。

对比上面的几个定义，Rhet.1378a31-33 是辩证法家的，哲学式的，它明显区别于自然学家的定义，它没有质料方面的内

---

① Top.125b32-35，"愤怒者痛苦时，痛苦先于[愤怒]在它身上出现；因为愤怒不是痛苦的原因，相反，痛苦是愤怒的原因，以至于愤怒完全不是痛苦"（ὁ μὲν γὰρ ὀργιζόμενος λυπεῖται προτέρας ἐν αὑτῷ τῆς λύπης γενομένης· οὐ γὰρ ἡ ὀργὴ τῆς λύπης, ἀλλ' ἡ λύπη τῆς ὀργῆς αἰτία, ὥσθ' ἁπλῶς ἡ ὀργὴ οὐκ ἔστι λύπη）。愤怒必然有痛苦，痛苦未必就是愤怒。

② 希腊文，ὁ θυμὸς διὰ θερμότητα καὶ ταχυτῆτα τῆς φύσεως ἀκούσας μέν, οὐκ ἐπίταγμα δ᾽ ἀκούσας, ὁρμᾷ πρὸς τὴν τιμωρίαν. ὁ μὲν γὰρ λόγος ἢ ἡ φαντασία ὅτι ὕβρις ἢ ὀλιγωρία ἐδήλωσεν.

容；而且比 De an.403b1 具有更完整地对原因和心理方面的描述；较之《论位篇》那两个，它为"报复"和"轻视"加上了更确切的限定条件。

上述定义中，最全面的是 EN 1149a30-34，它除了形式性之外，似乎还有质料方面的内容"热烈"。不过在 Rhet.1389a19-20 论青年时，那里提及了他们本性火热（διάθερμοί）[1]，这可以解释他们的易怒（Rhet.1389a9-10，也比较 1369a9-10），因此亚里士多德是有意没有放入身体的质料因素，原因之一似乎是，这方面对修辞术没有太多用处，是生理方面的，而演说是运用语言作用于灵魂。[2]

不过，Rhet.II.2 在定义之外，也补充了身体方面的条件，如 Rhet.1379a12，阻止口渴的人喝水，他就会愤怒，这显然来自生理原因。另外，除了情感主体的身体，其他质料情况也得到了考虑，尽管它们不是 ἔνυλοί 所表达的质料。因为，三要素中就有"对象物和对象人"。这些物质条件都是社会性的。换言之，亚里士多德对愤怒的"质料"考察不再是立足于生理学，而是以社会

---

[1] 也见 Rhet.1389b30-31，老年人感觉冷，青年火热。Rapp（2002:II,565）指出这里表明了情感的生理条件。

[2] 还有一个可能原因是，遵循了《斐勒布》47e 的规定，Rhet.II 的情感属于那里提及的仅作用灵魂的混合感受。Rapp（2002:II,552）给出另外两个解释：第一，《论灵魂》与《修辞术》的情感研究计划不同，毕竟后者对具体情感的定义有临时性的特征，因而放弃了对生理方面的论述。第二，λόγοι ἔνυλοί 的定义方式在《修辞术》以及《工具论》写作时尚未形成。第一个解释的可能性不大，即便是临时性计划，但这不足以说明质料部分的缺少，因为《修辞术》本身就有很多对生理问题的研究，尤其是处理品性说服法，拉普自己也提到了。亚里士多德没有理由不加入一点身体方面的因素。第二个解释是正确的，辩证法家的形式定义被移用于与辩证术同源的修辞术是很正常的。此外，他没有注意到恐惧定义中的"纷扰"很可能联系了身体质料，前引 Schollmeyer（2021:295）指出了高尔吉亚与希波克拉底派对这一概念的使用模式。

关系为基础。① 也即，他不是要解释决定愤怒的生理物质因素，而是揭示促发愤怒的外部的有形的条件。所以，《修辞术》的界定既在形式上是科学的，侧重于心理学，同时，由此展开的种种命题又添加了社会物质方面的成分。这也符合在 De an.403a26-27 的另一个定义，它介乎自然学家和辩证法家之间："愤怒是某个身体或 [ 身体 ] 某部分或 [ 身体的 ] 能力的某种运动，为了某事和被某事 [ 所引起 ]"。该定义的后半部分被《修辞术》所保留，而限于主题，《尼各马可伦理学》没有更详尽和系统的探讨。

### （四）情感的对立情况及其道德意义

在 Rhet.II 界定的情感中，能够发现，总是存在着不同形式的两极对立，这是因为诸情感在三要素方面呈现出了种种差异和变动。

首先，最主要的对立是绝对对立。如，愤怒与温和，友爱与恨意，恐惧与信心，羞耻与无耻，感激与不感激。它们的三要素全部不同而且构成了两极关系。② 这样的对立似乎来自于人的日常感受以及情感的自然生灭，比如，温和是愤怒的安定和平息；信心是恐惧的消退；无耻是缺乏羞耻；等等。它们可以构成此消彼长的连续情况。

第二种对立是相对的，变量存在着局部差异和对立。如怜悯和愤慨。它们的三要素中，只有对象物明显不同，怜悯是对恶事，愤慨是对好事。又如嫉妒与幸灾乐祸，它们是对象物不同，前者针对好事，后者针对恶事；主体状态有别，一苦一乐。因此

---

① Grimaldi（1988:19）强调了情感研究立于社会语境。

② 特殊之处在于，恨意没有苦乐，无耻也近乎不动情，所以，它们与友爱和羞耻的对立，并没有按照痛苦和快乐。

如 Rhet.1386b34-1387a3 所言，同一个人对于同一个对象人，可以既嫉妒又幸灾乐祸。

可以合理地推测，亚里士多德之所以提出二元对立模式，首先是因为，这是辩证法研究和科学分析的必要手段。其次，这种模式可以方便修辞家记忆情感说服法的论位，从而易于对听众进行心理调控。比方来说，演说者的头脑中仿佛存在着语言学上的横组合轴与纵聚合轴。三要素是不变的函数形式，其自变量有不同的变化，随着其变化，就产生种种呈现对立关系的情感。演说者通过两极关系确立范围，然后依次再排列各种论位。而在具体操作时，例如，当听众处于愤怒中，就可以清楚地将相关的三要素分别调到反面，从而令听众温和，如 Rhet.1380b33 的做法。当然，除了利用极性之外，还可以把变量调节成其他非对立的因素，如 Rhet.1380b30-32 的做法，为了消除愤怒达到温和，可以使听众恐惧、羞耻（愧对）和感激。

再有，如果我们越出修辞术的语境，那么情感的对立也为道德德性的分析提供了基础。既然德性是中道，那么它必然有过度与不及这两端，而情感的二元性恰好可以作为研究的出发点。情感之所以没有中道可言，因为它仅仅是短暂的心理变动，所以只能处于极性中。如前引 De an.424a4-5 所述，感觉具有区别于对立感受性质的"中间状态"（μεσότης，如触觉之于冷热)，那么同理，情感只能在两极，对其的感受也是这样的中间态，而调节情感的德性可以处于更高的中间状态即"中道"上。这样，人们就有能力做到在时间 t 下，相关正确的对象人和正确的对象物，处于某种状态中，从而"正确地"感觉到情感 p。这样的能力来自于某种德性，但立足于种种极性的情感。

不过，如前面情感表格中所示，在 EE 1233b16-1234a25 中，亚里士多德将一些情感本身也颇为奇特地作为了"中道"，而且为之设定了两极。他的描述似乎有点含混，一方面，他是在描述某些自然的"品性"（EE 1233b16），其中有一些都是"相关情感的适度"（παθητικαί μεσότητες，情感性的，EE 1233b18）[1]，但另一方面，他认为这些品性就是"情感"（EE 1234a25-27）。不过，这里的品性是广义的，如见 Rhet.1388b31（也见 Rhet.1386b11 和 Rhet.1386b33）。它们类似于一种"自然特征或性质"，还没有达到品质（德性或恶性）的层面。[2] 但是，这样的特征也是常态的。在亚里士多德看来，有一些情感会自然地形成相应的常性，其中又有一些情感并非依靠"有意选择"而是"自然地"，通过习惯成为某种"适度"，它们也"自然地"有与之联系的过度和不及。这样的联系不具有内在的统一性，而是分离的，因为理性并没有起到作用。它们的名称既可以称情感，也可以称呼品性（个别情感如幸灾乐祸，本身没有名字，是用品性名称来指代）。所以，情感还是没有所谓的"中道"，但它可以自然地被培养成一种对应的稳定的适度，而且"值得赞扬"（EE 1234a24）。这样的适度状态虽然还不是"德性"（无论是自然德性，还是标准德性，EE 1234a24），[3] 但在一定条件下，可以"成为"或"有助于"相应的更加稳定的自然品质或"自然德性"乃至随着实践智慧而成为"标准德性"（EE 1234a23-34）：如愤慨这种情感有助于正义；知

---

[1] 该短语仅见于《优台谟伦理学》，相近的表达如 EN 1108a31 的 περὶ τὰ πάθη μεσότητες。

[2] 另见 Ricken（2005b:214）的解释。

[3] 这里能看出，适度未必就是德性。

耻有助于节制；真诚有助于智慧；等等。

我们完全可以通过这些情感来分析相应的品质，从而为自然地养成德性做准备（EE 1234a30-34），进而为理性地养成标准德性奠定基础。那么，对情感的分析就可以从它们自然的对立入手，这样的对立为三元结构奠定了基础。当然，除了理论分析之外，哲学家也明白了一些德性是如何以自然或理性的方式形成的，他们又该如何在教育实践中从情感入手来培养良好的品性和品质。这里也能看出情感在道德方面的积极意义。

在 EN 1108a31 以下和 EE 1233b18 以下，亚里士多德罗列了一些与情感相关的过度、不及和适度，它们都关涉了情感的二元对立。此外，EE 1220b38，EN 1108a5-9 和 1125b26 以下列举了愤怒与温和的情况，EE 1221a7 和 EE 1233b29-34 提到了友爱及其恶性，这些都与《修辞术》中的情感有联系。我们用下表略作总结，左边是品性三元组，右边是情感二元组：

| | |
|---|---|
| 羞怯（κατάπληξις）—知耻（羞耻，αἰδώς）[1]—无耻 | 羞耻—无耻 |
| 鲁莽（θρασύτης）—勇敢—胆怯 | 信心—恐惧 |
| 嫉妒—愤慨—幸灾乐祸 | 嫉妒—好胜；嫉妒—幸灾乐祸；嫉妒—愤慨；愤慨—怜悯 |
| 奉承（κολακεία）—友爱—敌意 | 友爱—敌意 |
| 易怒（ὀργιλότης）[2]—温和—麻木（ἀναλγησία）[3] | 愤怒—温和 |

---

[1] 如 LSJ 的解释，即敬畏和尊敬他人的意见，或面对自己的良知，知道羞耻，有自尊心。

[2] 据珀尔修斯数据库的查询结果，在古希腊，该词只有亚里士多德使用过，之后被普鲁塔克沿用。或许该词是其自造。

[3] EN 1108a8，温和的另一极端为"无愤怒"（ἀοργησία），与麻木同义。

按照前面分析，左边之中，第一、三和四组也是《优台谟伦理学》中的"情感性品性"，那么这些名称同时也表示情感，它们自身恰恰也具有一种"二元性"，如右边所示；而在自然过程中，它们进一步又与其他情感构成三元性，直至成为品性。

比如，嫉妒—愤慨—幸灾乐祸这一组。在《修辞术》中，这种三元关系虽然可以推出，但亚里士多德并未像在 EE 1233b18-26 那样（也见 EN 1108a35-1108b1），将之作为"过度、不及和适度"，[①]而是表述为若干"自然的"二元关系。那么，基于二元性，三元性就可以得出。正是对情感的二元、三元关系的分析，亚里士多德才能得出道德品质的结构。

再以愤怒一组为例，EN 1125b26-29 明确表示其适度没有名字，过度部分也差不多如此。因而，亚里士多德将情感的名称借用过来。[②]他还说"温和"一词本来指的是不及（EN 1125b28），这里显然联系了作为情感二元组之一的温和。之所以没有名字，恐怕是因为在日常生活里，愤怒方面的德性，很少被人思考，人们只知道情感的名称。在伦理学中，这样的情感不可能消除，很难或者没有必要让人永远处于毫无情感的中间态，相反，要让它们以正确的方式表现出来，而这就需要通过理性引导，从而养成适度的品性。

那么，作为德性的温和，就不是如 Rhet.1380a7-8 的定义那样是愤怒的"安定与平静"，相反，温和者也会成为"基于应该的原因，针对应该之人的愤怒者，他以应该的方式，在应该的时

----

① 显然，嫉妒是过度。因为愤慨和嫉妒同为痛苦，幸灾乐祸是快乐；快乐不可能是痛苦的过度。

② 作为品质的温和也见 Rhet.1366b2-3。

刻，以应该的时长［愤怒］"（EN 1125b31-32），<sup>①</sup>之所以如此，"因为温和者愿意没有纷扰<sup>②</sup>，不受情感引导，而按照理性的安排，就以这样的方式，基于这些原因，以这样的时长发怒"（EN 1125b33-1126a1）。<sup>③</sup>这样的温和就成为了更卓越的"中间状态"（中道），它是通过理性参与之后形成的习惯。以此为基础，情感仿佛具有了方向性。

在过度上，易怒是不分时间、场合、原因、对象地发怒，这是愤怒情感未被理性说服而养成习性之后的状况；不及的"麻木"或"无愤怒"则是无差别地产生温和情感的品性。显然，它们的极性来自于情感本身。人还无法处于不受它们左右而能对之加以协调的中立状况中。

如前所述，Rhet.II 对情感的分析必定在很大程度上就是单纯地研究情感，因为这是哲学的求真本性所决定的：为了更好地用于修辞术，就必须客观而详尽地将情感这一现象研究透彻，使之形成一套理论体系。即使这一做法是顺便为之，但这与它具有科学性并不矛盾。所以，这样的分析恰恰可以用于伦理学，这不是巧合，因为对情感的哲学研究本身就是合理真实的，完全能成为道德哲学探索的基础，更何况 Rhet.II 中的情感问题就牵涉了伦理。

---

① 古希腊文为，ὁ μὲν οὖν ἐφ᾽ οἷς δεῖ καὶ οἷς δεῖ ὀργιζόμενος, ἔτι δὲ καὶ ὡς δεῖ καὶ ὅτε καὶ ὅσον χρόνον.

② 比较 Rhet. 1382a21-25 中恐惧的定义里的"纷扰"（ταραχὴ）。

③ 希腊文为，βούλεται γὰρ ὁ πρᾶος ἀτάραχος εἶναι καὶ μὴ ἄγεσθαι ὑπὸ τοῦ πάθους, ἀλλ᾽ ὡς ἂν ὁ λόγος τάξῃ, οὕτω καὶ ἐπὶ τούτοις καὶ ἐπὶ τοσοῦτον χρόνον χαλεπαίνειν.

## （五）情感与混合心理活动

如前所述，Rhet.II 的情感是无理性的，它的关键心理活动就是感知与想象，但是，在情感定义和具体描述中又存在着很多含混的、似乎也表示理性活动的用词。我们之前解释了这样的含混。而且，按照"随着理性"的最低解释，无论是什么样的用语，Rhet.II 的情感往往的确会指向信念、设想、相信等理性活动。因为，一般的属人的情感总是跟社会语境和价值内容密切联系，尤其是在体现日常政治和道德观念的修辞术活动中。

通过前面的定义表可以看出，亚里士多德为每一种情感的主体至少设定了一种内在活动。其方式有感知、想象、欲望、希望、信念、设想等等无理性和理性活动，有一些本身也被他认为就"是"情感，如欲望和希望。这些活动往往是混合在一起的。我们下面用表格列举这些活动及其所出现的文本，其中也收录了几个来自 Rhet.I 的例子。①

| | |
|---|---|
| **想象** | （1.1）快乐：Rhet.1370a28-30，"既然，感到快乐就是处于感到某种感情中，而想象是某种微弱的感觉，而在回忆者和希望者中，某种想象恒常伴随［他］，于此他回忆和希望。"② |
| | （1.2）快乐：Rhet.1370b33，对超越的想象。 |
| | （1.3）快乐：Rhet.1371a9，荣誉和名誉令人快乐，因为让人产生想象。 |

---

① 轻视和藐视属于愤怒的对象人，而不是主体，但这两种心理活动，亚里士多德给出了详细的分析，我们也一并收入。

② 希腊文为，ἡ δὲ φαντασία ἐστὶν αἴσθησίς τις ἀσθενής, ἀεὶ ἐν τῷ μεμνημένῳ καὶ τῷ ἐλπίζοντι ἀκολουθοῖ ἂν φαντασία τις οὗ μέμνηται ἢ ἐλπίζει.

续表

| | |
|---|---|
| **想象** | （1.4）快乐：Rhet.1371a18-20，被人友爱令人快乐，因为被爱者想象自身存在着所有人感觉得到的、都想欲望的善。 |
| | （2）愤怒：Rhet.1378b9，头脑中有着报复的念头时，"产生的想象造成了快乐，恰如梦中的［想象］"[①]。 |
| | （3）恐惧：Rhet.1382a21，对将要发生的毁灭或痛苦恶事的想象。 |
| | （4）信心：Rhet.1383a17，对平安的想象。 |
| | （5）羞耻：Rhet.1384a23，羞耻是对坏名声的想象。 |
| **看起来**（φαίνεσθαι） | （1）欲望：Rhet.1369b15-16，通过欲望所做之事，"看起来"是快乐的。 |
| | （2）快乐：Rhet.1369b20 和 23，快乐之事与"看起来"的快乐之事。这里不是指虚假的，而是主观认为的快乐事情。 |
| | （3）快乐：Rhet.1371a23-24，奉承者"看起来"是赞美者和友人，这里也涉及了友爱。 |
| | （4）欲望、憧憬和快乐：Rhet.1378a4-5，对将来之事有欲望和憧憬，如果事情令人快乐，就"看起来"将要存在。 |
| | （5）轻视：Rhet.1378b11，轻视是这样的意见的实现，意见相关"看起来"无价值的东西。 |
| | （6）愤怒：Rhet.1378a31-32，"看起来"的报复和轻视。 |
| | （7）友爱：Rhet.1381a11，某人既为自己，也为他人愿求，那么在后者"看起来"，前者就是自己的朋友。 |
| | （8）恐惧：Rhet.1382a25，"看起来"不远而临近的恶事。[②] |
| | （9）羞耻：Rhet.1383b13-15，"看起来"招致坏名声的恶事。 |

---

① 希腊文为，ἡ οὖν τότε γινομένη φαντασία ἡδονὴν ἐμποιεῖ, ὥσπερ ἡ τῶν ἐνυπνίων。

② Kassel（1976）的索引没有记录这一例。

续表

| | |
|---|---|
| **看起来**<br>（φαίνεσθαι） | （10.1）怜悯：Rhet.1385b13，"看起来"的毁灭和痛苦恶事。 |
| | （10.2）怜悯：Rhet.1385b16，恶事"看起来"临近。 |
| | （10.3）怜悯：Rhet.1386a29，临近而"看似显露的"（ἐγγὺς φαινόμενα）苦难令人怜悯。这里未必是客观显露出来，比如戏剧中产生的怜悯，就不可能源自于现实的灾难，而是源自于观众的想象。 |
| | （10.4）怜悯：Rhet.1386a33-34，用表演呈现恶事。① |
| | （11）愤慨：1387a9-10，他人"看起来"不应得的成功。② |
| | （12）嫉妒：Rhet.1387b22-23，相同者"看起来"成功享有了好事。③ |
| | （13）好胜：Rhet.1388a30，天生相同者中"看起来"存在着具有荣誉和有可能为自己获取的好事。 |
| **欲求、欲望、<br>需求、意欲** | （1.1）欲望：Rhet.1369a4，无理性的欲求是欲望。 |
| | （1.2）欲望：Rhet.1370b15，大多数欲望伴随着来自希望和回忆的快乐。 |
| | （1.3）欲望和快乐：Rhet.1378a4-5，对将来之事的欲望，如果事情令人快乐，就认为存在。 |
| | （2.1）愤怒：Rhet.1378a31-32，对报复的欲求。 |
| | （2.2）愤怒：Rhet.1380b27，对报复的意欲（ἐφιέναι）。 |
| | （3）恨意和敌意：Rhet.1382a8，恨意有作恶的意欲（ἔφεσις）。 |
| | （4）感激：Rhet.1385a22-23，最主要的需求就是伴随着对没有［某物］的痛苦的欲求。 |

---

① 这里没有使用 φαντασία，但联系了"置于眼前"，见第七章。
② Kassel（1976）的索引没有记录这一例。
③ Kassel（1976）的索引没有记录这一例。

| | |
|---|---|
| 设想<br>（ύπολαμβάνειν,<br>ύπόληψις）、<br>认为和相信<br>（όίεσθαι） | （1）欲望：Rhet. 1370a19-20，无理性的欲望与"设想"无关。这也暗示了随着理性的欲望是要通过设想。 |
| | （2）轻视：Rhet.1378b13，我们"认为"那些没有什么或琐屑的东西一文不值。 |
| | （3）藐视：Rhet.1378b15-16，藐视者藐视自己"认为"一文不值的东西。 |
| | （4）快乐：Rhet.1378b3，相信自己获得了所追求的事情，会令人快乐。 |
| | （5）轻视和藐视：Rhet.1378b20，轻视者"认为"对方不会危害自己。 |
| | （6）愤怒：Rhet.1379b1，愤怒者"认为"自己在一些方面过人。 |
| | （7.1）友爱：Rhet.1381a22，人们友爱正义之人，因为"认为"这样的人不靠他人而活。 |
| | （7.2）友爱：Rhet.1381b5-6，人们友爱容易抚慰的人，因为人们设想他们之于别人是这样的，也就相信他们之于自己［也是这样的］。 |
| | （8）恨意和敌意：Rhet.1382a4，恨意者设想对方可憎，就会憎恨他。 |
| 信念和意见<br>（δόξα） | （1）轻视：Rhet.1378b10，轻视是意见的实现。 |
| | （2）愤怒：Rhet.1379a24，对事情有所期许但出乎意料（τὸ πολὺ παρὰ δόξαν），会感到愤怒。 |
| | （3）愤怒：Rhet.1379b36，遗忘看上去（δοκεῖ）是轻视的标志。 |
| 信服<br>（πεισθῆναι） | 欲望：Rhet.1370a25-27，欲望信服或被说服，即相信理性提供的信念和命题。 |
| 轻视 | （1）轻视：Rhet.1378b10-11，轻视是这样的意见的实现，意见相关"看起来"无价值的东西。 |
| | （2.1）无耻：Rhet.1380a19-20，无耻是轻视和藐视。而如上述，藐视随着"认为"的活动，因此轻视也是如此。 |
| | （2.2）无耻：Rhet.1383b15-17，无耻是某种轻视。按上面所引 Rhet.1378b13，轻视是一种"认为"活动。 |

续表

| 考量<br>（βουλεύεσθαι） | 恐惧：Rhet.1383a7，恐惧令人考量将来。 |
|---|---|
| 重视或考虑<br>（φροντίζειν） | 恐惧：Rhet.1382a27，人们不会考虑很远的恶事。 |
| 希望<br>（ἐλπίς，<br>ἐλπίζειν）或憧憬<br>（εὔελπις） | （1.1）快乐：Rhet.1370a29-35，回忆者和希望者中恒常伴随着某种想象；将来的快乐之事存在于希望中。 |
| | （1.2）快乐：Rhet.1370b7，希望的事情，如果存在了，就令人欢欣。 |
| | （1.3）快乐和欲望：Rhet.1370b16，欲望伴随着来自希望的快乐。 |
| | （1.4）快乐和愤怒：Rhet.1370b33，对报复的希望带来快乐。 |
| | （2）憧憬和快乐：Rhet.1378a4-5，对将来之事的憧憬，如果事情令人快乐，就会认为存在。 |
| | （3）愤怒：Rhet.1378b2，对报复的希望带来快乐。 |
| | （4）温和：Rhet.1380b5，在合理的希望中会感到温和。 |
| | （5.1）恐惧：Rhet.1383a5-6，恐惧者对平安有所希望。 |
| | （5.2）信心：Rhet.1383a17，希望伴随着对平安的想象。 |
| | （6.1）怜悯：Rhet.1386a3，怜悯者会"预想"（ἐλπίσαι）事情发生在自己或自己人身上。[①] |
| | （6.2）怜悯：Rhet.1386a30，人们不会希望遥远的事情。 |
| | （7）不嫉妒（暂名）：Rhet.1386b32，希望同人身上的事情也存在于自己身上。 |
| 预想<br>（προσδοκᾶν，<br>προσδοκία） | （1）恐惧：Rhet.1382b30，恐惧是对恶事的预想。对比恐惧的定义，预想就与想象相关。 |
| | （2）怜悯：Rhet.1385b15，预想到本人或某个自己人会承受恶事。 |

---

① 这里的 ἐλπίσαι 不宜译为希望，因为指恶事，意同于下面的预想。

续表

| 期许<br>（προσδέχεσθαι） | 愤怒：Rhet.1379a23，当人有所期许，却事与愿违，会感到愤怒。 | | |
|---|---|---|---|
| 回忆<br>（μιμνήσκεσθαι，<br>ἀναμιμνήσκεσθαι） | （1.1）快乐：Rhet.1370a29-1370b1，快乐来自于回忆。 | | |
| | （1.2）快乐：Rhet.1370b10，快乐来自于回忆。 | | |
| | （1.3）快乐（和欲望）：Rhet.1370b15-27，欲望伴随着来自回忆的快乐；为当前缺失而痛苦，但快乐在回忆。 | | |
| | （2.1）怜悯：Rhet.1386a1-2，怜悯者回忆恶事。 | | |
| | （2.2）怜悯：Rhet.1386a30，人们不会回忆遥远的事情。 | | |
| 意愿（愿求） | （1.1）友爱：Rhet.1380b35-1381a1，定义，为某人愿求［自己］认为有好处的事情。 | | |
| | （1.2）友爱：Rhet.1381a6-7，朋友共同愿求的事情发生，就会都感到欢欣；苦乐是愿求的标志。 | | |
| | （1.3）友爱：Rhet.1381a10-11，朋友愿求同样的事情，既为自己，也为他人愿求。 | | |
| | （1.4）友爱：Rhet.1381a19，朋友之间愿求相同的好事。 | | |
| | （2）恐惧：Rhet.1382a34，恐惧的标志，愤怒和敌意之人愿求报复。 | | |
| | （3）愤怒：Rhet.1382a8-9，愤怒者愿意让对方感到要遭受报复。 | | |
| | （4）恨意：Rhet.1382a15，有恨意者愿意让对方不存在。 | | |
| 感觉<br>（αἰσθάνεσθαί，<br>αἴσθησις） | （1）快乐：Rhet.1370a27-28 和 32-34，感到快乐就是处于感到某种感受中；快乐之事在感觉中现存。 | | |
| | （2）愤怒：Rhet.1380b24-25，感知愤怒对象。 | | |

　　从上表能够看出，无论理性活动是实际出现，还是仅仅隐含在以无理性为本质的情感活动中，在《修辞术》的语境下，无理性和理性因素都可以说是混合在一起的。De mot.an.703b18-19有一个论述相当于概括了情感活动的无理性和理性方面："思想和想象……呈现了能够产生情感的东西；因为它们呈现了能够产

生［情感］的这个东西的形式。"① 以思想为中心，理性活动体现在设想、认为、相信、意见、预想等；与想象相关，无理性或感性活动体现在感知、欲望、希望、愿求、回忆等。这些活动中，有一些本身就是混合的，比如希望、愿求和预想。② 有一些总是会结合在一起，比如想象、设想和思想。③

这些活动里，频繁出现在情感定义中的 φαίνεσθαι 和 φαντασία 是核心。这两个词是同源关系，在 Rhet.II 里，它们实际上表示同一个意思，而且集中在 φαντασία 这里。④

如前述，φαίνεσθαι 的基本词义，既可以表示感知和想象，也表示认为和信念。⑤ 但是，在 Rhet.II 描述情感时，它表示前一种意义，这是非人动物也会具有的活动。以具有范例性的 Rhet.1378a31-33 的愤怒定义为例，定义里有两个 φαινομένη，分别描述报复和轻视，尽管学者们对此有着不同的理解和译法，⑥

---

① 希腊文为，ἡ γὰρ νόησις καὶ ἡ φαντασία...τὰ ποιητικὰ τῶν παθημάτων προσφέρουσι· τὰ γὰρ εἴδη τῶν ποιητικῶν προσφέρουσι。这里的 πάθημα 也包含感受；另见 De mot.an.701b18-22。

② Nieuwenburg（2002:92）。

③ De an.427b27-28 指出，看起来前两者就属于思想，想象当然不会是思想，但却为思想提供感性内容，因而总是密不可分。

④ Dow（2015:189）；Caston（1996:41, n.46）充分列举了亚里士多德那里 φαντασία（大于英语的 imagination）与其他理性或非理性心理活动的关联，似乎上面列表里的所有内在活动都需要它。两词的同源关系见 De an.428b1 和 De an.429a3；LSJ 的 φαίνω 词条 B.II.2 释义为，哲学上表示呈现给想象。

⑤ 如柏拉图《智者》264b 所说，"看起来"混合了感觉与意见（φαίνεται δὲ ὃ λέγομεν σύμμειξις αἰσθήσεως καὶ δόξης）。

⑥ Grimaldi（1988:21）理解为明显的或公然的，即公开地报复对方明显的轻视，这是完全错误的。Cope（1877:II,10）的理解近似，尽管他把 τιμωρία 译为惩罚，句意是可感的惩罚，这应是依据 Rhet.1382a8-9，愤怒者愿求对方"感觉到"报复（αἰσθέσθαι γὰρ βούλεται ὁ ὀργιζόμενος）。Rapp（2002:I,73）全部译为 vermeintlich，这才是正确的。

但很明显，它们指愤怒者自己的感知，尤其是 φαντασία。① 这方面存在着四个有力的文本证据。

第一，Rhet.1370b32 和 Rhet.1378b2 分别指出，愤怒者之所以感到快乐，是因为希望复仇。那么，这个希望就包含想象，如见 Rhet.1370a28-30。

第二，Rhet.1378b8-9，这里承接 Rhet.1378b2 的解释，进一步提到了快乐来自于"报复的想象"，而这样的报复存在于思想或念头中（τῇ διανοίᾳ）。

第三，在羞耻的定义里也出现了 φαινόμενα，而在 Rhet.1384a23 对定义的重述中，亚里士多德将之替换为 φαντασία。

第四，EN 1149a30-34 描述了愤怒的一般过程："由于本性的热烈和迅速，怒气虽然倾听，但没有听到指令，就冲上去报复。因为理性或想象[说]凌辱或轻视显露出来，它恰如做出了[三段论]推论：应该跟这样的人搏斗，于是，它就立刻发火。"② 这里可以看到，轻视本身是想象出来的，这正是《修辞术》描述轻视的那个 φαινομένη 所要表达的意思。

那么，φαντασία 就是最关键的心理活动。按照亚里士多德的描述，想象类似于内在的感觉，尽管这两者并不相同（De an.428a5-16）；它也有助于得出信念，尽管又区别于后者（De

---

① 这样的用法可以对比（尽管并不完全相同）我们之前讨论的"相对善"，即相对于某人的"看起来的善"（τὰ τινί, φαινόμενον, EN 1152b26-27, EE 1235b31-33 和 1236a10），善来自于主观的评价，它未必是假的（如 EN 1113a33-1113b1）。

② 希腊文为，ὁ θυμὸς διὰ θερμότητα καὶ ταχυτῆτα τῆς φύσεως ἀκούσας μέν, οὐκ ἐπίταγμα δ' ἀκούσας, ὁρμᾷ πρὸς τὴν τιμωρίαν. ὁ μὲν γὰρ λόγος ἢ ἡ φαντασία ὅτι ὕβρις ἢ ὀλιγωρία ἐδήλωσεν, ὁ δ' ὥσπερ συλλογισάμενος ὅτι δεῖ τῷ τοιούτῳ πολεμεῖν χαλεπαίνει δὴ εὐθύς.

an. 428a19-22，428a22-24）；不过，它并不是像设想那样来直接相信某个信念，它是通过提供图像来呈现内在经验，[①]从而配合意见（τὸ δοξάζειν，De an.482b1）。我们在最后一章会讨论这个概念，在亚里士多德这里，它并没有达到太高的层次，尤其是理性的水平。虽然本书总是用"想象"这个中译来指称它，但这个译法的含义并不对应英文的 imagination，也不表示（尽管可以推演到）那种心理学和艺术学上的"想象力"或产生内在可视图像的能力；相反，它仅仅表示"储存"和"调用"感觉表象的能力和有关活动，尤其是对表象内容的肯定。[②]之所以反对想象力的提法，是因为没有得到主体自发肯定的、单纯的"想象"或心理图像并不能产生情感（De an.427b20-23）。而关键之处则是对表象的确认；也就是说，产生表象这个活动就是整个情感主体的评价性肯定。

上面例子中，《尼各马可伦理学》提及的"推论"，就是这样的对表象的自发肯定，也就是 φαντασία 的活动。它并不是理性做出，只是"拟理性"。这个"前推理"可以补全如下：（p1）应该报复轻视自己者并且跟他搏斗；（p2）x 是轻视自己者；（c）应该报复 x 并且跟他搏斗。之所以一下子形成这样的"推理"，必定是因自于生理冲动和习惯。

---

① 见 De an.427b17-19，想象与意愿相关，"能将某物置于眼前"（πρὸ ὀμμάτων γὰρ ἔστι τι ποιήσασθαι）。关于这一文本也见后面论"置于眼前"的部分。

② Dow（2015:189,193-195,201-203），他也批评了库珀等学者主张可视想象力的看法；另见前面引述过的拉普的正确理解。Nieuwenburg（2002, 99）提及了内在图像能力的运用，这似乎是他所说的表象方式。就算理解为想象力，但它本身也未必是视觉性的，想象也可以针对其他感觉、概念和内容。De ins. 460b1-16 的确暗示了内在图像，但那与表象活动没有矛盾，而且也不是普遍的。

但是，按照我们的"随着理性"的解释，想象活动还是会指向意见和信念。《尼各马可伦理学》那个例子就明确提及了理性，而且在怒气的情况中还有"指令"这样的表明理性活动的表达；所谓的"推论"其实也暗示了这一点。

那么，《修辞术》的 φαίνεσθαι 和 φαντασία，很可能指向了某种"推理"和"指令"，既然前一个词也可以表示理性活动。只不过如我们之前所说，这样的活动不必当时出现，《修辞术》也没有必要描述出来。在古代阐释中，阿威罗伊的意译明确引入了理性活动：[①]

> 愤怒是痛苦或灵魂［受到的］影响，由此出现灵魂的欲望，［欲望］是为了被视作应当的惩罚，［惩罚］针对令人愤怒者，这是因为他对愤怒者或其身边人的轻视。
>
> والغضب هو حزن أو أثر نفساني يكون عنه شوق من النفس إلى عقوبة ترى واجبة بالمغضوب عليه من أجل احتقار منه بالمرء الغاضب أو بمن هو بسببه و متصل به.

他只保留了惩罚（报复）的 φαινομένη，即 ترى，该词词根为 √رأى，意为看，它也兼有感知与信念两重含义。但从语境来看，他用该词还是指信念，因为"应当"这个判断是来自理性。这种过度阐释的根据就是《尼各马可伦理学》提到的理性指令，尽管在那里，指令并未发出。

如纽温伯格所言，这样的 φαίνεσθαι 和 φαντασία 有一个

---

① Aouad（2002:II,141）。

重要特点，即，它们覆盖了过去、现在和将来所有时间。[①] 以报复为例，对报复的想象在 $t_0$ 时，但对报复的欲求以及此时所想的报复必定是在 $t_1$；而如上面第一个例子和 Rhet.1382a8-9 所示，定义中的 φαίνεσθαι 也包含了对报复的希望和愿求。就是说，在 $t_1$ 时，我们还"希望"在 $t_2$ 时实现报复。[②] 那么，如果这里对报复的 φαίνεσθαι 指向了某种有关报复的信念（如是否应当报复，要对什么人，在什么时间等等），那么 φαίνεσθαι 就是"无时的"，处在过去、现在和将来之下。因为，愤怒者已经"习惯"这样的信念。由于习惯，他不会在所有受到轻视的情况都产生愤怒和报复的念头，他以想象方式所肯定的报复也不是无差别的。比如 Rhet.1379b12-13，低微者不应当轻视。这个"不应当"就是意见，其中当然包含了另一个意见"应当报复低微者"。一旦具有这种信念的主体遭受低微者轻视，就会立刻愤怒，确认这样的报复想象。显然，这不同于朋友的轻视引起的愤怒（Rhet.1379b13-15）和报复，以及相关的意见。尽管信念活动未必出现，但情感主体肯定的表象内容会指向这样的普遍看法。当然，这样的"指向"只是在具体描述中，而非在愤怒的定义里明确显现出来。

最后，基于上面的分析，我们可以重构一下愤怒的定义：S感到愤怒，当且仅当，S 有身体反应，并在 t 时有如下想象内容：p1（"a 是轻视"&"a 是不应当的"）& p2（"b 是报复"&"b 是

---

① Nieuwenburg（2002:94）分析了轻视的 φαίνεσθαι 的三种时态，这是他的论文中最有创见的地方之一。我们下面以他的思路来分析报复。

② EN 1126b21-22 提到了实现的报复可以让愤怒者快乐。而希望报复之所以产生快乐，就是对实现的憧憬。

应当的"）；p1 和 p2 随着信念 q1（"a ∈ x"＆"x 是轻视"＆"x 是不应当的"）和 q2（"y 是报复"＆"y 是应当的"）。如果身体的生理状态不变，那么，这样的想象在报复没有实现之前，在每一个 t 时都会存在。由此，一般性的属人的愤怒其实是一场混合着生理、习惯、想象、信念的无理性和理性的综合活动。

到此，综合本章之前的所有论述，可以看出，亚里士多德主张情感有着绝对的无理性，它依赖于生理条件和习性，它的起因并不是理性活动，它也不可能接受所谓的"理性化"。[①]这一点恰恰维护了亚里士多德坚信的情感源自身心共同作用这个论断。产生的情感的感知与想象可以自发地形成仿佛出自理性的信念和推理，它们具有某种表象内容和命题内容；情感主体的动情就是在肯定这样的表象。在这一点上，人的情感与非人动物并没有太明显的差异。但是，情感的表象内容会与人的理性判断一致，从而跟随或倾听理性和信念，在习惯中，改变原有的发生情感的常态。似乎这样，情感可以得到提升，《尼各马可伦理学》就提出了作为实现活动的快乐和对生活本身的愉悦感；尽管这并不同于《修辞术》所描绘的与兽类差别不大的那种情绪。

对于常人来讲，只要他还有身体，有能够运动的器官，有欲望和想象，只要还在生存，与他人共存，追求正当、利益和价值，嵌入社会的等级中，他就难以"无情"。《修辞术》所考察的情感就是一种在自然和习惯的条件下，在对世界和他人进行想象、判断和相信之后所释放出的、混合了无理性和理性因素、具

---

① Nehamas（1992:300）指出，尽管情感"受制于理性，但它们最终并没有被理性同化"。

有社会性的、属人的精神状态。

这样，我们就可以理解，为什么海德格尔如此看重《修辞术》对情感的讨论；为什么亚里士多德的情感"三要素"（情感者的状态；情感的对象人；情感的对象事物）启发了海德格尔的《存在与时间》对"情绪"（Stimmung）的研究，并且促使他认为，"我们必须把亚里士多德的《修辞术》看作第一部对日常共在的系统诠释"（die erste systematische Hermeneutik der Alltäglichkeit des Miteinanderseins）。[①]情感是此在在世的固有属性，换言之，身为存在之人，就必然在日常世界里无时无刻不处于情绪之中。在他看来，παθος 在"存在论"的立场上关联了"生存者"的"自身时常如是感受（存在）"（Je-und-je-so-sich-Befinden）；这样的 παθος 是此在"在世存在"的身体性的"消损"（das Mitgenommenwerden）。[②]它并不仅仅是"一系列灵魂事件的附属"（ein Annex der psychischen Vorgänge），而是"此在最初朝向自身、感受自身的基本可能性"（die Grundmöglichkeiten, in denen das Dasein sich über sich selbst primär orientiert, sich befindet）。[③]情感似乎处于"本质"的地位，而不再是灵魂的偶性；它深刻揭示了作为人的存在特征。海德格尔以其敏锐的洞察，发现了《修辞术》的情感理论所具有的深刻的哲学意义，尽管他在一些方面误读了亚里士多德，但按照我们前面的论证，可以看出：的确如他所述，Rhet.II.2-11 暗示了情感与人的纠缠，暗示

---

① 见维西（Withy）的论述，来自 Wrathall（2021:501），海德格尔对情绪的研究也是相似的"三元模式"：面对什么；关于什么；情调（attunement, attunings, Stimmung）本身。引文见海德格尔（1999:162）和 Heidegger（1967:138）。

② Heidegger（2002:195,197），也见本书第一章第三节论海德格尔部分。

③ Heidegger（2002:262）。

了情感在人际交往和日常生活中的必然存在。虽然哲学家坚信理性，但情感依然是不能忽视的重要问题。

最后，不妨援引弗兰西斯·培根的《学术的进展》中一段颇长的文字。其中对亚里士多德的情感研究做出了经典的批评和发挥。我们之前讨论他的思想时，未及引述。培根的理论具有明显的"现代性"：一方面，他将情感作为人性本身的体现，另一方面，他甚至认为亚里士多德还不够科学，达不到他所说的光学和颜色学的实证程度。他想把握情感活动的变量，为现代政治规约和调控公民提供确定性的依据：[1]

> 古代平民国家的政治观总习惯把民众比作海，把演说家比作风；因为风停而不扰，海则安静平和。所以，只要煽风点火的演说家不折腾，不鼓噪，老百姓就安宁和顺、易于驾驭。职此之故，也许可以很贴切地说：情感好比风，若它不让心灵骚动纷扰，心灵就合乎本性地节制而稳定。和以前一样，在这方面我还是觉得有一点很奇怪，亚里士多德写的伦理学本来应该是另一副样子，因为他没有处理伦理学的主要问题：情感。但是在《修辞术》中，亚里士多德为它们找到了一个位置，他合理地处理了这些情感，只不过将之作为附属因素，放在了第二位，因为它们要通过演说方能被带动起来。然而，对于情感的真正位置究竟在哪里，他却置之不谈。既然他对于快乐和痛苦的讨论并不能满足他对修辞术的

---

[1] Bacon（2011:437-438），也见 Strauss（2014:174）的引述和分析。

研究，那么可以说，亚里士多德把仅仅对颜色本性的研究当成了对光的一般本性的研究［光对应了快乐和痛苦；颜色对应了情感］；因为快乐和痛苦之于特殊的情感，如同光之于特殊的颜色。据我通过二手文献做出的推断，我认为，斯多亚派在这方面做出了非常出色的研究；但是，这些二手文献似乎只是循着斯多亚派的路数，巧妙地做出了种种定义（在情感本性这一主题中，这些定义只是显得新奇罢了）而并没有像他们一样进行有效和充分的描述与观察。我也发现了一些精妙的专论特殊情感的作品；有的讨论愤怒，有的讨论面对不幸时的安慰之情，有的论述表情的温柔等等。但是，诗人和史家都是这门知识的最佳学者；在伟大的生活场景中，我们会发现情感是如何点燃并激起的；如何又变得平静、受到抑制；如何又再被遏止、不再活动、程度不再递进；我们会发现它们是如何显露出来的；如何活动；如何变化；如何积聚又增强；它们如何彼此缠绕；它们如何斗争、交锋；诸如此类的特性，我们都会发现到。尤其是最后一点，它对于道德和公民社会事务有独特的用处。我认为这就是如何让情感彼此相抵，如何用一种情感控制另一种；正如我们以兽猎兽，用禽捕鸟；若非如此，我们就很难从一种情感中恢复过来：以这一点为基础就可以巧妙地运用奖惩（*praemium and poena*），而公民国家借助奖惩，就能使用恐惧和希望这两种主要的情感压制并约束民众。既然在国家政府中，有时必须要用一党来约束一党，故而在政府中也可以采取上述措施。

文字虽长，但简而言之，不过就是赫卜烈思所概括的：修辞术

"与政治学［是共通的］，这在于：它也关注灵魂的习性和情感，如乐与苦，爱与恨"（ ܐܘ̈ܠܐ ܝܬ ܓܡܠ ܫܘܠܦܢ ܐܦ ܕ ܗ݂ܝ ܚܕ ܗ ܐ ， ܚ̈ܐܐ ܘ ܘ ܐܚ̈ ）。[1]

## 第六节 《修辞术》第二卷第七章的情感哲学以及 χάϱις 的误译问题

在 Rhet.II.2-11 中，亚里士多德讨论了种种具体情感，他一般按照正反成对的方式进行。在篇幅最短的 Rhet.II.7 里，他考察了两个彼此相反的核心情感 χάϱις 和 ἀχάϱιστος。[2] 在希腊语中，χάϱις 一词最为常见，它兼有三个不同的主要含义：（1）施惠者给出的客观的恩惠或帮助；（2）施惠者主观的慈善或善意（反面即不慈善）；（3）受惠者主观的感激（反面即不感激）。这三个含义都与 Rhet.II.7 有着可能的关联。但是，由于该章对 χάϱις 的界定颇为含混，故而学界对文本所涉的核心情感存在争议，这是因为，Rhet.II.7 主要列举了（1）和施惠者的行为，似乎是将（2）作为研究对象。由此，大多数学者的观点为，在表示核心情感时，χάϱις 指（2）。而少数研究者主张，它指（3），或至少，Rhet.II.7 针对的情感也包含了（3）。本节则赞同后一个看法，并且认为，Rhet.II.7 的中心情感仅仅是（3）。本节第一小节会试图总结学者们对其的不同译法和意见；第二小节则提供一些有关的证据；第三小节会基于 Rhet.II.7 中的心理方面的论述来揭示这一

---

[1] 文本见 Watt（2005:69），Watt 把 ܥܝܕܐ 译为 behaviour，但它指的不是孤立的行为，而是惯常的习性或习惯。

[2] χάϱις 也会用动词 χαϱίζεσθαι，ἀχάϱιστος 也会用动词 ἀχαϱιστεῖν。

情感的本质以及该章的理论特点，并且对比《尼各马可伦理学》的 χάρις（感恩或感激）概念。此外，本节还会给出 Rhet.II.7 的某些关键文本的合理翻译。

### 一、χάρις 在其他语言中的翻译情况和不同意见

关于 Rhet.II.7 中表示核心情感的 χάρις 的翻译，我们首先以下表略作总结，其中收录了若干具有代表性的古代和现代语种的《修辞术》的译本和评注本（有两例来自论文），尤其包含了被 Rhet.II.7 研究者忽视的两位闪语学者的译法。而 ἀχάριστος 一词，各版本要么通过附加否定前缀，要么通过补充否定词来迻译，故列表省略。

| 拉丁语 | |
| --- | --- |
| 匿名的古译本和莫贝克的威廉（William of Moerbeke）译本[1] | gratia（慈善或善意） |
| **阿拉伯语** | |
| 里昂斯编订本[2] | المنة（慈善） |
| 阿威罗伊中注本[3] | المنة（慈善）<br>الشكر（感激） |

---

[1] 这两个译本参见 Schneider（1978:81,238）。Konstan（2007:241,243）没有提及这两个古译本以及下面的闪语研究的情况，所以只认为"慈善说"至少肇始于文艺复兴时期，如巴尔巴罗（E. Barbaro）和古尔斯顿（T. Goulston）的翻译，但他也正确指出，拜占庭《修辞术》评注传统未曾直接处理该问题。如其介绍，巴尔巴罗其实很早注意到了 Rhet.II.7 中 χάρις 的不同意思，尽管这晚于下面提到的阿威罗伊。

[2] Lyons（1982:107）。

[3] Aouad（2002:II,184-185），阿乌德把右边的两个词译为 obligeance（殷勤）和 remerciement（谢意）。

续表

| 古叙利亚语 | |
|---|---|
| 赫卜烈思评注本（来源见下） | ‏ܪܚܡܬܐ‎（慈善） |
| 英语 | |
| 霍布斯译本（来源见下） | gratitude（感激） |
| 威尔登译本① | benevolence（慈善） |
| 杰布译本② | favour（善意） |
| 弗利兹旧译本③ | benevolent（慈善） |
| 罗伯茨译本④ | kindness（亲善） |
| 肯尼迪译本（来源见下） | kindliness（亲善） |
| 萨克斯译本⑤ | charity（慈善） |
| 里夫译本⑥ | grateful 和 gratitude（感激） |
| 巴特莱特译本⑦ | gracious 和 graciousness（亲切） |
| 弗利兹版，斯特莱克修订本⑧ | grateful（感激） |
| 寇普评注本（来源见下） | benevolence（慈善）<br>gratitude（感激） |

---

① Welldon（1886:146），似乎就是从威尔登开始，英语世界对 χάρις 的理解走入了歧途。

② Jebb（1909:88）。

③ Freese（1926:221）。弗利兹在注释中指出 χάρις 一词具有不同含义，他似乎略微倾向于 Rhet.II.7 讨论的情感有可能包含感激，但在译文中并没有体现。

④ Roberts（1984:2207），更早的版本见 Roberts（1924）。

⑤ Sachs（2008:206）。

⑥ Reeve（2018:72,266）。在现当代英译本中，里夫是少有的明确译为感激的学者，他参考了 Striker（1996）的意见（见下）。

⑦ Bartlett（2019:97-98）。巴特莱特译本虽然很新，但仅仅参考了寇普和格里马尔蒂的评注，没有了解德语方面的研究和里夫的译本，沿用了错误理解。

⑧ Freese（2020:217），近一个世纪之后，在最新的洛布版中，经过斯特莱克（G. Striker）的修订，这个错误终于纠正过来。

续表

| 英语 | |
|---|---|
| 格里马尔蒂评注本（来源见下） | kindliness（亲善） |
| 库珀论文 | kindly feelings（亲善感） |
| 弗雷德论文 ① | favor（偏爱） |
| **德语** | |
| 西威克译本 | Freundlichkeit（亲善） |
| 克拉平格译本 | Wohlwollen（善意） |
| 拉普译注本 | Dankbarkeit（感激） |
| **法语** | |
| 杜福尔译本 | obligeance（善意） |
| **意大利语** | |
| 扎纳塔译本 | benevolenza（慈善） |
| **俄语** | |
| 齐边科译本 | благодарность（感激） |
| **汉语** | |
| 罗念生译本 | 慈善 |
| 颜一译本 | 善意 |
| **日语** | |
| 戸塚七郎 ② | 親切 |

如上可见，Rhet.II.7 针对的情感基本上被认为是指施惠

---

① 上两处见 Cooper（1996:242）和 Frede（1996:271），弗雷德的错译让她漏掉了一个"混合情感"。

② 以上 9 个译本见，Sieveke（1980:108）；Krapinger（1999:99）；Rapp（2002:I, 89）；Dufour & Wartelle（2003:80）；Zanatta（2004:250）；Цыбенко（2000:75）；罗念生（2006:95）；亚里士多德（1994:433）；戸塚七郎（1992:220）。

者的慈善（无论何种用词或译法），但也存在着少数不同的意见。作为古代研究者之一，尽管阿威罗伊还是以慈善为中心，但他较早注意到了作为情感的 χάρις 所具有的双义，他在这部分评注的标题就表明了该章是同时论及两种情感："论［如何］确立慈善和对其的感激，兼论对其的拒绝和对其的不感激"（القول في إثبات المنة و شكرها وفي إنكارها و كفرها）[1]。另一位古代注释者赫卜烈思虽然将该章处理的情感定为慈善，但在其定义中，他也指出，慈善是一种"有助益之事"（ܚܠܐܘܬܐ ܚܘܠܬܐ），它会让他人"表示感谢"（ܢܘܕܐ）[2]。这就是说，至少某些慈善仅当能引起别人的感激时才是其所是。

在他们之后，施拉德（C. Schrader，1601—1680）首先明确认定 Rhet.II.7 的情感为"感激"。他区分了 χάρις 的两重含义：一为"慈善"（beneficium），另一为"对慈善的充满感激的记忆和对此回报的欲求"（beneficii gratam memoriam et cupiditatem illud remunerandi），由此他主张：较之前者，后者才指"情感"。[3]这暗示了慈善只是某种品行，并非是心态。施拉德深中肯綮地将感激与心理方面联系在一起，睿智地解决了该章的重要问题。受其影响，托马斯·霍布斯也认为，Rhet.II.7 处理的是感激。他还将其中讨论的作为"慈善"的 χάρις 译为 gratuitous benevolence（无偿的慈善或善举），这似乎是要体现 gratuitous

---

[1] Aouad（2002:II,184）。

[2] 该词的词根为√ܢܘ，与慈善一词的词根（√ܚܘܠ）不同，这有别于 χάρις 在希腊语中的情况。赫卜烈思使用的《修辞术》版本是上面提及的里昂斯编订的阿拉伯语译本，其阐释也与阿维森纳对《修辞术》的理解有着密切关联，后者也将 Rhet.II.7 针对的情感理解为慈善。见 Watt（2005:21-23,174-175,331）。

[3] Gaisford（1820:231）。

与 gratitude 的同源关系。①

　　不过，虽然这两人的理解极为合理，却并没有被后来的英译者普遍继承，"慈善说"渐渐成为主流。如寇普模棱两可地维护了 χάρις 表示感激的可能性，而将慈善作为该章的核心情感。② 而现代较为流行的"洛布丛书"弗利兹译本（旧译本）、罗伯茨译本以及肯尼迪译本，都持更为相反的观点，这也影响了其他语种的翻译。肯尼迪甚至坚定地认为，Rhet.II.7 论述的就是"一种利他的亲善或慈善之情"，尽管他注意到，该章不同于其他章之处在于："它着眼于 χάρις 是什么，而忽略了其呈现者的内心状态。"③ 意即，Rhet.II.7 仅仅从外在论述了作为慈善或善意的 χάρις 及其本质，而没有涉及心理因素——这一点恰恰是别的论情感部分全都具备的地方。但是，既然将 χάρις 处理为慈善会导致该章与其他章有着本质差异，既然 Rhet.II.7.1385a16-17 已经计划要在该章谈论情感主体的心态，并且 Rhet.II.7 并非没有谈及"心理"只不过是针对受惠者的内心，那么，为何不像施拉德一样将 χάρις 转到受惠者那边呢？

　　《修辞术》的著名研究者格里马尔蒂也明确反驳了 χάρις 表示"感激"的看法，他给出了更多的理由。他同样指出，该章的情感定义区别于其他章，其独特之处在于：它定义 χάρις 时，是"按照这一情感的体验者的行为"，而在分析这些行为时，则"按

---

① Hobbes（1906:133-144）。

② Cope（1877:II,87,89）。寇普似乎很不愿意放弃"感激"的可能，他用了很长的一段说明感激的原理。看起来，他好像意识到了慈善的关键条件在于感激，这至少比下面会提到的肯尼迪和格里马尔蒂更明智。

③ Kennedy（2007:137）。Cooper（1996:242）也发现该章只讨论行动，而非感受，但依然采取错误理解；他将之与友爱并列，还批评亚里士多德的定义"笨拙"。

照那些会成为该情感的接受者的人"来进行。意即，对慈善的分析是从受惠方的角度来做出。格里马尔蒂已经注意到了受惠方的因素，但他依然将焦点放在施惠者上，而且将 χάρις 联系了 Rhet.II.4 论述过的另一种情感 φίλια。他还认为有几处文本都排除了"感激"的可能。但这样的看法都是偏颇的。[①]

在一篇并非专研 Rhet.II.7 的论文中，斯特莱克独到地给出了一个支持"感激说"的重要证据（她后来也将之体现在其所修订的洛布丛书版中）。如，Rhet.1385a16 和 18 的 χάριν ἔχειν，在希腊文中仅仅表示"感谢"（to be grateful），不会意谓着"慈善"。[②] 而之所以 Rhet.II.7 间接地定义恩惠和慈善，是"因为感激并没有正式的定义可用"。[③] 她的看法被深研《修辞术》的拉普所采用，其指出，如果采取慈善说，那么 Rhet.II.7 仅仅"以行为的方式来定义"它。[④] 到此，终于有学者与最早的施拉德的主张建立了一致，尽管拉普未曾引及后者（还有霍布斯）。而康斯坦通过独立的思考同样力主"感激说"并且提供了更为详尽的分析。[⑤] 弗腾堡同样主张感激说，他还认为这样的感激也可以说是

---

① Grimaldi（1988:128）。

② Konstan（2007:242）也确定这个短语在希腊文献中没有一处表示"［成为］慈善"或"施以恩惠"（这应该用动词 φέρειν 和 τίθεσθαι），他给出了一些表示感激的例子，来自喜剧家赫罗达斯（Herodas, *Mimiambi* 5.81）与普鲁塔克（*Cato Minor* 66.2 和 *De audiendis* 42C6）。另见 LSJ "χάρις" 词条 A.II.2，动词同样可以用 φέρειν 或 εἰδέναι 等。

③ Striker（1996:292,301, n.15）。在她之后，20 世纪末到 21 世纪的译本里，较早翻译正确的当属 Цыбенко（2000），这先于德语和英语世界。该译本并未注录斯特莱克的论文，因而译者是独立思考出的。但是西欧和美国学界对他的翻译有所忽视。

④ Rapp（2002:II,645）。

⑤ Konstan（2007:239-249），撰写该文时，康斯坦并不知道斯特莱克的观点。但他未有提及施拉德和霍布斯的看法。其另一版论述见 Konstan（2006:156-168）。

一种 kindness，只不过是来自听众。① 前述的里夫的译本也遵循了他们的看法。

我们也持感激说的立场，在下一小节将给出充分证明，同时既会援引支持这一主张的学者所采用的一些证据，也会回驳相反立场的研究者的观点。

### 二、对"感激说"的证明以及 χάρις 定义的再审视

在 Rhet.II.2-11 中，亚里士多德处理的情感都是针对听众的，因此，χάρις 必定是在听众身上激发出来的。由此，我们可以引出第一个证据，它的出现早于 Rhet.II.7。在 Rhet.II.3.1380b30-33，论温和一章结尾，亚里士多德总结性地指出，演说者为了让听众温和下来（καταπραΰνειν），他可以将听众愤怒的"对象人"（设为 A）设置为令人温和者。其中有三种情况，A 会让听众处于非愤怒的情感中从而变得温和，如使 A 成为：（1）令人恐惧者；（2）令人敬愧（羞愧）者。而第三类（Rhet.1380b32），亚里士多德则用 κεχαρισμένους（即 χαρίζεσθαι）一词来描述，该词与 χάρις 同源，表示给人恩惠和对人慈善。也即，要设置 A 为对人慈善者，或，听众会想象 A 是对自己慈善、给予自己恩惠的人。这是复述 Rhet.1380a27 的手段，而与（1）和（2）一样，其中也暗含了一种情感：它只能是由慈善产生的"感激"，因为听众产生

---

① Fortenbaugh（2002:108-109），但这样的说法没有注意到作为感激的 χάρις 不仅仅相关于对施惠者的好感和善意，它还要求受惠者有强烈的"需求"。他还猜测，《修辞术》对情感的论述原本不是为了该书而写，或者有遗漏，所以 Rhet.II.7 没有定义感激。但这样的猜想没有太充分的理据，目前看来，Rhet.II.7 还是自足的；而且情感研究必定是《修辞术》的首要与核心任务，因为智者是最早关注情感的，他们就是为了修辞术。

的情感不可能是慈善。如果想让听众产生慈善的话，那么亚里士多德不会建议把 A 确立为慈善者。

既然这里暗含了感激，如果我们将 Rhet.II.7 也理解为处理感激，那么，很可能并非巧合的是，这三种情感恰好就是后面 Rhet.II.5、Rhet.II.6 和 Rhet.II.7 的主题。假使 Rhet.II.7 是慈善的话，那么 Rhet.1380b32 这里也必定依然是感激，但若是如此，这种非常明显的情感就没有在 Rhet.II.2-11 中被处理了。

针对斯特莱克的主张，我们还可以补充第二点证据。Rhet. 有三处使用了 χάριν ἔχειν，其中 Rhet.1374a23 不在 Rhet.II.7 中，那里可以完全确定指受惠者，表示"感恩"[①]，因为提及了针对"施惠者"。

第三点证据最为重要，它集中于 Rhet.II 的对情感研究的特征。在 Rhet.II.1.1378a20-30，亚里士多德给出了情感的"定义"和对其的处理方式：

> 诸情感即，由于它们，人们［裁决者］产生变动，裁决就多有不同，痛苦和快乐随着［情感］，如愤怒，怜悯，恐惧等等诸如此类，还有与之相对的种种。必须逐个将它们划分为三，我所谓，例如，关于愤怒，愤怒者处于何种状态；他们习惯于被什么人所激怒；因什么样的事情［会愤怒］；因为，如果我们只具有了其中一点或两点，未［具有］

---

① 这里的语境涉及法律，是在列举正当行为，因而指感恩之举，不是指心理状态，但意思一致。另外，Rhet.1354b34 提及了审判者倾听诉讼人时会有所"偏袒"（πρὸς χάριν，有利于），这里的 χάρις 也算某种情感，但与作为慈善和感激的 χάρις 完全不同。

全部，恐就不可能造成愤怒；对于其他［情感］，方式相同。恰如对前述内容，我们曾列出过许多命题，我们也要这样来处理和划分这些［情感］，就以前面说过的方式。

这一段里，有几点重要之处：第一，《修辞术》研究的情感是某种心理变动状态，尤其是与痛苦和快乐相关。第二，情感研究按照三个环节进行：（1）情感主体的状态；（2）情感的对象人；（3）情感的对象物或原因。第三，情感定义及其研究方式会贯穿 Rhet.II.2-11。这样，按照"慈善说"，Rhet.II.7 完全没有体现出心理变动与苦乐感受，自然也不会揭示主体状态。那么，当转向受惠者这边时，Rhet.II.7 恰恰存在着对其心理的描绘；若采用"感激说"，则这一情感完全符合上述要求。

不过，有一点确实会引起所谓的争议。在 Rhet.II.2-11 中，每一章，亚里士多德对于核心情感都给出定义句（一般采用"是"的命令式 ἔστω）。而在 Rhet.II.7 中，他的定义却不是作为感激的 χάρις。这样，如格里马尔蒂和肯尼迪就指出，这个定义明确排除了"感激说"。[①]我们下面可以看一下这个定义，因为翻译存在异见，先列出原文（Rhet.1385a17-19）：

τίσιν δὲ **χάριν (1)** ἔχουσι καὶ ἐπὶ τίσιν καὶ πῶς αὐτοὶ ἔχοντες, ὁρισαμένοις τὴν **χάριν (2)** δῆλον ἔσται. ἔστω δὴ **χάρις (3)**, καθ᾽ ἣν ὁ ἔχων λέγεται **χάριν (4)** ἔχειν, ὑπουργία τῷ δεομένῳ μὴ ἀντί τινος, μηδ᾽ ἵνα τι αὐτῷ

① Grimaldi（1988:128）和 Kennedy（2007:137）。

τῷ ὑπουργοῦντι ἀλλ᾽ ἵνα τι ἐκείνῳ.

　　文中存在四处 χάρις（加粗并编号）。采用斯特莱克的观点，那么（1）和（4）显然指感激。但是（2）和（3）明显指其他含义，这两处通过 ἔστω 引出了该章的定义句，而从文意上看，（3）必定不是感激，而是施惠者给予的恩惠。不过，亚里士多德并没有说，定义句就全都是要定义核心情感。另外，若就定义而言，（4）其实也给出了另一个"定义"，是通过 λέγεται 引出的。[①] 那么，通过界定"恩惠"，的确可以进一步确定感激。这样一来，Rhet. II.7 依然对核心情感给出了定义。而以"感激"为准时，该章也就能全部完成 Rhet.1378a20-30 的任务。

　　就语意来说，当（4）表示感激时，文本并未出现问题。其所在的一句可以独立出来作为插入语。[②] 这样，所谓"定义排除了感激说"的看法，就不成立了。我们可以尝试着重新翻译这一段：[③]

---

① 这样的定义不能说不严格，如 Cat.1a1, 1a6, 1a12 等；在 Rhet.1386b9-12，也用意思相近的 καλοῦσι 来"定义"愤慨。当然，就算这样定义不严格，但 II.2-11 中，ἔστω 引出的某些定义本就不是完全标准的，它们一方面是科学地分析情感，另一方面则是为了修辞用途。

② 如果不作为插入语，那么这一句就会与下面直接相连，如前述的两个拉丁古译本的做法，由此，很容易会导向慈善说。但是，按照慈善说，那么，用定义恩惠来定义慈善，这就构成了重复。尽管主张慈善说，但巴尔巴罗也发现了这一点，他认为，待定义者（definiendum）包含在了定义中。见 Konstan（2007:241）。

③ 我们分别附上"慈善说"和"感激说"的译文供读者对比，来自 Kennedy（2007:137）、Rapp（2002:I,89）和 Цыбенко（2000:75）：

　　To whom people show kindliness and for what reasons and in what state of mind will be clear [to us] after having defined *kharis*. Let *kharis*, in the sense that one is said to "have *kharis*," be [defined as] a service to one in need, not in return for anything nor that the one rendering the service may get anything but as something for the recipient

（转下页）

人们对哪些人感激，由于哪些事情，他们具有何种状态，通过定义恩惠就会清楚。恩惠——按照它，可以将接受的人称作有感激之心——可定义为：给需求者以帮助而不为了报答什么，不为了给帮助者自己什么，而是给前者［需求者］。

在这一定义中，主体状态明确作为了 Rhet.Ⅱ.7 的任务之一（Rhet.Ⅱ.7.4.1385a31 对此又做了回应和总结），这从根本上排除了慈善说，因为 Rhet.Ⅱ.7 只字没有提及慈善者的心理状态。[①] 而在对恩惠的定义中，恰恰出现了对感激者心理的描述：这样的人具有某种需求。在 Rhet.Ⅱ.7.3 这一段，需求成为了详细描述的主题。如果按照极端的慈善说（丝毫不考虑感激的情况，如肯尼迪），那么 Rhet.Ⅱ.7.3 其实毫无必要，因为行为就可以决定是否慈善，受惠者的内心毫无意义（也因此，格里马尔蒂和肯尼迪才会认为 Rhet.Ⅱ.7 仅仅讨论行为，没有像其他章一样论述心理）。

---

（接上页）Wem gegenüber man Dankbarkeit empfindet und aufgrund von welchen Dingen und in welchem Zustand man sich dabei befindet, das wird klar werden, nachdem wir den Gefallen definiert haben. Ein Gefallen also - das mit Bezug worauf man von dem, welchem er widerfahren ist, sagt, er sei dankbar - sei eine Hilfeleistung für jemanden, der seiner bedarf, und nicht als Ausgleich für irgendetwas, und nicht für den Vorteil von dem, der ihn leistet, sondern von jenem.

К кому люди испытывают благодарность, за что и в каком состоянии, станет ясно, когда мы определим, что такое добродетельство. Определим добродетельство, — а тот, кто его осуществляет, «добродетельствует», — как услугу человеку, который в ней нуждается, оказываемую не взамен чего-либо и не для того, чтобы получил какую-либо выгоду ее оказывающий, но именно тот, кому ее оказывают.

① 由于坚持慈善说，Kennedy（2007:138, n.55）错误地认为亚里士多德未及补充这一点或文本有缺失。

如果像阿威罗伊和寇普那样，主张感激也有所涉及（作为慈善的
条件），那么该段文本还是有意义的。无论如何，只有将上面提
到的（1）和（4）的 χάρις 确立为感激，心理内容的意义才会凸
显出来。

Rhet.Ⅱ.7 除了定义感激之外，还界定了其反面"不感
激"。我们下面列出有关的文本并提供合理的翻译，见 Rhet.
Ⅱ.7.5.1385a34-1385b5：

> φανερὸν δὲ καὶ ὅθεν ἀφαιρεῖσθαι ἐνδέχεται τὴν
> **χάριν (1)** καὶ ποιεῖν **ἀχαρίστους (2)**: ἢ γὰρ ὅτι αὑτῶν
> ἕνεκα ὑπηρετοῦσιν ἢ ὑπηρέτησαν (τοῦτο δ᾽ οὐκ ἦν **χάρις
> (3)**), ἢ ὅτι ἀπὸ τύχης συνέπεσεν ἢ συνηναγκάσθησαν,
> ἢ ὅτι ἀπέδωκαν ἀλλ᾽ οὐκ ἔδωκαν, εἴτε εἰδότες εἴτε μή:
> ἀμφοτέρως γὰρ τὸ ἀντί τινος, ὥστε οὐδ᾽ οὕτως ἂν εἴη
> χάρις **(4)**.

> 显然也会清楚：拒绝感激如何成为可能，如何让［人］
> 成为不感激。要么是，人们正在相助或曾经相助是为了他们
> 自己（这不是恩惠），要么是，碰巧如此或不得已为之，要
> 么是，还回而非施与，不论知晓还是不知晓，因为在这两
> 种情况下，都是为了报答，以至于以这种方式，不会存在
> 恩惠。

在这里，（1）和（2）与感激相关，ἀχάριστος 标明了"不
感激"。与定义感激一样，在处理"不感激"时，亚里士多德依
然是通过界定恩惠，他刻画了"不慈善者"或并非施以恩惠的

人。这当然也引起了争议，如果将（2）理解为"不慈善"，那么句意看起来也是通顺的。因此，格里马尔蒂根据 Rhet.1385b4（"为了报答"），认定这里排除了感激。[①] 但这是错误的，因为与之前定义感激一样，对不感激的界定也要通过恩惠或对方的慈善行为。

这样的界定方式对于修辞术是有用的。在一上来，亚里士多德是要讨论"让 [ 人 ] 成为不感激"（ποιεῖν ἀχαρίστους），也即，让听众处于这种情感。设情感的对象人为 A，假设这一段讨论的是"不慈善"，那么，如果想让听众处于这一情感中，那么下面应该提供相应的手段使得 A 成为令人不慈善者。但是，文本给出的都是"非恩惠"的情况，这些都是在刻画不慈善者本身的样子，它们无法用来设置 A 使之令听众不慈善。同理，如果坚持慈善说，那么 Rhet.II.7 也应该给出种种手段使得 A 成为令人慈善者。但是，文本呈现的都是对慈善者行为的描绘，这些也无法用来设置 A 使之令听众慈善。

只有以感激／不感激为中心，这些描绘慈善的内容才会成为"修辞手段"，从而引起听众的心理活动。"慈善说"一方面造成了心理内容的缺失，另一方面导致了情感说服法（πάθος）在 Rhet.II.7 中完全没有用处。[②]

本节提供了感激说的证据以及相关文本的翻译，在下一节，

---

① 见 Grimaldi（1988:128）。

② 还有一个较弱的证明：Rhet.1378a9 提到了演说家要具备"亲和"（εὔνοια）。Rhet.1378a19 将之与友爱并列，表示演说家的"亲和"在听众心中激起的"好感或亲和感"；他计划在情感研究中做出讨论，这表明了它与友爱的关联。由于 Rhet.II 论述了友爱，亲和感就省略了。而这种情感以及友爱已经承担了 χάρις 的误译"慈善或善意"的功能，所以 Rhet.II.7 没有必要讨论后者。

我们会对感激者的心理因素进行分析，同时论述 Rhet.II.7 中与情感研究有关的重要内容。

### 三、《修辞术》第二卷第七章的需求心理学与感激的伦理

一旦接受了感激说，那么 Rhet.II.7.3.1385a22-28 对受惠者心理的描述就成为了这一章的中心。我们还是先看一下文本，然后给出翻译。

δεήσεις δέ εἰσιν αἱ ὀρέξεις, καὶ τούτων μάλιστα αἱ μετὰ λύπης τοῦ μὴ γιγνομένου. τοιαῦται δὲ αἱ ἐπιθυμίαι, οἷον ἔρως, καὶ αἱ ἐν ταῖς τοῦ σώματος κακώσεσιν καὶ ἐν κινδύνοις· καὶ γὰρ ὁ κινδυνεύων ἐπιθυμεῖ καὶ ὁ λυπούμενος· διὸ οἱ ἐν πενίᾳ παριστάμενοι καὶ φυγαῖς, κἂν μικρὰ ὑπηρετήσωσιν, διὰ τὸ μέγεθος τῆς δεήσεως καὶ τὸν καιρὸν κεχαρισμένοι, οἷον ὁ ἐν Λυκείῳ τὸν φορμὸν δούς. ἀνάγκη οὖν μάλιστα μὲν εἰς ταὐτὰ ἔχειν τὴν ὑπουργίαν, εἰ δὲ μή, εἰς ἴσα ἢ μείζω.

需求即欲求，其中，特别是那些伴随着对没有［某物］的痛苦的欲求。欲望就是这样的［欲求］，如爱欲。还有，处于身体痛楚中，处于危险中的［欲望］，因为危险中人有所欲望，也是痛苦者。由此，对贫穷和流亡中［的人］施以援手者，即使他们提供的帮助少，而由于需求重大和时

机要紧，他们就已然提供了恩惠①。如在吕克昂给垫子的人。必然要在最大程度上对上述这些事情提供帮助②，如果不是［在这些情况中相助］，那也是在同等程度或更重大的情况中。

结合前面的文本，从这一段中，我们可以找到 Rhet.II.7 对于感激者内心状态的描述。在没有得到满足前，他处于"痛苦的需求（或欲求和欲望）"的状态中。对比 Rhet.II.2-11 的其他情感，可以发现，每一种都具有相应的心理状态，该状态可以作为该情感的"属"。如，愤怒为痛苦的欲求③；友爱是快乐的愿求；恨是意欲（ἔφεσις）；信心是快乐的希望；无耻是轻视；恐惧、羞耻、怜悯、愤慨、嫉妒、好胜都是痛苦；藐视和幸灾乐祸都是快乐。这样的属如果不是某种心理活动，那就是痛苦与快乐这样的感受心态。④需求作为一种欲望，它本身就是情感，Rhet.II.2-11 虽然没有专论，但 Rhet.1378a4 将之作为情感列举了出来。

更重要的是，亚里士多德在这里富有洞见地回到了感激这一心理现象本身。也即，他没有从全知视角出发去描述受惠者"痛

---

① κεχαρισμένοι, Konstan（2007:245）理解为 pleasing，为了突出与受惠者态度的联系。但这没有必要，因为 II.7 已经定义了慈善行为（以及恩惠）与感激心理的充分必要的关联。

② ἔχειν τὴν ὑπουργίαν, 似乎只有 Konstan（2007:245）将这个短语理解为"接受帮助"，这是类比了 χάριν ἔχειν，但这个看法没有文献支持，而且 ὑπουργία 不具有 χάρις 的歧义性。

③ 温和比较特殊，它是愤怒的安定，因此是没有欲求的平静，但也是心理状态。

④ 《修辞术》讨论的情感未必非痛苦即快乐，如恨、无耻、不怜悯，甚至还有温和。但这种中间情况也是一种心理状态。除了苦乐以及作为属的状态之外，还有想象、设想、相信、预想、回忆和感觉等活动。

苦的需求"。相反，他认为，对于观察者来说，主体 A 是否陷入该欲求，要从"现象"来考察，而现象就是：当施与客观的恩惠时，A 会产生主观的"感激"。

在对恩惠的定义中，有三个独立于受惠者的外部条件：（1）帮助性；（2）无偿性：施惠者的帮助不为了报答；[①]（3）利他性：帮助不是为了施惠者。根据 Rhet.II.7.1385b2-3，还有一个条件（4）有意性：帮助是有意做出的。这四个条件满足后，还需要一个受惠者的主观条件（5）：A 处于痛苦的需求中。这样的痛苦来自于需求本身的缺乏感，尽管需求的满足是快乐的。[②] 可以推断，当 A 产生感激之情时，他有可能会更清楚地意识到自身的匮乏有多么痛苦。或者，A 的感激越强烈，就证明了他之前的需求和缺失有多么严重。从（2）和（5）还可以推出，既然 A 的施惠者对受惠者没有"需求"，那么，这些都表明了一个隐含的条件（6）：A 与施惠者之间存在不对等的关系。如康斯坦指出，感激源自受惠者意识到自身相对于施惠者的虚弱或匮乏，因为感激源于社会地位的差异：受惠者之前的需求相对于施惠者的慷慨；在感激中，受惠者处于持续的劣势地位，直到他完成回报。[③]

在 Rhet.II.7 的末一节（Rhet.1385b5-7），为了更精确地处理"需求"，亚里士多德从"范畴"的角度来分析"恩惠"，这一

---

① 也见 EN 1120a15，慷慨的给予者会引起感激。

② 因为欲望追求快乐之事（Rhet.1370a17-18）。Rapp（2002:II,549,647）认为感激关联了痛苦，而最重要的恩惠会消除痛苦；Striker（1996:292）则主张感激是快乐的情感；Fortenbaugh（2002:109, n.3）也认为需求的痛苦之后，会有受惠带来的快乐，尽管亚里士多德并未提及这一点。Frede（1996:271）尽管错译了 χάρις，但其混合情感模式完全适用于这里。

③ Konstan（2006:163-164）。

思想尽管在其他章多有运用，但只在这里得到了理论性总结（显然联系《范畴篇》）。他指出："必须考虑所有范畴；因为，恩惠之所是：有个体，量，质，时，地。"[①]"个体"即指具体的恩惠本身，或涉及"是不是恩惠"这样的考量；量指恩惠的程度；质指其质性，即恩惠是何种样子；时和地指恩惠施与的场合。这种细致地研究情感的方式本自哲学，它超越了智者凭借经验和习惯处理问题的路数。我们可以联想到，在处理道德德性时，《尼各马可伦理学》经常会谈及适度就是在"应该的时间地点，以应该的方式，针对应该的人和应该的原因"等等来表现情感（如 EN 1106b16-23 和 1125b31-32 等）。这种科学性和哲学性的思路，恰恰相同于 Rhet.II.7 的范畴性研究方式。

最为关键的是，对"需求"的强调，体现了如下一点："感激"的受惠与施惠关系并没有基于"回报的义务"。也即，感激者没有义务偿还恩惠，施惠者也没有这样的要求。这就区别于《尼各马可伦理学》的描述。

康斯坦列举了一些当代情感伦理学研究者的看法，如康姆特（A. Komter）和格沃斯（A. Gewirth），他们认为，感激具有"命令性"和回报的"义务"，是"道德强制"和"道德德性"。[②]但这种看法并不是《修辞术》的，它更近于 EN 1133a3-4 的观点，那里认为，回报（ἀνταπόδοσις）是 χάρις 的特质（τοῦτο γὰρ ἴδιον χάριτος）。这里的 χάρις 也有不同解释，有学者主张

---

[①] 希腊文为，καὶ περὶ ἀπάσας τὰς κατηγορίας σκεπτέον: ἡ γὰρ χάρις ἐστὶν ἢ ὅτι τοδὶ ἢ τοσόνδε ἢ τοιόνδε ἢ πότε ἢ ποῦ。

[②] Konstan（2006:164-165）。

是"感激"。① 但无论何种理解，这里依然暗含了感激之类的心态，因为所指的是受惠者。不过，《尼各马可伦理学》用动词 δεῖ 表明了这种回报类似后世所说的"义务"。我们这里并不想朝义务论方向引申《尼各马可伦理学》的看法，而是证明：《尼各马可伦理学》的感激不同于《修辞术》描绘的那种情感，前者更接近上述现代学者所谓的道德责任，它没有后者相关的"需求"心理，而近乎是德性，为区别起见，可以称之为"感恩"。显然，感激与感恩形成了有意思的矛盾。

如果这两者是有联系的，那么，感恩的背后似乎隐藏着某种原始的感激情感。如果是这样，作为德性的感恩就不是纯粹的义务，它总要涉及某种匮乏与痛苦。而且，既然在感激中，受惠者与施惠者之间总要以某种不对等为基础，那么感恩似乎也暗含了这样的关系。但是，《尼各马可伦理学》对回报的强调恰恰要弥补感激的这种"不平等"特点，以及如下缺陷：无义务的感激并不会自发地形成回报责任。

EN 1167b19-28 描绘的一个看似悖理的"普遍意见"体现了同样的不平等关系和缺陷，即施惠者更爱受惠者。其所造成的后果，直接影响了这一意见涉及的"友爱"。在 EN 1167b24，"感激"被再次提及：施惠者希望受惠者存在，可以得到对方的"感激"（τοὺς παθόντας ὡς κομιουμένους τὰς χάριτας）。② 然而，受惠者为了不回报，却希望施惠者不存在；因为大部分人都很

---

① Konstan（2006:165）；Bartlett & Collins（2011:99）和 Frede（2020:87,614）均译为"感激"。但弗雷德在评注里指出，这里的 χάρις 具有双重含义，亚里士多德要强调，为了共存需要一种互惠的制度。她也提了 Rhet.II.7，似乎她认为那里的 χάρις 同样是双重含义。

② 这里的 χάρις，如 Bartlett & Collins（2011:198）和 Frede（2020:168）译为感激。

容易忘恩，希望多得恩惠，较少施与。这里的感激符合 Rhet.II.7 的界定，因为受惠者并没有回报的意图。EN 1167b33-1168a27，给出了几点哲学性解释，如，受惠者类似施惠者的产品；施惠者更重视恩惠的高贵；施惠者是主动方，受惠者是被动方（EN 1168a19-20）；施惠者付出更多辛劳。再结合 Rhet.II.7 的理论来推导，既然这种不平等关系让他想要忘记恩惠，那么，他其实也是想要忘掉之前的，尽管现在已经得到满足的痛苦或匮乏，毕竟，人们更喜欢恩惠带来的快乐。

重要的是，与 Rhet.II.7 不同，此处所说的施惠者有回报的预期。但是，那里仅仅讨论受惠方的心理；这里则谈到了另一种情感：施惠者单方面的"友爱"。按照"不感激"的定义可以推出，如果施惠方期待回报，那么知道这一点后，受惠者的感激其实会消退（当然也不会友爱对方）。但如果感激的受惠者不去回报，那么，有所期待的施惠方就不会再"友爱"受惠者。EN 1164a6-12 描述了友爱的瓦解，那里以爱人和被爱人为例，爱者希望对方回报，被爱人则只享受快乐和用途；两者都专注于需求，而不是对方本身，因而友爱关系解体。这里当然也蕴涵了感激的消失。由此，感激与友爱有着密切关联，而且，它们的维系都依赖于回报的义务和对不平等关系的克服。①

亚里士多德看到了"感激"的自然本性，他希望人们能够在这样的情感中养成一种正确处理它的方式，从而改造它所涉及的

① Rhet.II.4.1381b35-36 指出，"能产生友情的，［就有］恩惠；［别人］虽无需求（δεηθέντος），也［为之］施与恩惠"。这样的恩惠并没有建立于需求，它引起的不是感激，也不是 EN 1167b19-28 的单方面友爱。因此，有的情感友爱其实具有平等关系。

不平等关系与不做报答的特征。只有这样，这种情感在伦理上才能让施惠者与受惠者建立合乎道德的关系。所以，EN 1164b26 要求我们应当多回报，而不是施惠。其中的道理似乎在于，后者会带来感激，但却让受惠者一心享受恩惠的快乐，而不去报答。如果受惠者能够正确处理感激，他会在回报中渐渐养成感恩的品性。这样的回报当然也有助于友情的稳定，因为施惠者得到了满足。而进一步推理：在这个"需求"的满足中，施惠者也会"感激"受惠者，并通过相应的回报形成感恩的德性。由此，双方形成了彼此感恩的"平等"互惠关系，这为真正的友爱德性（区别于单方面的情感友爱）奠定了基础。

同理，他们也会正确地看待恩惠。因为在感激情况中，受惠者所认为的恩惠是满足自己匮乏的、不必回报的东西。在单方面的友爱中，施惠者所理解的恩惠是满足对方需求、但需要其为之回报的东西。但是，当双方彼此感恩和友爱时，那么恩惠就是对方理应或有义务为之回报的东西。当然，感恩的回报是正义的，它不同于有可能做出不公正回报的感激（EN 1137a1）。

## 四、结语

本节梳理了学界对于 Rhet.II.7 中 χάρις 的意义分歧。我们主张"感激说"并提供了相关的证明，可以看出，只有按照这一立场，该章本有的心理方面的论述才会具有意义，Rhet.II.7 的主题方能以内在心理为中心，从而遵循《修辞术》对情感研究的规划。而 Rhet.II.7 的需求心理学，深刻论述了感激者的内心缺失，这一点使"感激"区别于《尼各马可伦理学》中以回报义务为本质的感恩品性。为了提升感激，克服其缺陷和不平等关系，亚里

士多德强调了回报的责任，从而确立了平等互惠的责任。由此，
《尼各马可伦理学》就超越了单纯在演说中发挥功能的感激，而
让感恩可以起到一定的伦理作用。当然，在希腊文化中，它也是
被人重视的情感或美德。[①] 尽管 Rhet.II.7 只是着眼于 χάρις 在演
说中的说服功能，但其对感激的科学性分析为后人从心理学或道
德哲学方面论述这一情感奠定了基础。

---

① 如家庭中子女对父母的感激或感恩，这一点柏拉图就没有给予重视，亚里士多
德则相反。Nussbaum（1996:318）。关于其他古希腊文献中的感激及其哲学和
伦理意义，见 Konstan（2006:165-167）。希腊演说中经常使用感激，如吕西阿
斯、伊赛奥斯（Isaeus）、德谟斯蒂尼。诉讼人利用感激提醒审判官记住自己或
家族为城邦提供的恩惠，见 Carey（1996:404-405）。

# 第六章

# 《修辞术》的伦理学问题：德性观

在《修辞术》中，亚里士多德多次谈及了与伦理有关的问题，这些问题一般集中于 ἀρετή（包含了善、利益、幸福、高贵的问题）和 ἦθος（也联系品质）这两个概念。尽管这些问题未必有多么难解，但看起来还是有一定的复杂性而且需要厘清。尤其是，《修辞术》涉及了"自然德性"与"标准德性"这两种彼此相反的德性，而且为灵魂的德性提供了与伦理学作品不同的定义。本章试图梳理这两个概念及其有关的主张和论点，从而揭示《修辞术》中体现的品性和德性观念。

## 第一节　《修辞术》对德性的界定与使用

如赫费的总结，在亚里士多德那里，ἀρετή 一词，一般表示在一个类属中不会被超过的东西，它是一种完美性（τελείωσις，Meta.1021b15–23，Phys.246a11-b3 和 247a2）。在伦理学作品中（如 EN 1104b28 和 1106b22），它被规定为一种最高级的至善和顶峰（ἀκρότης）。这样的完满可以用来指动物，也可以指人；可以形容人的身体，也可以形容灵魂；在灵魂中，可以描述完全无理性的部分，无理性但听从理性的部分，也可以描述有理性的部分：最后两者在伦理学中极为重要，前者为道德德性，后者为理智德性。①

　　由于《修辞术》的立意与主旨颇为特殊，所以"德性"一词的用法也出现了多样性，甚至，亚里士多德赋予了它颇为不同的"定义"，这截然有别于《尼各马可伦理学》中的界定。我们下面先将该词在《修辞术》中的分布情况列举如下，然后再做讨论。

| ἀρετή 一词的分布 | | |
|---|---|---|
| 1355b5 | 绝对的善 | 修辞术的误用会伤害所有善，除了德性。这样的德性是无条件的至善，它没有与之对立的恶，也不会转变到恶。 |
| 1356a23 | 灵魂的德性 | 品性说服法研究的对象之一。 |
| 1360b14 | 幸福的种差 | 议政演说的议题：幸福是有德性的成功。 |
| 1360b21 | 身体的德性 | 身体的优异性：健康、美、强壮、高大健硕、竞技能力。 |
| 1360b23 | 灵魂的德性 | 道德德性与理智德性的四主德：明智、勇敢、正义、节制。 |
| 1360b36 | 德性 | 可能是灵魂的德性，也可能包含身体的德性。 |
| 1361a3 | 身体的德性 | 身体的优异性：健硕、美、强壮、竞技能力。 |
| 1361a5 | 灵魂的德性 | 灵魂的节制与勇敢。 |

---

① Höffe（2005a:76-77），但他没有提及《修辞术》对德性的关键定义。虽然 ἀρετή 一词的"德性"这个汉译，最适于形容道德和理智方面的优异性，但为了统一起见和论述方便，本章将"德性"这一译法也用于其他方面的优异性。

| ἀρετή 一词的分布 | | |
| --- | --- | --- |
| 1361a7 | 身体的德性 | 女性的身体德性：美和健硕。后面也列举了女性的灵魂德性：节制、勤劳、无奴性。 |
| 1361b3 | 身体的德性 | 分别阐述身体的优异性。 |
| 1361b18 | 身体的德性 | 高大健硕的优异性。 |
| 1361b21 | 身体的德性 | 身体在竞技方面的优异性。 |
| 1361b29 | 身体的德性 | 身体的各方面优异性，这里与运气并列。 |
| 1361b33 | 身体的德性 | 身体不优异的人也会长寿。 |
| 1362a12 | 德性 | 德性是赞扬的论位，所以也是展现演说的议题。 |
| 1362b2 | 德性是善 | 议政演说的议题：善和利益。 |
| 1362b13 | 灵魂的德性 | 正义，勇敢，节制，大气，大方。 |
| 1362b15 | 身体的德性 | 身体的优异性：健康和美。 |
| 1362b18 | 外在的德性 | 财产的优越性。 |
| 1364a31 | 德性 | 议政演说的议题：善和利益的更大更小。德性比无德性更大。 |
| 1364a34 | 德性 | 议政演说的议题：善和利益的更大更小。活动的德性更大，活动就更大。 |
| 1366a23 | 德性 | 展现演说的议题。 |
| 1366a28 | 灵魂的德性 | 品性说服法的来源。 |
| 1366a35 | 灵魂的德性的定义 | 德性是高贵。 |
| 1366a36 | 灵魂的德性的定义 | 德性是造福的能力。 |
| 1366b1 | 灵魂的德性的组成 | 德性的组成有：正义，勇敢，节制，大方，大气，慷慨，温和，明智，智慧。 |
| 1366b3 | 灵魂的德性 | 最大的德性对他人最为有用。 |
| 1366b20-22 | 灵魂的理智德性 | 明智是理智的德性。 |

| ἀρετή 一词的分布 | | |
|---|---|---|
| 1367b26-27 | 灵魂的德性 | "能促成德性的（因为相关于德性）以及从德性所生出的，都是高贵的，而德性的标志及其活动就是这样的事物。" |
| 1368a25-26 | 德性 | 超越指明德性。 |
| 1368b25 | 灵魂的德性 | 诉讼演说的议题：犯罪的动因来自于恶性。 |
| 1374a21 | 灵魂的德性 | 诉讼演说的议题：未成文法依照德性和恶性来设定。 |
| 1377a18 | 灵魂的德性 | 诉讼演说的议题，技艺外说服法：不起誓会体现德性。 |
| 1378a9 | 灵魂的德性 | 品性说服法，演说者的三个条件：明智、德性和亲善。 |
| 1378a17 | 灵魂的德性 | 品性说服法，演说者的德性。 |
| 1378b35 | 德性 | 情感说服法，论愤怒的起因：德性是优越感的原因。 |
| 1381a27 | 德性 | 情感说服法，论友爱的起因：友爱的对象是有德性的人。 |
| 1382a35 | 灵魂的德性 | 情感说服法，论恐惧的起因：报复是德性，这会令人恐惧。 |
| 1387a11 | 德性 | 情感说服法，论愤慨的起因：人们不会愤慨他人不应得的灵魂的德性（正义或勇敢），而是愤慨于身体的和外在的德性（俊美、财富、出身等）。 |
| 1388b11 | 德性 | 情感说服法，论好胜的起因：对他人有帮助，有福利的是德性。 |
| 1388b34 | 灵魂的德性 | 品性说服法：德性和恶性是品质，按照品质，一个人体现出品性。 |
| 1389a36 | 灵魂的德性 | 品性说服法：青年人按品性生活，德性是高贵。 |
| 1390a18 | 灵魂的德性 | 品性说服法：老年人按算计生活，不按德性。 |
| 1390b22 | 自然德性 | 品性说服法，论运气：出身高贵是德性。 |

| αρετή 一词的分布 | | |
|---|---|---|
| 1404b2 | 措辞的德性 | 论措辞：散文措辞的完美性在于明晰、不平白和得当。 |
| 1404b37 | 措辞的德性 | 论措辞：散文措辞的完美性在于明晰。 |
| 1414a21-22 | 措辞的德性和灵魂的德性 | 论措辞：措辞可以体现出说话人的灵魂的德性。 |
| 1414b34 | 身体的德性 | 论布局：展现演说的绪论，引伊索克拉底的演说。 |
| 1417a3 | 语言的德性 | 论布局：叙述中插叙演说者的德性和对方的恶性。 |

结合上面的总结，可以发现，《修辞术》中的"德性"有如下类型：

**类型 I** 绝对的德性：这是哲学家理解的严格的灵魂的德性，也是最高的善。这标画出了正统的德性观。这一点也承继了苏格拉底和柏拉图的思想。这样的德性是绝对的，不会因环境而异。[①]整部《修辞术》中，亚里士多德坚持事实与价值的统一，他既相信"真"是必然存在的而且能够认识（Rhet.1355a21），同时在这里也认为真正的德性就如同事实一样是恒定存在的。[②]

**类型 II** 外在的德性（具有功能的事物）：Rhet.1362b18-19，"财富：因为［是］财产的优越，能促成许多事情"（πλοῦτος: ἀρετὴ γὰρ κτήσεως καὶ ποιητικὸν πολλῶν）。Rhet.1390b22，作为运气之一的"出身高贵"是优越性。这是《修辞术》中仅有

---

① Rapp（2002:II,99）。这是苏格拉底、柏拉图、亚里士多德、斯多亚派的道德哲学观，是一种"没有两可的善"（ein nicht-ambivalentes Gut）。

② 道德德性和理智德性都是 ἀλήθεια，前者见 EN 1108a20-23；后者见 EN 1139b15-17。详见 Koch（2005:29）。

的两次明确将外在善认为是"德性"的地方。由此，所有外在的善都可以类比为德性（也见 Pol.1323a36-37）。

**类型Ⅲ** 人的身体的德性：身体的健康、强壮、俊美等（也见 Phys.246b3-247a19）。类型 Ⅱ 和类型 Ⅲ 属于《尼各马可伦理学》所说的"自然德性"，见下。

**类型Ⅳ** 人的灵魂的德性：道德德性，如正义、勇敢、节制、大方、大气、慷慨、温和（Rhet.1366b1-3）；理智德性，如明智和智慧（Rhet.1366b3）。这种德性在《修辞术》中相当重要但又存在争议。我们这里的道德与理智德性的划分只是暂时的，见下。

**类型Ⅴ** 语言的德性：指散文措辞的明晰、不平白和得当，概言之是"适度"。

这些用法对应了不同的演说和说服法，我们主要看一下展现演说，因为这种演说与伦理有关，其赞扬功能的唯一对象就是德性（另一个功能是责备，对象为恶性）而且亚里士多德为它提供了确切的定义。

## 第二节 展现演说的赞扬对象：德性及其定义

首先，需要确定一个问题，这关涉了《修辞术》与伦理学作品在德性问题上的关系。既然德性是展现演说的"赞扬"的对象，那么，这个德性是上述的哪种？按照 Rhet.I.9.2 的说法，赞扬"既有不严肃也有严肃的，通常不仅对人或神，还对无灵魂者以及其他随便什么动物"，因此可知，这些事物都有某种"德性",否则不会受到称赞。<sup>①</sup>那么赞扬的"德性"既包含了上述四种,甚至还有这之外的动物和神,以及其他无生命物。但是,与之相反,Rhet.I.9.3-5 在定义德性时,仅仅列举了类型 IV,在定义和具体论述中也是以这样的德性为核心。在 Rhet.I.9.33.1367b26-28,亚里士多德明确认为"赞扬是表现(ἐμφανίζων)德性之大的话语。需要展现(ἐπιδεικνύναι)行为是这样的",这似乎也暗示了"展现演说"(ἐπιδεικτικόν)的得名。另外,在 Rhet.1414b34 谈及展现演说的绪论时,亚里士多德举了伊索克拉底的《庆典演说》1-2,后者批评了把身体德性而非心智德性作为赞扬对象的看法,这似乎也暗含了亚里士多德的认可。

从文本来看,亚里士多德明确认为类型 IV 之外的德性是可以"赞扬"的。毕竟,这也有人用演说实践过。<sup>②</sup>那么,他为什么以类型 IV 为中心呢?我们认为,Rhet.1366a25-28 其实已经给出了一个答案。<sup>③</sup>Rhet.I.9 对类型 IV 的讨论恰恰"同时"也要提供品性说服法所需要的论位。而只有类型 IV 可以用于这种相关人的灵魂的说服法。在 Rhet.II.12.1388b34-35,专论品性说服法的开始,亚里士多德就表明了德性和恶性的内容在之前已述,这就指向 Rhet.I.9。《修辞术》中有着种种主题的重合,或许为了记忆和叙述方便,亚里士多德常常将不同领域的共有主题在先出现

---

① 还可以理解,亚里士多德是在说这些东西都可以赞扬,但并没有说,它们都有德性。不过从文意来看,他似乎还是承认它们都有某种"德性"。

② 这样的赞扬演说见柏拉图《会饮》177b,伊索克拉底《海伦》12,《泛雅典娜节辞》135。

③ Rapp(2002:II,393-394)给出了几个可能的回答,但他没有谈及我们给出的解释。

的领域中表述出来，然后在后一个领域中引向前者。[①] 同理，其他种类的德性中，类型 II 和 III 在 Rhet.I.5-6 论幸福和善时也已经提及了，所以 Rhet.I.9 将之省略。进一步，由于重点论述了类型 IV，则余下的德性就没有必要再谈了，它们都可以从对类型 IV 的赞扬中推出（Rhet.1366a31-32）。当然，很可能还有一个重要原因就是，哲学家要对展现演说做出限制，使之不再是或仅仅是一种游戏式的演说，毕竟修辞术属于政治学，《修辞术》之所以对它重新界定，就是为了在更高层次上重构它。

通过这个问题，我们发现《修辞术》的德性观显然要更广泛，它包含了一些在伦理学作品中没有被重视的德性。那么也许可以认为，《修辞术》涉及的只是大众道德观和自然德性观，这种观念下的德性并没有达到哲学的层次。[②] 但是，我们又会发现，类型 I 毫无疑问是哲学式的，而且相同于伦理学著作的看法。类型 V 似乎也接近《尼各马可伦理学》的德性中道观。情况实际上很复杂，难以简单定论。

我们下面列举一下《修辞术》对德性的若干定义和准定义，由于在这部书里，它与幸福、善和高贵有着密切的联系以及相似的表述，所以我们也引述这三者的定义，以供参考。我们的焦点要集中于 Rhet.I.9 对灵魂的德性的界定。（德性的定义 VII 是最特殊的，其中并没有谈到德性，而是提及适度和最佳，见后。）

---

① 也如相关品性的情感问题，Rhet.II.2-11 已经讨论，专论品性时就忽略了。如我们之前论情感时指出过，欲望问题之所以被省略，因为 Rhet.I.10-11 已经讨论过它了。有时情况颠倒过来，后面会着重论述的，前面就省略，比如 Rhet.I.9.5 列举了温和为德性，但后面没有定义，因为 Rhet.II.3 专论它。

② 如 Cope（1877:I,159-160）的观点。

| 幸福的定义 I | Rhet.I.5.3.1360b14-18，"就让幸福是**有德性**的成功，或生命的自足，或最快乐的安稳生活，或财产和身体的富足强盛，且有保护和享用它们的能力。因为几乎所有人都承认幸福是这些当中的一种，或者还要多。"① |
|---|---|
| 幸福的定义 II | Rhet.I.6.8.1362b10-12，"幸福，因为它自在地值得选择，而且自足，我们为了它选择许多事情。"② |
| 善的定义 | Rhet.I.6.2.1362a21-29，"就让善是［这样的事物］：其本身自因而值得选择；我们为了它而选择别的东西；所有事物，或所有具有感觉和心智的事物都追求它，或只要有了心智［就会追求它］；要么心智也许把它［善］指定给每个个体，要么心智相关特殊的事情，把它指定给每个个体，这就是每个个体的善。当它存在着，［人们就］安逸而自足；［善是］自足；［善］能促成、保存这些性质；这些性质随着它；［善也是］那些能阻止和破除相反情况的事物。"③ |
| 高贵的定义 I | Rhet.I.9.1366a33-1366a36，"且说高贵是：自因而值得选择，值得赞扬，或者，它是善，因为［是］善就令人快乐。如果这就是高贵，德性必然是高贵；因为它是善，值得赞扬。"④ |

① 希腊文为，ἔστω δὴ εὐδαιμονία εὐπραξία μετ᾽ ἀρετῆς, ἢ αὐτάρκεια ζωῆς, ἢ ὁ βίος ὁ μετὰ ἀσφαλείας ἥδιστος, ἢ εὐθενία κτημάτων καὶ σωμάτων μετὰ δυνάμεως φυλακτικῆς τε καὶ πρακτικῆς τούτων: σχεδὸν γὰρ τούτων ἓν ἢ πλείω τὴν εὐδαιμονίαν ὁμολογοῦσιν εἶναι ἅπαντες.

② 希腊文为，εὐδαιμονία: καὶ γὰρ καθ᾽ αὑτὸ αἱρετὸν καὶ αὔταρκες, καὶ ἕνεκα αὐτῆς τἆλλα αἱρούμεθα.

③ 希腊文为，ἔστω δὴ ἀγαθὸν ὃ ἂν αὐτὸ ἑαυτοῦ ἕνεκα ᾖ αἱρετόν, καὶ οὗ ἕνεκα ἄλλο αἱρούμεθα, καὶ οὗ ἐφίεται πάντα, ἢ πάντα τὰ αἴσθησιν ἔχοντα ἢ νοῦν ἢ εἰ λάβοι νοῦν, καὶ ὅσα ὁ νοῦς ἂν ἑκάστῳ ἀποδοίη, καὶ ὅσα ὁ περὶ ἕκαστον νοῦς ἀποδίδωσιν ἑκάστῳ: τοῦτό γὰρ ἐστιν ἑκάστῳ ἀγαθόν, καὶ οὗ παρόντος εὖ διάκειται καὶ αὐτάρκως ἔχει, καὶ τὸ αὔταρκες, καὶ τὸ ποιητικὸν ἢ φυλακτικὸν τῶν τοιούτων, καὶ ᾧ ἀκολουθεῖ τὰ τοιαῦτα, καὶ τὰ κωλυτικὰ τῶν ἐναντίων καὶ τὰ φθαρτικά.

④ 希腊文为，καλὸν μὲν οὖν ἐστιν ὃ ἂν δι᾽ αὑτὸ αἱρετὸν ὂν ἐπαινετὸν ᾖ, ἢ ὃ ἂν ἀγαθὸν ὂν ἡδὺ ᾖ, ὅτι ἀγαθόν: εἰ δὲτοῦτό ἐστι τὸ καλόν, ἀνάγκη τὴν ἀρετὴν καλὸν εἶναι: ἀγαθὸν γὰρ ὂν ἐπαινετόν ἐστιν.

| 高贵的定义 Ⅱ | Rhet.I.9.1366b24-27，"因为，显然，能促成德性的（因为相关于德性）以及从德性所生出的，都是高贵的，而德性的标志及其活动就是这样的事物。"① |
|---|---|
| 德性的定义 Ⅰ | Rhet.I.9.1366a36-1366b1，"德性也是能力，看起来如此，能提供善，保护善，还［是］能带来许多和很大福利的能力，相关所有事情［带来］所有［福利］。德性之组成有：正义，勇敢，节制，大方，大气，慷慨，温和，明智，智慧。"② |
| 德性的定义 Ⅱ | Rhet.I.9.1366b3-5，"最大的德性必然是对于其他人最为有用，既然德性是造福的能力。"③ |
| 德性的定义 Ⅲ.1 | **德性总体**：Rhet.I.6.6.1362b2-4，"诸德性必然是善，因为拥有者通过它们会处于良好的状态，它们能促成和做成好事。"④ |
| 德性的定义 Ⅲ.2 | **灵魂的德性**：Rhet.I.6.9.1362b12-14，"正义（δικαιοσύνη），勇敢（ἀνδρεία），节制（σωφροσύνη），大气（μεγαλοψυχία），大方（μεγαλοπρέπεια）等等这样的品质（ἕξεις），因为他们都是灵魂的德性。" |
| 德性的定义 Ⅲ.3 | **身体的德性**：Rhet.I.6.10.1362b14-16，"还有健康和美之类：因为［是］身体的德性，都能促成许多事情，如健康促成快乐和生命。"⑤ |

---

① 希腊文为，φανερὸν γὰρ ὅτι ἀνάγκη τά τε ποιητικὰ τῆς ἀρετῆς εἶναι καλά（πρὸς ἀρετὴν γάρ）καὶ τὰ ἀπ᾽ ἀρετῆς γινόμενα, τοιαῦτα δὲ τά τε σημεῖα τῆς ἀρετῆς καὶ τὰ ἔργα.

② 希腊文为，ἀρετὴ δ᾽ ἐστὶ μὲν δύναμις ὡς δοκεῖ ποριστικὴ ἀγαθῶν καὶ φυλακτική, καὶ δύναμις εὐεργετικὴ πολλῶν καὶ μεγάλων, καὶ πάντων περὶ πάντα. μέρη δὲ ἀρετῆς δικαιοσύνη, ἀνδρεία, σωφροσύνη, μεγαλοπρέπεια, μεγαλοψυχία, ἐλευθεριότης, φρόνησις, σοφία.

③ 希腊文为，ἀνάγκη δὲ μεγίστας εἶναι ἀρετὰς τὰς τοῖς ἄλλοις χρησιμωτάτας, εἴπερ ἐστὶν ἡ ἀρετὴ δύναμις εὐεργετική.

④ 希腊文为，καὶ τὰς ἀρετὰς δὲ ἀνάγκη ἀγαθὸν εἶναι（κατὰ γὰρ ταύτας εὖ τε διάκεινται οἱ ἔχοντες, καὶ ποιητικαὶ τῶν ἀγαθῶν εἰσι καὶ πρακτικαί.

⑤ 希腊文为，καὶ ὑγίεια καὶ κάλλος καὶ τὰ τοιαῦτα· ἀρεταὶ γὰρ σώματος καὶ ποιητικὰ πολλῶν, οἷον ὑγίεια καὶ ἡδονῆς καὶ τοῦ ζῆν.

续表

| | |
|---|---|
| **德性的定义IV.1** | Rhet.I.9.1367b6-7，"德性之超越［即］对所有人施惠"（ ὑπεϱβολὴ γὰϱ ἀϱετῆς τὸ πάντας εὖ ποιεῖν ）。 |
| **德性的定义IV.2** | Rhet.I.9.1368a25，"超越看起来指明了德性"（ ἡ ὑπεϱοχὴ δοκεῖ μηνύειν ἀϱετήν ）。 |
| **德性的定义 V** | Rhet.II.12.1388b34，"品质，［即］德性和劣性。" |
| **德性的定义 VI** | Rhet.III.1.1404b1-4，"［散文］措辞的德性就被定义为明晰（因为某个标志即：言语若不清楚，就不可发挥自己的功效），而且［措辞的德性］在于既不平白，也非过其实而是得当。"[①]Rhet.1414a25，措辞的德性是"适度"（ τὸ μέσον ）。 |
| **\*德性的定义VII** | Rhet.I.4.1360a23-30，最佳政制的适度是不松又不紧。 |

可以看出，德性最早在 Rhet.I.5 对"幸福"的定义中就出现了，在 Rhet.I.6 对善的论述中，德性也纳入其中。在 Rhet.I.9，德性几乎同于高贵。因此，德性既是幸福的"种差"，又与高贵一样，都是"善"这个类属的"种"。在所有定义中，类型 IV 是核心，类型 V 与之有联系；类型 III 有一个值得注意的准定义。

类型 IV 的正式定义出现在 Rhet.I.9，在定义 I 和定义 II 中，灵魂的德性的属是"能力"。我们立刻会想到 EN 1106a6-9 的否认，德性不是能力。不过，那里的能力是"情感性的"，与这里其实不同。

与之不同，类型 IV 的定义 III.2 和定义 V 都将德性的属作

---

① 希腊文为，ὡϱίσθω λέξεως ἀϱετὴ σαφῆ εἶναι (σημεῖον γάϱ τι ὁ λόγος ὤν, ἐὰν μὴ δηλοῖ οὐ ποιήσει τὸ ἑαυτοῦ ἔϱγον), καὶ μήτε ταπεινὴν μήτε ὑπὲϱ τὸ ἀξίωμα, ἀλλὰ πϱέπουσαν: ἡ γὰϱ ποιητικὴ ἴσως οὐ ταπεινή, ἀλλ᾽ οὐ πϱέπουσα λόγῳ。

为了"品质"。① 前面论情感时曾引述过伦理学作品里的灵魂的德性的定义。在 EN 1106b16-23、EN II.1106b36-1107a6 和 EE 1220b5-20 中，德性是一种依循理性而有意选择适度的"品质"。但这两个定义的种差都没有"有意选择"，定义 I 和定义 II 也是如此。

但是，Rhet.I.9.1367b21-23 指出，"既然赞扬出自各种行为，按照有意选择［去行动］专属于高尚者，必须试图指明某人按照有意选择来行动"②。这里明显表明了德性与有意选择的关系，而且这样的有意选择是正面的和高尚的。这看起来合乎 EN 1111b5-6 的观点，有意选择"看起来最本有于德性，而且更能判断品性"（οἰκειότατον γὰρ εἶναι δοκεῖ τῇ ἀρετῇ καὶ μᾶλλον τὰ ἤθη κρίνειν τῶν πράξεων）。③ 但是，紧接着，Rhet.1367b24-25 却说，"必须将偶然（συμπτώματα）和来自运

---

① 定义 III.1 出自 Rhet.I.6，这一章密切联系了 Rhet.I.9，而且都给出了一些具体的灵魂的德性，所以可以推断，Rhet.I.9 的德性也是"品质"，尤其是该章 Rhet.1367b32 也提及了它。反过来推测，定义 III.1 的德性也很可能是一种能力。Grimaldi（1980:195）论证了能力与品质的联系，他试图证明《修辞术》的作为能力的德性也可以是一种品质，同时具有有意选择。这是为了反驳 Cope（1877:I,159-160）的主张：《修辞术》的大众德性观与伦理学作品截然不同。格里马尔蒂似乎想拔高 Rhet.I.9 的德性，使之相同于《尼各马可伦理学》的标准德性；他其实是在通过《修辞术》"拼凑出"这样的"相同性"，他回避了《修辞术》与《尼各马可伦理学》在幸福概念上的极大差异。如下述，他的做法是错误的。在相关严格的德性时，Rhet.I.9 明显低于《尼各马可伦理学》；仅在相关赞扬时，《修辞术》与《尼各马可伦理学》才构成某种一致性。Rapp（2002:II,400）也批评了这一观点以及持类似立场的雷恩（Ryan）和沃纳（Wörner），但他似乎没有提及《修辞术》与《尼各马可伦理学》在赞扬语境中涉及的德性是相近的。

② 希腊文为，ἐπεὶ δ᾽ ἐκ τῶν πράξεων ὁ ἔπαινος, ἴδιον δὲ τοῦ σπουδαίου τὸ κατὰ προαίρεσιν, πειρατέον δεικνύναι πράττοντα κατὰ προαίρεσιν。

③ Rapp（2002:II,399）正确指出，这里的语境是意见性的，这样的有意选择并没有联系"灵魂理论"以及"合乎理性"这一标准，也没有相关"适度理论"。

气之事把握为按照有意选择"。显然，有些"有意选择"只是相对的，演说者可以将某个未必理性的行为说成仿佛出自行动者的合理考虑，从而令其显得高尚。因此，可以认为类型 IV 的四个定义都与"理性"没有必然的联系。

虽然 Rhet.I.9 的灵魂的德性没有达到《尼各马可伦理学》的"中道"德性的水平，但是，在《尼各马可伦理学》论赞扬、德性和幸福的关系时，那里的德性却与 Rhet.I.9 的完全一致，也没有处于伦理学的标准德性的层次。

第一，定义 I、定义 II、定义 III.1、定义 III.3 与 EN 1101b31-32 的观点一致。在定义 I 和定义 II 中，德性的种差是"能提供善，保护善""能带来许多和很大福利"。这一种差也近似于定义 III.1 和定义 III.3 的种差"能促成和做成好事"。可以认为，这三个定义基本上是一致的。它们都符合 EN 1101b31-32 的说法，"赞扬是针对德性；因为人们由于德性而能促成高贵之事"（ὁ μὲν γὰρ ἔπαινος τῆς ἀρετῆς: πρακτικοὶ γὰρ τῶν καλῶν ἀπὸ ταύτης）——这里也表明了此处的"高贵"同于《修辞术》，其层次同样不高——以及 EN 1101b15 规定的赞扬的一般原则：赞扬德性是因其行为和成果（τὰ ἔργα）。这样的德性并没有被要求具有"中道"和"有意选择"，其充分条件仅仅是做出的行为及其成就。

第二，与 Rhet.I.9 一样，在赞扬的语境中，《尼各马可伦理学》并没有完全专注于灵魂的德性。EN 1101b14-18 就承认人的强壮和善跑也值得赞扬。此外可以推断，EN 1101b31-32 的看法自然也适用于身体。这种身体的德性相关生长能力，EN 1102b13 提到了这样的德性，指出其并非仅仅属人，于是将之排除了伦理学的考察范围。①

第三，在《尼各马可伦理学》中，赞扬行为及其话语的层次本就不高，这决定了与之相关的德性也不高。《尼各马可伦理学》明确认为赞扬不适合于至善的事物。EN 1101b20-23 指出，赞扬要"通过参照"（διʼ ἀναφορᾶς），所以，至善者如神和幸福，②是受到尊崇的东西（τιμίων），③ 而不应予以赞扬（EN 1101b18-25，1102a1）。意即，最高的事物如果受到赞扬，那么它必然是相对于同类的事物而有所超越：在种 S 中，A 在 x 上是可以赞扬的，当且仅当，A 在 x 上超过了 S 中的其他事物。但无论 A 如何值得称赞，它都不可能处于比 S 更高的种类中。因此称赞神，就意味着神与人同类。

第四，在《尼各马可伦理学》论赞扬和幸福时，与《修辞术》相同，亚里士多德也提及了"颂"（ἐγκώμιον，如 EN 1101b33 和 Rhet.I.9.1368a1）。"赞"（表示文体的 ἐπαινός）与"颂"是两种展现演说的文体，仅仅"措辞"不同（Rhet.1368a1）。《尼各马可伦理学》似乎在暗示 Rhet.I.9 的内容，由此，前者中的"可赞的德性"也不是标准的。

---

① EN 1144a9-10 指出了原因，灵魂的第四个部分，生长的部分并没有这样的德性：因为行动或不行动不由它（τοῦ δὲ τετάρτου μορίου τῆς ψυχῆς οὐκ ἔστιν ἀρετὴ τοιαύτη, τοῦ θρεπτικοῦ: οὐδὲν γὰρ ἐπʼ αὐτῷ πράττειν ἢ μὴ πράττειν）。

② EN 1101b18-21 指出，尽管称赞神是可笑的，但也不是不能理解，因为人是为了比照自己，这合乎赞扬的本性。这里其实为赞扬神留有了余地，它呼应了 Rhet.I.9 将神算入赞扬对象的做法。不过这样一来，神也就不再是哲学家理解的那样了，它合乎大众对于神的宗教观。

③ Rhet.I.6.1362b15-17，快乐与生命是最受尊崇的（τιμιωτάτων），而这两者来自于《优台谟伦理学》认为不值得赞扬的健康。所以这里的"尊崇"没有达到《尼各马可伦理学》的层次。

　　第五，这一点最为重要，《尼各马可伦理学》的幸福定义关联了德性，而《修辞术》的也是如此，但这两个德性完全不同。在否定赞扬适合于幸福之后，EN 1102a5 却又指出，"幸福是合乎完满德性的、灵魂的实现活动"（ἐστὶν ἡ εὐδαιμονία ψυχῆς ἐνέργειά τις κατ᾽ ἀρετὴν τελείαν）。这之后，《尼各马可伦理学》开始筛选与伦理学有关的德性。这一定义引入了严格的哲学概念"实现活动"，它截然不同于《修辞术》的定义 I："幸福是有德性的成功"。如果"可赞德性"低于幸福，那么，它必定不是《尼各马可伦理学》定义中的"完满德性"。如果是，那么《尼各马可伦理学》就没必要筛选了。它只能是《修辞术》定义中的那种。

　　综上，当德性与赞扬相关时，这导致了德性不可能是《尼各马可伦理学》的"中道"。换言之，在相关赞扬时，即便是《尼各马可伦理学》，它也没有仅限于哲学家的德性，而是与《修辞术》一样转向了大众道德观。所以我们不能认为，Rhet.I.9 的德性完全低于《尼各马可伦理学》涉及的所有德性；因为一方面，《尼各马可伦理学》也以肯定的方式表述了非标准的德性；另一方面，《修辞术》也提及了最高的哲学性的德性（Rhet.1355b5）并且以之为标的。

　　那么，为什么可赞的德性没有达到标准德性的水平呢？前引的 Rhet.1367b24-25 其实给出了答案。那里将非德性的动因"说成"为出于有意选择，从而造出了似真的德性；又如 Rhet. I.9.28-29，同一种品性可以既说成德性，也说成恶性。[①] 这种

---

① 需要注意，这种"意见式的表达"所描述的德性或恶性未必是虚假的，它有一定概率是真的。如 A 是勇敢的，为了责备他，就说他是鲁莽的，但是，（转下页）

"意见式"的德性并不具有标准德性的恒真性。它仅仅存在于赞扬的话语和文辞中；它是一种主观的称赞，并不适合于凸显最高的、最值得追求的善和德性。它表达出或"塑造"出了一种所谓的"德性"，而且还使之令人信服，因为它迎合了大众的道德观。所以 Rhet.1355b4-5 才会担心这样的语言有能力损害所有的善。但在那里，哲学家还是乐观地认为它伤及不了真正的德性，而《尼各马可伦理学》则直接否定了它对于幸福的意义。①

## 第三节 伦理学作品对灵魂两种德性的区分

上面论证了《修辞术》第一卷第九章的灵魂的德性均不是标准意义上的，也即不是"完满德性"。这样，我们可以认为，这些德性都是"自然德性"。在这些德性中，我们看不到理性形成的统一性，这些德性都是孤立的和个别的。从定义 I、定义 II、定义 III.1 和定义 III.2 能看出，这些德性似乎仅仅是一种"道德德性"，并没有像《尼各马可伦理学》一样按照"道德"和"理智"来区分。换言之，这些定义没有规定"理智德性"，即使定义 I 提及了明智和智慧，但并没有与理性相关的本质特征来涵盖

---

（接上页）按照《修辞术》的"实事求是"的原则，我们需要寻找这方面的事实来证明 A 的勇敢并不是标准的德性，因而这样的勇敢在时间 t 下会变成鲁莽。如果没有这样的事实，我们的表述当然就是单纯的"话术"。

① 但 EE 1248b23-25 提升了赞扬，那里认为，健康、强健等身体的德性不值得称赞。也见 MM 1198a2-3，没有理性的德性不值得称赞。这都表明了，存在着某种与理性相关的德性是可以赞扬的。

它们。① 就算把这样的明智和智慧作为理智德性，它们这样的卓越特征也并不完全因自灵魂的理性部分。因为，所有这些德性的"行为和后果"才是决定其所是的原因。那么可以说，它们是典型的作为工具被使用的、朝向"功利性"结果的德性，即获得善和利益的自然的"工具性能力或品质"，与有意选择适度的理论无关。其中，无理性的部分起到了主要的作用，尽管理性依然是有功能的。为了更充分地理解《修辞术》中的功利性德性，我们简单回顾一下《尼各马可伦理学》《大伦理学》和《优台谟伦理学》中对自然德性的讨论。② 这些作品都明确区分了灵魂的自然的（天生的或非人为的）德性和标准的（严格意义或本来意义的）德性。

## 一、《尼各马可伦理学》和《大伦理学》对自然德性的消极态度

在 EN II 开篇，亚里士多德就描述了道德德性与自然的关系（EN 1103a23-32）：

> 诸［道德］德性并非来于自然，也非违反自然而生出，相反，我们是"自然地"接受它们并通过习惯而变得完满。

---

① Rapp（2002:II,399）注意到了统一性的问题，也指出这样的德性依然是道德德性，但其定义并不像《尼各马可伦理学》一样同时涉及道德德性和理智德性。

② 《大伦理学》的著作权问题尚无定论，说法大致有两种，一种认为是亚里士多德对其伦理学的最初概述，一种认为出自漫步学派之手，而且受到斯多亚派的影响。但不管哪种说法，《大伦理学》在内容上与《尼各马可伦理学》和《优台谟伦理学》所联系，尤其是对后者，因而反映了亚里士多德的思想。见 Brüllmann（2011:145-146）。本章选用的《大伦理学》的内容与《尼各马可伦理学》和《优台谟伦理学》的相应论述有所一致，而且能够互补，故而加以考察。

> 再有，就那些天生生于我们身上的东西而言，我们是先获得
> 它们的种种潜在性，之后展现出实现活动……但我们是先做
> 出实现活动，［之后］得到了种种德性，恰如在不同的技艺
> 的情况中。[1]

这一段既表明了德性不是自然的，但也没有否认它与自然的
联系：当我们通过习惯去学习德性这种特殊的"技艺"时，我们
依然是在遵循"自然的本性"，即人的真正本质"理性的动物"。
我们之前讨论"快乐"时，引述了亚里士多德在这方面的观点：
实现活动让拥有者的本性变得完善（EN 1153a10-12）；真正快乐
的品质是"合乎自然本性的品质"（φυσικὴ ἕξις，EN 1152b34）；
快乐"是按照品质本性的实现活动"（EN 1153a13-15）。因此，
遵循自然德性还不够，人要按照另一种"自然"或真正的"本
性"从事实现活动，从而让那种本性完善。在 Pol.1332a39-
1332b8，亚里士多德有一段经典的文字观点相同，而且更能说
明问题。他指出，有三种东西可以让我们成为"好人和高尚者"
（ἀγαθοὶ καὶ σπουδαῖοι）：

> 这三种东西是自然本性、习惯、理性。如，首先生而为
> 人，而非其他什么动物；其次，身体和灵魂［生长成］某种

---

① 希腊文为，οὔτ᾽ ἄρα φύσει οὔτε παρὰ φύσιν ἐγγίνονται αἱ ἀρεταί, ἀλλὰ
πεφυκόσι μὲν ἡμῖν δέξασθαι αὐτάς, τελειουμένοις δὲ διὰ τοῦ ἔθους.
ἔτι ὅσα μὲν φύσει ἡμῖν παραγίνεται, τὰς δυνάμεις τούτων πρότερον
κομιζόμεθα, ὕστερον δὲ τὰς ἐνεργείας ἀποδίδομεν...τὰς δ᾽ ἀρετὰς
λαμβάνομεν ἐνεργήσαντες πρότερον, ὥσπερ καὶ ἐπὶ τῶν ἄλλων
τεχνῶν.

样子。但还有一些生出来没什么用处，习惯会使之改变；因
为一些天生就是两可的，通过习惯朝向更坏和更佳。其他的
动物大部分靠自然本性生存，少数一些通过习惯［生存］。
但是，人还靠理性，因为只有他具有理性。这样，这［三种
东西］应该彼此和谐。因为，如果人们被说服［相信］别的
方式会更好，那么，很多时候，人们会依靠理性在行动时违
反习惯和本性。①

这里的自然本性是与生俱来的身体和灵魂条件，可以称为"第一
本性"，在没有引导的时候，它会按照习惯进一步固化，养成相
应的品质，但这样的习惯是不遵循理性的，未必朝向至善的方
向；所以，既然人"自然地"愿意朝向"德性"（自然德性）和
善，人就"自然地"听从理性，因为只有理性能辨别到真正的
"德性"（标准德性）。理性及其养成的正确习惯成为了另一种自
然本性，即灵魂方面的"第二本性"，但它才是真正的、合乎人
本质的本性。②

---

① 希腊文为，τὰ τρία δὲ ταῦτά ἐστι φύσις ἔθος λόγος. καὶ γὰρ φῦναι δεῖ
πρῶτον, οἷον ἄνθρωπον ἀλλὰ μὴ τῶν ἄλλων τι ζῴων: εἶτα καὶ ποιόν
τινα τὸ σῶμα καὶ τὴν ψυχήν. ἔνια δὲ οὐθὲν ὄφελος φῦναι: τὰ γὰρ ἔθη
μεταβαλεῖν ποιεῖ: ἔνια γὰρ εἶσι, διὰ τῆς φύσεως ἐπαμφοτερίζοντα,
διὰ τῶν ἐθῶν ἐπὶ τὸ χεῖρον καὶ τὸ βέλτιον. τὰ μὲν οὖν ἄλλα τῶν ζῴων
μάλιστα μὲν τῇ φύσει ζῇ, μικρὰ δ᾽ ἔνια καὶ τοῖς ἔθεσιν, ἄνθρωπος δὲ
καὶ λόγῳ: μόνος γὰρ ἔχει λόγον: ὥστε δεῖ ταῦτα συμφωνεῖν ἀλλήλοις.
πολλὰ γὰρ παρὰ τοὺς ἐθισμοὺς καὶ τὴν φύσιν πράττουσι διὰ τὸν λόγον,
ἐὰν πεισθῶσιν ἄλλως ἔχειν βέλτιον.
② 第一本性相当于与生俱来的质料与形态；第二本性相当于形式因和目的因，刻
画了人的本质。是关于亚里士多德对 φύσις 的使用，见 Meta.V.4 和 Althoff
（2005:455）。

但是，人们似乎更愿意安于"第一本性"或自然德性。在EN III 中，当亚里士多德区分两种德性之前，他先反驳了一种自然德性论。亚里士多德概述了这种论调，他假设一个人反驳自己的观点，那个人提出了自己关于自然德性的意见（EN 1114a31-1114b12）：

第一，显现（φαίνεται αὐτῷ）给一个人的善不由他控制（οὐ κύριοι），他不是原因。

第二，显现给一个人的善与他的"品质"无关。

第三，对目的无知，但知道目的是最好的善，不是出于自己的选择（οὐκ αὐθαίρετος）。

第四，如果是这样，人"天生就应该如同有一种视觉"（φῦναι ὥσπερ ὄψιν ἔχοντα），"借助它，人很好地判断并选择合乎真的善"（ᾗ κρινεῖ καλῶς καὶ τὸ κατ᾽ ἀλήθειαν ἀγαθὸν αἱρήσεται）。

第五，这种天生的道德能力决定了一种天生的品质（EN 1114b8-12）："存在着一个天性良好的人，他很好地天生具有这种［能力］：因为这是不可能从其他人那里获得和知晓、只能与生俱来才会拥有的、最大最高贵的东西。天生很好而且高贵地具有［这种能力］，就是完善和真的'好本性'。"①

这种自然德性论有两个负面效果。第一，它可以用来为恶开脱，如果不存在这种天性良好的人，那么所有人的恶都不是由自

---

① 希腊文为，ἔστιν εὐφυὴς ᾧ τοῦτο καλῶς πέφυκεν· τὸ γὰρ μέγιστον καὶ κάλλιστον, καὶ ὃ παρ᾽ ἑτέρου μὴ οἷόν τε λαβεῖν μηδὲ μαθεῖν, ἀλλ᾽ οἷον ἔφυ τοιοῦτον ἕξει, καὶ τὸ εὖ καὶ τὸ καλῶς τοῦτο πεφυκέναι ἡ τελεία καὶ ἀληθινὴ ἂν εἴη εὐφυΐα.

己负责，因为，除非借助天赋，否则人没有辨明道德的能力。亚里士多德回击这种观点之后，得出的结论就是德性是出于意愿的（EN 1114b21-25）。事实上，亚里士多德的标准德性正是这种天生道德能力的反面，他要求人像"生出肉眼"那样靠后天再"生出"一种属于灵魂之眼的、明辨是非的"道德视觉"（EN 1144a30）。

第二，遵循自然德性的人，即使恰好会达到至善，但也还是会偏离它。因为，如果以强大的自然能力（理性或非理性的能力）为中心，那么就会看重它的"结果"，而不再以充分的理性认知作为指导，用自认为的相对善（φαινόμενον），也就是那种功利性结果取而代之。

在 EN 1144b1-4，亚里士多德正式提出自然德性和标准德性的区分，其态度明显是否定的。"［道德］德性近乎于实践智慧与精明的关系——但两者不相同，而是类似——自然［道德］德性与标准德性就是这样的关系。"[1] 这个类比暗示了"精明和自然道德德性"，处于与"实践智慧和标准道德德性"不同的一端。在 EN 1144a21-22，他直接说精明是一种"自然的"行为。那么，我们可以推出，精明就是"自然的"理智德性。[2] 它类似于《修辞术》中描述的明智。

从这里，我们可以联系 MM 1197b37-39，那里似乎就在呼应 EN 1144b1-4："恰如精明之于实践智慧的关系，看起来在所有德性中也有这样的情况。我说的是，在每个人中都自然地有

---

① 希腊文为，ἡ ἀρετὴ παραπλησίως ἔχει ὡς ἡ φρόνησις πρὸς τὴν δεινότητα—οὐ ταὐτὸ μέν, ὅμοιον δέ—οὕτω καὶ ἡ φυσικὴ ἀρετὴ πρὸς τὴν κυρίαν。

② Dirlmeier（1974:470）。

这些德性出现。"① 他列举了勇敢、正义，认为它们是没有逻各斯的，而且不值得赞扬（MM 1198a2-4）。显然，精明也是一种"自然"出现的德性，而不是人为有意理性选择的结果。接着 MM 1198a4-8 指出，"自然的德性就是这种没有逻各斯的德性；一旦与逻各斯分离，它就微不足道，不会受到赞扬；一旦加上了逻各斯和有意选择，这种德性就完满了。"②

结合《尼各马可伦理学》与《大伦理学》的论述，我们知道：

第一，自然的道德德性没有逻各斯（不是真正地或看似真正地随着逻各斯），它不同于标准的道德德性。换言之，它不服从逻各斯的命令。而且逻各斯也决定不了它一开始的状态。

第二，因此，自然德性只是类似于标准德性。虽然它看起来也有正义、节制、勇敢这样的道德德性，以及精明（明智）这样的理智德性，但其中没有理性的主导作用。

第三，按照《大伦理学》的看法，自然的道德德性不完满，不值得称赞。这相反于《修辞术》中对自然德性的描述。《大伦理学》提升了赞扬，使之朝向真正的德性（也见 EE 1248b23-25）。

在标准的道德领域，自然的道德德性并不是善。按照 EN 1144b9 的看法，由于自然德性与努斯无关，它还会带来危害，也就产生与标准德性相反的恶性。《尼各马可伦理学》和《大伦理学》对自然德性的消极看法与下面《优台谟伦理学》的论述明

---

① 希腊文为，Ὥσπερ δ' ἔχει ἡ δεινότης πρὸς φρόνησιν, οὕτως δόξειεν ἂν ἔχειν ἐπὶ τῶν ἀρετῶν ἁπασῶν. λέγω δὲ οἷον εἰσὶν ἀρεταὶ καὶ φύσει ἐν ἑκάστοις ἐγγινόμεναι.

② 希腊文为，ἔστιν οὖν ἡ φυσικὴ ἀρετὴ αὕτη ἡ ἄνευ λόγου χωριζομένη μὲν τοῦ λόγου μικρὰ καὶ ἀπολειπομένη τοῦ ἐπαινεῖσθαι, πρὸς δὲ τὸν λόγον καὶ τὴν προαίρεσιν προστιθεμένη τελείαν ποιεῖ τὴν ἀρετήν.

显不同。

## 二、《优台谟伦理学》对自然德性的积极态度

在前面论情感一章中，我们列出了《优台谟伦理学》涉及的情感性品性（广义的品性）也对此做了论述。之所以它们都是自然的，是因为它们都自然地源自自然的情感。这些品性或情感构成了三元关系，自然地形成了过度、适度和不及。其中的适度可以视为一种"前德性"或"准德性"。在列举完它们之后，EE Ⅲ.7.1234a23-34 总结道（对比 MM 1192b19 以下）：

> 所有这些都是值得赞扬的适度，但它们都不是德性，它们的反面也不是恶性：因为它们没有"有意选择"。所有这些都在情感的分类中：因为它们的每一个都是某种情感。由于［它们］是自然的东西，故也可以有助于① 自然德性；因为……每一个［适度］都以某种方式是德性，既是自然地［如此］，又以不同方式随着实践智慧［而如此］。嫉妒有助于不正义（因为由它产生的行为针对其他人）；愤慨有助于正义；知耻（羞耻）有助于节制，由此，人们把节制也确定在这个属中：真诚和虚伪的人就是睿智的人和愚蠢的人。②

---

① συμβάλλετα，这个动词也见柏拉图《法篇》836d，τί μέρος ἡμῖν συμβάλλοιτ᾽ ἂν πρὸς ἀρετήν。

② 希腊文为，πᾶσαι δ᾽ αὗται αἱ μεσότητες ἐπαινεταὶ μέν, οὐκ εἰσὶ δ᾽ ἀρεταί, οὐδ᾽ αἱ ἐναντίαι κακίαι: ἄνευ προαιρέσεως γάρ. ταῦτα δὲ πάντ᾽ ἐστὶν ἐν ταῖς τῶν παθημάτων διαιρέσεσιν: ἕκαστον γὰρ αὐτῶν πάθος τι ἐστίν. διὰ δὲ τὸ φυσικὰ εἶναι εἰς τὰς φυσικὰς συμβάλλεται ἀρετάς: ἔστι γάρ… ἑκάστη πως ἀρετὴ καὶ φύσει καὶ ἄλλως μετὰ φρονήσεως. ὁ μὲν οὖν φθόνος εἰς ἀδικίαν συμβάλλεται (πρὸς γὰρ ἄλλον αἱ πράξεις (转下页)

在这里，与 MM 1198a4-8 不同，《优台谟伦理学》提出自然的适度是可以赞扬的，由此可以推出，这种适度所相关的自然德性也是可以赞扬的，[①] 尽管《优台谟伦理学》明确将之排除出了"标准德性"（以及标准恶性）。

《优台谟伦理学》还主张，愤慨、羞耻和真诚作为三种适度的情感或品性，它们分别"有助于"或可以"成为"三种自然德性乃至标准德性：正义、节制和智慧。如果加上《修辞术》中讨论的情感"信心"（θάρρος），那么这就补齐了勇敢；信心作为情感也应有助于它。[②] 这样，四主德（自然的或标准的）都有对应的情感：愤慨——正义；羞耻——节制；信心——勇敢；真诚（或直率）——智慧。情感有助于自然德性，而两者为标准德性奠定了基础，只要它们通过"实践智慧"。显然，《优台谟伦理学》强调了自然情感与自然德性的积极意义。这里似乎也暗示，四主德的形成，似乎必须或最好通过四种情感及其自然德性来实现。值得注意的是，情感也有助于理智德性。[③]

---

（接上页）αἱ ἀπ᾽ αὐτοῦ）καὶ ἡ νέμεσις εἰς δικαιοσύνην, ἡ αἰδὼς εἰς σωφροσύνην, διὸ καὶ ὁρίζονται ἐν τῷ γένει τούτῳ τὴν σωφροσύνην· ὁ δ᾽ ἀληθὴς καὶ ψευδὴς ὁ μὲν ἔμφρων, ὁ δ᾽ ἄφρων. 其中，φύσει καὶ ἄλλως μετὰ φρονήσεως 这一句，有抄本为，καὶ φυσικαὶ ἄλλως μετὰ φρονήσεως。辛普森是按照这种读法，意为"每一个［适度］都以某种方式是德性，当其随着实践智慧，而也以不同方式是自然的"。我们参照了 Mingay & Walzer（1991），将 ἄλλως 理解为，不同于自然德性的方式。但无论哪种读法，这里都区别了自然德性与标准德性。关于这一段的解说见 Simpson（2013:65-66,302）。

① 比较 EE 1248b23-25，那里认为身体的自然德性不值得称赞。

② 如 Rhet.1386b30，提到了处于勇敢的情感中（ἐν ἀνδρείας πάθει），显然勇敢是有一种对应的情感。

③ 除了真诚之外，EE 1234a3 的机敏风趣（εὐτραπελία）也是自然的理智德性，它们更密切地联系了理性，但由于理智并没有起到充分的认知和主导作用而且它们相关爱和苦乐，所以还是情感。

在《优台谟伦理学》看来，情感以及自然德性是有过度、适度和不及之分的。在 Rhet.I.9 中（以及论情感的 Rhet.II.2-11），我们并没有看到这一点。情感能够自然地而非借助理性成为适度，适度也能成为自然德性，甚至成为标准德性。这样的自然德性不是朝向"功利性结果"，而是"恰好"指向绝对的善。如果说《尼各马可伦理学》批评了这样的自然性的"恰好"，那么《优台谟伦理学》反而看出了其中的积极性，这有助于我们提过的情感教育。

## 第四节 《修辞术》的自然德性

### 一、利己与利他

这一小节，我们从伦理学作品再回到《修辞术》中的自然德性问题。这种德性观带有非哲学的特点，如前所属，应归于大众道德观，这样的德性不是灵魂的稳定的、能够命中适度的品质，而是达到目的的工具和手段，其优异性的标准不是它自身，而是所获得的有利的结果，而这样的结果并不是真正的善，因此很可能不会真地"有利"。

这样的德性会让我们想到《美诺》对大众德性的经典描述，我们首先看一下其中的观点，并与《修辞术》做一对比。在 71e，那里提及了男人、女人、孩子、老人、自由民都有相应的德性。如男人的德性，"能够处理城邦之事，在处理时能为朋友施惠，损害敌人，并且小心地不让自己承受这样的［来自敌人的］损害"①。与之相对，《美诺》91a 则论及了智慧和德性的一般作用，这似乎概括了大众道德观下的理智德性与道德德性的功能：通过它们"人们合理地经营家与城邦，奉养其双亲，知道［如何］以合乎好人的方式来迎送本邦和外邦之人"②。这两个界定是在规定一些与人际、家庭和共同体有关的"具体行为"而且是"利他的"；与之相对，Rhet.I.9 的定义 I 则将"一般的善"作为目标，而 Rhet.I.6 的定义 III.1 则体现了"利己"的一面。但是，Rhet.I.9 的定义 II 和定义 IV.1 则又靠近了《美诺》，那里提出了这些善是为了"他人"。③ 而且这是最大的德性，是德性的极致。因为，利他的行为——当然也就是有利于城邦——是高贵的，④ 而高贵正是展现演说的核心论题（如 Rhet.1358b25，Rhet.1359a2-3 等）。所以，Rhet.I.9 对德性的考察其实是为了引出高贵，那么其所讨论的德性必须要有"利他"这个方面。但是由此，《修辞术》中的德性就同时出现了利己与利他的不和。这决定了《修辞术》的幸福区别于《尼各马可伦理学》中的、真正利己的（同时也能够利他的）、与灵魂部分的优异性相关的"幸福"。⑤

① 希腊文为，ἱκανὸν εἶναι τὰ τῆς πόλεως πράττειν, καὶ πράττοντα τοὺς μὲν φίλους εὖ ποιεῖν, τοὺς δ᾽ ἐχθροὺς κακῶς, καὶ αὐτὸν εὐλαβεῖσθαι μηδὲν τοιοῦτον παθεῖν。

② 希腊文为，ἢ οἱ ἄνθρωποι τάς τε οἰκίας καὶ τὰς πόλεις καλῶς διοικοῦσι, καὶ τοὺς γονέας τοὺς αὑτῶν θεραπεύουσι, καὶ πολίτας καὶ ξένους ὑποδέξασθαί τε καὶ ἀποπέμψαι ἐπίστανται ἀξίως ἀνδρὸς ἀγαθοῦ。这可以对比 Rhet.I.5.6 对男人和女人德性的列举，以及 Rhet.II.12-14 对三种年龄者的品性的描述。

③ 也见 Rapp（2002:II,399-400），那里举了《美诺》这两处并且指出利他与高贵的关系。

④ 如 Rhet.1354b23-24，议政演说比诉讼演说更高贵，因为关涉城邦事务。

⑤ Rapp（2002:II,400-401）将《修辞术》的德性观称为"非幸福论的德性概念"（nicht-eudaimonistiseher Tugendbegriff）。关于利他与利己的对立，详见刘玮（2019）。

这一不和以及自然德性的功利性，都体现在了 Rhet.I.9.7-13 对一些特殊德性的定义和描述（有一些来自 Rhet.I.6）中：

| 自然的道德德性 | 正义、勇敢、节制、大方、大气、慷慨、温和。[①] |
|---|---|
| 自然的理智德性 | 明智、智慧，天分（εὐφυΐα）、强记（μνήμη）、聪慧（εὐμάθεια）、聪敏（ἀγχίνοια）、知识、技艺。Rhet.I.6.1362b24-26，"它们都是能促成好事的能力。" |
| 正义 | "每个人通过它合法拥有自己的东西；而不正义，就是通过它，违法地［拥有］不是自己的东西。"[②] |
| 勇敢 | "通过它，人们在危险时能做出高贵之举，且合乎法的要求，［人们］服从法。"[③] |
| 节制 | "通过它，人们合法地享受身体的快乐（δι' ἢν πρὸς τὰς ἡδονὰς τὰς τοῦ σώματος οὕτως ἔχουσιν ὡς ὁ νόμος κελεύει）；放纵则相反。" |
| 慷慨 | "于财物上能行善，吝啬则相反。" |
| 大气 | "能造大福（εὐεργετημάτων）。" |
| 大方 | "花钱办大事，小器和小气（μικροπρέπεια）则反之。" |
| 明智 | "一种理智的德性，通过它，人们能针对幸福考量上述的好事和坏事。"[④] |

可以看出，第一，在四主德的三种道德德性的定义中，"法"（礼法或习俗，无论成文还是未成文）都出现了。这表明了道德德性与共同体和他人的关系。第二，但是，在其他的道德德性中，这一因素并没有出现，而且，虽然节制涉及了这一点，但个

---

① Rhet.I.9 列举了温和为德性，但没有给出定义，

② 希腊文为，δι' ἢν τὰ αὑτῶν ἕκαστοι ἔχουσι, καὶ ὡς ὁ νόμος: ἀδικία δὲ δι' ἢν τὰ ἀλλότρια, οὐχ ὡς ὁ νόμος.

③ 希腊文为，δι' ἢν πρακτικοί εἰσι τῶν καλῶν ἔργων ἐν τοῖς κινδύνοις, καὶ ὡς ὁ νόμος κελεύει, καὶ ὑπηρετικοὶ τῷ νόμῳ: δειλία δὲ τοὐναντίον.

④ 希腊文为，φρόνησις δ' ἐστιν ἀρετὴ διανοίας καθ' ἢν εὖ βουλεύεσθαι δύνανται περὶ ἀγαθῶν καὶ κακῶν τῶν εἰρημένων εἰς εὐδαιμονίαν.

体快乐与法之间构成了张力。因此，利己与利他之间似乎存在着矛盾。第三，自然的理智德性也没有体现"法"，甚至还有"利他"，其"考量"的作用只是针对结果。那么，个体追求的结果很容易与法产生冲突。第四，知识和技艺也有自然德性，但它们仅仅作为获得有利目的的工具。第五，只有勇敢在定义上与"高贵"直接相关。既然它在善中最有利于国人（Rhet.I.6.1362b33），那么，它似乎是德性中最值得赞扬的。

总体来说，对比《尼各马可伦理学》和《优台谟伦理学》，这些自然德性的持有者并没有朝向真正的善，因为，它们的目的必定只是Rhet.I.6那个水平上的善（以及Rhet.I.5的幸福），这样的善是手段所追求的相对的"结果"，而不是绝对的适度或中道。同时，这些德性使得善与正义出现了分离，既然正义不再是普遍的德性，那么有些个体认为的善似乎并不会在一般意义上成为正当，这就导致了利己与利他之间的分裂。对此，《修辞术》没有提供任何解决方法。

拉普主张，正是为了克服Rhet.I.9的德性观中存在的利他和利己的矛盾，亚里士多德于是将前者的大众德性改造为了《尼各马可伦理学》中的标准德性，并将之作为后者的幸福论的基础。标准德性既可以起到工具性的作用，又立足于人的内在灵魂以及人自身的幸福。[1]换言之，Rhet.I.9是《尼各马可伦理学》德性建立的出发点。这一结论是正确的，他并没有要么截然区分这两部作品（如寇普），要么完全等同（如格里马尔蒂）。我们之前讨论了在赞扬方面，这两部作品都是立足于大众德性:《修辞术》依然

---

① Rapp（2002:II,401-402）。

在这个层面处理展现演说，而《尼各马可伦理学》则继续向标准的德性上升。它们的区别源自于著作的目的和主题，因而这并不会否定这一事实：它们有着一致性和连续性。

但是，与拉普不同，我们还会强调，《优台谟伦理学》对自然德性的看法也需要引入。这一环节相当重要，它从另一个方向"情感"上将《修辞术》与标准德性联系在了一起。在《优台谟伦理学》那里，理智德性和道德德性都以自然的"情感"为基础。而情感恰恰又是 Rhet.II. 的研究对象之一，我们可以认为，《优台谟伦理学》很可能是要利用《修辞术》对情感的研究，为适度在大众道德观中寻找基础，同时将日常领会的德性引向"中道"。Rhet.I.9 的德性是利己和利他的工具，与（大众理解的）高贵相关，但没有适度与正确可言；而《优台谟伦理学》的德性是自然形成的"适度"，虽然没有理性和有意选择，却可以真正地"利己"，即让自身的灵魂具备良好的品质;《尼各马可伦理学》则进一步改造《修辞术》和《优台谟伦理学》的德性观，转向利己的幸福论，同时又能达到真正的利他（如通过公正、友爱这样的德性）：利己、利他、手段—结果、情感、适度、善、高贵、幸福最终在理性的引导下统一了起来。如果缺少《优台谟伦理学》的话，Rhet.I.9 的德性缺乏一种内在的基础：具备造福能力的主体很难不以外在的结果为目标。而当他自然地具有情感时，比如愤慨，他才能意识到或（不如说）"说服"自己，令自己"相信"正义的存在，从而正确地处理利己与利他的关系。

如果德性能将自身与他人联系起来，同时又能相关情感，那么这样的德性似乎就朝向了伦理学。《修辞术》中恰恰存在这样的德性，它联系了品性说服法。

## 二、演说家应该具备的三种特征

### （一）《修辞术》提及的三种特征

品性说服法是借助演说者自身具有的特征来使听众信服。在 Rhet.II.1.1378a6-1378a20，亚里士多德概述了这一方法。

> 演说者本人成为可信的，有三点原因，这些都在证明之外，我们通过它们信服 [ 演说者 ]。它们就是明智，德性与亲和；因为人们在他们所演说或提议之事上有误，或由于所有这些，或由于其中某一个 [ 方面 ]：如，由于不明智，人们意见不确，或意见正确，由于恶性而不谈所想，或为人明智正派，但不亲和；恰由此，[ 虽 ] 有知识，[ 却 ] 很可能不会给出最好的提议。除这些 [ 上述几种情况 ] 之外，再无其他。故而，对所有事情持有意见的人，必然具有这些 [ 三种特征 ] 而为听众所信。明智和高尚者由什么表现为如此，必须通过划分诸德性来把握，通过相同的这些内容，某人设置他人或自己成为这样的人；而关于亲和与友爱，必须在关涉诸情感的部分来谈。①

---

① 希腊文为，τοῦ μὲν οὖν αὐτοὺς εἶναι πιστοὺς τοὺς λέγοντας τρία ἐστὶ τὰ αἴτια: τοσαῦτα γάρ ἐστι δι᾽ ἃ πιστεύομεν ἔξω τῶν ἀποδείξεων. ἔστι δὲ ταῦτα φρόνησις καὶ ἀρετὴ καὶ εὔνοια: διαψεύδονται γὰρ περὶ ὧν λέγουσιν ἢ συμβουλεύουσιν ἢ δι᾽ ἅπαντα ταῦτα ἢ διὰ τούτων τι: ἢ γὰρ δι᾽ ἀφροσύνην οὐκ ὀρθῶς δοξάζουσιν, ἢ δοξάζοντες ὀρθῶς διὰ μοχθηρίαν οὐ τὰ δοκοῦντα λέγουσιν, ἢ φρόνιμοι μὲν καὶ ἐπιεικεῖς εἰσιν ἀλλ᾽ οὐκ εὖνοι, διόπερ ἐνδέχεται μὴ τὰ βέλτιστα συμβουλεύειν γιγνώσκοντας, καὶ παρὰ ταῦτα οὐδέν. ἀνάγκη ἄρα τὸν ἅπαντα δοκοῦντα ταῦτ᾽ ἔχειν εἶναι τοῖς ἀκροωμένοις πιστόν. ὅθεν μὲν οὖν φρόνιμοι καὶ σπουδαῖοι φανεῖεν ἄν, ἐκ τῶν περὶ τὰς ἀρετὰς（转下页）

　　从这一段可以得出几个重要的结论。第一，演说者的品性包含了明智、德性与亲和（Rhet.1378a9）。这里面，德性（如正派）必定是道德德性，而明智（如知识和意见）是理智德性。既然亚里士多德说，这两个方面要通过"划分诸德性"来把握，那么这就是说，Rhet.I.9 完成了这一任务。因此这两种德性必定是自然德性。

　　第二，亲和并不是德性，它是情感性的品性。该词表示演说者身上的能够激起听众好感的特征，它也可以表示听众的这种"好感"或"亲和感"。由于 ἦθος 概念在 Rhet. 中是广义的（见 Rhet.II.12.1388b31-32），包含了严格意义的 ἦθος 即品质，所以，情感产生的特征也属于其中。亚里士多德将亲和与友爱联系在了一起，两者相近，所以 Rhet.II.4 仅仅论述了后者（也见 EN 1166b30 以下对两者的讨论）。对友爱的讨论既是为了情感说服法，也有助于亲和。而 Rhet.II.4.11 这一论位，表明了有德性的人会得到友爱。因此，德性是形成亲和的条件（也见 EN 1167a18-19），虽然是必要条件（Rhet.1378a12-13）。不过更重要的是，情感友爱是德性友爱的基础。

　　第三,三种品性恰恰分别联系了三种说服法。对"论理"的正确运用决定了明智；对亲和与友爱的使用来自情感说服法；道德德性是狭义的 ἦθος。这种联系可以从这一句推出："对所有事情持有意见的人，必然具有这些［三种特征］而为听众所信。"亚里士多德的意思是，只要一个说话人可信，那么他就必定具有

---

（接上页）διῃρημένων ληπτέον: ἐκ γὰρ τῶν αὐτῶν κἂν ἕτερόν τις κἂν ἑαυτὸν κατασκευάσειε τοιοῦτον: περὶ δ᾽ εὐνοίας καὶ φιλίας ἐν τοῖς περὶ τὰ πάθη λεκτέον。

这些特征（或一部分）。① 而三种说服法是《修辞术》中规定的仅有的说服手段，则，当说话者使用这些手段时，才会展现这些特征。而它们之中，只有明智能体现论理说服法，因为它相关"正确的意见"。虽然亚里士多德说，这些因素都"在证明之外"，但明智的产生，必须经由演说者对论理说服法的使用。关于这一结论，我们下面展开来谈。

如果是这样，那么亚里士多德是在要求一种层次较高的明智，它接近于"实践智慧"。换言之，听众觉得演说者是明智的，当且仅当，他按照《修辞术》的规定，通过事实与逻辑来表达正确的意见。我们这里略微引述一下亚里士多德在《修辞术》和伦理学作品中对明智（标准德性以及自然德性的"精明"）的描述：

（1）Rhet.1366b20-22 定义明智为："一种理智的德性，通过它，人们能针对幸福考量上述的好事和坏事。"

（2）Rhet.1367b21-23，有意选择的行为体现高尚。

（3）Rhet.1417a23-27，计算（διανοία）相反于有意选择（προαίϱεσις），前者属于明智者（φϱόνιμος）和有利之事（τὸ ὠφέλιμον），后者属于好人和高贵之事。②

（4）EN 1144b14-17 指出，"恰如在产生意见上［灵魂］有两种［特征］：精明和实践智慧；以这种方式，在道德上也有两种［特征］，自然德性和标准德性；其中，标准德性没有实践智

---

① 如 Rhet.1356a5-7 和 13，品性正派会让人很快相信，最具有威力。显然，仅仅具有德性，也可以获得信任。但是，亚里士多德是在强调一种充分的可信。他提到了，即使正派，但如果不亲和，也很有可能不会被信任。

② Rapp（2002:II,976）。

慧就不会出现。"①

（5）EN 1144a24-26，"存在着一种人们称之为精明的能力：它是那种能针对设定的目标做出行动、达到目标的能力。"②

（6）MM 1197b25-27，"精明和精明者的［活动］就是考察，通过什么，每件要做的事情能做成。"③

（1）是功利性的德性，完全不同于这里；（2）是 Rhet.I.9 中联系 EN 的地方，尽管那里是将有意选择的高尚性或德性作为某种"话术"；但是，（3）将明智区分为两种：（3a）一种是计算的，（3b）另一种是追求高贵的，源自有意选择。在上面引文中，亚里士多德指出明智与高尚是演说者需要具备的（Rhet.1378a16），因此，三种特征之一的"明智"是（3b），与（2）有联系，同属于（1）。（3a）就是（4）（5）（6）的精明，它是善恶中立的。我们也能想到前面曾引用的伊索克拉底《互换辞》182 中的"明智"。（3b）当然也可以作为"话术"，但我们的重点是，亚里士多德对（3）做出了区分，他提出了超越（3a）或精明的"明智"，这在《尼各马可伦理学》中会发展为实践智慧。

综上来说，首先，亚里士多德规划出了一种真正的、立足

---

① 希腊文为，καθάπερ ἐπὶ τοῦ δοξαστικοῦ δύο ἐστὶν εἴδη, δει-νότης καὶφρόνησις, οὕτω καὶ ἐπὶ τοῦ ἠθικοῦ δύο ἐστί, τὸ μὲν ἀρετὴ φυσικὴ τὸ δ᾽ ἡ κυρία, καὶ τούτων ἡ κυρία οὐ γίνεται ἄνευ φρονήσεως.

② 希腊文为，ἔστι δὴ δύναμις ἢν καλοῦσι δεινότητα· αὕτη δ᾽ ἐστὶ τοιαύτη ὥστε τὰ πρὸς τὸν ὑποτεθέντα σκοπὸν συντείνοντα δύνασθαι ταῦτα πράττειν καὶ τυγχάνειν αὐτοῦ. 也见 EN 1144a21-22，"而为了有意选择自然地付诸行动，这并不由［标准］德性来完成，而是由另一种能力"（τὸ δ᾽ ὅσα ἐκείνης ἕνεκα πέφυκε πράττεσθαι οὐκ ἔστι τῆς ἀρετῆς ἀλλ᾽ ἑτέρας δυνάμεως）。

③ 希腊文为，τῆς δὲ δεινότητος καὶ τοῦ δεινοῦ σκέψασθαι ἐκ τίνων ἂν ἕκαστον γένοιτο τῶν πρακτῶν.

于论理说服法的"明智"，它不仅仅是功利性的计算能力；这样的德性如果基于逻辑与事实，那么就不完全是自然德性了。第二，由于论理说服法是主导的，因此明智也趋向于主导地位。这两点决定了，在明智的引导下，所有德性既非完全利己，也非完全利他，而是选择正确。第三，由于这里的德性不是展现演说的赞扬对象，而是演说者主体的因素，所以，它就联系了主体自身的情况，趋向于其内在的特征：明智的根源在于灵魂能否理性地认知。

第四，友爱相近于亲和，它是一种自然情感，而也有对应的标准德性。情感友爱是产生说服力的重要方面，甚至不可或缺；而德性友爱在 EN VIII-IX 中则是必不可少的人际间的品质。那么在这里，亚里士多德似乎暗示了利己（演说者）与利他（听众）的一致性：想要有利于自己，就要让他人爱我；他人爱我，就会相信我，因而有利于我。——当然，在明智的引导下，我让他人爱我，恰恰是基于事实和逻辑，基于我真正的德性，这样才能让他人真正地爱我，我也值得信任。由此，我们可以共同生活在城邦之中。在这种共存中，与人际交流密不可分的修辞术发挥了正确的用途。

我们只能说，亚里士多德暗示了一种不同的明智，它是或者会慢慢地接近于《尼各马可伦理学》中的明智；他也暗示了友爱（亲和）与信任的关系。但这两点已经相当有意义，它们朝向了伦理学的标准德性。

（二）其他作品中提及的三种特征

最后，可以简要比较一下在其他文献中出现的类似的三元组特征（见下表）。伯利克里的三个特征，可以概括为，明智、节制和爱国。他的明智就是政治知识和演说。在 EN 1140b6 以下，定义实践智慧时，亚里士多德称赞了伯利克里，认为他"能够"看到那些自身是善（政治利益）、对人们好的东西，但亚里士多德并未说伯利克里的"明智"就是标准的实践智慧。原因当然在于，其中没有涉及"正确"和理性。伯利克里的爱国恰恰对应了友爱，这一点可以证明亲和的意义。

伯利克里的表达令人想到色诺芬《回忆苏格拉底》1.2.52（40 开始恰恰提及了伯利克里），控告者控诉苏格拉底不看重朋友的"亲和"（用形容词 εὔνους），也就是不重视"友爱"——除非友爱能带来帮助。显然，他没有把这样的共同性情感作为特别重要的因素。苏格拉底的对"明智或智慧"的表达与伯利克里的明智看起来完全一致，但是，δέοντα（应该之事）一词的含义是不同的，在前者那里指真正的"正确"（如《尼各马可伦理学》中频繁表达的"应该"），其语境相关个人智慧；后者那里指合乎时机的"必要"，其语境相关政治，可以说，这是一种"政治正确"。[①] 之所以不同，是因为，假如一致，比如同于伯利克里，那么，苏格拉底是不会因此受到控告；如果同于苏格拉底，那么，伯利克里相当于给自己添加了某种罪名，而且，亚里士多德也会承认他的明智就是实践智慧了。这里，苏格拉底的利己智慧与伯利克里的利他明智出现了矛盾，前者也没有像后者那样看重"爱

---

① 该词也见《回忆苏格拉底》4.3.8，μᾶλλον τοῦ δέοντος，说太阳没有超过"应该的或正确的"热度，这里明确体现了"适度"思想。另见《伯罗奔尼撒战争史》1.22，περὶ τῶν αἰεὶ παρόντων τὰ δέοντα μάλιστ᾽ εἰπεῖν。这里体现了伊索克拉底的"时机"思想。

国"。可以认为，亚里士多德的三种特征就是要调和这样的冲突，但依然要把哲学智慧作为中心。

《高尔吉亚》和《致尼可克勒斯》似乎是《修辞术》三种特征的来源。但《致尼可克勒斯》中，德性并非来自演说者本人，而明智必定是伊索克拉底式的。《高尔吉亚》里，率直指直言不讳，自由表达，这是雅典人的典型特征。它类似 EE 1233b38-1234a3 的真诚、单纯、直率（αὐθέκαστος），这些都是自然的适度，有助于"智慧"，类似率直。但这些特征并不意味着其拥有者所表达的就是"真实"。这里也暗示了卡里克勒斯的"知识"不是真正意义上的，很可能类似 Rhet.I.6.1362b26 的那种。

而《政治学》和《海伦》里，知识分别换成了能力与权力，前者的能力显然来自于知识；后者的替换是为了对应僭主体制。《政治学》中对政制的爱显然也对应《修辞术》的亲和与友爱。伪托色诺芬的《雅典政制》很有意思，那里把亲和作为了坏人的有利特质，不亲和是属于好人的——当然呼应了上面提到的苏格拉底——这样的亲和显然是虚伪的友爱，亚里士多德恰恰要颠倒这一点。

在西塞罗那里，情感因素初看起来并不存在。他认为，正义（道德德性）与理智或明智（理智德性）是仅有的取信的条件，而且正义最高，即使只有它，也可以得到相信。[①]但是，细读文本，他也谈到了情感上的关系：如果只有明智，没有正义，那么"某人越精明，越聪明，德行的声名却被抽离，他就会更遭嫉恨，更受怀疑"（Quo enim quis versutior et callidior, hoc

---

① 西塞罗遵循斯多亚派的德性统一的理论，那么这里的分离只是理论假设，如果分离，明智就退到了"精明"的层次。

invisior et suspector est detracta opinione probitatis )。[①] 这里的
嫉恨和怀疑就是亲和与友爱的反面，它们是自然德性的"明智"
造成的；这样的明智就是精明，它脱离了正义，不再与之统一。
换言之，如果人具有正义，别人就会对他产生嫉恨和怀疑的反
面情感。

| 若干古典文献中的演说者或领袖的三个特征 | | | |
|---|---|---|---|
| 《修辞术》的三种说服法 | 论理 | 品性 | 情感 |
| 《修辞术》的三种品性 | 明智 | 德性 | 亲和 |
| 《伯罗奔尼撒战争史》2.60.5–6<br><br>伯利克里自认为具备的三种品性。 | 知道必要之事并且传达[②]这些事情（γνῶναί τε τὰ δέοντα καὶ ἑρμηνεῦσαι ταῦτα） | 不受金钱控制（χρημάτων κρείσσων） | 爱城邦（φιλόπολις） |
| 《回忆苏格拉底》1.2.52<br><br>苏格拉底的罪名，也即他身上的特征[③] | 知道并且能够传达正确之事（τοὺς εἰδότας τὰ δέοντα καὶ ἑρμηνεῦσαι δυναμένους） | 德性 | 不亲和 |
| Pol.V.9.1309a33–39<br><br>最高执政者应该具有的三种特质。[④] | 统治活动的最大能力 | 在每种政制中联系于该政制的德性和正义 | 对既定政制的爱 |

---

① 文本见 Miller（1913）。Grimaldi（1988:10）提及了这里，但他没有看到情感的因素。

② ἑρμηνεῦσαι，LSJ.II.2 释义为表达，举了此处为例，也举柏拉图《法篇》996b，指宣明法律。

③ 第一点是他看重的人的特征，但必定也符合他自己的情况。

④ 希腊文为，τρία δέ τινα χρὴ ἔχειν τοὺς μέλλοντας ἄρξειν τὰς κυρίας ἀρχάς, πρῶτον μὲν φιλίαν πρὸς τὴν καθεστῶσαν πολιτείαν, ἔπειτα δύναμιν μεγίστην τῶν ἔργων τῆς ἀρχῆς, τρίτον δ' ἀρετὴν καὶ δικαιοσύνην ἐν ἑκάστῃ πολιτείᾳ τὴν πρὸς τὴν πολιτείαν.

续表

| 若干古典文献中的演说者或领袖的三个特征 | | | |
|---|---|---|---|
| **《高尔吉亚》487a–b**<br><br>苏格拉底认为和卡里克勒斯这样的人交谈是幸运的，因为后者拥有三个特点。 | 知识 | 率直<br>（παρρησία） | 亲和 |
| **伊索克拉底《致尼可克勒斯》21**<br><br>僭主应该掌握的三个方面。 | 自身的明智 | 朋友的德性 | 邦民的好感或亲和感<br>（εὔνοια） |
| **伊索克拉底《海伦》37**<br><br>忒修斯作为统治者具有的三个方面。 | 僭主的权力<br>（ἐξουσία） | 平民领导者的福利<br>（εὐεργεσία） | 邦民的好感或亲和感 |
| **伪托色诺芬《雅典政制》1.7** | 无知<br>（ἀμαθία） | 卑劣<br>（πονηρία） | 亲和感 |
| 列出两组特征，分别都有三个，第一组是坏人的，它比第二组属于好人的要更有利。① | 智慧 | 德性 | 反感或不亲和感<br>（κακόνοια） |
| **＊西塞罗《论义务》2.33–34**<br><br>产生信任的两个条件 | 明智或实践智慧（prudentia）和理智（intellegentia） | 正义<br>（justitia） | 不被嫉恨和怀疑 |

在 Rhet.1356a12-13，亚里士多德指责有些修辞家认为品性正直没有用处，他的看法相反，品性说服法是最具有威力的（κυριωτάτην ἔχει πίστιν τὸ ἦθος）。这一观点同于伊索克拉底《互换辞》278。② 但是，既然相信真实，那么亚里士多德必

① 也见 Rapp（2002:II,535）。

② 也见其《反智术师》21，πολὺ ἂν θᾶττον πρὸς ἐπιείκειαν ἢ πρὸς ῥητορείαν ὠφελήσειεν。

定要追求真正的品性和标准的德性，否则，德性就会变成 Rhet. I.9.28-29 描述的那种可以正反颠倒的性质了。[1] 那样的德性是孤立的，理性并没有将其统一在一起。

通过上述，我们发现《修辞术》中的德性颇为复杂，在讨论演说者的三种特征时，亚里士多德朝向了真正的德性，它在修辞术的情境中将利己与利他联系在一起，以理性作为主导。不过可以看到，目前为止，伦理学作品中的德性的关键方面"适度"还没有被我们提及，毕竟，它在 Rhet.I.9 和 Rhet.II.1 里并没有出现，似乎写作《修辞术》时，亚里士多德尚未将其与德性相联系。但是，在下一小节，我们会看到，Rhet.III 将之凸显出来，而且表明了伦理学方面的联系；同时，在 Rhet.I-II 里，适度其实已经略微浮现，有一处还相当值得注意。

### 三、措辞的德性：适度

在原本独立的《修辞术》第三卷，亚里士多德又引入了一个德性，即前述定义 VI 的措辞的"完美性"。对于这种完美性，亚里士多德使用了很严格的定义动词 ὡρίσθω。这样的德性属于语言或"散文"[2] 演说风格的"明晰"和"得当"。[3] 正是通过它们，

---

[1] 那里的手法类似一种话术，但哲学家在操作时，还是会从事实出发来进行。

[2] Rhet.1404b4-5，诗的措辞不平白，但是"不适合"（πρέπουσα）散文，这就是说，诗的措辞对于散文来说"不得当"，因而，散文的这一德性不属于诗。得当的观点本自《斐德若》274b"论及写作技艺中的得当和不得当（εὐπρεπείας γραφῆς πέρι καὶ ἀπρεπείας）"；以及伊索克拉底《反智术师》13，说演说"如果不把握时机、不得当（πρεπόντως）、不新奇，就不可能佳妙（καλῶς ἔχειν）"。

[3] Rapp（2002:II,821）指出：古典修辞术从这两种完美性发展出了四种。如西塞罗《论演说家》3.10.37：（1）言语的纯正（ut Latine，按照拉丁语，遵循正统语言）；（2）明晰（ut plane）；（3）缀饰（ut ornate，Schmuck）；（转下页）

伦理学上重要的"适度"概念出现了。

关于明晰，《修辞术》使用了"功能论证"（ἔργον- 论证），这当然联系"德性"；关于得当，《修辞术》则用了值得注意的"适度"原则，这也相关"德性"。关于适度原则，Rhet.III 还有如下不同表述：

| 出处 | 过度 | 适度 | 不及 |
|---|---|---|---|
| 1404b1-4 | 平白（ταπεινή） | 得当 | 言过其实（ὑπὲρ τὸ ἀξίωμα） |
| 1404b36-37[①] | 不新异 | 新异和明晰 | 新异被注意 |
| 1405b33 指小词的使用 | —— | 适度（μέτριον） | —— |
| 1406a15-18 | 随意无章法（不好） | 新异 | 冷僻（坏） |
| 1414a18-25 | 平白 | 明晰和得当 | 啰嗦（ἀδολεσχεῖν），不明晰，不精约（σύντομος） |
| III.16.1416b33-35 布局之叙述 | 快或简短（συντόμως） | 正好和适度 | 冗长 |

从 Rhet.1404b36-37 和 Rhet.1414a18-25 能看出，明晰与得当其实都可以作为中道。由此，我们可以确定"不及"和"过度"，越是明晰就会导向平白；越不明晰，就会言过其实。而既

---

（接上页）（4）言之指物而得当（ut ad id），恰当（apte）和得当地（congruenter）演说。昆体良《演说家教育》1.5.1：（a）纯正（emendata，修正和矫正过的）；（b）明晰（dilucida）；（c）缀饰；（d）得当。此中有两个（b 和 d）是《修辞术》提到的完美性；a 也许包含在明晰，c 在得当（即不平白）之中。Rhet.III 中得当有两种用法，一种与适度相关；另一种是措辞要与事实以及说话人的情感和品性相符，见 Rhet.III.7。

① 原文为，ἔσται τε ξενικὸν καὶ λανθάνειν ἐνδέξεται καὶ σαφηνιεῖ· αὕτη δ' ἢν ἡ τοῦ ῥητορικοῦ λόγου ἀρετή.

然如此，功能论证其实也适合于"得当"。当明晰与新异被作为德性时，新异也属于"功能"。但是，这两者必须要联系"得当"，因为这两者本身都分别包含了过度和不及：如平白（明晰的过度）就是明晰的一种；①"被注意到的新异"（新异的不及）也属于新异。所以，只有一般性的得当，是绝对的适度，也是言语功能的所在：它统一了明晰、新异和精约等等。

我们提及措辞的德性是为了指出，它恰恰联系了人的品性。在 Rhet.Ⅲ.12.1414a18-25，亚里士多德很自然地将措辞的"德性"转向了伦理领域：②

> 进一步区分措辞为应该令人快乐和雄浑，这是多余的。因为，这如何就会胜过节制和慷慨，以及其他某种品性的德性呢？显然，前述的内容就会促使［措辞］令人快乐，只要措辞的德性已被正确地定义；［理由即，］为何［措辞］应该明晰，不平白而得当呢？因为如果啰嗦，就不明晰也不精约。而很明显，适度才合适。

这一章是讨论措辞的类型与风格。除了得当和明晰之外，亚里士多德否认了还需要引入其他的德性。这里面，雄浑

---

① 也见 Poet.1458a18，λέξεως ἀρετὴ σαφῆ καὶ μὴ ταπεινὴν εἶναι。平白就属于明晰，因此明晰本身还不完全是适度。

② 希腊文为，τὸ δὲ προσδιαιρεῖσθαιτὴν λέξιν, ὅτι ἡδεῖαν δεῖ εἶναι καὶ μεγαλοπρεπῆ, περίεργον· τί γὰρ μᾶλλον ἢ σώφρονα καὶ ἐλευθέριον καὶ εἴ τις ἄλλη ἤθους ἀρετή; τὸ δὲ ἡδεῖαν εἶναι ποιήσει δηλονότι τὰ εἰρημένα, εἴπερ ὀρθῶς ὥρισται ἡ ἀρετὴ τῆς λέξεως· τίνος γὰρ ἕνεκα δεῖ σαφῆ καὶ μὴ ταπεινὴν εἶναι ἀλλὰ πρέπουσαν; ἄν τε γὰρ ἀδολεσχῇ, οὐ σαφής, οὐδὲ ἂν σύντομος, ἀλλὰ δῆλον ὅτι τὸ μέσον ἁρμόττει。

（μεγαλοπρεπής）①就是人的德性"大器或大方"（μεγαλοπρέπεια，EN 1123a4-6）②，而节制和慷慨，在伦理学作品中都指人的德性。由于措辞的德性联系了适度，那么，这三种表示人的德性也自然是适度，尽管亚里士多德不打算用它们来描绘措辞。这样，虽然 Rhet.I.9 的德性无关"适度"，但这里却几乎明确表明了德性是合乎"中道"的。而且，亚里士多德似乎只想强调"得当"这一唯一的、纯粹的适度，那么，完全可以推断，在写作这一段的时候，他必定也是认为伦理学的德性只有一种就是"适度"本身。否则的话，他会像后世的修辞家一样引入更多的描述人之品性的术语来形容措辞。由于这种"统一性"或"唯一性"，措辞的适度就不再是自然的了，而且否则的话，《修辞术》第三卷就没有必要讨论措辞的技艺了。但我们还不能说，这种不再自然的适度就等同于《尼各马可伦理学》的中道。

或许有人会说，《修辞术》第三卷原本相对独立，这里似乎还不能涵盖《修辞术》前两卷。但是在第一卷和第二卷，亚里士多德恰恰也使用了适度概念。

第一，在 Rhet.I.4.1360a23-30，亚里士多德论最佳政制时就谈到了适度，尽管他没有使用德性概念，但用到了同义的"最佳"。"我所谓被内在［因素］毁掉，即最佳政制之外的所有其他

---

① 昆体良《演说家教育》4.2.63 指出特奥德科底曾写过这方面的技艺册，拉丁语作 magnifica。柏拉图《会饮》210d 有"出华美雄浑之辞"（καλοὺς λόγους καὶ μεγαλοπρεπεῖς τίκτη）。《亚历山大修辞术》1441b12 说，在赞扬中，可以相关每个方面使用众多词句来使措辞"雄浑"。尽管亚氏认为多余，但德米特里欧斯《论体式》38-127 重点讨论它，是四种基本风格之一，38 认为雄浑在于三处，"构思，措辞和以合适的方式组织（τῷ συγκεῖσθαι προσφόρως）"。

② 见廖申白（2003:333）的德性表。

［政制］，或松或弛，或张或紧而被毁掉，如民主制不仅松散而变得更虚弱，以致最终导向寡头制，而且还过于紧张；恰如鹰钩鼻和凹鼻，不仅松弛趋向适中，而又过于弯曲或凹陷，以至于看起来不像鼻子。"①这一段提及了"适中"，指凹凸之间的适度，它明显指最佳政制。更重要的是，这样的鼻型是唯一的，只有一种。

第二，Rhet.Ⅱ.14.1390b8-9，说盛年之人就不像过度的青年人，也不像不及的老年人，而是处于"适度"与"合适"（ἁρμόττον）。这种年龄的人所具有的情感性特征也有一种适度。在 Rhet.1390a29-32，这样的人被描述为："盛年之人，显然在品性上介乎这些人之间，他们除去了这两者中每一个的过度，既非太有信心（鲁莽就是如此），也不过分恐惧，他们和这两者处于正确的（καλῶς）关系中。"②这里的"品性"是广义的，涉及了

① 希腊文为，λέγω δὲ τὸ ὑπὸ οἰκείων φθείρεσθαι, ὅτι ἔξω τῆς βελτίστης πολιτείας αἱ ἄλλαι πᾶσαι καὶ ἀνιέμεναι καὶ ἐπιτεινόμεναι φθείρονται, οἷον δημοκρατία οὐ μόνον ἀνιεμένη ἀσθενεστέρα γίγνεται ὥστε τέλος ἥξει εἰς ὀλιγαρχίαν, ἀλλὰ καὶ ἐπιτεινομένη σφόδρα: ὥσπερ καὶ ἡ γρυπότης καὶ ἡ σιμότης οὐ μόνον ἀνιέμενα ἔρχεται εἰς τὸ μέσον, ἀλλὰ καὶ σφόδρα γρυπὰ γινόμενα ἢ σιμὰ οὕτως διατίθεται ὥστε μηδὲ μυκτῆρα δοκεῖν εἶναι. 也见 Pol.1309b23-29, "恰如鼻子偏离了最美的平直而趋向鹰钩或凹鼻（τὸ γρυπὸν ἢ τὸ σιμόν），但尽管如此，看起来还是挺漂亮和悦目，但是如果有谁把它再弄紧了（ἐπιτείνῃ）就过度了（εἰς τὴν ὑπερβολήν），先失掉了部分的适中性（τὴν μετριότητα），最后由于相反极端的过度或不及（διὰ τὴν ὑπεροχὴν καὶ τὴν ἔλλειψιν τῶν ἐναντίων）以致看起来不像鼻子了。"《政治学》这一段更明确地使用了过度—适中—不及，显然写于《修辞术》之后。也见 Rapp（2002:Ⅱ,317）的拟图：

② 希腊文为，οἱ δ' ἀκμάζοντες φανερὸν ὅτι μεταξὺ τούτων τὸ ἦθος ἔσονται ἑκατέρων, ἀφαιροῦντες τὴν ὑπερβολήν, καὶ οὔτε σφόδρα θαρροῦντες (θρασύτης γὰρ τὸ τοιοῦτον) οὔτε λίαν φοβούμενοι, καλῶς δὲ πρὸς ἄμφω ἔχοντες.

恐惧——信心——鲁莽这一组情感。此处将 Rhet.II.5 的恐惧和信心这一"二元组"发展为了三元组。按照前引的 EE 1233b16-1234a25 的观点，信心成为了自然的适度，它当然有助于自然德性和标准德性的信心。这里是 Rhet.I-II 中少有的论及品性适度而且使用三元结构的地方，它也几乎表明了德性体现在适度。从论述来看，盛年者的信心是一种固定的自然特征，亚里士多德并未提及有意选择，也没有使用 EN 1106b16-23 的模式性表述（应该的时间，针对应该的事……）。盛年者是没有恐惧与鲁莽的，所以，他们不会在应该的时间感到恐惧，在这样的时候，他们依然是有信心的。这样的"中道"就是一种折中，它反过来也证明了《优台谟伦理学》中的自然适度就会是这样的情况。由此可以得出一个结论，这里很有可能为《优台谟伦理学》的自然适度奠定了基础。这样的适度与措辞的适度是相似的，但它的自然性和具体性要更强。

从措辞的德性、政体的最佳到品性的适度，我们能看出，Rhet.III 已经具备了《尼各马可伦理学》和《优台谟伦理学》的适度理论的雏形，它很有可能与《尼各马可伦理学》的标准适度观有着密切的联系。拉普的看法支持了这一观点。他认为很有可能，《修辞术》以及柏拉图那里的"适度说"都是后来《尼各马可伦理学》的适度学说的样板。前者是"技术–制作"（technisch-herstellen）意义上的"测量学"（Messkunst）的取中。亚里士多德遵循了柏拉图的操作：如《高尔吉亚》503d 以下，技艺的德性就在于对 κόσμος 和 τάξις 的生产；《政治家》284c-e 则将这样的秩序观联系了中道理论。而《尼各马可伦理学》则首创性地将一个个的个别德性作为适度，这区别于柏拉图。[①]

但我们会想到，其实早在 Rhet.I.9 中，亚里士多德就罗列了德性表。这种罗列显然是《修辞术》的体例决定的，因为它要提供大量的"论位"。与德性表相应，《修辞术》也有幸福、善、快乐、情感、品性等列表。这些德性是大众的意见，但却反映了可能的事实。这样的列表很显然是《尼各马可伦理学》德性表的基础；《尼各马可伦理学》也是建立在对意见的考察上。但是，Rhet.I.9 并没有引入适度说。那么，亚里士多德继承了柏拉图的理论，将中道作为种种德性的"一"，但这是复数的"一"，它分化为种种不同的适度。这当然源自于亚里士多德对情感和行为的现象学式的研究。

他对柏拉图的继承体现在了 Rhet.III 的措辞德性中，作为唯一"适度"的得当，否定了多样性的德性，尽管这种否定不是彻底的。Rhet.I.4.1360a23-30 的最佳政体否定了其他的"鼻型"。但是，Rhet.II.14.1390b8-9 的自然适度却又是具体的，这样的适

---

① Rapp（2002:II,824-825），他也引了卡普（Kapp）和克莱默（Krämer）的看法。对柏拉图的中道理论及其本体论基础的更详细的解释，可见 Krämer（1959:286-289,298-299,305）以及整个第三章。他绘制了《政治家》中的适度结构：

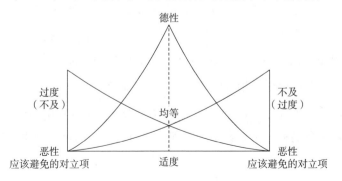

度还有很多，盛年之人在各个方面上（以及各个论位上）都具有不同的"适度性"。这里又浮现出了亚里士多德的适度观。

综合前述，《修辞术》的德性有四个方向，它们都指向了亚里士多德的伦理学，或为之提供了条件与基础，或体现了他当时的道德观：

（1）"幸福向"：Rhet.I.9 的德性表，其中存在利己与利他的冲突，为《尼各马可伦理学》提供了德性意见；《尼各马可伦理学》将之转向了真正利己的幸福论。

（2）"情感向"：Rhet.II.2-11 的情感表，二元结构的情感是三元自然适度的基础，同属于第二卷的 Rhet.1390b8-9 是典型体现，这联系了《优台谟伦理学》。Rhet.II.1.1378a6-1378a20 中的"亲和"联系了情感友爱。

（3）"理性向"：Rhet.II.14.1390b8-9 对演说家三种特征的描述，其中初步暗示了明智的重要的意义，这联系了论理说服法的核心性。

（4）"适度向"：Rhet.III 的措辞理论，其中列举了种种措辞样式，"得当"作为"一"，高于各种多样的风格；其中也类比了道德品性。Rhet.II.14.1390b8-9 的自然适度联系了《优台谟伦理学》。这些都来自柏拉图的适度理论，它展现了亚里士多德当时的中道观。

必须指出，《修辞术》一书的性质是对"说服"本身的客观研究，教导一种悬置善恶是非、针对所有事情都可以进行说服的能力（Rhet.1355a29-30）。它不是伦理学作品，它没有要求或明确教导演说者必须是好人（好演说家不等于就是好人演说家），非哲学家也可以使用这本书，甚至可以"误用"或"反用"；哲学家也能从《修辞术》的无关道德的手段来看穿或反驳非哲人的对手（Rhet.1355a32-33）。职此之故，它并没有要求必须提出真正的德性，它本身也没有将之作为论位：只要演说者或其赞扬对象展现出能够说服的"德性"从而令人信服，这就够了。亚里士多德关注的只是，哪些德性具有说服力并且为何如此。不过，我们又不能忘记在 Rhet.1355b5 中，亚里士多德对苏格拉底式的"绝对德性"的强调。身为哲学家，他追求的还是这样的品质。在《修辞术》中，他科学性地研究了相关德性和情感的意见与事实，这些研究启发并且后来也进入了标准的伦理学作品。他对于措辞"得当"和"适度"的重视完全是哲学式的。另外，既然只有哲学家才会绝对地重视逻辑与事实（Rhet.1355a5-6，Rhet.1355a36-37），那么，他们作为演说家所体现出的"明智"就接近或者达到了实践智慧的水平，这成为了演说者必须具备的理智德性；尽管这样的品质在非哲人的呈现中也可以是似真的，但似真式的说服力当然超不过真正的明智。由此，《尼各马可伦理学》中的实践智慧的核心地位已然在《修辞术》里初步显露。

## 第五节　《修辞术》的品性概念

《修辞术》的 ἦθος 概念问题并不复杂，尽管分布较广。按照 Rhet.1356a2 的规定，ἦθος 是三种说服法之一，表示演说者的品性特征。但是，在应该专论 ἦθος 的 Rhet.II.12-17，所相关的往往是听众的品性，而且明显延续了 Rhet.II.2-11 的情感主题。① 表示个人品性时，这一概念还出现在论诉讼演说犯罪人的部分，而在 Rhet.III，又联系了语言。当表示政治伦理时，论议政演说的部分处理了它。我们只总结品性方面的情况。

按照 Rhet.II.12.1388b31-32 的划分，它有四个范畴：情感、品质（ἕξεις）、年龄和运气。可以看出，这一概念是广义的，它不是伦理学作品中能够体现德性和恶性的，等同于品质的那种ἦθος。由于《修辞术》中的德性是自然的，因而品质范畴也是如此，所以，这四类都是"自然ἦθος"。Rhet.III.7.6 还提供了其他自然特征，如性别和族类，性别问题在 Rhet.I.5.6 有所列举；族类问题，如 Rhet.I.9.26 有所涉及。在前面讨论演说家三种特征时，亚里士多德概述了ἦθος 的意义。其中，明智与德性（道德德性）属于品质，亲和与友爱属于情感，因此 Rhet.II.12-17 讨论的品性并不属于演说家自身必须具有的。但是，这些品性对于演说者是有帮助的，他们可以用来塑造自己的品性以能迎合听众，尽管可用的论位数量不多，在这一点上，所论述的品性也属于听众。此外，其中有些内容是为 Rhet.I.10.1369a28-32 准备的，属于论理说服法的范围。② 另有一些也相关情感，尤其涉及情感主体的状态。③

形容词ἠθικός 在 Rhet.III 中出现的频率最高，它相关了λέξις ἠθική 问题，尤见 Rhet.III.7.1408a11，Rhet.1408a25，Rhet.III.1413b10。在这些地方，ἠθικός 不仅表示演说者的品性，

---

① Rapp（2002:II,679），也引魏斯（Wisse）的观点。
② 这一点很正常，体现了《修辞术》的特征，很多重合的论题，亚里士多德会合并来说，但仅仅放在分有这一论题的某个领域中，之前讨论的 Rhet.I.9 就是如此。
③ 也见 Rapp（2002:II,679）。

也是措辞话语本身显现出的"品性"。Rhet.III.12.2 中与"表演"相关的品性，来自于传统的修辞术。[1] 这里，Rhet.III 的品性问题已经超出了 Rhet.I-II 的规划，显然与它们并不一致。这样的措辞未必塑造演说者的性格特征，它体现了语言塑造形象的力量。

| ήθος 概念的分布 | | |
|---|---|---|
| 1356a2 | 个人品性 | 品性说服法：演说者的品性。 |
| 1356a5 | 个人品性 | 品性说服法：演说者的品性比事实还具有较强的说服力。 |
| 1356a13 | 个人品性 | 当时有些修辞家无视演说者品性的说服力。 |
| 1356a23 | 个人品性 | 品性说服法：演说者的品性与德性。 |
| 1356a26 | 公共伦理 | 修辞术关涉伦理，属于政治学。 |
| 1359b10 | 公共伦理 | 修辞术关涉伦理，属于政治学。 |
| 1366a12 | 公共伦理 | 议政演说的议题：政制的伦理具有说服力。这里类比了演说者的品性。 |
| 1366a15 | 个人品性 | 个人道德类比政治伦理。 |
| 1366a26 | 公共伦理 | 议政演说的议题：政制的伦理。 |
| 1369a18 | 个人品性 | 诉讼演说的议题：犯罪动机。犯罪人的品性。 |
| 1369a29 | 个人品性 | 诉讼演说的议题：犯罪动机。犯罪人的品性。 |
| 1372b8 | 个人品性 | 诉讼演说的议题：犯罪动机。犯罪人的品性。 |
| 1376a25 | 语言的品性 | 技艺外的说服法：证言表现的品性。 |
| 1376a28 | 语言的品性 | 技艺外的说服法：证言表现的品性。 |
| 1384a7 | 个人品性 | 情感说服法，羞耻：坏品性令人可耻。 |
| 1386a25 | 个人品性 | 情感说服法，怜悯：人们怜悯品性和品质相同的人。 |
| 1386b11 | 个人品性 | 情感说服法，愤慨：愤慨与怜悯来自相同品性。 |
| 1386b13 | 个人品性 | 情感说服法，愤慨：愤慨与怜悯属于良好的品性。 |

---

[1] 该问题最出色的讨论见 Woerther（2005）。

| ἦθος 概念的分布 | | |
|---|---|---|
| 1386b33 | 个人品性 | 情感说服法，愤慨的对象人：品性高尚者。 |
| 1388b31 | 广义的个人品性 | 品性说服法：按照情感、品质、年龄和运气。广义的品性不一定按照品质（德性和恶性），其中包含了自然的品性。 |
| 1389a3 | 个人品性 | 品性说服法，青年人的品性：心存欲望。 |
| 1389a35 | 个人品性 | 品性说服法，青年人的品性：狭义的品性，与德性相关。 |
| 1389b14 | 个人品性 | 品性说服法，老年人的品性。 |
| 1390a17-18 | 个人品性 | 品性说服法，老年人的品性：狭义的品性，等同于德性。 |
| 1390a26 | 语言的品性 | 品性说服法：人们容易接受合乎自己品性的语言。这里也联系了措辞的品性。 |
| 1390a29 | 个人品性 | 品性说服法，盛年人的品性。 |
| 1390b15-16 | 自然品性 | 品性说服法，运气造成的品性：出身高贵。 |
| 1390b29 | 个人品性 | 品性说服法，家族的品性未必流传下去。 |
| 1390b32 | 自然品性 | 品性说服法，财富造成的品性。 |
| 1391a14 | 自然品性 | 品性说服法，财富造成的品性：无理智而幸福。 |
| 1391a21 | 自然品性 | 品性说服法，权力造成的品性：有的相似于财富的情况，有的则较之更有雄心，更有男人气。 |
| 1391a31 | 自然品性 | 品性说服法，好运造成的品性。 |
| 1391b2 | 自然品性 | 品性说服法，运气造成的品性：敬神。 |
| 1391b5-6 | 自然品性 | 品性说服法，运气、财富、权力的反面造成的品性。 |
| 1391b21 | 公共伦理 | 议政演说的议题。 |
| 1395a21 | 语言的品性 | 普遍论位，精言：精言展现演说者的优秀品性。这里联系了措辞的品性。 |
| 1395a25 | 语言的品性 | 普遍论位，精言：精言展现演说者的优秀品性。这里联系了措辞的品性。 |
| 1395b13 | 语言的品性 | 普遍论位，精言：精言展现演说者的优秀品性。这里联系了措辞的品性。 |

| ἦθος 概念的分布 | | |
|---|---|---|
| 1396b33 | 个人品性 | 品性说服法的论位。 |
| 1408a31 | 措辞的品性 | 措辞表现出的个人特征。 |
| 1413b31 | 措辞的品性 | 演说者说同一件事可以表现出不同的品性。 |
| 1414a21 | 措辞本身的德性 | 措辞要明晰、不平白和得当。 |
| 1417a17 | 语言的品性 | 布局：叙述部分要表现品性。 |
| 1417a19 | 语言的品性 | 反例，数学的语言体现不出品性。 |
| 1418a16 | 语言的品性 | 反例，证明和修辞演绎体现不出品性。 |
| 1418b24 | 语言的品性 | 容易体现自身坏品性的话要借他人之口来说。 |
| ἠθικός（含副词 ἠθικῶς）一词的分布 | | |
| 1358a19 | 公共伦理 | 论理说服法：特殊论位相关政治伦理。 |
| 1366a10 | 个人品性 | 品性说服法：能表现品性的演说话语具有说服力。 |
| 1391b22 | 语言的伦理 | 议政演说中用话语展现伦理。 |
| 1391b27 | 语言的品性 | 普遍论位，精言：精言展现演说者的优秀品性。这里联系了措辞的品性。 |
| 1395b13 | 语言的品性 | 普遍论位，精言：精言能够展现演说者的优秀品性。这里联系了措辞的品性。 |
| 1408a11 | 措辞的品性 | 得当的措辞：表现品性要与事实成得当关系。 |
| 1408a25 | 措辞的品性 | 措辞表现出的个人特征。 |
| 1413b10 | 措辞的品性 | 争辩演说的措辞适合表现品性。 |
| 1417a15 | 语言的品性 | 布局：叙述部分要表现品性。 |
| 1417a21 | 语言的品性 | 布局：叙述部分要表现品性。 |
| 1418a15 | 语言的品性 | 布局：证实部分的演说可以表现品性。 |
| 1418a18 | 语言的品性 | 布局：叙述和证实部分使用精言，可以表现品性。 |
| 1418a38-39 | 语言的品性 | 布局：能证明的人也可以使用表现品性的话语。 |

# 第七章

# 《修辞术》的美学问题：“置于眼前”方法

本部分作为最后一章，会转向《修辞术》第三卷中的一个美学问题。在 Rhet.III.10.1410b33-34（也见 1405b12-13）中，当亚里士多德论及受公众好评的措辞（λέξις）时，他提出了一种相当独特的隐喻方法（有时也涉及明喻）：“置于眼前”（τὸ πρὸ ὀμμάτων ποιεῖν）①。他又用了另一个概念来指这种方法：生动（ἐνεργεία，Rhet.1410b36）。② 由此，他提出了动态隐喻的模式。这一模式强调了可视化效果，亚里士多德将它作为了“好隐喻”

① 有时也简写为 πρὸ ὀμμάτων（在眼前）；有时会补充 ποιεῖν（个别情况用 τιθέναι）前省略的宾语“事物”。中世纪的莫贝克的威廉（William of Moerbeke）的拉丁语译本作 pre oculis facere；英语一般译为 to bring（set）before the eyes；德语为 vor Augen führen（stellen）；法语为 placer sous les yeux；阿威罗伊的阿拉伯文为，جعل نصب العين；赫卜烈思的古叙利亚文为，ܡܕܡ ܚܙܟ ܥܝܢܐ。这是从演说者的角度来说，他将不在场的事物再现于听众眼前；而听众实际上也重复着这一行为。

② 在哲学语境中通译为“活动”或“实现”；动词形式为 ἐνεργεῖν。LSJ.A.I.5 举出此处例子，释为措辞的 vigour。英译多为 activity；有的德译为 Aktivität，但它也具有 Aktualität。有两个《修辞术》的古代抄本，将 ἐνεργεία 写为 ἐνάργεια，见 Kassel（1976:170）。

的本质。尽管它不是一切隐喻或隐喻本身的核心，但是，"置于眼前"依然具有不可忽视的诗学和美学方面的价值。本章首先简述"置于眼前"的历史；其次廓清"置于眼前"的"生动"的基本含义；第三节则阐述"置于眼前"对应的内在能力"想象"在亚里士多德那里的意义和功能，并讨论应该如何将这一手法向诗学和美学方面推进。这一节的最后部分会补充和对照与之相关的高尔吉亚、色诺芬和伊索克拉底的论述，以此来证明"置于眼前"方法所涉及的想象和内在图像。

## 第一节 "置于眼前"的简史

在古典世界，确如斯奎尔所说，"希腊罗马作家看到了'观看'图像与'阅读'或'聆听'言辞之间的基本对应"[①]。亚里士多德就是其中之一。但严格来说，他并非利用这一对应关系的实践开创者，也不是最早的理论表述人。毕竟，Rhet.III.10 就举出了荷马那里的使用范例；而在其之前，也有人概括诗歌和散文对视觉的心理影响，如西蒙尼德曾说，"画是无声诗，诗乃有声画"[②]；更具原理性的表达来自高尔吉亚《海伦颂》和伊索克拉底《致尼可克勒斯》。不过，亚里士多德是第一个明确使用"置于眼前"概念来指称它并对其做出理论阐述的人。

---

① Squire（2018:357, n.4,358-359），但他的讨论是以 ἐνάργεια 为核心，没有提及 ἐνεργεία，而且认为《修辞术》的"置于眼前"是前者，这完全错误。
② 希腊文为，πλὴν ὁ Σιμωνίδης τὴν μὲν ζωγραφίαν ποίησιν σιωπῶσαν προσαγορεύει, τὴν δὲ ποίησιν ζωγραφίαν λαλοῦσαν。见 Squire（2018:357, n.2），普鲁塔克所载。比较施元之《施注苏诗》卷十一，"诗人以画为无声诗，诗为有声画"。

本节的任务是简要概述《修辞术》之后、西方近代以前的"置于眼前"和"生动"方法的理论史。从中可以看出，一方面，《修辞术》的学说的确延续下去，成为了产生影响的范本，但另一方面，后人却也在一定程度上偏离了其中的观点。①

首先，直接继承该学说的是漫步学派的德米特里欧斯（Demetrius of Phalerum）。他在《论体式》（Περὶ ἑρμηνείας）208-220 中基本沿袭了亚里士多德的"置于眼前"理论。但是，他将 ἐνεϱγεία 改变为 ἐνάϱγεια 概念。与前者不同，后者的词根为 ἀϱγός（闪耀的）。② 似乎正是从他开始，ἐνάϱγεια 成为了另一种重要的、后来会取代 ἐνεϱγεία 的修辞手法，即鲜明而详细的描绘。这两种手法本就构成了"置于眼前"的两个方面：ἐνάϱγεια 强调可视化效果的清晰度；ἐνεϱγεία（词根为 ἔϱγον）则具有突出的哲学意涵，它强调的不仅是清楚可见，而是让无生命的事情仿佛有生命和运动。在拉丁语中，这两者对应 evidentia、demonstratio、uisio、illustratio 和 phantasia 等手法，尤其是最后一个联系了想象力。

德米特里欧斯的做法并非没有原因。Poet.1455a22-26 也论及"置于眼前"，其中（Poet.1455a24）恰恰用到与 ἐνάϱγεια 同源的 ἐναϱγέστατα。③ 但是，那里并非在阐述修辞手法，而是衡量

---

① 关于这方面的历史，如无特别说明，均见 Anderson（2000:43-44）、Cope（1877:III,111）和 HWR（III,41-47），我们做了解说、补充和自译。

② 柏拉图《政治家篇》277c 用过该词，恰是对比语言描述与图画描绘的清晰程度：τὴν δὲ οἷον τοῖς φαϱμάκοις καὶ τῇ συγκϱάσει τῶν χϱωμάτων ἐνάϱγειαν οὐκ ἀπειληφέναι πω。据珀尔修斯数据库查询，柏拉图似乎是最早使用该词的人。

③ 比较 De an.428a14，用到了 ἐναϱγῶς，呼应此处之前的 ἐνεϱγῶμεν。

情节的内容如何清楚。当然，其中的原理可以联系《修辞术》并加以引申。很有可能，注重修辞术文学性或关注狭义修辞术（措辞）的德米特里欧斯，为了让修辞术在审美上联系诗学，从而倾向《诗学》的用法，以至于忽视了《修辞术》中 ἐνεργεία 的独特意义。这一忽视对后世影响不小，其原因并非两词形近那么简单，因为 ἐνεργεία 取代 ἐνάργεια 的情况要更少。荷马古注中有一例就体现了诗学批评对 ἐνάργεια 的经典沿用，对《伊利亚特》6.467 的评注说，"这些诗句就这样满是'鲜明'（ἐναργείας），事情不仅可以听，还可以看"①。

　　另一位重要的修辞家哈利卡尔那索斯的狄俄尼修斯也沿用了 ἐνάργεια。在《论吕西阿斯》中，他称赞吕西阿斯的演说优点在于 ἐνάργεια，"吕西阿斯的措辞有大量'鲜明'，这是一种将所言带到感知之下的能力"②。同样是说散文，普鲁塔克《道德论集·论雅典人的荣誉》（*De gloria Atheniensium*）347a 论及了修昔底德如何让叙述像"图画"一样，"修昔底德总是通过言辞来力求这种'鲜明'，渴望让听者像观者，让读者'生动地体会'在观者身上发生的那些惊讶和惊恐之情"③。在这里，普鲁塔克混用了 ἐνάργεια 和 ἐνεργεία。但其重点是前者，因为 ἐνεργάσασθαι 并不是表示"事情"如在眼前，而是说情感。在

---

① 希腊文为，ταῦτα δὲ τὰ ἔπη οὕτως ἐστὶν ἐναργείας μεστά, ὅτι οὐ μόνον ἀκούεται τὰ πράγματα, ἀλλὰ καὶ ὁρᾶται。见 Squire（2018:358, n.5）。

② 希腊文为，ἔχει δὲ καὶ τὴν ἐνάργειαν πολλὴν ἡ Λυσίου λέξις. αὕτη δ᾿ ἐστὶ δύναμίς τις ὑπὸ τὰς αἰσθήσεις ἄγουσα τὰ λεγόμενα。

③ 希腊文为，ὁ δ᾿ οὖν Θουκυδίδης ἀεὶ τῷ λόγῳ πρὸς ταύτην ἁμιλλᾶται τὴν ἐνάργειαν, οἷον θεατὴν ποιῆσαι τὸν ἀκροατὴν καὶ τὰ γιγνόμενα περὶ τοὺς ὁρῶντας ἐκπληκτικὰ καὶ ταρακτικὰ πάθη τοῖς ἀναγινώσκουσιν ἐνεργάσασθαι λιχνευόμενος。见 Squire（2018:374, n.43）。

这两位著名的学者笔下，ἐνάργεια 已成为"置于眼前"的代名词。

从语法学家特里丰（Τρύφων）开始，ἐνάργεια 与演说的"布局"密切相关，它关涉了"叙述"（διήγησις）这一环节的优点所在。这一看法被古罗马昆体良《演说家教育》4.2.63-65（论 evidentia）和西塞罗《论位篇》（*Topica*）97 继承。西塞罗《论演说家》3.202 明确将"置于眼前"作为辞格："清楚地解释事情，仿佛显现，几乎置于视觉之下"（inlustris explanatio rerumque, quasi gerantur, sub aspectum paene subiectio）。西塞罗规定的这一辞格也被之后的凯尔苏斯（Cornelius Celsus）用 evidentia 来概括。这里未必要显现出"内在图像"，也许只是形容语言的清晰。在古罗马修辞术中，uisio 似乎更贴近 ἐνάργεια，昆体良《演说家教育》6.2.29-30 讨论了这一方法，它可以让"不在场事物的图像向灵魂呈现"（imagines rerum absentium ita repraesentantur animo）。[①] 这个手法也就是作为辞格的 phantasia。

在公元 1 世纪提翁（Aelius Theon）的《修辞初阶》（Προγυμνάσματα）那里，ἐνάργεια 作为了 ἔκφρασις（描述）的优点之一。公元 4 世纪初的小斐洛斯特拉托斯（Φιλόστρατος ὁ Νεώτερος）的《图像集》（Εἰκόνες，*Imagines*）是最为独特的运用 ἔκφρασις 的作品。该作描绘了 17 幅画作，试图用话语来将图画置于眼前，达到"画/写"（τὸ γράμμα）合一。在其中，他的有些描写受到荷马的影响，他明确使用了 ἐνάργεια，尽管也用到 ἐνεργοί，却只是为了描绘画面。最值得注意的是，他还

---

反转了 ἐνάϱγεια：让观众从"看"画上的牛和河流来"听"它们的声音，而不仅仅是"听"语言来"看"画。① 这里面明确包含了想象活动，ἐνάϱγεια 不仅相关内在视觉，还涉及听觉。

能够看到，《修辞术》之后，修辞家在谈论置于眼前时，都不再围绕 ἐνεϱγεία 概念，仅仅强调语义和形象的明显可见，忽略而且偏离了亚里士多德的 ἐνεϱγεία。但在文艺复兴时期，《修辞术》的重要整理者和评注者维托里（Piero Vettori）看到了 ἐνεϱγεία 和 ἐνάϱγεια 的区别，将前者译为 actus，理解为"动态的运动风格"，后者译为 evidentia 和 perspicuitas，理解为"可视的图像风格"。

从上述可以看出，"置于眼前"在亚里士多德之后分化为 ἐνεϱγεία 和 ἐνάϱγεια 这两个方面，而后者渐渐取代前者。这一趋势远离了《修辞术》的基本学说。从下一节开始，我们会讨论这一学说的原本内容，ἐνεϱγεία 才是它的核心。

## 第二节 《修辞术》中作为生动隐喻的"置于眼前"

《修辞术》中最早提及"置于眼前"之处是在 Rhet. II.8.1386a33-34，亚里士多德论怜悯时，指出激发怜悯的人会通过各种言内和言外手段，尤其是"表演"（ὑπόϰϱισις）使引人怜悯的恶事"置于眼前"。虽然受《修辞术》第二卷性质的影响，这里尚未明确将"置于眼前"作为修辞手法来论述，但是能看出，它已经成为一种促发情感的"表现"方式：为了做到这一

---

① Squire（2018:368,379,384,397）。

点，演说者需要通过姿态（σχήμασι），嗓音（φωναῖς），衣着（ἐσθῆσι）[①]等因素来演出一种引人想象的场景。这一点恰恰联系了《诗学》（见下一节）。

与之相关，在 Rhet.III.2.1405b12-13，亚里士多德指出了不同语词在指意和表象时有着不同的"置于眼前"的能力。他认为，"在将事情置于眼前（πρὸ ὀμμάτων）这方面，一个［词］会比另一个［词］更常用，更相似［于对象］，更固有（οἰκειότερον）"。这似乎是表明指称的"清晰度"，未必需要我们想象出内在图像，"置于眼前"有可能只是一种形容说法。不过，他又解释说，因为更漂亮的词，"凭视觉（τῇ ὄψει）等其他某种感觉（αἰσθήσει）"来指称外物（Rhet.1405b19）。他还举了三种描述红色的比喻（Rhet.1405b19-21），按优劣排列为：玫瑰色（荷马）、赤色和红色。玫瑰色具有最强的可视化效果。显然，他已经将"置于眼前"进一步集中到语词本身的形象化功能层面。上述这两处地方，一个从戏剧性的表演方面，一个从语词的形象化方面，均为"隐喻"的置于眼前奠定了基础。但是，文本并没有联系 ἐνεργεία，而且它们看起来仅仅相当于 ἐνάργεια。

在 Rhet.III.11.1-4，亚里士多德详细讨论了隐喻的置于眼前。他给出一个定义："我所谓'置事物于眼前'即那些意指出生动之事［的说法］"（λέγω δὴ πρὸ ὀμμάτων ταῦτα ποιεῖν ὅσα ἐνεργοῦντα σημαίνει）。按照亚里士多德的列举和描述，置于

---

① 该词一直存在两种写法，A 抄本为 αἰσθήσει，F 抄本为 ἐσθῆτι（即 ἐσθῆσι）。Kassel（1976:97）和 LSJ 取前者，LSJ 释义为"情感展现"；施本戈尔（Spengel）和 Rapp（2002:I,92）和（2002:II,657）取后者。后一种读法不可谓不合理，甚至可以联系 Poet.1454b16，从而进一步向戏剧性表演的方面延伸。

眼前的生动做法有如下几种：

（1）非生物比作具有身体或精神运动的生物。这样，非生物仿佛具有灵魂或生命力。这种广义的比喻令本体具有了生物特征。如见 Rhet.1411b 31-32（也见 1411b10），说荷马"用隐喻将死物变成活物（τὸ τὰ ἄψυχα ἔμψυχα ποιεῖν）"；Rhet.1412a2-3，"由于事物有了生气（διὰ τὸ ἔμψυχα εἶναι），就显得生动。"Rhet.1412a4，说荷马让"一切动了起来而变活，生动就是运动"（κινούμενα γὰρ καὶ ζῶντα ποιεῖ πάντα, ἡ δ' ἐνέργεια κίνησις）。例子有，不觉有愧的石头；如鸟飞翔的箭；渴求人肉的矛；急切穿过胸膛的矛。

（2）非生物比作运动的非生物。如 Rhet.1411a25-26，将雅典城邦比作流动的酒，人们将之"倾注"进西西里。

（3）运动的非生物比作不运动的非生物。如 Rhet.1411b3-4，言语比作路，延伸至敌对方行为的正中。这个例子的"运动"最为独特，下面会再提。

（4）运动的生物比作运动的非生物。Rhet.1412a7-8，特洛伊军队比作海浪。这个例子也是让死物变活，但喻体为死物，本体为生物。本体的生命运动通过喻体的物理运动显现出来。

（5）运动的生物比作运动的生物。如 Rhet.1411b28-29，人的盛年比作鲜花的盛放；人比作解脱的祭牲。[①]

除了运动之外，这一隐喻手法还具有"现场性"或"即时性"或"直接性"，即让事情当下呈现出来。如 Rhet.1410b34-35，这一方法要使"［人们］应该看到现在所做之事，而非将来之事"（ὁρᾶν

---

① 也有认为这几个例子表明的不是运动，而是运动的能力。见 Rapp（2002:II,907）。

γὰρ δεῖ τὰ πραττόμενα μᾶλλον ἢ μέλλοντα）。[1]Rhet.1411b8-9，"因为隐喻就在当场，但不是永远，而是正在眼前"（μεταφορὰ γὰρ ἐν τῷ παρόντι, ἀλλ' οὐκ ἀεί, ἀλλὰ πρὸ ὀμμάτων）。这一特征与运动性是分离的。

综合上述，可以看出，第一，就客观事物而言，作为置于眼前的核心，生动是一种广义运动，包含了生命运动（内在和外在活动）与物理运动两个方面。但是，这样的运动始终是在想象中的，而不是现实的。那么，这里的ἐνεργεία似乎无法联系它在亚里士多德形而上学中的经典用法，即与潜能（δύναμις）概念构成运动和变化的对立性基础。[2]不过，我们可以尝试地主张，亚里士多德是要在想象的层面上"虚拟"在"现实"时空中的运动，这就仿佛让潜在事物实现出来。

第二，就例子（3）来看，隐喻具有的运动性也来自主观。言语作为声音自然是运动的，但它传达的意思击中了敌对方的行为要害，这一活动就需要听众参与和理解。[3]实际上，所有的活动性都必须是对于某一些听众来说才是有效的，只有借助他们的想象，运动才能虚拟地实现出来。

第三，两处非隐喻性的相当于ἐνάργεια的用法并没有专门强调运动，而是偏重"现场性"。Rhet.1386a33-34虽有运动的暗示，但主要突出置于眼前的"现场性""临近性"。Rhet.1405b12-13

---

[1]　Rhet.1386a33-34 中，提到了再现将来的恶事，似乎与这里矛盾。但这里强调不要让事情看起来并非当下临近；而前者要求让将来之事如同现场迫近。

[2]　Rapp（2002:II,907）。

[3]　拉普虽然看到了这个例子中听众的主观参与，但他完全不同意莫兰的看法：生动描绘的事物要求"听众的反应"和"某种精神活动"。拉普的理解过于小心，莫兰其实接触到了问题的核心。见 Rapp（2002:II,907-908），Moran（1996:396）。

则暗示语词再现所指对象的直接性和清楚性，这与现场性是相关的。

那么，是否可以统一第三点与第一点？有一个简单的解决方法就是，全部统一到 ἐνεργεία 概念上来，因为这一概念恰恰包含了"现场性"。如果是这样，我们也能够理解，ἐνάργεια 如何从 ἐνεργεία 中分化出来并反而取代后者：ἐνάργεια 仅仅关涉现场的清晰，无所谓运动，因此范围更广，而且前引的 ἐνεργεία 的第二处用法（Rhet.III.2.1405b12-13）与更基本的语词相关，使得隐喻仅仅成为了 ἐνάργεια 的特殊用法。

当然，从根本上看，无论是否涉及运动，亚里士多德都在关注如何将物象的"现实存在"再现出来这一问题，运动性只是为了在好的隐喻中加强表象的"真实"。

为了感知这种看似真实的虚像，听众必然要有相应的活动及其能力。为了强调这种活动的强度，亚里士多德举了一个坏隐喻的例子（Rhet.1414b26-27），好人比作"四角形"。除了没有运动之外，他很可能想说，这种几何图形的譬喻对灵魂的激动并不强。从我们今天的角度说，这种激动很自然来自"想象"（φαντασία）。当它的活动达到较高程度时，我们就可以想象到某种运动的图像。《修辞术》恰恰多处用到了 φαντασία 概念。但是，在什么意义上来理解它，又从什么角度来阐释它与置于眼前的关联，则是不易处理的问题。

## 第三节　"置于眼前"与想象

在《修辞术》第三卷，只有一处提及了 φαντασία，是

Rhet.1404a11，那里表明措辞对听众来说是某种表象，这是该词的非术语性用法，类似同源的 φαινόμενον。① 而在阐述"置于眼前"时，文本并未将之与作为术语的、表示"想象能力、对象及其活动"的 φαντασία 联系起来。尽管这一手法的确需要今天所说的想象力，但没有文本的联系，似乎很难转向 φαντασία。不过，写于 Rhet.III 之后的 De an.427b18-19 和 De mem.450a5 在论及想象时，却都提及了"置于眼前"，因此该手法与 φαντασία 的关联变得明显起来。我们首先看一下这个概念在亚里士多德那里的用法以及学界的研究情况，然后再回到这两个地方，同时再考察《修辞术》前两卷和《诗学》的想象问题。

### 一、亚里士多德的想象概念

作为术语，在亚里士多德的灵魂论中，φαντασία 可以简单理解为"动物借之储存并操控影像或显像的能力（capacity）或官能（faculty）"，② 但这是一种一般能力，并没有今天理解的那种独特的创造性。这样的能力储存的影像也可以叫作 φαντασία。需要指出，这样的理解是"图像理论"（image theory），以视觉为中心。③ 而严格来说，在亚里士多德那里，φαντασία 不一定要产生图像，尽管它在词源上与"光"有联系。这就是为什么英文的 imagination 无法完全对应这个概念。其他的感官同样可以产生"所想象者"（φάντασμα），比如想象一段旋律，某种热的

---

① 词源关系见 De an.429a3，Schofield（1995:256-264）。这里与想象无关，见 Rapp（2002:II,816-817,909-910）和 Nussbaum（1985:254）。

② Shields（2016:389）。

③ De an.428a16，想象可以让形象呈现给闭眼的人（φαίνεται καὶ μύουσιν ὁράματα），这直接表明了内在影像的存在。

触觉。甚至思维也可以通过想象力想到某个名字或公式，这是概念性的想象。因此，引发想象者（x）与所想象者（y）之间未必存在着如图像那样精确和富密（dense）的对应，似乎一点相似性就可以产生联系；有的 $\varphi\alpha\nu\tau\alpha\sigma\iota\alpha$ 并不是"表象性的"，而是"象征性的"和"描述性的"。[①] 由于我们的主题"置于眼前"在字面和实质上都与视觉有关，故而我们的讨论以内在图像为主。

但是，上述的那种简单理解只能暂时掩盖其中的复杂。如柯西柳斯所言，亚里士多德对它的描述依然存在争议，对于这一心理能力的本质，目前看来颇难达成一致。不过按他的概括，大体上，对这一概念的理解可简化为两种倾向，一是最小的，二是非最小的。[②] 区分的标准就在于想象是否为独立的认识能力并有其专属的认识对象。

对 $\varphi\alpha\nu\tau\alpha\sigma\iota\alpha$ 的直接界定和描述来自 De an.III.3.428b10-429a9。其中给出的定义是，"想象可以是实现的感知所产生的运动"（$\dot\eta\ \varphi\alpha\nu\tau\alpha\sigma\iota\alpha\ \dot\alpha\nu\ \epsilon\dot\iota\eta\ \kappa\iota\nu\eta\sigma\iota\varsigma\ \dot\upsilon\pi\dot\upsilon\ \tau\dot\eta\varsigma\ \alpha\dot\iota\sigma\theta\dot\eta\sigma\epsilon\omega\varsigma\ \tau\dot\eta\varsigma\ \kappa\alpha\tau'\ \dot\epsilon\nu\dot\epsilon\rho\gamma\epsilon\iota\alpha\nu\ \gamma\iota\gamma\nu\omega\mu\dot\epsilon\nu\eta$）。在具体阐述中，可以看出，想象（F）的出现有如下特征：预先存在针对对象 x 的感知 A 及其身体运动 K；x 不存在后，F 依然存在；F 保持某个由 K 产生的内容（Gehalt）；F 潜在地保持着 A；F 的内容可真可假。F 所保持的内容就是一个意向性的、抽象概念，它标明了身体的运动和感知片段的残留（$\varphi\alpha\nu\tau\dot\alpha\sigma\mu\alpha\tau\alpha$, Wahrnehmungsepisoden）。[③]

---

① Nussbaum（1985:224-229）有力地批评了想象的图像理论；也见 Frede（1995b:286, n.21）。

② Corcilius（2011:298,301）；他对 $\varphi\alpha\nu\tau\alpha\sigma\iota\alpha$ 的最新概述见 Corcilius（2017: LXIII-LXIV,LXXXV-LXXXVI）。

③ Corcilius（2011:298-299），这里重构了柯西柳斯的描述。

与亚里士多德对一般心理活动的主张一样,想象依然"身心兼具":一方面保存了身体的变动,一方面在灵魂中留存了感性内容。必须注意的是,想象仅仅是感知的副作用或"第二变化"(Sekundärveränderung),所以被称为"微弱的感觉"(Rhet.1370a28);它尽管来自"感知活动"(Wahrnehmungsakt),却不是感知的"构成部分"(konstitutiver Teil),而只是成为"有作用的现象"。[1]亚里士多德强调,这就是 φαντασία 的全部特征(De an.428b30-429a1),因而这样的有限理解就是"最小的"。

柯西柳斯总结了想象的几个特征。第一,想象"在功能上不独立",即,它没有认识能力和领域,因为它仅仅是感知的复制,其内容的真与假也与它自身无关。如果说有对象,也是感觉的余留:φάντασμα。这样,它不可能产生知识。第二,想象只能作为运动的结果而非原因,它具有惰性。这两点决定了 φαντασία 会"被其他能力整合在认知情境和运动情境中",从而"也能在解释复杂的精神过程和运动过程时占有主动的角色"。第三,想象又具有"可重塑性"和"弹性",即可以通过真的认识和运动能力,重新与新的情境建立联系。第四,这一重塑性的情境大体上有两类:非意向性和意向性。前者中,想象没有目标,是基于身体性和生理性等物质层面的"交感规律"以及相应的心理联想机制。后者中,想象则借助灵魂能力,用于明确的目标,这方面的情境如思维、语言、回忆、期待、欲求、情感等,它们是想象的运动原因。在人的思维和运动(非意向性或意向性)上,想象也作为了思维内容的表象,或提供认识材料,或起到动机性作用。[2]

---

① Rapp(2001:90-91),Caston(1996:47)。
② Corcilius(2011:300-301)。

基于第一点，还可以沿着弗雷德的思路进行扩展，她也是立足于最小解释。想象具有综合（synthesis）的功能。如，若从时间 $t_0$ 到 $t_n$，S 对外部对象产生一系列感觉 $A_0$ 到 $A_n$，那么，在 $t_n$，$A_0$ 到 $A_n$ 都被想象"综合"在一起。这样的能力不可能属于感知，所以只有分给想象。这些"后像"（after images）"漂进又漂出我们的意识"；但是，并没有特殊的官能来"保持它们的秩序"。这样的 $\varphi\alpha\nu\tau\alpha\sigma\iota\alpha$ 又更像是"随附"（supervenes）感知的现象，而不是独立的官能。在第四点上，就"思维"来说，弗雷德认为想象提供了某种形式（Gestalt），这为理论思维和实践思维提供了"质料"：它在可感事物和可思事物之间建立了必然联系或中介，由此起到了"认知作用"。[①]

对于最小的解释，还可以按 De an.433b29 的描述来划分想象的功能等级。那里暗示想象只有两种，要么"相关推理计算"（$\lambda\circ\gamma\iota\sigma\tau\iota\kappa\eta$），要么"相关感知"（$\alpha\iota\sigma\theta\eta\tau\iota\kappa\eta$），布施总结为如下的层级，数字越大，级别越高。[②]

| 相关感知的想象力 | 相关推理的想象力 | |
|---|---|---|
| 第二级：感知的联结 | 第三级：抽象认知层面，提供想象图式或感性形式 | |
| | 第二级：自由的虚构 | |
| 第一级：纯粹的感知复制 | 第一级：经验性重构 | |

想象的功能实际上依托于感知的三种作用方式（De an.II.6.418a8-25）：（1）被感者就其本身（$\kappa\alpha\theta'\ \alpha\upsilon\tau\alpha$）被感知：通过（1a）特定感官的感知与（1b）所有感官的通感；（2）被感

---

① Frede（1995b:281,283,285,287,292,294,296）。

② Busche（2005b:443-444）。

者就其偶性（κατὰ συμβεβηκός）被感知。（1b）和（2）实际上利用了"标志"而具有"命题性内容"，想象也是如此。这两种感知令想象具有了特殊作用，可以提供命题、形式、判断，尽管它们也会导致错觉。[①] 右侧第二级和第三级的想象力，的确会让人们引申出更远的理解，尤其是亚里士多德明确表示，没有想象，就没有思维（De an.427b16，De mem.449b34-450a5）。但是，想象的某种统一性其实并没有改变。从这个角度来说，所有的 φαντασία，无非都是来自感知的、可以独立存在的印象或印记，而且会成为错觉或假象。[②]

不过，由于 φαντασία 的确与各种层次不同的心理能力及其现象交织在一起，[③] 故而，就会出现打破 φαντασία 统一性的、非最小的解释：将一些 φαντασία 提升到其他心理能力的层次上，尤其是把它作为更高的官能。其中，较强的主张是，它是理解能力，可以解释被动的感受，赋予我们有关对象的真假信息；[④] 或者，它甚至有自己独立的、别的灵魂能力认识不到的"认识对象域"，它尤其能认出感知对象是善的、快乐的或值得追求的。[⑤] 这样的想象力成为了"认知性阐释力"（kognitives Interpretationsvermögen）或康德意义上的"生产性想象力"

---

[①] Busche（2005a:12-14），Rapp（2002:II,573）和 Corcilius（2011:299）。这种命题性内涵动物也会感知，如 EN 1118a18-22，犬或狮子通过气味或吼声这样的"标志"来判断猎物的存在。

[②] Frede（1995b:296），这种统一性的理解符合极简式的解读，也是最为自然和合理的。

[③] Schofield（1995:273-278），论述了 φαντασία 与感知、思维、设想、信念的混合和看似"等同"。

[④] Schofield（1995:251），批评了罗斯的这种康德式的观点。

[⑤] Corcilius（2011:302）。

( produktive Einbildungskraft )。[1]

就将其作为阐释力而言，典型主张来自纳斯鲍姆。她认为亚里士多德的 φαντασία 理论帮助他说明了"感知的阐释性方面"。感知与想象这两者，前者负责"接受"，后者负责"阐释"。在她看来，他的这一理论背后的"基本洞见"就是，"感知的接受与阐释不可分割"。既然 φαντασία 关涉了"过去、偏见、需求"，因而，感知不可能是"纯真的"或"未作阐释的"。这样的阐释也是"选择""划分""组织"。总体上，"感知、思想和行动都预设了 φαντασία 的运用"。[2] 这样的 φαντασία 已然起到了奠基性的、全面的"意向性"功能，但实际上亚里士多德并没有这样的主张。尽管某些文本中，φαντασία 储存了意向内容，但这不是普遍性的。

沿着上述路线，最强的解释就是，将 φαντασία 作为意向性的主要来源或甚至本身，从而建立全面的意向性理论。经典的主张来自布伦塔诺，似乎亚里士多德那里存在着得到普遍应用的"没有质料的所感"（ das Empfundene ohne die Materie )，它涉及了意向对象即"意向性的内存在"（ intentionale Inexistenz ）以及作为"心理"（ das Mentale ）标志的意向性（ Intentionalität ）。这一观点是基于 De an.424a17-19："感知是能接受没有质料的可感形式的东西"（ ἡ μὲν αἴσθησίς ἐστι τὸ δεκτικὸν τῶν αἰσθητῶν εἰδῶν ἄνευ τῆς ὕλης ）。[3] 他的主张可以理解为，就任何一个形

---

① Busche（2005b:442）。

② Nussbaum（1985:258-261,268-269），她举了 De an.420b31 ff. 的例子，"语音"和"噪音"的区分源自于 φαντασία 的"阐释功能"。她的理解是有问题的。

③ Rapp（2001:63,68,74），这里的 ἄνευ τῆς ὕλης 应表示没有接受质料，而不是没有质料性变化：这样的变化是"信息性的"，因为接受的是 σημεῖον。

式为 F 的对象 x，感知器官能够感受 x，仅当有内在形式 F' 存在，使得感知器官能够接受 F。F' 的出现是一种与普通变化不同的特殊"变化"或"承受"（De an.417b2-7）。[①]

另外，卡斯顿（Caston）也主张 $\varphi \alpha \nu \tau \alpha \sigma \acute{\iota} \alpha$ 是亚里士多德说明"意向性"的关键，也就是说明"心理状态"（mental states）如何能够相关事物，如何具有内容；它提供了感知和思维无法给出的"解释一般意向性的模式"。按其所言，亚里士多德的想象理论可以表述为："在任何时刻"，$\varphi \acute{\alpha} \nu \tau \alpha \sigma \mu \alpha$（$\varphi$）的"内容"都相同于某种感觉刺激 $\alpha \check{\iota} \sigma \theta \eta \mu \alpha$（s），两者具有相似的"因果力"，都能产生"现象经验"（但也有情况，$\varphi$ 未必源自于 s，甚至 s 不存在）：对于任何一个 $\varphi$，在时间 t，$\varphi$ 对"中央器官"能产生的总效果等同于 s 对中央器官产生的总效果，假如 s 发生；而在 t 时，$\varphi$ 相关 s 会相关的任何对象。[②] 换言之，比如，在 $t_0$，作为因果"始祖"的对象 $x_0$ 令 S 产生刺激 s，s 产生"副效果"$\varphi$，那么，t 下，s 发生，又有 $\varphi$，但对象有可能为 x，s 和 x 也可以不存在。令 $\varphi$ 产生的"因果力"才是关键，而非对象 $x_0$；$\varphi$ 的内容等于 s；$\varphi$ 具有的相似因果力可以影响中央器官。他实际上增强并扩展了"感知产生想象"这一简单的因果关系。

但是，按照拉普的有力论证，不可能以 $\varphi \alpha \nu \tau \alpha \sigma \acute{\iota} \alpha$ 为基础，构建一个"全面的"意向性内容理论（Theorie des intentionalen Gehalts）。最重要的一个原因就是，亚里士多德设定了想象发生作用时，要有相应的生理感官运动 K'，这个运动的原因是感知

---

① Rapp（2001:68, n.23,69-72）。

② Caston（1996:22,49-50,54），评述见 Corcilius（2011:301-302）；Rapp（2001:85-87），针对卡斯顿另一篇观点和论证几乎相同的论文。

器官的运动 K，K'要弱于 K（Rhet.1370a28），故而对中央器官的影响也不同于后者。这样，想象的内容就会出现偏差。想象受制于物质变化，这是它难以获得独立能力的关键。也由此，它在整个感知系统里发挥的作用很有限，亚里士多德并没有赋予其普遍性。① 当然，拉普并没有否认，存在着有限意义上的、具有感性内容的 φαντασία。其所使用的情况就与本章的主题有着联系。

综上，φαντασία 在术语的意义上作为特定能力时，它不同于今天理解的想象力。它仅仅随附感觉并在其之后产生、收集和存储感觉内容。我们对这种想象的理解，不能超前或过度，我们也无法构建普遍的、以之为基础的意向理论，这其中也包括创造性或生产性的想象力。但是，我们似乎也有机会可以发现一些能够"扩展"的地方。"置于眼前"手法就提供了这样的机会。

## 二、"置于眼前"的审美想象

在论及 φαντασία 的学者那里，《修辞术》第三卷的"置于眼前"很少有被提起。原因之一似乎是那里并没有使用 φαντασία。但是，有两处分别来自《论灵魂》和《论记忆与回忆》的文本可以让我们建立这样的联系。此外，虽然从年代上看，《修辞术》第三卷的主体部分早于这两篇作品，② 不过，《修辞术》前两卷已经频繁使用了想象；而且同时期的《诗学》也与《修辞术》在想象问题上互有关联；所以，《修辞术》第三卷使用想象理论并不奇怪。"置于眼前"手法很可能是亚里士多德想象

---

① Rapp（2001:84-87,91）。

② Düring（1966:50-52），都作于游历时期和重返雅典时期。

学说的起源之一。

## (一)记忆术与绘图

首先,第一处文本是 De an.427b14-24,

> 因为想象不同于感知和思维,没有感知,它不会产生,没有感知,也没有设想。显然,想象并非设想。因为,[想象这一]性质取决于我们,凡当我们想要[想象]时[就有想象](因为它能将某物**置于眼前**,恰如在记忆法中安排和制像的人的做法),但是,相信并不取决于我们,因为成真或成假是必然的。此外,凡当我们相信某物可怕或可惧时,我们就立刻同时感受到[恐惧],对于令人无畏的事情,情况相同。但就想象来说,我们的状态恰如目睹到了图像中的令人可怕或无畏的东西。①

第二处为, De mem.449b34-450a5,

---

① 希腊文为, φαντασία γὰρ ἕτερον καὶ αἰσθήσεως καὶ διανοίας, αὕτη τε οὐ γίγνεται ἄνευ αἰσθήσεως, καὶ ἄνευ ταύτης οὐκ ἔστιν ὑπόληψις. ὅτι δ' οὐκ ἔστιν ἡ αὐτὴ [νόησις] καὶ ὑπόληψις, φανερόν. τοῦτο μὲν γὰρ τὸ πάθος ἐφ' ἡμῖν ἐστιν, ὅταν βουλώμεθα (πρὸ ὀμμάτων γὰρ ἔστι τι ποιήσασθαι, ὥσπερ οἱ ἐν τοῖς μνημονικοῖς τιθέμενοι καὶ εἰδωλοποιοῦντες), δοξάζειν δ' οὐκ ἐφ' ἡμῖν· ἀνάγκη γὰρ ἢ ψεύδεσθαι ἢ ἀληθεύειν. ἔτι δὲ ὅταν μὲν δοξάσωμεν δεινόν τι ἢ φοβερόν, εὐθὺς συμπάσχομεν, ὁμοίως δὲ κἂν θαρραλέον· κατὰ δὲ τὴν φαντασίαν ὡσαύτως ἔχομεν ὥσπερ ἂν εἰ θεώμενοι ἐν γραφῇ τὰ δεινὰ ἢ θαρραλέα. 见 Ross(1959:65-66)。这一段中,方括号的添加是因为那句的 νόησις 相当突兀;希尔茨和柯西柳斯按照不同抄本更直接地将 νόησις 读为 φαντασία,见 Shields(2016:56,77)和 Corcilius(2017:168-169)。

没有"所想象者",思维就不存在；因为同样的性质就如在绘图中［发生］一样，也在思维中发生；因为在［思维］那里，我们没有使用"三角形的量是确定的"［这一点］，但我们却以确定的量来画它。当人思考时，情况相同，即使他没有思考量，但却将量**置于眼前**。①

这两处都用到了"置于眼前"（πρὸ ὀμμάτων...τι ποιήσασθαι 和 τίθεται πρὸ ὀμμάτων），而且都涉及了视觉的想象：第一处的 εἰδωλοποιοῦντες 和第二处的绘图喻都体现了这一点。对"量"的想象虽然可以是抽象的，但这里明确诉诸了内在图像。②

主题上，第一处是区分想象与设想（以及相信），其中类比了我们前面提到的地点记忆术。记忆者通过位置和空间来记忆事物，当看到相应的空间时，心中就仿佛看到事物的形象。第二处是证明想象是思维的必要条件，其中类比了几何绘图。我们一想到三角形，心中就浮现出一个相应的、有一定大小的图形，尽管具体大小并不清楚；这就如画图时，说画一个三角形，我们就会画出一个尽管随意而成、但又有固定大小的图形。思考某个量时也是如此。③ 加上 Rhet.III 的"置于眼前"，我们可以用下表总结：

---

① 希腊文为，καὶ νοεῖν οὐκ ἔστιν ἄνευ φαντάσματος· συμβαίνει γὰρ τὸ αὐτὸ πάθος ἐν τῷ νοεῖν ὅπερ καὶ ἐν τῷ διαγράφειν· ἐκεῖ τε γὰρ οὐθὲν προσχρώμενοι τῷ τὸ ποσὸν ὡρισμένον εἶναι τοῦ τριγώνου, ὅμως γράφομεν ὡρισμένον κατὰ τὸ ποσόν· καὶ ὁ νοῶν ὡσαύτως, κἂν μὴ ποσὸν νοῇ, τίθεται πρὸ ὀμμάτων ποσόν。文本见 Ross（1906:102）。
② Nussbaum（1985:267）。
③ Sorabji（1972:73）。

| | 文学隐喻 | 地点记忆术 | 几何绘图 |
|---|---|---|---|
| 符号 | 话语 | 地点 | 绘图 |
| 指称 | 生动事物 | 记忆物 | 抽象图形和量 |

从后两处可以推知，Rhet.III 的置于眼前必定联系了想象。这三种情况实际上是三类不同的、典型的想象活动。后两种的想象对象，一个是具体的静态事物，一个是抽象的静态事物，它们的效果更类似于 ἐνάργεια。只有第一种是具体的动态事物，这样的置于眼前具有 ἐνεργεία，在《修辞术》中作为了隐喻的最佳类型。Rhet.1414b26-27 所说的坏隐喻: 好人比作"四角形"，恰恰联系而且类似"几何绘图"; 所想象到的形象仅仅是静态的抽象物。在修辞术的"好隐喻"理论中，这样的情况已经不再是合格的置于眼前。

如果实用的记忆术和严格抽象的几何绘图的置于眼前与想象相关，那我们没有理由不认为更加动态的、通过措辞引人快乐的置于眼前与想象毫无关联。[1]

## （二）快乐与表演

如前所述，虽然 Rhet.III 的"置于眼前"没有提及 φαντασία，但 Rhet.I-II 频繁使用了想象机制，而且还涉及了置于眼前。[2]

第一，如 Rhet.I.11.1370a27-32，"既然，感到快乐就是处于感到某种感情中，而想象是某种微弱的感觉，而在回忆者和希

---

[1] De ins.459a18-20, 梦是想象出的影像。既然梦会有运动，那么置于眼前手法产生的影像也可以是动态的。

[2] 其他有关想象的例子，见 Rhet.1370b33, 1371a9 和 19, 1378b9, 1382a21, 1383a17, 1384a23。

望者中，某种想象恒常伴随［他］，于此他回忆和希望。如果是这样，显然，快乐同时属于回忆和有所希望的人们，既然有感觉"①。这一段相当重要，其中表明，为了快乐，人会主动唤起不存在的内在图像，这似乎带有"生产"的意思，尽管我们不能推进得过远。

第二，在 Rhet.II.1386a33-34，那里出现"置于眼前"而且联系了想象：人们通过"表演"（嗓音和姿态等），使自己表现得更加可怜，"因为他们使恶事显现，置于眼前，使之看起来就要临近，仿佛就要发生或已然发生"②。此处虽然没有用到 φαντασία，但有同源词 φαίνεσθαι。③ 这是通过自身的动作和语言的做戏来主动让听众"看到"更加复杂的、仿佛就在现场的"恶事"，这样的看到其实源自于听众灵魂中储存的对坏事的印象。这里其实联系了《诗学》，见下。

这两处证明了《修辞术》前两卷已经将想象和置于眼前联系在一起，而且它们的使用具有某种连贯性，这样的用法很自然会延续到《修辞术》第三卷。

---

① 希腊文为，ἐπεὶ δ᾽ ἐστὶν τὸ ἥδεσθαι ἐν τῷ αἰσθάνεσθαί τινος πάθους, ἡ δὲ φαντασία ἐστὶν αἴσθησίς τις ἀσθενής, ἀεὶ ἐν τῷ μεμνημένῳ καὶ τῷ ἐλπίζοντι ἀκολουθοῖ ἂν φαντασία τις οὗ μέμνηται ἢ ἐλπίζει: εἰ δὲ τοῦτο, δῆλον ὅτι καὶ ἡδοναὶ ἅμα μεμνημένοις καὶ ἐλπίζουσιν, ἐπείπερ καὶ αἴσθησις.

② 希腊文为，ἐγγὺς γὰρ ποιοῦσι φαίνεσθαι τὸ κακόν, πρὸ ὀμμάτων ποιοῦντες ἢ ὡς μέλλοντα ἢ ὡς γεγονότα: καὶ τὰ γεγονότα ἄρτι ἢ μέλλοντα διὰ ταχέων ἐλεεινότερα。该例也见 Rapp（2002:II,907）。

③ 这种用法也见 De an.428b3-4 的太阳一步之遥的例子，那里的 φαίνεσθαι 表明了想象的形式。见 Rapp（2001:93-94）。Rhet.II 有多处将想象或 φαίνεσθαι 与情感相联的例子。

## （三）生动与感觉

通过上述例子，可以推测，当亚里士多德将 ἐνεργεία 与置于眼前联系在一起时，这极可能预示了他后来的“感觉理论”。“生动”表示的是语词所展现的虚拟的现实性和运动性，但它源自于接受者的感知及其器官运动。因此，ἐνεργεία 也表明了这种感知的活动。当然，这样的理解是推测的，不过，在描述感知时，亚里士多德的确使用了该词。[1]

例如，De an.428b13-14 定义“想象”时说：感觉是 κατ᾽ ἐνέργειαν；以及 De an.417b22 对感觉的描述，τῶν καθ᾽ ἕκαστον ἡ κατ᾽ ἐνέργειαν αἴσθησις。值得注意的是，在 De an.428a13 说完 **ἐνεργῶμεν** ἀκριβῶς περὶ τὸ αἰσθητόν 之后，De an.428a14 立刻换了表达，**ἐναργῶς** αἰσθανώμεθα。ἐναργῶς 是与 ἐνεργῶμεν 呼应，前者有的抄本为 ἐνεργῶς。[2] 除非采用 ἐνεργῶς，否则，这里非常明显地表明了：在上面《论灵魂》文本中作为形而上学术语的 ἐνεργεία 也包含了某种由 ἐναργῶς 所体现的一般含义。而后者恰恰联系 ἐνάργεια。如前述，在《论灵魂》之先的 Poet.1455a22-26，就使用了同源的 ἐναργέστατα 来论及置于眼前。[3]

感知的实现和感觉的明晰源自于可感物的在场。而置于眼前的“生动”恰恰就是让感知器官“仿佛”重新“实现”感觉的鲜活和鲜明。这个实现所针对的“对象”是“虚拟的”，而且不是

---

[1] 用法见 Nortmann（2005a:180）。

[2] Ross（1959:67）；Shields（2016:57）接受了 ἐναργῶς，译为 clearly。

[3] Düring（1966:50），Poet. 作于早期。

一般性地指称所有内在图像。诚然，它不可能使用后来才确立的"现实—潜能"模式。[①] 但是，它明显为那种模式在感觉方面的应用提供了某种线索或先兆：作为典型的"好隐喻"的特质，想象的"生动"更能展现感觉的鲜活。可以推测，当亚里士多德选择 ἐνεργεία 而非 ἐνάργεια 时，[②] 他考虑到了生动比鲜明更能够联系感觉的运动，更能凸显想象的活动性。

### （四）内在图像？

如果联系感觉，那么这恰恰符合之前引述的想象理论的特征：置于眼前的隐喻和 ἐνεργεία 更能唤起灵魂中的感性内容和影像，它们更能接近之前接受过的感觉及其运动。

但是，拉普明确反对"置于眼前"涉及了"内在图像"（innere Bilder）、"直观"（Anschauung）和内知觉；他否认的也不是"图像理论"的想象，而是想象活动本身。[③]

他认为，"置于眼前"并不需要什么"灵魂能力"，尤其是介乎"知性与被动感觉"之间的"生产性"的"审美－前概念"能力，即"想象力"。如果有人这样设想，就犯了"时序颠倒"的谬误。他主张，一般隐喻，包括置于眼前的好隐喻，都不必有这样的图像也可以发挥功能。因为，如果接受者"领会了隐喻所指的事实和隐喻表达的原始意义的普遍类属"，那么，隐喻就

---

① Rapp（2002:II,907）指出了这里并没有联系尚未发展出的"实现—潜能"理论。

② 据珀尔修斯数据库和 Bonitz（1870:248），亚里士多德并未用过该词，但如前述，柏拉图那里出现过。

③ Rapp（2002:II,909），批评了莫兰对想象活动的看法；他在自己的解释里也没有用到想象理论。

以"纯概念的方式产生了功能"。[1]"置于眼前"是在"传达熟悉的行为情境"（vertraute Handlungszusammenhänge）。这种"构形手段"（Gestaltungsmittel）满足了"接受者"对"生命物"的"意向过程"和"行为"的"兴趣"。因为作为人类，听众是"有意向和行为的动物"。这样，在一些例子里，ἐνεργεία 的"活动性"（Aktivität）及其"当下性"在听众那边产生了"攸关性（Betroffenheit）或关涉性（Involviertheit）"，这促使听众去"理解"。此外，ἐνεργεία 的"生动性"（Lebendigkeit）则体现在："对对象的生动描绘为接受者提供了联系自己生活现实，也就是联系其所形成的经验的可能性"，"置于眼前的隐喻中隐含的看法，在他所形成的经验背景前，对于他来说是可能而可信的"，这就如悲剧的 μῦθος 的效果一样（如 Poet.7-8）。由此，听众就会接受隐喻，获得知识和快乐。人们无需用内在图像和想象能力来解释这一过程。[2]

拉普的意思是，当听到一个隐喻时，我们的心中未必就像做梦一样产生图像，相反，认识能力会一下子领悟情境的含义，这种领悟中的熟悉、可信、直接和明晰就是置于眼前和生动所要表达的。听众未必真要看到什么内在的、运动的影像，所谓"眼前"只是一种比喻的描述。

不向康德式的生产性想象力推进，并避免把亚里士多德的"灵魂"处理为现代的"内在心理"，这都是绝对正确的。不过，拉普完全否认内在图像，这是有问题的。

然而，在另一个地方，当谈到 De an.427b14-24 的 εἰδωλοποιοῦντες

---

[1]　Rapp（2002:II,909-910）。

[2]　Rapp（2002:II,905-906）。

时，他却承认了内在图像。他首先正确地反对，将这样的
$\varphi\alpha\nu\tau\acute\alpha\sigma\mu\alpha\tau\alpha$ 的"生产"或创造视为亚里士多德那里的普遍
化的有意过程。但是，他也承认，这里的 $\varphi\alpha\nu\tau\alpha\sigma\acute\iota\alpha$ 无关于外
在对象，是有意做出的"对内在图像的显示"（Schau innerer
Bilder），是"使用储存的 $\varphi\alpha\nu\tau\acute\alpha\sigma\mu\alpha\tau\alpha$""有意和有计划联结既
存 $\varphi\alpha\nu\tau\acute\alpha\sigma\mu\alpha\tau\alpha$"的"特例"。[①] 按照这一逻辑，Rhet.III 的置于
眼前也应该是这样的特例，同样产生了内在图像。不过，他并没
有言及那里。而且，在评注《修辞术》的置于眼前时，他也只字
未提《论灵魂》和《论记忆与回忆》那两处。似乎他不想让它们
建立联系，从而转向内在图像。

　　毫无疑问，拉普所说的攸关性相当重要，这也有助于我们区
分 $\dot\epsilon\nu\epsilon\varrho\gamma\epsilon\acute\iota\alpha$ 和 $\dot\epsilon\nu\acute\alpha\varrho\gamma\epsilon\iota\alpha$，因为前者并不仅仅是呈现某种静态
的画面，而是将生活再现给我们。但是，攸关性与 Rhet.III 涉及
想象能力并不矛盾。想象反而会让其得到加强。而且，他提到了
"意向性"，那么 $\varphi\alpha\nu\tau\alpha\sigma\acute\iota\alpha$ 本身就保留了原始感知的意向内容。
在演说这种特殊的使用中，听众在语言的激发下很自然就会想象
到某种或弱或强的图像。这样的"想象"完全可以不越出亚里士
多德的理论。

　　当然，就算退一步，即便没有内在图像，那么非视觉性或
非感觉性的想象（后者如对意见的想象）依然会产生作用，这
其实就是拉普所说的那种情况。但他之所以彻底否定置于眼前
与想象能力的关联，似乎是因为，他仅仅认为想象就是视觉图

---

① Rapp（2001:94）。

像性的。[①]

### （五）《诗学》的想象

既然拉普提到了《诗学》，那么实际上，那部作品恰恰暗示了置于眼前在功能上并不同于 $\mu\tilde{\upsilon}\theta o\varsigma$。

第一处是 Poet.1455a22-26，那里明确提到了"置于眼前"，还有 $\dot{\varepsilon}\nu\alpha\rho\gamma\dot{\varepsilon}\sigma\tau\alpha\tau\alpha$："应该建构情节，通过言辞来产生效果，从而尽最大可能'置于眼前'；因为这样，观者看得最为清楚，恰如身临发生的所作所为之中，[从而]发现了得当之处，绝不会略过矛盾不一"[②]。这里的"观者"是诗人，他要通过语言的形象化程度来检查情节内容。如果按拉普所言，$\mu\tilde{\upsilon}\theta o\varsigma$ 与置于眼前具有相同功能，并且没有内在图像，那么，这里没必要说"看得最为清楚"。

第二处在 Poet.1453b1-10，那里论及怜悯和恐惧，谈到了视觉化方法，说"[外在]形象"（$\dot{\varepsilon}\kappa\ \tau\tilde{\eta}\varsigma\ \check{o}\psi\varepsilon\omega\varsigma$）能够激发这样的情感。作为悲剧的六要素之一，无论何种含义，$\check{o}\psi\iota\varsigma$[③] 都表明了戏剧中的"可视"形象。

首先，这里联系了前述的 Rhet.1386a33-34。那里同样在讨

---

① Rapp（2002:II,909），"在没有图像或内在图像的场合，人们也就无需拟感觉的或想象性的（imaginativen）能力"。

② 希腊文为，$\Delta\varepsilon\tilde{\iota}\ \delta\grave{\varepsilon}\ \tau o\grave{\upsilon}\varsigma\ \mu\acute{\upsilon}\theta o\upsilon\varsigma\ \sigma\upsilon\nu\iota\sigma\tau\acute{\alpha}\nu\alpha\iota\ \kappa\alpha\grave{\iota}\ \tau\tilde{\eta}\ \lambda\acute{\varepsilon}\xi\varepsilon\iota\ \sigma\upsilon\nu\alpha\pi\varepsilon\rho\gamma\acute{\alpha}\zeta\varepsilon\sigma\theta\alpha\iota\ \check{o}\tau\iota\ \mu\acute{\alpha}\lambda\iota\sigma\tau\alpha\ \pi\rho\grave{o}\ \check{o}\mu\mu\acute{\alpha}\tau\omega\nu\ \tau\iota\theta\acute{\varepsilon}\mu\varepsilon\nu o\nu\cdot\ o\check{\upsilon}\tau\omega\ \gamma\grave{\alpha}\rho\ \grave{\alpha}\nu\ \dot{\varepsilon}\nu\alpha\rho\gamma\acute{\varepsilon}\sigma\tau\alpha\tau\alpha\ [\acute{o}]\ \acute{o}\rho\tilde{\omega}\nu\ \check{\omega}\sigma\pi\varepsilon\rho\ \pi\alpha\rho'\ \alpha\grave{\upsilon}\tau o\tilde{\iota}\varsigma\ \gamma\iota\gamma\nu\acute{o}\mu\varepsilon\nu o\varsigma\ \tau o\tilde{\iota}\varsigma\ \pi\rho\alpha\tau\tau o\mu\acute{\varepsilon}\nu o\iota\varsigma\ \varepsilon\dot{\upsilon}\rho\acute{\iota}\sigma\kappa o\iota\ \tau\grave{o}\ \pi\rho\acute{\varepsilon}\pi o\nu\ \kappa\alpha\grave{\iota}\ \check{\eta}\kappa\iota\sigma\tau\alpha\ \grave{\alpha}\nu\ \lambda\alpha\nu\theta\acute{\alpha}\nu o\iota\ [\tau\grave{o}]\ \tau\grave{\alpha}\ \dot{\upsilon}\pi\varepsilon\nu\alpha\nu\tau\acute{\iota}\alpha.$

③ 注意该词与动词 $\acute{o}\rho\acute{\alpha}\omega$（看）的词源关系。陈明珠理解为演员的扮相，但其实也应包含姿态和表情等形体动作，如 Poet.1455a29 的 $\sigma\chi\tilde{\eta}\mu\alpha$。LSJ 理解为场景表现方面的可见者，这不仅包含演员的装扮及其行为，也包含了布景等。见陈明珠（2020:298,405-406）。

论怜悯而且提及了"表演"以及具有戏剧意味的、但属于演说者的外在手段"姿态、嗓音和衣着"。亚里士多德是将戏剧中通过可视形象产生动情效果的做法移用到了演说活动。对于戏剧，包括情节（M）和外在可视形象（$O_1$）；对于演说，除了陈述事实的话语（P）和演说家的外在可视形象（$O_2$）之外，必定还有听众所产生的想象性形象（F）。换言之，如果 M 对应 P，那么，$O_1$ 对应 $O_2$ 和 F。同样，如果按拉普所言，μῦθος 与置于眼前具有相同功能，因而没有内在图像，那么，$O_1$ 仅仅对应 $O_2$。这样，亚里士多德没必要提及置于眼前，因为演说家的 $O_2$ 本来就在眼前。而且，那里的文本是关涉 P（对应 M）之外的动情。另外，演说者不可能完全"演戏"，他也无法扮演多个角色（如果需要的话）和布置直观的场景，他更多地是用自己的话语来激发听众想象到的 F。

　　第二，在 Poet.1453b8-10，亚里士多德认为戏剧中的"形象"是技艺外的（ἀτεχνότερον），他更强调"情节"本身的动情：即便是通过"听"而"不看"（ἄνευ τοῦ ὁρᾶν），观众依然能有所感，如听俄狄浦斯的故事情节。比较 Poet.1455a22-26，那里的情节与置于眼前是结合在一起的；这里完全是"听"，排除了实像的"看"，也没有提及想象的"看"。戏剧的形象是技艺外的，正如演说的措辞及其包含的置于眼前是技艺外的或外于演说的论理一样（Rhet.1404a6）。在演说中，最佳的情况也应是只听不看就能有所感，那么，所听的就是事实本身（Rhet.I 为主），其中不会包括技艺外的置于眼前的效果。置于眼前的作用不可能等同于情节。显然在这里，技艺内的情节无需内在图像，类似拉普说的那种概念性认知，而 Poet.1455a22-26 的置于眼前的视觉想象被排除了。

拉普是想主张, 置于眼前仅仅联系了"听"(听情节或演说)时对事实的"认识"效果或"概念"效果, 这样的概念可以抽象, 也可以具体, 但至于有没有内在图像, 那毫无必要。这种看法不是不合理, 但如前述, 我们也有理由在亚里士多德的想象理论范围内, 将置于眼前与视觉性的 φαντασία 相联系, 这其实并不过分。《论灵魂》和《论记忆与回忆》那两处就是明显的证据。而且, 既然思维离不开想象的图像(De an.427b16), 那么, 对于情节和事实的认识必定也是如此。

### (六)阿威罗伊和赫卜烈思的评注

将 Rhet.III 的置于眼前与想象和内在图像联系起来, 并不仅仅是现代学者的理解。在古代阐释中, 就有这样的说法, 比如闪语方面的评注, 拉普似乎有所忽视。

阿威罗伊就注意到了"置于眼前"与想象能力的关系。他在两个地方使用了خال—词, 其一为, يخيل في أفعالها أنها أفعال المتنفسة(人们会想象它们[无生命物]的行动是有生命物的行动)。该词第 I 式指想象, 设想, 猜想; 第 V 式直接表示想象, 向心灵呈现; 其名词تخيل, 专指想象。[1]

在赫卜烈思那里, 情况有点复杂。在评注 Rhet.III.1410b10-1411a4 时(7.7.1-7.7.2), 他两次谈及了"置于眼前"(ܣܘܡ ܚܬܟܐ ܡܕܡ, 7.7.1)和生动(ܚܬܘܬܐ)。但是, 他并没有提到 φαντασία。[2] 那么, 他是不是不认为这与想象有关呢?

---

① Aouad(2002:II,312-313)。

② Watt(2005:264-267)。

　　但是，评注 1403b6-32 时（7.1.1），他指出，措辞的一种作用于听众的方式就是 ‎ܟܕܐܝܟ ܡ‎。他将这种方式贯穿了对措辞部分的评注。这是基于 Rhet.III.2.1405b12-13 的"置于眼前"的理论，并将之放到了非常核心的层次。他所用的那个词，词根为 √‎ܚܠܡ‎，意为做梦，睡梦中看到幻象；瓦特将其译为 evoke image；这都突出了内在图像。[1] 赫卜烈思恰恰用同源词 ‎ܚܠܡ‎ 来翻译 φαντασία，并用于 Rhet.III 之外的语境（如 4.3.6）。该词族对应了英语的 imagination，仅仅表示视觉想象，含义比希腊文要狭窄。

　　如果是这样，那么，置于眼前仍然与想象关联，只不过，赫卜烈思将之放到"语词"这个基础层面，而不是"隐喻"辞格。当然，他不是指一般语词。在评注 Rhet.III.1404a18-27 时（7.1.3，也见 7.1.4），他指出，诗人用词，仅仅依靠 ‎ܚܠܡ‎。[2] 这表明了诗性语言的"形象性"。而将各种"意义"（‎ܡܥܢܝܐ‎）置于眼前既是"诗"的，也是修辞术的方法。这样，在诗和散文的语言中，置于眼前成为了某种本体性的语义元素，区别于几何学这样的科学。[3] 由此，更为基本的置于眼前取代甚至包含了隐喻层面的对应者，为文学性语言的特殊表义方式奠定了基础。

## （七）审美想象？

　　从上述可见，阿威罗伊比赫卜烈思更遵循文本，后者已经有点超出了亚里士多德的看法，他提出了某种"想象诗学"。Rhet.

---

[1]　Watt（2005:238-239），释义见 Smith（1957:99）。

[2]　Watt（2005:240-241）。

[3]　Watt（2005:238-239,240-241）。

III 的置于眼前的想象问题本身就带给了我们无限的"想象"空间。那么,在什么程度上将置于眼前与视觉想象联系在一起,并像赫卜烈思和《论崇高》那样尝试做出一些诗学的甚至美学上的推进,这似乎是个需要谨慎的问题。

在现当代解释里,利科的看法较有代表性。其认为,这一手法"并非隐喻的附属功能,而恰恰是形象化比喻的本义";它将对立的"相称性(比例性)的逻辑因素与形象性的感性因素"结合在一起;他还使用"实现—潜能"模式来解释 ἐνεργεία,将其定为"隐喻话语的本体论上的功能"。[①] 这样的看法偏离了亚里士多德的原意,泛化了置于眼前手法。在他这里,想象性的"形象化"隐喻作为"活的隐喻",既是隐喻本身的特质(而非仅仅属于好隐喻),也似乎是语言自身的本体。

与利科的泛化做法相似,莫兰也认为,置于眼前是隐喻本身的"第一优异性"。但他格外关注这一手法与想象的联系:对置于眼前的"接受"具有"想象性和拟经验性的作用";这种隐喻的功能是"让我们将一个东西看作另一个东西"。置于眼前的"拟经验性效果",是"演说的可信和动情的关键"。他明确认为,这里面涉及了"心理图像"(mental image)和并非"被动感知内在对象"的"想象性活动"。[②] 这一手法的目标是让听众"以生动的方式来想象",这样的方式包含了"联想、联系和情感回应"。这样的回应作为"心理活动",是 ἐνεργεία 的关键。[③] 与我们前面的看法相似,"生动"的确也取决于接受者灵魂的主动

---

① 利科(2004:44-45,58),引述和批评见 Rapp(2002:II,905,908)。
② Moran(1996:392),批评见 Rapp(2002:II,905,908-909)。
③ Moran(1996:395-396)。

的活动。尽管拉普完全否定莫兰的看法，但是，他并没有越出亚里士多德的想象理论，只不过"心理"这样的表达可能会有误解。更重要的是，他看到了想象力在运用时的主动性。这与记忆术和几何绘图的情况相似，但是，想象者是为了某种非实用的、非抽象的内在图像，而且要追求某种快乐。

立足于修辞学学科进行阐述的纽曼，同样指出，"置于眼前"促使听众"将图像可视化"。与拉普不同，她否认"置于眼前"具有认知功能或机制（如认知信念或判断），相反，它联系了"感知性能力"。这依然是向想象推进，其观点并无不妥之处。但是，她进一步指出，包含置于眼前手法的措辞，可以"抓住听众的注意力"，这成为了"成功论证的重要因素"；按照亚里士多德的修辞术定义，措辞也是需要把握的说服手段（所以Rhet.III 与前两卷是连续的），而尤其是置于眼前，它让听众主动参与到说服过程中，而不再将之作为被动的目标（如情感说服法的处理）。[①] 这一看法的前半部分是完全错误的，亚里士多德并没有说措辞是说服法，它其实不属于论证（Rhet.1404a6），置于眼前手法的目标也不是说服作用。不过后半部分是正确的，这一方法令听众具有某种"主动性"，也就是发挥主动的想象力。

既然置于眼前与想象有关，那么进一步，我们如何让它朝向"美学"呢？既然 Rhet.III 的措辞部分并不以"美"和艺术为研究对象，我们似乎就很难延伸到鲍姆加登建立的 ars pulchre

---

① Newman（2002:4,5,12,22-23），但她没有提及 De an. 和 De mem. 那两处。她的观点也相反于基尔比的代表性看法：隐喻与哲学都依赖于"认知性解码或解释"。见 Kirby（1997:546）。

cogitandi。但是，在当代美学研究中，有一种广义的理解，aesthetics 被定义为"对感觉经验的'快乐'（hedonic）回应"，这样的回应是一种"偏好判断"，它涉及情感（快乐与否），也有概念认知（有趣与否），可以有功利，也可以无功利。[①] 基于此，置于眼前的想象可以成为某种"审美性的"。[②]

在 Rhet.Ⅲ.1414a21-22，论措辞的最后一章的结尾，亚里士多德总结了措辞的功能就是唤起快乐。这样的快乐来自获知（τὸ μανθάνειν），如 Rhet.Ⅲ.1410b10-11，比如语词仅仅"意指出"（σημαίνει）事物，令人有所知晓，这就使人快乐。置于眼前属于隐喻，隐喻又属于"巧言"（τὰ ἀστεία），巧言是措辞的重要部分，因此，它的任务也是令人获知从而感到快乐。这样的"知识"并不是科学性的，其中也不涉及严格的艺术，但它必定是语言所产生的"快乐回应"，而且有偏好判断。[③] 那么，当置于眼前引发听众灵魂中的内在形象，从而呈现话语的意指时，在这样的情境中，听众的想象力就是那种广义的审美性的。

还可以再联系 Rhet.1371b4-7，"既然，求知和好奇是快乐之事，那么这样的事情必然令人快乐，如：摹仿（τὸ μεμιμημένον），恰

---

① Shimamura（2012:3-4,23-24,25）。

② 但并不是说，狭义的审美无法在亚里士多德这里推出。波特在其较新的力作中主张：亚里士多德是康德美学理论的根源之一，他其实已经提出了与康德近似的"纯粹的审美愉悦"，他认为审美活动是自律的，针对对象自身的美，而不是用之作为手段满足欲望。他引了 EE 1231a2-12，EE 1230b31-35，EN 1174b14-20 等例，这些是研究亚里士多德美学思想的重要文段。见 Porter（2010:52-55）。波特全书并未提及"置于眼前"理论，但如果这一手法能够在上面的层次上做"理论"演绎，那确实能引申出近代美学的审美想象力。

③ 措辞产生快乐是为了赢得听众好感和有利的判断。在论布局的叙述时，Rhet.1417a7 说要使用令审判官快乐的话。虽然这里的主题是布局，但快乐的措施是要来自措辞。

如绘画和人像雕塑，还有诗术"。由此，置于眼前的散文带来的快乐，就类似于这些艺术形式（视觉和语言）的愉悦。在这里，散文已经趋近于某种艺术（就如高尔吉亚和伊索克拉底那里的情况）。置于眼前同样是借助"摹仿"，它与诗术一样，也要依靠激发受众想象。在这样的联系中，更可以认为，Rhet.III 的置于眼前具有某种审美性。

除了这种审美性之外，需要注意，听众是主动进行想象的；演说者使用这样的话语时也是如此，他也有这样的想象力。因此，听众和演说者都在使用"生产性的想象力"（但未达到康德理解的那个层次）。追求快乐的、想象力的主动性生产，也体现在非演说的日常情况中。如前引的 Rhet.1370a27-32，回忆和希望时，人们会主动使用想象，引起快乐。Rhet.1378b1-9 也体现了想象的力量：那里是在讨论愤怒，这是令人痛苦的情感，但通过内在地想象报复的场景，人们反而会觉得快乐，由此，愤怒倒成为了美好的体验。

在生产意义上的想象，当它作为 αἴσθησίς 的残留而被调用时，想象就是 αἰσθητική（aesthetic，能够感知的）。这种想象力的运用可以表述为：对于外在对象 x，S 判断：x 是 x'；但 x' 并不存在。这其实就是主动地"做梦"，De ins.459a18-20 指出梦就是想象出的影像。[1] 这样的 aesthetic 已经不仅是广义的审美了，它具有了某种创造性。这就是为什么，亚里士多德举出了很多荷马的诗性用法，他想将诗学的"创造"移用于散文。如果想要发挥的话，那么人们可以说，他或许要构建某种包含格律文和散文

---

[1]　希腊文为，τὸ δ' ἐνύπνιον φάντασμά τι φαίνεται εἶναι (τὸ γὰρ ἐν ὕπνῳ φάντασμα ἐνύπνιον λέγομεν).

的"想象诗学"。

即使他没有这样打算,但之后很多古代的诗学和文学作家却有颇多发明。他们的处理未必受到《修辞术》的影响,却也是基于荷马诗学的传统,而且提示了我们应该如何利用和发展亚里士多德的"置于眼前"。曾经,荷马由于擅长生动描绘,在古代甚至被称作"画家"或"画"(γϱάφειν,双关)诗。[①] 依此,伪托普鲁塔克的《荷马传》(*De vita Homeri*)就较早提及了这位盲诗人的 φαντασία:"还有谁在荷马之先、比他更妙地,通过对所思事物的想象展现了诸神、众人、诸地,各色行举,并通过诗句的悦耳之音装饰了它们"[②];他让人们"似乎更像是'看'诗,而非'听'诗"(ὅτι ὁϱωμένοις μᾶλλον ἢ ἀκουομένοις ἔοικε τὰ ποιήματα)。[③] 这里明确谈及了内在图像和想象。按照前引拉普的逻辑,它们似乎并不适用于同样受到荷马启发的《修辞术》的"置于眼前"。但为什么不能说,亚里士多德也是想让人们是"看"话语,而不是"听"呢?当 Rhet.1358b1 将展现式演说的听众称为 θεωϱός(观者)时,他的意思会不会并不是说"看"演说家的外形表演,而是"观"语言呈现的形象?[④] 与之相

---

① Squire(2018:358)。

② 希腊文为,τίς οὖν πϱῶτος ἢ τίς μᾶλλον Ὁμήϱου τῇ φαντασίᾳ τῶν νοημάτων ἔδειξεν ἢ τῇ εὐφωνίᾳ τῶν ἐπῶν ἐκόσμησε θεούς, ἀνθϱώπους, τόπους, πϱάξεις ποικίλας;。见 Squire(2018:359),他引用的译文把 τῇ φαντασίᾳ τῶν νοημάτων 理解为听者的"思想的想象",完全错误。这里显然指荷马的想象力及其产生的形象,后面的复数属格也是客观属格,表示头脑中的内在对象。

③ Squire(2018:360)。

④ Haskins(2018:245)提及了这里并将置于眼前作为展现式演说的标志。这样的看法并不符合《修辞术》的描述,好在 θεωϱός 一词是唯一的突破口,尽管只是可能的。

对，伪托朗基努斯《论崇高》15.1-2 的经典主张就发挥太多了。其认为 ἐνάργεια 是 φαντασία（此处作为修辞手法，但含义仍然是想象）的目标。演说者要让自己的"眼前"呈现话语形象，而且就其"取材创意"（inventio）来说，他格外需要想象能力来思考"崇高者"。[①] 这样的创见超越了《修辞术》的观点，预示了后来的审美想象力理论。

最后，我们也不妨比较一下中国古典诗学的"置于眼前"和想象。关于前者，如张戒《岁寒堂诗话》引刘勰《文心雕龙·隐秀》的佚文，"情在词外曰隐，状溢目前曰秀"；欧阳修《六一诗话》："圣俞尝语余曰：必能状难写之景，如在目前，含不尽之意，见于言外，然后为至矣。""状溢""不尽之意"都明显表达了内在图像（也包含概念）。关于想象，《文心雕龙·神思》："古人云：形在江海之上，心存魏阙之下。神思之谓也。文之思也，其神远矣。故寂然凝虑，思接千载；悄焉动容，视通万里；吟咏之间，吐纳珠玉之声；眉睫之前，卷舒风云之色。其思理之致乎？"这里的想象有听觉的，也有视觉的。"如在目前"表达的是语词效果，类似《修辞术》的观点；而神思是创造性的想象力，包含但又并未将心灵分割为理性和非理性，也没有割裂抽象概念和内在形象。中国诗学似乎更强调"隐 / 秀"的辩证关系；《修辞术》却仅仅强调后者。中国诗学的愉悦来自"隐"和"意不尽"，而 Rhet.III 规定的快乐与明确的获知相联系：亚里士多德并不觉得状物和认知有多困难。而对于想象的活动机制问题，亚里士多德恐怕不会满意"神思"这个答案。

---

① Anderson（2000:43）和 HWR（III,44）。

我们需要停步，不能再向《论崇高》或是《文心雕龙》的方向迈进了，Rhet.III 的审美想象还没有达到那样的水平，遑论西方的近代美学。这样的想象并非先天的心理能力，因为如前所述，φαντασία 还没有独立的认识作用和领域，也缺乏全面性的阐释和意向功能，相反，它只能在特定情境中随着习惯或技艺加以使用。

### 三、与高尔吉亚、色诺芬和伊索克拉底文本的联系

由于《修辞术》与高尔吉亚和伊索克拉底的作品有着密切联系，[①] 因而，"置于眼前"理论虽然由亚里士多德提出，但其根源极有可能在于这两位哲学家的对手。[②] 另外，在色诺芬那里也存在着一个例子，它与前两者的文本一样，都侧面支持了前述有关该手法的想象机制和内在图像的论述。即使不存在影响上的联系，但是，《修辞术》第三卷的置于眼前理论与这三人观点的相通之处也能证明，亚里士多德的主张很可能源自于古希腊的诗学和视觉艺术。本小节约略补说一些关联所在。

首先，在《海伦颂》第 13 节，高尔吉亚说天象学家用话语将不可信和不可见的事物"呈现于意见的双眼"（φαίνεσθαι τοῖς τῆς δόξης ὄμμασινὲ ποίησαν）。这里与 Rhet.1405b12-13 的理论基础是一样的，语词可以呈现看不到的事物。鉴于高尔吉亚的感觉论立场，所呈现的很自然就是内在图像，该图像只能通过想象的感性能力。

---

① 两人的演说例子也是《修辞术》的重要援引对象。

② 《致尼可克勒斯》写作时间为公元前 374 年，早于《修辞术》，见 Mandilaras（2003:I,5）。

第15—17节，文本谈到了视见（ὄψις）和可怕之事。对外部可怕事物的视见，给灵魂"打上印记"（τὴν ψυχὴν ἐτυπώσατο）[1]，"视见在思虑中镌刻了所见之事的象（εἰκόνας）"。当视见给灵魂刻上形象时，这一形象是靠想象而持续存在于心灵中。[2]

第18节提及了绘画与雕塑对视觉的影响，它们给眼睛带来了快乐的病，引起了灵魂的渴望。这也是基于上面所说的原理：视像能印在灵魂中不断产生作用。这里似乎暗示，画像和塑像并不是其所描绘的本体，但它们却能给人带来审美享受，因为人们能够通过想象来让它们活动起来（如果它们本身更加生动），否则，人们是不会对它们产生真实的渴望和爱欲。

这一节又可以联系色诺芬《回忆苏格拉底》3.10.6，那里，苏格拉底称赞克莱同的雕像，"你做的赛跑者、摔跤手、拳击手、搏击者太美了，我看到而且清楚这一点；但你是怎么做到这一点的：令雕像看起来栩栩如生，通过人的视觉极大地迷住其心魄？"[3]这一段使用了与 ἐνεργεία 同源的 ἐνεργάζεσθαι。设雕像为 x，那么这里的 ἐνεργεία 所描述的并不是 x，而是 x'，因为雕像并不会有生命，这种生命来自接受者的感知，但由于 x'

---

[1] 凯曼（A. Kemmann）正确地提及了斯多亚派的类似说法（τύπωσις ἐν ψυχῇ），将之联系"置于眼前"的理论。尽管很遗憾，他没有提及高尔吉亚这里的最早的表述，但也侧面证明了高尔吉亚对该理论的重要贡献。见 HWR（III,41）。

[2] 这里也可以比较 De an.424a17-20 经典的蜡喻。Schollmeyer（2021:295）提示，欧里庇得斯《俄瑞斯忒斯》253-254 有相似观点，οἴμοι, κασίγνητ᾽, ὄμμα σὸν ταράσσεται, | ταχὺς δὲ μετέθου λύσσαν, ἄρτι σωφρονῶν.

[3] 希腊文为，ὁ μὲν γὰρ τοὺς ἀγῶνας καὶ τοὺς πολέμους τοὺς τῶν ἡμιθέων ἐμυθολόγησεν, καλοὶ οὓς ποιεῖς δρομέας τε καὶ παλαιστὰς καὶ πύκτας καὶ παγκρατιαστάς, ὁρῶ τε καὶ οἶδα· ὁ δὲ μάλιστα ψυχαγωγεῖ διὰ τῆς ὄψεως τοὺς ἀνθρώπους, τὸ ζωτικὸν φαίνεσθαι, πῶς τοῦτο ἐνεργάζῃ τοῖς ἀνδριᾶσιν;

是不存在的，那么这样的感知只能来自 φαντασία。人们通过调用以往得到的关于 x 或与之相似的感觉残留来判断：x 是 x'。这样的判断就是审美判断。很难认为 x' 仅仅是某种概念，因为雕像的形象性会加强内在图像的产生。在演说中，这种内在图像的产生未必有那么强烈，因而拉普可以不承认 Rhet.III 的置于眼前必须有图像。

不过，在伊索克拉底那里，这种视觉艺术的手法联系了文学。在《致尼可克勒斯》48-49 中，他谈及诗人话语的魔力，"这一点很清楚，那些想要［用诗］创作或［用散文］写点什么令大众愉悦的人，不应该寻求最有助益的言辞，而是寻求那些最有神话性的言辞；因为听者对这样的内容感到愉悦，而观者对竞斗和争斗感到愉悦。由此，诗人荷马与第一批发明悲剧的人都值得赞叹，因为他们洞见了人的本性，他们针对诗使用了［可听与可见］这两种形式"①。"因为，［荷马］用神话讲述了半神的竞斗和战争，而［悲剧诗人］将神话弄成争斗和行动，使得它们不仅对于我们来说变得可听，而且还变得可见。这样的范例在当前存在，那么很清楚，那些想要迷住听众心魄的人，应该不顾警告和建议，而是必须说出这样的事情，他们明白，这些事情令民众

---

① 希腊文为，Ἐκεῖνο δ᾽ οὖν φανερόν, ὅτι δεῖ τοὺς βουλομένους ἢ ποιεῖν ἢ γράφειν τι κεχαρισμένον τοῖς πολλοῖς μὴ τοὺς ὠφελιμωτάτους τῶν λόγων ζητεῖν, ἀλλὰ τοὺς μυθωδεστάτους· ἀκούοντες μὲν γὰρ τῶν τοιούτων χαίρουσι, θεωροῦντες δὲ τοὺς ἀγῶνας καὶ τὰς ἁμίλλας. διὸ καὶ τὴν Ὁμήρου ποίησιν καὶ τοὺς πρώτους εὑρόντας τραγῳδίαν ἄξιον θαυμάζειν, ὅτι κατιδόντες τὴν φύσιν τὴν τῶν ἀνθρώπων ἀμφοτέραις ταῖς ἰδέαις ταύταις κατεχρήσαντο πρὸς τὴν ποίησιν.

愉悦。"①

　　这两段相当重要。首先，伊索克拉底注意到了史诗与悲剧的"可视化"，而且将这一点作为这两种体裁的主要手法，其所举的例子也涉及了"行动"。而 Rhet.Ⅲ 所引的置于眼前和"生动"的范例就有荷马，那里的观点与伊索克拉底一致。第二，伊索克拉底显然是在说某种内在的图像。既然"可听"源自诗人在摹仿神话人物的说话，那么"可见"就是在摹仿那样的人物形象，只不过这样的形象需要听众自己想象。这也印证了 Rhet.Ⅲ 那里极可能关乎这种图像，甚至也借鉴了诗学的摹仿理论。② 第三，由于他还提到"散文写作"（γράφειν），因此，"可视化"自然可以用于无格律文，这与 Rhet.Ⅲ 的做法相同，置于眼前就是这样的手段。

　　当高尔吉亚和伊索克拉底或借鉴视觉艺术，或以诗入文时，他们成为了让演说具有独立文艺价值的推动者，那么，可以说，他们对这种想象的提倡和运用，都是在追求某种"散文诗学"，在他们这里，前述的"审美想象"和"想象诗学"似乎可以更合理地推演出来。

---

①　希腊文为，οἱ δὲ τοὺς μύθους εἰς ἀγῶνας καὶ πράξεις κατέστησαν, ὥστε μὴ μόνον ἀκουστοὺς ἡμῖν ἀλλὰ καὶ θεατοὺς γενέσθαι. τοιούτων οὖν παραδειγμάτων ὑπαρχόντων, δέδεικται τοῖς ἐπιθυμοῦσι τοὺς ἀκροωμένους ψυχαγωγεῖν, ὅτι τοῦ μὲν νουθετεῖν καὶ συμβουλεύειν βουλεύειν ἀφεκτέον, τὰ δὲ τοιαῦτα λεκτέον οἷς ὁρῶσι τοὺς ὄχλους μάλιστα χαίροντας. 这两段见 Mandilaras（2003:Ⅱ,43-44）。

②　Düring（1966:122）。

# 余论

# 中国修辞学的活力与重建

对亚里士多德《修辞术》的研究似乎是一个无止境的过程。这从拉普教授卷帙浩繁的评注里就能看出。因为它的背后关联着富密多样的哲学问题，也牵涉着一条漫长隐秘的学术史。本书只是约略提取了一些哲学性的问题加以阐发。至于修辞术在法律和政制方面的内容，如犯罪动机、罪行定性定量、法律和刑讯等技艺外说服法、政体划分等问题，只能留待以后专论。[①] 关于修辞演绎在亚里士多德逻辑学整体发展中的位置问题，本书也未及详述。另外，还有隐喻手法，本书仅选取"置于眼前"理论来切入，因为这能联系哲学方面的美学，但更宏大的对隐喻和明喻的文学与文化研究，只能暂略。

在本书中，我们可以看到，亚里士多德如何敏锐地在哲学史的早期阶段就关注并深研了语言以及人际交流的现象。《修辞术》开创性地提出了一系列重要的问题。他试图约束智者修辞术的暴

---

① 对于修辞术的实践面相及其相关的政治哲学，刘玮（2019）的讨论最为充分，本书不再重复展开，只对修辞术的内部哲学问题加以阐述。

力，从而将哲学的思辨力赋予这门技艺。他将修辞术建构为一种立足于理智和推理的、应对实际变动事务的"知识论"或"决策学"。他积极地主张绝对的真和善，由此（虽然只是在一定程度上）保障了修辞术能够正确地运用，尽可能避免歪曲事实。在这个基础上，他依然看重智者信奉的煽情说服，但同时又在更高的层次上，洞悉了情感的机理和奥秘。此外，他还强调了演说者的品性以及相近于"修辞立其诚"的原则。通过种种措施，亚里士多德确立了值得遵循的"说服之道"。

亚里士多德建立的"大修辞术"如此全面、宏大，但他又没有忽略重视修饰和审美愉悦的"小修辞术"（《修辞术》第三卷）。不过，直至今日，后者已然取代前者，成为了隶属于语言学的狭义修辞学；它遗忘了自己的"政法家门"，<sup>①</sup>乃至蜕去了逻辑学和知识论这一基本架构，仅仅保留了些许动情、造句、布局以及"辞格"手段。

如何重建亚里士多德的修辞术（乃至智者的修辞术）或对其中的哲学价值再发掘，这是19—20世纪修辞学复兴中的重要任务。如尼采（转义的普遍化）、狄尔泰（修辞诠释学）、海德格尔（语言与情感的存在论）、施特劳斯（政治修辞）、佩雷尔曼（论证修辞）、伯克（认同修辞）、布鲁门伯格和利科（隐喻论）、德·曼（解构修辞）、阿多（哲学教育的修辞）等都致力于这一问题。

对于中国的文学和哲学学者来说，似乎也有必要对中国现代修辞学的建立做一梳理和检讨，从而重返亚里士多德的修辞体

---

① 苏力（2011）。

系，让已然窄化的"修辞学"解脱出来。[①]自 1904 年匿名译者从日文迻译的《演说美辞法》[②]首次为中国引入西方修辞学理论之后，修辞就与演说分家，逻辑与措辞分离，大修辞术逐渐瓦解。从汤振常《修词学教科书》、龙志泽《文字发凡·修辞学》，再到唐钺的《修辞格》，最终，陈望道先生的《修辞学发凡》（以及油印版）建立了"小修辞术"或现代"修辞学"。[③]这个过程当然也受到了西方长期轻视修辞术的影响，但这些学者很少关注修辞术在现代欧美世界的复活。

与之不同，王葆心《古文辞通义》、张文治《古书修辞例》和杨树达《中国修辞学》这样的作品，则试图从本土资源、原生性地建构修辞理论，这可以引导我们返回中国古典的辞章之道。[④]不过，最值得注意的，却是独创性最强的《演说修辞法》

---

[①] 作为当代修辞学学者，霍四通已然意识到"修辞学的发展目前遇到了一些困难"，他也"时时感到迷茫、焦虑甚至自卑"，见霍四通（2019:376）。这既归因于修辞学的狭隘化和传统生命力的丧失，也根本上源自于它脱离了哲学的指导。

[②] 译自日本学者泽田城武编辑的《演说美辞法：雄弁秘术》（青木嵩山堂，1887 年第一版），此书"抄袭"自另一部日文作品松村操的《演说金针》（1881）。见霍四通（2019:6-8）。

[③] 这些著作均收入霍四通（2019）。林少阳（2018:57-58）评析了陈望道的《修辞学在中国之使命》（1924）和《修辞学中的中国文字观》（1925）将"辞"泛化为所有表音符号并且重视表音文字的西式思维，以及"语法中心"的倾向，尽管他试图与西化现代性保持某种距离。沿着林文思路来讲，中国传统的"修辞"实际上高于当时依附语言学和语法学的 rhetoric；后者泛化了西方古典修辞学，反而让曾有的应用领域收窄。

[④] 王葆心（2020:7055-7057）列举并评议了传入近代中国的日本"修词学"作品，如佐佐政一《修词法》、岛村泷太郎《新美词学》、武岛又次郎的《作文修词法》和《修词学》以及后者衍生的《修词学教科书》；虽有所采用，但他认为上述之作或是"普通急就应用之论"，或"浅薄不厌意"。王葆心志在发扬中国传统文章学的"修词"理论和分类方法，同时拒绝使用源自日本的新概念，比如转义。

（1907）。① 这部作品建立了一个层次高远、但后来的修辞研究者却很少由此攀登的起点：它既关注中国本土的问题，确立了在顶层（议政功能）和基层（以劝学和乡约为目的）政法领域的"宣讲修辞术"，又结合了西方的"大修辞术"传统，注重"论理""演绎归纳"和"取材"，不满足于狭义的文学"修词"。由此，在中国现代修辞学史上，他首先区分了"理"与"势"这两种修辞学。②

| 理（大修辞学） | 势（小修辞学） |
|---|---|
| 真诚 | 感动力 |
| 宏远之思想 | 兴味：感受和追求 |
| 论理：演绎和归纳 | 修辞（狭义）：修饰和修词 |
| 精神和理论（思想形式之法则） | 形式和应用 |
| 演说 | 文学 |

基于"大修辞术"，他对演说以及这门学问的功能有着崇高宏大的定位："欲达孟子'动心忍性增益其所不能'之义，莫如利用演说，讲明中国现在之状况，唤起形上形下之科学，务使一般社会，人格渐高，略启其教育实业政治之思想"，而在根本上，"构造社会今日之幸福，非藉演说之力，何以致之？"③ 这样的理想不但返回、似乎还越出了《修辞术》的主要意图，它才是我们重建中国修辞学的根本基础。

---

① 《演说修辞法》的主体与《演说美辞法》同源，但编者在弁言和结尾中加入了原创性极强的发挥，其价值远远超过了主体部分。该书的编者署名咸池，此书还有后续版本《最新实用演讲术》（1912），内容重复，署名为叶鸿绩。见霍四通（2019:13）。这个叶鸿绩应为叶企孙之兄，有可能就是咸池。

② 霍四通（2019:35-37），表格为笔者所拟，总结了咸池的基本观点。

③ 霍四通（2019:36-38）。

　　曾经，当安提斯蒂尼被人问及，要把自己的儿子教育成何种样子时，他答道："若他要跟众神一起生活，那就当哲学家，要是跟人，就当修辞家"①。尽管从古希腊开始，修辞术与哲学就展开了某种"论争"，但我们既然介乎神兽之间，那么，除了那种高超的哲学之外，似乎也不能放弃贴近人世的另一种哲学，一种同样是真正意义上的、"关乎人事"的哲学。正因此，修辞术才会永葆活力。

---

① Prince（2015:563）。

# 参考文献

## 一、《修辞术》校勘本（按出版年代排序）

Schrader, C. (1648/1672), *Aristotelis De Arte Rhetorica Libri Tres*, Helmstedt: Müller.

Bekker, I. (1837), *Aristotelis Opera, Volume XI. De Rhetorica, De Rhterica ad Alexandrum, De Poetica*, Oxford: Oxford Academy.

Roemer, A. (1885, 1898), *Aristotelis Ars Rhetorica*, Leipzig: Teubner.

Spengel, L. (1867), *Aristotelis Ars Rhetorica cum adnotatione. Accedit vetusta translatio Latina, Volumen I-II*, Leipzig: Teubner.

Dufour, M. & Wartelle, A. (ed. & trans.) (1932, 1960-1973, 2003), *Aristote, Rhétorique, Tome I-III*, Paris: Les Belles Lettres.

Ross, W. D. (1959), *Aristotelis Ars Rhetorica*, Oxford: Clarendon Press.

Kassel, R. (1976), *Aristotelis Ars Rhetorica*, Berlin: Walter de Gruyter.

## 二、《修辞术》外文译本和评注本（按姓氏音序排列）

Aouad, M. (2002), *Averroès Commentaire moyen à la Rhétorique d'Aristote, Édition critique du texte arabe et traduction française, Volume I. Introduction générale ; Volume II. Édition et traduction ; Volume III. Commentaire du Commentaire*, Paris: J. Vrin.

Bartlett, R. C. (2019), *Aristotle's Art of Rhetoric*, Chicago: The University of Chicago Press.

Bonafous, N. (1856), *La rhétorique d'Aristote*, Paris: Durand librairie.

Butterworth, C. (1977), *Averroës's Three Short Commentaries on Aristotle's Topics, Rhetoric, and Poetics*, Albany, NY: State University of New York Press.

Cooper, L. (1932), *The Rhetoric of Aristotle. An Expanded Translation with Supplementary Examples for Students of Composition and Public Speaking*, New York: D. Appleton & Co..

Cope, E. M. & Sandys, J. E. (1877), *The Rhetoric of Aristotle, with a Commentary, Volume I-III*, Cambridge: Cambridge University Press.

Dufour, M. & Wartelle, A. (1932, 1960-1973, 2003), *Aristote, Rhétorique, Tome I-III*, Paris: Les Belles Lettres.

Ebbesen. S, Marmo. C, Preben-Hansen, B. (transcr. & eds.), *John Buridan: Questions on Aristotle's Rhetorica and the Paris fragment: Paris BN 16408*.

Ezzaher, L. (2008), *Alfarabi's Book of Rhetoric: An Arabic-English Translation of Alfarabi's Commentary on Aristotle's Rhetoric*, in *Rhetorica*, Vol. 26, No. 4, pp. 347-391.

Ezzaher, L. (2015), *Three Arabic Treatises in Rhetoric: The Commentaries of Alfarabi, Avicenna, and Averroes on Aristotle's Rhetoric*, Carbondale: Southern Illinois University Press.

Freese, J. H. (1926), *Art of Rhetoric*, Cambridge, MA: Harvard University Press; London: William Heinemann.

Freese, J. H. (2020), *Art of Rhetoric*, revised by G. Striker, Cambridge, MA: Harvard University Press; London: William Heinemann.

Gaisford, T. (1820), *Animadversiones Variorum Criticae et Exegeticae in Aristotelis de Rhetorica Libros Tres*, Oxford: E Typographeo Clarendoniano.

Green, L. D. (eds. & trans.) (1986), *John Rainold's Oxford Lectures on Aristotle's Rhetoric*, Newark: University of Delaware Press.

Grimaldi, W. M. A. (1980), *Aristotle, Rhetoric I. A Commentary*, New York

City: Fordham University Press.

Grimaldi, W. M. A. (1988), *Aristotle, Rhetoric II. A Commentary*, New York City: Fordham University Press.

Hobbes, T. (1906), *Aristotle's Treatise on Rhetoric, Literally Translated with Hobbes' Analysis, Examination Questions*, London: George Bell and Sons.

Krapinger, G. (1999, 2007), *Aristoteles: Rhetorik*, Stuttgart: Reclam.

Kennedy, G. A. (1991, 2007), *Aristotle, On Rhetoric. A Theory of Civic Discourse*, New York: Oxford University Press.

Jebb, R. (1909), *The Rhetoric of Aristotle*, edited by J. E. Sandys, Cambridge: Cambridge University Press.

Langhade, J & Grignaschi, M. (1971), *Al-Farabi: Deux ouvrages inédits sur la rhétorique*, Beirut: Dar el-Machreq.

Lawson-Tancred, H. (1991), *The Art of Rhetoric*, London: Penguin Books.

Lyons, M. C. (ed.) (1982), *Aristotle's Ars Rhetorica: The Arabic Version*, Cambridge: Cambridge University Press.

Parsons, F. J. (1836), *The Rhetoric of Aristotle*, Oxford: J. H. Parker Publisher.

Цыбенко, О. П. (2000), *Аристотель. Риторика, Поэтика*, И. В. Пешков и Г. Н. Шелогурова (ред.), Москва: Лабиринт.

Rabe, H. (1896), *Scholia & Stephanus, Commentaria in Aristotelem Graeca XXI 2*, Berlin: Reimer Verlag.

Rapp, C. (2002), *Aristoteles: Rhetorik. Werke in Deutscher Übersetzung, Erster Halband & Zweiter Halbband*, Berlin: Akademie Verlag.

Reeve, C. D. C. (2018), *Aristotle: Rhetoric*, Indianapolis: Hackett Publishing.

Riccobonus, A. (1579), *Aristotelis Ars Rhetorica ab Riccobono Lat. Conversa. Eiusdem Riccoboni Explicationum Liber*, Venedig.

Roberts, W. R. (1924), *Aristotle, Rhetorica*, Oxford: Oxford University Press.

Roberts, W. R. (1984), *Aristotle, Rhetorica*, Princeton: Princeton University Press.

Ruelle, C. -É. (1882), *Aristote. Poétique et Rhétorique,* Paris: Garnier Frères.

Sachs, J. (2008), *Gorgias and Rhetoric*, Bemidji, MN: Focus Publishing.

Saint-Hilaire, B. (1870), *Rhétorique d' Aristote*, Paris: Librairie Philosophique de Ladrange.

Schneider, B. (1978), *Anonyma sive Vetus Translatio & Guillelmi de Moerbeka in Aristoteles Latinus, XXXI 1-2: Rhetorica*, Leiden: Brill.

Sieveke, F. G. (1980, 1993), *Rhetorik*, München: Wilhelm Fink Verlag.

Strauss, L. (2014), Seminar in Political Philosophy: Aristotle's *Rhetoric*, A course given in the spring quarter, 1964, edited by R. Burger, Chicago: The Estate of Leo Strauss. All Rights Reserved.

戸塚 七郎 訳（1992），『アリストテレス 弁論術』，東京都：岩波書店．

Watt, J. W. (ed. & trans.) (2005), *Aristotelian Rhetoric in Syriac, Barhebraeus, Butyrum Sapientiae, Book of Rhetoric*, Leiden: Brill.

Welldon, J. E. (1886), *The Rhetoric of Aristotle*, London: M. A. Macmillan & Co..

Zanatta, M. (2004), *Retorica e Poetica di Aristotele*, Torino: Unione Tipografico-Editrice Torinese (L'UTET).

## 三、与《修辞术》相关的研究文献（按姓氏音序排列）

Aarsleff, H. (2006), "Philosophy of Language," in: Haakonssen, K. (ed.), *The Cambridge History of Eighteenth-Century Philosophy*, Cambridge: Cambridge University Press.

Althoff, J. (2005), "Physis," in: Höffe, O. (Hrsg.), *Aristoteles-Lexikon*, Stuttgart: Kroener Alfred GmbH.

Arnhart, L. (1986), *Aristotle on Political Reasoning. A Commetary on the Rhetoric*, Delkab: Northern Illinois University Press.

Arthos, J. (2008), "Gadamer's Rhetorical Imaginary," in: *Rhetoric Society Quarterly*, Vol.38, No. 2, pp. 171-197.

Bacon, F. (2011), *The Works of Francis Bacon, Volume 3*, edited by J. Spedding, R. L. Ellis, D. D. Heath, Cambridge: Cambridge University Press.

Ballif, M. & Moran, M. G. (eds.) (2005), *Classical Rhetorics and Rhetoricians*, Santa Barbara, CA: Praeger Publishing.

Behler, E. (1998), "Nietzsches Studium der griechischen Rhetorik nach der KGW," in: *Nietzsche-Studien*, Vol.27, Iss.1, pp.1-12.

Bigotti, F. (2008), "Logos & Melos. La «Rhetorica» aristotelica nell'estetica musicale del Seicento italiano: dalla «seconda prattica» alla «teoria degli affetti», in: *POLIFONIE*, VIII, 2-3, pp.183-200.

Black, D. L. (1990), *Logic and Aristotle's "Rhetoric" and "Poetics" in Medieval Arabic Philosophy*, Leiden: Brill.

Blumenberg, H. (1987), "An Anthropological Approach to the Contemporary Significance of Rhetoric," (R. M. Wallace, trans.), in: K. Baynes, J. Bohman, & T. McCarthy (eds.), *After philosophy: End or transformation?* Cambridge, MA: MIT Press.

Blumenberg, H. (2010), *Paradigms for a Metaphorology*, translated by R. Savage, Ithaca, NY: Cornell University Press.

Bonitz, H. (1870), *Index Aristotelicus*, Berlin: Verlag von G. Reimer.

Bombelli, G. (2018), "Emotion and Rationality in Aristotle's Model: From Anthropology to Politics," in: Huppes-Cluysenaer L. & Coelho, N. M. M. S. (eds.), *Aristotle on Emotions in Law and Politics*, Cham: Springer International Publishing.

Bonanno, D. & Corso, L. (2018), "What Does Nemesis Have to Do with the Legal System? Discussing Aristotle's Neglected Emotion and Its Relevance for Law and Politics," in: Huppes-Cluysenaer L. & Coelho, N. M. M. S. (eds.), *Aristotle on Emotions in Law and Politics*, Cham: Springer International Publishing.

Bouhafa, F. (2018), "Rhetoric in the Court: Averroes on Testimonial Witnessing and Oaths," in: Woerther, F. (ed.), *Commenting on Aristotle's Rhetoric, from Antiquity to the Present*, Leiden: Brill.

Brandes, P. D. (1989), *A History of Aristotle's Rhetoric with a Bibliography of Early Printings*, Lanham, MD: The Scarecrow Press.

Brinton, A. (1988), "Pathos and the 'Appeal to Emotion': An Aristotelian Analysis," in: *History of Philosophy Quarterly*, Vol. 5, No. 3, pp.207-219.

Brito, J. de Sousa e (2018), "Aristotle on Emotions in Ethics and in Criminal Justice," in: Huppes-Cluysenaer L. & Coelho, N. M. M. S. (eds.), *Aristotle on Emotions in Law and Politics*, Cham: Springer International Publishing.

Brüllmann, P. (2005), "Bouleuesthai," in: Höffe, O. (Hrsg.), *Aristoteles-*

*Lexikon*, Stuttgart: Kroener Alfred GmbH.

Brüllmann, P. (2011), "Ethische Schriften," in: Rapp, C. & Corcilius, K. (Hrsgg.), *Aristoteles-Handbuch: Leben-Werk-Wirkung*, Stuttgart/Weimar: Verlag J. B. Metzler.

Brunschwig, J. (1994), "Rhétorique et dialectique, rhétorique et Topiques," in: Furley, D. J. & Nehamas, A. (eds.), *Aristotle's Rhetoric: Philosophical Essays*, Princeton: Princeton University Press.

Burke, K. (1969), *A Rhetoric of Motives*, Berkeley: University of California Press.

Burke, K. (2018), *The War of Words*, Berkeley: University of California Press.

Burnyeat, M. F. (1994), "Enthymeme: Aristotle on the Logic of Persuasion," in: Furley, D. J. & Nehamas, A. (eds.), *Aristotle's Rhetoric: Philosophical Essays*, Princeton: Princeton University Press.

Busche, H. (2005a), "Aisthêsis," in: Höffe, O. (Hrsg.), *Aristoteles-Lexikon*, Stuttgart: Kroener Alfred GmbH.

Busche, H. (2005b), "Phantasia," in: Höffe, O. (Hrsg.), *Aristoteles-Lexikon*, Stuttgart: Kroener Alfred GmbH.

Byrne, P. H. (1997), *Analysis and Science in Aristotle*, Albany, NY: State University of New York Press.

Cairns, D. (1993), *Aidōs: the Psychology and Ethics of Honour and Shame in Ancient Greek Literature*, Oxford: Oxford University Press.

Carey, C. (1996), "Rhetorical Means of Persuasion," in: Rorty, A. O. (ed.), *Essays on Aristotle's Rhetoric*, Berkeley: University of California Press.

Caston, V. (1995), "Why Aristotle Needs Imagination," in: *Phronesis*, Vol.41, No.1, pp.20-55.

Celli, G. (2018), "Avicenna and Aristotle's Rhetoric: Lexical Options," in: Woerther, F. (ed.), *Commenting on Aristotle's Rhetoric, from Antiquity to the Present*, Leiden: Brill.

Charles, D. (2021), *The Undivided Self: Aristotle and the 'Mind-Body Problem'*, Oxford: Oxford University Press.

Chroust, A. -H. (1973a), *Aristotle: New Light on His Life and On Some of His Lost Works, Volume 1: Some Novel Interpretations of the Man and His*

*Life*, London/New York: Routledge.

Chroust, A. -H. (1973b), *Aristotle: New Light on His Life and On Some of His Lost Works, Volume 2: Observations on Some of Aristotle's Lost Works*, London/New York: Routledge.

Coelho, N. M. M. S. (2018), "Emotions: Impediment or Basis of Political Life?" in: Huppes-Cluysenaer L. & Coelho, N. M. M. S. (eds.), *Aristotle on Emotions in Law and Politics*, Cham: Springer International Publishing.

Conley, T. (1994), "Some Renaissance Polish Commentaries on Aristotle's *Rhetoric* and Hermogenes' *On Ideas*, " in: *Rhetorica: A Journal of the History of Rhetoric*, Vol. 12, No. 3, pp.265-292.

Cooper, J. M. (1994), "Ethical-political Theory in Aristotle's *Rhetoric*," in: Furley, D. J. & Nehamas, A. (eds.), *Aristotle's Rhetoric: Philosophical Essays*, Princeton: Princeton University Press.

Cooper, J. M. (1996), "An Aristotelian Theory of the Emotions," in: Rorty, A. O. (ed.), *Essays on Aristotle's Rhetoric*, Berkeley: University of California Press.

Cope, E. M. (1867), *An Introduction to Aristotle's Rhetoric*, Cambridge: Cambridge University Press.

Copeland, R. (2021), *Emotion and the History of Rhetoric in the Middle Ages*, Oxford: Oxford University Press.

Corcilius, K. (2011),"Phantasia," in: Rapp, C.& Corcilius, K. (Hrsgg.), *Aristoteles-Handbuch: Leben-Werk-Wirkung*, Stuttgart/Weimar: Verlag J. B. Metzler.

Daiber, H. (2012), *Islamic Thought in the Dialogue of Cultures: A Historical and Bibliographical Survey*, Leiden: Brill.

Davidson, D. (1980), "Actions, Reasons, and Causes," in: Davidson, D. (ed.), *Essays on Actions and Events*, New York: Oxford University Press.

Deslauriers, M. (2002), "How to Distinguish Aristotle's Virtues," in: *Phronesis*, Vol. 47, No.2, pp.101-126.

Detel, W. (2005a), "Analysis," in: Höffe, O. (Hrsg.), *Aristoteles-Lexikon*, Stuttgart: Kroener Alfred GmbH.

Detel, W. (2005b), "Epistêmê," in: Höffe, O. (Hrsg.), *Aristoteles-Lexikon*,

Stuttgart: Kroener Alfred GmbH.

Dilthey, W. (1996), *Selected Works, Volume IV: Hermeneutics and the Study of History*, edited, with an introduction, by Makkreel, R. A. & Rodi, F., Princeton: Princeton University Press.

Dow, J. (2015), *Passions and Persuasion in Aristotle's Rhetoric*, Oxford: Oxford University Press.

Düring, I. (1966), *Aristoteles: Darstellung und Interpretation seines Denkens*, Heidelberg: Carl Winter Universitätsverlag.

Егорова О. С. (2019), "История переводов Аристотеля на русский язык (2-я половина XVIII - 1-я половина xx века)," *Сибирский философский журнал*, 17 (1), С.185-203.

Eide, T. (1995), "Aristotelian topos and Greek Geometry", in: *Symbolae Osloenses* 70, pp.5-21.

Engberg-Pedersen, T. (1996), "Is There an Ethical Dimension to Aristotelian Rhetoric? " in: Rorty, A. O. (ed.), *Essays on Aristotle's Rhetoric*, Berkeley: University of California Press.

Erickson, K. V. (1998), "The Lost Rhetorics of Aristotle," in: Enos, R. L. & Agnew, L. P. (eds.), *Landmark Essays on Aristotelian Rhetoric*, Hillsdale, NJ: Lawrence Erlbaum Associates, Publishers.

Fink, J. L. (2019), "Aristotle on Deliberative Phantasia and Phronêsis," in: Fink, J. L. (ed.), *Phantasia in Aristotle's Ethics: Reception in the Arabic, Greek, Hebrew and Latin Traditions*, London: Bloomsbury Academic.

Fortenbaugh, W. W. & Mirhady, D. C. (eds.) (1994), *Peripatetic Rhetoric after Aristotle*, New Brunswick, N. J.: Transaction Publishers.

Fortenbaugh, W. W. (1975, 2002), *Aristotle on Emotion. A Contribution to Philosophical Psychology, Rhetoric, Poetics, Politics, and Ethics*, London: Bloomsbury Academic.

Fortenbaugh, W. W. (2005), *Theophrastus of Eresus. Sources for His Life, Writings, Thought and Influence Commentary, Volume 8, Sources on Rhetoric and Poetics*, Leiden: Brill.

Fortenbaugh, W. W. (2006), *Aristotle's Practical Side: On His Psychology, Ethics, Politics and Rhetoric*, Leiden: Brill.

Fortenbaugh, W. W. (2019), "Cicero's Knowledge of the Rhetorical Treatises of Aristotle and Theophrastus," in: Fortenbaugh, W. W. & Steinmetz, P. (eds.), *Cicero's Knowledge of the Peripatos*, London/New York: Routledge.

France, P. (2006), "Rhetoric," in: Haakonssen, K. (ed.), *The Cambridge History of Eighteenth-Century Philosophy*, Cambridge: Cambridge University Press.

Fredal, J. (2020), *The Enthymeme: Syllogism, Reasoning, and Narrative in Ancient Greek Rhetoric*, University Park, PA: The Pennsylvania State University Press.

Fredborg, M. (2018), "John Buridan on Rhetoric: The Quaestiones super Rhetoricam Aristotelis," in: Woerther, F. (ed.), *Commenting on Aristotle's Rhetoric, from Antiquity to the Present*, Leiden: Brill.

Frede, M. (1995a), "On Aristotle's Conception of the Soul," in: Rorty, A. O. & Nussbaum, M. C. (eds.), *Essays on Aristotle's De Anima*, Oxford: Oxford University Press.

Frede, D. (1995b), "The Cognitive Role of Phantasia in Aristotle," in: Rorty, A. O. & Nussbaum, M. C. (eds.), *Essays on Aristotle's De Anima*, Oxford: Oxford University Press.

Frede, D. (1996), "Mixed Feelings in Aristotle's *Rhetoric*," in: Rorty, A. O. (ed.), *Essays on Aristotle's Rhetoric*, Berkeley: University of California Press.

Furley, D. J. & Nehamas, A. (eds.) (1994), *Aristotle's Rhetoric: Philosophical Essays*, Princeton: Princeton University Press.

Fuselli, S. (2018), "*Logoi enuloi.* Aristotle's Contribution to the Contemporary Debate on Emotions and Decision-Making," in: Huppes-Cluysenaer L. & Coelho, N. M. M. S. (eds.), *Aristotle on Emotions in Law and Politics*, Cham: Springer International Publishing.

Gill, C. (1984), "The Ēthos/Pathos Distinction in Rhetorical and Literary Criticism," in: *The Classical Quarterly*, New Series, Vol. 34, No. 1, pp.149-166.

Golecki, M. J. & Bukaty M. F. (2018), "Between Nomos and Pathos: Emotions in Aristotelian Theory of Adjudication and the Dual Process Theory," in: Huppes-Cluysenaer L. & Coelho, N. M. M. S. (eds.), *Aristotle on Emotions in Law and Politics*, Cham: Springer International Publishing.

Gottlieb, P. (2009), *The Virtues of Aristotle's Ethics*, Cambridge: Cambridge University Press.

Green, L. D. (2018), "Renaissance Synoptic Commentaries on Aristotle's Rhetoric," in: Woerther, F. (ed.), *Commenting on Aristotle's Rhetoric, from Antiquity to the Present*, Leiden: Brill.

Griffiths, P. E. (2003), "Emotions," in: Stich, S. P. & Warfield, T. A. (eds.), *The Blackwell Guide to Philosophy of Mind*, London: Blackwell Publishing Ltd.

Grimaldi, W. M. A. (1998), "Studies in the Philosophy of Aristotle's Rhetroric," in: Enos, R. L. & Agnew, L. P. (eds.), *Landmark Essays on Aristotelian Rhetoric*, Hillsdale, NJ: Lawrence Erlbaum Associates, Publishers.

Gross, D. M. (2006), *The Secret History of Emotion: From Aristotle's Rhetoric to Modern Brain Science*, Chicago: University Of Chicago Press.

Gross, D. M. (2018), "Heidegger's 1924 Commentary on Aristotle's *Rhetoric*, and the Destruction of the Corpus Aristotelicum," in: Woerther, F. (ed.), *Commenting on Aristotle's Rhetoric, from Antiquity to the Present*, Leiden: Brill.

Gutas, D. (2014), *Avicenna and the Aristotelian Tradition*, Leiden: Brill.

Halliwell, S. (1992), "Pleasure, Understanding, and Emotion in Aristotle's *Poetics*," in: Rorty, A. O. (ed.), *Essays on Aristotle's Poetics*, Princeton: Princeton University Press.

Halliwell, S. (1994), "Popular Morality, Philosophical Ethics, and the *Rhetoric*," in: Furley, D. J. & Nehamas, A. (eds.), *Aristotle's Rhetoric: Philosophical Essays*, Princeton: Princeton University Press.

Hansen, M. H. (1987), *The Athenian Assembly in the Age of Demosthenes*, Oxford: Basil Blackwell.

Haskins, E. C. (2013), "On the Term 'Dunamis' in Aristotle's Definition of Rhetoric," in: *Philosophy & Rhetoric*, Vol. 46, No. 2, pp.234-240.

Haskins, E. C. (2018), "Reimagining Helen of Troy: Gorgias and Isocrates on Seeing and Being Seen," in: Kampakoglou, A. & Novokhatko, A. (eds.), *Gaze, Vision, and Visuality in Ancient Greek Literature*, Berlin: De

Gruyter.

Heidegger, M. (1967), *Seit und Zeit*, Tübingen: Max Niemeyer Verlag.

Heidegger, M. (2002), *Grundbegriffe der Aristotelischen Philosophie*, *Gesamtausgabe, Band 18*, Frankfurt am Main: Vittorio Klostermann Verlag.

Hobbs, C. L. (2002), *Rhetoric on the Margins of Modernity: Vico, Condillac, Monboddo*, Carbondale: Southern Illinois University Press.

Höffe, O. (2010), "Ethics as Practical Philosophy: Methodological Considerations," in: Höffe, O. (ed.), *Aristotle's Nicomachean Ethics*, translated by D. Fernbach, Leiden: Brill.

Höffe, O. (ed.) (2010), *Aristotle's Nicomachean Ethics*, translated by D. Fernbach, Leiden: Brill.

Höffe, O. (Hrsg.) (2005), *Aristoteles-Lexikon*, Stuttgart: Kroener Alfred GmbH.

Höffe, O. (2005a), "Aretê," in: Höffe, O. (Hrsg.), *Aristoteles-Lexikon*, Stuttgart: Kroener Alfred GmbH.

Höffe, O. (2005b), "Phronêsis," in: Höffe, O. (Hrsg.), *Aristoteles-Lexikon*, Stuttgart: Kroener Alfred GmbH.

Höffe, O. (2005c), "Prohairesis," in: Höffe, O. (Hrsg.), *Aristoteles-Lexikon*, Stuttgart: Kroener Alfred GmbH.

Holmes, B. (2010), *The Symptom and the Subject: The Emergence of the Physical Body in Ancient Greece*, Princeton: Princeton University Press.

堀尾 耕一（2019），「アリストテレス『弁論術』における想到法の二類型」，『西洋古典学研究』，67 巻，pp.26-37.

Horn, C. (2005a), "Boulêsis," in: Höffe, O. (Hrsg.), *Aristoteles-Lexikon*, Stuttgart: Kroener Alfred GmbH.

Horn, C. (2005b), "Doxa," in: Höffe, O. (Hrsg.), *Aristoteles-Lexikon*, Stuttgart: Kroener Alfred GmbH.

Horn, C. (2005c), "Logos," in: Höffe, O. (Hrsg.), *Aristoteles-Lexikon*, Stuttgart: Kroener Alfred GmbH.

Horn, C. (2005c), "Orexis," in: Höffe, O. (Hrsg.), *Aristoteles-Lexikon*, Stuttgart: Kroener Alfred GmbH.

Horn, C. (2005d), "Technê," in: Höffe, O. (Hrsg.), *Aristoteles-Lexikon*,

Stuttgart: Kroener Alfred GmbH.

Hübner, J. (2005), "Stoicheion," in: Höffe, O. (Hrsg.), *Aristoteles-Lexikon,* Stuttgart: Kroener Alfred GmbH.

Irwin, T. H. (1996), "Ethics in the Rhetoric and in the Ethics," in: Rorty, A. O. (ed.), *Essays on Aristotle's Rhetoric,* Berkeley: University of California Press.

Kassel, R. (1971), *Der Text der Aristotelischen Rhetorik,* Berlin: Walter de Gruyter.

Kennedy, G. A. (1999), *Classical Rhetoric & Its Christian & Secular Tradition from Ancient to Modern Times,* Chapel Hill/London: University of North Carolina Press.

Kenny, A. (1963, 2003), *Action, Emotion and Will,* London/New York: Routledge.

Kenny, A. (2016), *The Aristotelian Ethics: A Study of the Relationship Between the Eudemian and Nicomachean Ethics of Aristotle,* Oxford: Oxford University Press.

Kim, J. (2010), *Philosophy of Mind,* Boulder, Co. : Westview Press.

Kirby, J. (1997), "Aristotle on Metaphor," in: *American Journal of Philology,* Vol.118, No. 4, pp. 517-554.

Koch, A. F. (2005), "Alêtheia," in: Höffe, O. (Hrsg.), *Aristoteles-Lexikon,* Stuttgart: Kroener Alfred GmbH.

Konstan, D. (2006), *The Emotions of the Ancient Greeks: Studies in Aristotle and Classical Literature,* Toronto: University of Toronto Press.

Konstan, D. (2007), "The Emotion in Aristotle *Rhetoric* 2.7: Gratitude, not Kindness," in: Mirhady, D. C. (ed.), *Influences on Peripatetic Rhetoric: Essays in Honor of William W. Fortenbaugh,* Leiden: Brill.

Krajczynski, J. (2011), "Emotionen," in: Rapp, C. & Corcilius, K. (Hrsgg.), *Aristoteles-Handbuch: Leben-Werk-Wirkung,* Stuttgart/Weimar: Verlag J. B. Metzler.

Krämer, H. J. (1959), *Arete bei Platon und Aristoteles,* Heidelberg: Carl Winter Universitätsverlag.

Kristeller, P. O. (1979), "Philosophy and Rhetoric from Antiquity to the

Renaissance," in: Mooney, M. (ed.), *Renaissance Thought and its Sources*, New York: Columbia University Press.

Kristeller, P. O. (2001), "Stoic and Neoplatonic Source of Spinoza's *Ethics*," in: Lloyd, G. (ed.), *Spinoza: Critical Assessments, Volume I, Context, Sources, and the Early Writings*, London & New York: Taylor & Francis.

Kristjánsson, K. (2010), *The Self and Its Emotions*, Cambridge: Cambridge University Press.

Laks, A. (1994), "Substitution et connaissance: une interprétation unitaire (ou presque) de la théorie aristotélicienne de la métaphore," in: Furley, D. J. & Nehamas, A. (eds.), *Aristotle's Rhetoric: Philosophical Essays*, Princeton: Princeton University Press.

Landweer, H. & Renz, U. (Hrsgg.) (2008), *Klassische Emotionstheorien Von Platon bis Wittgenstein*, Berlin: Walter de Gruyter.

Lara, E. C. de (2018), "Aristotle's Rhetoric and the Persistence of the Emotions in the Courtroom," in: Huppes-Cluysenaer L. & Coelho, N. M. M. S. (eds.), *Aristotle on Emotions in Law and Politics*, Cham: Springer International Publishing.

Leighton, S. R. (1982), "Aristotle and the Emotions," in: *Phronesis*, Vol.27, No. 2, pp.144-174.

Leunissen, M. (2017), *From Natural Character to Moral Virtue in Aristotle*, Oxford: Oxford University Press.

Levin, J. (2021), "Functionalism," in: Zalta, E. N. (ed.), *The Stanford Encyclopedia of Philosophy*, , URL = 〈https://plato.stanford.edu/archives/win2021/entries/functionalism/〉.

Lycan, W. G. (2012), "Desire Considered as a Propositional Attitude," in: *Philosophical Perspectives, Vol.26, Philosophy of Mind*, Vol.26, Iss.1, pp.201-215.

Marmo, C. (2016), "Logic, Rhetoric, and Language," in: Briggs, C. & Eardley, P. (eds.), *A Companion to Giles of Rome*, Leiden: Brill.

Маров, В. Н. (2000), "Культурно-исторический памятник или настольная книга?" *Аристотель. Риторика, Поэтика*, И. В. Пешков и Г. Н. Шелогурова (ред.), Москва: Лабиринт.

Marshall, D. L.,(2010), *Vico and the Transformation of Rhetoric in Early Modern Europe*, Cambridge: Cambridge University Press.

McCabe, M. M. (1994), "Arguments in Context: Aristotle's Defense of Rhetoric," in: Furley, D. J. & Nehamas, A. (eds.), *Aristotle's Rhetoric: Philosophical Essays*, Princeton: Princeton University Press.

McKenna, S. J. (2005), *Adam Smith: The Rhetoric of Propriety*, Albany, NY: State University of New York Press.

Miller, F. D., Jr. (1995), *Nature, Justice, and Rights in Aristotle's Politics*, Oxford: Oxford University Press.

Mirhady, D. C. (2007), "Aristotle's Enthymeme, Thymos, and Plato," in: Mirhady, D. C. (ed.), *Influences on Peripatetic Rhetoric: Essays in Honor of William W. Fortenbaugh*, Leiden: Brill.

Monfasani, J. (1976), *George of Trebizond: A Biography and a Study of His Rhetoric and Logic*, Leiden: Brill.

Moran, R. (1996) "Artifice and Persuasion: The Work of Metaphor in the Rhetoric," in: Rorty, A. O. (ed.), *Essays on Aristotle's Rhetoric*, Berkeley: University of California Press.

Moss, J. (2012), *Aristotle on the Apparent Good*, Oxford: Oxford University Press.

Most, G. W. (1994), "The Uses of Endoxa: Philosophy and Rhetoric in the *Rhetoric*," in: Furley, D. J. & Nehamas, A. (eds.), *Aristotle's Rhetoric: Philosophical Essays*, Princeton: Princeton University Press.

Murphy, J. J. (2002) ,"The Metarhetoric of Aristotle, with Some Examples from His 'On Memory and Recollection,'" in: *Rhetoric Review*, Vol.21, No.3, pp.213-228.

Nascimento, D. S. (2018), "Rhetoric, Emotions and the Rule of Law in Aristotle," in: Huppes-Cluysenaer L. & Coelho, N. M. M. S. (eds.), *Aristotle on Emotions in Law and Politics*, Cham: Springer International Publishing.

Nehamas, A. (1992), "Pity and Fear in the Rhetoric and the Poetics," in: Rorty, A. O. (ed.), *Essays on Aristotle's Poetics*, Princeton: Princeton University Press.

Newman, S. (2002), "Aristotle's Notion of 'Bringing-Before-the-Eyes': Its Contributions to Aristotelian and Contemporary Conceptualizations of Metaphor, Style, and Audience," in: *Rhetorica*, Vol. 20, No. 1, pp. 1-23.

Nietzsche, F. (1995), *Nietzsche Werke: Kristische Gesamtaugabe, Band II.4*, F. Bornmann & M. Carpitella (Hrsgg.), Berlin: De Gruyter.

Nieuwenburg, P. (2002), "Emotions and Perception in Aristotle's *Rhetoric*," *Australasian Journal of Philosophy* 80, pp.86-100.

Nortmann, U. (2005a), "Energeia," in: Höffe, O. (Hrsg.), *Aristoteles-Lexikon*, Stuttgart: Kroener Alfred GmbH.

Nortmann, U. (2005b), "Syllogismos," in: Höffe, O. (Hrsg.), *Aristoteles-Lexikon*, Stuttgart: Kroener Alfred GmbH.

野津悌（2000），「アリストテレス『弁論術』におけるトポス論—説得を可能にする原理」，『哲学誌』，42 巻，pp.34-53.

野津悌（2010），「アリストテレス著『弁論術』における「トポス」概念」，『ギリシャ哲学セミナー論集』，Vol. VII，pp.31-46.

Nussbaum, M. C. (1992), "Tragedy and Self-sufficiency: Plato and Aristotle on Fear and Pity," in: Rorty, A. O. (ed.), *Essays on Aristotle's Poetics*, Princeton: Princeton University Press.

Nussbaum, M. C. (1996), "Aristotle on Emotions and Rational Persuasion," in: Rorty, A. O. (ed.), *Essays on Aristotle's Rhetoric*, Berkeley: University of California Press.

Oesterreich, P. L. (1997), *Das gelehrte Absolute Metaphysik und Rhetorik bei Kant, Fichte und Schelling*, Darmstadt: Wissenschaftliche Buchgesellschaft.

Patzig, G. (1968), *Aristotle's Theory of the Syllogism, A Logico-Philological Study of Book A of the Prior Analytics*, translated from the German by J. Barnes, Dordrecht: D. Reidel Publishing Company.

Perelman, C. & Olbrechts-Tyteca, L. (1971), *The New Rhetoric: A Treatise on Argumentation*, translated by J. Wilkinson & P. Weaver, Notre Dame, IN: University of Notre Dame Press.

Piepenbrink, K. (2020), *Die Rhetorik des Aristoteles und ihr Verhältnis zum historischen Kontext*, Stuttgart: Franz Steiner Verlag.

Pietsch, C. (2005), "Hypolêpsis," in: Höffe, O. (Hrsg.), *Aristoteles-Lexikon*, Stuttgart: Kroener Alfred GmbH.

Pinto, F. (2018), "On Logos, Pathos and Ethos in Judicial Argumentation," in: Huppes-Cluysenaer L. & Coelho, N. M. M. S. (eds.), *Aristotle on Emotions in Law and Politics*, Cham: Springer International Publishing.

Polansky, R. (2007), *Aristotle's De Anima*, Cambridge: Cambridge University Press.

Porter, J. L. (2010), *The Origins of Aesthetic Thought in Ancient Greece: Matter, Sensation, and Experience*, Cambridge: Cambridge University Press.

Primavesi, O. (1996), *Die Aristotelische Topik: Ein Interpretationsmodell und seine Erprobung am Beispiel von Topik B*, München: Verlag C. H. Beck.

Rambourg, C. (2014), *Topos. Les premières méthodes d'argumentation dans la rhétorique grecque des Ve–IVe siècles*, Paris: J. Vrin.

Rambourg, C. (2018), "Qu'est-ce que le commentaire anonyme des CAG XXI 2?" in: Woerther, F. (ed.), *Commenting on Aristotle's Rhetoric, from Antiquity to the Present*, Leiden: Brill.

Rapp, C. (2001), "Intentionalität und Phantasia bei Aristoteles," in: Perler, D. (ed.), *Ancient and Medieval Theories of Intentionality*, Leiden: Brill.

Rapp, C. & Wagner, T. (2005), "Eidos," in: Höffe, O. (Hrsg.), *Aristoteles-Lexikon*, Stuttgart: Kroener Alfred GmbH.

Rapp, C. (2005a), "Entechnos-atechnos," in: Höffe, O. (Hrsg.), *Aristoteles-Lexikon*, Stuttgart: Kroener Alfred GmbH.

Rapp, C. (2005b), "Enthymêma," in: Höffe, O. (Hrsg.), *Aristoteles-Lexikon*, Stuttgart: Kroener Alfred GmbH.

Rapp, C. (2005c), "Metaphora," in: Höffe, O. (Hrsg.), *Aristoteles-Lexikon*, Stuttgart: Kroener Alfred GmbH.

Rapp, C. (2005d), "Pathos," in: Höffe, O. (Hrsg.), *Aristoteles-Lexikon*, Stuttgart: Kroener Alfred GmbH.

Rapp, C. (2005e), "Pistis," in: Höffe, O. (Hrsg.), *Aristoteles-Lexikon*, Stuttgart: Kroener Alfred GmbH.

Rapp, C. (2005f), "Rhêtorikê," in: Höffe, O. (Hrsg.), *Aristoteles-Lexikon*,

Stuttgart: Kroener Alfred GmbH.

Rapp, C. (2005g), "Topos (2)," in: Höffe, O. (Hrsg.), *Aristoteles-Lexikon*, Stuttgart: Kroener Alfred GmbH.

Rapp, C. (2006), "Interaction of Body and Soul. What the Hellenistic Philosophers Saw and Aristotle Avoided, " in: King, R. (ed.), *Common to Body and Soul*, Berlin/New York: Walter de Gruyter Verlag.

Rapp, C. (2008), "Aristoteles: Bausteine für eine Theorie der Emotionen," in: Landweer, H. & Renz, U. (Hrsgg.), *Klassische Emotionstheorien Von Platon bis Wittgenstein*, Berlin: Walter de Gruyter.

Rapp, C. (2010), "Free Will, Choice, and Responsiblity," in: Höffe, O. (ed.), *Aristotle's Nicomachean Ethics*, translated by D. Fernbach, Leiden: Brill.

Rapp, C. (2012, 2013, 2017), "Emotions in Aristotle's Rhetoric" (Draft). https://www.academia.edu/35379688/Emotions_in_Aristotles_Rhetoric_ DRAFT_.

Raylor, T. (2018), *Philosophy, Rhetoric, and Thomas Hobbes*, Oxford: Oxford University Press.

Reinhardt, T. (2007), "Techniques of Proof in 4th Century Rhetoric: *Ar. Rhet.*2.23-24 and Pre-Aristotelian Rhetorical Theory," in: Mirhady, D. C. (ed.), *Influences on Peripatetic Rhetoric: Essays in Honor of William W. Fortenbaugh*, Leiden: Brill.

Rhodes, P. J. (2004), *Athenian Democracy*, Edinburgh: Edinburgh University Press.

Ricken, F. (2005a), "Ethos," in: Höffe, O. (Hrsg.), *Aristoteles-Lexikon*, Stuttgart: Kroener Alfred GmbH.

Ricken, F. (2005b), "Êthos," in: Höffe, O. (Hrsg.), *Aristoteles-Lexikon*, Stuttgart: Kroener Alfred GmbH.

Ricken, F. (2005c), "Hêdonê," in: Höffe, O. (Hrsg.), *Aristoteles-Lexikon*, Stuttgart: Kroener Alfred GmbH.

Ricken, F. (2010), "The Value and Nature of Pleasure," in: Höffe, O. (ed.), *Aristotle's Nicomachean Ethics*, translated by D. Fernbach, Leiden: Brill.

Robinson, R. (2010), "Aristotle on Akrasia," in: Höffe, O. (ed.), *Aristotle's Nicomachean Ethics*, translated by D. Fernbach, Leiden: Brill.

Rorty, A. O. (1980), "Explaining Emotions," in: Rorty, A. O. (ed.), *Explaining Emotions*, Berkeley & Los Angeles: University of California Press.

Rorty, A. O. (ed.) (1980), *Explaining Emotions*, Berkeley & Los Angeles: University of California Press.

Rorty, A. O. (1992), "The Psychology of Aristotelian Tragedy," in: Rorty, A. O. (ed.), *Essays on Aristotle's Poetics*, Princeton: Princeton University Press.

Rorty, A. O. (ed.) (1992), *Essays on Aristotle's Poetics*, Princeton: Princeton University Press.

Rorty, A. O. & Nussbaum, M. C. (eds.) (1995), *Essays on Aristotle's De Anima*, Oxford: Oxford University Press.

Rorty, A. O. (ed.) (1996), *Essays on Aristotle's Rhetoric*, Berkeley: University of California Press.

Rossi, G. (2018), "The Causal Structure of Emotions in Aristotle: Hylomorphism, Causal Interaction between Mind and Body, and Intentionality," in: Boeri, M. D. et al. (eds.), *Soul and Mind in Greek Thought. Psychological Issues in Plato and Aristotle*, New York: Springer.

Rothkamm, J. (2009), *Institutio Oratoria: Bacon, Descartes, Hobbes, Spinoza*, Leiden: Brill.

Rubinelli, S. (2009), *Ars Topica: The Classical Technique of Constructing Arguments from Aristotle to Cicero*, New York: Springer.

Schaeffer, J. (2019), *Giambattista Vico on Natural Law: Rhetoric, Religion and Sensus Communis*, New York: Routledge.

Schiappa, A. E. (2003), *Protagoras and Logos: A Study in Greek Philosophy and Rhetoric, second edition*, Columbia, SC: University of South Carolina Press.

Schofield, M. (1995), "Aristotle on the Imagination," in: Rorty, A. O. & Nussbaum, M. C. (eds.), *Essays on Aristotle's De Anima*, Oxford: Oxford University Press.

Schueler, G. F. (1991), "Pro-Attitudes and Direction of Fit," in: *Mind*, Vol.100, No. 2, pp. 277-281.

Schütrumpf, E. (1994), "Some Observations on the Introduction to Aristotle's *Rhetoric*," in: Furley, D. J. & Nehamas, A. (eds.), *Aristotle's Rhetoric:*

*Philosophical Essays*, Princeton: Princeton University Press.

Sherman, N. (1995), "The Role of Emotions in Aristotelian Virtue," in: *Proceedings of the Boston Area Colloquium in Ancient Philosophy 11*, Leiden: Brill.

Shields, C. (2007), "The Peculiar Motion Of Aristotelian Souls," in: *Proceedings of the Aristotelian Society Supplementary Volume LXXXI*, Vol.81, pp. 139-161.

Shimamura, A. P. (2012), "Toward a Science of Aesthetics: Issues and Ideas," in: Shimamura, A. P. & Palmer, S. E. (eds.), *Aesthetic Science Connecting Minds, Brains, and Experience*, New York: Oxford University Press.

Slomkowski, P. (1997), *Aristotle's Topics*, Leiden: Brill.

Smith, A. (1985), *Lectures on Rhetoric and Belles Lettres*, Bryce, J. C. (ed.), Indianapolis: Liberty Fund Inc.

Smith, M. (1994), *The Moral Problem*, Oxford: Blackwell Publishers.

Solmsen, F. (1929), *Die Entwicklung der aristotelischen Logik und Rhetorik*, Berlin: Weidmann Verlag.

Solomon, R. C. (1980), "Emotions and Choice," in: Rorty, A. O. (ed.), *Explaining Emotions*, Berkeley & Los Angeles: University of California Press.

Sousa, R. de (1980), "The Rationality of Emotions," in: Rorty, A. O. (ed.), *Explaining Emotions*, Berkeley & Los Angeles: University of California Press.

Speca, A. (2001), *Hypothetical Syllogistic and Stoic Logic*, Leiden: Brill.

Sprute, J. (1975), "Topos und Enthymem in der aristotelischen Rhetorik", in: *Hermes* 103, pp.68-90.

Sprute, J. (1994), "Aristotle and the Legitimacy of Rhetoric," in: Furley, D. J. & Nehamas, A. (eds.), *Aristotle's Rhetoric: Philosophical Essays*, Princeton: Princeton University Press.

Sprute, J. (2012), "Rhetorik und Topos bei Isokrates," in: Schirren, Th. und Ueding, G. (Hrsg.), *Rhetorik und Topik*, Berlin: Walter de Gruyter.

Squire, M. (2018), "A Picture of Ecphrasis: The Younger Philostratus and the Homeric Shield of Achilles," in: Kampakoglou, A. & Novokhatko, A.

(eds.), *Gaze, Vision, and Visuality in Ancient Greek Literature*, Berlin: De Gruyter.

Steenbakkers, P. (1994), *Spinoza's Ethica from Manuscript to Print: Studies on Text, Form and Related Topics*, Assen: Uitgeverij Van Gorcum.

Stocker, M. (1980), "Intellectual Desire, Emotion, and Action," in: Rorty, A. O. (ed.), *Explaining Emotions*, Berkeley & Los Angeles: University of California Press.

Striker, G. (1996), "Emotions in Context: Aristotle's Treatment of the Passions in the *Rhetoric* and His Moral Psychology," in: Rorty, A. O. (ed.), *Essays on Aristotle's Rhetoric*, Berkeley: University of California Press.

Süss, W. (1910), *Ethos: Studien zur älteren griechischen Rhetorik*, Leipzig: Teubner.

Tamer, G. (2001), *Islamische Philosophie und Die Krise der Moderne: Das Verhältnis von Leo Strauss zu Alfarabi, Avicenna und Averroes*, Leiden: Brill.

Tomasi, M. (2004), *Rhetoric in Modern Japan: Western Influences on the Development of Narrative and Oratorical Style*, Honolulu: University of Hawai'i Press.

Vagelpohl, U. (2008), *Aristotle's Rhetoric in the East: the Syriac and Arabic Translation and Commentary Ttradition*, Leiden: Brill.

Vogiatzi, M. (2019), *Byzantine Commentaries on Aristotle's Rhetoric: Anonymous and Stephanus, in Artem Rhetoricam Commentaria*, Leiden: Brill.

Vöhler, M. (2005), "Katharsis," in: Höffe, O. (Hrsg.), *Aristoteles-Lexikon*, Stuttgart: Kroener Alfred GmbH.

Wagner, T. (2011), "Topos," in: Rapp, C. & Corcilius, K. (Hrsgg.), *Aristoteles-Handbuch: Leben-Werk-Wirkung*, Stuttgart/Weimar: Verlag J. B. Metzler.

Wardy, R. (1999), *The Birth of Rhetoric*, London/New York: Routledge.

Wartelle, A. (1982), *Lexique de la « Rhétorique » d'Aristote*, Paris: Les Belles Lettres.

Watt, J. (1994), "Syriac Rhetorical Theory and the Syriac Tradition of Aristotle's Rhetoric," in: Mirhady, D. C. (ed.), *Influences on Peripatetic*

*Rhetoric: Essays in Honor of William W. Fortenbaugh*, Leiden: Brill.

Watt, J. (2018), "The Commentary on the Rhetoric by Bar Hebraeus," in: Woerther, F. (ed.), *Commenting on Aristotle's Rhetoric, from Antiquity to the Present*, Leiden: Brill.

Wedin, M. V. (1995), "Keeping Matter in Mind: Aristotle on the Passions and the Soul," in: *Pacific Philosophical Quarterly* 76 (3-4), pp.183-221.

Weidemann, H. (2005), "Dynamis," in: Höffe, O. (Hrsg.), *Aristoteles-Lexikon*, Stuttgart: Kroener Alfred GmbH.

Woerner, M. (1990), *Das Ethische in der Rhetorik des Aristoteles*, Freiburg: Verlag Karl Alber.

Woerther, F. (2005), "La λέξις ἠθική dans le Livre III de la Rhétorique d'Aristote-Les Employs d' ἠθικός dans le Corpus Aristotélicien," in: *A Journal of the History of Rhetoric*, Vol.23, No.1, pp.1-36.

Woerther, F. (2018a), "Al-Fārābī commentateur d'Aristote dans les Didascalia in Rethoricam Aristotelis ex glosa Alpharabii," in: Woerther, F. (ed.), *Commenting on Aristotle's Rhetoric, from Antiquity to the Present*, Leiden: Brill.

Woerther, F. (ed.) (2018b), *Commenting on Aristotle's Rhetoric, from Antiquity to the Present (Commenter la Rhétorique d'Aristote, de l'Antiquité à la période contemporaine)*, Leiden: Brill.

Woolf, R. (2023), "Cicero on Rhetoric and Dialectic", in: Gilbert, N., Graver, M., McConnell, S. (eds.), *Power and Persuasion in Cicero's Philosophy*, Cambridge: Cambridge University Press.

Wrathall, M. A. (ed.) (2021), *The Cambridge Heidegger Lexicon*, Cambridge: Cambridge University Press.

Würsch, R. (1991), *Avicennas Bearbeitungen der aristotelischen Rhetorik : ein Beitrag zum Fortleben antiken Bildungsgutes in der islamischen Welt*, Berlin: Schwarz.

山本 佳生（2021），「発想の『場所』から引用の集成へ――トポス、ロキ・コムーネス、詞華集」, *Waseda RILAS Journal*, 9, pp. 221-232.

Yunis, H. (2018), "Paraphrase, Exegesis, Common Sense: Edward Meredith Cope's Commentary on Aristotle's Rhetoric," in: Woerther, F. (ed.),

*Commenting on Aristotle's Rhetoric, from Antiquity to the Present*, Leiden: Brill.

Zuppolini, B. A. (2018), "Aristotle on Per se Accident," in: *Ancient Philosophy*, Vol.38, No.1, pp.113-135.

# 四、其他古代作品的勘本和译注本
## （按编者或译者姓氏音序排列）

Ackrill, J. L. (trans.) (1975), *Aristotle's Categories and de Interpretatione*, Oxford: Oxford University Press.

Ahmed, F. B. (2019), *Ibn Ṭumlūs, Compendium on Logic (al-Muḫtaṣar fī al-manṭiq)*, Leiden: Brill.

Biehl, W. (ed.), (1898), *Aristotelis Parva Naturalia*, Leipzig: Teubner.

Bluck, R. S. (ed.), *Plato's Meno, with an Introduction and Commentary*, Cambridge: Cambridge University Press, 1961.

Brémond, É. & Mathieu, G. (eds.) (1960), *Isocrate: Discours, Tome III*, Paris: Les Belles Lettres.

Brunschwig, J. (ed.) (1967), *Aristote: Topiques. Tome I*, Paris: Les Belles Lettres.

Brunschwig, J. (ed.) (2007), *Aristote: Topiques. Tome II*, Paris: Les Belles Lettres.

Buchheim, T. (ed. & trans.) (1989), *Gorgias von Leontinoi. Reden, Fragmente und Testimonien. Herausgegeben mit Übersetzung und Kommentar*, Hamburg: Felix Meiner Verlag.

Bywater, I. (ed.) (1963), *Aristotle: Ethica Nicomachea*, Oxford: Clarendon Press.

Bartlett, R. C. & Collins, S. D. (trans.) (2011), *Aristotle's Nicomachean Ethics*, Chicago: Chicago University Press.

Corcilius, K. (ed. & trans.) (2017), *Aristoteles, Über die Seele (De anima)*, Hamburg: Felix Meiner Verlag.

Diels H. & Kranz W. (eds.) (2004—2005), *Die Fragmente Der Vorsokratiker*,

*Band 1-3,* mit Nachtrag von Walther Kranz, Berlin: Weidmann Verlag.

Dodds, E. R. (ed.) (1959), *Plato, Gorgias, a Revised Text with Introduction and Commentary*, Oxford Clarendon Press.

Donadi, F. (ed.) (2016), *Gorgias, Helenae encomium* (Bibliotheca scriptorum Graecorum et Romanorum Teubneriana), Berlin: Walter de Gruyter.

Forster, E. S. & Furley, D. J. (ed. & trans.) (1955), *Aristotle: On Sophistical Refutations. On Coming-to-be and Passing Away. On the Cosmos*, Cambridge, MA: Harvard University Press; London: William Heinemann.

Frede, D. (trans.) ( 2020) , *Aristoteles, Nikomachische Ethik*, Berlin: Walter de Gruyter.

Fuhrmann, M. (ed.) (1966), *Anaximenis Ars Rhetorica*, Leipzig: Teubner.

Graham, D. W. (ed.) (2010), *The Texts of Early Greek Philosophy: The Complete Fragments and Selected Testimonies of the Major Presocratics*, Cambridge University Press.

Hicks, R. D. (ed. & trans.) (1907), *Aristotle: De Anima, with Translation, Introduction and Notes*, Cambridge: Cambridge University Press.

Inwood, B. (2001), *The Poem of Empedocles: A Text and Translation with an Introduction*, Toronto: University of Toronto Press.

Inwood, B. & Woolf, R. (trans.) (2012), *Aristotle: Eudemian Ethics*, Cambridge: Cambridge University Press.

Jackson R., Lycos K. & Tarrant H. (1998), *Olympiodorus: Commentary on Plato's Gorgias, Translated with Full Notes*, Leiden: Brill.

Jaeger, W. W. (ed.) (1957), *Aristotelis Metaphysica*, Oxford: Oxford University Press.

Mandilaras, B. G. (ed.) (2003), *Isocrates. Opera Omnia, Vol.1-3*, Munich & Leipzig: Teubner/Saur.

Miller, W. (ed. & trans.) (1913), *Cicero: De Officiis*, Cambridge, MA: Harvard University Press; London: William Heinemann.

Mingay, J. M. & Walzer, R. R. (eds.), (1991), *Aristotelis Ethica Eudemia*, Oxford: Oxford University Press.

Minio-Paluello, L. (ed.) (1949), *Aristotelis Categoriae et Liber de Interpretatione*, Oxford: Oxford University Press.

Norlin, G. (ed. & trans.) (1929), *Isocrates, Works with an English Translation, Volume II*, Cambridge, MA: Harvard University Press; London: William Heinemann.

Nussbaum, M. C. (ed. & trans.) (1985), *Aristotle's De Motu Animalium, Text with Translation, Commentary, and Interpretive Essays*, Princeton: Princeton University Press.

Prince, S. (ed. & trans.) (2015), *Antisthenes of Athens: Texts, Translations, and Commentary*, Ann Arbor: University of Michigan Press.

Rescher, N. (1963), *Al Farabis Short Commentary on Aristotles Prior Analytics*, Pittsburgh: University of Pittsburgh Press.

Ross, W. D. (ed. & trans.) (1906), *Aristotle: De Sensu and De Memoria*, Oxford: Oxford University Press.

Ross, W. D. & Minio-Paluello, L. (eds.) (1964), *Aristotelis Analytica Priora et Posteriora*, Oxford: Oxford University Press.

Ross, W. D. (ed.) (1957a), *Aristotle's Prior and Posterior Analytics, a Revised Text with Introduction and Commetary*, Oxford: Oxford University Press.

Ross, W. D. (ed.) (1957b), *Aristotelis Politica*, Oxford: Oxford University Press.

Ross, W. D. (ed.) (1959), *Aristotelis De Anima*, Oxford: Oxford University Press.

Schofield, M. & Griffith, T. (trans.) (2009), *Plato: Gorgias, Menexenus, Protagoras*, Cambridge: Cambridge University Press.

Schollmeyer, J. (2021), *Gorgias' ›Lobrede auf Helena‹ Literaturgeschichtliche Untersuchungen und Kommentar*, Berlin: Walter de Gruyter.

Shields, C. (trans.) (2016), *Aristotle, De Anima*, Oxford: Oxford University Press.

Simpson, P. L. P. (trans.) (2013), *The Eudemian Ethics of Aristotle*, New Brunswick, NJ: Transaction Publishers.

Sorabji, R. (trans.) (1972), *Aristotle On Memory*, Providence, Ri: Brown University Press.

Tarán, L. & Gutas, D. (eds.) (2012), *Aristotle Poetics Editio Maior of the Greek Text with Historical Introductions and Philological Commentaries*, Leiden:

Brill.

Tredennick, H. & Forster, E. S. (trans.) (1960), *Aristotle: Posterior Analytics. Topica*, Cambridge, MA: Harvard University Press; London: William Heinemann.

Too, Yun Lee (trans.) (2008), *A Commentary on Isocrates' Antidosis,* New York: Oxford University Press.

Topchyan A. (ed. & trans.) (2010), *David the Invincible: Commentary on Aristotle's Prior Analytics, Old Armenian Text with an English Translation, Introduction and Notes*, Leiden: Brill.

Tredennick, H. & Armstrong, G. C. (trans.) (1935), *Aristotle: Metaphysics, Books 10-14. Oeconomica. Magna Moralia*, Cambridge, MA: Harvard University Press; London: William Heinemann.

Williams, C. J. F. (trans.) (1982), *Aristotle's De Generatione et Corruptione*, Oxford: Oxford University Press.

## 五、中文研究文献和译著（按姓氏音序排列）

皮埃尔·阿多（2017），《古代哲学研究》，赵灿译，上海：华东师范大学出版社。

罗兰·巴特（2008），《旧修辞术》，收入《符号学历险》，李幼蒸译，北京：中国人民大学出版社。

曹青云（2015），《亚里士多德的灵魂观与当代功能主义：兼容抑或冲突？》，载于《世界哲学》，第 02 期，第 83—90 页。

陈明珠（2020），《〈诗术〉的译笺与通绎》，北京：华夏出版社。

顾枝鹰译注（2022），《西塞罗：图斯库路姆论辩集》，上海：华东师范大学出版社。

马丁·海德格尔（1999），《存在与时间》，陈嘉映、王庆节译，北京：生活·读书·新知三联书店。

马丁·海德格尔（2014），《亚里士多德哲学的基本概念》，黄瑞成译，上海：华东师范大学出版社。

摩根斯·赫尔曼·汉森（2014），《德摩斯提尼时代的雅典民主》，何世健、欧阳旭东译，上海：华东师范大学出版社。

霍四通（2019），《中国近现代修辞学要籍选编》，上海：上海教育出版社。

伽达默尔（2007），《真理与方法》（I & II），北京：商务印书馆。

保罗·利科（2004），《活的隐喻》，汪堂家译，上海：上海译文出版社。

李致远：《修辞与正义——柏拉图〈高尔吉亚〉译述》，成都：四川人民出版社，2021 年。

廖申白（2009），《亚里士多德友爱论研究》，北京：北京师范大学出版社。

廖申白译注（2003），《尼各马可伦理学》，北京：商务印书馆。

林少阳（2018），《「五四」新學之修辭學：語言思想之現代嬗變》，载于《中國現代文學》，第三十四期，第 33—64 页。

梁中和（2019），《古典柏拉图主义哲学导论》，上海：华东师范大学出版社。

刘玮（2019），《公益与私利：亚里士多德实践哲学研究》，北京：北京大学出版社。

罗念生译（2006），《亚理斯多德：修辞学》，上海：上海人民出版社。

聂敏里（2011），《存在与实体——亚里士多德形而上学 Z 卷研究（Z1-9）》，上海：华东师范大学出版社。

昆廷·斯金纳（2005），《霍布斯哲学思想中的理性和修辞》，王加丰、郑崧译，上海：华东师范大学出版社。

苏力（2011），《修辞学的政法家门》，载于《开放时代》第 2 期。

田书峰（2022），《灵魂作为内在形式：亚里士多德对灵魂与身体的质形论理解》，载于《哲学研究》，第 07 期，第 97—107 页。

屠友祥（2012），《修辞与意识形态》，北京：人民出版社。

王葆心（2020），《古文辞通义》，《历代文话》第八册，王水照编，上海：复旦大学出版社。

王柯平（2014），《〈理想国〉的诗学研究》（修订版），北京：北京大学出版社。

王路（1991），《亚里士多德的逻辑学说》，北京：中国社会科学出版社。

汪子嵩、范明生、陈村富、姚介厚（1997、1993、2003），《希腊哲学史》，第一、二、三卷，北京：人民出版社。

吴林伯（2002），《〈文心雕龙〉义疏》，武汉：武汉大学出版社。

熊林（2014），《亚里士多德〈范畴篇〉笺释》，上海：华东师范大学出版社。

亚里士多德（1994），《亚里士多德全集》，苗力田等译，北京：中国人民大学出版社。

张文涛（2012），《哲学之诗》，上海：华东师范大学出版社。

## 六、工具书和语法书（按姓氏音序排列）

Anderson Jr., R. D. (2000), *Glossary of Greek Rhetorical Terms*, Leuven: Peeters, 2000.

Diggle, J. et al (2021), *The Cambridge Greek Lexicon, Volume I-II*, Cambridge: Cambridge University Press.

Hornblower S., Spawforth, A., Eidinow, E. (2012), *The Oxford Classical Dictionary, Fourth Edition*, Oxford: Oxford University Press.

Liddell, H. G. & Scott, R. et al (1996), *A Greek-English Lexicon, 9th Edition with a Revised Supplement*, Oxford: Clarendon Press.

Montanari, F. (2014), *The Brill Dictionary of Ancient Greek*, Leiden: Brill.

Smith, J. P. (1957), *A Compendious Syriac Dictionary*, Oxford: Clarendon Press.

Ueding, G. (Hrsg.) (1992-2015), *Historisches Wörterbuch der Rhetorik*, Tübingen: Max Niemeyer Verlag.

Wehr, H. (1979), *A Dictionary of Modern Written Arabic, 4th Edition,* edited by J. M. Cowan, Wiesbaden: Harrassowitz.

## 七、网站

G. R. Crane 主持的"珀尔修斯数据库"：http://www.perseus.tufts.edu/hopper/

哈佛大学洛布丛书在线版：https://www.loebclassics.com/

# 致　谢

本书基于国家社科基金青年项目的结项成果，但结项之后，又对它做了相当大的修订和增补。其最终的完成要感谢众多在内容和文献上提供重要建议与帮助的师友，特别是廖申白和王柯平两位老师；为我最早带来思想启迪、已故的叶秀山与梁志学先生；慷慨分享各种资料的友人中国人民大学顾枝鹰博士。一些具体问题上，也曾先后得益于中国社会科学院哲学所张志强、赵汀阳和陈德中（修辞术与伦理及共同体）以及外文所黄群（古希腊戏剧与修辞术），北京大学李猛和吴增定（修辞术与政治），中国人民大学聂敏里（修辞术与哲学）、刘玮（情感理论与实践哲学）和彭磊（古希腊修辞术），复旦大学丁耘（政治修辞术），浙江大学林志猛（修辞术与法律）和陈玮（情感与德性），四川大学梁中和（修辞术教育），中山大学田书峰（灵魂论和形质论），重庆大学张文涛（柏拉图与修辞术），中国社会科学院大学李涛（情感与德性），北京师范大学陈雪虎（中国现代修辞学），厦门大学曹青云（灵魂论和心灵哲学）等教授的点拨与意见。但因篇幅所限，其他同仁和朋友恕难一一列举，敬请谅解。

本书的出版要感谢商务印书馆执行董事顾青和总编陈小文

两位先生的大力支持，感谢总经理助理李霞，学术中心主任陈洁，哲社室主任李婷婷、主任助理李学梅和董学美等老师的耐心工作，感谢责任编辑卢明静老师的细心审读和细致校阅，也感谢商务社的其他有关工作人员；尤其要向刘北成、丁耘、王东杰、任剑涛、刘宁、刘永华、杨立华、杨春学、李猛、吴晓东、张生、罗新、郑戈、孟彦弘、聂锦芳、黄洋、黄群慧、渠敬东、程章灿、潘建国、瞿旭彤等"日新文库"的评委前辈以及有关外审专家致以诚挚谢意，诚谢他们给出的肯定评价和极富价值的修改建议。

# 专家推荐信一

何博超副研究员的专著《说服之道——亚里士多德〈修辞术〉的哲学研究》，是其国家社科基金青年项目的结项成果。该书以亚里士多德的重要作品《修辞术》（也译为《修辞学》）为研究对象。据本人了解，该书为汉语世界第一部对亚里士多德《修辞术》进行系统考察的作品，而且是从哲学角度展开的。因此，它填补了古希腊哲学和亚里士多德研究方面的空白。

作者从逻辑学、伦理学、心理学、美学、诗学等几个方面对这部相当重要，但又容易被哲学学者所忽视的作品进行了综合性研究。该书的每一章以哲学概念及其背后问题为研究对象，深入讨论了《修辞术》对概念的使用分布、界定方式和哲学内涵。全书也谈到了《修辞术》的写作时间、流传版本、接受历史等问题。

该书有如下几个重要方面体现了其理论特色和出版价值。

一、该书第六章对"情感"（παθος）问题进行了系统研究。亚里士多德是西方哲学史上情感研究的开创者。而他较为全面的情感理论以及对情感的具体分析仅存在于《修辞术》。虽然他在伦理学和诗学作品中对情感做出了一些定义和描述（比如《尼各

马可伦理学》《优台谟伦理学》《诗学》），但并没有专门和系统地
探究。《修辞术》第二卷第 1—11 章对具体情感做出了精细的界
定和论述，体现了在其他著作中没有展现的心理学研究，其中也
有伦理学方面的讨论。本书则以这一部分以及《修辞术》中其他
涉及情感的部分展开了细致的研究，廓清了亚里士多德所理解的
情感的发生机理和它在说服活动中的功能。在这里，亚里士多德
似乎并未忽视情感的作用，他没有完全将人作为理性的动物，尽
管他还是坚持理性的作用。鉴于国内学界尚无全面论述《修辞
术》中情感理论的作品，因此，该书弥补了这方面的内容。

二、在讨论情感问题时，该书合理地界定了 χάϱις 概念的
意义。在现有《修辞术》中译本里，χάϱις 都译为了施惠者的慈
善或亲善。这一误译也普遍存在于英语等外语译本中。而本书结
合了霍布斯的传统分析，以及德国学者拉普等人的最新研究，充
分证明了 χάϱις 应指受惠者的感激。这一情感有着重要的心理
因素。

三、该书第四章和第五章从逻辑学角度对 πίστις 和 τόπος
概念做出澄清。这两个概念也是在《修辞术》中得到了充分定义
和使用。该书总结了这两个概念的体系和亚里士多德依托它们建
立修辞术系统的方式。其中，τόπος 概念传统上译为"论题"，
但这一概念与地点和古希腊记忆术有关，因此作者译为了"论
位"。它是《修辞术》逻辑框架的关键元素和结点，是演说家建
构逻辑推论的指引和基础。国内学界对这一概念的研究并不充
分，该书提供了重要而有价值的分析。

除上述之外，该书对德性概念的研究揭示了《修辞术》的伦
理意义：它是亚里士多德道德哲学研究的始点和基础。对"置于

眼前"理论的研究则在一定程度上弥补了国内美学界忽视的问题：一般在研究古希腊美学时，国内美学学者往往重视亚里士多德的《诗学》，而忽视《修辞术》第三卷的散文理论，尤其是其中对可视化效果的论述。该书对这一点做了重要阐发。

该书还有一个特色值得注意。作者引用了古代东方学者对《修辞术》的研究成果，比如阿威罗伊的阿拉伯文文献和赫卜烈思的古叙利亚文文献，还有少量古代亚美尼亚文的作品。这些都可以弥补或者深化西方的阐释传统。近些年，西方学者也开始关注东方的希腊哲学接受，作者很好地利用了这方面的资料。比如，作者对 δύναμις 和 χάρις 的分析，阿威罗伊的古代评注就起到了重要作用。这些东方的希腊阐释作品，国内学界还少有人利用。

就该书的应用价值来讲，第一，该书有助于研究与媒体传播和信息接受有关的问题。由于人们容易接受情感驱动和非逻辑因素的影响，所以传媒网络总是会以各种方式"诱导"民众，这种机制从《修辞术》开始就已经得到了认识。也正因此，《修辞术》会为舆情分析和新闻宣传提供帮助。

第二，该书有助于研究当代的公共演说。当代研究演说的学者仍然使用着亚里士多德提出的"情感"、"品性"（ἦθος）和"论理"（λόγος）这三种说服法。该书有助于深入探究当代公共演说的措辞和表述，从而挖掘背后的政治内涵。

第三，该书有助于逻辑和语言教育。从古希腊和古罗马开始，修辞术就是教育的重要组成。这门技艺的与逻辑和语法密不可分，也相关具体的政治、道德和心理方面的事实，它不仅仅是对语言效果的"修饰"。该书的研究有助于确立一种立足于逻辑、政治、审美、心理的综合性语言教育体系，有助于培养人的表达、论辩和推理的综合能力，有助于提高在实践中的决策能力。

第四，该书有助于培养良好有序的议事规则和程序。《修辞术》主张"讲事实、摆道理"的实事求是的议论原则，为此，亚里士多德确立了一套逻辑推理方式和基于事实的议事原则。该书的研究可以推动公民通过客观理性的话语方式来协商、洽谈和论辩。

综上所述，本人推荐这部专著申请商务印书馆的"日新文库"出版项目，以能让学界了解《修辞术》一书的哲学价值和意义。

中国社会科学院哲学所研究员

# 专家推荐信二

　　亚里士多德的《修辞术》是一部写作过程长，内容丰富而复杂，内涵的哲学观点需要仔细比照地研究、分析、剥离才能呈现清楚的著作。

　　何博超副研究员的《说服之道——亚里士多德〈修辞术〉的哲学研究》是一部难得的深入研究其内涵的哲学观点与思想的专著。这部著作在《修辞术》写作史、发展史、接受史的文献研究方面占有的资料，跨越古希腊与希腊化、罗马、阿拉伯时期、中世纪直至近现代亚里士多德学术研究领域，涉猎古希腊语、拉丁语、阿拉伯语、亚美尼亚语等语言中的学术文献，翔实且严谨，为我们提供了审视《修辞术》的哲学思想的哲学框架与向度，使我们对于亚里士多德的这部重要著作的理解走向深入，有助于我们对于亚里士多德的形而上学、灵魂论、政治学（伦理学）、广义实践哲学、技艺哲学的认识得以在《修辞术》研究领域联结起来，构建一幅理解亚里士多德《修辞术》的哲学的完整图景，是对于汉语亚里士多德哲学研究界的一个重要贡献。

　　我对于《修辞术》没有专门研究。我仅从对亚里士多德伦理学的研究的视角对何博超这部研究著作的贡献的若干方面做一些难免浅薄的说明。

首先，何博超副研究员的这一研究的基本原理是：我们应当从亚里士多德在《修辞术》中始终致力于寻求一种区别于智者的修辞术的"真修辞术"出发。这一出发点，何博超借助亚里士多德在《修辞术》开篇即将所寻求的"真修辞术"与辩证术描述为"对应者"，并借助柏拉图《高尔吉亚》中"苏格拉底"与高尔吉亚的对辩的逻辑，以

$$
\frac{\text{辩证术}}{\text{智术}} = \frac{\text{"真修辞术"（？）}}{\text{修辞术}}
$$

比例等式中的所求项来表达。在这一表达中，所寻求的"真修辞术"，即哲学的修辞术，与辩证术一道，是属于哲学的一种运用语言的技艺能力，它们都是涉及各个意见领域的、关于人人皆能有所认识的个别的事情的。与辩证术不同处在于，辩证术寻求事情本身即事实，"真修辞术"寻求从事情本身即事实来发现"说服的方法"。

第二，对于亚里士多德《修辞术》所寻求的哲学的修辞术，作者界定了审视它所包含的哲学观点与哲学思想的两个视角——"哲学式的修辞术"与"修辞术的哲学"，前者从形式方面展开这种"真修辞术"包含的哲学问题，这构成从努力抓住真实的语言自身的逻辑展开的演绎论证，后者从内容即质料方面展开它的驳杂内涵，尤其是与习性、感受性，以及与论题（论位）相关的内涵，涉及演绎论证联系于习性与感受性而发生说服效果的推理。

前者为本位、本身，后者为其运用与在质料中的展开，然两者又如形式与质料一样地不可分离。

第三，这部著作在前两种区别的基础上，表明所寻求的"真修辞术"即是亚里士多德的"元-修辞术"，亚里士多德将它表述为"就每种事情审视出可能的说服法的能力"，将它的活动描述为"看到现成的说服方法"的活动。这种技艺因此不仅仅是"应用"，而且自身是理论的审视，从属于哲学智慧，尤其是实践智慧。作者因此界定它属于亚里士多德科学体系中的"实践科学"下"特殊政治学"，与"创制科学"下"特殊技艺"。此种"特殊技艺"，作者指出，因此在原则上不同于智者声称能传授的由与真实无关的单纯"说服术"而来的"伟大权力"，尽管同时认为它适用于人的所有生活领域；也不同于柏拉图的"苏格拉底"对修辞术的像美容术是健身术的堕落形式一样的作为"司法"的堕落形式的定性，而把"苏格拉底"也在《斐德若》中假设了其可能的"真修辞术"摆在"苏格拉底"的"司法"的位置，将智者的"修辞术"放到"苏格拉底"的"修辞术"的位置；也不同于伊索克拉底的仅仅限于决定具体时机的修辞决疑术，而是使它上升为实践智慧的一种应用。

第四，基于上述理论的讨论，作者进而研究了亚里士多德在第1卷第2章表述的"真修辞术"的三种"内在的"说服法的关系。在将演绎推理说服法与另外两种说服法——习性说服法和感受性说服法断裂开来的观点，与将三种说服法看作一个综合的体系的观点之间，作者走着某种"中间路线"。作者立足于三种说服法都是内在于一种"真修辞术"体系的总体立场，将演绎推理表述为既是一种"普遍说服法"或严格意义的"说服法"，又是一种"具体的"与习性说服法和感受性说服法平行的说服法，同时，所有这三种说服法又都与各种不同论题（论位），与时间和其他共在环境因素，与对可能性的考量交织，而构成一种具体的说服法。

最后，作者将亚里士多德所寻求的"真修辞术"阐述为与实践智慧相联系的一种技艺能力的观点如他所说还展现出这种修辞术的更广泛的有待探索的含义。首先，这意味修辞术是一个人的语言能力的一种发展，语言能力不是自然能力，但是它在交往的、政治的生活中的一种自然的发展。也因此，正如亚里士多德所看到的，"真修辞术"将是对努力研究好法律、好政体和公民的好行为的好政治家可能的重要教育科目之一。其次，它意味，对语言的使用既有令它尽可能把握到真实，也有不令它如此，甚至令它相反地表达的可能性，这些可能性都与对修辞技艺的使用有关，所以一种被智者刻意发展的普通意见认为这种技艺与真实，与一件具体事情是好的还是不好的、正确的还是不正确的全然无关。最后，正如作者正确指出的，"真修辞术"是审视一种具体的"说服法"的能力，而不必然导引这种说服的活动，也不以导引出这种活动为目的。这一阐释表现了这种修辞术的认识的、知识的与智慧相联系的那个重要方面。这种区别使得一个人不必因未做出一个具体的说服就被视为不具有"真修辞术"能力。

综上，我认为，何博超副研究员的著作《说服之道——亚里士多德〈修辞术〉的哲学研究》已经对汉语世界的亚里士多德《修辞术》研究，并因此对亚里士多德的实践哲学，尤其对其政治学、伦理学研究，总体上，对亚里士多德哲学研究，做出了重要贡献。我认为它达到了公开出版的学术水准。我非常愉快地向商务印书馆"日新文库"推荐这一著作。

廖申白

北京师范大学哲学学院荣休教授

# 日新文库

## 第一辑

## 第二辑